U0812935

贾康 等著

财政学通论

上

FINANCE

GENERAL THEORY OF
PUBLIC FINANCE

中国出版集团
東方出版中心

图书在版编目（CIP）数据

财政学通论／贾康等著.—上海：东方出版中心，
2019.10
ISBN 978-7-5473-1527-9

Ⅰ.①财… Ⅱ.①贾… Ⅲ.①财务学 Ⅳ.①F810

中国版本图书馆CIP数据核字（2019）第185069号

财政学通论

出版统筹 郑纳新
策　　划 鲁培康
责任编辑 沈　敏　程　静
装帧设计 陈绿竞
运　　营 经科文化

出版发行 东方出版中心
地　　址 上海市仙霞路345号
邮政编码 200336
电　　话 021-62417400
印 刷 者 杭州日报报业集团盛元印务有限公司

开　　本 710mm×1000mm　1/16
印　　张 51.5
字　　数 713千字
版　　次 2019年10月第1版
印　　次 2019年10月第1次印刷
定　　价 150.00元

版权所有　侵权必究
如图书有印装质量问题，请寄回本社出版部调换或电话021-62597596联系。

简要目录

上　　册

下 册

详细目录

上　　册

下　　册

楔子与专栏

上　册

下　　册

题记　财政学的核心命题：公共资源配置

公理：为满足人类需要，必须形成必带稀缺性的资源的优化有效供给。

（所以需要经济学研究资源优化配置问题。）

结合历史与现实有：

定理 1：人类的“社会”性质，产生公共权力，需处理公共分配，进而会形成以“理财”的方式配置公共资源并影响整体资源配置的“财政”。（所以需要财政学研究公共资源优化配置问题。）

定理 2：从原始公共财政演变到国家财政时，公共分配既需满足“社会共同需要”，也需满足统治阶级（集团）的特定需要，从而发生对于公共财政的某种否定。

定理 3：人类的生产力（供给能力）的创新发展，将使“公共财政”得以“否定之否定”式复归、再生。（历史上直观形式典型化的起点是明确地以“公共财政”概念取代“王室财政”的法国大革命，其渊源则可一直追溯至英国的《大宪章》。）

定理 4：现代社会财政公共分配的相关制度规范，是解决“以政控财，以财行政”过程中“钱从哪里来、怎样来；用到哪里去、怎样用”的问题：

——税收及非税收入：为什么以 A 手段而非 B 手段从 C 处取得 X 元？

——各类支出：为什么以 G 手段而非 H 手段向 D 而非 E 给出 X 元？

引申论述：

财政学研究上述公共资源配置问题，内洽于经济学，但不限于经济学。从“学以致用”的视角来理解，财政学脱胎于“政治经济学”，又适合现实需要而必然融合政治学、社会学、管理学、法学，以及经济社会的各类专门学科诸如金融学、投资学、行政学、教育学，乃至心理与行为科学，成为一门综合性的应用型学科。财政学以其基础理论为支撑，实际生活中必与国家政权的决策、政策和公民的生活、福祉，形成千丝万缕、密不可分的联系。

如果读者朋友对以上题记传达的信息感兴趣，不妨以一定的耐心，阅读后面书中的内容。

GENERAL THEORY OF
PUBLIC FINANCE

绪论：认识财政学、经济学

——本书内容体系化展开的切入点

绪论：认识财政学、经济学

——本书内容体系化展开的切入点

经济学家和政治哲学家的思想，无论对错，都比通常所想的更为有力。这个世界实际上就是被这些思想统治着的，很少例外。讲求实际的人们自以为能够与所有精神世界中的影响绝缘，到头来不过是某位已故经济学家的奴隶。

——凯恩斯

凡是资产阶级经济学家看到物与物之间的关系（商品交换商品）的地方，马克思都揭示了人与人之间的关系。

——列　宁

一、引　　言

学习财政学的因缘

开卷总有因。如果你现在打开了这本财政学通论，那么一定是由于某种“缘分”。你可能是一位财政学专业或相关专业的教师或者学生，可能是一位供职于财政系统的公务人员，可能是一位与宏观经济有关的分析人员、预测人员或者调研人员，也可能是一位身处国有企业、民营企业等微观经济单位的管理人员、工作人员，或者是在智库机构工作的研究人员。当然，你也可能是一位对财政特定的补贴有所关心的企业家，可能是一位对税收体系有疑问的创业者，可能是一位对财政领域感兴趣的读者，甚至可能只是一位想更全面看懂新闻联播的观众。财政学关联于、渗透于经济与社会生活而无处不在？确实如此。财政学可以被认为是一门非常专业的学问，但又确确实实是一门带有跨界特征、内容广泛而博大的学问，它可以带有十分浓厚的“思辨”色彩，又可以体现非常实用的“世俗”特质，它因其研究对象是国家政权体系的分配而确立了在宏观经济领域的重要地位，而其触角又深入至微观经济生活中的各个角落，它不仅关联经济，还必然关联政治、社会各个领域。

财政学理论体系中隐藏着许多有趣的现象、原理、规律和悖论，它们有一些已经被发现、论证并得到共识，有一些正走在被深入认识的路途上并引发了种种争议，也有一些埋藏得很好，至今还等待人们去深入发掘。作为一门科学，财政学的确是一个非常引人入胜的探索领域，它足以对人们的好奇心、思考与认知能力和思维水准形成挑战和考验。尤其是置身于中国这样正处于现代化转轨历史阶段的发展中经济体，关于财政学“理论密切联系实际”的探索，也许除了兴趣以外，更带有家国情怀、人生抱负方面的意义和使命。

财政学是什么？

关于财政学的定义有很多，如果从汉语字面上作简明理解，财政学其实就是研究对社会公共资源作集中分配的公权主体如何“以政控财、以财行政”的学问。我们可以在一开始就注意将思维把握得尽量开阔一些，从范畴的外延和内涵两个角度去思考它。

◇ 财政学外延：围绕公共资源配置以经济学为主要成分的跨域交叉学科

人们通常说，财政学是一门应用经济学，也就是说，它是以经济学为基础理论主要成分而应用于特定领域的实用科学。的确，财政学遵循经济学关于资源配置大的框架体系、思维逻辑、探索路径、推理演绎和基本定律等。但与此同时，财政学又不像传统经济学可以较明晰地区分为宏观经济学和微观经济学两大部分，而且它必然是一门跨域交叉的学科。谁能说财政学与政治学、社会学、管理学、教育学等学科不存在明显的交集？谁可断言财政学的边界仅限于经济学之内？但财政学与经济学的渊源关联最深，并且又与一般只注重资源配置效率或直接效益的经济学取向有所不同，这一跨域交叉学科由于其核心围绕着公共资源的配置问题，所以研究取向的角度往往更注重效率与公平的协调、更聚焦公共部门的功能作用，所以也被人们称为公共经济学或者公共部门经济学。

◇ 财政学内涵：社会中人与人的关系调节是深层实质

经济学研究的资源配置，实是人类社会所涉及、所关心的资源配置的合理、合意问题，本质层面则是社会中人际的（即人与人之间的）基于利益的关系问题。财政学的内涵与实质也不外乎此范畴，其作为研究核心的公共资源配置问题，所反映的必然也是人与人之间的关系问题，即作为社会成员的人们的利益，在社会公共生活中特定制度条件下的格局、调节变动及其优化处理问题。

财政学的认知框架是什么？

财政学的认知框架，直观地与国家政权体系所实施的公共资源分配有对应性，必须考察政府职能及其职能行使中必不可少的财力分配“钱从哪里来，用到哪里去？”“怎么来，怎么去？”这样的基本问题。

因此，我们的财政学教科书一般包括财政收入、财政支出、预算管理、转移支付和社会保障、财政政策、国有资产管理等板块。极简言之，财政收入板块主要包括财政收入的基本形式与机制、各种税收收入和非税收入；财政支出板块主要包括财政支出的基本分类、事权与支出责任和支出管理；预算管理板块主要包括预算的相关概念、现代预算的基本特征和预算收支管理；转移支付和社会保障板块主要包括财政相关的再分配原理、社会保障体系、转移支付体系；财政政策板块主要包括宏观调控原理、财政政策体系与效应、与货币政策的配合；国有资产管理板块主要包括相关概念、管理体制、混合所有制和土地财政的相关问题等。我们在本书后面的章节中都会讨论这些。

但是，本书的特色在于并不限于考察和认识这些直观对应的财政学内容，我们力求使读者从“通识”式的宽广视角，全面把握从经济、社会各方面而联系财政的“融会贯通”，并且更加注重这些内容与中国实际的结合。

所以除了一般框架内容之外，我们认为还特别有必要呈现更加丰富的内容，包括：经济学与跨学科视界之下的财政理论概要框架、人类社会中的公权力与现实财政状态的演变、财政收支平衡原理、政策性投融资体系、中国为案例的财政改革与经济社会转轨等。这些内容也应是财政学的组成部分，而且至关重要：对财政学的深层理解和深入思考，一方面应当建立在对国内外既有财政理论全面了解和观点总结的基础上，另一方面应当建立在对人类社会中公权体系和现实财政状态演变的历史轨迹和发展逻辑全面把握的基础上。为更好地理解财政收入和支出的规律，前提是透彻把握对国家职能、财政职能的作用以及财政收支框架与平衡原理的认识；作为全球范围内最典型的发展中经济体，中国财政具有较为突出的服务于“追赶—赶超”战略的投融资职能，所以结合经济实践现状，有必要对中国政策性投融资体系和以政府和社会资本合作模式（PPP 模式）为代表的制度供给作深入了解；同时，作为典型的处于现代化转轨历史过程的经济体，自中华人民共和国建立以来，财政体制已实际上经历了六十余年的改革历程，现阶段更是在 1994 年分税分级财政体制建立后，继续着攻坚克难的全面改革并面临着众说纷纭的认识评价。在一般认知框架的基础上，强调广度、高度和深度，加之与中国社会实践问题的密切结合，我们方可从对世界文明发展潮流的思考中提炼和理解财政学术的创新，并将其熔铸于“通识”式的知识架构中。

理论与实践，思想与现实

认知的道路从来都不是只有一条。然而，关于财政学，我们的建议是在增加了解、提升认识的过程中去积极努力尝试理论与实践、思想与现实的结合。人们总是处于经济社会发展的特定历史阶段，我们会因为这样的注重而为我们的知识学习、思维领悟更多地增添一些时代意义，于个人而言，也许能更增多一些仰望星空、脚踏实地的感受和积极“入世”、有所作为的动力与激情。

二、从经济学到财政学，不妨换一种综合集成认识方式

经济学起源于“政治经济学”（Political Economy），其在本源上，就是把国家政权的作用与经济资源的配置作为一个相联系的系统来把握的。被人们奉为经济学开山鼻祖的亚当·斯密，认同“守夜人”国家职能定位的同时，在《国富论》中专门讨论了税收与公债及政府支出，这就自然而然形成了经济学与财政学的密切联系，并被后人认为创立了初始的财政学学说。

/// 楔子：换种“把复杂问题简单化”的方式 ///

既然是作为学习的前奏，我们想在此谈谈对学习方式的思考。

现在的经济学学习过程往往是从知识开始的，比如从微观经济学到宏观经济学，沿着特定的体系逻辑逐步认知。这当然不失为一种十分高效率的方式，然而，也往往由于这样的认知集成方式，容易掩盖或淡化经济学发展的“深层理路”。知识体系当然是至关重要的，但当我们走进这个领域之后，往往会发现，一方面仅仅掌握知识还远远不够，因为这充其量只是做到“知其然”，另一方面随知识体系延伸出去总避免不了晦涩和枯燥，加上路径之间时不时有迂回转折，更使探索“知其所以然”的过程异常繁复。

其实,经济学、财政学都是有基本理论逻辑脉络可循的,这种脉络沿着历史的发展而发展,沿着代表人物的代表性思想对其的提升而更新与丰富。各种经济学流派固然存在许多不同点,其学术地位和历史贡献会各有特长,各具千秋,然而在几十年、几百年的时光流逝中,如还被人们屡屡提及和加以讨论,则必定会有其值得肯定的建树,至少有给后人带来启迪的特定发现或阶段性认识总结。后人完全可以先作"兼容并包"的了解,再求"取其精华,去其糟粕"的集大成。因此,我们可以先尝试换一种综合集成方式来看待经济学,在更具综合融汇与提升意味的同时,也会轻松和有趣一些。

意在提升整合:"六维"框架

我们之所以提出形成一种综合集成方式来看待经济学,是因为与财政学密切联系的经济学沿其历史发展脉络,最开阔地看,可认为是构成了传统理论经济学(政治经济学)、马克思主义经济学、制度经济学、发展经济学、转轨经济学、信息及行为经济学"六维复合"理论框架(如图 0-1 所示)。

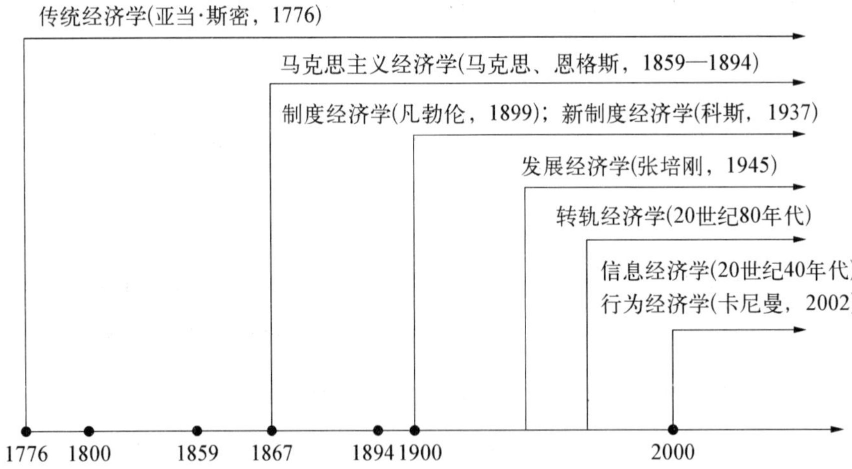

图 0-1 "六维"经济学发展时间谱

传统经济学起源于 1776 年亚当·斯密《国富论》的问世,作为"六维复合"框架的发端,主要研究资源配置问题的经济学,离不开需求和供给的关系及其作用机制；以1859年马克思的《政治经济学批判》正式出版和1867年马克思的巨著《资本论》第一卷问世（后来出版《资本论》的第二卷、第三卷实为马克思、恩格斯的合著）为主要标志，以思辨性与批判性为鲜明特征，内容深刻、影响深远的马克思主义经济学诞生（英国古典经济学是其来源之一）；由传统经济学派生而来的多学派经济学理论发展中，制度经济学的发展分为两个阶段，一是以1899年凡勃伦《有闲阶级论》面世为起点的制度学派，二是以1937年科斯《企业的性质》发表为起点的新制度经济学，聚焦于制度及制度变迁与经济发展的互动作用作为主要研究内容；发展经济学以1945年张培刚的《农业与工业化》博士论文为起点，主要研究农业国家的工业化或者说后发国家的现代化发展进程；转轨经济学可被认为是具体化的制度经济学分支，兴起于20世纪80年代，以计划经济向市场经济的转变与过渡为主要研究内容；信息经济学起源于20世纪40年代，行为经济学以卡尼曼为代表人物兴起于其2002年获诺贝尔经济学奖的前后，以市场中不完全信息对人预期的影响、人的偏好及心理学特征和行为特征为基点，研究经济发展。

在经济学的研究中，沿这六维脉络，都曾经不同程度地产生对经济理论和实践颇具影响力的经济学家及思想。距离我们较近的2014年诺贝尔经济学奖得主让·梯若尔所倡导的规制经济学，正是建立在信息经济学和行为经济学基础上，利用先进的数学分析方法所构建而成。

“传统经济学”沿需求—供给关系的认识脉络

亚当·斯密认为，看重城市产业的就是重商主义政治经济学，看重农业产业的就是重农主义政治经济学[1]，其后的理论发展中，“政治经济学”与“传统经济学”是打通为一体的。

[1] “有的人认为城市产业重要；有的人又力说农村产业重要”，这样“不同时代不同国民的不同富裕程度，曾产生两种不同的关于富国裕民的政治经济学体系。其一，可称为重商主义；其二，可称为重农主义”。

经济运行是以供给不断满足需求的循环所形成的资源配置，如果对传统经济学思想脉络进行梳理，则不难发现其伴随对需求和供给的认知与态度，呈现出两轮关于供给侧重要性质的“否定之否定”：从19世纪初“供给自动创造需求”的“萨伊定律”提出所标志的供给学派开端伊始，历经成就辉煌的“凯恩斯革命”对其几近全盘的否定，又迎来20世纪70年代“供给学派”兴起所构成的明显带有“螺旋式上升”新特点的第一次供给学派复辟，并接着又继续放低身段于“凯恩斯主义复辟”的浪潮中，直至2008年美国“次贷危机”引发全球金融海啸，供给思想重新以“供给管理”这一带有继续“螺旋式上升”新特点的形式，回归至举足轻重之地位。

沿着两轮“否定之否定”，传统经济学供给思想的发展以历经“古典派”与“新古典派”两阶段的自由主义取向下的供给侧考察为基础，遭受过以凯恩斯和萨缪尔森为代表的第一代凯恩斯主义的批评，后在以伦敦学派、现代货币学派、理性预期学派和供给学派为代表的新自由主义背景下，实现供给思想的首次复辟，接着迎来以新生代经济学者群体为代表的第二代凯恩斯主义浪潮，且此次浪潮中所发展的凯恩斯主义已经在很大程度上带有重要的供给思想要素，也为后危机时代基于对多国“供给管理”的反思而“破”与“立”的新供给经济学之供给思想理性回归，提供了铺垫。

◇ 古典自由主义的供给思想

以1776年亚当·斯密《国富论》为产生标志的古典自由主义经济理论，大体上经历了“古典派”和“新古典派”两个重要阶段：以萨伊、西斯蒙第、马尔萨斯、李嘉图和穆勒等经济哲学家为代表的古典派，供给思想主要以“萨伊定律”为核心，后得到李嘉图和穆勒的发展，其中不乏西斯蒙第和马尔萨斯对其的批评，然而这些批评在很大程度上带着滥觞时期的阶段性色彩，与其看作是一种批评，不如看作是当时完善经济学理论体系必经的打磨切磋；此后，古典派历经边际革命，以剑桥学派、奥地利学派和洛桑学派为代表的新古典派崛起，尤其是在经济思想史上独树一帜的剑桥学派，其开山鼻祖马歇尔探究的经济学原理中以“静态均衡论”（The Statical Theory of Equilibrium）为核心的静态经济学体系，不仅构建了古典自由主义思想的新基础，而且为凯恩斯、尼科尔森、庇古等后来者开拓了继续攀登经济学理论高峰的道路，并包含了重要的供给思想。

◇ 供给思想的第一轮否定：第一代凯恩斯主义的批评

托马斯·罗伯特·马尔萨斯（Thomas Robert Malthus）将需求管理思想引入政治经济学体系，将需求划分为需求程度和需求强度，并在此基础上提出了“有效需求”概念，认为当供给与需求相等时所对应的需求就是有效需求。以有效需求为核心，马尔萨斯认为在需求为有效需求时，市场上商品的价格可以由生产的费用来决定；而在需求不等于有效需求时，市场上商品的价格由供求关系来决定。这种以需求为核心的思想实际上构成对萨伊注重供给思想的异议与批评。在马尔萨斯的影响下，约翰·梅纳德·凯恩斯（John Maynard Keynes）于1936年出版其旷世名著《就业、利息与货币通论》后，经济学进入一个崭新的时代。正如凯恩斯著作名称的关键词所示，其理论建立在货币金融理论的基础上，以承认存在非自愿失业为前提，而以解决就业问题为核心，认为出现失业的原因是有效需求不足，并认为自由放任的经济无法自我缓解所面临的危机，应当通过政府干预经济来刺激需求、解决失业、振兴经济。“凯恩斯革命”之后，以保罗·萨缪尔森为代表的新古典综合学派又成为凯恩斯主义框架下最有影响力的学派。沿袭凯恩斯的需求管理思想，萨缪尔森明确主张在进行需求管理时采取“逆风向而行”的调控政策，并综合运用财政政策和货币政策来调节总需求，这一套政策主张对全球大多数经济体（既包括发达经济体又包括新兴经济体）产生了空前重要的影响。

◇ 供给思想的第二轮浪潮：供给学派与新自由主义

脱胎于“自由主义”这一意识形态和哲学思潮的新自由主义，可认为最早发端于托马斯·希尔·格林(Thomas Hill Green),在19世纪70年代英国爆发严重经济危机的背景下,他提出的经济自由主义复苏形式,核心点是认为自由应当是制度框架内的自由而非放任自流,主张在秉承自由主义传统的同时实施国家干预,但其后这一视角上的理论流派发展,主要表现为国家干预的最小化主张。可以说,新自由主义思想也几乎影响了整个20世纪,其理论学派包括以哈耶克(Hayek)为代表的伦敦学派、以米尔顿·弗里德曼(Milton Friedman)为代表的现代货币学派、以小罗伯特·埃默生·卢卡斯(Robert Emerson Lucas)为代表的理性预期学派及以布坎南(Buchanan)为代表的公共选择学派,若特别关注供给侧考察,新自由主义的理论体系中尤其包括了以拉弗(Laffer)和费尔德斯坦(Feldestein)为代表的供给学派的认识与主张。

◇ 第二代新凯恩斯主义

20世纪80年代后,凯恩斯主义出现复辟浪潮,尽管以萨缪尔森为代表的新古典综合学派"逆风向而行"调节总需求的政策主张仍然具有重大影响,但是以罗伯特·约瑟夫·巴罗(Robert Joseph Barro)、劳伦斯·M.鲍尔(Laurence M. Ball)、尼可拉斯·格里高利·曼昆(Nicholas Gregory Mankiw)、保罗·罗默(Paul M. Romer)、奥利维尔·布兰查德(Olivier Blanchard)、乔治·亚瑟·阿克洛夫(George Arthur Akerlof)、约瑟夫·尤金·斯蒂格利茨(Joseph Eugene Stiglitz)、珍妮特·露易丝·耶伦(Janet Louise Yellen)等新生代经济学家为代表的第二代凯恩斯主义理论体系,与第一代凯恩斯主义已经产生了明显的变化。在多思想层面构造下,第二代新凯恩斯主义囊括了巴罗的技术模仿模型、鲍尔的货币金融理论、曼昆阐述的新经济学原理、罗默的高级宏观经济增长理论、布兰查德的货币金融宏观理论、阿克洛夫及夫人耶伦的信息理论,及发展理论和斯蒂格利茨的信息经济学等。处于理论百花齐放的时代,所谓第二代新凯恩斯主义的诸多代表性新生代经济学家在切实影响着经济增长与经济生活,但可以认为对于第二代新凯恩斯主义的划分尚属未定,并且随着2014年1月6日新上任美联储掌门人开启耶伦时代，而使未来相关经济学说的新发展更加值得期待。

但在这一时期中，2008 年，由美国金融系统爆发的“次贷危机”，迅速传导引发欧洲诸国陷入严重的主权债务危机，世界经济美欧两足并立局面发生巨大动荡，进而引发全球金融海啸和被格林斯潘称为“百年一遇”（实为与“大萧条”相提并论）的世界金融危机，直接导致经济学界对新自由主义的质疑，也伴生了对凯恩斯主义需求管理思路的再次质疑。在此次金融危机救市政策的关键性事项上，美国实际上断然摆脱所谓“华盛顿共识”，从“供给侧”进行足以影响全局的“区别对待”的政策操作与结构性调整，明确地对本国宏观经济进行了强有力的“供给管理”，而不限于所谓的货币总量调节或者需求侧调节，在传统经济学的思想发展经历“萨伊定律—凯恩斯主义—供给学派—凯恩斯主义复辟”的发展阶段后，又切实表现出“供给侧”调控思想对凯恩斯主义的第二次否定，揭示了供给侧经济学沿传统经济学发展脉络应运而生的又一轮理性回归及回归中的“螺旋式上升”。

“发展经济学”的脉络

通常认为，新发展经济学以张培刚于 1945 年出版其基于博士学位论文的著作《农业与工业化》为起点，经历了其后至 20 世纪 60 年代初的第一阶段和 20 世纪 60 年代中期以后的第二阶段，是以贫困落后的农业国家如何实现工业化从而摆脱贫困、走向富裕为研究对象的理论。发展经济学作为研究经济发展的学科，如果以“理论联系实际”的思维框架，基于中国经济实践作出更深入的研讨，则新供给经济学沿着发展经济学脉络承认经济体间非均衡发展，进而研究实现经济追赶—崛起之中长时段的“赶超战略”，应属必然。经济赶超战略对以中国为代表的新兴经济体而言，属于决定经济发展大方向的至关重要的顶层战略抉择。

邓小平提出的中国“三步走”式“追赶—崛起 赶超”现代化战略内涵，固然肇始于作为战略性决策人物的综合性（乃至某些直觉）的判断，但在经济发展理论的已有成果中，却不乏与之吻合、呼应或可资梳理、整合与深化认识的思想材料。赶超战略的学理探索，沿着经济发展理论的脉络，按照标志性学说或模型的提出，大致可将关于经济赶超的西方理论分为六个阶段，这些标志性学说或模型基本上都以同一时期的经济增长特点、理论及模型为基础，可以贡献于经济赶超的独特理论体系。这六个阶段是：美国经济史学家亚历山大·格申克龙提出的后发优势理论，美国社会学家 M. 列维从现代化的角度提出的发展后发优势理论，阿伯拉莫维茨提出的追赶假说，伯利兹、克鲁格曼和丹尼尔·东提出的"蛙跳"模型，罗伯特·J. 巴罗提出的独特的技术模仿函数，R. 范·艾肯建立的技术转移、模仿和创新的一般均衡模型。这些标志性学说或模型，以研究者可观察的经济增长特点、可获取的理论成果或模型为基础，形成经济发展理论不应忽视的组成部分或分支，而它们串联在一起，又可启发和形成关于经济赶超的独特理论体系。

"制度经济学"的脉络

从其发展史来看，制度经济学大体可分为以李斯特、凡勃伦、康芒斯等为代表的制度经济学和以科斯、诺思、威廉姆森等为代表的新制度经济学。然而，旧制度经济学与其称之为"制度经济学"，不如称之为"制度学派"更为准确，其研究对象可认为是某特定制度（例如：资本主义经济制度）下的经济及其处于不同阶段所具有的不同特征，制度学派实际上由其先驱乔治·弗里德里希·李斯特（Georg Friedrich List）所成就的德国历史学派发展而来，其性质在很大程度上虽可归属于历史学派，但其最早对法律、冲突、秩序、交易等问题的特别关注，为新制度经济学奠定了重要的思想基础；而以制度为研究对象的新制度经济学实质上研究的是制度对经济行为和经济发展的影响，以及反过来经济发展对制度演变的影响，以交易费用理论、产权理论、企业理论及制度变迁理论为基础，可以说是开启了经济学研究的新时代。此外，在 20 世纪 80 年代新制度经济学兴起并传入中国以来，以顾钰民等为代表的马克思主义制度经济学者，将马克思研究重点之一的"生产关系"概念明确地纳入经济制度的研究范畴。

◇ 制度学派

19世纪40年代，弗里德里希·李斯特强调本国国民经济及创造财富的国民生产力建立在国家规模分工和相互合作等的基础上，后来制度学派逐渐形成于20世纪初，以托斯丹·邦德·凡勃伦（Thorstein B Veblen）、康芒斯-约翰·罗杰斯（Commons-John Rogers）为代表，基于资本主义发展历史阶段的研究，认为"制度"是经济进化的动力所在。凡勃伦创立制度经济学的开山之作应是1899年出版、影响广泛的针对性著作《有闲阶级论》。自有闲阶级产生时（"未开化文化的阶段"）及发展历程开始，凡勃伦从"金钱的竞赛"、"明显有闲"、"明显消费"、"金钱的生活标准"、"金钱的爱好准则"、"服装是金钱文化的一种表现"等内容逐渐延伸至论述的重点"工业的脱离与保守主义"。制度学派的另一代表人物康芒斯则在凡勃伦思想成果的基础上对该学派作了发展，他总结出凡勃伦的理论实际上建立在通过"无形财产"概念认识到"物质"与"所有权"有所区别的基础上，而这种分离是探讨制度经济学的前提，或说"所有权"是制度经济学的基础，这为制度经济学一脉的后续发展奠定了十分重要的概念基础。

◇ 新制度经济学

新制度经济学以及经济分析法学的产生，虽然在一开始被认为是旧制度学派的重新崛起，但是基于旧制度学派的思想基础确实又向前走出很长一段路，具有里程碑意义。尽管"制度演进"、"所有权"、"冲突"、"集体行动"、"交易"、"法制"等概念在旧制度学派中都得到思考，但当时以"点"的形式出现的思想火花最终归于康芒斯笔下的"法制"，而并没有"捅破窗户纸"来揭示真正属于制度及经济发展关系的实质性内涵，直至20世纪40年代新制度经济学的产生，开启了经济学理论的新时代。1937年，27岁的罗纳德·哈里·科斯（Ronald Harry Coase）发表了两年前完成的学术论文《企业的性质》，成为新制度经济学的奠基之作。科斯将人们所认识到的生产"外部性"问题内化，进一步推进到以"权力界定"（"产权清晰"及其后的交易）视角作重新解读，实质上是对设计和选择社会制度安排总结而成的一种要求。同样作为新制度经济学的奠基人，道格拉斯·塞西尔·诺思（Douglass Cecil North）则重点研究了包括产权理论、国家理论及意识形态理论在内的制度变迁理论。哈罗德·德姆塞茨（Harold Demsetz）在1967年发表《产权理论探讨》一文，进一步讨论了产权的经济理论要素。作为科斯理论的追随者，张五常在1969年发表的《佃农理论》一文中通过对分成租佃制度的研究，得到制定土地产权、明晰产权制度、允许土地自由转让才能让生产要素与土地的结合发挥最大效率的结论，深入研究了市场经济条件下契约的本质与交易费用的关系。

◇ 马克思主义经济学及其制度经济学内涵

以《政治经济学批判》和《资本论》等为代表作的马克思主义经济学，其实质是基于历史唯物主义学说和剩余价值学说等重大发现和对于资本主义的经济与社会矛盾运动的剖析，面对现实社会问题，廓清如何客观合理地认识世界之经济、社会变化内在机理（规律性）而引出以未来理想社会（“自由人的联合体”）为目标导向的改变世界的群体性能动努力。这一哲理层面的主线和“理论密切联系实际而改造世界”的精神实质，对于人类社会其实也必然具有共同价值，亦可以解释本原的马克思主义何以具有历史性的、长久不衰的思想影响和学术地位。中国人在经历可能要几代人才能最终收功的历史性经济社会转轨（以“人民对美好生活的向往”为共同性导向的艰巨豪迈的现代化）过程中，显然需要把马克思主义的基本原理、基本制度分析思路与相关领域的一切人类文明之积极思想成果打通，马克思主义经济学在当代，应当在“中国的奋斗”过程中产生其应有的发展、丰富与提升的新成果。

正如诺思认为马克思实现了“对长期制度变革的最有力的论述”[1]，以顾钰民为代表之一的马克思主义制度经济学试图用制度经济学的方法研究和阐发

[1] 道格拉斯·C.诺思：《经济史上的机构与变革》，厉以平译，商务印书馆，1992，第61—63页。

马克思主义经济学，认为马克思主义政治经济学“深刻地揭示了经济制度产生、发展的客观规律”，把生产资料所有制作为社会经济制度的核心，并将经济制度的分析分为“生产资料所有制”、“具体的产权制度”和“资源配置的调节机制”三个层次[1]。对马克思主义理论中蕴含的制度经济学内容所进行的研究，实际上是清晰归纳和再次印证“制度”与供给侧研究中在“人”这一基点的连通，即基于“生产关系和生产力”这一社会发展基本矛盾演变，而伸展为对于经济社会发展规律的深刻认识与动态考察，进而寻求“认识世界”基础上“改造世界”的思路与方略。

“转轨经济学”的脉络

就“转轨经济学”而言，虽有概念和研究者的积极努力和有益成果，其总体发展状态仍显系统性明显不足，但不妨将其看作是制度经济学的一个分支，其研究对象与中国等经济体具有天然的对应性。若从逻辑关系上来看，其实际上是将制度经济学的系列成果，特别是关于制度变迁内容具体化和对象化展开，而后所形成的一门理论，尤特指 20 世纪 70 年代末至 90 年代初中国改革开放、苏联东欧解体后的经济和社会变革阶段中，理论界“与时俱进”地与改革、转轨密不可分的相关研究认识的集合。计划经济通过改革实现向市场经济过渡之制度变迁的简要概括，在苏联东欧和中国均可以两个“轨”之间的转变而称之，目的非常明确，就是从计划经济一“轨”转入市场经济一“轨”，被形象化地称为“转轨”[2]，经济理论上也就成为转轨经济学；要经历由计划经济向市场经济的过渡，所以转轨经济学也被称为过渡经济学。当然，不同经济体的转轨、过渡实践与相关分析，又可表现出种种大相径庭之处。中国经济目前仍处于“转轨”中，对于经济转轨的起点及终点、选择渐进式还是激进式等基本问题，学界固然见仁

[1] 顾钰民：《马克思主义制度经济学》，复旦大学出版社，2005，第 19—20 页。
[2] 樊纲：《改革三十年——转轨经济学的思考》，“纪念中国改革开放三十年讲坛”主题演讲，2008 年 6 月 12 日。

见智，但也在凝聚一些基本共识。显然转轨过程中将面临许多攻坚克难的问题（尤其在“渐进”已形成“路径依赖”的中国），亟须设计针对性的过渡方案，联结制度安排总体战略构想的动态优化与贯彻实施，力争尽可能合意地渡过转型时期。作为一门与实践紧密结合的理论，其特定追求和基本范式，可谓是与供给侧的制度供给问题（制度安排与体制变革问题）形成了核心部分的一体化，并不断以学术话语作出表达和争鸣。相关理论分析的重要参照框架，在前面一个时期最典型、最具影响的范式之争，即有“华盛顿共识”与“北京共识”。

◇ 华盛顿共识：由针对拉美而影响其他

“华盛顿共识”是国际货币基金组织（IMF）、美洲开发银行和美国财政部三家重量级机构，针对1989年饱受债务危机困扰的美洲国家提出的经济改革思路与政策的组合，其核心要领是约翰·威廉姆森（John Williamson）提出的包括“财政纪律、公共支出优先权、税制改革、自由化利率、竞争性汇率、贸易自由化、输入性FDI（国际直接投资）的自由化、私有化、放松管制、保护产权”在内的10条政策措施。可以看出，这些政策措施都以更为自由化的主张为共性特点。然而，这一首先针对拉美国家进而也在其他新兴的、转轨的经济体产生重要影响的转轨方针政策组合，并没有成功地帮助拉美解决所面临的经济问题及推动经济崛起，有效扭转拉美地区在落入“中等收入陷阱”后的令人沮丧的现实，并随着中国等亚洲国家转型转轨中多样化可参照经验的不断产生，越来越多地产生了对于“华盛顿共识”的现实疑虑与思想挑战，至世界金融危机席卷全球之后，一时间很多的评论者甚至认为“金融海啸”实际上已宣告了“华盛顿共识”的失败。当然，从学理层面作中肯分析，“华盛顿共识”所体现的政策供给及其背后所蕴含的制度供给理论与制度转轨设计思路，确有其一系列可取之处，只是如把其“自由化”倾向性与“新自由主义”极端化见解和主张简单合并，很容易形成认识和实践中的偏颇；虽在一些主要方面很合乎某些主流经济学教科书，却难以有力支持指导应对金融危机等事关全局的重大实践。

◇ 北京共识：中国发展模式之争

所谓"北京共识"，是由高盛公司顾问库珀针对"华盛顿共识"提出的中国通过努力、创新、实践摸索出适合本国国情的一种发展模式，该模式试图揭示发展中国家在世界立足的三个原理，从定位创新价值到将国内生产总值与人民生活质量挂钩再到多渠道快速实现更多的变化和创新，这种为提出人所肯定的"成功模式"，无形中传达出其对中国经济发展的信心，但其在基础理论层面的支撑因素还明显不足，并且未能有效回应方方面面对中国随"黄金发展"特征而来的"矛盾凸显"特征的普遍关切。与之相关的"中国模式"概念与内容之争，在中国内外都相当热闹，也显然密切关联供给侧的"区别对待"（"中国国情"是其最具代表性的大概念之一）和制度供给、体制转轨方面的种种热点、难点问题。

◇ 思考：两模式的偏颇

无论是"华盛顿共识"还是"北京共识"，对于正处于中等收入发展阶段、面临诸多发展陷阱的中国而言，都难免有偏颇之嫌。尽管一方面，中国经济历经较长时期高速发展，甚至被称为"中国奇迹"，但距离跻身世界发达国家之林的目标尚远，不得不面临后发经济体和先易后难"渐进改革"路径上的诸多尴尬和严峻挑战，远不及发达经济体通过工业革命捷足先登后一路而上（也遭遇过"大萧条"等严重危机）那样可以按照需求管理"自由化"取向下的简单规则行事。另一方面，中国转轨中的成绩和初步经验方面虽然可以给人以深刻印象，但与形成相对清晰、稳定的"模式"级概念还相距甚远，宁可说作为"真问题"的中国抉择的大考验还在进行中，"攻坚克难"的关键性事件还在后面[1]。中国制度供给方面事关前途和命运的决定性考验，在于如何以十八届三中全会全面深化改革《决定》为指导方针，不惜"壮士断腕"并运用极高的政治智慧推进实质性的制度变革，尤其是要在改革中创造性地处理好后发的现代化过程中政府与市场关系

[1] 贾康：《关于我国若干重大经济社会现实问题的思考》，《贾康自选集——理论创新　制度变革　政策优化（上卷）》，人民出版社，2013，第239—269页。

这一核心问题,以求持续走完实现“中国梦”的成功转轨道路,这也正是转轨经济学与新供给经济学的理论支撑点及相互结合的意义之所在。

若从理论实质看,转轨经济学所追求的研究成果,必然是属于制度经济学理论的大框架之下,但其针对性更加鲜明,尤其是突出地标示发展中经济体“由计划经济体制向市场经济体制转轨过渡”、“全面改革”等约束条件,始终环绕“制度”的研究与思考,从而成为我国经济社会发展不可回避的重大理论建设问题。从中国学人努力以“新供给经济学”框架来认识于2008年爆发的全球金融危机中美国果断采取“供给管理”重大实践举措,加上对经济学需求侧研究已有模型、假设、主流范式的综合性反思与批判性接纳,不难得知其力主的应当直面中外思想成果和经济实践而“融汇古今,贯通中西”包容性发展的特点,是必然需要跳出容易滑为“贴标签”式展开“两种共识之争”的老套路的。

“新兴经济学”的亮点

起源于20世纪40年代的信息经济学,从微观角度研究信息的成本和价格,并提出不完全信息理论,将理想假设模型与经济运行实际结合起来深化认识。作为一门将人类行为分析与经济运行规律、心理学与经济学有机结合的学科,行为经济学的出现和产生影响仅三十余年,如果试图为其认定一个里程碑式的登堂入室的标志,那么不妨以2002年丹尼尔·卡尼曼(Daniel Kahneman)作为一个心理学家荣膺诺贝尔经济学奖开始。然而,正如尼克·威尔金森(Nick Wilkinson)所说“如果我们的研究目标是人们在各种条件下如何配置资源,那么在这个意义上,任何经济学都与行为有关”,行为经济学正是将以心理学为基础而认识到人们行为的不确定性,并把其对经济生活的影响带入经济分析当中的理论。行为经济学的理论基础并非完全的创新,可认为是由传统经济学的“偏好”及“期望”理论,加上所谓“心理核算”等方法共同构成的。

在对“逆向选择”、“不完全信息”和“动物精神”进行再解读的过程中,不难发现,在信息经济学和行为经济学的框架下,沿着乔治·阿克洛夫(George A.

Akerlof）、迈克尔·罗斯柴尔德（Michael Rothschild）、约瑟夫·斯蒂格利茨（Joseph E. Stiglitz）、桑福德·格罗斯曼（Sanford J. Grossman）和罗伯特·希勒（Robert J. Shiller）等学者的研究序列，并纳入对博弈论的相关思考，恰好勾勒出一条清晰的“理性预期失灵”逻辑线索[1]。基于此，我们可认为，所谓“理性预期失灵”，主要是指在国民经济实践中理性预期和有效市场理论失效的领域，这一领域包括三个层次：一是基于理性预期假设下的“柠檬”市场，二是基于理性预期假设下的不完备信息市场，三是以“动物精神”为代表的非理性行为。非理性因素的存在有助于我们理解新供给经济学所主张的实施理性的供给管理矫正“理性预期失灵”的必要性和重要性。若从经济学理论角度对此三个层次进行考察，不难发现，第一和第二个层次实际上属于信息经济学的理论范畴，第三层次则属于行为经济学的理论范畴，信息经济学和行为经济学由此可以共同构成“新供给经济学”的第六维理论基础。

“新供给经济学”创新

在“六维复合”的理论综述及思想脉络考察中可以发现，传统经济学在贯穿六维体系的主线上，主要研究范畴是需求和供给的关系及其作用机制；由传统经济学派生而来的多学派经济学理论发展中，马克思主义经济学既包含深刻地揭示资本主义经济内在矛盾的批判性内容，又包含超越资本主义眼界而认识经济社会长远发展规律的建设性内容；制度经济学以制度及制度变迁与经济发展的互动作用为主要研究内容；发展经济学以研究农业国家的工业化或者说后发国家的现代化为主要研究内容；转轨经济学可被认为是具体化的制度经济学分支，以计划经济向市场经济的转变与过渡为主要研究内容；信息及行为经济学则以市场中不完全信息对人之预期的影响、人的偏好及心理学特征为基点研究经济发展。有意以“问题导向”而从事“站在前人肩膀上”的创新性研究的中国新供

---

[1] 贾康、苏京春：《“理性预期失灵”的发生逻辑及其矫正路径——从供给管理视角对政府调控与作为的探析》，财政部财政科学研究所《研究报告》第33期（总第1679期），2014年2月17日。

给经济学群体，在把需求侧与供给侧的经济发展动力体系与认知理路打通的努力中，其侧重点与创新发力点，在于形成供给侧的全面深入分析认识，立志于在融会古今、贯通中西的“集大成”的包容性框架下，把“物”与“人”的分析认识打通而提升经济学的解释力与指导力。

所谓“供给侧”的“物”和“人”，剖析起来，对于“物”和“人”两大基本视角的划分，可认为不仅源于对经济学大家思想脉络的考察（例如：马克思关于生产力与生产关系基本矛盾关系的唯物史观；亚当·斯密关于人际分工与“看不见的手”使物资配置达于合意的内洽性原理），而且源于对经济社会现象的“通识研究”或广泛认知（例如：保罗·肯尼迪所言大国兴衰的秘密是“技术上”和“组织上”的变化）。实际上，所谓“物”，也必是指“人与物”的关系，即“生产力”层面，由劳动对象、劳动工具而推及劳动者（人或“人力资本”）——具体到现代经济发展的核心而言，即“技术”的层面（邓小平所说的“科技是第一生产力”，实为由人实现的科技创新供给形成的生产力乘数效应）；所谓“人”，则实质上必是指“人与人”的关系，即“生产关系”层面，或具体到现代经济发展而言，即如何组织经济活动的形式与制度安排、利益分配；而无论是强调“生产力”（即由“物”切入）的层面，还是强调“生产关系”（即由“人”切入）的层面，归根结底都是居于“生产”的方面，即都隶属于“供给侧”，以回应“需求侧”的原生诉求（人类从生存、温饱底线上必生发并必升级的需要）。反过来认识“六维复合”的理论基础要素，供给侧的“六维一体”考察是在以传统经济学需求和供给研究两轮“否定之否定”演进的主线下，以发展经济学为一大基点——既突出于“物”的供给研究，又以制度经济学、转轨经济学、信息及行为经济学为另一大基点——即突出于“人”和人际关系的研究，进而作“打通”之努力。

基于“物”的研究告诉我们，由于存在后发优势，欠发达的后进经济体可以追赶发达经济体，并通过“蛙跳”、技术扩散、“干中学”等方式方法，实现技术上的乃至组织结构方面的赶超，从而实现经济上的赶超。基于“人”的研究告诉我们，制度作为一个极其重要的供给因素，尤其是产权和交易成本的机制联结状况，直接影响某一经济体的经济发展。在制度变迁即制度安排的供给演变过程中，既会出现制度滞后现象，又会存在制度潜力的能动性空间，计划经济制度作为一种经济组织形式，其相对劣势已然较充分暴露，而作为原属计划经济制度的国家，怎样成功实现由计划经济向市场经济过渡，无论是稍早风行而标榜全面“自由化”的“华盛顿共识”，还是稍后期兴起、对并未定型的“中国特色”充分肯定而将其推向模式化的“北京共识”，都难免失于偏颇。人类社会生产关系的优化提升，仍须进一步肯定其摸索前行的基本姿态，加之信息的不完全和人们行为的不确定性，例如“柠檬市场”、“不完备信息市场”、“动物精神”、“羊群效应”、“王庆悖论”等因素的存在，往往造成理性预期失灵，亟须讨论如何加入“理性的供给管理”的矫正力量。两大基本视点可展开的相关理论研究都表明，以矫正传统主流经济学理论之缺陷为切入点而初具形态的强调以“有效制度供给”与“理性的供给管理”为核心（在当下中国即以改革攻坚为核心）的新供给经济学，绝非“为创新而创新”无的放矢，而是在致力于经济学者理应尽责的学科发展建设和对时代要求的积极回应。

三、财政学的特定位置

“混合经济”运行中资源配置的循环流动

现代人类社会的经济运行系统，在经济学发展形成的语境中，已被称为“混合经济”，政府部门和私人部门，市场机制与计划机制，同时对资源配置和以供给满足需求的经济活动发生作用。大卫·海曼在其教科书中侧重从政府视角出发，他说道：“混合经济是一种由政府提供相当数量的产品和服务并管理私人经济活动的经济。在这样的经济中，税收占国民收入的比例至少为四分之一，政府通常管理私人经济活动并利用税收和补贴来影响资源使用的动机。”（大卫·N. 海曼：《财政学理论在政策中的当代应用》，北京大学出版社 2006 年版）参见图 0－2。

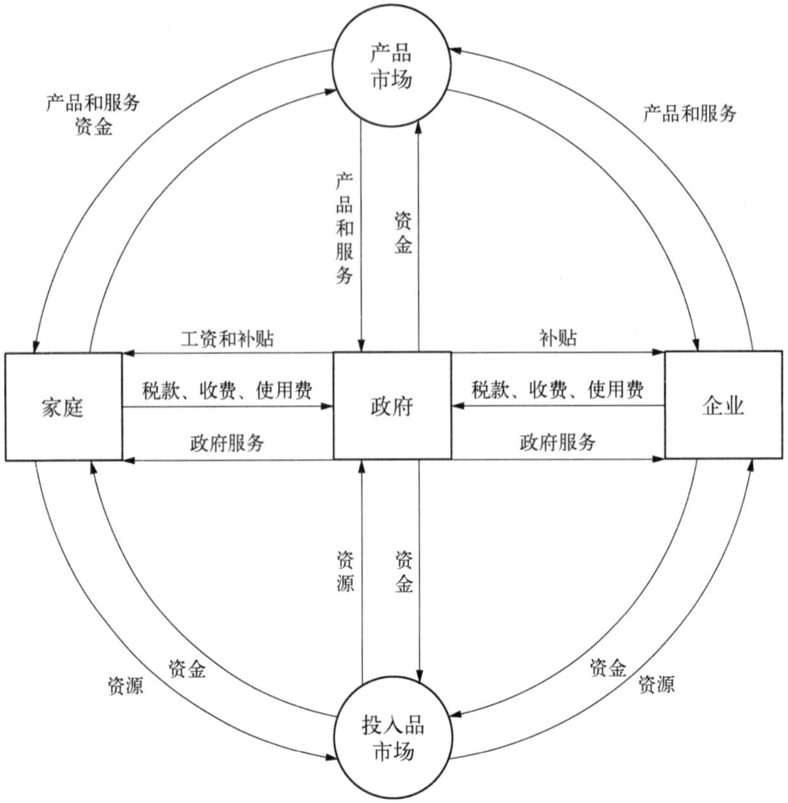

图 0－2　混合经济中的循环流动

资料来源：大卫·N. 海曼：《财政学理论在政策中的当代应用》，张进昌译，北京大学出版社，2006。

资源要素在混合经济中的循环流动，体现着供给不断适应需求的资源配置，其中政府的财政收入与支出，作用于企业、家庭、投入品市场、产品市场，图0－2直观地呈现了这种循环流动过程。

大视野之下合乎逻辑的切入点

在前述可作结合集成理解的经济学已有成果的视界内，以及有政府和市场主体（企业）、社会成员（家庭）互动的资源配置全景中，包含着财政学的研究领域——公共资源配置问题。一旦展开研究这一问题，经济学的视界就必须扩展到更广阔的政治与社会领域，这便形成了财政学的跨界性质。在本书的“绪论”部分，我们仅为了把握大视野之下的切入点，“点到为止”地提及以下基本命题和合乎逻辑的基本概念链条，而将在后面的各章中作展开的讨论分析。

关于“以政控财，以财行政”的财政，需要考察：

1. 人类“社会权力中心”：为什么需要有财政分配的主体（政权、政府）存在？

2. 人类“社会共同体”的底线：为什么需要有财政分配的客体（公共资源、公共产品）的有效供给？

3. 公共资源配置所涉公共品的特点：效用不可分割，消费的非排他性，受益的非竞争性，供给的非营利性。

4. 除财政分配的共性外，还应考虑不同经济体、不同发展阶段上财政分配的特殊性。

对应地，本书后面的内容将作考察分析：

1. “社会集中分配论”的认识源头：人类社会原始阶段，在剩余产品出现并有社会权力中心形成后，即有原始财政（把公共资源配置于祭祀、狂欢活动及部落战争等）。

剩余产品较稳定地出现于农耕文明取代仅知采集与狩猎的野蛮时代之后；社会权力中心首先形成于部落酋长。原始公社氏族部落（血缘关系纽带）→部落联盟（“国族”，血缘多元化）→国家（血缘不再具有决定性的纽带作用）。

“国家是阶级矛盾不可调和的产物”，亦是维系社会统一局面而不至解体的持有暴力手段的政治权力（公权力）当局和上层建筑。在“丛林法则”主宰的社会中，一般总是有多群“土匪”争夺“江山一统”，最后由成功者“建国”，作为统治者（统治阶级），必须为全体社会成员提供治安、防灾救灾、共祭神祇与祖宗等基本公共品。阶级国家，成为“统治阶级利益需要”与“社会共同需要”的对立统一体。

2. “社会共同体”的底线：民可聊生而非“民不聊生”，否则盗贼蜂起，天下大乱，便要改朝换代，所以基本公共品（安全、救济等）托底，是统治者满足自己利益需要维持统治的前提条件——公共资源配置必以公共品托底。

3. “以政控财，以财行政”的公共资源配置——公共品供给，涉及公共品有别于私人品的特殊性，带来财政学理论的特别魅力，并将展开其带有专业化色彩和直通操作性要求的宏大体系和多方面内容。

财政学的基础理论有哪些

作为一门跨域交叉学科，财政学的基础理论包括了资源配置与公共资源配置的相关理论，如国家学说、社会再生产与社会“扣除”理论等。其中，国家学说实则属于政治学的范畴。资源配置与公共资源配置的相关理论主要属于西方经济学的语境，社会再生产与“社会扣除”理论主要属于马克思主义政治经济学的概念。中国学者在关于财政本质的基础理论研讨中有独特的建树。

自经济学产生以来，资源如何合理配置就一直是经济学者研讨的核心问题，这源自经济学产生的原因，即资源的稀缺性和人的欲望的无限性。以市场经济为主要研究对象的西方经济学，主要致力解决如何利用市场机制实现资源有效配置的问题，以构成资源配置的理论框架。除了私人产权清晰的资源以外，还有许多资源具有公共属性，这些公共资源是共有的，它们的合理配置须更加注重公平，财政的最重要职能就是实现公共资源的有效配置。财政分配的资源产生于社会再生产，财政所负责的再分配则联系于“社会扣除”的部分。作为一门应用经济学，财政与实践最紧密的联系，就表现在其体制总是随着国体和政体的不同而各异，基于国家学说发展的历史脉络和国内外现状的比较分析，可知财政体制总是随着国家在不同历史发展阶段的约束条件，以及同一历史发展阶段由于有不同国别和国情，而呈现不同特征。

小结与提示：
财政学是服务于“治国安邦”、“经世济民”的理论

国家运转和经济发展过程中的问题大都与财政有千丝万缕的联系。我们在生活中几乎每天、每时都在涉及“治国安邦”、“经世济民”的问题：以国防、执法、司法体系来保障我们的国家安全和公民的人身安全、财产安全；以社会救济、社会保险、义务教育、基础公共卫生、基本住房保障等来保障公民的生存及其基本的生活质量、发展条件；以促进充分就业、提供基本职业培训、消除各种歧视、提供流动平台、提供基本权益保障等体系给予我们国家公民公平的权利和机遇；以保证宏观经济平稳增长、减免税及税收优惠、针对性补贴等手段来提升我们国家的公民享受发展的红利。

我们在本绪论中，首先思考为什么要学习财政学、财政学是什么、它的认知框架是什么等几个问题，接着从一种综合集成的大视角，认识经济学“六维”框架及不同经济学派的发展脉络，并考察了“新供给经济学”打通“物”与“人”的相关理论创新，最后从认识财政学特定位置的切入点，财政学将涉及的基础理论而点到为止地落于财政学所服务的“治国安邦”、“经世济民”的宏大命题。以此，引出本书其后各章节的循序渐进展开的分析认识。

概念与认识的关键词

经济学“六维”框架；财政学基础理论

思考与讨论

你为什么选择学习财政学？

经济学和财政学是何关系？

你怎么看经济学“六维”框架？

财政学的基础理论有哪些？

你认为财政学与我们的生活有怎样的关系？

主要参阅文献

贾康,苏京春.供给侧考察：新供给经济学理论“五维一体化”框架与包容性边界探讨.财经问题研究,2014(11).

贾康,苏京春,等.新供给经济学：理论创新与建言.北京：中国经济出版社,2014.

樊纲.现代三大经济理论体系的比较与综合.上海：上海人民出版社,2007.

贾康.财政本质与财政调控.北京：经济科学出版社,1998.

王传纶,高培勇.当代西方财政经济理论.北京：商务印书馆,1995.

曹立瀛.西方财政理论与政策.北京：中国财政经济出版社,1995.

第一章　人类社会中国家—政府与现实财政状态的演变及学理分析

第一章　人类社会中国家—政府与现实财政状态的演变及学理分析

自从进入文明时代以来，财富的增长是如此巨大……已经变成了一种无法控制的力量。人类的智慧在自己的创造物面前感到迷惘而不知所措了。然而，总有一天，人类的理智一定会强健到能够支配财富，一定会规定国家对它所保护的财产的关系，以及所有者的权利的范围。社会的利益绝对地高于个人的利益，必须使这两者处于一种公正而和谐的关系之中。只要进步仍将是未来的规律，像它对于过去那样，那么单纯追求财富就不是人类的最终的命运了。自从文明时代开始以来所经历过的时间，只是人类已经经历过的生存时间的一小部分，只是人类将要经历的生存时间的一小部分。社会的瓦解，即将成为以财富为唯一的最终目的的那个历程的终结，因为这一历程包含着自我消灭的因素。管理上的民主，社会中的博爱，权利的平等，教育的普及，将揭开社会的下一个更高的阶段，经验、理智和科学正在不断向这个阶段努力。这将是古代氏族的自由、平等和博爱的复活，但却是在更高级形式上的复活。

——摩尔根

一、历史视角的国家观与财政现象

/// 楔子：两位嘉宾的讨论 ///

1998年3月23日，德国路德维希-马克西米利安-慕尼黑大学（LMU），一场别开生面的学术讨论会在这里举行。两位参加讨论的嘉宾，一位是87岁的马斯格雷夫，一位是78岁的布坎南。就两位嘉宾的年龄，已经足够让会议的组织者担心了，经济研究中心挤满了不远万里从各地赶来的学者们，电视台的工作人员紧张地做着直播前的各种准备工作。两位嘉宾出场了，都是精神抖擞，充满活力，全场响起热烈的掌声。马斯格雷夫和布坎南是20世纪西方财政学界最有影响力的两位泰斗级人物，分别代表最有影响力的公共财政与公共选择两大财政学流派。他们演讲和辩论的主题是财政学理论和政策及其背后与国家有关的哲理，会议的主持者将之称为——两种截然对立的国家观。这次思想交锋以讲演、讨论的形式持续了数天。不同的财政理论里面总是蕴含不同的国家观。基于不同国家观的人，对财政理论的构建会提出不同的问题和研究思路，这也使他们对解决实际问题的财政政策主张显著不同。

（资料来源：布坎南、马斯格雷夫：《公共财政与公共选择：两种截然不同的国家观》，类承曜译，中国财政经济出版社，2000。）

梁启超曾言“无史不成学”，“历史者，叙述人群进化之现象，而求得其公理公例者也”（《史学之界说》，见其《新史学》之第二章）。历史归纳法，是进行社会科学研究的重要方法。通过对财政产生、发展、变化的历史事实的比较和归纳，能让我们对财政的本质和各种属性以及财政未来发展的方向有更好的认识。而财政学的奠基者们一开始是在人类社会分为一个个主权国家的思维框架之下考察财政的，“国家财政”也是绝大多数讨论者都可以欣然接受的“基础概念”，所以我们需要在梳理财政历史现象之前，首先梳理一下作为财政学重要基础的国家观。

（一）国家观与财政思考

1. 东、西方早期的国家观

关于国家形成的观念可追溯至上古时代。夏是中国历史上第一个朝代，其统治者迷信"天命"，自视为"天子"而受命于固常不变的天。夏桀曾把自己比作太阳，说"天之有日，犹吾之有民，日有亡哉，日亡吾亦亡矣"。他认为自己掌握的国家统治权力是永恒的，与天同寿，于是为所欲为，横征暴敛，罔顾人民死活，结果在民众的反抗下丧失了统治地位。代之而起的商朝曾在一定程度上汲取了夏的教训，提出了"施实德于民"（《尚书·商书·盘庚》）的思想，但依然认为君权神授，认为自己的统治基础来自神的意志。《诗·商颂·玄鸟》说："天命玄鸟，降而生商。"《尚书·商书·盘庚》里提出万民的生命是商王从天那里请求而来的，并由王畜养，商纣说："我生不有命在天乎！"（《史记·殷本纪》）于是"小民方兴，相为敌雠"（《尚书·商书·微子》），其也重蹈了与夏桀相似的覆亡轨迹。

以周公为代表的周初政治家们在总结夏、商两代衰亡的教训时，深刻认识到人民的力量，认为"民之所欲，天必从之"（《尚书·周书·泰誓》），将天命和民欲联系起来，即上天关心的是人民的疾苦，天命是以人民愿望为依归，提出了敬天保民的思想。德政于是成了沟通天命和民欲的桥梁，要求统治者在政治上爱民、重民，经济上富民、知百姓疾苦，生活上节俭，以减轻百姓负担。虽然依然认为建国设君都是天的意志，但却更多强调"天子作民之父母，以为天下王"，"天生民而立之君，使司牧之"，"政在养民"的思想。于是在财政上既主张要按照一定的阶级等级秩序进行分配，也强调国家要承担提供行政管理、安全保障、生产辅助、水利建设、修桥铺路、放赈救灾、收养孤儿、赈恤鳏寡、尊老养老、基础教育、医药救助、丧葬抚恤、助贷贫民、协助生产等公共服务的职责。在早期实际上是对公共产品的讨论中，提出了“六养”、“七德”、“九惠”、“十二荒政”、“养万民”等理论。这些主张对后来的诸子学说产生了很大影响。

儒家提出了“克己复礼，天下归仁”的思想，用“礼”为财政之阶级分配的不公平现象提供了理论支持，所谓“贵贱有等，长幼有差，贫富轻重皆有称也”；同时用“仁”向统治者提出了仁政、德本、民本、富民、轻税、节用、养民等要求。明代的方孝孺系统地论述了儒家的国家观，他认为天之生人，有自然的不平等，所以要设立君主和官吏，来集中财富，济贫扶危。“天非不欲人人皆智且富也，而不能者，势不可也。势之所在，天不能为，而人可以为之。故立君师以治，使得于天厚者不自专其用，薄者有所仰以容身。”“天之立君，所以为民，非使其民奉乎君也。然而势不免粟米布帛以给之者，以为将仰之平其曲直，除所患苦，济所不足而教所不能。”“人君之职，为天养民者也。”

墨家认为国家的起源是因为人类的经济需要，因此，国家应该以解决人民的生活困难为职责。这样就需要国家有足够的财政收入和积蓄“养万民”，解决人民的衣食等经济问题。墨家还提出国家政治、经济、外交各项政务的展开，都必须有充足的财政，才能有效施行。所以墨家并不主张轻税，认为应该充实财政，“官府实而万民富”，同时墨家主张统治者应该节用，“去无用之费”。墨子虽然也主张给统治阶级厚禄，认为“高爵无禄，民不信也”，但也反对儒家有阶级等差的爱，宣扬兼爱互利，提倡“有力者疾以助人，有财者勉以分人”。

法家商鞅认为人们“爱私”，拼命争夺私利，出现一片混乱，于是有圣人出来建立制度，设立官吏负责执行。他认为历史的进步是由个人与社会、财产的分配、权力斗争等矛盾引起的。商鞅的历史观和国家观中已经意识到了历史是进化的，并用经济特点与国家权力的产生和运作，来作为时代的标志。但由于其强调圣人的作用，乃至过分重视君主的权益，而忽视了一般被统治阶级的利益，甚至提出“贫民”、“辱民”、“刑民”、“愚民”，为了实现富国强君的目的，形成“利出一孔”的主张，对后世有不好的影响。到秦始皇时，李斯进而提出了“贤明之主”是“独制于天下而无所制”、“能穷乐之极矣”的独夫思想，他认为只要对人民“行督责之道”,“所求得则国家富,国家富则君乐丰。故督责之术设,则所欲无不得矣”。在这样的思想指导下,秦朝廷“力役三十倍于古,田租口赋盐铁二十倍于古”。结果秦始皇统一天下、完成辉煌伟业之后仅15年,帝国就土崩瓦解。

道家在“小国寡民”的国家观下,提出了轻税节用、休养生息的财政思想,认为国家少做事,不干涉,放手让百姓自己去做,国家做的事少,支出就少,征税也就减少了;百姓能够休养生息,财富自然会增加,百姓就能富裕。

诸子百家各从不同的国家观出发,提出了自己的财政思想,相互驳难,相互吸收,各自从不同角度提供了和加深了人们对财政的理解,已经实际上涉及财政的公共性和阶级性及所寓其中的两者对立统一体性质。

在西方早期关于国家和财政的思想中,我们也能看到对财政公共性和阶级性双重属性的认识。

在古希腊,柏拉图认为国家的建立源于人类生活的自然需要。由于个人不能独立生活,总是对别人有所求、有所依赖,所以需要合群而组成团体,成立国家以便相互帮助。在《理想国》里,柏拉图提出社会分工是城邦产生的原因和动力,也是理想国社会政治结构的突出特征。继柏拉图之后,亚里士多德指出“对于任何事物,不论国家还是别的什么,只要能追本穷源,就可以获得对它最明确的认识”,认为“凡是互相依靠不能独自存在的就必须结合”。在探讨城邦的起源时,他提出了一个著名的论题——“人类是趋向于城邦生活的动物”。他说,人按本性必须过城邦生活,只有如此,人的本性才能够实现。他还提出建立国家的目的是为了最高最广泛的“善业”。“善业”包括外物、身体和灵魂。外物就是个人需要的一切物质财富。通工易事,互相补差,才能使所有的人过渡到较高级的优良生活状态。

从国家观出发,希腊人较早认识到了财政的公共性。古希腊文的“Πόλι”(Polis)的基本意思包含着“公共事务的管理”,含有公民权、公民集体、城市、城邦、国家等诸多意思。在一些希腊城邦的财政实践中,我们也可以看到不少公共财政的理念指导。亚里士多德甚至已经提到了分配正义的概念,也提到政治计划的目标是给个人分配可以选择和享受好生活的条件。但另一方面,柏拉图、亚里士多德这些大思想家同时也用了很大精力来论证,奴隶是一件财产,一个工具——奴隶是有生命的工具,而劳动工具是无生命的奴隶。柏拉图还警告奴隶主们:“奴隶都不可避免地憎恨他们的主人,只有不间断地加以监督,才能保证我们不会被他们统统杀害。”亚里士多德在《政治学》里,提出“公民”理论,明确强调“唯有希腊人适于当公民”,他还引用古希腊诗歌“野蛮人归希腊人统治是天经地义”来说明。色诺芬的《雅典的收入》虽然反对雅典对外邦人的剥削,主张雅典以自己本身的财力来维持本国财政和人民福利,但他的平等却将奴隶排除在外,他甚至认为对付奴隶也适用于训练野兽的办法,并建议由国家购买奴隶,把他们出租以增加国家的收入。这些所实际反映的,是这些思想家基于奴隶制社会阶级矛盾与对立的现实,是为“自圆其说”而勉为其难的修补和强词夺理。

罗马思想家西塞罗也继承了希腊人的思想,并有了进一步的发挥,他重新对国家进行了定义:“国家是人民的事业。”他认为国家属于人民,为人民所有。人民成了国家的主人,把国家掌握在自己手中,国家从此成为人民集体的事项或共同财产,所以被称为“共和国”。但他依然认为劳动是“下人的行当”,“做穷人是一项不可饶恕的罪行”。这也鲜明体现了其与柏拉图等同样的局限性。

在古印度,与早期的中国人类似,也是将国家和君主的产生归之于神,并以神的名义把人民分成不同的等级。吠陀经典《梨俱吠陀》讲述了千首千眼布路沙创世的故事:“其口转化,为婆罗门;两手制成,罗阇尼亚;尚有两腿,是为吠舍;至于两脚,作首陀罗。”所以,婆罗门是接受布施,刹帝利征收赋税,而吠舍和首陀罗必须纳税服役。当然,印度国王也把他对人民承诺的提供公共服务的责任刻在岩石上:“所有的人都是我的孩子。正像对我自己的孩子,我希望能向他们提供在此世和彼世中的全部福祉和幸福那样,我也希望向所有的人提供同样的福祉和幸福。”

可以说,无论是在东方还是西方,早期的国家观大多包含了公共性和阶级性双重属性的认知。无论统治者宣称依什么样的理论来获取和延续权力,他都必须履行国家的公共职能和提供必要的公共服务，以维持社会生活的基本秩序，保障最广大民众的生产和生活能够正常进行，这也是维持阶级国家统治者自身利益的必要。一旦统治者不能提供必要的公共产品和服务，民众迟早会拿起戈矛重新选择统治者。

2. 近代契约论的国家观与公共财政论

经过漫长的中世纪，到文艺复兴之后，近代科学兴起，人们开始尝试重新建构国家理论，形成了契约论、父权论、世袭论、权力论等观点，各自从不同角度阐释国家构造和国家权力的产生。其中影响最大的当数契约论的国家观。

契约论的源头其实可以一直追溯到古希腊时代。古希腊哲学家伊壁鸠鲁认为国家不过是"存在于人们的相互交往中的……一种契约，是在一些国家内为了不损害他人和不受他人损害而制定的契约"[1]。公元前 4 世纪，斯多葛学派给出了"正义即自然"的规则解说。14 世纪的欧洲，虽还沉浸在经济落后、政治迷乱、瘟疫横行、战乱不休的"黑暗"之中，但人文主义的思潮、科学技术的新发现、宗教改革运动，已经开始全方位冲击旧的封建秩序，理性思维已经显露微弱光芒。人们开始剥离古典国家观的神秘外衣，用理性思维重新构建国家形成理论，极大冲击了罗马教廷的神权及"王权神授"的传统观点。布鲁尼等人抨击君主制凭君主个人意志与好恶统治国家，完全扼杀了公民的自主要求与参政愿望，提出"共和制"的思想。但更多的人文主义者追求一种新的"开明君主专制"，认为君主统治应具有契约精神，"人们只臣服于通过合法方式所建构的统治权之下，这种统治权的存在必须满足基本的利益要求……它对权力的行使应符合所有的正义标准。如果他违反了他得以被选为统治者的契约，或者他不明白根据契约他应当谨守的规则，人们即可免除继续受其统治的义务，这不仅是合法的，也是理性的，因为他背离了与所有人共同签署的契约"[2]。16 世纪，雨果 · 格劳秀斯建立了系统的古典自然法理论，在此基础上，认为国家是源于人类的契约而不

[1] 约翰 · 洛克：《政府论两篇》，赵伯英译，来鲁宁校，陕西人民出版社，2004。
[2] 齐佩利乌斯：《德国国家学》，赵宏译，法律出版社，2011，第 143—144 页。

是上帝的创制。

1576年,法国政治学家让·布丹出版了《共和国六讲》[1]。布丹试图在君主绝对专制和保护私有财产之间寻求平衡,其国家理论虽然把最高主权赋予了君主,但是他认为主权者是受上帝的法律和自然法约束的,私有财产的权利是根植于自然法的完全的自然权利,因此,私有财产权是神圣的,不经占有者同意,主权者是不能触及的。在布丹的主权理论框架里,财政权是国家主权的重要组成部分,他认为国家有灵魂和躯体,财政是国家的神经,财政分配状况足以影响政府权力的渊源与运用,财政分配高度不平等会产生很大的危险性,但作为国家主权一部分的财政权也必然受制于自然法的约束,税收必须取得代表占有者的等级会议的同意。布丹关于财政的认识明显反映了从传统向近代过渡的性质,其《共和国六讲》曾被译为英文,长期作为剑桥大学的教科书,对英法两国财政学的发展有很大影响。亚当·斯密的财政思想也在一定程度上受到他的影响。

在资本主义启蒙时期,霍布斯的《利维坦》、洛克的《政府论》和卢梭的《社会契约论》三大经典著作,构筑起近代契约论国家观的理论框架。三人的国家观虽不尽相同,特别是在人类"自然状态"方面的观点上有很大差别,但都一致认为人类是由自然状态通过契约而成立国家的。霍布斯认为,自然状态是一个人们彼此猜忌、相互残害、没有任何安全感的战争状态,这种战争是"每一个人对每一个人的战争"。人们为了保存自己的生命和财产而"把大家所有的权力和力量托付给某一个人或一个能通过多数的意见把大家的意见化为一个意志的多人组成的集体"[2],也就是国家。洛克描述的自然状态虽然是一种和平、自由、平等的状态,但因为缺乏明确的、公认的法律和充当裁判者的公共权力,人们的和平与自由是不稳定的,存在着恐惧和危险。所以,人们愿意放弃这种状态,联合起

[1] 关于Jean Bodin的译名,在国内各不相同,有让·布丹、让·博丹、让·鲍丹、让·波丹、约·波丹、琼·鲍丁、耶恩·布丹等。《共和国六讲》也有译作《国家论六卷》、《论国家的六篇论文》、《共同体六篇》、《共和六论》、《论共和国》等的。

[2] 霍布斯:《利维坦》,黎思复、黎廷弼译,商务印书馆,1986,第94、132页。

来进入社会状态,“以避免并补救自然状态的种种不方便”[1]。洛克的社会契约论包括三个方面的基本内容:一是人们的一致同意不仅是联合成一个政治社会和组成一个国家的必要条件,而且也是法律得以确立、政府正确运行以及民众服从政府的持久条件;二是政府权力的有限性,因为人们在契约中交给国家的权力仅限于自我保护和惩罚犯罪的权力,并未放弃生命、自由和财产权利,换言之,政府的责任就在于保护成员的这三项自然权利;三是政府要依据公民一致同意的法律来行使职能,政府本身只能执行法律,而没有创制法律的权力。卢梭则设想“人类曾达到过这样一种境地,当时自然状态中不利于人类生存的种种障碍,在阻力上已超过了每个个人在那种状态中为了自存所能运用的力量,于是那种原始状态便不能继续维持……所以人类便没有别的办法可以自存,除非是集合起来形成一种力量的总和才能克服这种阻力”[2],于是通过社会契约,人类由自然状态进入社会状态。与洛克相比,卢梭重点强调了“公意”在形成契约、创制国家和选择政制以及政权废立等问题上的决定性意义。卢梭之后另一个社会契约论的代表人物是康德。康德将社会契约作为一种理性规定和“一种评价国家合法性的标准”。

社会契约论下,国家是由政府与公民组成的,政府的目的是为了满足公民在自然状态下、仅凭单个人的力量所无法实现的需要,与此相适应,财政始终致力满足经由个人需要总和而成的社会共同需要,因此是公共性的。经济学家也就是在社会契约论的国家观基础上构建起公共财政理论体系。西方财政学不同学说之间的分歧,也是建构在不同的社会契约论基础上的。一些福利经济学家虽然注意到政府失灵的存在,但仍然在一定程度上继承霍布斯的思想,假设国家是一个全能而仁慈的专制者,能给定最优公共产品和服务的提供量,并总能自动实现有效供给。布坎南则在一定程度上继承了洛克的国家观,认为人们在政治活

[1] 洛克:《政府论》,叶启芳、瞿菊农译,商务印书馆,1983,第77页。

[2] 卢梭:《社会契约论》,何兆武译,商务印书馆,1994,第28页。

动中的行为和经济活动中的行为并无二致，都是以个人利益最大化为目标，即便国家是在履行必要的公共职能之时，也会受到各种利益集团的影响，而且政府组织本身缺乏足够的激励来规制所属官员以公共利益为导向而作为，并由此得出一个规范性结论：唯有在政治议程规则之上，即在“元规则”层面贯彻一致同意原则或普遍性原则，才能避免多数人通过公共决策程序来剥夺少数人的私人利益。

应指出，社会契约论更多的是一种逻辑方法，而非对历史作出归纳的方法，是逻辑论证而非经验分析。在已知的人类历史上，没有任何一个国家是通过具体的契约形式建立的，但这并不影响社会契约论持续的生命力——社会契约论对人类文明的作用，并不在于它对政府起源的解释，而在于它为限制君主或国家的权力并说明其应承担为国民提供必要的公共产品和服务之责，提供了理论思维逻辑，并对政府构建公共财政框架的制度和机制，提供了价值取向的学术理论支撑。

（二）马克思主义国家观和“发生学”意义的国家与政府，及国家财政的双重属性

契约论在解释国家起源和建构时，假设了一个全体社会成员订立契约的场景，这一幕在历史上并不存在，没有一个国家是通过这种契约建立的。马克思和恩格斯在研究中，强调历史的方法，反对用特定的观点去构建理论。恩格斯在1890年致康·施米特的信中对唯物史观有一个较完整的论述，他说：“对德国的许多青年作家来说，‘唯物主义的’这个词只是一个套语，他们把这个套语当作标签贴上去，就以为问题已经解决了。但是我们的历史观首先是进行研究工作的指南，并不是按照黑格尔学派的方式构造体系的方法。必须重新研究全部历史，必须详细研究各种社会形态存在的条件，然后设法从这些条件中找出相应的政治、私法、美学、哲学、宗教等等观点。”恩格斯接着批评了当时“依附于党的青年文学家”之中，“很少有人下一番功夫去钻研经济学、经济学史、商业史、工业史、农业史和社会形态发展史”，“他们只是用历史唯物主义的套语（一切都可能

变成套语）来把自己相当贫乏的历史知识（经济史还处在襁褓之中呢！）尽速构成体系”[1]。历史的研究方法，在马克思和恩格斯的著作中随处可见，他们总是从原始史料出发，采用历史的方法去寻找答案。正是通过对欧洲早期国家历史的梳理和研究，马克思和恩格斯提出了阶级论的国家观。对此，恩格斯在《家庭、私有制和国家的起源》里有一个精辟的说明："国家决不是从外部强加于社会的一种力量。国家也不像黑格尔所断言的是'伦理观念的现实'，'理性的形象和现实'。勿宁说，国家是社会在一定发展阶段上的产物；国家是表示：这个社会陷入了不可解决的自我矛盾，分裂为不可调和的对立面而又无力摆脱这些对立面。而为了使这些对立面，这些经济利益互相冲突的阶级，不致在无谓的斗争中把自己和社会消灭，就需要有一种表面上站在社会之上的力量来抑制冲突，把冲突保持在'秩序'的范围以内；这种从社会中产生但又居于社会之上并且日益同社会相异化的力量，就是国家。"[2]"国家并不是从来就有的。曾经有过不需要国家，而且根本不知国家和国家权力为何物的社会，在经济发展到一定阶段而必然使社会分裂为阶级时，国家就由于这种分裂而成为必要了。"

从"原生意义"上讲，国家的概念，是在人类社会由带有血缘关系的原始部落发展为部落联盟，而后进一步淡化血缘纽带到几乎完全不带特定血缘关系背景的阶级统治政权形态，从而得以确立的。近现代的"民族"概念，更在极大程度上稀薄化了种族背景，而指在文化、语言、历史传承等方面与其他人群客观上有所区分的一群人——一个国家，可以有不同的民族；一个民族，可以生活在不同的国家里，至于所谓"民族国家"，已通常代表一个集合概念，如"中华民族"构成的国家——中华人民共和国，包括人口比重最高的汉族及五十余个少数民族，共同组成为一个特定政权意义上的社会共同体。追溯其前身，则有以"二十五史"为断代划分形成的历史沧桑演变中的多次"改朝换代"。

---

[1] 恩格斯：《致康·施米特》，《马克思恩格斯选集》第四卷，中共中央马克思恩格斯列宁斯大林著作编译局译，人民出版社，1972，第 475—476 页。

[2] 恩格斯：《家庭、私有制和国家的起源》，《马克思恩格斯选集》第四卷，中共中央马克思恩格斯列宁斯大林著作编译局译，人民出版社，1972，第 166 页。

马克思主义的观点,强调国家是人类社会分化为阶级而阶级矛盾不可调和的产物。国家的本质,无非是一个阶级镇压另一个阶级而维护其统治的机器,是阶级统治维护其统治秩序以及对付外敌的“政治形式”,但也总是以公共权力的形式出现而发挥管理社会的作用。为了能够有效地发挥这种作用,国家必然是拥有武装部队、监狱、警察及各种强制机关的特殊的暴力机关,是系统化的和“精致包装”的暴力机关。另外,马克思主义经典作家也展望了在社会主义历史阶段将可能展开的“国家消亡”过程,这一过程从原理上讲,将是伴随阶级的消亡和工农差别、城乡差别、体力劳动与脑力劳动的差别的淡化而渐进发生的未来可能前景。

从以往历史的“发生学”视角上看,国家政权的兴起与衰落,某一政权统治范围的扩展与收缩,直观的特征是“丛林法则”的征服,是“打天下,坐天下”主体的不断演变。很长的历史时期内,国家的概念直接等于政府,政府亦即国家,政府—政权—国家,指的是一回事。但在近现代,随着权力制衡机制的发展,“国家”与“政府”概念的区别,已日益受到重视。我国宪法规定,全国人民代表大会是国家的最高权力机关,全国人大授权国务院、地方各级人大授权地方各级政府履行政府职责。这一认识框架,对于我们理解和把握从政府职责权能派生的财政职能,是十分重要的。对于认识比较初级、早期的国家与国家财政,和相对发达、比较成熟的国家与国家财政的区别或差异,这也是一个十分关键的不同之处。

社会主义中国的财政学家,曾基于对国家学说的理解认识,构建起国家分配论、价值分配论、国家资金运动论、社会共同需要论、剩余产品决定论、再生产前提论、社会集中分配论等关于财政本质的理论流派。许毅在论述国家分配论时,就强调要“重温马克思主义的国家学说”,“公共权力,就是国家。公共权力的本质是阶级统治的权力”。[1] 邓子基说:“在剥削阶级占统治地位的社会中,不论

[1] 许毅:《对国家、国家职能与财政职能的再认识》,《财政研究》1997年第5期。

哪一种类型的国家财政，由于建立在生产资料私有制的基础上，总是剥削阶级国家为实现其职能并以其为主体无偿地参与一部分社会产品的再分配，来满足需要所形成的一种以剥削为内容、具有对抗性质的分配关系。”[1]阶级论的国家观视角之下，中国的学者曾强调：在以往的阶级社会，国家是统治阶级用暴力手段剥削和压迫被统治阶级的工具。国家财政是统治阶级对被统治阶级的超经济剥削，是维护统治阶级对被统治阶级统治的手段。统治阶级虽也履行了若干公共职能，提供了若干公共服务，但这只是为了维持阶级统治的需要，是为了更好地巩固统治阶级的利益，并使其可持续。而在社会主义条件下，社会主义的国家是最广大人民群众共同利益和长远利益的代表者。社会主义国家财政则是由国家代表人民的共同利益和长远利益，通过制定计划、制度、政策和方针，统筹兼顾积累和消费的比例，有计划地来对社会产品进行分配，以使国民经济达到有计划按比例发展的最优状态。这些看法突破了“社会契约论”的眼界，指出阶级社会的阶级关系必然反映于国家财政分配的实质层面，但其偏颇在于忽视了公共性的不可或缺及其必然趋于强化的发展前景，亦应在本质层面的“共性”内容中对其加以特别的认知。而且，在关于社会主义财政的表述上，还带有“计划经济”时代很难避免的对计划的过于强调。

长期以来，许多学者习惯于把马克思的国家观简化为阶级工具论，认为国家就是统治阶级手中的暴力工具。但如果细读马克思、恩格斯等的经典著作，我们可以发现他们的国家观实际上是承认双重属性的。马克思、恩格斯认为国家不仅是用来维护统治阶级地位和利益的工具，其产生最初亦是源于满足履行社会公共管理职能的需要。马克思指出，国家并非永远应按照统治阶级利益的工具来理解，早期西方国家在历史形成过程中的形式具有多样性（雅典国家、罗马国家、德意志国家的形成均各有特色），东方古代专制国家也不仅是建立在统治阶级利益之上的，现代国家在形成时期，也曾经以中立的官僚国家为基础[2]。马

[1]　邓子基：《财政的本质决定财政只能是经济基础的范畴》，《中国经济问题》1962 年第 11 期。
[2]　南丽军：《论马克思的两种国家观》，《学术交流》2005 年第 8 期。

克思在与查苏利奇的通信中强调，东方专制国家是建立在社会生产组织形式的分散特征和履行社会公共工程（如治水工程）基础上的，它的政治专制压迫的特点是由于生产和社会的分散特征而形成的，"公社成员的身份在这里仍旧是占有土地的前提，但作为公社成员，每一个单个的人又是私有者。……劳动主体把劳动的自然前提看作属于他所有这种关系的前提，但是，这种'属于'是由于他作为国家成员的存在作媒介的"[1]。恩格斯在《反杜林论》中指出："政治统治到处都是以执行某种社会职能为基础，而且政治统治只有在它执行了这种职能时才能持续下去。不管在波斯和印度兴起或衰落的专制政府有多少，它们中间每一个都十分清楚地知道自己首先是河谷灌溉的总的经营者，在那里，如果没有灌溉，农业是不可能进行的。"（《马克思恩格斯全集》第 20 卷，人民出版社 1971 年版，第 195 页）

马克思在《资本论》第 3 卷中批判所谓资本家收入是"监督劳动的工资"这种辩词时，指出监督劳动和指挥劳动"具有二重性"。他举例说："这完全同在专制国家中一样，在那里，政府的监督劳动和全面干涉包括两个方面：既包括执行由一切社会的性质产生的各种公共事务，又包括由政府同人民大众相对立而产生的各种特殊职能。"他同时又就第二个方面指出："这种对立越严重，这种监督劳动所起的作用也就越大。因此，它在奴隶制度下所起的作用达到了最大限度。"（《马克思恩格斯全集》第 25 卷，第 431—432 页）

马克思在《哥达纲领批判》中批判拉萨尔的所谓"不折不扣的劳动所得"时，阐述了其扣除理论，即在将社会总产品对社会成员分配时，"从它里面应该扣除：第一，用来补偿消费掉的生产资料的部分。第二，用来扩大生产的追加部分。第三，用来应付不幸事故、自然灾害等的后备基金或保险基金。……剩下的总产品中的其他部分是用来作为消费资料的。在把这部分进行个人分配之前，还得从

[1] 马克思：《致查苏利奇》，《马克思恩格斯全集》第四十六卷，中共中央马克思恩格斯列宁斯大林著作编译局译，人民出版社，1979，第 476 页。

里面扣除：第一，和生产没有直接关系的一般管理费用。和现代社会比起来，这一部分将会立即极为显著地缩减，并将随着新社会的发展而日益减少。第二，用来满足共同需要的部分，如学校、保健设施等。和现代社会比起来，这一部分将会立即显著增加，并将随着新社会的发展而日益增加。第三，为丧失劳动能力的人等等设立的基金，总之，就是现在属于所谓官办济贫事业的部分”。（《马克思恩格斯选集》第3卷，第9—10页，人民出版社1972年版）这里论及的有关后备、保险、教育、医疗、社会救济与保障等的扣除，是公共性质的社会扣除，所对应的是满足社会共同需要的政府公共职能。

所以说，按照马克思主义创始人的国家观和财政观，已指出了财政是具有公共性和阶级性双重属性的。看得出，依马克思的审视，国家财政与国家政权的职能及其集中代表的阶级利益有不解之缘，财政即是以政控财、以财行政，毫不含糊地为统治阶级的利益服务，但同时也必然要在“扣除”中兼顾“共同需要”的一定程度的满足。在阶级社会社会总产品的必要扣除中，前三项生产领域的扣除，大体可以在由企业为主体的情况下（接受国家法规制约）完成，而后三项社会层面的扣除（和生产无直接关系的一般管理费用；用来满足共同需要的部分；为丧失劳动能力的人等设立的基金），则需由政府（“官方”）为主体来完成，实即通过财政手段处理。如果放到一定的抽象层次上看，则任何政府的职能总是可以划分为一般社会职能与特殊统治职能两个方面，只是因为站在无产者和革命家的立场，他们在具体、特定历史条件下，往往较多强调了阶级性的一面。

二、公共品理论

公共品（Public Goods），亦被译为公共物品、公共产品、公共货品、公共财等。理解公共品的相关理论，对于我们认识国家与政府的公共职能，以及公共财政概念，具有十分重要的意义。

(一)一般公共品理论的简要勾画

社会产品(既包括物品形态的,也包括服务形态的),按照已被普遍接受的经济学与财政学理论,可区分为公共品与私人品。按照萨缪尔森的相关经典之作《公共支出的纯理论》中给出的定义,纯粹的公共品是这样的物品或劳务:每个人消费这种物品或劳务不会导致别人对该种物品或劳务消费的减少。现实生活中,生态环境的保护,社会治安的优化,法规制度的健全完善,以及路灯照明等的供给,都带有这样的特征。

在理论上可以总结,公共品具有显著的三个特征,即效用的不可分割性、消费的非竞争性和受益的非排他性;反之,效用可分割、消费有竞争性和受益有排他性的,便属于私人品;介于这两者之间的,称为准公共品或半公共品。公共品的三大特征,使得其新增消费者的边际成本为零,也进而带来了其第四大特征,即供给的非营利性(公益性)——如比照市场厂商供给方式来提供公共品,会遇到普遍的“搭便车”机制而无法对受益者落实价格(收费)机制,或收费的高管理成本会使供给完全不可持续。因此纯公共品从理论上说,主要需要由政府以“弥补市场失灵”的特别机制来提供。关于公共品的更进一步的展开细化分析,还会涉及更多的内容,结合现实生活,相关认识都颇具其意义(参见专栏1-1)。

专栏1-1 “公共品”的两个案例

案例一:甘茂亡秦且之齐(节选)

甘茂亡秦,且之齐,出关遇苏子,曰:“君闻夫江上之处女乎?”苏子曰:“不闻。”曰:“夫江上之处女,有家贫而无烛者,处女相与语,欲去之。家贫无烛者将去矣,谓处女曰:‘妾以无烛,故常先至,扫室布席,何爱余明之照四壁者?幸以赐妾,何妨于处女?妾自以有益于处女,何为去我?’处女相语以为然而留之。今臣不肖,弃逐于秦而出关,愿为足下扫室布席,幸无我逐也。”苏子曰:“善。请重公于齐。”

【译文】(昭王元年,甘茂向寿、公孙奭谗言)甘茂逃离秦国,将要到齐国去,出函谷关遇上苏代,说:“你听说过江上未出嫁的女子群处的故事吗?”苏代说:“没有听说过。”甘茂说:“江上未出嫁的女子,有一位因家贫而买不起蜡烛的,别的女子互相商量,想要把她赶走。买不起蜡烛的那位女子准备要离开时,对大家说,‘我因为买不起蜡烛,所以每天都先到,打扫屋子,铺好席子。你们何必吝惜照射四壁的余光,希望能够赐给我,这对大家又有什么妨碍呢?我个人以为对大家有好处,又何必赶我走呢?’女孩子们商议,觉得她说的话有道理,就把她留下了。如今敝人不才,被秦弃逐出关,愿为足下‘扫室铺席’,希望不要把我赶走啊!”苏代说:“好。我请求齐国重用您。”

(资料来源:战国策·秦策二)

思考:此案例中,“蜡烛”作为一种产品,其使用中显然由于“余明之照四壁”这一属性而变得特殊了,你怎样看待它?(请联系“路灯”而求加深相关思考分析)

案例二:路标、门牌号码与申奥

北京与华盛顿,城市格局十分相像,四四方方,街道遵循严格的东西、南北走向建成,少有斜街。第一次到华盛顿时,作为一个外来人,对那里的路标、门牌号码系统留下了深刻印象。该市所有东西走向的街道,均称某地名的大道(即××Avenue,如白宫边著名的宾夕法尼亚大道),所有南北走向的街道均按阿拉伯数字排列称××号街,并以中轴线为界,区分西××号街与东××号街两大部分(如10 street E.或10 street W.)走到每一个十字路口,会发现在四个街角上都树立有路标,上面是相互间成直角的两块长方形板条，标明“大道”与“街”的名称，行人无论处在什么角度，总能至少看清其中的一个名称，从而立刻判明方向。在街名下面，还标有一个阿拉伯数字，如“50”，这时表明你沿标牌所指方向走过去，所遇到的第一个门牌号码就是50号。还有更详细的，如“50—100”，它表示你在此街区（英文为block，即位于两头路口中间的一片区域）内所遇到的门牌号码第一个将是50号，遇到的最后一个门牌号码将是100号。行人要是找30号，则知道在此街区内就可到达，要是找110号，则可推测再过一个路口走入下一街区，即可找到。这样的一套方位识别系统，做到了尽可能简捷清楚和尽可能方便公众，按搞理论的人的话说，真是体现了追求社会效率或社会福利的最大化。

那么北京的情况如何？我有过这样的经历：要找某街的38号，实际已走到了36号的地方，但仍无法判别自己的相对位置，在那里连问三个人，都回答不知道这个38号在何方！就是在“首善之区”最繁华的地带，你要找××大街××号，也常常是问十个人九个不知道，你得直接问“××电影院在哪儿?”“××超市在哪儿?”这才更有可能得到回答。什么原因？不仅由于路标、门牌的位置很不规则、找到很不方便和这些标识的不够醒目，更要命的是大量存在的未设、缺失、毁损，再加上识别系统设计自身的混乱。比如同一个号，往往有甲、乙之分。我家原来住×××小区16号楼，但从来找不到15号楼和17号楼在哪儿；现在我所住的宿舍楼，则属××路西街甲11号院，至于何处是乙11号院，几年来我也一无所知。

这里实际上谈到了一种典型的公共产品的案例——市区方位识别系统。

同样的城市格局，不同的方位识别系统的存在状态，对于社会成员日常生活的方便或不便，是一目了然的，其背后市政当局的管理水平，在这个事情上也是一目了然的。我曾经百思不解的是，何以在中国，这方面一塌糊涂的现象于各个城市比比皆是，但多年来人们对由此造成的诸多不便司空见惯，政府部门也熟视无睹，心安理得！像我这样爱钻点牛角尖而对此有想法的人，又似乎很难说出口——说得直率一点，又很难听、很得罪人；这正是表明相关的政府部门不知自己该做什么，做到什么程度，公众也似乎不知自己该要求什么，以及如何去要求！

改革开放后，不少城市都提出过响亮的口号，要把本市建成“国际化大都市”。要说真的向此目标努力，恐怕京、沪最有资格排前位。北京在申奥，更是促进城市现代化的机遇。于是我按捺不住，在一次会议上向市有关领导提出应通盘考虑北京城市识别系统问题，并建议借鉴华盛顿的经验，而且应在路标牌上加英文，以方便外国游客。领导同志很重视，向有关部门提过此事。但后来据说有关部门感觉难度甚大；仅是“地名办”把所有街道名称审核、讨论一遍，怕也赶不上申奥日期或2008年了。换句话，一个似乎并不太大、不至于要（相对而言）花很多钱才能解决的问题，却实际上是我们社会中的某件“老大难”问题。

难，这我承认。鲁迅先生说过，在中国搬动一张桌子都是难事。

但我又总觉得不甘心：我们不止是有申奥，我们还有追求现代化的大目标。这就又回到了前边提到的一个可以“以小见大”的问题：在现代化的过程中，政府该做些什么，如何做到位；公众该对政府部门要求什么，通过什么方式、什么机制去要求？

想来想去，还是各方都“从我做起，从现在做起”为好。

（贾康，《中国经济时报》2001年2月6日）

思考：为什么路标、门牌号码作为公共产品在某些区域如此难以有效提供呢？文中所说北京与华盛顿在此具体事务上的不同表现，有何更深刻的根源？

（二）外部性及公共品的“正的外部性”

外部性又称为溢出效应、外部影响或外差效应，指一个人或一群人的行动和决策使另一个人或一群人受损或受益的情况。经济外部性是经济主体（包括厂商或个人）的经济活动对他人和社会造成的非市场化的影响，亦即社会成员（包括组织和个人）从事经济活动时，其成本与后果不完全由该行为人承担，分为正外部性（Positive Externality）和负外部性（Negative Externality）。正外部性，是某个经济行为个体的活动，使他人或社会受益，而受益者无须花费代价；负外部性，是某个经济行为个体的活动，使他人或社会受损，而这个造成外部不经济的主体，却没有为此承担成本。

公共品具有明显的“正的外部性”，可使社会成员无须花费任何直接对应的代价而因其供给而受益，如环境保护、安全、路灯照明、路标指引等。实际生活中还有一些“负的外部性”的例子，如环境污染（包括空气、水流、土壤的污染与噪声污染等）、毒品、某些淫秽色情品之类（故英文中有与“Public Goods”反义的“Public Bads”之说）。财政的一些政策工具的运用，可以抑制乃至消除一部分负的外部性，比如，以对排污主体的污染行为征收环境税收的方式，可以把纳税人所造成的社会外部成本“内部化”，进而从经济利益上迫使或引导相关主体减排治污。因此，环境税收、清洁能源使用的财政补贴等，也体现着财政提供的一些特定调节机制的公共品性质，会产生值得肯定的“正的外部性”（对冲负的外部性）。

（三）推进到“权益—伦理型公共产品”的展开分析

关于公共品的理论认识，在现实生活中密切关联于政府职能、公共财政分配的定位与边界、政府与市场和企业的关系等中国改革开放以来各方反复探讨的重大问题。作一番“理论联系实际”的考察，我们发现，已有的研究文献关于公共品的定义和认识，除了存在不少细处的差别之外，还存在不容忽视的盲区。一般认为，公共品具有消费上的非竞争性和非排他性两个基本特征，准公共品弱化这两个特征但又不至于弱到“完全不具备”的私人产品程度，或仅具备其中之一。这进一步地引出相关产品提供主体、提供方式等一系列理论认识。但是,基础教育、基本医疗服务、廉租房等当代各国政府普遍提供、我国政府在“公共财政”建设中也在大力强化供给的“公共品”,却并不直观地具有以上两个基本特征中的任何一个,更别说两个同时具备了。基于“两个特征”的经典公共品理论对此不能作出合乎逻辑的解释,因此需要进一步详考已有的文献,重视一种扩展的公共品定义及其理论研讨与阐释。

关于经典公共品理论的简要回顾

涉及公共品或公共产品的理论分析,可以上溯到大卫·休谟(Hume,1739)和亚当·斯密(Smith,1776),但在较完备的形式上,一般认为,现代公共品理论始于萨缪尔森(Samuelson,1954,1955,1958),他在《公共支出的纯理论》一文中给出了公共产品的经典定义——“任一个个人的消费都不会减少其他个人对这类物品的消费”,即所谓的共同消费,用公式表示为 $X_{n+j} = X^{i}_{n+j}$;其后,马斯格雷夫(Musgrave,1959,1969)将价格排他原则的非适用性引入公共品定义,并贴切地把公共产品的特征总结为后来被广为接受的公共产品的两个本质特征:消费上的非竞争性和非排他性。[1]

按照这两个特征上的不同表现,所有物品又被大体分作三类:纯公共产品、准公共产品和私人产品。其中,准公共产品还可进一步分作两类:能排他但非竞争性的“俱乐部产品”、有竞争性但不能排他的“共用品”(也有学者称之为公共池塘物品,如公共渔场、公共草地等)。多位学者进一步用表格、坐标等方式描绘类别,将各类生活中常见的产品在其中予以直观的定位。[2]

除了公共品的定义与分类,经典公共品理论还在公共品的筹资与成本分担、

---

[1] 参见 Paul A. Samuelson, The Pure Theory of Public Expenditure, *The Review of Economics and Statistics*, Vol. 36, No. 4. (Nov., 1954), pp. 387 - 389 和 MichaelPickhardt, Fifty years after Samuelson's “The Pure Theory of Public Expenditure”一文。

[2] 参见马珺《公共品概念的价值》,《财贸经济》2005 年第 11 期第 28 页和周义程、闫娟《什么是公共产品?一个文献综述》,《学海》2008 年第 1 期,第 104—105 页。

公共品的有效供给等问题上取得了一系列的进展，它们与此前众多经济学家对于税收、公共支出问题的探讨汇集在一起，形成了层次分明、内容丰富的理论体系，其中的林达尔均衡、庇古税、公共选择理论、公共品的多主体提供（政府、私人、集体和自愿提供等）等都对后来的学术研究和实际政策产生了极大的影响。

随着研究的深入和公共品理论应用于实践，已形成了一种被广泛接受的看法：由于公共品所具有的消费上的非竞争性和受益上的非排他性，使得市场机制在其提供上产生失灵，于是需要由政府合乎逻辑地替代市场成为提供公共产品的责任主体。[1] 这既是政府产生的理由，也是界定政府职能范围的依据。也就是说，公共品理论为政府与市场的分工——政府提供公共产品、市场提供私人产品——提供了理论依据，并在相当长的时间内成为政府干预和公共财政职能定位的理论基础。在我国改革开放进程中，公共品理论被引介进入国内，很快被学界接受并成为标准的教科书理论。近年来，公共品理论在全社会也得到越来越多的关注，“政府应当提供公共产品和公共服务”成为广泛一致的共识——这种认识的基石，一般认为就是“两大基本特征”。

扩展的公共品定义

尽管公共品理论取得的成就足以使其在全世界流行，但是当我们用经典的公共品理论来对照当代各国生动丰富的政策实践时，如稍作深究，还是遭遇到一些难以解释、逻辑上不能自圆其说的阻碍。

◇ 教育、医疗、住房等的“公共产品”身份认定问题

在当代，基础教育、医疗服务、廉租房等是各国政府普遍提供的公共产品，几乎无人对此持反对意见。但是，它们中的任何一种，如果严格地用消费上的非排

[1] 2009年诺贝尔经济奖得主埃莉诺·奥斯特罗姆指出了公共产品的第三条提供道路：集体自组织提供。但她自己也谨慎地说这仅适用于一部分的公共池塘物品，且现实中同时存在成功与失败的各种案例，参见其代表作《公共事物的治理之道——集体行动制度的演进》，上海三联书店2000年版。

他性和受益上的非竞争性两个标准来评判,都不是经典定义上的公共产品。以基础教育为例,要实现"排他"在技术上简直是轻而易举,只需要一道校门,而且成本也可以极其低廉;另外,对于任何一个学校或一个班级而言,可容纳学生的人数是有限的,在边际意义上,收了张三就不能再收进李四,竞争性也明显存在。文献对这些的解释,多是从以下三个方面来说明的:

1. 它们不是公共产品,而是准公共产品。

2. 它们具有强烈的正外部性。

3. 它们是优质品(Merit Goods)。

对此,可依序反诘如下:

1. 所谓准公共产品,是指至少具备消费上的非竞争性和非排他性两个特征中任何之一的产品,如前述俱乐部产品与共用品,而教育、医疗、住房等并不直观地具备其中任何一个特征。

2. 并非只有公共产品才具有正外部性,相当多的私人产品也具有正外部性。教育、医疗、住房等固然具有正的外部性,但是一个人如果有充足的食品,吃得饱并身体健康,一般而言对他人、对社会也具有正的外部性,但似乎还从来没有人认为需要一般性地把食品定义为公共产品。

3. 优质品的内涵与外延都不甚清楚。虽然马斯格雷夫在《预算决定的多重理论》一文将"优质品"定义为"通过制定干预个人偏好的政策而提高生产的物品";1959 年,他在《财政学原理》中再一次指出,优质品是指对消费者有益但由于消费者的无知而消费不足的物品;但理论界对此还莫衷一是。

可以看出,以上努力是从不同角度试图合法化教育、医疗、住房的"公共产品"身份问题。但是,它们都尚未给出教育、医疗、住房成为公共产品而非私人产品的关键性论据。

◇ 按照经典公共品定义,教育、医疗、住房可确定为私人产品

实际上,哈维·罗森(Harvey S. Rosen)早已坦承"……在某些场合,保健服

务和住房是由公共部门提供的私人产品”[1]。英吉·考尔(Inge Kaul)在对全球公共产品进行归类时,也将“基础教育、健康保健及食品安全”归于“关键性的私人产品”[2]。英国伦敦经济学院社会政策系的霍华德·格伦内斯特教授也说:“虽然我们所关注的人类服务也带有一些公共产品的性质,但基本上还是私人产品。”[3]

另外,贝斯利(Besley)和科特(Coate)于1991年发表过一篇《私人产品公共提供与收入再分配》的文章,埃普尔(Epple)和罗曼诺(Romano)(1996)进一步讨论了私人产品公共生产时公共支出水平与选民的收入分配之间的关系。[4] 这说明,部分西方学者已经认识到并承认:按经典的公共产品定义,教育、医疗、住房等是既可排他也具竞争性的私人产品。

于是,我们可知,不少有影响的学者其实是倾向于“收紧”公共产品的边界而严格固守“两个特征”定义的。但在现实生活中,这个问题的实质,却是这些产品该不该、能不能由政府提供?因为在经典公共产品理论的逻辑下,公共品由政府提供,私人产品由市场提供,已是既定的、广为接受的思维定式。一旦明确并承认教育、医疗、住房是私人产品,它们就立即失去了由政府提供的理论基石。而这,与各国的政策实践、与当代公民权利的价值观,是相违背的,是不可行的。这个悖论在原有的研究文献中,还是一个未见正面阐释的盲区。

◇ 公共产品定义的扩展:对经典公共产品定义的改进和补充

当我们重新反复梳理文献时,发现还存在另外一种关于公共产品的定义,它

[1] 哈维·S.罗森、特德·盖亚:《财政学》(第四版),平新乔译,中国人民大学出版社,2000,第59页。

[2] 英吉·考尔等编《全球化之道——全球公共产品的提供与管理》,张春波、高静译,人民出版社,2006。

[3] 唐钧:《社会政策的基本概念与理论框架》,价值中国网,http://www.chinavalue.net/Article/Archive/2007/4/8/61689_14.html,2009年4月12日。

[4] 参见 Timothy Besley and Stephen Coate, Pubilc Provision of Private Good and the redistribution Of Income, *The American Economic Review*, Vol. 81, No. 4 (Sep., 1991), pp. 979 - 984 和 Dennis Epple & Richard E. Romano, Public Provision of Private Goods, *The Journal of Political Economy*, Vol. 104, No. 1. (Feb., 1996)。

早已存在,但却远不像萨缪尔森的经典公共产品定义一样广为流传。

布坎南(James McGill Buchanan)在《民主过程中的财政》(1976)中认为,“任何由集团或社会团体决定,为了任何原因,通过集体组织提供的物品或劳务,都被定义为公共的”[1]。

麦尔金(Malkin)和韦达夫斯基(Wildavsky)(1999)认为公共产品是一种社会构成物(Social Construct,有人意译作“社会观念”),是一种纯粹与文化相关的观念性认定。他们说,一种产品不能根据客观标准来将其定义为公共产品;或者说,不应该由其自身固有的某种属性来定义。一种产品变成公共的是因为它由社会决定以这种方式来处理它。[2]

休·史卓顿(Hugh Stretton)和莱昂内尔·奥查德(Lionel Orchard)(2000)说:“我们将所有那些其供给不是由个人的市场需求而是由集体的政治选择决定的物品,即把任何由政府决定免费或以低费用供给其使用者的物品和服务,看作公共物品。”[3]

与经典的公共品定义相比,以上定义的重大差别显而易见:经典定义是由某种产品的“消费属性”——是否具有消费上非竞争性和非排他性——来定义的,而布坎南等人则是从“供给主体”(政府还是市场)和决策机制(“集体的政治选择决定”)来确定的。

但是,我们认为:布坎南等人的定义并不否定、实际上可以将经典公共品理论已经形成的基本框架包纳其中。这是因为,在布坎南等人的公共品定义下,一种产品是否为公共品,根本标志在于是否经过确定的政治决策由政府来提供,而在决定是否由政府提供时,相关主体自然会考虑到两种情况:一种是那类消费上既有非竞争性又不能排他的产品——大到国防、环保,小到路灯、道路标识等——出于技术和成本的原因“只能”由政府提供,这正是经典的公共产品定义

[1] 詹姆斯·M.布坎南:《民主财政论:财政制度和个人选择》,穆怀朋译,朱泱校,商务印书馆,2002。
[2] W. VerEecke. Public goods: An ideal concept. *Journal of Social-Economics*, 1999(28): 142.
[3] 休·史卓顿、莱昂内尔·奥查德:《公共物品、公共企业和公共选择》,黄朝晖、徐济旺、易定红译,经济科学出版社,2000,第68页。

下的情形；另一种是虽然不存在由市场提供的技术或成本障碍，但出于某种共同的关于公民权利的价值观或政治伦理，经集体决策程序认定“应该”由政府提供的产品。正是在此意义上，我们可以接受布坎南等人对于公共产品定义的要点，并可将其视为“扩展的公共产品定义”的关键内容。[1]

中国学者秦晖关于“群己权界论”的认识框架，也可以对我们提供重要的启示：除了公认的群域和己域，以及“群域要民主、己域要自由”这些公认的规则外，还有很多模糊领域，很难绝对说是群域还是己域。对这部分模糊领域，应每隔一段时间（如几年）让公众有机会重新选择。[2] 比照上述认识，我们可考虑一种一端（群域）是纯公共品，另一端（己域）是纯私人品，而中间有大量“准公共物品”的框架。可以认为，经典的萨缪尔森式定义解决了“两端”（即纯公共产品与私人产品）的问题，但在模糊的准公共品领域，则需要加入布坎南式的“公共选择”要素，才能扩展到既合乎逻辑也正视现实地解决绝大多数公共品都是“准公共品”所带来的定义盲区问题。因此，在公共产品的理论阐释上，需要基于现实对经典定义作出扩展与补充，形成扩展后的定义与认识。贾康和冯俏彬的研究工作，形成了加入“权益—伦理型公共品”的认识成果。

权益—伦理型公共产品和扩展的公共产品：新的理论框架

在扩展的公共产品定义下，政府既可以提供公共产品，也可以提供直观形式上的私人产品，前提是只要公共选择程序决定这么做。[3] 教育、医疗、住房固然可以排他也有竞争性，是可以由市场提供的私人产品，但是，当社会发展到一定程度以后，每一个公民能得到基本的教育、生病的时候能得到救治、有基本的住房保障、有一份工作、年老的时候能得到基本生活品等，被视为人之所

[1] 在福利经济学中，教育、医疗、公共住房等往往被视为“社会福利品”。我们认为，福利品的表述突出强调了供给上的“低价”和“免费”，但在一定程度上掩盖了生产各类福利品的巨大成本并造成了“公共产品”概念表述上进一步的紊乱。因此我们在本文中不采用“福利品”这样的表述。

[2] 秦晖：《群己权界：个人价值整合成社会价值的关键》，《中国与世界观察》2006 年第 4 期。

[3] 这就是丹尼斯·埃普尔（Dennis Epple）等人研究的私人产品的公共提供问题。反过来，也使“公私合作伙伴关系”概念下市场不仅提供私人产品，有时也提供公共产品得到逻辑上的贯通。

以为人的“基本权利”，被视为一个文明社会理应具备的仁慈与人道关怀。这种价值观在得到广泛的共识后，经过公共选择的程序，转化为现实的社会政策。于是，这些以前的私人产品，顺理成章地进入了政府提供的公共产品的清单。

不可否认，由政府提供基础教育、医疗服务、住房等在满足当代社会对于公民权利的诉求，在贯彻“公平”、“平等”等基本价值观的同时，的确还为全社会带来了实实在在的利益，即大多数文献中所认可的效用不可分割的“正外部性”或公益性。由此，我们将这类新的公共产品称为“权益—伦理型公共产品”应该是恰当的。

在扩展的公共产品定义基础上，公共产品的范围如图所示（参见图1－1）。

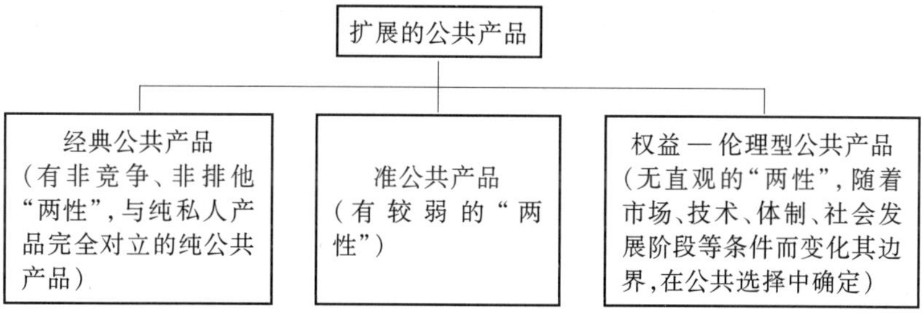

图1－1　扩展的公共产品结构示意图

在考察分析中可知：

第一，权益—伦理型公共产品的基本特点是“有私人产品特征的公共产品”。

相对于经典公共产品，权益—伦理型公共产品具有双重性，即“有私人产品特征的公共产品”。也就是说，基于政治伦理，它应当由全体社会成员平等消费，因此只能按照政治原则分配。但是，基于产品属性，则既能排他也有竞争性，且某种这类产品在一定时间的消费总量 X 等于 $i(i = 1, 2, 3\cdots\cdots n)$ 个消费者消费量之和，用公式表示为 $X = \sum_{x=1}^{n} X_i$，因此消费它们的效用可分割、受益主体可识别且受益程度可计量，具备了收费的全部条件。由此，在其生产中可以引入经济原则，并打开通向公共部门与私人部门合作（Public Private Partnership，PPP）的大门(见图1－2)。

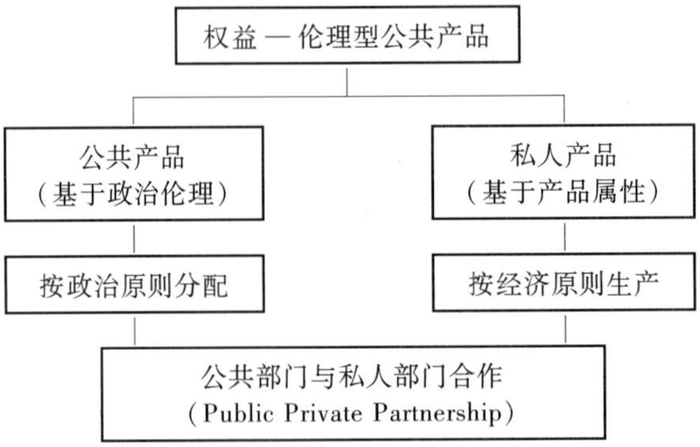

图1－2 权益—伦理型公共产品的基本特点

1. 按政治原则进行分配,但特别重视那些缺乏权利的人群

大凡公共产品,都应是可由全体国民平等享受的。权益—伦理型公共产品基于“每个人都应平等地享有某种权利”的价值观念而产生,因此理论上讲政府更应当向全体国民平等地提供。但是,必须注意到这样一个事实,任何时候当人们抱怨“不公平”“不平等”、呼吁政府作出政策调整时,都存在着一个不言而明的事实,那就是社会中有一些人、一些群体已经先行享有那些被视为更多人以至每一个人都应当拥有的权利。因此,权利的普及对象应该是那些还没有权利的群体。换言之,只有缺乏权利才需要争取权利和给予权利,只有权利不均衡才需要普及权利。

注意到这样一个事实,有助于精准锁定权益—伦理型公共产品在某一特定时期的重点供给对象,即那些由于自身不能控制的原因,无力支付学费、医药费、生活费等的低收入者。正如英国公共政策专家迈克尔·希尔(Michael Hill,2003)指出的:现在的发达国家,在历史上公共产品与服务的供给基本上都是首先偏向于最迫切需要得到帮助的贫困人口,然后在此基础上逐渐实现公共产品与服务提供的均等化。[1]

[1] 迈克尔·希尔:《理解社会政策》,刘升华译,商务印书馆,2003。

2. 具备由私人部门生产的条件，因此生产中可全面引入“经济”、“效率”原则和“使用者付费”、“公私伙伴关系”模式

经典公共产品理论给出了三种公共产品的生产方式：政府直接生产、私人生产和第三部门生产。[1] 从后来的发展情况看，政府直接生产公共产品的神话早已被打破[2]，萨缪尔森自己就曾多次指出，“我已经无数次重复告诫，一种公共产品并不一定要由公共部门来提供，它也可由私人部门来提供”[3]。进一步地，奥斯特罗姆(Elinor Ostrom，2000)已经证明，在一系列前提条件下，民间自发组成的集体组织也可以提供某种公共产品，且效果并不逊于政府。[4] 在当代，公共产品私人生产的观念已被广为接受。

在何种条件下，公共产品可由私人提供且数量足够？德姆塞茨(Harold Demsetz，1970)认为，在能够排除不付费者的情况下，私人企业能够有效地提供公共物品；并且通过歧视性价格策略——对不同消费者制定不同价格——可以达到收益最大化从而保证私人能提供足够的公共产品。[5] 戈尔丁(Goldin Kenneth，1979)也认为，某种公共产品若不能通过市场手段充分地提供给消费者，那是因为把不付费者排除在外的技术还没有产生或者在经济上不可行。一旦能够实现排他，则可对消费者施加“选择性进入”的约束条件——如收费——而将那些不付费者拒之门外。总之，在经典公共产品理论看来，一种产品能不能由私人来提供，关键在于能否排他。

据此，权益—伦理型公共产品的最佳生产方式的答案已经呼之欲出。前已

[1] 参见吕恒立：《试论公共产品的私人供给》，《天津师范大学学报》(社会科学版)2002 年第 3 期。

[2] 萨缪尔森曾给出政府有效提供公共产品的条件，即每一个社会成员对某种公共产品的边际支付意愿等于其边际替换率，同时所有社会成员的边际替换率之和等于边际转换率。这意味着政府对于每一个成员对于该公共产品的需求偏好完全了解和每一个社会成员对自身偏好的真实完全表露。这事实上是不可能的。

[3] A. 爱伦·斯密德：《财产、权力与公共选择——对法与经济学的进一步思考》，李丰盛译，上海人民出版社，上海三联书店，1999。

[4] 这些约束条件是：清晰界定边界、占用和供应规则应与当地条件保持一致、集体选择、监督、分级制裁、冲突解决机制、对组织权的最低限度的认可和分权制企业。参见奥斯特罗姆所著的《公共事物的治理之道——集体行动制度的演进》，上海三联书店 2000 年版，第 144—160 页。

[5] Demsetz H. , 1970. The Prirate Production Public Goods. *Journal of Law & Economics*, 13.

充分说明,类似教育、住房、医疗服务这样的产品,在未经公共决策程序成为公共产品之前,它们是在消费上既有竞争性、技术也能轻松实现排他性的私人产品,何人消费了? 消费了多少? ……这一类困扰普通公共产品定价与收费的问题,在此却异常清楚。不论是德姆塞茨所要求的“排除不付费者”,还是戈尔丁的“选择性进入”的条件,在此都能得到满足。进一步地,根据已经反复证明的理论,这些公共产品在交由私人提供以后(辅以必要的政府管制),市场通过“使用者付费”制度的力量将使其逐渐趋近于生产与消费的均衡点,达到资源配置的最佳境界[1]。

公共产品的私人生产还有另一个意料不到的副产品:自动解决“公共产品定价”这一经典理论中的核心难题,当然前提是生产者之间存在着相对充分的竞争。大多数情况下,发生定价困难的原因主要在于垄断,在公共产品领域,因自然垄断产生的定价困难更是一直困扰着各国政府的难题。可以这样讲,只要存在垄断——不论是由什么原因导致的——价格发现机制就会存在问题,产品定价就会变成一个难题。因此解决定价难题的根本办法在于消除垄断。就权益—伦理型公共产品而言,它们原本就是能被竞争性消费,同时也不存在排他困难的“私人产品”,因此——从技术上讲——不仅能由私人部门生产,而且还能被竞争性地生产。

其实,一种公共产品是由政府来生产还是由私人来生产并不重要,重要的是需要澄清这样一个认识误区,即只有政府生产才能保持公共产品的公益性,进而才能低价或免费地为大众所享用,即政府生产=低价或免费,而私人生产则往往导致高价,进而失却公共产品之“公益性”和“公共性”。只需将此处的逻辑要点列出,就足以分辨出其中的混乱。一方面,低价或免费消费公共产品不等于可以低成本地生产,更不等于政府生产的成本低于私人部门;另一方面,私人生产公

[1] 贝斯利(Besley)和科特(Coate)(1991)、埃普尔(Epple)和罗曼诺(Romano)(1996)都讨论过“私人产品的公共提供”问题。这两篇文章的主要贡献在于指出了教育、医疗、住房的“私人性”,但他们并没有就经典定义本身进行修正,因此有所谓的“私人产品的公共提供”一说。一旦修正了公共产品的定义,则既可以如他们一样讨论这类产品的公共提供问题,同样地,也可以讨论其私人提供问题。

共产品也不等于在所有情况下私人部门都可以直接面向个体出售公共产品(服务)。在任何公共产品私人生产的情形下,其生产和消费之间,都必然横亘着"政府"这一中介体(参见图1-3),政府可视需要、情况分别对产、消双方进行调节与规制,如规定生产者的进入条件、产品标准和质量,对消费者则规定其资格条件、费用负担、年限时间等具体条件,而这正是扩展的公共产品定义下政府发挥作用的主要方面。由此,政府可分别适用不同的原则:在"消费"一极,在决定谁应该消费或享受时,回答的是"该不该?"的问题,决定依据是其时决策程序中大多数人或决策者所持有的政治伦理和价值观;在"生产"一极,考虑的则是"能不能?"的问题,即谁来组织公共产品的生产可以获得更高的效率,决定依据是"效率"这样的纯经济问题。鉴于经济学家对此早有定论——一般情况下,公共部门的生产效率总是低于私人部门——因此公共产品交由私人生产,就提高效率而言,是必要且正当的。正如周其仁(2008)所言,一种产品,在消费上具有非竞争性并不等于在生产上也具有非竞争性,可以被低价或免费地被消费并不同时意味着生产这些产品是低价或免费的。

图1-3　公共产品的生产与消费

对于公共产品私人生产经久不衰的讨论从另一个侧面证明了这样一个事实,即那些由政府出面组织生产的公共产品时常具有比私人生产更低的效率,进而导致了资源浪费、公共产品质量低劣、公共部门的扩张和国民实际负担的加重。因此关于公共产品私人提供的热烈讨论实际上反映的是力图将效率原则重新引回到公共产品的生产之中的不懈努力,即在一定约束条件下,私人部门参与公共产品的生产不仅无损于、相反还有益于后者的"公益性",因为它有利于动员一切可能的社会资源参与公共产品的生产,进而将扩大供给、提高质量并降低价格,进而从总体上增进社会福利。

如果说在经典理论语境下,某些公共产品还会因为具有非排他性和非竞争性无法由私人部门参与生产的话，权益—伦理型公共产品的“私人特征”则基本上不存在这样的阻碍。这正是权益—伦理型公共产品与经典定义下的公共产品最重要的区分之一。

因此，从理论上讲，实现权益—伦理型公共产品的最佳途径是：主要由私人部门按经济原则组织生产，主要由公共部门按政治原则和政策引导机制配置给民众进行消费。如此，既能落实“每一个人都应当享有同等权利”这样的政治伦理，同时又能充分利用市场机制，实现公共产品生产上的效率最大化。正是在这个研讨方向上，公私合作伙伴关系（PPP）这一前沿理念，已在近些年迅速成为在新公共管理实践中引领潮流的前沿创新方式。

第二，权益—伦理型公共产品的提供主要体现政府收入再分配的功能。

突出强调权益—伦理型公共产品私人生产的种种优点，并不意味着否认和降低政府在其提供中的重大作用。如前，在公共产品的生产和消费之间，横亘着政府这一中介体。除了在消费环节要按政治原则进行分配这一点必须要由政府执行和保证以外，政府还必须在如何筹资、如何付费、如何管理等“中间环节”上发挥不可替代的作用。

经典公共产品理论下，政府通过征集税收为公共产品筹资。尽管林达尔均衡早就证明某种公共产品的价格等于愿意为享受此公共产品的个体分别缴纳的税收金额之和，且最理想的状况是那些对某种公共产品评价最高的人（往往也是最需要的人）将承担最大的税收份额，以此类推，直至全部成本分摊完毕。不过由于种种原因，税收实践中很少能体现上述逻辑中的“（对等）受益原则”，多数情况下，税种、税率的确定与个人消费公共产品的种类、数量之间并无、也无法实现直接对应的联系。这固然源于居民公共产品偏好显示的困难，也有经典公共产品因存在消费上的非竞争性和非排他性而导致的对个体收费的不可能性，以及“能力原则”从另一角度呈现的局限性的制约[1]。

[1] 低收入者纳税能力低，但公共服务需求并不相应降低，需得到高收入者所纳税收的转移支付。

权益—伦理型公共产品所具有的较强的“私人产品”属性使针对个体收费成为可能,而且只要需要,还可以显化、强化个人付费水平与消费水平之间的联系。典型的例子除“使用者付费”制度外,还可提到各国广泛推行的社会保险制度的改进。一方面,只要符合条件,每一个社会成员都必须加入社会保险体系,且按政府规定的标准交付社会保险费(税),另一方面,同样只要符合条件,每一个社会成员都可以从这一体系中获得与自身缴费水平相挂钩(不一定相等)的公共服务。政府在其中的作用主要在于创立并维持这样一个体系,具体来说,包括以下几方面:其一,制定相关法律并以国家公器来敦促每一个社会成员加入;其二,制定相关费率强制要求雇主、雇员交纳;其三,在该体系资金不足时注资和运用预算可用资源施加再分配;其四,直接或通过制定相关制度委托管理社会保险资金;其五,以公众代表的身份购买相关产品并代为付费,等等。

至于政府选择在哪些产品、多大程度、哪些人群上彰显个人付费水平与消费水平之间的联系,取决于不同国家在具体阶段的具体情况。如医疗、社会保障通常要在一定程度上体现付费与消费之间的联系,而教育、住房、就业、个人服务等的联系性并不强。其中起决定因素的仍然是全社会公认的某种“政治伦理”和“价值观”,当然同时还有财力方面的必要考虑。如对于低收入群体,存在“缺乏支付能力而又必须满足的需求”,因此满足这个群体对于权益—伦理型公共产品需求的资金,不是个人缴费而往往是政府一般性税收[1];此外,从实践上看,即使是曾经非常看重社会保险缴费与消费之间关联性的美国,两者之间的联系也正表现出弱化的趋势。正是从这个意义上,我们可以将权益—伦理型公共产品的提供视为政府发挥收入再分配功能的一个方面。典型例证之一就是由政府牵头构建的“共济”型社会保障体系,它以再分配机制向公众提供市场经济的“安全网”“减震器”,以及为弱势群体托底的一系列保障产品。

[1] 阿马蒂亚·森在其代表作《贫困与饥荒》(商务印书馆2004年版,第9页)中说道:“贫困不仅是穷人的不幸和苦难,更为重要的是,它还导致了社会不安并增加了社会成本……低收入者会为高收入者带来麻烦。”这从另一个角度说明了政府为低收入者提供权益型公共产品、进行收入再分配的必要性。

至于付费方面，权益—伦理型公共产品的共同特征是政府作为公众的代表可以代为垫付、支付相当大的一部分成本。在私人生产的情形下，政府通常通过制定进入标准、发布所需公共产品（服务）的质量标准与种类、进行绩效考核等方式，向市场招标生产者，并在社会成员消费后按规定承担付费责任。即使那些由政府直接生产的公共产品，虽然没有上面那样一个清晰的付费脉络，也还是通过财政预算、政府拨款等方式履行付费责任。

可见，原本在直观形式上是私人产品的权益—伦理型公共产品，一旦经过政治选择成为公共产品之后，政府就在其中发挥重要的收入再分配和社会管理者的作用，在维持"使用者付费"形式并配之以补贴和差别定价等政策调节工具的情况下，填补了生产者"必须收费才能生产"与部分消费者"不能付费但必须消费"之间巨大的鸿沟，使权益—伦理型产品在尽可能大的范围为社会成员共同消费而形成社会总福利的提升。

第三，权益—伦理型公共产品的边界确定和相关决策制度问题。

在当代，权益型公共产品的主要内容是教育、医疗、住房、就业、个人服务以及对低收入人群的救济等。但是要注意，不同国家或同一个国家在不同时期对"供给什么？"的回答可能是不完全相同的，如美国提供12年制义务教育，英国则将医疗服务作为基本公共品供给；在中国，义务教育的时间是9年，基本医疗服务、廉租房等则是近年来刚刚明确要由政府负责安排提供的公共产品。

在经典理论中，公共产品的边界漂移与动态调整已是可观察的普遍事实，对此最一般性的解释是排他性技术的进步与成本的下降导致了某些产品从"公域"到"私域"的移动[1]；另外，市场经济体制的发展和经济社会发展阶段的不同等因素，也造成其边界的漂移。就权益—伦理型公共产品而言，确定边界的标准则不仅是纯粹的技术条件与经济因素，而且要包含有复杂政治互动因素的社

[1] 经典的例子是美国西部曾经有大片的公共土地，但在铁蒺藜出现以后，隔绝外人和牲畜进入特定土地区域的成本极低，于是这些土地逐渐就变成私有了。又如电子收费技术，使不可处处设收费站的市区道路也可以成为收费路。

会政策，其中决定性的影响因素是大多数人持有的某种“政治伦理”或“价值观”。鉴于“价值观”或“政治伦理”总是依国情的不同、随着社会发展和各方面情势的变化而变动不居，因此若观察时间足够长，必然发现即使就同一个国家而言，不同时期权益—伦理型公共产品的具体内容也是不尽相同、动态变化的。原来不在范围之内的某些物品，每隔几年重新界定的时候，有可能被纳入。反之，一种在几年前被广泛视为正当和必需的选择，几年后时移事易，也可能被视为错误。这些便表现为权益—伦理型公共产品具体内容的动态调整和公共产品的边界漂移。

进一步说，最重要的不是政府应当提供什么样的权益—伦理型公共产品，而是要在制度层面建立其动态调整、定期重划的公共选择机制[1]。历史地看，“公民权利”既产生于缺乏权利者的不断抗争，也源于既得利益者基于现实需要的妥协与让步。因此根本性的问题在于，通过什么样的机制来让双方实现互动？从人类历史的长河来看，最粗线条的分类不外有两种方式，其一是缺乏权利者在忍无可忍、揭竿而起之后，既得利益集团被迫进行的适应性调整，其形式往往表现为社会代价极大的暴烈的外部冲突（起义、暴动、改朝换代等），可称之为“非规范的公共选择”；其二则是建立普通民众可以参与、社会代价较低、基于民主法治原则的决策过程，可称之为“规范的公共选择”机制（换言之，民主化、法治化的制度安排）。孰优孰劣，历史已经并将继续作出回答。

第四，加入权益—伦理型公共产品后的社会产品“光谱”：扩展公共产品定义后的公共产品构成。

扩展的公共产品定义及其相关阐释，使我们可以粗线条地勾画一张社会产品从公共产品到私人产品基本分布状态的“光谱”示意图。（参见图 1－4）

在最左侧的纯粹公共产品和最右侧的纯粹私人产品之间，分布着边界可漂移的、为数众多的准公共产品和权益—伦理型公共产品，这个领域的社会产品特

[1]　参见秦晖《群己权界论：个人价值整合成社会价值的关键》的有关表述。

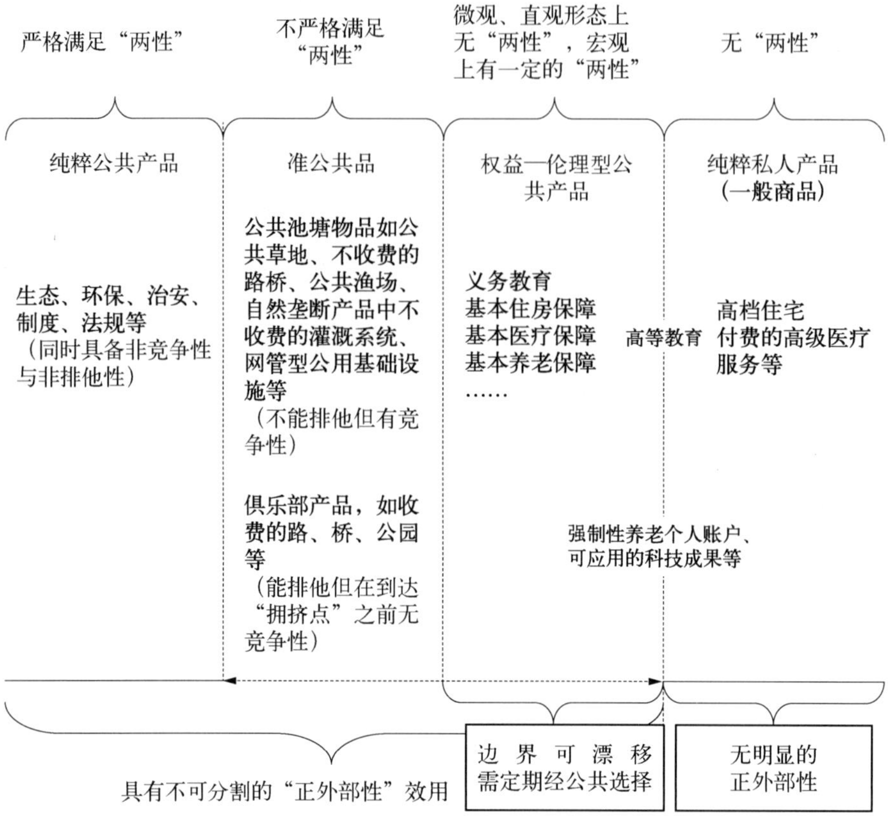

图1-4　公共产品—私人产品"光谱"示意图

征,是不严格满足"非排他性"和"非竞争性"两个性质,以及微观上不满足、宏观上却有一定程度的满足,这既有别于左侧的"完全满足两性",也区别于右侧的"完全不满足两性"。但无论是纯公共产品,还是准公共产品和权益—伦理型公共产品,都具有不可分割的"正外部性"效应,区别于私人产品的"无明显正外部性",但程度可以明显不同。在这个认识角度上,以教育为例,贾康(1998)曾有所分析:"教育和医疗保健,对某些个人和微观单位,可归为非公共产品,但由于在全社会保持公共教育、保健的某一水准是宏观稳定与整体发展的必要条件,因而又使基础教育、大众医疗保健成为公共产品。""现代社会中,社会成员所受基础教育达到和保持某一水准,是社会整体发展的必要条件。所以,基础教育如我国的‘九年制义务教育’更多地具有纯粹公共品的特点，而高等教育在社会成员个人择业和人生设计上，与分散的‘发展投资’决策和‘竞争性’的关联度明显增加，因而更多地偏向非公共品的特征。”（贾康，2002）今天看来，则可以说，后来所明确提出的权益—伦理型公共产品，是在政府牵头的社会再分配中首先稳定了低收入阶层和所谓“弱势群体”，进而便稳定了全社会，促进了公共利益最大化。不过，其边界需每隔一段时间通过公共选择程序重新确定，且在不同的历史发展阶段、技术条件、市场状况、体制机制等情况下，可能产生不同的界定结果（比如，义务教育时间长度，可由法定的 6 年延长到 9 年，进而再延长到 12 年）。即使在权益—伦理型公共产品与纯粹私人产品的边界上，也可以存在高等教育、强制性个人账户养老金、某些可应用的科技成果等性质介乎两者之间、“骑墙”状态的社会产品。

综上所述，我们可形成关于扩展的公共产品定义下公共产品三个部分的基本认识：

① 确定无疑具备消费的非排他性与非竞争性的纯粹公共产品；

② 部分满足上述“两性”的准公共产品；

③ 微观、直观形态上不具“两性”而宏观、综合形态上则具有一定“两性”的权益—伦理型公共产品。

进一步地，应明确地加以强调：公共产品内部各分类之间及其与私人产品之间的分界是可以随发展阶段、技术、市场、体制等相关因素和条件的不同而漂移的；权益—伦理型公共品的具体范围，尤需每隔一段时间经公共选择程序重新进行界定。

◇ 一个具体案例：中国的医疗卫生体制改革

2009 年 4 月 6 日，中央决策层发出了《关于深化医药卫生体制改革的意见》（以下简称《意见》），提出完善公共卫生服务、医疗服务、医疗保障、药品供应保障四大体系，健全八项机制，近期重点推进基本医疗保障制度建设，健全基层医疗卫生服务体系，促进基本公共卫生服务逐步均等化，初步建立国家基本药物制度和试点公立医院改革等五项改革。与以往相比,这一历时三年、历经争议才出台的新医改方案,最引人注目的变化在于政府明确地提出“把基本医疗卫生制度作为公共产品向全民提供”,引发全社会的热切关注。

这一《意见》及其上述有关基本医疗卫生制度的公共产品属性的用语,对本文关于权益—伦理型公共产品的基本认识,提供了一个很好的实例。经济社会中的制度安排,也是一种公共产品,而覆盖全民的基本医疗卫生制度所提供的使最低收入阶层也能获得的基本医疗保障条件,支撑着让全社会成员共享的和谐稳定局面,更是惠及全民、人人受益的公共产品。在中国,基本医疗卫生制度作为一种原未定义而新形成了其定义的公共产品,表现的是现实生活中提供这一权益—伦理型公共产品的动态演变过程,这是在约翰·奈斯比特所称的上下互动的“纵向民主”[1]博弈中产生于中国大地的。中国经济社会转轨变革的现实表明,扩展的公共产品(包含权益—伦理型公共产品)的定义,是非常值得在学术上作严肃探讨的,并应有可能与必要来构成相关理念创新与公共管理实践创新的理论基础。中国和世界经济社会中的现实生活,正启示、激发着研究者们更多关注这类不可回避的研究深化和扩展工作。

简要的小结

在本节中,我们列举和梳理了两种关于公共产品的定义,即萨缪尔森式的和布坎南式的,指出萨氏定义内含的公共产品“消费上的非竞争性”“非排他性”两个特征与“政府有时也提供私人产品”(哈维·罗森)的当代中西方政策现实形成难于解释的悖论;在此基础上,对布坎南式的公共产品定义进行了挖掘和整理,阐述了我们对于这一定义内含的“集体选择”因素的高度重视。进一步地,我们认为,萨氏和布氏两种定义不是相互独立、对立的关系,而是可以打通成为包含与被包含的关系,即所谓“扩展的公共产品定义”,从而将萨氏定义(强调公

[1] 约翰·奈斯比特、多丽丝·奈斯比特:《中国大趋势》,魏平译,中华工商联合出版社,2009。

共产品的“两个特征”）和布氏定义（强调“集体选择”）两个方面统一在更全面且可自圆其说的解释框架之内。因此，这一认识的主要贡献不在于对公共产品进行重新定义，而是在已有的、看起来互不相容的两种代表性的公共产品定义之间实现“桥接”和“打通”，提出了“扩展的公共产品定义”并以此整合了原来分裂的认识框架，进而发展和提升公共产品理论的总体包容力与解释力。

将两种公共产品定义打通并桥接起来凝练出的概念，正是权益—伦理型公共产品。是否需要专门给基础教育、医疗卫生、保障性住房等这一类大家习以为常的“准公共产品”换个名称？我们认为这完全必要。我们的研究表明，在严格的经典公共产品定义下，以上产品根本就不是准公共产品，相反，它们是在消费上既有竞争性、受益上也能够轻松排他的私人产品。这些私人产品只有在社会发展到一定阶段，教育、医疗、住房等被视为公民的基本权利，成为全社会基本价值观的一部分和执政者必须遵循的政治伦理后，再经过必要的公共选择程序，才实现了由私人产品向公共产品的“惊险一跳”。权益—伦理型公共产品的名称准确地点出了其“由政府提供的私人产品”这一迥异于普通公共产品的本质特征。

更重要的是，权益—伦理型公共产品的提出还有助于厘清当前中国与其他许多经济体在教育、医疗、住房等提供问题上的政府与市场责任并提供建设性的思路，即：基于权益—伦理公共产品是由“政府提供的私人产品”的特殊性质，需要在这些产品的生产、分配两个领域分别适用不同的原则，即按经济原则生产，按政治原则分配。

就“按经济原则生产”而言，我们从严格学术论证的角度阐明了这些产品完全具备私人生产的可行性，教育也好、医疗卫生也好、廉租房也好，既能确认受益主体，也能衡量受益程度（排他性），因而完全具备收费条件，可以交由私人部门来生产。由此，不仅可以获得各界已广为承认的“引入竞争，提高效率”的优越性，而且可以解决“公共产品定价难”这一公共经济学中的核心难题。其现实意义在于：从根本上否认了只有公立学校、公立医院才能保持公益性的观点和做法。

就“按政治原则分配”而言，我们论证了教育、医疗、住房这样的私人产品应是经过“规范的公共选择”才进入由政府提供的清单的特殊公共产品，因此，政府的责任主要在于保证其国民能够获得（即所谓可及性）这些产品，而与其是否有相应的付费能力之间没有必然联系。所以，政府的主要作用在于建立一个可持续的筹资、付费体系，通过国家公器敦促每一位国民加入、为低收入人群提供支持等方法来弥补“只有收费才能生产”和“不能付费但必须消费”之间的巨大鸿沟，从而促进社会公平，维护政权的合法性。随着经济社会发展，这是一种每隔一段时间应进行一次的、动态的、规范的公共选择机制（如前文列举的我国法定义务教育为9年，但在一些较发达地区已开始经人大立法程序而扩展至12年），现实生活中事关我国公共事务和公共资源配置的民主化、法治化制度建设的重大现实问题。

“按经济原则生产，按政治原则分配”实际上是就以上产品的生产与分配中的政府与市场职能的范围、重点所作的重大划分和明白表达，以及对公共产品领域中“公私合作（PPP）”这一前沿方式的具体化。其隐含的政策意义在于：一方面，要放松这些产品生产领域内的政府管制，降低那些限制私人部门进入的条件，引入竞争，提高效率，节约社会资源，另一方面，要明确和加大政府在“送达”以上公共产品中的责任，实现收入再分配，促进社会公平。这一研究表明，政府“既不越位也不缺位”的职能合理化境界，应当是一个动态演变的，需增进民主化、法治化制度安排来动态界定权益—伦理型公共产品的具体边界的、无止息的历史进步过程。

三、公共财政：“否定之否定”的历史轨迹

/// 楔子：财力在历史上留下了什么 ///

1. 2001年，考古人员在印度西部的坎贝湾海底发现了可能距今10 000多年的城市建筑。这些庞大的公共工程，无不需要集中相当大的人力、物力和财力才能办到。

2. 在被称为新月沃地的西亚，晒得干硬的荒土下，考古人员清理出沟壑纵横的灌溉系统，一条条运河故道，四通八达。考古人员找到的一块泥板文书上刻记着："这条运河供应为数众多的居民的饮用水……使谷物丰收……一直开到海岸。"这些运河最早可以追溯到六七千年前。

3. 在印度早期的哈拉巴及摩亨佐·达罗两大遗址，我们可以看到宽阔的道路、城市要塞、大浴场、谷物仓库等，还有纵横交错的水利设施。更让今人惊奇的是他们已经成功将污水排泄和饮用水分开，家家户户都有污水槽，可以自动把污水排到地下。这样的公共服务系统，是谁建构，是如何运行，由于我们还无法识别他们的文字，还无法回答，只能惊叹。

4. 在埃及尼罗河两岸散落着大大小小的金字塔，其中最大的胡夫金字塔，高146.5米，底长230米，共用230万块平均每块2.5吨的石块砌成，占地52 000平方米。胡夫金字塔距今已经近5 000年，当年究竟是如何建造成这么庞大的建筑的，至今还在刺激着人们的想象力。

5. 在中国成都平原西部的岷江上，有一座秦国时修建的大型水利工程——都江堰，2 200多年过去了，它还在发挥着防洪灌溉的作用，至今灌溉着30多县市近千万亩的良田。正是因为它的修建，使成都平原成为水旱从人的千里沃野，有着"天府之国"的美称。

我们今天看到的这些人类文明遗迹，无论是灌溉系统，还是神庙、城市、陵墓、宫殿，都是人类财力"集中—再分配"的成果。

（一）广义财政视野中的财政发展轨迹

已有不少学者说过，国家财政是伴随着国家的产生而产生的。这一表述本身无懈可击。问题是在于，若把它展开一步，则要发问："国家财政"这一概念与"财政"这一概念如果从学术角度作严谨定义的话，是否是同一个概念？

如果是，则"财政"就是"国家财政"的同义反复；如果不是，则必然要引导出国家财政形态之外还有其他财政形态这一命题，即财政的大概念（形式逻辑所讲的“属概念”）中要包含着若干个子概念（形式逻辑中的“种概念”）。

按照“历史与逻辑相一致”的原则作一通盘的考察，基于对人类历史的全面研究，可以认为，国家财政应被看作人类社会历史长河中财政的各种具体形态之一，而非唯一形态。从财政学理论的严谨、彻底、全面考虑，应当在科学考察中把人们所称的“财政”作广义、狭义两种解释。广义的财政概念涵盖了各类形态的狭义财政。广义财政在现象形态上指的是人类社会发展各阶段以社会性的权力中心为主体的理财活动，包括国家出现之前的原始财政、国家出现之后的国家财政，以及将来国家消亡之后公共权力中心的财政；狭义财政在现象形态上可以特指人类社会某个具体发展阶段上的以社会权力中心为主体的理财活动。由于我们现在处于国家作为社会权力中心的社会，所以今天通常所说的财政，即为国家财政（或国家各级政府的理财），它是人类历史长河中各类狭义财政形态的一种。从研究者的一般眼界看，国家财政注定还要在遥远未来国家消亡之前（如根本否定国家消亡的可能前景，则另当别论）的至少十几代乃至几十代人的历史阶段中存在。自从国家产生以来，财政分配制度就一直是国家机器运转的经济基础。那么跳出一般眼界考察广义的财政，现实意义何在？我们的回答是：理论的生命在于彻底，财政理论的彻底在于勾画出人类社会中财政这一特定事物产生、存在、发展演变的轨迹和规律，而这客观上需要有通观整个人类社会发展历史的视野。没有这个大视野，不利于深入研究国家财政和公共财政，也不利于为正确认识现阶段的财政工作、政策、改革等现实问题提供理论基础。

各历史阶段具体的财政形态：

◇ 原始财政

专栏 1-2 关于原始财政

罗彤在 1981 年发表的论文《关于财政概念、起源的探讨》中考察了原始群体时代的分配、氏族公社时代的分配,乃至阶级社会初期的分配[1]。

何振一在于1987年出版的《理论财政学》中,根据原始社会演变过程的分析论证,明确提出了“原始财政”概念,认为财政“是社会发展到氏族社会阶段,社会的再生产组织结构,从单一层次发展成有层次后,在社会中形成了独立于社会生产单位和消费单位之外的社会共同事务需要而产生的”[2]。

王绍飞在1989年出版的《改革财政学》一书中,则强调剩余产品是产生财政关系的生产力标志,分配剩余产品是社会再生产的需要[3]。

根据吴才麟的研究,人类社会经历了采集经济时代、狩猎经济时代和出现简单复合工具的渔猎经济时代之后,在种植经济时代(距今约两三万年前),剩余产品出现,以氏族长为代表者的初期社会组织,为了公共活动的顺利进行,对各个基本经济单位交公的剩余产品进行分配,即是“原始公共分配”出现之时。以后,又发展为部落的分配和部落联盟的分配[4]。

贾康于1998年出版的《财政本质与财政调控》一书中作出如下基本概括:原始财政是以原始氏族、部落、部落联盟、农村公社的社会性权力中心为主体的理财活动,其经济上的基本前提是出现剩余产品,有了剩余产品及其量的增长,才有财可“理”,并且越来越需要“理”;其政治上的基本前提是出现社会性权力中心——无权力中心,即使存在剩余产品,也是有“财”无“政”。正是由于生产力的发展而出现了剩余产品,才使原始财政这种分配关系的出现成为可能;又加上社会组织形态中被剩余产品的

[1] 罗彤:《关于财政概念、起源的探讨》,《财政研究资料》1981年第18期。
[2] 何振一:《理论财政学》,中国财政经济出版社,1987,第31页。
[3] 王绍飞:《改革财政学》,中国财政经济出版社,1989,第31页。
[4] 吴才麟:《史前经济与财政起源》,中国财政经济出版社,1990,第105、595页。

出现所刺激、催化而形成的权力中心及其职能、行为,使原始财政的出现进而成为必然。原始财政在人类历史中至少存在过数以万计的年头,而国家财政迄今至多不过存在了5 000余年。

原始财政是人类的原始社会发展到氏族公社阶段,由原始分配行为演化而出的一种公共分配。只要生产力发展到有剩余产品的水平,社会较大规模的集体活动便或迟或早要出现,于是就需要通过社会权力中心——真正意义上的公共权力中心进行公共分配。原始财政起源于剩余产品产生之后,产生的方式不论有哪几种,但最终都如恩格斯所说,"共同的产品,除了储存起来以备再生产的部分外,都根据消费的需要陆续分配"[1]。氏族部落权力中心保留一部分剩余产品,用以平衡年度间因自然条件造成的农业收入的差异等问题和满足社会的共同需要。这种调节社会经济生活、维持自身存在的功能,是氏族权力中心的财政职能。尽管十分简单,主要是维持成员生存需要和再生产需要,但这体现了马克思扣除理论中的诸项扣除,说明氏族财政与现代财政存在共同之处。氏族财政某些方面可能与现代国家财政观点来比较有特征上的差距,但这种氏族财政符合一般财政原理即广义财政所认知的以某一社会的最高权力中心为主体的分配。

◇ **国族财政**

国族财政,或称部落联盟财政,是一种过渡时期的财政形态,既有逐渐淡化的原始氏族财政的性质和因素,又有逐渐强化的国家财政的性质和因素。原来公平、民主的公共权力蜕变、异化为混合型的公共权力。因此,国族财政是在人类社会由氏族部落联盟阶段向国家阶段转换期中,带有原始财政—国家财政两

[1] 恩格斯:《反杜林论》,《马克思恩格斯全集》第十九卷,中共中央编译局译,人民出版社,1963,第449页。

重性的财政。这一阶段长期以来未受到人们应有的重视,但它在社会发展史上代表一种普遍存在的现象。社会发展到这一阶段,人际关系的利益配置跨越血缘关系的界限而以地域关系为更主要的范围标志,财政的主体就是酋长会议行使其职责的国族权力中心,政治、经济职能更为完善,具有独立的形式和部门,因为"社会产生着它所在不能缺少的某种共同职能,被指定去执行这种职能的人,就形成社会内部分工的一个新部门"[1]。这些部门在顺应和促进生产力发展的同时,又充实上层建筑,反作用于生产关系,随私有制与国家的起源而在原始民主政治和公共分配中加入了非公共分配的阶级统治因素。

◇ 剥削阶级统治时代的国家财政

伴随着原始氏族部落联盟最终演变为奴隶制国家,国族财政亦演变为国家财政,而且财政在这种过渡中也为国家的产生和稳固提供了重要的经济条件:氏族、部落、公社首领掌握的公共分配权力,随私有制与阶级的出现演变为对其所属阶级的经济支持手段。在阶级社会里,"任何社会制度,只有在一定阶级的财政支持下才会产生"[2]。国家财政与国族财政最根本的不同是,原社会权力中心为主体的服务于公众利益的集中性公共分配,已变成统治阶级利益至上的分配,公共需要经常被处理为附从于甚至让位于统治阶级的需要。阶级社会的权力中心是国家,"国家是阶级矛盾不可调和的产物",即阶级矛盾不可调和情况下,原来原始民主政治的公共权力中心,演变为统治阶级以有组织的暴力手段为依托的权力中心。国家财政的主体是基于暴力政治的国家,财政支出的极大部分是用来维持国家权力存在和职能履行的,但同时也必须承担作为持续政治统治必要基础和前提的社会公共职能,正所谓"凡百庶政,非财莫举"。原始纯粹形态的"公共财政",随着国家财政而"淡出",至国家出现而告一段落。

奴隶制财政是国家财政的第一种具体形态。奴隶制生产关系的基本特征是

[1] 马克思、恩格斯:《马克思恩格斯全集》第三十七卷,中共中央编译局译,人民出版社,1971,第486页。
[2] 列宁:《列宁选集》第四卷,中共中央编译局译,人民出版社,1972。

奴隶主占有生产资料，并占有奴隶本身。尽管奴隶制财政负有一定满足“公共需要”（如兴修水利等）的职能，其具体形态在东西方也存在差异，但却不能改变它们基本的奴隶占有制度和奴隶制国家的性质，也不能改变国家财政为奴隶主阶级利益服务的主导属性。其后，有封建的、中世纪的国家财政。封建制生产关系的基本特征是封建主占有生产资料和不完全占有生产工作者。封建制财政在收入形式方面趋于多样化，除贡纳、劳役、赋税之外，还有由官田、铸币权等派生的官产收入，政府对某些产品实行垄断经营而派生的专卖收入，并（主要在西方）出现了国家向民间举债取得的公债收入。在支出方面，除王室支出、国家机构支出、军事支出、宗教支出、公共工程支出等项之外，也相应出现了公债还本付息支出。封建制财政虽然也负有满足“公共需要”的职能，但其主导性的职能仍在于维护阶级的统治和满足统治阶级的特定需要。

随着资产阶级革命成功而出现了资本主义国家财政。资本主义生产关系的基本特征是资本家占有生产资料，雇佣工人向资本家出卖劳动力。资本主义制度在极大地解放生产力的同时，也极大地提升了社会权力中心“以政控财，以财行政”统治管理的形式。作为与中世纪“王室财政”对立物的“公共财政”，正是在资产阶级革命之后应运而生，以法治化、民主化的制度框架为依托，对王室财政取而代之。一整套基于公民权利平等、纳税人义务与权利对应、议会代表公众权利、政治体系内权力制衡、理财系统应具备透明度、规范性和受监督等的理念、原则和制度规范，得到了长足的发展。现代意义的政府预算和管理体系，在初具形态之后又不断完善和发展，社会公共支出和福利支出有很大的加强和改善。可以说，资本主义国家财政从形式上揭开了人类历史中公共财政在其原始形态上被否定之后，又在新的更高阶段上以新的形式复归的序幕。资本主义的国家财政，的确已经更为理性地从事公共工程等公共产品和社会福利等公共服务的提供，然而其在担当一定的“共同需要”职能的同时，更主要、最基本的导向性，仍在于维护资本主义剥削制度，满足这个制度中统治阶级的需要。所以，资本主义的“公共财政”，仍较多地带有形式上的意义。

客观地考察，资本主义来到世间，曾有"从头到脚，每个毛孔都滴着血和肮脏的东西"的原始积累时期，其后，又经历过长期而激烈的劳资冲突以及海外殖民掠夺中与民众的严重对立。但是，应当看到，其后资本主义有一系列的调整变化。在进入较发达阶段之后，特别是在新技术革命突飞猛进的近几十年，典型资本主义国家中总体的社会文明程度得到了很大提高，社会性的收入再分配在缓和阶级矛盾方面发挥了重要作用，对殖民地的宗主国身份已大为减少和淡化（更多地转为经济性的控制），显示出资本主义生产关系所能包含的发展生产力的潜力还没有发挥净尽，也表明资本主义在经过一系列的调整之后，于协调内外部矛盾、减轻社会对立方面，取得了不小的效果。

但是，这些却并不能否定资本主义社会的矛盾特征：生产资料的绝大部分，仍然掌握在社会上很小一部分人手中，资本对剩余价值的攫取只是采取了表面上较为文明的形式，资本主义"自由、平等、博爱"的精神，在现实生活中仍然落在马克思所总结的最根本的一点之上："平等地剥削劳动力，是资本的首要的人权。""国家既进入资本家时代，资本家则为国家之主人，一切以他们为本位。"[1]政府的理财（国家财政），不可避免地是服务于这种本位的工具——这一切的根源即在于占统治地位的资本主义的所有制。也正因为如此，当资本剥削制度受到某种威胁时，资本主义的国家机器作出反应是毫不含糊的。比如，以军警对罢工、游行工人的镇压；当航空公司员工联合罢工时，政府动用军队的航空人员接替；等等。这后面财政的支持作用一目了然。

总之，从奴隶制、封建制的国家财政运作到资本主义的国家财政运作，虽然外在表现形式、具体收支方法和管理的体制、方式等有诸多变化，但这些都具有一条共性的客观规律：它们都是由当时占统治地位的生产关系所决定的剥削阶级国家掌握的理财工具，一般而言，在履行一定的社会公共职能的同时，都以满足剥削阶级统治的需要为首要职能。当然，这也并不排除特定时期、特定情况

[1] 黄仁宇：《资本主义与二十一世纪》，三联书店，1997，第193页。

下，整个人类社会于自然界中生存的需求或民族间的矛盾，可以超越阶级矛盾而上升为主要矛盾，从而社会共同需要的首要地位成为此时出现的一种特例。

◇ 社会主义财政及其可能的发展远景

按照马克思主义的观点，社会主义是共产主义的初级或低级阶段，由于社会主义社会在阶级社会中第一次以公有制生产关系为主导，所以与剥削阶级统治的社会已有本质的不同。按照社会主义制度的内在逻辑，这时的国家其实不是要巩固阶级的统治，而是要经过一个过渡阶段（即使是一个相当漫长的历史阶段），在不断解放生产力和使物质财富空前增长、极大丰富的基础上，引出无阶级的社会和导致国家的消亡。当所有制的社会主义改造基本完成之后，作为人民民主专政对象的敌对分子，已失去了其完整的阶级形态。经过逐渐的演化，人民民主专政最终要引向完全消灭阶级差别和消灭其自身。所以，列宁曾称社会主义的国家为“半国家”。指出在向无阶级社会过渡中“实行镇压的特殊机构，特殊机器，即‘国家’，还是必要的，但这已经是过渡性质的国家，已经不是原来意义上的国家”[1]。认为国家消亡过程要经历“政治国家→非政治国家→国家完全消亡”三个阶段。因此，把社会主义社会与奴隶社会、封建社会、资本主义社会放在一起，统称为“国家”，难以体现“国家——阶级矛盾激化的产物”这一概念。也就是说，社会主义社会的一些特征与“国家”的一些特征已开始大相径庭。或者说开始进入有“国家”之名，而无“国家”之实的演变。当然，现实中社会主义国家的具体情况，要远远比上述原则性的描述复杂得多，但作为一种大的历史走向的分析和勾画，这种原则性描述仍然是必要的。

与马克思、恩格斯的设想有所不同，社会主义社会不是首先出现在最发达的西方资本主义工业化国家，而是出现在欠发达的东方国家。由于我们目前尚处于并将长期处于社会主义的初级阶段，即处于社会主义初始的不发达形态，社会

[1]《列宁选集》第三卷，人民出版社，1972，第185、248页。

主义的一系列实践和理论问题都还在探索之中，所以对社会主义的许多具体认识只能是初步的、不成熟的，但是从最主要的生产关系特征来说，可以明确认定：社会主义是以与社会化大生产相适应的公有制为“普照之光”的、以消灭剥削为导向的社会制度。社会主义初级阶段的生产力还是相对低下的、不平衡的、有层次的，由此决定的生产关系也是有层次的、多样性的。至于外部环境，仍然是与资本主义体系在“全球化”过程中的并存和竞争。我国现阶段以中国共产党为执政党的、处在改革和完善过程中的政治统治，既是“人民民主专政”的具体形式，又是代表最广大人民群众根本利益的公众事务管理，两种因素形成一种混合形态，相应使我国财政现阶段在本质层面上也必然是阶级国家财政与公共财政的混合体，但这种混合是内在机制不存在对抗性矛盾的特定过渡状态：其发展趋势是前者（阶级性为前提的“专政”）趋向淡化，后者（公共性）愈益强化和完善；前者的逻辑目标或归宿，也完全在于后者的水到渠成。改革开放以后，基于社会主义的新思维，业已明确提出了积极建立公共财政框架的方针，随着我国社会主义社会的向前发展，将由不完全的公共财政不断走向比较完全的公共财政。

如果说，国家财政和社会主义财政都是在人类社会阶级社会性质更替、混合期的财政，那么前者作为“渐入阶级社会”的过渡，其公共性和阶级性的“二元”，在动态中是对立性的取代、对抗性的分离的；而后者作为“渐出阶级社会”的过渡，其阶级性和公共性的“二元”，是弥合取代、自然归一的——最后将归位于纯粹的公共财政。

对于社会主义财政来说，在履行社会公共职能，满足“共同需要”的同时，它也必然把为社会主义国家实现其职能服务与为人民民主专政的历史任务服务这一点，置于首要位置；而共同需要与国家需要这两者在社会主义条件下正在逐渐消除对立成分，趋向紧密结合与相互融合，最终将成为一体，归入“天下大同”。财政分配全力支持经济的增长，国家的安全，法律制度的完善，文化、教育、科技、医疗水平的提高，社会保障体系的健全，环境保护事业的发展……都要基于社会主义生产关系所树立的消灭剥削制度和提高人民物质文化生活水平的总体导向，并为这个前景服务，同时这也是符合并代表全体人民群众根本、长远利益的。

（二）公共财政发展的历史轨迹

基于马克思主义的历史唯物论引出如下认识：人类社会发展的基本轨迹表现为一种“否定之否定”的螺旋上升，即无阶级社会（原始共产主义社会）→阶级社会（包含阶级与国家形成过程、阶级社会历经不同形态的存在、再走到阶级消亡过程即社会主义初级与低级阶段）→无阶级社会（社会主义社会的高级阶段——未来共产主义社会）。与此相应，我们可以认为，人类社会中财政发展的基本轨迹也相应地表现为一种“否定之否定”的螺旋上升，即公共财政（原始财政）→国族财政（公共财政渐被否定过程）→非公共财政（国家财政的帝皇财政与王室财政形态）→公共财政渐进重现过程（从资产阶级革命开始的、将由社会主义时期完成的由形式到内容的公共性回归）→公共财政（未来共产主义社会的财政）。如图1－5所示。

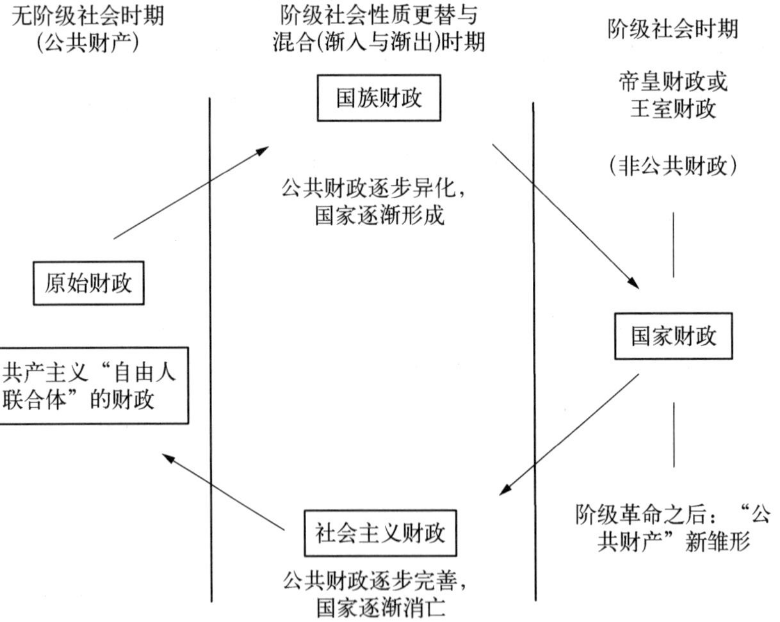

图1－5　人类社会中的财政发展：公共财政的“否定之否定”

概括起来的基本认识是：

第一，在以往的无阶级社会和未来可能的无阶级社会时期，都存在公共财政分配：原始财政和共产主义财政。

第二，在阶级社会性质更替和混合时期，国族财政和社会主义财政，都属于过渡时期的财政形态。前者存在于国家的产生过程，后者存在于国家的消亡过程。

第三，在阶级社会时期，首先存在着马克思所说的典型的国家形态，即存在少数人统治多数人的剥削阶级国家，相应地，国家财政先后有奴隶制国家财政、中世纪封建制国家财政、资本主义国家财政。在奴隶社会和封建社会，由于皇帝、国王"家天下"的专制统治，财政的具体形态为帝皇或王室的财政，也可称为"家计财政"。资本主义国家财政，随资产阶级革命成功而形成以民主性、法治性为特征和表象的公共财政，但在不小程度上仍保留着前面阶段公共分配权力异化的内容。

历史唯物论揭示，人类文明的进步将基于生产力的发展而在国家发展演变的过程中居于主导地位。国家的演变过程中，虽然表现出多向性、上升与下降、前进和后退，但其基本方向是前进的和螺旋式上升的。国家形成后，"公天下"开始演变为"私天下"，原始的"公共财政"被帝皇和国王的"家计财政"、"王室财政"所取代。在广大民众激烈反抗下，统治阶级为了政权的长治久安，也不得不在一定程度上满足人们的公共需求。特别是资本主义革命成功后，虽然新建立的资本主义国家政权在性质上依然是阶级统治，但已经开始有了向公共财政较大的回归，但这时的回归无论在内容上、数量上和形式上，相比原始的公共财政都有了质的提升。社会主义公共财政将对资本主义带有阶级性的公共财政给出否定，但在发展初期及过渡阶段，依然存在公共性与阶级性并存的二元结构，随着社会主义按其内在逻辑的发展，公共性的特性会越来越强，真正启动了更为纯粹的公共财政在更高层次的实质性复归过程。共产主义财政是社会主义财政发展的远景和方向。阶级对立的消灭、物质的高度充裕和精神文明的升华，使得阶级国家走向消亡，社会将趋近“自由人的联合体”和在更高的层次上回归到公共财政上来。可以想象，在未来的“大同世界”发达社会中，仍然需要有一个公共权力机构（其成员可设想为“自由人联合体”经一定程序和规则的轮值）从事公共分配活动，那就是未来纯粹形态公共财政分配的主体。真正意义的公共财政，在被第一次否定之后，终将在更高的阶段上，通过否定之否定，而以更高的形式复归。

（三）私人产权与公共财政

私人产权是指财产权利完全界定给个人行使，即个人完全拥有对经济物品多种用途进行选择的排他性权利，财产处置完全受个人意志的支配。一个充分完整的私人产权包括占有、使用、收益和处置四项权能，缺一不可。缺少其中任何一项或几项，即为不完全的产权。这里的“私人”，并不都指自然人，而是泛指独立的经济主体，如家庭、个人、私营企业或有别于公共权力的其他组织。国家凭借政治权力取得的税收等财政收入实际上是对私人财产一定程度的剥夺，造成部分私人产权的让渡。恩格斯指出：“纳税原则本质上是纯共产主义的原则，因为一切国家的征税权利都是从所谓国家所有制来的。的确，或者是私有制神圣不可侵犯，这样就没有什么国家所有制，而国家也就无权征税；或者是国家有这种权利，这样私有制就不是神圣不可侵犯的，国家所有制就高于私有制，而国家也就成了真正的主人。”[1]社会契约论者提出利益交换说以求解决这个矛盾：人民将劳动所得的一部分拿出来组建和维系国家，国家则向人民提供其无法独自取得的公共服务，如产权保护、道路、货币、统一度量衡、对外防卫等，作为回报。霍布斯认为“人民为公共事业缴纳税款，无非是为换取和平而付出代价，分享这一和平的福利部门，必须以货币或劳动之一的形式为公共福利做出自己的贡献。因为国家取代人民进行防卫，一旦战争爆发，人民仍可以正常地从事生

[1] 恩格斯：《在爱·北斐特的演说》，《马克思恩格斯全集》第二卷，中共中央编译局译，人民出版社，1957，第615页。

产劳动和生活。这种作为人民生产劳动的保护者的主权，正是靠人民勤奋劳动所缴纳的赋税来维持的”。洛克提出人的劳动产生了财富，私人产权是先于国家存在的自然权利，不可被剥夺和侵犯，认为人民建立政府的目的是要求政府保护私人产权，而政府要有效保护私人产权就必须要有巨大经费。因此，凡享受国家保护的人民，都应当从他的私人财产中支出自己的一份，用于维持政府，这是其私人产权获得保护的代价。对于社会契约论者来说，保护私人产权和提供公共服务是政府征收税赋的前提。基于私人产权神圣不可侵犯，国家征收赋税，必须获得人民的同意，对通过人民授予的权力获取的收入进行再分配，也必须取得人民的同意。这些思想直接影响了现代公共财政制度的形成。

公共财政的起点是围绕征税权的斗争。马克思曾经指出：“使查理一世上了断头台的英国革命就是从拒绝纳税开始的。以宣布北美脱离英国独立而告终的北美革命也是从拒绝纳税开始。拒绝纳税在普鲁士也可能是非常不愉快的事件的先兆。但是，使查理一世上断头台的并不是约翰·汉普顿，而是他自己的顽固不化，他对封建等级的依赖性，他想用强力压制新生社会不可抗拒的需要的狂妄想法。拒绝纳税只是国王和人民之间分裂的标志，只是政府和人民之间的冲突已经达到紧张而危险的程度的证明。并不是拒绝纳税引起了分裂和冲突——它只是证明了分裂和冲突的存在。在最严重的情况下，它将导致推翻现存政府，推翻现存政治制度。但这根本不会触及社会基础。因此，在当前的情况下，拒绝纳税正是社会对于威胁其基础的政府所采取的一种自卫手段。”[1]

国家产生后，在大多数国家出现了君主制，其合法性以“君权神授”论为基础，并认为整个国家都是君主的私人财产，决定了此时的财政内容多为君主的私人收支。这一时期的征税也多是由王室的开支需要、国家运行的需要和君主的意志来决定的。就是官员的俸禄和战争经费等国家运行的正常经费，在一些国家也常被视为君主的个人需求。学者们将这种类型的财政称为“王室财政”。

[1] 马克思：《对民主主义者莱茵区域委员会的审判》，《马克思恩格斯全集》第六卷，中共中央编译局译，人民出版社，1961，第304页。

在中国古代的《周礼》中规定了支出的九个方面，包括祭祀支出、接待宾客支出、丧事支出、君主的膳食与衣冠支出、官府百工制作器物所需的支出、遣使支出、饲养马牛的支出、赏赐诸臣的支出、玩好支出等，可以说多属君主私人支出，是为君主的私人目的服务的。中世纪，西欧分成大大小小的国家，在各国内部也是封邑林立，彼此之间战争不断，战争花费越来越高，带来了普遍的持续的财政危机。由于军费大大超出各国君主从王室土地和常规税费获得的收入，各国君主不得不想方设法用各种方式增加收入，这包括征收新税、借贷、出售城市自治权、投资、创立银行、发展金融等。在开征新税方面，就涉及私人产权和臣民同意的问题，而开征的许多新税种，相当重要的一部分来自对人民私人财产及其收益所得课征，这就要求必须明晰私人产权。而借贷、发行公债、出售城市自治权、投资、创立银行、发展金融等，都需要首先明确私人产权，并有力保护私人产权。同时，随着自然经济逐步解体，市场和资本因素的日益壮大，也提出了明确和保护产权的要求。

私人产权得到明确、允许转让和得到有效保护，是一个很长时期的渐进过程。其中，既有激烈的武装斗争，也有经济发展的自然演化。在封建社会中，私人产权不仅不明确，甚至是不被承认的。在封建制下，由于土地层层分封，致使一块土地上有多个占有者。即使具有自由人身份的农民，虽有土地使用权，但由于土地最终产权仍属于封建领主占有，农民无法自由转让。很多手工业者，由于背负农奴身份，其一生积蓄的财产也无法由继承人直接继承，而要先上交一部分给领主。在城市，私人产权也是不明晰的，城市居民同样承担着很多封建义务。

作为典型的自然演进为主的英国，大致经过了600多年的时间，才走完私人产权从残缺到逐步完备，并得到法律保护的历程，其中虽有惊心动魄的武装斗争，但起主要作用的还是经济发展的推动。1215年，英王签署《大宪章》，认可了国王不可擅自征税的原则，强调除传统捐税贡赋外，任何赋税的征收都必须得到"全国人民的一致同意"，即大会议的同意，这就是著名的"非同意勿纳税"原则。《大宪章》第一次以法定形式表述了私有财产神圣不可侵犯的原则，制约了王权对私人产权的侵犯。约翰·洛克称法律保护私人产权的原则是英格兰自由的根基。私人产权的确定并能自由转让，有力制约了王室、封建主和其他特权阶级侵犯私人产权，有效保护了私人产权（特别是对土地私人产权的保护）和人民自由经商的权利，推动了自然经济向市场经济的转化。家计财政、王室财政向公共财政的转化，也为财政的各项制度创新和改革创造了条件，为现代预算制度、现代国债制度、现代税收制度、现代银行制度的产生作了铺垫。

马克思指出在英国由于工场手工业的发展，王权和新型的封建贵族在追求货币的过程中通过普遍立法发展了对土地的私有权，摆脱了封建生产对土地权的分割和对劳动力的人身束缚，使封建财产变成了现代私有财产，劳动力变成现代商品，租地农场主、行会师傅、小手工业者变成了最初的资本家阶级。虽然这时英国离完备的产权制度还有很长的路要走，但已经为建立市场经济体制及公共财政体系奠定了基础。这一理念也为其他国家所吸取。

1775年的北美独立革命也是从征税权的斗争开始，北美殖民地人民喊出“无代表，不纳税”（No taxation without representation）的口号，并提出人的生命、自由和财产等是天赋人权，为保障这些权利，人民才组成政府，如果政府损害了人民的这些权利，人民就有权推翻它，建立新的政府。1777年通过的《联邦条例》规定：“一切战费及为共同防御或普遍福利目的引致之一切开支，经合众国国会批准，应由公共财库中支付。此公共财库之资金由各州按照各州境内之一切土地（而不论已授予任何人或为任何人作过丈量）之价值比例摊派。此项土地及地上之建筑、设施应根据合众国国会随时制定之方式进行估价。”

法国大革命期间，于1789年通过了著名的《人权和公民权宣言》，宣布：“在权利方面，人生来是而且始终是自由、平等的。因此，公民的荣誉只能建立在公共事业的基础上。一切政治结合的目的都在于保护人的天赋的和不可侵犯的权利；这些权利是：自由、财产、安全以及反抗压迫。……人类和公民安全权利的保障需要公共的军事力量，因此，这些（军事）力量是为了整体福利的稳固，而不是其领导者的个人利益。为了军事力量的维持和行政管理的支出，公众的捐税是必不可少的;捐税应在全体公民之间按其能力作均衡的分布。所有公民都有权亲身或由其代表就决定各种公共捐税的必要性、用途、数额、评估的方式和期限等问题自由发表意见。社会有权要求公众机关人员报告其行政工作。"并特别强调"财产是神圣不可侵犯的权利,除非有明显的公共需要,经过合法手续,并事先给予公平的补偿,不得剥夺"。

在古代中国,虽然很早就有人提出了"定分"(产权界定、"有恒产者有恒心")的思想,但一直没有成为主流思想。在"普天之下,莫非王土;率土之滨,莫非王臣"的理念下,帝王不仅取得了公地的所有权,而且还名义上拥有了全部土地和财产的所有权,也就是马克思所说的"国家就是最高的地主……主权就是全国范围内集中的土地所有权"。此后虽在一定程度上承认了私人产权,但始终是不完全的,极大制约了商品经济的发展,也制约了财政的形态上升,封建性质的农业税收入和徭役摊派始终在国家财政收入中占有最大比重,大量的手工业者成为政府的依附人口,劳动成果被无偿剥夺。国家的征税权得不到有效约束,横征暴敛引发一次又一次的农民起义,带来周期性的社会代价极大的动荡。到1978年后,中国开启了社会主义市场经济取向的改革开放新时代,私有财产问题受到重视。1993年,党的十四届三中全会通过了《关于建设社会主义市场经济体制的决定》,明确提出要建立"产权清晰,权责明确,政企分离,管理科学"的现代企业制度。2018年通过的《中华人民共和国宪法修正案》第13条规定"公民的合法的私有财产不受侵犯",实现了私有财产保护条款入宪。2007年3月16日全国人大十届五次会议通过《中华人民共和国物权法》。在财政方面,则通过一系列的改革,逐步建立起社会主义公共财政基本框架。

通常产权可被定义为组织或个人(法人或自然人)的一组与资产的持有、使用、抵押、转让、处置等相关的受保护的权利。人类社会"走出中世纪"后,种种原因引致工业革命,形成了促成生产力大发展的市场经济"看不见的手"的资源配置机制,实是以建立和保护排他性私有产权制度为基础的,因为这种受保护的产权又是以契约为基础的自愿交易的前提,界定明确和受到保护的产权,对于激励人们的奋斗精神、实现生产经营必不可少，而一旦有了这个条件，人们自然会出于自己的自由意愿，为了达到通过交易可能带来的获益前景，而自觉努力创业、创新，生产出有市场竞争力的可交易品。

私人产权与公共财政，乍一看来似乎没有多少联系，但仔细想来确有历史性的对应逻辑。在“微观层面”的私人产权的形成、完备与“宏观层面”的公共财政制度的形成、完备，在历史上都有其发展历程，两者之间的呼应性联系是否有规律性可寻？如果对于这种有规律性的联系能够有所认识、揭示和阐发，显然对于当今中国完成经济社会转轨的现代化进程，具有提供启示和理论支持的重要现实意义。然而要较清晰地形成这方面的认识，却是比较复杂而具有挑战性的。

冯俏彬在《私人产权与公共财政》的基础理论专著中，设立了“完全的私人产权是阶级社会形成以后公共财政的必要条件”的理论假设，接着在分析梳理“国家分配论”与“公共财政论”间的论争之后，将公共财政定位于民主财政。然后，作者转入历史研究，对英国中世纪产权、政治、财政状况进行了较详细的考证，提出了一个中古以降公共财政的形成是一个与同期产权的不断私人化（可理解为私人产权的逐步完备化）、政治的不断民主化相互呼应、相互支持的过程的理论阐释框架。以此为基点，又进而以中国传统社会为分析对象，从另一个方向，说明与不完全私人产权相对应的只能是“非公共财政”，对假设进行了反向的验证。再以后，观察、分析了当代中国改革开放后的产权与财政状况，指出随着市场化的深入，我国的产权状况正在由计划经济时期的“一大二公”向多元化转化，与此相适应，财政也启动了一个由自发到自觉的公共化过程。最后，就私人产权与公共财政之间的反应机理，进行了展开论述和提炼，归纳主要的结论。冯俏彬采用规范的经济学分析方法和“大胆假设，小心求证”的历史研究方法，在提出“完全的私人产权是公共财政的必要条件”的假设后，分别采用了正、反、合的方法进行理论验证并得出结论；在从历史唯物主义立场出发分析传统中国为什么需要一个集权政府以后，将人们惯常接受的传统社会的私人土地产权，定位于国家（政府）掌握最终所有权的“不完全产权”，并进一步将大家熟知的财政史上从“税人”到“税地”的发展，置于削夺各类实力集团的努力过程之中。作者又进一步将视野延伸到大家都极为关心的我国公共财政建设的重大现实问题，对改革开放以来我国产权形态、财政改革进行了独特的考察分析，其中公有产权的收缩、非公经济的繁盛、财政从自发自为到自觉的公共化过程、私营企业主的政治参与和股份制的发展等论述，都直面现实，特别是又进一步推进到前瞻性认识，提出了产权与财政形态发展上的“否定之否定”逻辑轨迹，大大增加了理论分析的历史穿透力，也从更广阔的范围加深了对于历史一般性规律的认识。冯俏彬得出的富有启示意义的结论是：“私人产权、民主政治、公共财政不过是市场经济从不同角度给出的特定的描述，三者同为一个完整系统的组成部分，其中任何之一都无法脱离其他部分的发展、支持而单独存在”，故而可以认为，必须从最根本的经济基础出发来认识我国公共财政的建设问题，并十分注意政治层面的变化，防止和避免陷入“就财政论财政”，甚至将公共财政理解为只要引进发达市场经济国家的一些先进管理做法就可以实现的“简单技术引进”的泥淖。这些认识的浓缩，引向了“越尊重私人产权，越有利于民主法治，越需要公共财政”的结论框架，其内在逻辑不仅对于“社会主义市场经济”具有重要意义，而且可以引向对接马克思曾表述过的未来“自由人联合体”的社会中会“重建个人所有制”的远景探讨。（对这一带有“理论密切联系实际”强烈色彩的重大问题的研讨，可参阅贾康《于思想解放中认识股份制对私有制的扬弃》，《第一财经日报》2018 年 6 月 3 日）

任何一种理论认识，一方面要合于经验，另一方面要高于经验，在能够解释事实、解释世界之后，可以助益于改造世界。总体看来，如果就整个人类社会的“大历史”而言，既然在“微观”产权层面，有“（原始）公有制→私有制（及其在君主政制之后的逐步完备化）→股份制（及在其发展中对私有制的扬弃）→未来公有制”这样一条“否定之否定”的轨迹，在“宏观”理财层面，有“（原始）公共财政→帝皇、王室财政→公共财政在资产阶级革命后的形式复归→公共财政在未来社会中的实质性全面复归”这样另一条“否定之否定”的轨迹，那么，“私人产权与公共财政”的论题，就是要从历史研究、学术分析和演绎前瞻相整合的角度，阐释两个层面、两条螺旋形上升轨迹之间的历史性、规律性的匹配和呼应，以阐释既往，洞见今世，昭示未来。（参见图1－6）

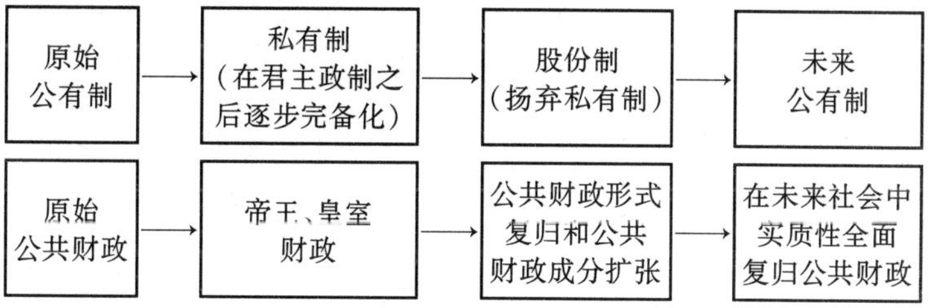

图1－6　两条线索上的“否定之否定”

四、现代财政制度的命题及其政治逻辑

/// 楔子：皮包与预算 ///

在电视新闻里，可以看到英国首相随身携带着一个略显破旧的红色长方体皮箱。2013年，卡梅伦参加小姨子婚礼的照片被一名亲戚传上网络，手持香槟的新娘表情恬淡，但卡梅伦却已然熟睡。而首相的红箱则被随意地摆放在床上，无人看管。此后不久，参加完G20峰会的卡梅伦在乘火车从伦敦前往约克郡途中，又失误将其红箱落在火车的桌子上，一名同行乘客给这个破旧的、钥匙插在锁上的红箱子拍了照。两次事故都引发不少公众质疑。这个红色皮箱跟随英国首相已经有280多年历史了。1733年，首相兼财政大臣沃波尔（Robert Walpole）首次向议会提交财政报告，就提着这个红色的皮箱。当时英国出版了一本小册子《皮包打开了》，描述沃波尔向议会打开他的皮箱以展示其灵丹妙药——各项财政政策，该小册子所用的“皮包”（Budget）一词从此用来指称政府的预算。从《大宪章》签署到此时，已经过去了518年，其间英国历代国王多次想越过议会行事，但贵族的抗争，农民的起义，迫使国王们又不得不一次次确认议

会的税收同意权，前后 30 多次重新颁布《大宪章》，其间还有一位国王——查理一世被处死。从光荣革命到 1773 年，也已经过去了 45 年。但要再过 27 年，财政大臣于每个财政年度开始之前向国会提交国家预算以寻求国会拨款，才正式成为惯例。由此，终于形成了对国王和政府的实质性制约，建立了避免财政危机的现代预算体制，基本解决了困扰英国 600 余年并不断引发大规模动荡和内乱的税收—财政危机。此后英国相继通过《济贫法》、《教育法》、《公共卫生法》等法律，逐步改善为国民提供的基本公共服务，构建起公共财政的基本框架。正是这一系列基于对私有产权保护的公共分配制度创新，英国率先完成工业革命，成为持续多年的世界头号强国，其在财政制度方面的一系列创新也影响了以后各国现代财政制度的建设。

走向现代财政制度，是一个长期的过程，也是一种系统工程，在当今世界上，不仅需要工业化、城市化、市场化、全球化、信息化，也需要民主化、法治化的全面推进，以及国民素质的整体提高。中国共产党十八大提出了社会主义核心价值观，从三个层面进行了概括，从国家层面看，是富强、民主、文明、和谐；从社会层面看，是自由、平等、公正、法治；从公民个人层面看，是爱国、敬业、诚信、友善。其实，这三个层面的价值理念具有普适特征，相关“落地”机制建设的综合推进，也是中国全面建设现代财政制度的重要配套条件。

（一）财政与政治的密切关系及其“现代化”取向：“规范的公共选择”

党的十八届三中全会所表述的“财政是国家治理的基础和重要支柱，科学的财税体制是优化资源配置、维护市场统一、促进社会公平、实现国家长治久安的制度保障”，符合关于财政的学理分析。财政作为由公共权力中心主导的公共资源配置，必然影响、拉动总体资源配置，其分配效应必然直接或间接地作用于经济和社会生活的方方面面。财政分配制度，不仅是经济制度的组成部分，也是政治制度的一种集中体现。古今中外，无论在什么时代和社会制度下，政府的运作必然都要建立在一定的财政基础上，财政作为国家政权的经济支柱，既是政府经济收入与经济支出的反映，又体现经济资源在国家和企业法人、公民之间的分配，深刻地涉及和联动一国公共事务的政治决策过程。

财政由国家政权的性质所决定，与人民生计和地位的确定、国家自由民主制度的构建、现代法治的形成等密切相连。

财政运作机制的实质是如何运用社会集中分配权力来配置资源。在社会发展的不同阶段，财政分配权力运作的不同规则决定了不同的财政制度。从人类社会历史演进的全球走势看，可以清晰地知道：国家财政制度的变迁就是从专制、王权财政走向民主、公共财政的过程，而这种变迁首先是最为鲜明而又有震撼力地表现在从中世纪走向近现代的英法王权政治向民主政治的演变。

王权财政向公共财政的转化经过长期艰苦斗争，在西欧具有典型意义的案例首推英国。财政特权一直是王权的一个主要方面，其经济基础是国王作为封建君主对土地占有的支配权，而王权的专制倾向和随意征税行为所引起的对王权扩张的不满与抵制也持续存在。这种斗争的两个革命性的成果——《大宪章》和议会，围绕财政的斗争而产生，又进一步推动了财政分配规划由专制向民主转变。历史上促使英国向民主体制发展的《大宪章》、《权利请愿书》、《权利法案》等具有里程碑性质的文件，都是在议会反对国王征税权的斗争中产生的。由专制财政、王权财政向民主财政、公共财政的发展演进在英国典型地体现为财政决策权由王权转向民意机构（议会）。这同时也是王权政治向民主政治转变的过程，在英国两者可谓一卵双胞，互为依傍，最终以“君主立宪”的政体实现了“虚君共和”的国体，居功至伟。从世界意义上说，这一案例是财政与政治密切关联之下实现社会代价较小的关键性制度转变的一种体现形式。

在漫长而曲折的过程中，民主精神得到树立和源源不断的承袭。在英国民主政治取向下，财政的实质就是议会中心主义，议会成功地拒绝了国王随意征税的要求，更成功地限制了国王的其他不合理决策权，这里面体现的是一种纳税人至上、王在法下的精神。正因为如此，马克思称税收是“可以用来扼杀君主专制的一条金锁链”[1],英国也流行有“税收是代议制之母”的俗语[2]。

法国所走的道路与英国有明显的不同。英国议会在“光荣革命”前夕已拥有财政预算权力达六个世纪之久,并因此对其道路起到决定性影响。而法国直到大革命爆发,具有议会身份的三级会议也没有获取足以抗衡王权的财政预算权,从而也无力对王权政治加以约束,最终的结果就是因忍无可忍而革命。在路易十四时代,国王掌控财政大权发展到顶峰,征税的标准由国王个人的主观意志支配,具有明显的随意性和专制性,三级会议“在王室征税问题上,它没有真正的发言权,因此也就无法通过对金钱的逐步控制而获得与国王讨价还价的地位”[3]。在财政预算制度完全不具备公共财政色彩的情况下,在政府权力大举越界、公民权利得不到保障的情况下,要建立政权就必须将旧制度推倒全部重来,造成所有的矛盾和阶级间冲撞产生的破坏性力量集中迸发。

法国大革命期间,作为1791年宪法开篇的《人权宣言》,在制度上确立了“无代表,不纳税”的原则,同时宪法还确认了议会的财政权,这标志着其政权制度在名义上的确立。但大革命使法国的政局混乱不堪,税制更迭频繁,直到拿破仑帝国时期,现代预算制度才初步建立。但出于大规模对外征战的需要,拿破仑以皇帝身份独断专行的筹款行为屡见不鲜,这在很大程度上造成了预算制度形同虚设。从1814年复辟的波旁王朝开始,政府颁布的预算案终于开始初步具备了制度化、透明化、民主化这些现代预算制度的特征。但此时封建势力与资产阶级自由派势力之间不可调和的斗争仍在继续,法国社会不得不在革命和政权更替中继续艰难前进。直到1875年宪法颁布之后,共和制政体才最终确立,法国从此走上了相对稳定的现代化道路。

随着王权政治的消亡,近现代的民主政治框架逐渐建立起来,公共财政则应当合乎逻辑地以充分实现法治民主前提下的理财优化为核心。政府运作公共财

---

[1] 《马克思恩格斯全集》第四卷,人民出版社,1975,第343页。
[2] 顾柳芳:《新形势下做实纳税人权利保护的研究》,《苏州大家》2012年。
[3] 陈文海:《法国史》,人民出版社,2004,第94页。

政的权力是人民赋予的，政府的存在和运作，来源于纳税人以纳税方式提供的物质基础。在民主政治下，人民有权依据宪法规定的立法程序制定财政方面的规则和制度，财政收入的征取是国家合法分取公民财产的行为，财政支出则涉及政府是否在为人民利益最大化提供公共服务的问题，因此财政收支等重大问题必须要由“人民当家做主”来作出决定。

现代财政制度的内在命题“规范的公共选择”，是寻求社会代价最小的公共资源配置，而法治化、民主化的公共财政，正是优化资源和利益配置上“规范的公共选择”。人民基于自由意志，把个人的部分权利转让给国家，以此换取国家对人民权利的保障，民主政治及其规范也由此而生，这是人类文明发展、上升过程中代价最小、痛苦最轻的公共选择形式。在理论抽象上最简约地说，人类社会公共事务的决断这种“公共选择”的形式，可分为两类：一类是规范的，即以可预期的程序、社会代价较低的方法完成的公共选择；另一类是非规范的，即以难以预期的矛盾积累爆发成为外部冲突、社会代价极大的方式实现的公共选择。前者以民主为代表，后者以非民主制度下矛盾积累爆发后的社会革命和暴烈冲突为代表——中国封建社会历史上几十次改朝换代、几百次农民起义，是最典型的非规范公共选择，几乎每一次都要以付出生灵涂炭的巨大社会代价来作了结。英国“光荣革命”表现出的相对平和，是相关制度在经历几个世纪的缓慢进化后瓜熟蒂落的结果，其中财政制度缓慢而又明确有力的变革居功至伟。而法国则因为缺失财政制度的合理平稳发展，导致政治建设走了一大段暴烈血腥的弯路。这也说明，在一般情况下，虽然原则地说制度变迁没有捷径可走，但是和平变迁的道路，还是有可能存在并且是最值得首先争取的。

从历史可选择的弹性空间而言，人们当然应力求当权者引导和顺应社会的理性发展，即“规范的公共选择”。在财政视角上，财政分配的基本要求是：人民依法通过一定的程序和方式，行使对国家重大资源配置事项的决定权，即重大的财政事项必须经过代议机构的同意，并由其制定法律予以规范。如果没有议会决定或法律授权，无论是财政收入还是财政开支，都可能被指责为违反人民意志。财政民主与法治的制度安排，作为民主政治的实现途径，是实现人民权利与国家权力和谐统一的基础。

图1-7，是依“神授国家”与“契约国家”的理论抽象，直观地表现传统财政向现代财政的演变。

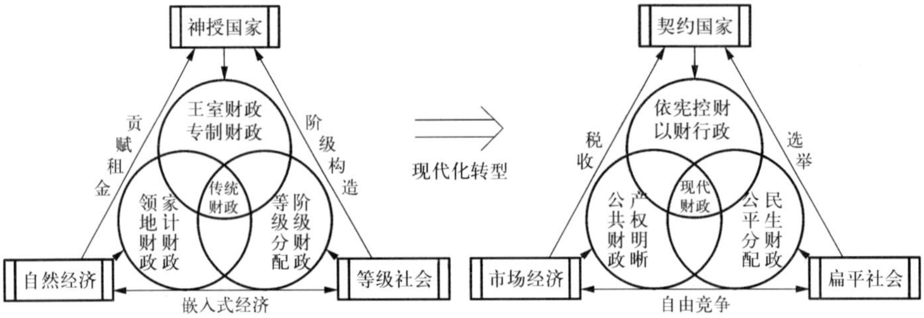

图1-7 财政的演变

（二）财政改革与执政者智慧——值得深思的历史启示

德国财政社会学的先驱瓦格纳在他的10卷本的《财政学》巨著中指出，整个社会是由政治体系、经济体系和社会体系三个子系统构成的，而财政是连接这三个子系统的关键环节，或者说，三大子系统以财政为媒介构成了整个社会。随着政治体系的变迁，经济体系的转型和社会结构的变动，财政制度也会发生相应改革。社会的各种危机，很多时候都是通过财政危机表现出来，而政府通过财政改革，将“看得见的手”伸入经济和社会，来进行调节。在现代化转型过程中，是经济体系和社会结构变化特别剧烈的时期，也对财政提出了更多更高的要求。欧洲在原来的领主制经济下，整个生产运行都在封建主的控制下，形成若干封闭的自给自足的共同体。国家财政也相对简单，只要收取约定俗成的租税即可。各项社会保障事务、稳定和发展经济的事务，都在共同体内互相协助。随着商品经济的渐趋发达，生产、分配、消费等经济活动，逐步摆脱原来的封建共同体束缚，个人不再依附封建主，而是通过劳动获取私人收入，同时，个人也不再得到原来封建共同体的保护，而需要个体直接去面对。封建的社会结构演化为政府、社会和个人，出现了私人部门和市场社会这些现代化元素。这也对政府职能提出了更多要求，需要清晰界定私人产权与公共财产权、公共需求和私人需求，需要提供稳定的市场秩序、私人产权保护和公共服务，需要调节收入分配，必要时还需要直接介入市场，矫正市场失灵。在这个变迁过程中，也势必要由一系列财政改革来构成制度建设上的匹配。

从中外财政历史可以看到，财政关乎民生忧患，联通民主建设，如何通过财政改革触动和改变既得利益格局，既是一个需要统筹全局的技术问题，更是一项考验统治者智慧的政治问题，其艰难程度超出常人的想象。我们在财政史中能够看到很多故事：财政改革的错综复杂，阶级之间的斗争与合作，民众的生计维艰与激烈抗争，妥协、改良、利益调整、利益固化与革命的抉择，财税改革对民主政治的促动等。这些内涵厚重、精彩纷呈的故事不仅让我们真切地感知历史长河的缓缓流淌或突发潮涌，而且故事背后的经验教训也给予我们诸多启示，这些启示如同源自各方的江流，推动我们走进思考之海洋。

1. 财政不仅是经济问题，更是政治问题，从“民生”、“民权”到“政权”，有构成“自然合法性”的内在逻辑，调整利益格局的财政改革根本上是一种政治决策

财政作为由公共权力主导的资源配置，不仅是经济制度的组成部分，更是政治制度的集中体现。古今中外，无论在什么时代和社会制度下，政府的运作必然都要建立在一定的财政基础上，财政作为国家政权的经济支柱，既是政府经济收入与经济支出的反映，又体现经济资源在国家和公民之间的分配，涉及一国公共事务的政治决策过程。

财政由国家政权的性质所决定，与人民生计与地位的确定、国家自由民主制度的构建、现代法治的形成等密切相连。换言之，向谁征税，收什么税，收多少税，怎么收税，公共资源的配置方向和数量分割，税收权、预算权如何分配，通过什么程序决策等，都不是纯粹的财政问题，而是切实关系到民生、民权、法治的重大问题。正是财政这条主线，使得从民生到民权，再到政权，合乎逻辑地生成统

治者“自然法”式的合法性的内在依据。

首先，财政与政治的密切关系，体现在财政深刻地影响民生，关联公平，进而影响社会政治局面的和谐或动荡。财政直接参与并调节国民收入、社会财富的分配，涉及国家和社会各阶层、各集团的切身利益。国民收入与社会财富分配如有利于民生安定，社会就和谐，反之就会产生冲突和动荡。在世界历史上，17 世纪的英国、18 世纪的法国，很长时间都处在民生凋敝、财政危机和政治骚乱的状态中，英王查理一世、法王路易十六先后被送上了断头台，根源在于民生的不振与民众感受的不平。在中国历史上，每个朝代在战乱的血雨腥风中得以初立的前期，统治者往往能够汲取前朝灭亡的教训，实行轻徭薄赋的“与民休息”政策，注意各阶层税负的公平，节制社会财富的差距，从而取得社会相对安定的局面。而后，往往统治者又回复横征暴敛之状，肆无忌惮地剥夺人民创造的大部分财富，并坐视社会各阶层在财富占有上严重不公平，弱势群体的反社会倾向就会日益凸显，最终形成声势浩大的造反行为。中国历史上发生过的数百次农民起义，大都是底层“民不聊生”之后为了生存与“均贫富”而掀起的，“杀尽不平方太平”的旗帜，成为底层人民的战斗口号。

其次，财政改革的内涵，不能仅停留于经济领域的技术性变革，势必同时改变利益格局、顺应民权诉求、改进政治层面，否则改革会举步维艰，甚至完全失败，进而导致国家动荡乃至政权崩溃。1879 年 5 月 5 日，法国的三级会议开幕时，恐怕没有人会想到，一个以财政改革为主题的会议竟然一步步引发天翻地覆的社会巨变。在获得路易十六支持的历次财政改革中，或多或少都包含打破旧制度下利益格局的内容，其核心就是废除等级特权，提升民权，但在召集三级会议的时候，路易十六却不再提及相关内容，只期望第三等级接受强加在他们头上的新的纳税方案，以此解决国家财政困难。这说明，路易十六没有认识到，或不敢去推进实质性调整财政分配关系这一直接牵涉利益分配关系变化的既有利益格局改造。他只是把财政改革看作是纯技术问题，未能进行包括政治体制在内的全方位改革，期望通过局部矛盾关系的调整解决全局性问题。在民众的权利意识和民主精神已经有所觉醒、社会矛盾急剧激化的状态下，这种局限性极大的技术层面的小修小补充其量只能带来经济紧张状况的暂时缓和，却无法拯救旧制度的政治命运，甚至会累积和触发矛盾凸显与激化过程，进而引发革命，加速政权的覆亡。

2. 财政民主化进程必然会促进民主政治的发展，与专制财政向公共财政的转变相伴的是民主政治的发展与成熟，而英法道路有明显的社会代价高低之别

政治与经济从来就是互动的，两者之间的一个重要结合点便是财政。布坎南指出："财政学，作为一门学问，作为一门科学，处于严格意义的经济学和政治学的分界线上，是政治的经济学。"[1]财政改革问题说到底是一个由民生利益而延伸到民主权利的政治决策问题。由王室财政转向公共财政制度生成的历史，就是现代议会政治成型过程中民权与王权斗争的历史，两者相伴相克，如何由民权制约王权成为历史演进的大方向。

前已提及王权财政向公共财政的转化经过长期艰苦斗争的英法案例。英国1215年诞生的《大宪章》，就国王与臣民的权利与义务关系确立了具有现代意义的原则和法度，国王征税均须召集全体封臣到场。议会作为制约王权的政治组织，也是纳税人的权力机构，其成员都是纳税人的代表。平民因纳税逐渐增多而被允许选举代表作为议员进入议会，由此产生下院，这是真正的"代议制"政治的开始。

公共财政在政治制度化和经济制度现代化的过程中产生，与代议制政治和市场经济制度相适应。由专制财政、王权财政向民主财政、公共财政的发展演进，也是王权政治向民主政治转变的过程，在英国最终以"君主立宪"的政体实现了"虚君共和"的国体，成为财政与政治密切关联之下实现社会代价较小的关键性制度转变的一种范例。

---

[1] 詹姆斯·M.布坎南：《民主过程中的财政》，唐寿宁译，上海三联书店，1992，第195页。

与英国案例有重大区别的法国案例，特点表现为矛盾解决、制度更迭过程的暴烈性与曲折反复。虽然有学者强调了法国大革命为代表的这一转变过程"革命的彻底性"和在世界历史上的重要地位，但我们认为，这是一种社会代价极为高昂的案例。

3. 财政改革宜力求"渐进式"、"统筹型"，关键在于"冲破利益固化的藩篱"而兼顾各方，不激进亦不积累矛盾至积重难返

财政制度是人类社会演变进程中最为关键的制度中枢，而历次财政改革则是社会成员最关注的利益转换机制的总体考验。财政改革必然触及各阶层利益，尤其是高端既得利益集团。如何处理国家、民众、既得利益集团之间的关系，不仅直指统治者执政智慧，而且往往直接关联改革成败和国家兴亡、苍生命运。从英法财政历史以及中国历代财政改革史来看，财政改革在错综复杂、牵动全局的纠葛中应力求"渐进式"，尽可能统筹考虑各方面，同时配套其他改革。不敢触动高端既得利益集团而过分强调技术性的改良，或急于获取民众支持而过快过猛地冲击既得利益壁垒，都可能导致改革的困境甚至完全失败。纵观中外财政史，和风细雨的财政改革固然值得赞扬，但更多的则是方向早明而举步艰难、演进无方、矛盾积重难返，最后酿成惊心动魄的"非规范的公共选择"，改革迟滞而引发社会动荡的事件不胜枚举。

1649 年 1 月 30 日，英国国王查理一世被送上了断头台。这一天标志着有史以来第一次有一个君主国家的臣民通过他们所选的代表的集体决策方式，将他们的国王判处死刑。144 年后，1793 年 1 月 21 日，法国国王路易十六也被他的臣民以革命中涌现出的代表之口宣布死刑，送上了断头台。这两位国王怎么也没有想到，解决财政危机的努力竟然最后把自己送上了不归之路。路易十六决不是一个极端专制的国王，甚至还是一个很能节制、较为开明的君主，他为解决财政问题作过很多努力，频繁更换了多任财政大臣，还把全国各阶层代表请到巴黎来共同协商。但是他无力取消特权阶层的过度利益、改变分配格局，当初对路易十六曾充满希望的代表们最终绝望了。法国著名历史学家米涅对路易十六有

“品行端方，生活俭朴”，“自愿放弃专制”等赞语，但认为他性格不够坚定，不能克服改革的阻力，由于尝试改革而毁灭。对路易十六，后世历史学家往往会有遗憾、同情之意，但路易十六在重大历史关头的不作为，不论是在多大程度上出于其无可奈何，却必然使他成为低水准政治人物的典型。

中国历史上也曾有大刀阔斧式的财政改革，大都因为改革者急于挽救统治危机，革除财政弊病，建立相对公平的分配格局，很快引起既得利益集团的不满和强烈反抗。几位著名改革家的个人命运各不相同：著名改革家商鞅，在财政改革中遭到旧官僚贵族的激烈反对，最后在反对者的反扑中被车裂，但他主导的制度建设却“人亡政未息”，对秦国的强盛和后世产生了巨大的影响。汉代初期的贾谊，因主张改革遭到陷害，被流放到偏僻荒凉之地，未得寸功，死时年仅33岁。被列宁称为“中国11世纪的改革家”的王安石，每推行一项改革都遭到反对者的阻拦，在强大的反对势力逼迫下三次罢相，人离政息，最后郁郁而死。明代财政改革家张居正，曾以其主导的改革使明朝出现中兴之景，但为时不长，在去世后还被抄家和挖开祖坟。当然，即便是被历史学家称羡的某些成功改革，其间的斗争也可谓腥风血雨。如汉景帝痛诛不法豪强，史书上称“至流血十余里”、“余皆股栗”。雍正皇帝严查亏空、惩治腐败，采取“赶尽杀绝”的办法，大批官员命丧黄泉，无数官吏为之胆战心惊。

当改革成为迫切要求而社会形势存在着不易把控的新局面时，改行“仁政”和续行“暴政”都困难，改革可能会激发动荡，不改革则最后必然崩溃，如何取舍与把握，就成为考验执政者的“生存或死亡”的大问题。根据托克维尔的研究，社会动荡不一定起因于绝对剥夺，反而更可能由相对剥夺引发。当改革开始之后，旧制度剩下的部分就更让人难以忍受。旧制度好比一间牢牢封闭的铁屋，屋中人本已习惯了污浊的空气，此时改革措施为铁屋劈开一道缝隙，突然涌入的一丝新鲜空气为铁屋中的人带来了希望，也对境遇的进一步改善抱有更多期待。“最危险的时刻通常就是开始改革的时刻”，拆旧盖新本应力求有一个有序过程，但如果此时改革不得力、不得法、不持续，铁屋中的人对不平等待遇的怨气会比在没有希望时更大，他们会不顾一切地彻底砸烂铁屋，哪怕一时间没有挡风遮雨之所也在所不惜。很多人认为，在三级会议召开中途，路易十六如果能正确运用自己的权威，及时顺应民意，积极启动和推进政治体制改革，说服特权等级主动放弃一些不合时宜的封建特权，法国仍然有可能不必遭遇激烈的大革命而渐次迎来新制度的建立。但在特权等级顽固且愚昧的抵制，以及对社会稳定表象的本能追求下，性情软弱的路易十六在正确的大方向下刚有新开缝隙之举，便再无实质进展，一步步错过了拯救法国和自己的机会。

在财政改革的历史回顾中，我们感受了改革目标的正义与能量，也领略了改革进程的艰难与一旦失控后的可怕。变革总有代价，总有成本，这是无法回避的基本规律。作为资产阶级革命，法国大革命之后在曲折的进程中最终建立起有利于生产力发展的资本主义经济制度，但这个成果是以多年的社会混乱为代价的，也是以无数普通人的正常生活秩序、自由乃至生命的丧失为代价的。大革命爆发后的很长时间里，每一个社会阶级和阶层似乎都被颠覆了。我们当然不能因为变革要付出代价就因噎废食，昧于大势而退缩或一味掩耳盗铃；另一方面，我们也不能全然不顾变革成本大小而一味肯定过激行径。以大动荡中生灵涂炭为代价的暴烈革命，其实应当尽量避免。这里的关键，就是能否有效化解既得利益的阻碍，实质性以“渐进式”、“统筹型”的改革取得“冲破利益固化藩篱”的效应而最终使改革取得正果。

4. 非危机局面下的财政决策必须有远见地发展民主化、法治化的机制，公共财政要回应公众诉求，引导社会的理性发展即“规范的公共选择”

从古今中外的财政历史演进的大潮流看，财政分配的决策经历了由专制、王权决策向民主、民权决策转变的过程。王权决策是不经人民同意、不按法定程序、随意性显著的财政决策活动；民主决策则是经人民同意、按法定程序、有透明度、规范性的财政决策活动。两者分别对应于王权政治和民权政治。

国家产生以后，政治权力首先表现为王权。王权是无所不包的“一元一体化”权力，它凌驾于一切法律、制度之上，拥有一切事务的最后裁决权，而且无监督、无约束。王权专制代替原始状态下的直接民主制度，成为财政决策的绝对依据，较之原始财政，其操作权力主体的性质发生了根本变化：原来共同体成员大家说了算，是直接民主权利决定资源配置；现在是掌握至高无上权力的统治者说了算，国王或皇帝决定资源配置。所有的社会成员都是国王的纳税者和服役者，赋税的征收、徭役的摊派，可以不征求和得到纳税人、被摊派者的同意，更不用说这些赋税、徭役的用途能否受到监督了。在这种情况下，社会公共职能的执行如何，很大程度上取决于政治统治者，对财政满足社会公共需要通常就会大打折扣，满足统治者私利的需要超出满足社会公共需要而居于统治地位。家计与国计不分，成为专制财政的基本特征和常态。

历史证明，王权财政向民主财政的过渡发展成为客观规律，迟早要发生，在欧洲典型地体现为财政决策权由王权转向民意机构议会的过程。如果认识到历史发展规律如此，在非危机局面下的财政决策，就应有前瞻性，即有远见地发展民主化、法治化的机制，争取相对平稳地走向民主政治。但手握统治权者囿于其偏见，往往对此认识模糊、举措被动。

随着王权政治的消亡，近现代的民主政治框架逐渐建立起来，公共财政便应当以充分实现法治民主前提下的理财为核心。政府运作公共财政的权力是人民赋予的，政府的存在和运作来源于纳税人以纳税方式提供的物质基础。在民主政治下，社会依据宪法制定财政方面的规则和制度，财政收入的征取是国家合法分取公民财产的行为，财政支出则涉及政府是否在为人民利益最大化提供公共服务的问题。

历史告诉我们："自古至于今，与民为仇者，有迟有速，而民必胜之。"[1]所以，回应公众诉求是财政的重要功能，即财政分配要有利于促进生产发展和改善人民生活，这样才能保证政权的稳固安宁。同时，财政改革还需要以广大民众的利益为根本出发点，把民众短期利益与长期利益协调起来，推动社

[1] 贾谊：《新书·大政上》。

会进步。非危机局面下相对从容的财政决策,往往因“压力不足”而在冲破既得利益阻碍方面犹豫拖延、力道不足,殊不知此时推进民主化、法治化的远见却最可能成为决定性的宝贵要素——因为一旦矛盾的积累达到某个临界点而转为危机状态、压力空前巨大起来“不得不做”时,恐怕已为时过晚,不可收拾了。

然而,认清和顺应历史潮流、自觉而有作为地在社会发展的正确方向上,化解利益固化的阻力而推进变革和降低社会成本代价,毕竟是伟大政治家的千秋伟绩、万世功业。社会经济在发展中会不断发生波动,利益结构中的矛盾、社会财富分配的问题,总会引发财政危机因素和社会危机因素,甚至危及政治统治。在这种情况下,政治家主导的财政改革的首要任务,就是赶在临界点之前采取一切手段追求相对的社会公平正义来缓解矛盾,通过必要的制度优化建设来理顺利益分配关系,特别是回应下层民众的利益诉求,并引导全社会的理性精神,追求可持续性。“计利当计天下利,谋功应谋万世功”,是具有远见卓识,有抱负、有担当、有作为的政治家的应有情怀。

无论是英法等国的历史,还是美国“进步时代的启示”及其后成为头号强国崛起的历史,抑或中国自身的历史,财政发展与改革的历程都彰显了财政在一国政治经济生活中“牵一发而动全身”的重要地位,也充分说明了财政与相关各方的制度安排必须与时俱进,改革是永不停歇的发展主题之一。当下,在新的历史起点上,也许中国的改革之路仍旧还很漫长,也必然艰难无比,但远见卓识者于“事在人为”的空间中,如能牢牢把握财政与民众生计、民主政治的密切关系,树立“为国理财,为民服务”理念下的全局观与创新观,勇于正视矛盾之所在而敢于、善于攻坚克难,冲破利益固化藩篱,即便前途有荆棘,过程有代价,但“长风破浪会有时,直挂云帆济沧海”,新时期的顶层配套改革和下层先行先试创新开拓的积极互动,必将为全面建成小康社会并延伸至其后追求现代化“中国梦”的宏大愿景,贡献决定性力量。

（三）公共财政的政治逻辑："依宪执政"

如何协调公共资源分配涉及的不同利益诉求与偏好，可以说贯穿了整个人类文明史。

在人类由原始群体向国家过渡过程中，曾经历过共同劳动、公平分配的生活，这种状况至今还保留在一些原始部落中。每到分配的时节，大家在广场中间点起篝火，所有的人以篝火为圆心，围成圈，载歌载舞。酋长来到中心，边唱边舞，通过说唱的方式，讲述收成情况，提出分配方案，通过公开、透明的机制维系分配的公平。随着人口的膨胀，聚落的扩大，公共事务的增多，部落出现分支，社会结构复杂，人民选出德高望重者组成长老会议，选出代表组成人民大会，来决定公共事务。苏美尔史诗中至今还保留着苏美尔国王向人民大会请求同意兴办灌溉工程的诗篇。

阶级国家出现后，随着君主专制的加强，君主们不仅开始把国家的公产作为自己的私产，化公为私，化国为家，还宣布对国家所有的财富拥有最高所有权。但原始社会和早期理念也为人类留下了一些最宝贵的财富，在东方留下了"天下为公"的理念，在西方留下了国王必须靠自己生活和国家征税必须是出于国家公共需要并取得人民同意的原则——尽管这些理念和原则，并没有能约束住君权的扩张和对人民的横征暴敛。

中国在汉代已实现了王室财政和国家财政的分离："量吏禄，度官用，以赋于民。而山川园池市井租税之入，自天子以至于封君汤沐邑，皆各为私奉养焉，不领于天下之经费。"汉文帝给自己在财政管理中的角色定位是"朕为天下守财耳，岂得妄用之哉"。唐太宗提出强调国家财政必须用于"共所众有"，而不能用于国君的"私欲"。唐初就形成了类似今天国家预算的制度体系，并有相关法律的约束，被日本学者称为"律令国家"，但出自君主的法律同样也只需要君主一句话就可以废弛。遇到开明有为的君主，还能进行自我约束，而遇到贪婪残暴的君主，就会无法无天地对人民大肆搜刮。即使同一个君主，如秦始皇，既为后人留下了灌溉 4 万顷土地的郑国渠，也留下了耗尽民脂民膏的陵墓。专制王朝财政的微弱的公共性无法掩盖其显著的阶级性。人民只能一次次揭竿而起，以戈矛搏命来争取自己的权利。治乱循环的周期性演变给人民带来了无尽苦难，“兴，百姓苦；亡，百姓苦”。

历史上，英国人首先通过一次次抗争，把原始公共财政的原则写入了《大宪章》，使之从宪法层面限定了国家权力，并在宪法框架下逐步建构起现代预算制度、税收制度、国债制度等，逐步形成体现公共财政理念的现代财政制度体系。最初的议会虽然以贵族为核心，但在人民的抗争下，也逐步扩大民意基础，实现了君主、贵族、教会、人民各阶级、阶层的和解，各自通过议会来争取自己的权益，以选票博弈代替了戈矛博弈。但英国人虽然限制了国家对本国人民的财政权，但却无法限制住本国对其他殖民地的财政权，以后正是英国国会“慷慨地”通过了一系列对北美殖民地的征税法案，激起北美独立运动。美国人实现独立后，就把对国家财政权的限制一条条地写入成文宪法。

在法国，路易十四称“上帝任命国王为大众福利的唯一守护者”。他开凿运河、兴修道路、安装路灯、兴办工厂、救济灾民、支持文艺科技发展，但他也生活奢靡，穷兵黩武，去世时留下了25亿里弗尔的债务。国家为缓解财政困难，只能不断增加人民税收。到路易十六时期，财政收入从路易十四时期的1亿里弗尔左右增加到5亿里弗尔，到大革命发生的1789年，政府债务总额高达45亿里弗尔。仅法国王室的支出就占到国家财政收入的1/4，路易十六的玛丽王后以喜爱奢侈生活著称，被人民称为“赤字夫人”。

法国大革命后，多部宪法先后被制定。法国的《人权宣言》远比美国的《权利法案》更激动人心，但法国的财政权却长久地没有被制约住。虽然在中世纪的法国，也有国王征税要通过三级会议和高等法院同意之规则，但在君主专制下，三级会议长期废弛，高等法院成为登记国王新税的橡皮图章。法国大革命后，将预算权和税收权收归议会，并成立了国家审计院，但并没有真正落实到具体制度中，税收和预算的随意性使这些机构形同虚设，可以说只是建立了一个现代财政的形式框架，财政的收支仍主要取决于革命领导人的个人意志。到1848年革命后，法国才开始尝试建立公共救济制度。法国第一个现代意义的预算，是在1814年路易十八复辟后才制定出来，在两院经过激烈辩论而得以通过[1]。在大革命后，法国共经历了三个帝国、五个共和国，1958年才正式建立宪法审查制度，承认有限政府的原则，使宪法具备实质性意义。

德国作为后起国家，在现代财政转型过程中，重视民生是比较突出的特点，并将社会保障、劳工福利等写入宪法，但同时也强调君主专制。俾斯麦主持起草的《德意志帝国宪法》，不仅将最高行政权赋予帝国皇帝，而且议员也由皇帝任命，并且规定宰相兼任议长，由世袭皇帝任命，只对皇帝负责。这样的宪法，可以说对皇帝的财政权毫无约束力。后来，议会在两次世界大战时，两次把国家的财政权直接转交给军方和政府内阁，而以巨额的赤字预算为德国的侵略战争护航。第一次世界大战期间，德国军方为筹集军费，发行了9次国债，共计620亿马克。第二次世界大战期间，希特勒政府通过"贸易期票"获得120亿马克，发行国债获得315亿马克。这些不仅极大地加重了德国人民的负担，而且两次将德意志民族拉入巨大灾难之中。

日本在现代化转型过程中，很早制定了宪法和预算制度，但曾主要是为军国主义服务，没能起到制约政府的作用。

中国从晚清到民国，先后制定了8部宪法，对国家财政都没有起到有效约束作用，财政赤字不断高涨，苛捐杂税横生，还有各种预征、借征，国民经济受到严重摧残，人民生活困苦达到极点。一个国家在形式上建立一套宪法制度，并不足以真正限制国家财政权、实现人民当家作主。真正地实现依宪理财与行政，不仅需要一系列的制度和机制建设，还需要社会文化乃至国民的宪法素质的整体提升。

从前面的考察分析可知：财政制度向现代化财政的转轨，实际上是经济从自然经济走向市场经济，社会从阶级分立走向平等，政治从专制走向民主的一个

[1] 周小兰：《法国现代预算制度研究》，《史学月刊》2012年第4期。

彼此关联、相互影响的多维演进过程。国家财政从在专制君主控制下，基于领地产权向依附民征收劳动力、租金和产品，用于个人消费和公共事务的分配行为，演化为人民在完全产权下自由竞争创造财富。国家以税收的形式参与社会总产品分配。最后，这样的运行程序被事先写入宪法，并得到人民的同意，使整个财政运行完全限制在宪法规定的框架之下，于是可从"以政控财"走向"依宪执政"覆盖着的"以财行政"。

"社会契约论"思想本来是人类理性思考构造的政治理论，并不是真实的情况。但是人类历史的真实演进，却最终走到了契约的签订。国家与人民签订的契约——宪法，不仅通过一定的程序将财政权授予政府，而且通过一定的程序将之运行完全限定在宪法的体制之下。宪法作为根本大法和"法在王上"的最上位法，成为"把权力关进法治的笼子"的依据与保障，引出公权体系的"依宪执政"，必导向人类社会的财政从原始的公开透明的公共财政，在历经周折后，完成一个"否定之否定"的螺旋式上升，以民主化、法治化的制度框架为依托，趋于实现在更高层次上向公共财政的回归。

当然我们也要认识到契约论有先天的不足。一些契约论者，虽然承认现实中存在着政府失灵现象，但是仍乐于将国家看作一个公正、仁慈、无私、无所不知的公权主体，给定最优公共产品和服务的提供量，并总能自动实现有效供给。诺思的"国家悖论"认为国家的存在既是经济增长的基本先决条件，同时又是经济衰退的根源[1]。为了破解"国家悖论"，诺思将契约论和阶级论（或掠夺论、剥削论）的国家观统一起来，提出了"新古典国家理论"。布坎南的公共选择学派则无情地撕下了早期契约论者蒙在政府及政治人身上的"公正"、"仁慈"、"无私"、"无所不知"的面纱，将他们还原成一个个有血有肉、有私欲、有个人利益、与市场上活动的经济人没有本质差别的"理性而自私"的人。指出政府往往为代表特殊利益集团的政治家所操纵，其决定并不真实反映公民的意愿，财政危机

[1] 道格拉斯·C.诺思：《经济史中的结构与变迁》，陈郁、罗华平译，上海三联书店、上海人民出版社，1994，第20页。

的根源就在于追求预算最大化的官僚、拼命维护既得利益的贪婪的利益集团，以及不顾一切地拉选票的政治家，认为这种“与民争利的庞大政府”是财政危机的根源。由于国家既是“经济人”，又是公共利益的代表，这就注定国家一方面要使统治者的租金或税收等收入最大化；另一方面还要使全社会总产出最大化。在现实生活中，这两个目的有时是冲突的，为了消解这个冲突，布坎南建立了以公共选择为基础的财政立宪主义学说，提出最小政府的主张，认为社会经济的发展需要国家提供制度安排，建立有效产权制度才是关键，而非直接介入市场领域进行干预。布坎南认为不仅市场会失灵，政府也会失灵。他提出立宪过程中必须构造和设计出能最大限度地限制以剥削方式追求个人利益，并引导个人利益去促进整个社会利益的规范化和制度化。与布坎南差不多同期的许多研究者，以“如何准确地显示公民对公共物品的偏好”为线索，对西方国家以代议制为主的民主制度的诸多运行规则（如简单多数投票制等）进行了剖析，希望能找到一个完美地显示公民偏好与意愿、最广泛地体现“民主”、“平等”的政治制度和财政制度。罗尔斯曾提出一个设想，如果所有的社会角色都是随机分配的，人们在不知道自己将分得的角色的情况下（即蒙着“无知的面纱”），如果一致决定支持某种分配方式，这就是最优的分配方式。但现实中，财政分配不可避免地只能是多种力量的博弈。

马克思曾指出：“自由就在于把国家由一个高踞社会之上的机关变成完全服从这个社会的机关；而且就在今天，各种国家形式比较自由或比较不自由，也取决于这些国家形式把‘国家的自由’限制到什么程度。”[1] 在“马克思主义中国化”的中国革命中，早在 1931 年 11 月 7 日中国共产党领导创建的中华苏维埃共和国，就开始尝试依法理财，不仅颁布了《中华苏维埃共和国宪法大纲》，还颁布了中国第一部财政宪法——《中华苏维埃共和国暂行财政条例》，并制定了《财政部暂行组织纲要》、《中华苏维埃共和国暂行税则》、《国库暂行条例》等财政法

[1] 马克思：《哥达纲领批判》，人民出版社，1965，第 22 页。

规，力求将财政运行限定在法定框架之内。中华人民共和国成立后，在 1954 年颁布了《中华人民共和国宪法》，明确了国家预算和决算由全国人民代表大会审查和批准的制度。改革开放以来，更加强调依法治国。党的十八大要求更加注重发挥法治在国家治理和社会管理中的重要作用。党的十八届四中全会，提出全面推进依法治国，总目标是建设中国特色社会主义法治体系，建设社会主义法治国家。要坚持依法治国、依法执政、依法行政共同推进，坚持法治国家、法治政府、法治社会一体建设，实现科学立法、严格执法、公正司法、全民守法，促进国家治理体系和治理能力的现代化。指出“坚持依法治国首先要坚持依宪治国；坚持依法执政首先要坚持依宪执政”，并强调要加强宪法实施和监督制度，强调人民是依法治国的主体和力量源泉。

建立现代财政制度是推进国家治理现代化的重要环节，必须总结历史经验，结合我国实际，汲取其他国家在财政现代化转型中的有益成分，推进我国财政法制化进程，实现财政管理的制度化、规范化、程序化。全面推进依宪执政、依宪行政、依宪控财、依法理财，是一个系统工程，需要付出长期的艰苦努力。

（四）公共财政的真谛

在理念上和基本取向上，无疑，“民主是个好东西”，“法治也是个好东西”，但与实际生活对接时，民主、法治的局限性亦是不可不察的。民主和法治的结合，应升华为相应的制度安排与和谐境界，这才是在两个“好东西”取向上人类社会应追求的实质问题的解决方案。

从民主视角看，最易形成共识的操作机制，是“一人一票”的“少数服从多数”决策机制，但其局限性在于，首先多数人的一时一地的意见，未必代表正确的意见，往往并不把握着真理，多数人很可能趋同地组成羊群效应式的“乌合之众”，多数人也可以轻易地滑向短视和左右摇摆，特别是多数人的决策机制，总体而言并不能避免“多数人的暴政”这种人类历史上屡屡上演的不良状态与悲剧。其次，在一些事关产权、公共产品供给与调节机制、税制等的公共事务项目上，

“公地悲剧”式“集体无理性”的存在,会引出同现代社会文明并不相容、难以对接的荒唐结果。试想“税收法定”下,如把一人一票的全民公决作为决定各税种选择的决策机制,那么中国的税制改革任务将变得空前简单——轮番实行关于十几个特定税种的全民公决而计票,即产生终极结果,但其结果恐怕也将令专业人士哭笑不得——估计鲜有税种还会获得多数票!任何现实生活中的国家政权,不会整体接受这样一种税制决策机制。

从“法治”视角看,法治的合理性和清晰化、可操作化,当然是特别需要着力追求的,但这又毕竟是有一定限度的、不可能十全十美的。首先,一个健康的社会,在对法治基础、法治环境作出追求的同时,还必须注重“德治”的培育和发展,即配之以“润物细无声”式的社会道德伦理调和剂、缓冲剂、润滑剂,力求于法、于理、于情皆可满意或至少皆可接受的境界,把冰冷的法、严肃的理和温暖的情融汇。其次,法条本身的动态优化没有止境,但其修订又通常是慢变量和滞后的事项,“合理但不合法”的矛盾,将在人类社会长久存在,因而不宜把法的权威性、严肃性、强制性绝对化,不宜把法的调节看作社会唯一的调节方式。再次,更为关键的是,光讲有白纸黑字的法条可依,很容易滑向“法制”(“刀制”)而脱开“法治”(“水治”)。如以法治之名满足于有法可依的法制,那么秦始皇时代就已“达标”,因为那时就有“秦律”制定和施行于世。这种认识偏颇,甚至可能损害真正的法治建设的大方向,使得应实现“法在王上”的“法治”,实际滑入了“法制”形式的非法治误区。

人类社会政治文明的逻辑及其关联的公共财政制度建设的真谛,在于能把民主和法治合理结合的制度安排体系。这个制度体系强调的是所有不同阶层、利益集团的利益诉求,都可充分地得到以理性表达的机会(以程序、机制保障的表达机会),社会要对不同意见寻求“最大公约数”的解决方案,并给出对少数意见群体的最大限度的包容,而且允许存在“隔一段时间再作一次选择”的期望空间。这应在中国的现代化进程中结合公共财政的制度建设取向,更加明确地勾画到位、促其成型。

总之,“公共财政”的具体化,应体现于立法过程的公正、透明,法律体系的优良质量,公民权利平等、政治权利制衡、社会成员“知无不言,言无不尽”的自由民主环境和追求“最大公约数”的国民素质与文明习惯,依宪执政、依宪行政、依宪理财、把权力和人性都关进法治的笼子里——应使这些综合地渗透与贯穿于财政收支分配的制度机制和整个流程中。

专栏1-3 把权力和人性关进法治的笼子里

我们这个会议的讨论围绕一个非常重大、宏大的命题:科技创新与社会变革。我注意到主持人特别强调要讨论怎么冲破改革深水区的瓶颈期,突破难关。就此作些探讨。

在大的思路上,我觉得会议讨论主题中两大概念的互动关系是非常清楚的:科技创新会促使人类社会实现生产力“革命性的变化(颠覆性创新)”,使社会发展进步;社会变革则主要讲的是制度创新和生产关系决定的社会形态的除旧布新,是要通过有效的制度供给打开科技创新的巨大潜力空间。在某种意义上讲,社会制度这方面如果跟不上科技创新,也会受到科技创新的“倒逼”,在实际生活中我们已经感受到这种互动——一方面呼唤和推进体制改革能够进一步使中国形成全要素生产力,另外一方面我们也感受到,改革的主导方面(就是要实现生产关系自我革命的政府体系),已受到信息时代一系列新的制约条件和挑战性因素的压力,逼着它考虑怎么样发挥好自己的管理职能,而在这方面的尴尬之处、纠结之处是非常明显的。实话实说,这一段的信息环境中,大家都体会到种种条件制约之下,正道、大道的消息很有限,网上的小道消息却满天飞,这不是科技创新的信息时代在实际生活中的一个现实图景吗?它往往在纠结中间让人感到的不仅是有新鲜变化,还有混沌和困惑。

中国怎样冲破改革瓶颈期？现代化大方向下，深水区的具体路径并不清晰。在昨天下午讨论的时候，我有意和科技方面很有发言权的一些专家做了互动。我从前瞻视角提出，科技创新是否会走到人们已讨论的“奇点”——我理解这个“奇点”不是讲的机器人、“电脑”反过来控制人类，而是推进机器人、人工智能充分发展的这种“关键少数”的高端人才、高端“人脑”即特别的专业“精英”，在科技方面首先表现为创新的巨大成功，而后他有没有可能走到某一个临界点上之后，运用自己的控制力对社会成员中的其他人，从社会金字塔的最上端往下控制？所谓控制其他人，实际上是这种控制有可能演变到把经济力量政治化——从“控制”到“奴役”的那种能力。其实，这也是学术界一直在讨论的一个逻辑框架（西方的科幻影片也早早涉及了这一题材）。我昨天下午听到的回应，实话实说觉得是不能满意的，因为专家们引出的最主要的解决思路，是说这要依靠人性的善，我们要依靠种种教育和觉悟使这些关键的少数人的善，能够使他们不走到那个奇点后边去，甚至有的专家提到应该形成对上帝崇拜式的“对善的信仰”。我觉得对人性善的追求肯定是特别有意义的，其实中国文化里面王阳明“心学”的核心就是依人的本心而格物致善——每个人心中都有善，需要认识和发掘这个善——它的积极意义就是王阳明的心学有了“从我做起、思想解放”的正面效应，即不要再迷信什么神仙皇帝，要依靠自己，思想中要努力地以正面的东西即“善”来主导你的行为，所以进而要强调知行合一。但是王阳明心学在自我修炼的宝贵价值之处，还没有在终极意义上解决实际社会生活中人性必然有恶、这个恶还会在行为上过界、那么到底怎样才能有把握地“制恶”使之不过界的问题。不同的人对“善”的理解会有不同，人类行为中必然会有社会生活领域的恶取向，怎么样去抵御这种不可避免出现的恶的力量与行为？恶和善的冲突中怎样让总体来说的结局总是能够由善控制住恶？这个“不越奇点”的问题，在上述这个认识框架下没有解决。

我想直截了当地谈一谈上次莫干山会议的夜话里，我那时候已经形成的一个基本看法。我特别推崇的就是习近平总书记强调的一个思路：“把权力关进笼子里。”我理解，说得更全一点，似乎可以探讨的是“把权力和人性关进法治的笼子里”。为什么要在权力后面加上“人性”呢？我想作为研究者直言不讳地说一说。所有的人，都有人性中善和恶的冲突，这个矛盾在他们自己的那个意识和精神里，都是必然存在的。现在大家说到中国反腐打“老虎”披露出来的上层腐败行为，都愤愤不平，但是我说句很得罪人的话，中国社会的草根层面我也接触了不少，比如说停车场的管理员、医院里的护工，他们一旦有一点儿机会，按照那个设租寻租腐败定义的行径方式去掌握自己的行为，也是一点不含糊的。（比如为什么那么多车场收费员在收钱后变着法儿不给你撕停车票？）

现在如果从这个视角来说，我想应强调的是，真正要避免科技创新引出社会演变“奇点”的出路，就是应能把一旦掌握的精英权力，和没有掌权的芸芸众生的人性，都一起关进法治的笼子里，真正走向“法在权上，全面地依法治国”的境界。创新者、成功者的权力上升和权力的政治化，实际上无法回避，技术的力量与政治的力量会合流，对权力制约的意义随之凸显：自上而下的“权力”要有自下而上的“权利”来对应和制衡。但这个总体的“现代社会治理”理念中，光讲自下而上的民主还不够，因为民主它也很容易导向“多数人的暴政”，必须同时讲法治，以体现公共利益、长远利益、根本利益的法，来约束所有的人的行为。法治处理不好也会走偏，即成了光讲“法制”，以为有白纸黑字制度的“法制”（“刀制”）就解决了问题，这不对：秦始皇那时就有秦律，即那时候就有“法制”（“刀制”），中国一向缺的是“水治”，这个“水治”的“法治”是要形成真正符合公共利益最大化的良法，把权力和人性都关在法治的笼子里。这才使我们有可能按社会代价最小方式寻求“最大公约数”、掌握合理的“群己权界”。在经济社会转轨的现阶段，如能在此全面法治化轨道上于改革的深水区冲破瓶颈制约，就有望以后以制度安排防患未然，无论出现怎样的科技创新和无论走到什么样的“关键的少数人”主导大局的时候，都能最大限度地避免越过奇点。我觉得这才是最可靠的出路和希望之所在。

这里也说句不客气的话：中国的民营企业虽然发展还困难重重，但它毕竟已产生了这样几个全球瞩目的巨头，作为“风口上的猪”一飞冲天了，他们成功以后、辉煌以后，你注意到他们的态度是什么？可能有些成功者也并没有很清晰地意识到应该怎么样约束自己的边界，实际上很得意于已经形成的垄断地位，而这个垄断中是不是有过度的因素？政府方面会不会有基于“大而不能倒”潜规则而非公平地给他们提供了种种过界的特定优惠和支持？这些问题还可以继续观察与讨论。

把人性也要关进法治笼子里的问题，与每个人都有关：人的天性是必然崇尚自由，“人同此心，心同此理”，甚至说到“生命诚可贵，爱情价更高，若为自由故，两者皆可抛”，但每个人与他人的自由之间的冲突，必然在社会中形成“群己权界”问题。对当政者权力制约的问题，和对每一个自然人权力(权利)的制约问题，在逻辑上是可相通的。当年共产党领导人民闹革命时非常鼓舞人、吸引人的一句歌词是“自由之神在纵情歌唱”；去年至今，宣传上反复说的“不忘初心”、“坚定信仰”，如从马克思主义的源头说起，对未来理想中美好社会的初心大愿，是“自由人的联合体”，“其中每个人的自由发展是一切人自由发展的前提条件”；自由也写入了“社会主义核心价值观”——但是现实生活中在许多讨论的场合，人们却还不敢轻易谈自由，忌讳“自由”两字，因为怕落入“自由化”、“新自由主义”——这也直观地反映了人的每一个具体的自由，必然是有限自由，那么边界在哪里？框架认识式的回答是：除依靠“熟识人社会”中较有效的“道德约束”之外，开放社会中一般民事活动中，要依靠契约划定权责利边界；那么，契约怎样才能可预期地得到执行？这就要依靠“法治”来保证了。庙堂之高和江湖之远都要守法，权力和人性都要关进法治的笼子里，这就使防止“越过奇点”，变得有一定的可信度和较大概率的把握，这也才有可能、有希望去逐步接近“自由人联合体”的伟大理想愿景。

谈这些其实也是要归结为上一次在莫干山讨论《国家为什么会失败》时所说的包容性增长里，我试图提炼出来的最关键的东西：法治、德治并举中，最牢固最基本的还是力求以基础性制度建设形成现代国家治理的“全面依法治国”，把制度创新和管理创新、技术创新的互动，达到那种我们应该追求的境界：把权力和人性都关进尽可能高水平的良法构成的法治的笼子里，并在动态中与时俱进不断提升它的水平。这应是中国实现包容性发展和达到现代化“中国梦”的出路之所在，也是冲破改革难点、避免未来“越过奇点”方面我觉得思路上最值得讨论之处。谢谢！

（贾康，在2017年新莫干山会议上的发言）

提要与总结

◎ 持不同国家观的人，在对财政理论的构建中，会提出不同的问题和研究思路，这也使他们对解决实际问题的财政政策主张完全不同。

◎ 社会契约论的国家观与公共财政论。

◎ 阶级论的国家观与国家分配论。

◎ 唯物史观下财政具有双重属性：公共性与阶级性。

◎ 公共财政的发展轨迹呈现出一种“否定之否定”的螺旋式上升，公共财政最初出现于原始社会，随着阶级国家的产生，其“公共性”逐渐趋于消亡，“阶级性”上升为主导，而从近代资产阶级革命开始，以民主化、法治化的制度框架为依托，财政的“公共性”在形式和内容上开始复归，公共财政渐进重现。

◎ 完整的私人产权是阶级社会形成以后公共财政的必要条件。在一定的历史阶段上，私人产权、民主政治、公共财政不过是对市场经济从不同角度给出的特定描述，三者同为一个完整系统的组成部分，其中任何之一都无法脱离其他部分的发展、支持而单独存在。

◎ 财政与政治关系密切。财政作为由公共权力主导的资源配置，不仅是经济制度的组成部分，更是政治制度的集中体现。

◎ 财政民主的核心是资源和利益配置上“规范的公共选择”。人民基于自由意志，把个人的权利转让给国家，以此换取国家对人民权利的保障，民主政治及其规范也由此而生，这是人类文明发展、上升过程中代价最小、痛苦最轻的公共选择形式。

◎ 在错综复杂、牵动全局的纠葛中，财政改革宜力求“渐进式”、“统筹型”，关键在于“冲破利益固化的藩篱”而兼顾各方，不激进亦不积累矛盾至积重难返。

◎ 中国今天进行现代财政制度建设，必须做到依宪执政，实现财政管理的制度化、规范化、程序化。

概念与认识的关键词

唯物史观；国家；阶级社会财政的公共性与非公共性；公共财政发展的历史轨迹；财政与政治；财政改革与执政者智慧；现代财政制度；公共选择与

依宪行政

思考与讨论

你怎样看唯物史观？

请谈谈财政与国家财政的异同。

关于国家观的分歧主要是什么？

“公共财政”经历了怎样的历史发展轨迹？

怎样认识理解公共品、准公共品、“权益—伦理型公共产品”？

怎样理解“外部性”？

你怎样理解现代财政制度？

主要参阅文献

恩格斯. 家庭、私有制和国家的起源. 北京：人民出版社，2003.

列宁. 国家与革命. 北京：人民出版社，2001.

项怀诚，贾康. 中国财政通史（选读）. 北京：中国财政经济出版社，2006.

布坎南，马斯格雷夫. 公共财政与公共选择：两种截然不同的国家观. 类承曜，译. 北京：中国财经出版社，2001.

哈维·S. 罗森，特德·盖亚. 财政学（第8版）. 郭庆旺，赵志耘，译. 北京：中国人民大学出版社，2009.

冯俏彬. 私人产权与公共财政. 北京：中国财政经济出版社，2004.

贾康，叶青. 否定之否定：人类社会公共财政发展的历史轨迹. 财政研究，2002（8）.

冯俏彬，贾康. 权益—伦理型公共产品：关于扩展的公共产品定义及其阐释. 经济学动态，2010（7）.

《英法两国历史比较与借鉴》课题组. 从英法两国历史看财政与民生、革命、宪政——世界潮流、利益固化和变革成本与方略的比较. 财政科学研究所研究报告,2013(99).

贾康,申学锋. 财政改革的历史镜鉴. 上海证券报,2014 年 8 月 13 日.

李炜光. 逃往瓦朗纳斯——法国大革命前夕财政改革启示录. 经济活页文选,2005(1).

GENERAL THEORY OF
PUBLIC FINANCE

第二章　财政基础理论概要：认识财政本质及“国家治理基础”的全局全域功能作用

第二章　财政基础理论概要：认识财政本质及“国家治理基础”的全局全域功能作用

如果事物的表现形式和事物的本质会直接合而为一，一切科学就都成为多余的了。

——马克思

财政，是社会公共权力中心“以政控财，以财行政”的分配体系。

——贾　康

一、财政的概念

/// 楔子：哲学理念与历史观 ///

我们经常遇到陌生的概念，而对概念的理解往往遵循着从其所指事物的现象表现到深入其本质的认识顺序。从哲学视角看，现象与本质是辩证统一的：现象是事物的外在方面，而本质是事物的内在方面（所谓“规律性的内部联系”）；现象是表征的、多变的、丰富多彩的、肤浅的，而本质是深藏的、相对稳定的、单纯的、深刻的；现象可以直观地被感知，而本质则只能运用抽象思维能力间接地去认识;我们通过现象,借助抽象思维,才能揭示本质,即把握事物的规律性。这些,对我们认识“财政”概念而言也不例外。

不仅如此,财政现象是一种人类社会中的历史现象,财政关系也是一个历史范畴。在我们探讨财政本质问题的起点上,存在一个无可回避的基本的、前提性的理论问题,这便是历史观的问题,即对于人类历史的变化持一种什么样的总体态度和理性思维指向。在马克思主义创始人提出历史唯物主义的思想体系之前,多少世代的思想家们虽然从各种各样的角度对于人类社会历史的演进提出过种种解释,却不能既系统又严谨地勾画出其基本规律性的轮廓。马克思主义理论将辩证唯物主义的哲学思想运用于历史科学,从人类社会最基本的事实出发,概括和揭示出如下基本原理:社会生产力决定社会生产关系,生产关系总和构成的社会经济基础决定政治、法律、文化、宗教之类的国家机器与意识形态等上层建筑,同时生产关系对于生产力、上层建筑对于经济基础,又发生能动的反作用,由此而形成了关于社会基本矛盾及其演变规律的科学理论——历史唯物主义,即唯物史观。

在我们作深入探讨以求正确认识财政本质的时候,唯物史观可以成为理论基础、逻辑体系的开端、剖析问题的指南。否则,人们尽管可能在一些局部和一些技术性问题上取得进展,却并不可能在一个经得起实践和实际生活检验的可靠而坚实的底座上,建成系统阐述财政本质的论坛,而难免会落入“在沙滩上建造城堡”的窘境。

以唯物史观为理论基础,意味着首先要明确若干大的原理性问题,即应当坚持以生产力的发展来说明生产关系和财政分配关系的依据何来;坚持以经济基础来说明国家以及国家理财政策与方式的本原何在;并且坚持以生产关系对生产力和上层建筑对经济基础的反作用来说明分配关系与财政政策的能动性;进而在上述这些系统的、有机的历史事物关系的联结框架中,把握与说明财政的本质。

（一）认识财政现象：“政府钱从哪里来，用到哪里去”，满足何种需要？

我们对“财政”这一概念的认知首先是从现象开始的，简单说来，财政给我们最直观的印象就是政府要有专门的管理部门负责收税，然后又把税金分到不同的去处而加以使用，而对此现象的关注则可以归结为一个基本的运行命题，那就是“政府钱从哪里来，用到哪里去”。

由上述命题而提炼出一个关于财政概念的定义，则需要加入系统而深入的研究与思维了。

以本书绪论及第一章的分析，已可以引出一个基本认识：财政，是以社会性的权力中心为主体，以社会总产品（主要为其中的剩余产品）为客体，带有集中性特征的理财活动。以经济学的语言说，这便是社会权力中心以自己的活动参与资源配置。进入阶级社会而产生国家，以国家作为社会权力中心的情况下，财政即是以国家政权体系为主体的分配（理财）活动，即国家财政。

需要说明：历史上虽然决不排除统治阶级横征暴敛超出剩余产品范围而涉及必要产品的情况，社会主义国家财政也曾一度把国营企业的折旧基金也纳入财政收支管理范围，但从财政产生和存在所必需的经济性前提来说，也是从财政运行中最主要的、经常性的财源覆盖范围来说，财政主要是对部分社会剩余产品的集中性分配——有了剩余产品及其量的增长，才具有了财政存在与发展的经济性的前提。与此同时，财政的产生与存在，还有其政治性的前提：存在社会性的权力中心。

经济发展是政治发展的本源，归根结底是生产力水平和经济基础决定了人类公众事务管理和政治活动的形态，是剩余产品的出现决定和推动了社会性权力中心的产生、发展及其对于可分配剩余产品的集中性理财活动。因此，财政的经济前提是第一性的，政治前提是第二性的。同时还要看到，虽然在财政分配中，实际可作集中性分配的社会产品主要出自剩余产品的一部分，但这样的“一部分”却是从社会总产品这个“总体”中划分和“扣除”出来的，即集中性财政分配的对象首先是通盘的，然后才落实到具体的局部之上。在这个意义上，可以说，财政分配主体对“一部分”的集中分配，存在于其对社会全局分配作出的“总揽”背景之下。同时，财政分配主体还会对集中性分配之外的其他分配作出某些规范和制约，并且越是接近现代，这一点越为明显，覆盖面、辐射面越广越完整——这也可以归结为在分配全局上的总揽。

现代国家财政，是国家政权作为分配主体总揽全局情况下，对代表社会总产品和国民收入中以剩余产品为主的某个份额的部分货币资金，加以集中性的筹措和使用，具体表现为国家财政收支及相应的管理活动。历史上曾经广泛使用过的非价值形式的政府理财，包括实物形式和劳役形式等，在近代、现代已基本上排除（说“基本上”便不是全部。比如，直到 20 世纪 80 年代前期，中国的农业税还采取“公粮”这种实物形式）。通观全过程，财政现象的发展演变中，价值形式逐渐居于主导并取代非价值形式，故不论价值形式还是非价值形式，都不单独构成古今中外财政现象的共性，但价值形态的分配已明显地成为现代财政的共性。

国家财政收支活动是以国家政权为主体的财政运作手段，它当然要反映国家活动的方向和意图，为国家实现其职能服务，或曰：为掌握国家政权的统治阶级的需要服务。但是，不能否认，正如本书前已论及，它也会在一定程度上反映社会全体成员（各个阶级）的共同需要，明显的例子如防治自然灾害、保护环境等。“共同需要”之所以在这里必定占有某种地位，从客观方面而言，反映着社会再生产基本条件（人类在自然界中的生存等）的必然要求；从主观方面而言，第一，反映着统治阶级对人类社会共同生存环境及其制约的认同（财政理论关于“公共产品”的特性——效用的不可分割性、消费的非排他性与受益的非竞争性，有助于我们从技术层面上分析说明此类共同需要的形态及满足它的手段，同时这也说明，“共同需要”的适用范围以“公共产品”概念为限）；第二，反映着统治阶级需要向被统治阶级需要作出的一定程度的妥协或两者某种方式的结合（中国历史上某些王朝曾实行过的“轻徭薄赋”，资本主义时代国家财政发展中调节收入悬殊的再分配、转移支付、社会保障福利制度等，都是这方面的例子）。因此，自告别无阶级社会原始财政中“共同需要”的唯一性之后，财政收支活动既要满足“统治阶级需要”，又要满足“共同需要”，便成为通例。但在不同的历史阶段和不同情况下，两方面的具体搭配却可以各不相同：随不同条件下阶级对抗因素的消长，“共同需要”所占份额也会相应有所增减。总的说来，阶级社会各形态中决定“共同需要”的客观因素始终如一，但随着人类文明的发展及统治阶级“教化”（理性化）水平的提高，决定“共同需要”的主观因素会逐渐变强。尤其在进入社会主义社会之后，情况更有重大的变化：在从社会主义社会至未来无阶级社会的过渡中，“共同需要”将在总体上呈明显增长之势——原则地说，也是合乎“社会主义应有取向”、合乎逻辑地说，社会主义国家政权的需要，应代表着最广大人民群众的长远、根本性需要，“工人阶级领导的人民民主专政的统治需要”将随国家消亡过程越来越多地融合于社会成员的“共同需要”之中。

简言之，财政分配的运行中，政府的钱是从社会剩余产品中来，用到履行政府应尽职能的方面去，在历史发展的大趋势上，将越来越多地满足社会共同需要。

（二）认识财政本质的已有努力：关于财政的定义或说明

财政理论界从来不乏对“财政”定义的探讨。

许涤新（1981）认为，财政即“国家凭借政权对一部分社会产品进行分配而形成的分配关系”[1]。

马洪、孙尚清（1985）认为，财政即“国家为了实现其职能，在参与一部分社会产品的分配和再分配过程中与各有关方面发生的经济关系的总和”[2]。

林白鹏（1985）认为，财政即“国家为了实现其职能，在参与社会产品分配再

[1] 许涤新主编《政治经济学词典》（下册），人民出版社，1981，第485页。

[2] 马洪、孙尚清主编《经济与管理大辞典》，中国社会科学出版社，1985，第422页。

分配的过程中所形成的一种分配关系”[1]。

王绍飞(1989)认为,财政即“发生在经济基础与上层建筑领域以国家为主导的一种分配关系,既包含着作为经济基础的财政关系,也包含着作为上层建筑的财政政策”[2]。

沃尔科夫(1984)认为,财政即“为了保障社会主义扩大再生产和满足其他社会需要而有计划地建立和利用货币资金基金的一种经济关系体系”[3]。

许廷星(1986)认为,财政即“国家为了满足其行使职能的需要,根据对生产资料的所有和对生产资料的主权所有,参与社会产品和国民收入分配与再分配的运动”[4]。

苏拾平(1981)认为,财政“用简单的说法,是表示政府的经济行为,也就是中央政府、省政府与地方政府彼此之间,以及上述各级政府与人民之间的金钱往来与其他经济活动”[5]。

大内兵卫(1930)认为,“财政是政治团体取得、管理和支出其需要的物质手段的行为”[6]。

井平文雄(1990)认为,“所谓财政,若下个定义,即它是国家、地方政府或国家联合体,为满足其欲望进行收支管理有形资财,特别是货币的方便,同时是有连续性的有秩序活动的整体”,“如用一句话表示,即国家和其他公共团体的经济”[7]。

李金桐(1983)认为,“财政是经济的一种,应受一般经济原则的支配,故以最少费用,获得最大效果的经济原则,在财政方面,同样是必须遵守的”[8]。

---

[1] 林白鹏主编《简明经济学词典》,山东人民出版社,1985,第 397 页。
[2] 王绍飞:《改革财政学》,中国财经出版社,1989,第 1 页。
[3] M. N. 沃尔科夫主编《政治经济学词典》,吕亿环等译,北京师范大学出版社,1984。
[4] 许廷星主编《财政学原理》,重庆大学出版社,1986,第 40 页。
[5] 苏拾平主编《现代经济常识百科全书》(上册),台湾上河出版社,1981,第 472—473 页。
[6] 大内兵卫:《财政学大纲》(上卷),岩波书店,1930,第 10 页。
[7] 井平文雄:《日本现代财政学》,陈秉良译,中国财经出版社,1990,第 1 页。
[8] 李金桐:《财政学》,台湾五南图书出版社,1983,第 2 页。

陈共(1985)认为,“一般而言……财政是国家集中分配一部分剩余产品,用于满足一般的社会需要而形成的分配活动和分配关系”[1]。

洪银兴(1989)认为,“财政的最一般定义……是国家集中分配部分剩余产品,用于满足一般的社会需要而形成的分配活动和分配关系”[2]。

以许毅等为代表的主张国家分配论的学者,则多从国家职能实现的角度对“财政”进行定义,如何盛明(1990)认为,“财政是以国家为主体,为实现国家职能需要,参与社会产品分配所形成的分配活动及所体现的特定分配关系”[3]。

哈维·罗森(2000)认为,“财政学也成为公共部门经济学或公共经济学,以政府的收支活动及其对资源配置与收入分配的影响为研究对象”[4]。

以上对财政的表述大多基于对财政活动的描述,是从“政府钱从哪里来,用到哪里去”出发对财政现象形式的关注,其中一部分则力求进一步刻画财政概念的深层内涵乃至本质。本书的努力,是把关于“财政”的说明与认识联结于对财政本质的认识。鉴于此,已有的讨论已可首先使我们认为:财政,是以社会权力中心为主体的(在国家存续期间的社会则是以国家为主体的)“以政控财,以财行政”的分配关系。其中,“以政控财”就是说财政这样一个理财系统,它的主体是国家政权,具体表现为是各级政府。各级政府凭借自己作为(受托成为)社会统治与管理者的政治权力,要控制社会总产品里面的一部分,而这些产品是在现代经济生活形态下表现为价值形态上的政府的财力,这是以政控财;那么掌握这部分财力做什么用呢?就是通过这些财力的运用来履行自己的职能,即“以财行政”来维持所有国家机器的运转和使政府职能得以实现。政府所要做的任何一件事,大到国家安全、国土整治;小到社区照明、道路标识,如没有所需要的财力后盾,这件事情就做不成。那么这样一个作为政府主体来实行的财力分配,以及在经济社会中形成的这样一套分配关系,就是我们所说的财政。

[1] 陈共等:《财政学教程》,中国财政出版社,1985,第1页。
[2] 洪银兴等编著《现代财政学》,南京大学出版社,1989,第2页。
[3] 何盛明主编《财经大辞典》(上册),中国财经出版社,1990,第260页。
[4] 哈维·S.罗森:《财政学》(第四版),平新乔译,中国人民大学出版社,2000,第7页。

前面关于财政现象形态的概括性认识,已引出关于财政的存在与剩余产品和社会权力中心的关系、财政收支与价值形式的关系以及国家财政与国家需要和社会共同需要的关系等若干重要抽象,而进一步的抽象对于我们的研究是完全必要的,并且在经过前面的抽象后,也将"呼之欲出"——这个抽象集中到一点,即是关于财政本质的抽象和概括。

财政的本质,是在其种种繁复纷纭的现象形态后面掩盖着的某种带有集中性特征的分配关系,是一个客观经济范畴。这种带有集中性特征的分配关系,是生产资料所有制起决定性作用的广义社会生产关系的一个组成部分,具体而言,即生产、分配、交换、消费四个环节构成的广义生产关系链条中分配环节的一个组成部分,它内在于社会再生产之中。当生产力发展到一定水平后,由集中性的分配来配置社会总产品中剩余产品的或大或小的一部分,成为总体社会再生产及人类社会生活的客观必要,于是这种集中性的分配关系便产生、形成了。

在国家产生之前,财政分配关系的现实运作以社会性权力中心(如氏族、部落、公社的首脑和决策机构)为主体,国家产生之后,便转为以国家政权为主体。财政分配主体所制定的财政政策、财政制度等,是客观的财政分配关系见之于主观的产物。财政分配关系在历史演变中随生产力和广义生产关系的发展而由低级向高级发展,人们的一己之力是不可能改变其总趋向的,换言之,深层的(生产关系意义上的)分配关系在某一具体生产方式下,并无可塑性与可选择性,不以人的意志为转移;然而,财政政策、制度等却是由掌握决策权力的人们确定的,具有可塑性与可选择性,可以体现出不同的趋向,并有高下之分、优劣之别。

20世纪有几十年间,中国学术界曾长期争论"财政是经济基础还是上层建筑",解题的关键,就在于要把笼统的"财政"概念区分为财政分配关系与财政分配手段两个层次。财政分配关系的基本规定性取决于生产关系的基本规定性,并构成生产关系总和的一部分,属于经济基础,即使是看起来"全能"的国家对此也不能加以改变,无法为所欲为,因为国家本身正是竖立于这种经济基础之上的,是占统治地位的主导的生产关系的政治体化物;而财政分配的手段(政策、体制、工具等），其行为主体在现实社会中是国家各级政府，属于上层建筑，它们取决于并反映着包括财政分配关系在内的经济基础，而且在一定限度内对经济基础发生能动的，有时甚至是相当重大的反作用。换言之，国家政权对财政分配手段掌握得当，可以促进经济基础的巩固和发展；反之，可以加快其经济基础的瓦解。

有的研究者曾重点考察过国家财政政策、制度的意图上的单向性与作用上的双向性。贾广禔在《财政属性辨》中指出：“统治阶级运用财政，动机无疑是为了有利于本阶级的统治，但形势、任务因时而异，后果有时也会乖乎本意，这不完全依统治阶级的愿望而定。历代如此，中国三十多年来的情况也不例外”，所以“财政的作用是双向的，而财政政策的意图是单向的”[1]。虽然在这里作者仍使用笼统的“财政”概念与“财政政策”概念相区分与对应，但其核心观点已逻辑地引向如下认识：“作用”能否与“意图”相吻合，完全取决于这种意图本身及贯彻意图的财政分配手段的运用是否符合财政分配关系的客观要求。

必须强调，对于财政分配关系与财政分配手段的区分是至关重要的。分属经济基础与上层建筑两者，相互间一个是本原和本质，一个是工具与形式；一个是根本性作用和必然的决定作用，一个是派生性作用与能动的反作用。认清这一区分，才能避免如下三种认识偏差：一种认为财政仅仅是上层建筑和国家的经济杠杆，是完全顺从政权意志的，“财政同法政、军政一样，是附在国家机构上的意识形态力量。财政所体现的社会关系，不是人们的物质关系，而是人们的意志关系”[2]，因而导致“纯主观意志”论。另一种认为财政全然是再生产内在环节，与上层建筑无关，进而认为税收也与国家机器无关，不由国家权力决定[3]，因而导致“纯客观因素”论。再一种认为财政既属于经济基础，又属于上层建

[1] 贾广禔：《财政属性辨》，《财政本质论文集》，中国财政经济出版社，1984，第 331 页。
[2] 许方元：《关于财政的本质问题》，《财政本质论文选》，中国财政经济出版社，1984，第 317 页。
[3] 《谷志杰博士》，《涉外税务》1997 年第 7 期。

筑，结果成为逻辑上的“死结”，陷于某种“二元论”[1]。所以，把财政的本质归于分配关系，进而把财政分配关系归于经济基础，同时把财政现象中的收支、政策、制度等归于财政分配手段、进而把财政分配手段归于上层建筑，这样理清两者相互间关系上孰为决定性因素，孰为能动的反作用，才能既脱离纯主观意志论的迷误，又防止纯客观因素论的偏颇，并且避免“二元论”的尴尬，为我们正确认识财政本质和财政调控，提供坚实的基点。

有的研究者认为财政信用仅仅是交换而非分配，这至少是严重的误解。一般所说对生产、分配、交换、消费诸环节的划分，是就社会物质产品的运动而言。分配指生产出的社会总产品依财产关系在社会成员间的划分，交换指社会成员通过流通取得各自在使用价值形态上所需的产品。当我们的考察由物质产品运动的层次上升为货币一般等价物运动中的借贷活动（即货币信用）的层次，已决然不能限于表面上资金占有的换位（所谓“有借有还”）而把其看作单纯的交换（流通现象），而必须去认识信用活动中依据资金所有权出让其使用权而形成的特定的分配关系。如马克思所指出的，“在交换即物品交换发生时，不会发生价值变化”，然而货币的借贷则会“改变已经包含在这个价值中的剩余价值在不同个人之间的分配”。（马克思《资本论》第3卷，人民出版社1975年版，第387页）财政信用作为货币借贷的一种形式，当然也无出其外。

基于这些认识，让我们先作一些更为展开的考察梳理，再最后提炼关于“财政本质”的定义或认识。

二、财政学演变识踪

（一）西方的学科代表人物

财政基础理论的形成和发展伴随着资本主义生产方式的形成和发展。英国

[1] 董霞飞：《试论国家财政与社会基本矛盾的关系》，《财政研究》1996年第10期。

重商主义学派代表人物托马斯·曼倡导的“贸易差额论”、“国防财政论”，是西欧各国封建制度向资本主义制度过渡时代的产物。威廉·配第的《赋税论》被认为是西方最早的财政学专著。16—17世纪，为了促进工业、商业的发展，克服英国财政税收的紊乱状况，威廉·配第提出了财政税制的改革意见。他力图阐明关于王土、租税、关税、户别税、罚金、什一税、灶税、物品消费税等的性质及方法，属于重商主义为满足新兴资产阶级利益而提出的过渡性理论，并认识到攫取剩余劳动的主要手段是“贡赋制”。他被马克思誉为“现代政治经济学的创始者”和“统计学创始人”。他还在《赋税论》和《政治算术》中提出了“公平”、“确定”、“简便”、“节省”的赋税四原则。

古典学派的代表人物亚当·斯密，则第一次将财政理论作为经济理论的一个部分加以系统归纳，他关于国家职能及财政作用的观点，体现在其代表作《国民财富的性质和原因的研究》（即《国富论》）第五篇《论君主和国家的收入》和《关于司法、警察、岁入和军备》的论述中。斯密认为，人们相互之间需要交换劳动和财富，在“看不见的手”的支配之下，社会成员在追求和满足自己利益的同时，也使社会利益得到最大的增进，而政府的任何干预总会破坏这种自然秩序。此外，不论是工业或农业的劳动，只要是生产的、有用的劳动，就能创造财富，而宫廷、政府官员、军队等人员的劳动都是属于非生产性的劳动，其活动和人员应限制在最低程度。商品的交换价值不仅由劳动所决定，还取决于工资、利润和地租，并以这三部分作为课税依据。财政的职能，是为国防、司法和必要的公共工程筹集税收，分配经费。因此，这一时期所认识的财政职能可归结为两方面，即收入职能和配置职能。《国富论》的问世，使财政理论发展成为一个相对完整的体系。亚当·斯密的财政思想及其政策主张，经过大卫·李嘉图等人的继承和发展，对西方各国财政理论的发展产生了极其深远的影响。

资本主义从自由竞争阶段向垄断阶段发展中，德国新历史学派的代表人物瓦格纳在他的著作《财政学体系》、《社会的财政政策和社会的租税政策》以及《财政学和国家社会主义》等一系列论文中，提出强制性的共同经济组织位于个别经济组织之上，必须保障历史所赋予国家的任务得以完成。他提出累进税制，阐述“国家经费膨胀规律”，强调通过国家“租税政策”干预投入和所有涉及的分配，其社会改良思想意在缓和阶级矛盾和贫富分化。此后，现实生活中的个人所得税制和再分配调节逐步发展。1919 年，瑞典经济学家林达尔提出了著名的林达尔均衡（Lindahl Equilibrium），作为公共产品理论最早的成果之一，林达尔认为公共产品价格并非取决于某些政治选择机制和强制性税收，而是可以根据自己意愿确定的价格，并均可按照这种价格购买公共产品总量。具体而言，林达尔均衡是指，如果每一个社会成员都按照其所获得的公共物品或服务的边际效益的大小，来捐献自己应当分担的公共物品或服务的资金费用，则公共物品或服务的供给量可以达到具有效力的最佳水平。这一认识分析框架带有明显的理想主义色彩。

20 世纪 30 年代的经济危机，导致了整个资本主义世界的经济大萧条，以国家干预经济为代表的凯恩斯主义迅速兴起。凯恩斯在他的《就业、利息和货币通论》中强调国家干预经济，提出增加投资、提高就业以解决“有效需求”不足是经济增长的核心问题。在以罗斯福“新政”为代表的西方国家政府干预的实践中，推行赤字财政等扩张性政策，对国民经济运行的调控收到显著效果。此后直到 20 世纪 70 年代，失业与通货膨胀并发的“滞胀”局面，才宣告了“凯恩斯革命”的结束。在财政功能角度上，理查德 · 马斯格雷夫和佩吉 · 马斯格雷夫提出，财政发挥稳定职能时，要兼顾配置职能和分配职能，以保持物价的稳定和充分就业。

萨缪尔森等人阐述的公共产品理论和布坎南强调的公共选择理论，都对现代公共财政理论产生了重大影响。宏观经济学和福利经济学的发展促进了公共经济学的发展，然而，作为财政学在当代的前沿形态，“公共经济学很可能是经济学中最充满矛盾的领域。它所研究的领域一向是经济学科中的核心问题——无论是从正面研究还是从迂回曲折和不怎么直接的方式研究：哪些方面必须靠公共部门？如何靠？然而它经常在经济学的边缘探讨，越来越与伦理学、政治学、

组织机构研究（公共抉择与制度经济学）相联系”。（《新帕尔格雷夫经济学大辞典》，经济科学出版社中译本 1992 年版）

（二）中国的理论流派

中国当代财政理论研究主流运动的起点，建筑在马克思主义政治经济学理论框架上。借鉴与批评国外（包括苏联）财政理论，无疑为中国的研究者提供了种种启示，而本国社会主义经济建设与社会发展的丰富实践材料和对于理论的迫切需求，更形成最强劲的推动力。改革开放后外界研究成果的较多介绍，进一步促进了财政理论的繁荣发展。以下代表性流派的角度、观点各有不同，但无一不试图深入到财政本质的层次，进而为整个理论大厦提供坚实的地基。如对两百余年来财政学的发展作一回顾，则可知当代中国关于财政本质研究的广泛、活跃和深入程度，为世界所仅见。（详见贾康：《财政本质与财政调控》，经济科学出版社，1998 年版）

各有千秋的流派，在改革开放、走向社会主义市场经济的转轨过程中，已呈现明显的分化：有的影响力消退；有的则得到多数研究者认同；新起的研究者在向传统学习的同时又向传统挑战。将现状归结起来，改革开放后中国财政理论界的基本格局可说是“国家分配论”主流学派与“共同需要论”等两三个较具影响力的非主流学派间的学术论争。这种论争对于学术理论的发展繁荣是十分有益的。

◇ 国家分配论

国家分配论认为财政的本质是以国家为主体的分配关系。作为中国财政理论界的主流学派，其拥护者颇多，定义性的表述也很多，虽措辞上有或多或少的区别，但基本思路一致。如陈如龙早在 1964 年财政学讨论会上的闭幕词中表述为：“社会主义财政的本质是无产阶级专政的国家为实现其职能分配社会产品和国民收入而形成的分配关系。”许毅、陈宝森（1984）主编的《财政学》中说：“我们可以把财政的共性概括如下：财政是特定阶级统治的国家为了维护加强其上层建筑、巩固发展其特定的生产方式而参与社会产品的分配和再分配关系。”“我们可以把社会主义财政的本质概括如下：社会主义财政是社会主义国家为维护、加强社会主义的上层建筑和经济基础，为建立合理的国民经济结构和社会结构，实现以最少劳动耗费取得最大经济效益，不断满足人民需要，对社会产品和国民收入进行的有计划分配与再分配。”邓子基在20世纪80年代的表述是：“社会主义财政是人民民主专政国家为满足实现其职能的需要，并以其为主体的，主要利用价值形式强制地、无偿地参与社会产品分配所形成的，取之于民、用之于民的分配关系。”何盛明、梁尚敏于1987年主编的《财政学》中的表述为：“财政，即国家财政，是国家为了维持其存在和实现其职能的需要参与社会产品分配而形成的分配关系。人们经常把国家财政的实质简称为以国家为主体的分配关系。”

国家分配论是中国财政理论界的主流学派，基本要素可以归结为四项：第一，分配关系，即把关于财政本质的认识，最终落在分配关系之上，认为财政分配是社会生产方式中广义生产关系的内在构成环节之一——分配关系的一个组成部分。这一要素继承了马克思主义经济学理论的传统，使关于财政的探讨在“人与人关系”的角度上能够达到比较充分的深度。第二，国家主体，即认为财政分配关系与其他分配关系相区别的主要个性或特点，在于分配的主体是国家政权或政府，而非别的任何经济活动主体。这一要素隐含着“财政即为国家财政”的界定，在这一界定下，国家政权的唯一主体性是不言而喻的：由国家政权掌握的分配，必属财政；不由国家政权掌握的分配，必非财政。第三，国家职能，即认为以国家为主体的分配在功能、目标的客观规定性上，必然要归结为“满足国家政权实现其职能的需要”。值得注意的是，目标并不等于全部现实，形成目标也不一定就能保证其实现到位，但关于这一目标规定性的理论总结，是刻画国家分配的作用方向，这种方向是由财政的特性客观地确立起来的，在逻辑上也是顺理成章的。第四，阶级属性，即在满足国家职能方面强调统治阶级利益主导作用下的国家职能。这一要素基于马克思主义的国家观。

尽管“国家分配论”逐步发展并取得了中国财政理论主流学派的地位，但持不同见解的学者对这一学派的论点提出了批评与诘难。这些批评与诘难大体可分为三类：

第一类，是明显难以成立的批评。比如，关于“国家分配论”未包括社会主义财政中的“已越出了分配的范围”的资金周转的批评[1]。虽然资金周转与财政具有一定联系，但确实应当归属到有别于财政分配的财务、信贷等范畴。这一类批评者应是在很大程度上受到了大一统的“货币关系体系论”和高度集中管理体制的某种影响，因而主张有必要以财政范畴将资金周转也涵盖在内。

第二类，是把某些或某个“国家分配论”者的尚有争议、未达成共识的观点，作为整个国家分配论的观点而提出质疑。比如，针对“财政分配的特点是无偿分配”提出批评，认为无偿性不能成为财政分配区别于其他分配的标志之一[2]。这种意见虽然言之有理，却不能覆盖和适用于整个“国家分配论”，至多只适用于某些“国家分配论”阵营内的个人观点。

第三类，是至今仍具有冲击力和挑战性的诘难，值得继续探究，又可分为以下三个视角。

第三类之一：“从国家权力中引出财政关系，本末倒置。”

如王绍飞提出，国家分配论“违反了历史唯物主义的基本原理，财政既然是分配关系，那它就是社会生产关系的一个组成部分。它和整个社会生产关系一样，是由生产力的发展水平决定的。离开生产力的发展水平，从国家权力中引出财政关系，这在逻辑上是本末倒置。”（《关于财政本质的探讨》，《学习与思考》1982 年第 2 期）

关于这一批评，可以作这样的分析认识：生产关系最终决定于生产力，这无

[1] 李成瑞：《从实践中的若干体会来谈社会主义财政的实质和范围问题》，《财政学问题讨论集》（上册），中国财政经济出版社，1965，第 181 页。
[2] 罗彤：《关于财政概念起源与探讨》，《财政研究资料》1981 年第 18 期，第 13 页。

疑是唯物史观的基本原理,但这一点并不否定在"人与物"关系(生产力)背景下关于"人与人"关系(生产关系)中的分配主体的考察。财政分配关系属于生产关系中分配关系的一个组成部分,国家分配论首先确认了其分配关系这一本质属性,然后又指出财政分配以国家为主体,则是进一步界定财政分配关系与其他分配关系的区别(不同特征)之所在。区别(不同特征)可能有若干方面,但分配主体的区别无疑是其中非常重要的方面。凡分配必有分配主体,指出分配主体的客观规定性,并不等于就是从该主体的权力中引出分配关系。比如,我们如果说企业财务分配的主体是企业法人,并不等于就是从企业法人的权力中引出财务分配关系。分配主体当然有其能动性,但无论什么样的分配主体,毕竟都要被为生产力所决定的生产关系、分配关系所制约。基于这样的分析,显然并不能得出国家分配论指出了财政分配主体就发生"本末倒置"的结论。但是,我们认为确有必要进一步开掘关于生产力水平对于财政分配的根本性决定作用方面的研究,并在关于财政本质的表述上,也有必要讲清生产力这一本原,这样才有利于减少误解,深化认识。

第三类之二:"在经济基础和上层建筑的关系上,本末倒置。"

如许方元提出:"首先……一方面说财政的本质是'分配关系',另一方面又说财政的作用是'促进社会主义生产关系的巩固和发展'的。这不就是说生产关系为自己服务了吗?""第二,一方面把财政的本质说成是属于生产关系的,另一方面在讲财政作用时又说财政是'为巩固无产阶级专政服务'的,这就出现了经济基础为上层建筑服务这样本末倒置的问题。""第三,一方面说财政是属于生产关系的,另一方面在讲税收的时候,又说'它是国家凭借政治权力对纳税人征收',这就产生了一个经济基础与上层建筑在财政肚皮里闹矛盾的问题。"(《社会主义财政的本质、职能和作用的探讨》,《财政》1980年第12期)

要回答这一诘难,关键在于如何理解和回答"财政是经济基础还是上层建筑"这一曾讨论了多年的问题。许毅等曾在《财政学》中提出了一个言简意赅的归纳:"财政分配关系属于经济基础范畴,财政政策和财政制度属于上层建筑范畴。”这一思路是十分重要的。日常生活中，“财政”一词是一种笼统的泛称，不同场合、不同上下文关系中，可指财政关系、财政政策、财政部门、财政工作、财政收支等。对于笼统的“财政”概念，在理论考察中有必要区分为本原的财政分配关系和派生的财政分配手段两个层次。前已论及，财政说到底是一个客观经济范畴，是一种分配关系。财政分配关系的基本规定性取决于生产关系的基本规定性，并构成生产关系总和的一个组成部分，属于经济基础。对此基本规定性，作为分配活动主体的国家政权也不能加以改变，无法“为所欲为”，因为国家本身正是竖立于这种经济基础之上的，是主导的生产关系的政治体现物；而财政分配的手段（政策、体制、制度、计划、工作机关等），是客观的财政分配关系见之于行为主体主观意识形态和设计、管理操作方面的分配方针与工具，属于上层建筑，它们取决于并反映着包括财政分配关系在内的经济基础，而且在一定限度内对经济基础发生能动的，有时甚至是相当重大的反作用——一般而言是服务于基础，但处理不当也有可能损害基础。换言之，国家政权对财政分配手段掌握得当，可以促进其经济基础的巩固和发展；反之，可以加快其经济基础的瓦解。理清了这两大层次的关系，就可以知道，国家分配论在经济基础和上层建筑的关系上，其实并没有形成“本末倒置”和混乱。讲服务于生产关系的巩固和发展，讲服务于阶级专政，以及讲凭借政治权力征税等的时候，都是从财政分配手段的层次而言。当然，以往这方面的剖析和说明仍是不够清晰和充分的，如何把上述两个层次的内在关系表述得更加充分、全面和严谨、清楚，确实是值得国家分配论者进一步努力的领域之一。

第三类之三：“分配关系以国家为主体不能成立。”

如蔡明麟、许方元提出：“在任何社会形态下，分配关系的形成，总是以生产资料的占有关系为转移，只有这一个主体。如果说分配关系以国家为主体，不是靠向‘暴力论’，就会陷入二元论，那是行不通的。”（《对财政本质的初探》，《财政研究资料》1981 年第 18 期，第 4 页）

分配关系以生产资料的所有、占有关系为转移，是马克思主义的基本原理。

生产资料的所有、占有主体,也必然成为分配主体,这是无疑义的。问题在于如何理解“这一个主体”的具体形式。人类历史自进入阶级社会后,便有统治阶级与被统治阶级之分,统治阶级总是由占统治地位的生产资料所有者阶级充当,并掌握着由于阶级矛盾不可调和而产生的国家机器。国家作为一种权力实体,是占统治地位的生产资料所有者阶级的政治代表,因而也成为生产资料的占有主体或占有主体的代表,所以国家同样可以顺理成章地成为分配的主体。这与前述基本原理毫无矛盾,只是该原理的一种具体引申。

可以看出,上面三类批评诘难,都侧重于本原体和派生物“谁决定谁”的关系这一角度。与这种角度多少有些相仿、但在抨击的形式上甚为极端和“不遗余力”的一种责难,是所谓“罪过论”,即认为国家分配论强调国家意志,带有任意性、主观性,不讲“公共需要”,是国家财政陷于困境的理论根源。对此邓子基曾撰文予以反驳,逐条指出“罪过论”是不能成立的。(《财政研究》1997 年第 1 期,第 13—16 页)因此,这里对所谓“罪过论”不再展开,只是有必要指出,“罪过论”虽然形式粗糙,但内含的逻辑其实暗合于纯客观因素论、泛市场论的思路,即主张把财政分配与国家、阶级割裂开——认为讲国家分配主体作用和国家职能需要,就与唯意志论画等号,就与“公共需要”对立。温故而知新,关于财政思想史的回顾启示我们,类似角度的诘难今后还会以这样或那样的表现形式出现,而“国家分配论”这一线索的研讨也有必要继续深入。

◇ 价值分配论及简评

价值分配论以王亘坚 20 世纪 60 年代提出的观点为代表,认为“国家参与价值的分配,必然在社会的各个方面,首先是在各个阶级之间形成一系列的分配关系,而这些分配关系——国家分配价值所发生的分配关系,就是财政现象的本质”[1]。此论与“国家分配论”有共通的认识框架,但把分配局限于“价值”。其

[1] 财政部财政科学研究所、中央财政金融学院主编《财政学问题讨论集》(上册),中国财政经济出版社,1965,第 220 页。

实，从历史发展来看，财政职能所涉及领域重心并不在于保障政府的“资金需要”，在商品货币经济还不发达的阶段，财政职能就已得到发挥，只是形式多以实物（如稻谷、粟米、绵帛等）和徭役、兵役等，这也体现了国家对经济与社会的调节等功能，所以仅从价值方面来认识，显然有一定偏颇。

◇ 国家资金运动论及简评

以李成瑞 20 世纪 60 年代提出的观点为代表，认为“社会主义财政就是社会主义国家资金所体现的经济关系”，而国家资金“是指社会主义国家所能掌握和运用的全部资金，包括长期运用的和短期运用的，集中运用的和分散运用的，可供分配使用和只能作周转的。这就是说，它包括国家预算、国家银行和国营企业所能运用的全部资金。至于集体所有制单位和居民个人的资金，当国家以征收税收、吸引存款和储蓄等方式，把其中一部分转入国家手中的时候，这一部分资金就进入了社会主义财政的范围”[1]。这种认识受到传统的“大一统”高度集中管理体制和苏联居于主流的“财政是货币关系体系”论的影响，把财政分配范围理解得过宽了。

◇ 共同需要论及简评

以何振一 20 世纪 80 年代提出的观点为代表，认为财政“是由于人类社会生产的发展，出现了剩余产品或剩余劳动之后，发生了社会共同需要而产生的。它的实质是人们为了满足社会共同需要而对剩余产品进行分配所发生的分配关系”；“社会再生产过程中为满足社会共同需要而形成的社会集中化的分配关系，这就是财政范畴的一般本质或内涵”[2]。

共同需要论的核心观点是把财政本质归结为人们为满足公共需要而进行的

[1] 财政部财政科学研究所、中央财政金融学院主编《财政学问题讨论集》（上册），中国财政经济出版社，1965，第 184 页。

[2] 何振一：《理论财政学》，中国财政经济出版社，1987，第 3 页。

分配所发生的分配关系。这种概括对于无阶级"史前社会"中作为萌芽状态表现的"原始财政"是大体适合的,但对于阶级社会中的财政现象与财政关系却显然难以涵盖。许毅等曾针对性地提出:"在国家出现以后,以国家为主体的分配活动是否仅仅限于满足共同需要所进行的分配活动?……在国家出现以后伴随而来的财政范畴如捐税、国债等等是为了满足这些特殊需要而产生的,而且随着阶级矛盾的激化,这些特殊需要远远超过了共同需要。"[1]

诚然,在人类社会成员分裂成为不同阶级、因阶级矛盾不可调和而产生国家之后,全社会层面的"共同需要"仍然是存在的,如防治自然灾害、保护环境等。但这时在一般情况下,不同阶级间的,特别是掌握国家政权的统治阶级与处于被专政地位的被统治阶级之间的不同利益和不同需要,成为经常发生的并且对于整个社会生活产生巨大影响(往往是最重要影响)的矛盾冲突,而统治主体所掌握的财政分配,在这种冲突中必然是服务于本阶级需要而打击被统治阶级需要的——"共同需要论"对此无力予以概括和说明。

又诚然,在一定条件下和某种程度上,统治阶级需要与被统治阶级需要之间可以形成某些妥协或结合。比如,我国历史上一些封建王朝曾实行过的"轻徭薄赋"政策,短期看有利于农民(被统治阶级)的休养生息,长期看则有利于巩固这些王朝的统治;又比如,"在西方财政的收入再分配中,资产阶级与工人阶级在某种程度上都是获益者——前者稳定了政权,后者改善了生活"。我们把上述这类妥协与结合,归为"共同需要"范畴,也不是不可以。但最基本的历史事实是,一般情况下或总体趋势上,阶级利益的不同和对立及相应而来的各自需要的差异和对立,是经常的、主流的、第一位的,而妥协与结合则是较少的、支流的、第二位的,某些特定情况下其暂时成为主流也是非长久的、罕见的。归根到底,统治阶级必定要不遗余力地维护和巩固自己所掌握的国家机器及其所依托的经济基础(生产关系),不惜动用一切财政手段来达此目的;被统治阶级也必定经常不断

[1] 许毅、陈宝森主编《财政学》,中国财政经济出版社,1984,第50—51页。

地作出各种形式的不合作乃至反抗斗争，而财政方面的不合作乃至反抗斗争亦是经常形式（群众性"抗捐抗税"之类，史不绝书）。"共同需要论"对此也无力予以概括和说明。

总之，人们"需要"的根基，是物质利益的需要。在失去了唯一主导性的"共同物质利益"的阶级社会里，其实应不难理解，仅为"满足共同需要"的分配，经常要归于某种矫饰的、经不住考察的、"口惠而实不至"的空中楼阁。当然，"共同需要"毕竟还占有某种重要地位。上面列举的非主流但不能抹杀与否认的共同需要，从客观方面而言，反映着社会再生产基本前提条件（人类在自然界中的生存等）的必然要求；从主观方面而言，既反映着统治阶级对人类社会共同生存环境及其制约的认同，也反映着统治阶级需要在某种理智性判断下向被统治阶级需要作出的一定程度的妥协或两者一定方式的共存与结合。欧美财政理论所探究与分析的社会公益设施之类"公共财"（公共产品与服务）的特性——效用的不可分割性、消费的非排他性与受益的非竞争性，很有助于我们从技术性层面分析说明"共同需要"的一些具体形态及满足它的手段。但是无论如何，"共同需要论"尚难以成为完整说明财政现象与本质的理论。

◇ 剩余产品分配论及简评

以王绍飞 20 世纪 80 年代提出的观点为代表，认为"与一般分配过程不同，财政分配的对象不是社会总产品和国民收入，而是包含在社会总产品和国民收入中的剩余产品，这是财政分配的质的规定性，也是财政分配区别于其他分配关系的本质特征"；"财政是由剩余产品形成各种社会基金的一个经济过程，始终体现国家、集体与个人之间的剩余产品的分配关系"[1]。

此论的核心观点在于，认为财政的本质特征是对于剩余产品的分配。这种概括有其合理之处，因为无论从财政起源还是从财政现实运行考察，财政分配的

---

[1]　王绍飞：《财政学新论》，中国财政经济出版社，1984，第 7、10 页。

经济前提都是存在社会剩余产品。有了剩余产品,社会权力中心才有财可"理",才能有称之为财政的理财活动。但如果仅仅强调这一条,却并不能在理论表述上严谨对位。因为:第一,在进入阶级社会之后的历史上,决不能排除国家政权"横征暴敛"的财政分配越出剩余产品范围而涉及必要产品的现象。许毅等曾指出:凡是剥削阶级统治的国家,"其剥削量通常都是超过剩余劳动的,不侵犯必要劳动的分配是鲜见的"。所以,他们认为剩余产品分配论在这方面"不尽符合历史事实","抽象不够完全,不如说成财政分配是对社会产品的分配来的概括"[1]。此外,社会主义国家的财政在高度集中体制下也曾长期发生对于企业折旧基金的分配,是另一个反证。因此,剩余产品分配论在这个角度上涵盖不足。第二,对于剩余产品的分配,并不仅仅发生在宏观的财政层次,也发生于微观的财务层次。事实上,在人类社会进入稍微发达一些的阶段之后,财政仅能分配剩余产品之中或多或少的一个部分,基本上不可能分配其百分之百的全部。所以,以"对于剩余产品的分配"来抽象出财政本质,从这个角度上讲又涵盖过度。

但是,剩余产品毕竟是财政分配的主要部分,出现和存在剩余产品毕竟是财政分配的经济前提。"剩余产品分配论"在这一角度上的开掘所形成的合理内容,无疑是值得为"国家分配论"所吸收借鉴的。

◇ 再生产前提论及简评

以陈共提出的观点为代表,认为"研究财政的本质必须从社会再生产出发,也就是从再生产过程中诸种经济现象的相互联系中把财政现象区别出来加以概括"。提出以再生产为前提建立财政学的根据之一,是对财政本质一般的认识……从根本上说,决定财政的产生和发展的不是国家,而是经济条件,亦即各该社会现存的生产力和生产关系。

---

[1] 许毅、陈宝森主编《财政学》,中国财政经济出版社,1984,第60页。

此论强调的是从社会再生产出发，以再生产为前提认识财政本质。这无疑是符合唯物史观的。问题是，在关于财政本质的认识中，虽然可以和应当强调分配环节与社会再生产总体联系的方面，但毕竟还不可能绕开财政分配关系形成时所不可缺少的另一方面的前提：社会权力中心的出现。无社会性的权力中心，即使存在剩余产品，即使存在分配环节，也仍然是有“财”无“政”。所以，考察财政问题时，在经济性基本前提的旁边，还有政治性基本前提的位置。当然，更深一步说，经济发展是政治发展的本原，归根结底是生产力水平和经济基础决定了人类政治活动的形态，因此财政的经济前提是第一性的，政治前提是第二性的。承认这种本原上的“顺序”之后，要考察财政问题，仍然需两方面的前提同时考察与分析，否则就难以认识和阐明财政分配区别于其他分配的特殊性质。

所以，整体地看，“再生产前提论”虽具有其积极合理的内容，但在财政本质的表述上，却仍显得不够完全和不够清晰，尤其是对于财政的特性方面缺乏提炼。但无疑“国家分配论”也应吸取“再生产前提论”的合理内容。

◇　“公共融资”论及简评

这是国内20世纪80年代之后出现的一种新观点。比如，王达在提出“重新认识财政范畴”时，表述了“在现象上把财政描述为政府收支，在本质上把财政界定为‘公共融资’”的观点。他首先把财政的英文“Public Finance”直译为“公共融资”，然后说：“政府收支是融资活动，不应该有什么争议。”[1]但是，这一点却正是不能不“争议”一下的。“Finance”一词在英译汉时可有财政、财务、金融、融资、资助、筹资、理财等多种表达，具体应作何选择，要依上下文而定。“Public Finance”这一词组在英译汉时，并不能在“公共”一词后面加上“Finance”的任意一种译文。有一些学者把“财政”译为“公共融资”，这显然是不妥的。汉语中，融资是融通资金之意（与“金融”之意相仿），融资行为中，资金融出与融入的双

[1]　王达：《重新认识财政范畴》，《经济研究》1994年第3期。

方或各方,相互间形成的是一种信用关系。政府收支虽然包括了一部分公共信用或国家信用(公债的举借及还本付息,“财政投融资”等),但其主要的、大量的收支活动,反映的却不是信用关系,不属融资活动,不能直接用“融资”来概括。比如,财政收入的最主要来源——税收,以及非主要来源之一——罚没收入,都无法用“公共融资”来概括,现象上不是,本质上更不是,毋宁说它们在现象上是带有法律强制性背景的政府筹资(与调控)手段,本质上是政府为主体的分配。又如,财政支出中的国防、行政管理、公检法支出等,也无法用“公共融资”来概括,它们同样在现象、本质上都与“融资”不相合。只有属于“财政信用”的那一部分财政收支,称得上是“公共融资”,但它并不构成财政收支的主体。众所周知,理论研究的术语须保持必要的逻辑规范,以部分的、非主体的属性来概括出整体的、本质的属性,即为以偏概全,是难以成立的。

若扯得远一点,“公共融资”说如果放到“泛市场论”的理论框架下,倒是勉强可以形成这样一种逻辑关系的:不论政府以何种具体形式实现的收支(税收也好,罚款也好,公用经费支出也好,公共工程支出也好),都可以归属于政府与公众,或公众之间以政府为媒介的市场交易,而且这些交易中“付款”与“供给”有时间差,因而成为一种信用关系或“公共融资”关系。那么,这里问题的关键便回到这样一个基本判断上面:“泛市场论”是否站得住脚——换言之,这种逻辑链条的大前提(“政府收支是政府与公众之间特定形式的市场交易”)能否成立?

在大的认识框架上,这种“交换”说其实是对应于“社会契约”认识框架,是有其特定认识价值的,但在财政本质的严谨定义上,这样的表述是难以成立的。按照以“市场交易的延伸”这一独特视角观察政治与政府收支的公共选择理论,使“交易”得以实现(即公民通过民主制度表达意愿并达成协议)的基本途径与规则,是运用“多数投票法”,或称简单多数规则。由此开始分析,那么:第一,从理论上说,阿罗的“不可能性定理”已对此给出了一个极有力的反论,即多数投票法并不能保证人们的偏好排序不发生扭曲或悖反。第二,从历史和现实看,近似地实行“多数投票法”的古希腊城邦“主权在民,轮番执政”的制度,在历史长河中仅为“蕞尔小国”里的昙花一现，并且这样的“民主权力”与当时在总人口中比例甚高、为数巨大的奴隶阶级完全无干，仅仅是小部分社会成员之间的民主制。数千年过去，今天世界上真正实行“多数投票法”的国度仍然没有，地区性的例子也仅见于“新英格兰的城镇会议和瑞士的自治城乡这类直接民主”，所以“这种方式对现代社会的适用性很有限”[1]。至于现实中被较多地采用的代议制民主形式，如何能避免多数投票法也不能避免的扭曲，进而（近似地）实现公共选择的“市场交易”，仍然未见十分严谨，甚至只是比较像样的分析论证。第三，从基本概念看，何谓真正民主的制度，或一般民主形式，至今在世界上仍悬而未决，换言之，迄今还找不到民主制度的一个代表性的或一般性的形式。第四，从政府收支的过程与结果看，政府财力的收入与使用不仅有“时间差”即“付款”与“供给（受益）”的先后错开，而且更为重要的，是有“空间差”即收入再分配，或称富人、穷人间的以政府收支为中介的转移支付，换言之，“付款”与“受益”的大小错位。由政府出面的先“取”后“予”，从各个居民的具体情况看，恰好数量相等、符合“市场交易”原则的，只能是较少、一般而言很少的一部分。通盘看，所谓按“受益原则”的交换在数量上不成立，只能解释为政府为中介的“抽肥补瘦”的转移支付再分配，从总体、长远上说可以有利于整个社会的稳定与和谐。所谓“取之于民，用之于民”在政府掌握得较好的情况下，也仅当如是观。另一面，无论是政府自身耗费过大，还是转移支付作用过小，都属财政职能与运作的偏差，也都是“受益原则”无法解释明白的。

总之，经过以上分析之后，可知所谓“市场交易的延伸”，实际上在政府收支领域里几乎无处可以令人信服地延伸。以“民主制度”为主要支点的公共选择理论的总体认识框架十分具有启发性，但到了具体下定义的环节上，泛市场化分析框架，其逻辑前提却是一种得不到历史与现实充分支持、理论推导中亦捉襟见肘的假说。因此，若由此逻辑而引出“公共融资”说来定义财政本质，仍然是站

[1] 阿特金森、斯蒂格里茨：《公共经济学》，蔡江南译，上海人民出版社，1994，第374页。

不住脚的。

（三）集成上升至经历“否定之否定”的“公共财政”认识：从“国家分配论”到“社会集中分配论”

根据本书前面论述可知，“财政”与“国家财政”是不是同一个概念，学界曾有很多争论。我们认为：国家财政应被看作人类社会历史长河中财政的各种形态之一，而非唯一形态。由此，财政现象可分为广义财政的现象形态和狭义财政的现象形态。其中，广义财政在现象上指的是人类社会发展各阶段以社会性的权力中心为主体的理财活动，包括国家出现之前的原始财政、国家出现之后的国家财政，以及将来国家消亡之后公共权力中心的财政；狭义财政在现象形态上可以特指人类社会某个具体发展阶段上的以社会权力中心为主体的理财活动，由于我们现在处于国家作为社会权力中心的社会，所以今天通常所说的财政，即为国家财政。财政与国家不可分割的关系是一种最基本的事实：国家是财政分配最直观的主体。

马克思主义的历史唯物论认为，人类社会发展的基本轨迹表现为一种“否定之否定”的螺旋式上升，即：无阶级社会（原始共产主义社会）→阶级社会（包含阶级与国家形成过程、阶级社会历经不同形态的存在、再走到阶级消亡过程即社会主义初级与低级阶段）→无阶级社会（社会主义社会的高级阶段——未来共产主义社会）。相应地，人类社会中财政发展的基本轨迹也表现为一种“否定之否定”的螺旋式上升，即：公共财政（原始财政）→国族财政（公共财政渐被否定的过程）→非公共财政（国家财政的帝皇财政与王室财政形态）→公共财政渐进重现过程（从资产阶级革命开始的、将由社会主义时期完成的由形式到内容的公共性回归）→公共财政（未来共产主义社会的财政）。本书已在第一章对此进行了较详细的阐述。

由生产力和占统治地位的生产关系所决定的、以社会权力中心为主体的分配关系，是所有财政现象的深层本质。本原的财政分配关系决定着派生的财政分配手段。人们在日常生活中所说的“财政”，往往是一种笼统的泛称，既可指本原层次的财政分配关系，也可指派生层次的财政政策、制度、工作、部门、收支等，需在不同场合、不同上下文关系中具体确定其何所指。作为现象的财政收支、管理、政策、制度等，既是财政本质的外化，也是财政职能作用得以发挥的过程，即社会权力中心为实现其职能，在总揽全局的情况下，运用财政分配手段对社会总产品、国民收入的一部分（主要为剩余产品的一部分）实行分配，从而能动地影响、调控经济与社会的过程。在国家财政分配主体的意愿上，调控完全是为了巩固、维护其政治统治及其经济基础，但实际的调控则可能如愿，亦可能相反，关键在于主体是否能顺应生产力、生产关系、分配关系的客观规律要求。

以我国财政学术界曾长期居于主导地位的“国家分配论”为主线，兼收并蓄其他流派的合理内容，扩展到“社会集中分配论”，而对应于现实生活，可引出向社会主义财政本质认识的进一步延伸。

三、关于财政本质的定义式概括

至此，我们可给出的财政现象形式的概括和关于财政本质的定义如下。

（一）关于财政现象形式的概括

综前所述，人类社会历史上迄今已出现和存在过原始财政、剥削阶级统治下的国家财政（其中包括奴隶制、封建制和资本主义的国家财政）以及社会主义的国家财政。以最基本的分析考察，首先可以引出对于财政现象形态的简要概括：财政，是以社会性的权力中心为主体，以社会总产品（主要为其中的剩余产品）为客体、带有集中性特征的理财活动。以经济学的语言说，这便是社会权力中心以自己的活动参与资源配置。进入阶级社会而产生国家、以国家作为权力中心的情况下，财政是以国家政权为主体的理财活动，即国家财政。

历史上虽然决不排除统治阶级横征暴敛超出剩余产品范围而涉及必要产品

的情况，社会主义国家财政还曾一度把国营企业的折旧基金也纳入财政收支管理范围，但从财政产生和存在所必需的经济性前提来说，也是从财政运行中最主要的、经常性的财源覆盖范围来说，财政主要是对于部分剩余产品的集中性分配——有了剩余产品及其量的增长，才具有了财政存在的经济性的前提条件。与此同时，财政的产生与存在还有其政治性的前提：存在社会性的权力中心。当然，经济发展是政治发展的本源，归根结底是生产力水平和经济基础决定了人类公众事务管理和政治活动的形态，是剩余产品的出现决定和推动了社会性权力中心的产生、发展及其对于可分配剩余产品的集中性理财活动。因此，财政的经济前提是第一性的，政治前提是第二性的。同时还要看到，虽然在财政分配中，实际可作集中性分配的社会产品主要出自剩余产品的一部分，但这样的"一部分"却是从社会总产品这个"总体"中划分和"扣除"出来的，即集中性财政分配的对象，首先是通盘的，然后才落实到具体的局部之上。在这个意义上，可以说，财政分配主体对"一部分"的集中分配，存在于其对社会全局分配作出的"总揽"背景之中。同时，财政分配主体还会对集中性分配之外的其他分配作出某些规范和制约，并且越是接近现代，这一点越为明显，覆盖面越广越完整——这也可以归结为在分配全局上的总揽。

现代国家财政，是国家政权作为分配主体总揽全局情况下，对代表社会总产品和国民收入中以剩余产品为主的某个份额的部分货币资金，加以集中性的筹措和使用，具体表现为国家财政收支及相应的管理活动。历史上曾经广泛使用过的非价值形式的政府理财，包括实物形式和劳役形式等，在近代、现代已基本上排除（说"基本上"便不是全部。比如，直到20世纪80年代前期，我国的农业税还采取"公粮"这种实物形式）。通观全过程，财政现象的发展演变中，价值形式逐渐居于主导并取代非价值形式，故不论价值形式还是非价值形式，都不单独构成古今中外财政现象的共性。

国家财政收支活动是以国家政权为主体的财政运作手段，它当然要反映国家活动的方向和意图，为国家实现其职能服务，或曰：为掌握国家政权的统治阶级的需要服务。但是，不能否认，它也会在一定程度上反映社会全体成员（各个阶级）的共同需要，明显的例子如防治自然灾害、保护环境等。“共同需要”之所以在这里必定占有某种地位，从客观方面而言，反映着社会再生产基本条件（人类在自然界中的生存等）的必然要求；从主观方面而言，则第一反映着统治阶级对人类社会共同生存环境及其制约的认同，（西方财政理论关于“公共产品”的特性——效用的不可分割性、消费的非排他性与受益的非竞争性，很有助于我们从技术层面上分析说明此类共同需要的形态及满足它的手段，——同时这也说明，“公共产品”概念的适用范围以“共同需要”为限）；第二反映着统治阶级需要向被统治阶级需要作出的一定程度的妥协或两者某种方式的结合（前文提及的我国历史上封建王朝曾实行过的“轻徭薄赋”，资本主义财政中调节收入悬殊的再分配、转移支付、社会保障福利制度等，都是这方面的例子）。

（二）关于财政本质的概括

前文关于财政现象形态的概括性认识，已引出关于财政的存在与剩余产品和社会权力中心的关系、财政收支与价值形式的关系以及国家财政与国家需要和社会共同需要的关系等若干重要抽象，而进一步的抽象对于我们的研究是完全必要的，并且在经过前面的抽象而后，也已“呼之欲出”——这个抽象集中到一点，即是关于财政本质的抽象和概括。

财政的本质，是在其种种繁复纷纭的现象形态后面掩盖着的某种带有集中性特征的分配关系，是一个客观经济范畴。这种带有集中性特征的分配关系，是生产资料所有制起决定性作用的广义社会生产关系的一个组成部分，即生产、分配、交换、消费四个环节构成的广义生产关系链条中分配环节的一个组成部分。当生产力发展到一定水平后，由集中性的分配来配置社会总产品中剩余产品的或大或小的一部分，成为总体社会再生产及人类社会生活的客观必要，于是这种集中性的分配关系便产生、形成了。

在国家产生之前，财政分配关系的现实运作以社会性权力中心（如氏族、部落、公社的首脑和决策机构）为主体，国家产生之后，便转为以国家政权为主体。财政分配主体所制定的财政政策、财政制度等，是客观的财政分配关系见之于主观的产物。财政分配关系在历史演变中随生产力和广义生产关系的发展而由低级向高级发展，人们是不可能改变其总趋向的，换言之，深层的（生产关系意义上的）分配关系在某一具体生产方式下无可塑性与可选择性，不以人的意志为转移；然而，财政政策、制度等却是由掌握决策权力的人们确定的，具有可塑性与可选择性，可以体现出不同的趋向，并有高下之分、优劣之别。

总之，财政的本质，是由当时的社会生产力和社会主导的生产关系所决定的一种带有集中性特征、以社会总产品中的一部分（主要是剩余产品）为对象的分配关系，是该时代的广义生产关系的一个组成部分。

国家财政的本质，是上述"财政一般"的本质在阶级社会中的特性化、具体化，即集中性分配的主体由国家充当——换言之，国家财政的本质，是由各类阶级社会生产方式中居主导地位的生产关系所决定的、以国家政权为主体的、主要以社会总产品中部分社会剩余产品为对象的分配关系。

至于社会主义财政的本质，则是在建立社会主义公有制之后、国家消亡之前的历史阶段，"国家财政本质"的一种特性化、具体化：是由社会主义公有制这种主导的生产关系所决定的、以人民民主专政作为国家消亡过渡形式的政权体系为主体的、主要以社会总产品中部分社会剩余产品为对象的、主要采取价值形式的分配关系。

各个时代的财政收支及相应的管理活动，是上述本质的现象形态——于原始社会中纯然反映着社会成员的共同需要，自进入阶级社会后，则体现着掌握国家政权的统治阶级的需要，以及这种统治阶级需要与被统治阶级需要在一定程度上的彼此妥协、相互制约与相互结合。

这些分析考察，已揭示了由生产力和占统治地位的生产关系所决定的、以社会权力中心为主体的分配关系，是所有财政现象的深层本质。本原的财政分配关系决定着派生的财政分配手段。人们在日常生活中所说的"财政"，往往是一种笼统的泛称，既可指本原层次的财政分配关系，也可指派生层次的财政政策、制度、工作、部门、收支等，需在不同场合、不同上下文关系中具体确定其何所指。作为现象的财政收支、管理、政策、制度等，既是财政本质的外化，也是财政职能作用得以发挥的过程，即社会权力中心为实现其职能，在总揽全局的情况下，运用财政分配手段对社会总产品、国民收入的一部分（主要为剩余产品的一部分）实行分配，从而能动地影响、调控经济与社会的过程。在国家财政分配主体（政权组织）的意愿上，调控完全是为了巩固、维护其政治统治及其经济基础，但实际的调控则可能如愿亦可能相反，关键在于主体是否能顺应生产力、生产关系、分配关系的客观规律要求。

四、财政作为国家治理基础、支撑机制的学术解说

/// 楔子：《中共中央关于全面深化改革若干重大问题的决定》对"国家治理"的表述 ///

全面深化改革的总目标是完善和发展中国特色社会主义制度，推进国家治理体系和治理能力现代化。

……

财政是国家治理的基础和重要支柱，科学的财税体制是优化资源配置、维护市场统一、促进社会公平、实现国家长治久安的制度保障。

（一）什么是国家治理？

国家治理体系囊括了国家的行政制度、决策制度、司法制度、预算制度、监督制度等制度体系，是在一国历史传承、文化传统、经济社会发展的基础上长期发展、渐进改进、内生性演化的结果。国家治理体系和治理能力是一个国家的制度和制度执行能力的集中体现，两者相辅相成。有了良好的国家治理体系，才能提

高国家的治理能力；反之，只有提高国家治理能力，才能充分发挥国家治理体系的效能。

（二）国家治理的现代化取向

“现代化”是一个基于比较的取向，是世界民族之林中横向比较才能得出的判断和结论。中国作为文明古国落入越来越丧失现代特征、越来越落伍的境地，是在鸦片战争之后，“三千年未有之变局”中，一路积贫积弱、被动挨打、内忧外患、哀鸿遍野。甲午战争惨败后，又有很快失败的戊戌变法。再至20世纪，发生了三件大事：

第一件大事是辛亥革命，推翻千年帝制。孙中山先生作为当时的政治领袖，有一个非常清晰的取向——“振兴中华”。第二件大事是1949年中华人民共和国成立，在中华版图上一个清晰的民族国家框架形成、站立起来了，摆脱内战后一旦站稳脚跟，便迅速开展大规模经济建设——这以“一五计划”为标志。第三件大事是实行改革开放，同时确立了“三步走”现代化战略。

进入共产党执政阶段，对于实现现代化的历史性、战略性取向，一向是坚定不移的。启动“一五计划”之后，毛泽东主席曾经在1956年前后反复讨论怎么样发展更快更好些，他就是在此讨论过程中形成了著名的《论十大关系》。（正是为此在1956年听取财政部党组汇报时，他明确指出必须建立财政部的科研所，培养自己的专家，培养一批博士——几十年以后这已成为现实）。他说搞社会主义必须发展起来，如果搞了多年社会主义，还是没能发展起来，是要被开除“球籍”的。当1964年前后，终于告别了“三年困难时期”，在全国人民代表大会上，周恩来总理明确宣布了总体奋斗目标，即本世纪末（指2000年）我们要实现工业、农业、国防和科学技术的现代化，简称“四个现代化”。这样的目标引领，对全体社会成员产生了莫大的鼓舞，明确地给大家以向往，给人民以期冀。但后来非常遗憾进入了十年浩劫，然而，即使在“文革”之中，1975年年初召开五届人大，毛主席让复出的邓小平牵头给病中的周恩来总理起草一个不超过5 000字的政府工作报告，而这一报告重申了20世纪末实现四个现代化的奋斗目标，这个“四化”目标再次宣布时，广大民众由衷拥护——大家心知肚明，不把国民经济搞上去是没有希望的，只有这样才有奔头——“四个现代化”在那个年代，可谓是凝聚了亿万人心。

当历史终于给了机会，第三件大事即改革开放发生，1979年后邓小平可以主导大局时，很快正面设计勾画了现代化伟大民族复兴“三步走”战略，提出到2050年前后中国实现现代化——他一下看出去70年。后来的种种技术性修正，都是服从这个基本思路表述的，无伤于这个伟大战略构想的总体水准。当时并没有什么严格的模型、测算来为邓小平提出这一宏伟战略作决策参考，但邓小平看准了中国的潜力所在，实践雄辩地证明了这一决策的高水准。当2000年之前的两步（“翻两番”）提前实现之后，摆在当代中国人面前的问题，是在有了世界经济总量“老二”之位后，2050年的第三步目标怎样实现？这也是十八届三中全会提出“现代国家治理”所面对的最实质性的问题，以及十九大以“新的两步走”作出战略部署所要解决的问题。

为解决好这个问题，在治国理念上有一个重要提升，就是强调“治理”，而不是沿用过去说惯了的“调控管理”。调控管理是表述政府居高临下、自上而下的一个架构，而治理则是要求有多元主体充分互动、更多平面展开而形成的最大包容性的制度安排和机制联结：这个治理体系里面有管理，也有自管理；有调控，也有自调控；有组织，也有自组织，从而可望最大限度地“解放生产力”。现代治理的内在逻辑是：中国共产党从革命党转为现代社会一个合格的执政党，一定要有最宽广的心胸，秉持人类文明发展中已形成的包容性增长前沿理念，调动起所有的积极性和能量，释放出所有的潜力与创造性、建设性。

在多年的探索和奋斗之后，应清楚地看到，实现中华民族伟大复兴的中国梦，基本概念内涵已有了充分的提升和明确的理性原点：第一，“中国梦”这种生动的用语，与一百多年来志士仁人的主流追求和邓小平的现代化战略思维一脉相承，“中国梦”就是习近平总书记所说的“人民群众对美好生活的向往就是我们的奋斗目标”,即实现中国梦,是为人民群众谋幸福,而且在决策者那里,一定是要寻求正确处理眼前与长远、局部与全局利益关系的实质性、可持续的公众幸福的;第二,“中国梦”不是狭隘民族主义的,而是寻求世界各民族的多赢、共赢,是在全面开放中以经济手段为主,走“和平崛起”之路。邓小平当年有一个全局性的基本判断,即我们现在所处的时代是“和平与发展的时代”,研究者们一直在体会,他这个判断何所指,否定的是什么?可以说,这一论断实际上是改变了过去关于我们处在“战争与革命的时代”的基本判断,也就是说,我们的时代主题已不是要解决“谁战胜谁”的问题,而是要解决人类作为“命运共同体”如何“摒弃你输我赢的旧思维”从而共赢发展的问题。

在这个大背景下,邓小平提出2050年前后我们国家的主要人均指标,要达到当时中等发达国家水平——当时各方听来并无多大震撼力,一点也不咄咄逼人,但在前些年中国已走上了总量“世界老二”的台阶以后,再看看我们的人均GDP,当时还只是排在全世界第100位左右!这几年还在逐渐向上爬升位次——那么可知,如果中国再经过三十几年的奋斗,作为世界第一人口大国,主要人均指标能排到约20位的中等发达国家水平,再综合其他的现代性要素,综合国力在世界民族之林中一定会名列前茅。这个由追赶而最终力求“后来居上”的现代化追赶—赶超战略,是中国“和平崛起”不可否定的实质内涵。“中国梦”的战略设计,就是从“善于守拙、韬光养晦”、“不争霸”连接追赶过程,追赶之后实现中华民族的伟大复兴——应再次强调,和平崛起绝对不是狭隘的民族主义,而是要寻求多个民族国家的多赢、共赢,人类社会“经济全球化”背景下各个经济体以“人类命运共同体”为基本逻辑取向的“包容性发展”。

然而,中国现在站在历史发展的新起点上,却有“黄金发展期”伴随而来的“矛盾凸显”无可回避,在外部面对国际竞争的同时,内部从“物”的角度遭遇的资源环境制约(如雾霾式的环境危机因素)和“人”的角度面临的人际关系矛盾制约(如收入分配、财产配置方面感受到一些不满与紊乱)趋于明显,要想如愿跨越“中等收入陷阱”阶段,我们就必须依靠十八届三中全会《决定》里“60条”

所规定的实质性全面改革来化解矛盾，在实现全面小康的同时力求使全面改革"取得决定性成果"——这就是中央大政方针和现代化部署的所有内容落到最关键点上的精神实质，即攻坚克难、推进全面改革。否则，中国是难以再往前继续发展而如愿实现现代化的。这是黄金发展时期，我们面对的化解矛盾、消除种种陷阱威胁的严峻挑战和历史性考验。

（三）国家治理现代化在资源配置、制度建设层面的延伸：现代市场体系

"现代国家治理"这个核心理念，可知是在中国人过去所有的追求和逐步形成的现代化认识基础之上，承前启后、聚焦到全面改革取得决定性成果这一追求之上的。那么与全面改革取得决定性成果相关联，必然要讨论总体资源配置的机制问题，以及必须在资源配置层面解决好的制度安排、机制建设基本取向问题，即政府与市场的关系。

党的十八届三中全会第一次于中央文件上明确要求"使市场在资源配置中起决定性作用"，这是极其来之不易的。邓小平在1979年改革开放之初接见外宾时就明确提到：社会主义为什么不能搞市场经济，我们也要搞市场经济。但这个谈话当时在内部没作传达，秘而不宣——邓小平意识到传达后会吵作一团，而他当时特别关注的是"不争论"，至少要少争论。（他说"不争论是我的一大发明"，争来争去把时间全都耗费掉了，要力求赶快做实事。）务实的事情主要有哪些？决策层鼓励了农村"分田到户"的联产承包责任制，几年之内使农村面貌改观；同时，以"杀出一条血路"的决心和魄力在深圳建特区。

此外，宏观层面上邓小平寻找突破口，要求"摸着石头过河"，渐进改革，因为中国不可能搞"大爆炸"式突变改革，国民经济无法"停车检修"，不可能一夜之间取消指令性计划。于是决定1980年从财政开始实行分灶式吃饭，在向地方放权的同时，明确要求权力要继续下放到企业，让企业活起来。打开这个空间以后，后续的计划体制改革、投资体制改革、劳动人事制度改革、金融制度改革等再逐步推出。到了1984年，才通过中央全会的形式正式做出关于经济体制改革的

决定，总体上定位为"有计划的商品经济"。这一表述中并没有"市场"两字，但是具有一般经济知识的人都知道，既然讲商品经济就离不开市场，那么市场取向改革在这里就可以有一个名正言顺的包容性表述了。当然那时候还有人囿于传统思维强调前面的三个字，认为再怎么讲商品经济，社会主义还是以计划经济为本质。在思想比较放开的情况下，1986年前后曾经把"有计划商品经济"进一步表述为"国家调节市场，市场引导企业"，这是一个很清晰、符合市场化改革逻辑的关于"间接调控"体系的要求，即政府不再是"一竿子插到底"管控企业，而是使用法治化环境中规范的经济参数手段（如利率、税率、折旧率等）影响生产要素的价格信号，给出微观主体自主做出生产经营决策的空间，以求解放生产力，使千千万万分散的市场主体得到最大的选择空间，其聪明才智可以真正地释放出来。

再往后，邓小平所做的是等待时机，经1991年"皇甫平"系列文章之后，1992年年初终于有决定性的南方谈话。当时陪同他的老同志十余年后写文章直言不讳地说，南方谈话是邓小平有生之年的"天鹅之舞"。他以此奋力一推，几个月之内使最高决策层在最高层级的文件中确立了社会主义市场经济目标模式——而后的1994年财税配套改革，就是紧跟南方谈话而打造社会主义市场经济中所必需的间接调控体系的重头戏。但即使是在确立市场经济目标模式之时，当时文件中的表述也只能说到使市场在资源配置中"发挥基础性作用"。又经过二十余年，终于有了十八届三中全会《决定》所说发挥市场在资源配置机制中的"决定性作用"，这是把汉语语境里的"市场经济"和相应的资源配置说到位了，学理上形成了一个理顺逻辑关系的规范化表述。当然这个"决定性作用"是对于资源配置总体来说，并不是市场决定一切，不是在每一个场合、每一个具体领域特别是非经济领域都由市场决定，所以后面跟了一句话——"更好发挥政府作用"。习总书记关于《决定》的说明中有很长的话对这个"决定性作用"作专门解说，中心意思是，之所以要作"决定性"的表述，是因为这有利于实质性地解决好十八大所提出的政府和市场的关系这一改革的核心问题，有助于实质性地推动攻坚克难的配套改革。

“决定性作用”的表述对于今后中国长远发展的影响一定是重大而深远的。特别是在“决定性作用”的概念后，还多次强调提出了“现代市场体系”的概念和制度建设任务，以及市场经济基石——产权制度方面值得大书一笔、具有突破性意义的表述——要大力发展作为“基本经济制度的重要实现形式”的“混合所有制”。对于混合所有制的理解还有必要澄清，现在所强调的混合所有制，其内涵实际上在于：一个个企业体内，以股份制这种现代企业制度形式，联结于企业治理结构，以最大的包容性，把“国”的、“非国”的、公的、非公的所有的产权，都充分地混合、涵盖在里面，寻求多赢共赢（实际上也是寻求有效解决国有股“一股独大”等问题）。

萨缪尔森《经济学》中提炼的“混合经济”的概念，刻画到股份制这个现代企业制度的产权基石形式上则为：如以通用电器、通用汽车等跨国公司为代表来作观察，其股权结构已高度分散，找不到谁是“资本家的代表”（不像过去，提到洛克菲勒财团，就马上可知其中资本家的代表正是有血有肉的洛克菲勒家族成员）。通用公司排名第一的最大股东的股权份额，只有区区几个百分点，往往是养老基金、共同基金等“机构投资者”为持股者，大量的普通劳动者和许多产业工人都有股份。这种混合所有制的运行形式，是在高度法治化环境条件下，使所有可能的纠纷都能够低交易成本地依法解决的标准化股份制。股份制的现代企业制度，对于市场经济中产权制度基石的处理，提供了顺应社会化大生产的发展、工业革命后人类文明提升过程的良好制度载体。实际上，混合所有制在我们的观念上所要求的突破，就是要淡化和摒弃过去面对企业股权层面“国进民退”还是“国退民进”，穷追不舍地问到底是姓“公”还是姓“私”、到底是姓“社”还是姓“资”的思维，进而打开“包容性发展”、共赢共享发展的广阔空间。

近年来影响全球经济运行的调控大事件，一是亚洲金融危机，二是世界金融危机。亚洲金融危机在1997年下半年爆发后，最有冲击力的事件之一有“港元保卫战”：索罗斯在东南亚屡屡得手之后，在香港市场布局以后启动了他的那一套动作，当时特别行政区政府的应对措施是把隔夜拆借利率一下提高百分之三百，使索罗斯们游资的运作成本一下高得难以想象，当然这也加剧了股市的急跌，但是特别行政区政府又动用外汇基金和土地基金入市托住股市，结果没有发生索罗斯预期那么深度的跌落情况，这就是混合所有制框架下特有的调节调配空间。“港元保卫战”的结果是索罗斯在香港没有得手。当香港在金融市场恢复稳定后，港府又以盈富基金模式，逐步有序地出售手中的“官股”，尽量减小对市场的影响，而且还可以卖个好价钱，溢价部分成为公共收益。这是混合所有制框架下的调控产生了很好的正面效果的案例。美国爆发金融危机后，政府实际上跳出主流教科书和“华盛顿共识”的套路，在供给侧区别对待地出手调控，开始时美国当局对雷曼公司没有救，局面迅速恶化后总结经验，再往后分别出手为“两房”、花旗、通用注资。没有任何美国官员提到这个操作中姓“社”还是姓“资”的意识形态色彩，也就是认为，在这个特殊的调控阶段，需要有这样的操作。这使混合所有制的包容力对于以后整个经济全局产生了明显的正面效应。目前中国一个迫切需要解决的认识问题，其实就是我们不要再陷入前些年讨论“国退民进”还是“国进民退”的简单化争议，特别是不要再简单地贴用姓“社”姓“资”的标签。

混合所有制是社会主义市场经济基本经济制度的重要实现形式，这是中央在过去已有关于“股份制是公有制的主要实现形式”认识基础上的新的提升，并一定会助推民企发展中真正冲破“玻璃门”、“旋转门”、“弹簧门”，使公的、非公的股份共赢发展。我们当年学马克思《资本论》，印象特别深的一段话是，如果没有股份制，铁路的兴建还将是不可想象的。马克思已敏锐意识到股份制的包容性对于公众的影响，指出它是原来私有制的一种“扬弃”，但是它还没有体现如何总体冲破资本私有制的外壳，所以马克思把“工人合作工厂”之外的股份制称为“消极扬弃”。现在一百多年过去了，随着人类社会发展、文明提升，我们的认识应与时俱进，是不是已有了“积极扬弃”？比如上市公司作为标准化的股份制公司模板，在上市环节英文表述为“Go Public”，不是私的去向，而是“走向公共”，成为公众公司。这种产权非常清晰、充分披露信息、体现社会责任、接受公众监督并且会对公众产生正面效应的公众公司，其实已不能再以严格的私有制一言以蔽之，它既带有混合所有制的框架形式，又往往具有不同成色的“混合实质”。未来中国要在“社会主义市场经济”中继续“大踏步地跟上时代”，混合所有制一定要充分地打开空间。大量吸收民间资本、社会资金“混合起来”，是一起“私”还是一起“公”呢？实事求是地看，主要是一起“公”了，是使一个个的“私”共赢地结合、作用到了一起，形成资本社会化和社会化大生产。混合所有制概念下创新空间的打开，对中国今后几十年完成“中国梦”的影响，一定是非常深刻和长远的。

（四）以现代财政制度匹配现代国家治理

把“现代国家治理”、“现代市场体系”以及“使市场在资源配置中起决定性作用”、“积极发展混合所有制经济”结合在一起，便可更好地理解作为基础支撑的“建设现代财政制度”。财政是“国家治理的基础和重要支柱”，这在如此高规格的文件中是第一次，但完全符合学理，是严谨的表述。如前所述，财政可称为政权体系“以政控财”、“以财行政”的分配体系，处理的是公共资源配置问题，而公共资源配置的优化一定会拉动和影响整体资源配置的优化。财政预算体现国家政权活动的范围、方向、重点和政策要领，以财力安排规范政府该做什么、不做什么，既不越位、也不缺位，使政府能“更好地发挥作用”——这种在公共资源配置领域中政府职能的合理化，当然要成为现代国家治理的基础，这完全符合所有的经济学知识和逻辑演绎分析。在现代市场经济条件下，财政本身具有综合性特征，通过财政分配“以政控财，以财行政”中的收、支、管、平以及政府间财政关系的合理划分，不仅构成一个国家政治、经济、社会良序运转的前提和基础，也是决定国家治理能力强弱的关键因素。从财政的本质属性、财政在国家治理体系以及国家宏观经济管理中的作用来看，财政通过配置公共资源，必然影响、拉动整个社会的资源配置，是政府能动发挥职能作用的“庶政之母”，无疑是国家治理的基础和重要支柱。可以说,现代财政制度,作为现代国家治理体系的重要组成部分,决定着国家治理能力的高低。这方面条理化的认识可简要归结如下:

◇ 财政是国家治理的基础

"国家治理体系"概念的出现,实质上是现代国家理念与政府管理模式的一种自洽性调适。与传统的管理与统治相比,国家治理的目标,将不再仅以防范和消弭社会矛盾、维护社会秩序为主要任务,而是要致力实现"社会和谐"与"社会发展"主题的对接,并寻求在最大"包容性"地实现发展中所有潜力、活力的最大限度的释放。"治理"不等同于过去强调的自上而下的"调控"和"管理",用"治理"替代"管理"也并不能与"政府"让位于"市场"简单地画等号。"治理"所强调的是一套现代化为取向的制度安排和机制连接,意在包容和发挥各种主体的潜力形成最大的活力与可持续性。而财政本身在具体管理表现形式上的预算收支,是体现国家政权体系活动的范围、方向、重点和政策要领,其必须首先在自己制度体系的安排层面,处理好政府与市场、中央与地方、公共权力体系与公民这三大基本的经济社会关系。即"以政控财、以财行政"的财政分配,要使政府既不"越位"又不"缺位",在市场发挥资源配置决定性作用的同时,来发挥政府应该发挥的维护社会公平正义、让市场主体在公平竞争中释放活力、弥补市场失灵、辅助弱势群体、优化收入分配的作用,并支持政府与社会资本合作的PPP(公私合作伙伴关系)等体制创新,从而促进资源配置绩效提升、社会和谐与长治久安。尤其在当代市场经济条件下,财政体制内嵌于市场经济体制之中,作为政府、市场、社会之间连接的纽带和经济体制改革与政治体制改革的交汇点,其本身的健康、稳定、平衡、效率,运行过程的法制化、制度化、规范化水平以及对社会公平问题的矫正等内容,都关乎一个国家治理体系建设和治理能力的现代化水平。

◇ 财政是国家治理现代化所必需的全面改革的重要支撑

当前在我国全面深化改革的背景下,经济、社会、政治、文化各个领域中多种矛盾和问题相互纠结在一起，任何单项的改革都已经不能奏效，经济改革的单兵突进已经失效，我国的改革已经进入一个全面综合改革的历史时期。经济改革、社会改革和政治改革等各项改革协同推进，意味着原有的改革路径、改革方式、改革方法都已经不合时宜，如何推进新的改革，需要创新。如果说改革开放以来，财政改革有力地支持了各项改革的顺利进行和社会经济的稳步发展，以“放权让利”式的改革“解锁”了高度集中的计划经济体制，从而成为经济体制改革的突破口，那么现在财政改革则是包括经济改革、社会改革和政治改革在内的整体改革的突破口，应在新时期的改革框架中处于基础性地位。如，实现政府职能转变，使市场在资源配置中发挥决定性作用，就需要政府财政逐步从建设性领域中退出，以提供公共产品和公共服务为主，建设服务型政府，着力提升公共服务能力；实现基本公共服务均等化，建设和谐社会，就需要政府加大对中西部地区、欠发达地区的转移支付力度；改革收入分配制度、促进社会公平正义，就需要进一步完善税制结构，逐步提高直接税的地位和比重，优化实现个人所得税的“分类与综合相结合”的征收，并积极完善财产税，诸如：房地产税立法与推出、遗产税的研究开征等。可以说，当下中国发展的方方面面，都离不开财税政策的支持和财税体制的完善，财政必然成为我们解决发展中问题的关键和国家治理现代化所必需的全面改革的重要支撑。

◇ 财政政策是实现国家治理能力提升的重要工具

在市场经济条件下，财政政策是国家宏观调控和实现治理的重要工具，政府部门通过预算、税收、公债、补贴、投资等政策工具的使用，“熨平”经济周期波动，实现经济稳定。科学的财政政策能够在一定程度上实现“自动稳定器”的作用，在经济增长过快时，通过减少开支、增加税收以抑制经济过热；在经济增长放缓时，通过扩大政府支出、减少税收来促进经济较快增长。十八届三中全会中提出的“将预算审核的重点由平衡状态、赤字规模转向支出预算和政策拓展”这一转变，就是财政政策工具在实现宏观经济稳定中的作用的典型解释，因为，将预算审核的重点放在年度的预算平衡和赤字规模上,加上现阶段我国以流转税为主要税收来源的制度特征,很容易导致宏观经济管理中的“顺周期”行为,即经济偏“热”的时候,财政收入增长快,反而倾向于少收、扩支;而在经济偏“冷”的时候,本来财政收入就增长缓慢,反而要多收或减支,容易导致部分地方政府收“过头税”的问题。如此,政府的宏观调控不但不能“熨平”经济波动,反而极易“放大”经济波动。此外,财政在服务于国家治理的宏观调控方面,具有不可替代的结构优化调节功能和作用。财政可以运用其政策工具,配合产业政策、技术政策、区域政策、收入分配政策等,实施区别对待的“定向调节”、“点调面控”,从而促进高质量的发展和增进社会的和谐,实现国家治理能力的提升。

五、构建“财政全域国家治理”理论框架,服务于建立现代财政制度

基于前面的考察分析,可以在此进一步展开认识创新构建“财政全域国家治理”理论框架的必要性和现实意义。

(一)财政基础理论层面需要以“财政全域国家治理”为基本框架,实行与时俱进的创新

随着时代、发展阶段等因素的变化,财政基础理论也应与时俱进,不断丰富、完善和创新。在十八大确立的“五位一体”总体布局和“四个全面”导向的历史背景下,财政基础理论层面出现以“财政全域国家治理”为正面表述与基本框架的积极探讨。“财政全域国家治理理论”是将基础理论研究成果与实践紧密结合的认识框架,意在为财税配套改革与制度建设提供理性支撑。

从改革开放之初拨乱反正明确“以经济建设为中心”,到1986年党的十二届六中全会提出“以经济建设为中心,坚定不移地进行经济体制改革,坚定不移地进行政治体制改革,坚定不移地加强精神文明建设”的“三位一体”发展布局,再

到2006年党的十六届六中全会提出构建社会主义和谐社会的重大任务，“三位一体”扩展为经济、政治、文化、社会“四位一体”发展布局，再到2012年党的十八大报告提出经济、政治、文化、社会、生态“五位一体”总体布局，这是我们党不断总结社会主义建设经验，面对发展中存在的问题和矛盾，不断深化对中国特色社会主义建设规律的认识，适应我国发展阶段变化、顺应人民群众万众期待、丰富治国理政理念的重大理论创新；也是不断提高驾驭全局谋求全面发展能力，不断提高国家治理的能力和现代化水平，优化推进社会主义现代化事业的实践创新。从经济、政治、文化再到社会和生态文明建设，财政这一国家政权“以政控财、以财行政”的分配体系都责无旁贷，须发挥重要的支撑和基础作用。

熊彼特曾提出：财政不只是简单的技术或工具，而是塑造现代国家的利器，有什么样的财政就有什么样的国家。财政塑造着现代经济、政府体制、社会文化与价值、国家与社会的关系，以及这个国家的人民。

在我国沿着中国特色社会主义道路进行现代化建设过程中，十八大和十八届三中全会指出要加快发展社会主义市场经济、民主政治、先进文化、和谐社会、生态文明，在各领域全方位发展。其中每一领域都离不开财政的参与和支持，财政发挥着重要的治理基础和支柱的作用。

1．经济领域的财政治理机制

在经济领域中，坚持发展和完善社会主义市场经济，注重把握经济增长速度、提高经济发展质量和优化经济结构等重要关系，都离不开财政的积极参与和大力支持。如把握好一定的经济增长速度服务加快发展方式转变、打造经济“升级版”，尤其是在经济步入新常态的阶段，更是要“稳”字当头，稳中求进，就必须在财政分配中掌握好“稳增长、优结构、促改革、护生态、防风险、惠民生”的“统筹全局、突出重点、兼顾一般”的全套政策要领。资源配置中要发挥市场总体上的决定性作用，还要更好发挥政府作用，包括以财政资金和税收杠杆促进产业发展、大众创业、万众创新，做大经济蛋糕，优化产业结构、区域结构和城乡结构，促进支持、引导、调节、激励经济升级版的打造。

2. 政治领域的财政治理机制

在政治领域中，注重维护国家安全、实现政治文明、促进民主法治、长治久安，财政是坚实的基础和制度机制的先导因素。首先，维护国家政权体系正常运转，保障坚强的军事、国防力量，是安全和稳定的基本要求。没有财政资金投入军队、国防等建设这些便无从谈起。第二，实现全面依法治国的民主法治政治文明，要从制度上、机制上理顺和平衡各方的利益关系、政治诉求，从公共资源配置机制的税收、预算和意愿表达、多重监督制度建设入手，把权力关进制度的笼子里，从源头上预防与减少腐败，维护公平正义，减少社会矛盾和纠纷，通过建立现代财政制度来增加政府透明度和公信力，提高执政的绩效水平。

3. 文化领域的财政治理机制

在文化领域中，要实现中华民族的伟大复兴，必须构建社会主义核心价值观体系和提高国家"软实力"，这离不开财政的重要支持。文化的发展、进步与繁荣是综合性的多元互动的系统工程。财政要在保障资金投入、实行税收优惠、完善制度机制等方面，把文化科技教育的创新发展摆在国家发展全局的核心位置，深化文化科技教育体制改革。中国的文化底蕴深厚，但现代化进程中亦遇到严峻的挑战和复杂的"去粗取精、去伪存真、推陈出新、弘扬光大"的客观需要，这一进程，关联思想的解放，社会各界、各阶层的良性互动及其与国际社会的广泛交流和启发促进，财政要以多种手段助益于政府和非政府的多元主体、国际社会的合作、交流和包容式发展。

4. 社会领域的财政治理机制

在社会领域中，构建和谐社会、维护民族团结、保障社会稳定，防灾减灾，发展基层自治机制和发挥"第三部门"社会团体的作用，也都离不开财政的鼎力支持。财政在解决就业、养老、医疗、住房等民生问题中，从"托底"和"雪中送炭"层面开展，发挥重要的支撑作用，对于调节收入差距、促进社会公平、缓解社会矛盾、维护社会稳定和谐，起着无可替代、举足轻重的作用。此外，在积极促进基层自治机制和发挥"第三部门"民间组织、社会团体、公益慈善和志愿者机构的作用，填补社会服务发展的一些薄弱领域，诸如环境保护、消除贫困、落后地区的教育等，以财政引导、激励、合作机制来实现创新、融合与完善，也是不可或缺的制度安排。

5. 生态文明领域的财政治理机制

在生态文明领域中，为有效防治大气、土壤、水、噪声、光等污染，保护自然环境和资源，努力建设美丽中国，十分需要财政的支持与贡献。生态文明建设是经济社会可持续健康发展的保障，正如习近平同志在十八大报告中指出，建设生态文明，是关系人民福祉、关乎民族未来的长远大计。通过增加财政资金投入、完善转移支付制度和激励、引导手段，并通过资源税、环境税等税收制度的完善，可以强化重点生态建设项目、优化比价关系和节能降耗、绿色发展、低碳发展机制，建立健全资源有偿使用制度；在生态文明领域发挥财政支持生态文明建设的重要作用。这些也密切关联于促进产业升级、优化经济结构和转变经济增长方式、发挥非政府组织作用等方面，都会直接、间接地对生态保护与优化发挥重要的作用。

6. 财政全域参与国家治理的重要作用以及理论认识上的应有反映

上述这些领域之间相互影响，相互作用，也凸显了作为国家治理基础和重要支柱的财政，“牵一发动全身”地连接各领域的重要作用和地位。经济领域的逐步强大，正在铸就我国在国际政治中的强大实力和地位，为我国参与全球治理、提高话语权、改善国际政治经济秩序和格局奠定坚实基础；经济发展和政治稳定有利于促进各方关注和追求先进文化建设，社会“自组织”取向下的渐进成熟，以及生态文明建设水平的提高。这种全方位的系统化联系，在理论上的应有反映和框架化的清晰认知，便是如实地和鲜明地形成财政全域参与国家治理、全面渗透和优化经济社会生活的概念和分析框架。

现代财政制度是一整套、一系列相互协调、相互关联的财政制度的体系，包括现代预算制度、现代税收制度、现代政府债务管理制度、现代国库集中收缴和集中支付制度、现代转移支付制度、现代政府采购制度、现代国有资本管理制度、现代财政支出管理制度、现代财政监督制度等覆盖财政活动所有领域的制度总和。当前迫切需要结合全面改革的顶层设计和财政改革与发展中的“问题导向”，重点推进现代预算制度、现代税收制度改革，理顺政府间事权与支出责任关系体制，创新财政投入机制，切实提高财政管理及依法理财的能力与绩效等。

（二）支持建立现代预算制度

现代预算制度是现代财政制度的核心载体，因而是建立现代财政制度的关键环节，对推进国家治理体系和治理能力现代化具有重大意义。十八届三中全会对改进预算管理制度提出了明确要求：实施全面规范、公开透明的预算制度。修订后自2015年1月1日起施行的新《预算法》，被视为调整预算关系和规范收支行为的“经济宪法”和“宪法性法律”[1]，是我国财政领域的基本法律制度，是发挥和实现财政全域国家治理功能的重要制度保障。新《预算法》对于完善政府预算体系，逐步实行全口径预算，建立跨年度预算平衡机制，规范地方政府债务管理，完善转移支付制度，推进基本公共服务均等化，硬化预算支出约束，健全透明预算制度等实现了重大的立法进步，标志着我国向建立全面规范、公开透明的现代预算制度迈出了坚实步伐[2]。

在今后的预算工作中，要不断吸引和扩大相关主体参与预算编制，包括各级政府财政与其他部门单位以及人大、政协和社会公众的参与，增加预算编制的时间，扩展预算视野，充分地在预算编制环节展开多方博弈和论证预算编制内容的合理性，只有这样，才能不断提高预算编制能力，科学合理地安排预算内容，在全面体现国家治理五位一体战略布局下合理统筹配置财政资金，进而才有利于预算执行过程中保持法律严肃性。同时，要实现全口径预算，逐步编制跨年度预算，实行财政中期规划管理，引入权责发生制和建立政府财务报告制度与报表体系。在预算执行中，要硬化预算约束，强化预算法律效力，增加预算透明度。此

[1] 施正文：《新预算法与建立现代预算制度》，《中国财政》2014年第18期。
[2] 楼继伟：《认真贯彻新预算法，依法加强预算管理》，《人民日报》2014年9月1日。

外，加强预算监督，注重执行实效和构建绩效预算。

党的十八届三中全会和新《预算法》为建立和完善现代预算制度，指明了方向并奠定了坚实基础，今后，还应根据实际情况和工作进度，逐步修订新预算法实施条例、研究制定与现代预算制度相关的转移支付制度、政府债务管理制度、政府综合财务报告等方面更为详尽的规章制度等，逐步形成一整套较为完善具有权威性、严肃性、可操作性的现代预算制度。

（三）支持建立现代税收制度

现代税收制度是在“税收法定”原则下解决政府履职的主要财力“钱从哪里来”的基本制度安排，成为现代财政制度的重要基础，是国家依靠政治权力而体现国家治理意图与调节导向的重要手段。经过多年税制改革，我国已建立了多税种、多环节的复合税制，初步形成了现代税收制度的框架体系。但在实际税收收入中，流转税仍占绝对主体地位。在全部税收收入中，流转税（包括国内增值税、国内消费税、营业税、进口货物增值税和消费税、车辆购置税等）与直接税（包括企业所得税、个人所得税等）税收比例大致为 70∶30。而且，各类企业（包括国有企业、集体企业、股份合作企业、股份公司、私营企业等）与自然人（即非企业）缴税比例大致为 90∶10[1]。

这说明，在我国流转税成为实际生活中名副其实的绝对主体税种，与国际经验表明的现代税制的结构特征尚存在较大差异，同时也反映出现阶段我国税收制度建设与税收征管改革中存在的一系列“顺周期调节”、“再分配功能薄弱”等问题。因此，中国税制体系的现代化还需长期深化税制的改革，在现代税收制度建立和完善过程中，应坚持以下原则：

一是在税制建设与改革中，税种设置要体现国家治理战略利益，优化资源配置，维护市场统一，促进社会公平和国家长治久安的目标。在逐步提高直接税比

[1] 参见《经济参考报》访谈高培勇的文章，《建立适应经济新常态的现代税收制度》，载于中国经济新闻网 2015 年 3 月 19 日。

重、改进各个税种具体设计的改革进程中，税收负担需要动态合理化，税率制定要具有专业水准和公众可接受性。同时要统筹把握税收收入、国债收入等与预算支出的平衡关系，兼顾国家、企业、个人相关各方主体战略利益与发展诉求。

二是税收法定，立法先行，动态完善。我国目前18个税种中，尚只建立了《企业所得税法》、《个人所得税法》和《车船税法》三部法律，其他税种主要通过相关行政规章、暂行条例或规范性文件的形式来制定，法律层级较低，有待积极推进税收相关法律体系的建设和完善。

三是依法治税，引导诚信纳税，降低税收成本。在合理制定和完善税收立法的基础上，需依法征税，严格执法，并积极引导纳税人诚信纳税，进一步完善相关征税基础设施建设，建立各级政府间对企业和个人相关信息共享机制，提高企业或个人违反税法偷逃税款的成本或代价，加大惩处力度。

（四）支持理顺政府间财政关系，建立事权与支出责任相适应的财政体制

国家治理离不开中央政府和地方各级政府间的体制协调与共同努力。中央政府主要负责国家治理顶层设计、战略部署等；各级地方政府则是国家治理战略安排在各辖区范围内的重要执行者、推广者、落实者，要保证国家政令能够统一畅通、及时上传下达，在中央政府与广大人民群众、企业、社会组织等主体之间发挥重要的桥梁和纽带作用。建立分工合理、权责一致、运转高效、法律保障的国家权力纵向配置体系与运行机制，是形成合理的行政秩序、市场秩序和社会秩序的基本前提，是推进国家治理体系和治理能力现代化的重要内容和必然要求[1]。

因此，要以财政分配和政府间财政体制合理化为依托，正确处理好中央与地方政府的关系，这既关乎国家治理战略意图的实施，又关乎社会大局的稳定与发展。纵观我国历史，经历了“天下分久必合、合久必分”的发展过程。除外来入

[1] 楼继伟：《明确界定中央地方支出责任》，《人民日报》2014年12月2日。

侵因素影响外，中央与地方的关系问题也是重要的影响因素，无论是地方实力太强而产生群雄割据、诸侯争霸问题，还是地方实力太弱、治理太差而产生民生凋敝问题，都无法实现长治久安。在现代市场经济和构建和谐社会框架下，理顺中央与地方及地方政府间财政关系，是促进各级政府更好地履行治理职能的重要基础和保障。十八届三中全会明确提出要发挥中央和地方两个积极性，建立事权和支出责任相适应的制度。事权就是各级政府履行国家治理职能开展具体相关事务、事项、工作的权力。事权按不同政府层级分中央事权、地方事权、中央委托地方事权、地方政府之间上级对下级政府委托事权等。支出责任就是政府在履行国家治理职能的过程中，对承担的具体事务、事项、工作有责任应提供或筹措必要的经费或资金并实施支出管理，以保障其事权事务等工作的顺利完成。事权和支出责任相适应就是各级政府承担的事权要有合理、清晰的界定，并有与之相匹配的经费或资金对应，尤其是在各级政府发生委托事权的过程中，做到经费或资金的责任主体同时转移、拨付相应的经费、资金，以保障事权或委托事权的顺利完成。事权和支出责任相适应的一个重要前提就是，先把各级政府的事权划分明确清晰，而且最好是以法律制度的形式予以明确、确认。事权划分是现代财政制度有效运转的基础和支撑，是理顺政府间财政关系的逻辑起点和前置条件[1]。事权清晰，才可以明确履行事权的责任主体，事权的主体明晰了，才可以明确主体所具有的支出的责任，形成预算科目相对应的具体、可问责的支出责任。如果把事权委托给下级承担，应把相应的资金同时拨付或转移支付给下级使用，使事权的受托方，不仅接受事权，同时也接受开展此项事权的经费和资金。

为合理调动地方政府的积极性，一是要清晰合理地让事权与支出责任相适应，这样即使地方是受托方，接受上级事权委托，也能够有保障地使相关事权的资金同时被委托，事与钱对应，完成相关事权得到资金的保障。二是要给予地方政府或下级政府在国家治理框架下政府间财政分配关系的一些必要的参与决策

[1] 楼继伟：《明确界定中央地方支出责任》，《人民日报》2014年12月2日。

权力。因地方有地缘优势、信息优势、执行优势、效率优势、监督优势等,给予其一定的参与决策权,有利于发挥地方诸多优势,并且提高中央和地方乃至整个国家的治理能力。

(五) 支持创新财政投入机制,发挥财政资金引领带动示范效应

国家治理内容丰富、事项繁多,财政作为国家治理的基础和重要支柱理应实施财政全域国家治理,这对财政来说,既是光荣的责任也是持续的挑战。财政管理的一个最佳境界,就是在以财理政、实施财政全域国家治理的过程中,发挥"四两拨千斤"式的杠杆撬动和引领作用,使贯彻国家治理意图的资金分配产生乘数效应和放大效应,使财政资金所到之处,能够带动社会、民间的许多资金,所向披靡,共同实现国家治理的意图,达到"共赢"的结果。为此,应积极创新财政投入机制和方式,优化财政资金运行机制,重视和促进包括政策性金融等在内的财政与金融的结合,大力示范和推广公私合作——政府与社会资本合作机制(PPP),来带动社会资本,提高财政资金使用效率,发挥财政资金的引领带动示范效应。例如,财政扶持产业发展的投入方式可从直接投入转向部分间接投入,通过建立基金、风险池、提供担保等方式,政府引导叠加市场化运作模式,来吸引市场主体共同参与扶持和促进产业结构优化发展,既有利于发挥市场在资源配置中的决定性作用,又有利于提高财政投入杠杆效用。

(六) 支持提高财政管理能力,强化现代财政制度执行能力和提升其绩效水平

财政管理能力是落实现代财政制度体现治理能力、执行能力水平高低的关键所在,是执行财政制度、落实财政政策"最后一公里"的事项。没有财政管理水平,一切制度和治理目标都会流于空谈。各级政府和财政部门在多年的工作实践中,已积累了丰富的财政管理经验,但在我国制度安排规范化、法治化不断完善的进程中,面对经济形势发展变化中产生的新问题,还要进一步创新和提高

财政管理能力，特别是财政制度与政策因地制宜的执行能力，狠抓财政制度和财政政策诉求的落实。

（七）“全域”战略思维的指向

总之，“财政全域国家治理理论”框架，是新的历史时期与时俱进地适应客观现实需要而于财政理论创新中所引发的逻辑性延展，实际工作中，其指向则是从人们过去早已有所认识的“跳出财政看财政”、“财政服务全局、支持长远”和以“建设财政”、“经营管理型财政”和“公共财政”等的转型递进而进一步构建“现代财政制度”的认识升华，使理论认识更好地指导实践，从而有力地促进全面渗透和优化经济社会生活的现代财政制度建设和国家治理体系与治理能力的现代化，支撑全面改革和全面依法治国。“财政全域国家治理”的正面表述，也合乎逻辑地有利于确立财政部门和财政工作者的全局意识、创新意识和服务大局的担当意识，形成应有的战略思维和战略实施能力。

因此，可以认为，“财政全域国家治理理论”是与新的历史时期、新的时代背景，即“五位一体”总体布局和“四个全面”顶层设计框架相适应的财政理论创新，是对接财政改革与发展中“问题导向”的制度和机制创新建设的现实需要。当然，以“全域”的正面表述更好地形成广阔的视野与研究对象之后，这一理论框架还需要不断地研讨、完善、丰富并经历实践的进一步检验。

六、提要与总结

本章对财政理论展开概述，从财政的现象形式“政府钱从哪里来，用到哪里去”出发，进一步阐述了对财政本质的认识，并基于此提出了财政的定义。沿着学科演变这一线索，在认识西方学科代表人物“亚当·斯密—瓦格纳—林达尔—凯恩斯—萨缪尔森—马斯格雷夫—布坎南”理论发展的基础上，逐一介绍并评述了中国财政理论的主要流派：国家分配论、价值分配论、国家资金运动论、共同需要论、剩余产品分配论、再生产前提论和“公共融资”论,这一理论发展脉络集成上升,可发展至经历“否定之否定”的“公共财政”,财政理论也从“国家分配论”发展到“社会集中分配论”。最后,本章结合中国实际,以什么是国家治理、国家治理的现代化、现代市场体系以及现代财政制度等层面对国家治理展开了学术解说,勾画了“财政全域国家治理”的认识框架。

概念与认识的关键词

财政;财政现象;财政本质;国家分配论;社会集中分配论;公共财政;财政与国家治理的现代化

思考与讨论

试写出你最中意的财政定义。

你怎样看待财政的本质?

中国学者形成的主要的财政本质理论有哪些?

你如何评价“社会集中分配论”的创新?

为什么可认为财政是国家治理的基础?

结合财政全域国家治理思路,试写一篇短文:《跳出财政论财政》。

主要参阅文献

马斯格雷夫,等. 财政理论与实践. 邓子基,邓力平,译校. 北京:中国财经出版社,2003.

哈维·S. 罗森,泰德·盖尔. 财政学(第10版). 郭庆旺,译. 北京:清华大学出版社,2015.

埃克斯坦. 公共财政学. 张愚山,译. 北京:中国财政经济出版社,1983.

贾康. 财政本质与财政调控. 北京:经济科学出版社,1998.

财政部财政科学研究所编. 财政本质论文集. 北京:经济科学出版

社,1984.

贾康.财税体制改革诠释现代国家治理.上海证券报,2014年7月3日.

贾康,龙小燕.财政理论与时俱进的创新命题：以“财政全域国家治理”理论框架来支持构建现代财政制度.地方财政研究,2015(7).

第三章 政府履职中的财政职能作用、财政收支平衡原理和关于赤字的认识

第三章　政府履职中的财政职能作用、财政收支平衡原理和关于赤字的认识

一要吃饭，二要建设。

——陈　云

大道理要管小道理。

——毛泽东

量吏禄，度官用，以赋于民。（《汉书·食货志》）

——桑弘羊

凡百役之费，一钱之敛，先度其数而赋于人，量出以制入。

——杨　炎

财政的本质既然是以公共权力中心为主体的"以政控财，以财行政"的分配关系，在现实生活中必然外化为以分配为主线的一组财政职能作用，以服务于国家政权体系（各级政府）的履职。具体的分配活动表现为财政收支，所形成的公共资源配置，必然首先在"钱从哪里来，用到哪里去"的视角派生的一种动态上、静态上都可考察的总量平衡关系。

一、支持政府履职的财政职能作用

（一）财政职能作用：财政本质的外化

前述内容中，通过对财政现象的分析和从特殊到一般的抽象，达到了关于财政本质的概括[1]；现在可以变换角度反过来考察，抽象的财政本质这种深层内在规定性的外化，即为财政发挥其功能作用的动态过程，表现为财政收支与管理对于经济与社会中所有关联事物的影响。

这里所谓外化，包含着内在规定转为外部活动、客观分配关系见之于主观后再作用于客观之意，其间财政分配主体必然加入了能动性因素，但财政功能作用的本原仍深深扎根于财政分配关系之中。对于财政本身具备并注定要在某种程度上加以发挥的功能，中国学术界习惯地称之为财政的职能；职能实现的结果即财政的作用。在讨论具体、特定的国家财政职能与作用之前，有必要先在最一般的共性层次上概括国家财政职能作用的基准方向或主干线索。

中国的财政学者曾对财政职能作出过“两分法”（分配、监督）、“三分法”（分配、调节、监督）、“四分法”（筹集资金、供应资金、调节、监督）等不同的概括[2]，改革开放后，马斯格雷夫的“三分法”（资源配置、收入分配、稳定）又产生了较大影响。从逻辑上讲，如果基于财政本质是分配关系的概括性认识，国家财政职能作用的基本点和主干，必须也只能首先从分配的角度来阐明，即社会再生产基本环节内在的分配关系，外化出能动的分配职能及作用。以国家政权为主体的分配关系，必然要产生借助特定分配手段的分配运作过程，从而发挥分配功能，由此派生其他一系列的职能作用：国家财政的配置资金与资源、调节控制、监督管理，乃至维护社会稳定、促进国际收支平衡之类特定的职能作用，无不以此为本。简言之，财政分配职能派生出其他一切职能。其实这一思路欧

[1] 还可参阅《从“国家分配论”到“社会集中分配论”》，《财政研究》1998 年第 4、5 期。
[2] 姜维壮主编《当代财政学主要论点》，中国财政经济出版社，1987，第 130—136 页。

阳志高已于20世纪80年代初以“一带四”的方式提出，认为财政的职能实质上是分配的职能，从分配的职能派生筹集资金、供应资金、调节平衡、反映监督的职能[1]。

财政分配职能的实际发挥，必须通过财政资金收支进行，所以必然导致由资金收支带动社会经济资源在不同经济部门和不同政府级次、行政事业单位、企业、居民等各类社会经济主体之间的某种利益配置，进而牵动使用价值形态的社会产品在社会成员间的交换、选择与组合（亦属配置）；同时也必然导致分配主体对社会与经济生活的调节；而且收与支的过程，也成为对所涉各类主体的行为加以监督与规范管理的控制过程。因此，财政最大项的职能可概略地表示为：

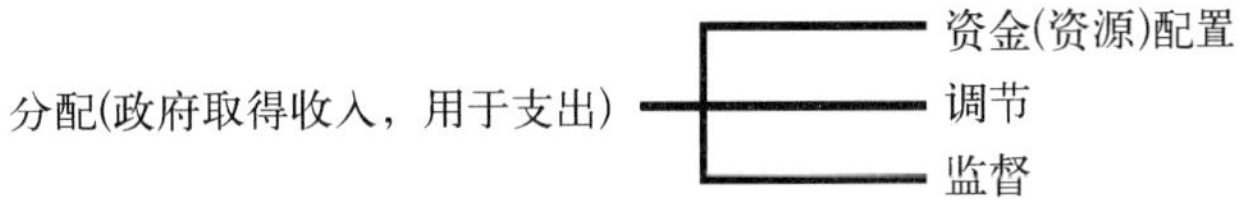

图3-1　财政分配职能示意图

由分配派生的这三大方面又都可以细化，如资金配置可细化为筹集资金与供应资金；调节可细化为调节经济的总量、调节经济的结构、调节收入分配、调节地区差异等；监督可细化为政府预决算进度和企事业财务监督等。

这些职能既有所区别又紧密联系，它们所实现的结果即人们常说的财政作用。配置、调节、监督三大方面职能的实现结果无疑是多方面的、范围十分广泛的，但都是财政分配主体对于分配所涉的各类行为主体的行为与结果的调节与控制，我们在总体上可以将它们合称为财政的调控作用。

总之，财政的本质外化出财政职能，财政职能以分配为主线而派生出配置、调节与监督三大方面，职能实现的结果体现为财政作用，内容广泛的财政作用虽有待于一一作出具体分析，但在总体概念上可以把握为财政的调控作用。

[1]　欧阳志高：《关于财政科学属性问题的探讨》，《求索》1981年第4期。

（二）政府职能及财政职能的范围：共性与个性

国家财政分配以国家政权（各级政府）为主体，是为政府履行其职能服务的，财政所带有的集中性分配特征是以政府权力为依托，又借此贯彻政府职能，发挥调控作用。但是，这绝不意味着政府调控万能，绝非可以任意提高集中程度和任意规定政府职能范围。政府和财政部门如果违反植根于经济基础的财政分配关系的客观规定性，不论是在扩大职能还是缩减职能的方向上，都会受到客观规律的惩罚。

简略考察古典学派提出的国家职能论，需援引约翰·穆勒划分两类国家职能（“必要的职能”与“选择的职能”）的重要思想。虽然理论上可以作出这种划分，但关于政府职能的具体范围，却一向是个争议中的问题，并且在当代愈益引人注目。世界银行1997年世界发展报告《变革世界中的政府》把政府的基本问题归结为：“它的作用应该是什么，它能做什么和不能做什么，以及如何更好地做这些事情。”[1]这些构成了一个复杂而宏大的课题。应该看到，关于政府职能范围的答案在各国、各历史阶段不可能一律，但在每一特定的条件下，客观上必存在某种适当、合理的尺度，即符合特定的生产力与生产关系要求、适应诸种现实制约条件、有利于最有效地发挥政府作用的那个界限，问题在于如何认识和把握它。

从实证的数据看，瓦格纳的“政府活动渐增规律”（国家经费增长规律）在20世纪继续得到验证。经合组织（OECD）国家政府总支出占GDP的比重由1913年的不到10%上升为1960年的接近20%，而1980年已超过40%，至1995年接近50%；发展中国家的这一比重1960年在15%左右，而1990年超过25%。[2] 在这一数据所反映的政府活动规模与职责扩大后面，实际存在着一个重要的定性的划分，即其中一部分覆盖的是古今中外所有国家职能和与之相应的财政职能的共性部分，而另外一部分覆盖的则是各国这种职能的个性部分。

---

[1] 世界银行：《变革世界中的政府》，中国财政经济出版社，1997，第1—2页。
[2] 同上。

一般而言，共性的内容相对容易得到肯定，按照世界银行报告的归纳，政府至少有如下五项基础性任务必须担当：

——建立法律基础；

——保持非扭曲形的政策环境，包括实现经济的稳定；

——投资于基本的社会服务与基础设施；

——保护承受力差的阶层；

——保护环境。

这种具体的归纳表述全面与否，仍是可讨论的，但诸如此类的“基础性任务”的性质，无疑属于政府职能和财政职能的共性部分，属于维持社会不致解体的硬性规则体现和满足社会全体成员“共同需要”的公共职能（参阅本书第一章所论及的国家与财政的双重属性）。具体考察，共性的职责实际上还可以划分为两个层次：

1. 国家机器的运转（包括行政、国防、外交等），法律体系（包括法律的设立、执行与执行的机关等），政策体系（包括政策的制定、贯彻与政策环境的维护等）。严格说来，这些全然或在一定程度上并非公共产品，而是体现统治阶级与统治阶级决策集团意志和意图的上层建筑。它们以特定的经济基础为本原，带有凭借政治权力的全部或部分的特性，但这类职能，可以明确地归入古今中外政府与国家财政职能的共性范围。

2. 公益事业（公共服务于基础设施），和以转移支付（调节社会成员及地区间差异）维持全社会稳定，保护环境等属于满足社会成员“共同需要”的公共产品，在效用上不可分割，在消费时不具备竞争性，在受益上不具备排他性，故无法在市场规则下由非政府部门的厂商有效提供，而必须由政府提供，通过资源配置、收入再分配和监督管理来提供。这些也属于古今中外政府与国家财政职能的共性范围。

现实生活中，所谓公共产品与非公共产品之外，还存在某些介乎两者之间的事物，如地表水的灌溉，具有非排他性但具有竞争性；道路，不拥挤时为公共产品，拥挤时可转化为非公共产品，并且由于市场和技术状况的不同，转化的具体界限也是因时因地而异的；教育和医疗保健，对某些个人和微观单位，可归为非公共产品，但由于在全社会保持公众教育、保健的某一水准是宏观稳定与整体发展的必要条件，因而又使基础教育、大众医疗保健成为公共产品。（参阅本书第一章关于“权益、伦理型公共产品”的阐述）这些不纯粹属于公共产品但又部分地具有公共产品属性的物品或服务的提供，在绝大多数情况下是由政府部门和非政府部门（包括非政府的公益慈善机构、社会团体与企业事业单位）共同介入的，但双方介入的份额可以有很大不同，也是因时因地而异的。

此外，还有全然由于历史传统、国情、发展阶段、体制模式等条件赋予政府、财政的特殊职能或特别需加强的职能，这些往往只适用于部分国家、部分阶段的情况，但在特定情况下也可以是合理的、必要的。这个方面便属于政府及财政职能个性的范围。

归结起来，政府职能及财政职能共性与个性的关系，可直观地简要表示如下：

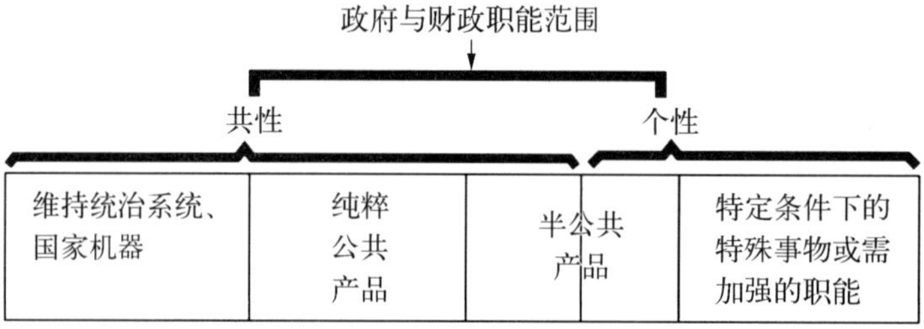

图 3－2　政府与财政职能的共性与个性

总之，现实生活中的财政形态总是具体的，不同国度、不同发展阶段的财政职能和财政分配，除保持共性之处，必然还有不同的个性。功能上，可试想“自由放任”的政府与“国家干预”的政府，财政形态必不相同；政策上，可试想市场经济体与后发“追赶型”经济体，财政政策的取向、重点特征也必有不同。

（三）“社会主义初级阶段”中国财政被赋予的特定使命

关于政府及财政职能的认识，毫无疑问也适用于中国。维持政府机器运转和提供公共产品,必须成为财政最基本的责任。

但在具体考察我国财政职能作用的时候,在承认共性的前提下,非常重要的是紧密联系历史阶段、国情条件与环境,认识我国财政职能的个性部分。

中国是发展中大国,现在处于社会主义初级阶段。目前世界上处于同一“初级阶段”的其他国家寥若晨星,屈指可数,大国中类似的则一个也没有。社会主义初级阶段,如江泽民在中国共产党第十五次全国代表大会的报告中所说的,是逐步摆脱不发达状态,基本实现社会主义现代化的历史阶段;是由农业人口占很大比重、主要依靠手工劳动的农业国,逐步转变为非农业人口占多数、包含现代农业和现代服务业的工业化国家的历史阶段;是由自然经济半自然经济占很大比重,逐步转变为经济市场化程度较高的历史阶段;是由文盲半文盲占很大比重、科技教育文化落后,逐步转变为科技教育文化比较发达的历史阶段;是由贫困人口占很大比重、人民生活水平比较低,逐步转变为全体人民比较富裕的历史阶段;是由地区经济文化很不平衡,通过有先有后的发展,逐步缩小差距的历史阶段;是通过改革和探索,建立和完善比较成熟的充满活力的社会主义市场经济体制、社会主义民主政治体制和其他方面体制的历史阶段;是广大人民牢固树立建设有中国特色社会主义共同理想,自强不息,锐意进取,艰苦奋斗,勤俭建国,在建设物质文明的同时努力建设精神文明的历史阶段;是逐步缩小同世界先进水平的差距,在社会主义基础上实现中华民族伟大复兴的历史阶段。

在这样一个历史阶段中,中国已经开始了一个其数千年历史中非同寻常的改革与发展的时代。改革开放期间迅速的经济增长和社会变化举世瞩目,一系列复杂的问题也接踵而来,在总结中国以及其他国家社会主义实践的经验教训的基础上,我们已经把改革与发展的主题明确地规定为实现两个转变,即经济体制由传统的社会主义计划经济向新的社会主义市场经济转变,经济增长方式由明显带有落后农业国特征或痕迹的粗放型向发达工业化水准相一致的集约型转变。“两个转变”的总体战略目标,是在21世纪中叶使社会主义中国的重要人均指标进入中等发达国家行列,实现现代化;其实质内容,是通过生产关系、管理模式与运行模式的积极调整与变革，极大地解放生产力，实现对发达国家的“追赶—赶超”，服务于最大限度提高人民群众物质文化生活水平的社会主义宗旨。

现阶段中国政府体系的全部可动员力量，都要按照上述战略目标、战略任务运作，政府直接掌握的理财部门、财政系统，当然更不可能例外。

社会主义初级阶段的历史条件、生产力后进的发展中大国国情和在“两个转变”中实现现代化的战略目标，对于现阶段的中国政府职能及财政职能，赋予了几个方面的特定使命或特别需要强化的内容：

1. 为社会主义初级阶段的经济基础服务，优化公有制的实现形式

就理论而言，社会主义制度的基本性质在于生产资料公有制但多种所有制经济共同发展，是社会主义初级阶段的基本经济制度，其中公有制的主体地位按照党的十五大报告的表述，主要体现在：“公有资产在社会总资产中占优势；国有经济控制国民经济命脉，对经济发展起主导作用。这是就全国而言，有的地方、有的产业可以有所差别。”[1]所谓优势和主导作用，既有量的含义，也有质的含义，主要体现在控制力上，特别侧重于关系国民经济命脉的重要行业和关键领域。党的十五大报告还指出：“公有制实现形式可以而且应当多样化。一切反映社会化生产规模的经营方式和组织形式都可以大胆利用。要努力寻找能够极大促进生产力发展的公有制实现形式。”“股份制是现代企业的一种资本组织形式，有利于所有权和经营权的分离，有利于提高企业和资本的运作效率，资本主义可以用，社会主义也可以用。”到了党的十六大报告中，这一认识进一步提升为：“探索公有制特别是国有制的多种有效实现形式……”除极少数必须由国家独资经营的企业外，积极推行股份制，发展混合所有制经济。党的十六届三中全会更加明确地提出：“大力发展混合所有制经济实现投资主体多元化，使股份制成为公有制的主要实现形式。”在充分肯定股份制之后，党的十八届三中全会进一步明确指出：“国有资本、集体资本、非公有资本等交叉持股、相互融合的混合

[1] 江泽民：《在中国共产党第十五次全国代表大会上的报告》，《中国共产党第十五次全国代表大会文件汇编》，人民出版社，1997，第21页。

所有制经济，是基本经济制度的重要实现形式，有利于国有资本放大功能、保值增值、提高竞争力，有利于各种所有制资本取长补短、相互促进、共同发展。”所有这些，都必然要求政府运用必要的手段，包括财政调控手段，贯彻社会主义基本经济制度的要求，优化公有制的实现形式，实现公有经济的控制力和影响力，维护和巩固社会主义经济基础。

2. 贯彻合理而有力的国家产业政策，组织实施必要的重点建设项目

在承认市场机制对资源配置的决定性作用的同时，也要承认中国作为世界上最大的发展中国家，市场具有比较突出的不成熟性和不完善性，而市场要成熟、完善起来，需要一个相当缓慢的自然过程，我们的内、外部条件都不允许对此作消极的等待。政府必须在工业化进程中合理地、积极有力地实施所有倾斜的产业政策，以跨越漫长的“平均利润率”调节结构的过程，为实现现代化赶超战略赢得宝贵的时间，同时能动地维护、培育和发展市场机制。所以，中国必然比一般市场经济国家更多地注重政策性的重点扶持和财力资助，并由政府（主要是中央政府）组织实施为数不太多但意义重大的大型、长周期、跨地区、直接经济效益不一定十分明显而宏观、社会效益大的重点建设项目。财政在这方面负有不可推卸的责任。产业政策的支持方向一般容易形成共识，如“战略性新兴产业”、“绿色低碳经济”等，但如何形成贯彻产业政策方面可持续的好机制而比较有效地避免极易出现的扭曲与失误、偏差，则是一项具有挑战性的任务。

3. 形成合理而有力的政府调控地区差异、城乡差异和居民收入分配差异的能力，推动和维护先富带后富的“共同富裕”进程

中国是一个区域差异相当悬殊的大国，又具有鲜明的发展中国家“二元经济结构”特征[1]，城乡之间的差别也极为显著。在市场化、工业化进程中，居民收入分配的差距在一定阶段上会拉大，而且这会和经济、文化的急剧变动耦合而成

[1] 张培刚主编《新发展经济学》，河南人民出版社，1992，第95页。

社会生活的不安定因素。这些都要求政府作出必要的调节，把差异、差距控制在社会可接受的限度内，以维护国家统一、民族团结、大局稳定，并在动态过程中贯彻社会主义“共同富裕”的原则。在市场经济中，政府实施这种调节的主要途径是财政政策、财政的种种转移支付方式，调节居民收入的税收、补贴、社会保障等再分配手段，都是可运用的政策工具。

4. 实行政府及财政体系自身的改革，并推动、促进各个方面的改革，为在总体配套中与市场经济接轨、实现“两个转变”和达成现代化服务

中国的改革开放和以两个转变走向现代化，当然离不开人民群众的首创精神和微观层次的追求，但也离不开政府的自觉设计和宏观层次的指导与推行，两方面相互结合，便相得益彰；不能同时作用和呼应，便难以取得成功。那些否定任何一方作用的观点，都是片面的、脱离基本现实的；社会主义初级阶段“两个转变”的过程中，政府除总体设计、安排外，还必须在财力运作中承受一定的、有时还会是具有沉重压力的改革成本，财政系统要适当处理由此而来的一系列问题。市场经济作为以市场为资源配置决定性机制的经济，会在多方面与传统计划经济体制下形成的财政体制和运行机制发生抵牾，从财政分配的顺序、范围、方式到政策取向、管理模式，都有必要实行深刻的变革与改造。因此，财政系统必须积极推进自身的改革，配合、呼应和支持推动总体配套的全面改革，这也是随财政性质和特定历史条件而来的义不容辞的任务。

总之，从社会主义政治经济学的角度考察，社会主义生产方式的演进赋予了中国政府与财政在完善公有制生产关系方面重大的特定使命；从发展经济学和社会学的角度考察，发展中国家及不平衡性鲜明的大国国情，赋予了中国政府与财政在发挥政府特殊作用贯彻产业政策、追求“后发性利益”、赶超发达国家和调控区域间与社会成员间收入分配差异方面重大的特定使命；社会主义初级阶段和改革开放以求实现现代化的总的历史背景，又赋予了我国政府与财政以自身改革和全方位配套改革推进“两个转变”、与市场经济接轨的特定使命。

二、基于政府职能的财政分配顺序、范围、方式及平衡原理

（一）摆正财政分配顺序

在明确认识财政分配关系客观规定性和政府职能及财政职能共性、个性的基础上，可以更为具体地讨论走向市场经济这一背景下我国财政的分配顺序问题。从基本原则看，一是要借鉴古今中外各国经验，落实财政职能中的共性，二是要从特定条件出发，合理把握我国财政职能的个性。

我们已经知道，古往今来，不论何种性质的国家，何种类型的财政，都有其职能上一致的共性部分，即满足政府国防、外交、行政管理和社会治安（公检法）等方面的支出需要，简言之，维护国家机器的正常运转。这实际上成为财政分配顺序中的第一序位，是国家所独占的职能。（当然，这种职能的正确行使，应当包括对政府机构的精干与效能等方面的要求。）其后，财政分配的第二序位在于公用事业、基础设施、教育、社会保障、环境保护等方面，这些在不少场合可全然归属于"公共财"（公共产品）范畴，由国家提供，但在另外一些场合，由于市场条件和技术状况的不同等[1]，也可以并不全然作为公共产品和国家专有职能，而是由国家、企业、社会团体和私人共同提供。这第二顺序的职能和分配，在我国过去一个较长时期中，是除了将社会保障和部分"民办教育"交由企事业和农村基层单位负责外，其余统统归入国家专有职能。在改革中，上述格局已经被冲破，一方面，出现了基础设施由民间集资兴办、有偿经营、政府与社会资本合作的 PPP 和进一步发展私人办学、办医等多元化的倾向；另一方面，原交给基层的社会保障事务，正通过逐步升级的"统筹"，呈现明显的向国家职能复归之势，（最终在政府方面应主要归于"社会保障税"的收支形式）。这些变化是符合市场经济发

[1] 哈维·S. 罗森：《财政学》，马欣仁、陈茜译，王传纶校，中国财政经济出版社，1992，第 76 页。

展客观要求和国际惯例的。

作为个性的部分，最为突出的是我国财政的生产建设职能。这在过去曾被摆到极高的位置，甚至出现以“建设”挤掉“吃饭”的问题。（我国基础设施、公用事业、环境保护等方面曾经“欠账”严重，与此有密切关系。）改革开放以来，生产建设支出占财政总支出的比重显著下降，中央财政已主要限于每年比重不再可观的“国家重点建设”的资金安排，地方财政仍然介入这一领域的程度则各地不一。正改变过去大包大揽的做法，收缩职能，退出一般营利性项目的投资领域。这些完全必要，但也须理清如下区别：一方面，如前所论及，中国作为一个区域差异极为显著，又必须坚持公有制主导地位的发展中大国，有一系列特定的生产力和生产关系因素，决定了中央政府和中央财政至少在一个相当长的时期内，还有必要承担（或作为各方中的主要一方承担）为数不多的大型、长周期、跨地区，对全国产业结构和生产力不具有突出意义（并可能带有营利性）的生产建设项目；另一方面，在中央、地方政府事权划分上，应明确规定地方政府从一般营利性项目的投资领域退出（当然这需要通过渐进过程实现，尤其在中西部地区），地方政府投资的重点，应转为地区性基础设施和公益事业的公共工程项目等，这样才能理清中央、地方政府间的事权纠葛，为建立适应市场经济要求、以比较彻底的分税制为基础的分级财政，提供前提条件。

此外，现阶段，在调节区域差异和收入分配差距、支持改革等方面，我国财政应承担的职能亦明显强于一般市场经济国家，虽然在这类事务上往往与他国也有共通之处。

总的说来，我国的政府事权与财政职能，既要遵守共性，又要具备个性，财政分配应循此顺序作适当安排：首先是基本必保的国家机器运转、公共产品，兼及政府需介入的“准公共产品”或“半公共产品”领域，然后是贯彻产业政策和经济发展战略的重点建设，以及其他个性化的事项安排。这也就是以往“一要吃饭，二要建设”这一简单朴素的语言在新时期所应阐发出来的基本要领。

（二）纠正政府职能与财政职能在范围上的错位

我国目前政府职能与财政职能的定位，仍带有从传统计划经济体制延续下来的影响，与市场经济所要求的职能范围有明显的错位，需要作出调整和纠正。这种错位，可分为“越位”和“不到位”两大类情况。

1. 纠正“越位”：摆脱那些政府不该做但却介入与包揽过多的事

包揽过多的“越位”，最典型的情况是对大量一般竞争性企业的直接控制（包括目前仍较普遍存在的变相的直接控制）、过多的干预和过多的关照。过去的计划经济体制下，在所有制结构上片面追求“一大二公”，国营经济范围从大中型企业一直覆盖到理发店、蔬菜零售点、弄堂小工场等，一律由政府部门对它们实行行政隶属关系控制，指挥它们的生产经营，并以财政拨款作为开办这些企业的投资，出现亏损也要用财政补贴来弥补。转向社会主义市场经济后，必须让一般竞争性企业成为独立的商品生产经营单位、法人实体和市场竞争主体，让它们在市场竞争过程中优胜劣汰，政府重在负责维护公平竞争的规则和环境。所以，原来政府系统对一般竞争性企业无休止的财政补贴、“安定团结贷款”之类的关照措施，应当与直接计划控制一样取消；国家则承担健全社会保障体系的责任，使企业的优胜劣汰不致造成社会的不安定。改革发展中，已形成了对国有经济实行战略性改组的“抓大放小”方针和“混合所有制”改革方向，那么按此方针，20 世纪 90 年代全国总计（不包括金融业）约 30 万户国有企业中近 90% 的小型企业（26 万余户），大部分可以通过联合、兼并、租赁、承包经营、股份合作制和出售等形式来改组和“放开”。

另一个包揽过多的例子是某些应当企业化的事业单位和已“下海”的原政府人员。传统体制下，相当一部分具有企业功能的单位（如应用型科学技术的研究单位、通俗文艺的表演团体等）被确定为政府系统的事业单位，由财政“差额拨款”甚至全额拨款，维持其运营。改革开放以来这些单位已进入市场，通过企业化经营行为取得收入。与此相应，一部分这类事业单位已经理所当然地转为“自负盈亏”，与政府脱钩，但仍有不少“脚踏两只船”，一边从市场取得较高收入，另一边从政府取得住房、医疗等福利性待遇。另外,一部分已脱离政府系统"下海"经商的人员也有类似情况,比如,可以沿用着政府提供的租金极低(即补贴很高)的住房,来开办自己全然私营的公司。

诸如此类,政府是在使用有限的财力,做了那些本不该做的事,承担了本不应该承担的支出,超越了职能合理定位的范围。在改革中,我们必须采取必要措施纠正这些"越位"情况,摆脱政府和财政包揽过多的事务。

2. 纠正"不到位":做好那些政府应该做但仍然未做或未做到位的事

同样以企业为例:全社会中必有一小部分企业,是属于所谓"自然垄断性"的或"特殊性质"的企业,虽然要或多或少地让它们加入市场竞争,却不能完全放开听任市场调节,比如国防核工业,某些医药制品的批发和储备,现阶段某些关键性的农业生产资料(如化肥)的代销等。如让这些企业"自我积累、自我发展",则它们或者不能发展、萎缩困顿,或者要脱离正规、胡乱发展,这两者都会严重影响国计民生,甚至破坏社会生活的起码秩序。应该说,某些特殊企业的"副业"冲击主业,以及医药市场的假劣横行、回扣成风,化肥代销的层层加价、欺农坑农之类,都与政府管理的失职、缺位有关。

另外从更广的范围讲,政府应该做好的事情有一基本领域,即提供公共产品与服务。前已论及,这些"公共产品",由于其效用的不可分割性,消费的非竞争性和受益的非排他性,造成供给的非营利性,无法由市场来有效提供,只能由或基本上要由政府提供,如公共环境的维护,公益性基础设施的建设,某些基础科学研究的开展,以及普及型公共教育的实施等。但在过去几十年的国民经济发展中,出于"赶超经济"的压力和指导思想的偏差等原因,我国政府系统的经济工作和财力安排中,往往过多地首先考虑多建一些企业、增加那些有资金回报的项目,而公共服务设施、环境保护、非营利性基础设施项目等,在很多环境下是往后排序的。这些非由政府去做不可或主要应由政府去做的事,不仅历史上留下了"欠账",而且现在往往仍然没有得到应有重视,远未做到位。比如,曾有较长一段时间,我国城市环境污染的防治工作普遍薄弱,污染程度之严重在相当一部分地区已达触目惊心的地步，而环境保护不由政府牵头并投入主要力量，是很难有效实施的。又如，许多城市的主要街道上，路标、门牌号码未设、不明、缺失的现象比比皆是，人们对由此造成的诸多不便司空见惯，政府部门也熟视无睹，但路标、门牌号码这种识别系统是典型的“公共产品”，需要由政府统负其责。再比如，九年制义务教育这样一项事关全民族长远发展的事业，理应由政府担当主角来实施，出自民间的“希望工程”捐助等只可能起辅助作用，但现实情况是政府部门往往一味“低姿态”，似乎要由后者挑大梁，然而若干年间希望工程虽成效显著，但仍有很多因贫困而失学的少年儿童尚未得到救助，主要的问题仍是政府的应有职责未到位。

要纠正这种“不到位”问题，当然离不开政府财力后盾。那么财力从何而来？一应来自从“越位”方面的收缩，二应来自现有财力的合理使用、精打细算、减少浪费。如这两条仍不足以解决问题，那么三应来自按“量出制入”原则筹措必不可少的收入。

（三）转变某些政府职能的实现方式

有一些事务，不论过去还是如今，都是政府应该做的，即一直属于政府职能中应有的内容，但是今后的实现方式亟须改进，以适应市场经济的新条件。

比如，为优化我国的经济结构，改进生产力布局，提高宏观效益和经济总体实力和发展后劲，需要有政府的投入，由政府（将来主要是由中央政府牵头）实施重点建设项目。这件事必须做，但却不能简单沿用我们过去的重点建设办法。在这一职能的实现方式上，至少要有三个方面的转变：一是项目决策方式的转变。要按照现代化科学管理和社会化大生产的要求，精心组织项目的可行性论证，通过规范的程序引出最后的决策，而不应再像过去那样主要凭借“长官意志”决策。在此过程中，财政部门应当从资金运筹与管理角度参与可行性研究。二是资金使用方式的转变。过去主要是由财政对项目拨款，资金一旦拨出便无偿使用，而今后应在建立注册资本金制度的同时，大力拓展财政资金对有偿使用的“财政投融资”方式，和以政策倾斜措施引导社会资金加入重点建设的财政贴息、政府担保融资各类 PPP 等方式，以较少的财政资金牵引、衔接较大量的民间财力，用于国家的战略性发展项目。某些基础设施建设，则可以采用政府牵头多方集资入股、建成后适当收取使用费以回收投资的各类 PPP 方式。三是工程建设方式的转变。今后重点建设项目应尽可能采用随市场竞争机制发展完善起来的关于工程设计、设备制造等的招标投标制度，在施工中应实行监理制度和严密的责任制度。改进和完善与此相关的建设项目财务管理办法，也是财政部门的工作任务。

又比如，调节居民收入分配始终是政府应当承担的职能，并且特别需要运用财政手段来实行。尤其在转向社会主义市场经济过程中的中国，这具有抑制两极分化的重要意义和作用。过去对于收入分配，我们曾主要采取直接控制方式，由国家制定企业中的工资登记与具体标准，按指令性计划执行，工资外的收入则控制到几乎没有，同时又以福利性的住房分配、公费医疗和子女入托、就学等安排以及基本生活消费品的价格补贴，与普遍的低工资水平相配套。改革开放之后，企业的工资、资金制度已趋于市场化，摆脱了政府的直接控制，工资外的收入迅速增加，福利性待遇与价格补贴近年则相对收缩。平均主义的打破及多种所有制、多种就业门路的发展，以及企业主、高级经理、知名演艺界人士等高收入阶层人数的增加，带来了居民收入水平差距的显著扩大。政府这时当然不能放弃或弱化收入调节职能，相反必须使之强化，但在方式上应当转为以利用经济参数（经济杠杆）手段与社会保障规范的间接调控为主。带有累进性的个人所得税、遗产税与赠与税，针对某些奢侈品的特别消费税等，应当成为遏制高收入及其累积效应的有力调节手段；而组织兴办“安居工程”提供对工薪阶层的平价、低价住房，建立扶助困难家庭子女的政策性助学金，以及明确规定最低工资标准与最低生活保障线制度等，则成为保护低收入阶层的调节手段与方式。

再比如平抑市场物价问题，市场的调节作用集中表现为价格机制的调节作用，即市场上的价格水平及其变动成为影响厂商生产经营行为的重要信号和决策依据。社会主义市场经济中，这种调节机制要成为资源配置的基础机制。但是，市场经济中的价格变动存在反复起落的所谓"蛛网现象"[1]，而且在现实生活中这种起落波动有时并不是收敛的，而是发散的，对于经济和社会生活可能产生严重的不良影响。因此，政府调控价格水平的必要性在市场经济下也不能完全取消，过去曾经很强的这种职能，今后仍须在一定范围内保留，但在方式上应当作出很大的转变。这方面最有代表性的例子可以举出对主要农副产品（如粮食、棉花等）价格的平抑。粮食、棉花等农产品（蔬菜、果品类型）的一个特点是供给弹性大，需求弹性小，且生产受自然因素影响大，丰产时价格易大跌，歉产时价格易猛涨。如上一年价格上涨，下一年的种植面积与产量便可能大增，反之如上一年价格下跌，下一年的种植面积与产量便可能大降。这种价格与产品供给大起大落的反复出现，会严重伤害生产者利益，并对人民群众的生活形成冲击，因此政府有必要对市场粮棉价格实行干预，平抑其过度波动。但是，今后政府干预的方式，并不可以沿用我们过去曾实行的固定价格、取消农贸市场自由交易等等，而应当在向广大粮农、棉农等提供市场信息的同时，建立合理的粮食、棉花储备制度和粮棉保护价制度，主要运用经济手段，通过物资的相机吞吐和对价格波动区间的框定，达到平抑粮棉价格波动的目的。财政政策手段在这方面要发挥非常重要的作用。

总之，政府职能与财政职能实现方式的转变，是按照市场经济和现代科学管理的客观要求，使政府由一般简单决策为主转为系统论证决策为主，由直接调控为主转为间接调控为主，由实物形态的调控为主转为价值形态的调控为主，由行政手段调控为主转为经济手段的调控为主。

（四）"量出制入"与"量入为出"：两个层次上的平衡原理

在基于政府职能考察了财政分配的顺序、范围及实现方式之后，有必要考察财政分配运作中的平衡原理。

[1] 劳埃德·雷诺兹：《微观经济学》，马宾译，商务印书馆，1982，第103—104页。

财政职能的发挥,要凭借其收支运作,即通过财力收支及管理规范,体现政策,产生各种直接或间接的影响与调控作用,达到职能设定的目标。因而,把握收支总体规模的相互关系,便成为理财的第一要义,这种关系可以在经济哲学上归结为一种平衡关系。

关于收支双方的这种平衡关系,可以从两个角度上讨论,其一是为人们所熟知的“量入为出”,即“有多少钱,办多少事”,由收入框定支出的上限。这个“以收定支”的道理与生活常识相吻合,容易理解。其二是“量出制入”,即“要办多少事、去筹多少钱”,进而从逻辑上说,如果以常规方式筹不足钱,事又非办不可,就要考虑以非常规方式(举债等)取得资金补足入不敷出的部分,所以仍然归结为一种平衡关系。这个“以支定收”的道理往往不太适合微观单位(尤其是家庭的情况),但对于国家政权的理财来说,却自有其深刻之处。

我们知道,国家财政作为以国家政权为主体的分配,其运作是基于政府职能的,或曰,是为政府实现其职能服务的。因此,从根本上说,在承认客观分配关系的内在决定作用之后,关于财政运作的状态及其运作状态平衡的原理,便要以政府职能为出发点来阐释和理清。只要是政府合理职能范围内必须要做的事,便具有第一优先位置的意义,财力的筹措和使用从逻辑上说,要服从于这个第一位的任务。当然,现实中政府合理职能的具体范围往往是有争议的、难以精确量化的,但至少可以从下限来把握,所以不妨碍这里的分析。而且,国家政权是具有强制性分配手段的机关,在为实现其职能目标筹集财力时,具有在一定弹性区间或限度内设计、增加这类手段的余地(这一点是与微观单位的重要区别)。所谓“量出制入”,就是先考虑政府该做什么事情,做好这些事情大致财力支出需多大规模,然后再考虑按这种政府职能和财力支出的数量界限,来组织自己的收入。如果没有“量出制入”,政府职能的实现是没有保证的,在相应财力规模的把握上也是没有基本的参照系的;而只要把政府职能明确定位,再分配主体总揽全局、面对社会总产品(可以100%的GDP代表)“切蛋糕”时,就自然要引出“量出制入”这样的思路。

“量出制入”的思想古已有之,我国西汉的著名理财家桑弘羊为支持当时行政运转、巩固边防、治理江河等方面的支出需要，行汉初“量吏禄，度官用，以赋于民”[1]方略，并成功地运用了盐铁专卖、平准等措施，其理财思路就带有“量出制入”的鲜明特征。唐朝中叶，杨炎正式提出了“凡百役之费，一钱之敛，先度其数而赋于人，量出以制入”[2]的表述。列宁在1922年提出，“我们的财政机关必须用全部力量在最短期间做到靠税收来保证工农国家的一切国家机关为进行应办的事业所必需的资金”[3]，可以说十分明确地表示了“量出制入”的思想。毛泽东在延安期间提出“发展经济，保障供给”的财政工作总方针，其前一句话的侧重点在培植财源，后一句话则包含了在“负担虽重而民不伤”的前提下“量出制入”的意思[4]。1953年9月12日，毛泽东在中央人民政府委员会的讲话中谈到因抗美援朝要用钱而在前两年多收了一些农业税，便有人对此“哇哇叫”，要求“施仁政”时，反驳说：“我们是要施仁政的。但是，什么是最大的仁政呢？是抗美援朝。要施这个最大的仁政，就要有牺牲，就要用钱，就要多收些农业税。”并重提1941年陕甘宁边区征收二十万石公粮的事例，强调大道理要管小道理。[5] 这正是“量出制入”思想的体现。

综上所述，可知从逻辑源头上说，政府理财在收支规模方面的始发原则应当是“量出制入”，换言之，是在明确政府合理职能和必要支出任务的前提下，设计筹措财力的通盘框架，以此规制财政收入规模。这应看作财政分配第一个层次的平衡原理。

但是，在逻辑源头上肯定“量出制入”，绝不意味着要全然排斥和否定“量入为出”原则。这两者不是同一层次的问题。量入为出属于另一个层次上的平衡原理，即在以“量出制入”原则设计、规制总收支规模之后，在财政常规运转、政

---

[1] 《汉书·食货志》(第4册)，中华书局，1962，第1127页。

[2] 《旧唐书·杨炎传》(第10册)，中华书局，1975，第3421页。

[3] 列宁：《给全俄财政工作者代表大会》，《列宁全集》第33卷，中共中央编译局译，人民出版社，1957，第341页。

[4] 毛泽东：《抗日时期的经济问题和财政问题》，《毛泽东选集》第3卷，人民出版社，1966，第846—850页。

[5] 《毛泽东选集》第5卷，人民出版社，1977，第104—106页。

府安排落实具体项目的层次上，特别是在财政个性职能的范围内，应当注重量力而行，以收定支，有多少钱办多少事，维护收支平衡（这里也不能绝对化地理解为每一年度或时期都做到收支平衡）。

从财政运作总体的动态过程看，可以说"量出制入"和"量入为出"是对立统一、相辅相成的。应当首先"量出制入"，然后"量入为出"。这一对两个层次上有先有后的平衡原理，共同构成了政府财力分配的逻辑链条和平衡系统，各自的合理性都是有条件的、非绝对的、在特定前提下会转化的。

三、关于财政赤字与财政收支关系的基本认识

在财政分配日常运行的直观形态上，收支平衡关系的可能表现有三种：收支平衡的完全平衡；收大于支的结余；收不抵支的赤字。完全平衡的情况相当罕见，有结余一般认为是财力充裕的表现，而有赤字，则一般被看作"压力状态"，在此主要聚焦赤字作分析讨论。

（一）财政赤字概念的产生及其弥补途径：赤字如何来，账上如何补

财政是国家各级政府履行职能的必然依托物。财政收支过程中出现的赤字（"入不敷出"的数额，以红色标出，故称赤字）有自然而然的起源。任何一个国家各个财政年度的收支不可能绝对平衡（即恰好支等于收），如果出现支大于收，就会产生赤字，并带来如何弥补赤字的问题。

古典经济学家如其代表人物亚当·斯密，对于主动安排财政赤字持否定态度，对政府因为弥补财政赤字而发行公债的行为原则上亦不支持。在古典经济学占统治地位的时期，"平衡预算"财政思想也成为各国政府财政活动的准则，主张以"量入为出"作为目标，实际结果宁肯有结余，不宜有赤字。

在现代市场经济条件下，特别是在凯恩斯主义成型之后，财政赤字已被各国政府视作稳定经济所需反周期操作的政策工具，成为宏观经济调控中应用十分

普遍的一个重要经济变量。因此，在此阶段上，出现赤字更多的不是自然原因，而往往是管理当局、决策层有意为之，视为政策工具而用。

弥补财政赤字的方式主要有三种：第一，用往年的财政结余弥补；第二，向银行透支或借款弥补；第三，发行公债以债务收入弥补。

利用财政结余弥补赤字不会影响银行信贷规模和货币发行量，也不会引起债务负担。但从改革开放以来我国财政收支状况看，只有个别年份略有结余。因此，利用财政结余弥补赤字在我国现阶段已无法实现。

历史上曾经向中央银行透支或借款，也就是直接或间接增加货币发行来弥补财政赤字。这种方式的实质是把财政赤字货币化，极易引起货币的非经济发行，虽然过程简便，但要面对的是货币增发所引起的通货膨胀。我国从 1981 年重新开始国债发行并用以弥补政府财政开支的不足，但在 1993 年之前，又始终没有完全杜绝依靠向中央银行透支或借款的方式来弥补财政赤字（俗称“发票子补赤字”或“财政发行”），等于中央银行直接投放基础货币，被认为是通货膨胀的一大来源。这条路已被阻断：针对 1993 年发生的严重通货膨胀，国务院决定从 1994 年以后不再以向中央银行透支或借款的方式弥补财政赤字。从 1994 年开始，我国弥补财政赤字实际上只剩下一条比较规范的主要路径——发行公债。当然，债务规模的不断增长，又会随之产生债务负担的合理配置和债务负担在代际间的转换关系问题。这就需要“瞻前顾后”，实际上是要做好长期动态平衡和综合平衡。

通过发行公债弥补财政赤字，是现代各国的普遍做法。各国发行国债的很大部分，实际上都是用于弥补政府财政赤字，尽管各国财政赤字形成原因和发债目的不尽相同。同时，发达国家还日益重视国债发行与国债交易在“公开市场操作”中对于货币政策的配合作用。

（二）赤字和债务资金的使用方向：赤字去了哪里，怎样理解其绩效

一般情况下，财政赤字对应的资金并不规定其用途，赤字是用来填补财政

“入不敷出”的缺口，等值资金进入预算安排的大盘子，融入预算资金的整体安排中，即赤字资金并不会对应特别的支出项目，是支撑整个支出运转的。正是因为弥补赤字的资金纳入预算安排的大盘子，按照预算的统一协调安排，所以一般不能简单说，赤字资金是拿来做哪项事情，是做了哪个项目或提供哪项服务。赤字资金支撑了全局运转，表现为整个政府收支在预算“入不敷出”情况下实际上又最终归于平衡(但其中发挥了“扩张”政策效应并伴随有结构影响效应)。所以，从支出结构方面讲，不同经济体的不同特点的支出结构，在有赤字的情况下都是得到其支撑的，不能说赤字只支撑某些类型的支出而不支撑另外一些类型的支出。但是，在一般发达经济体的地方层面，如果是地方公债，其中的一种特定类型——市政债，是发债用于特定的项目，在发债之前的信息是透明公开的，它的对应性就已非常明显，并在运用的全程始终对应，这种情况下产生的地方财政赤字，里面的市政债部分的资金运用，则是有具体对应项目的。

总体上讲，无论是否有对应性，理论上都存在赤字使用的绩效问题。有对应项目的市政债绩效比较好考评，因为已经项目化了；没有对应项目的支撑整个预算运转的赤字资金的绩效考评要复杂得多，实际上是整个财政收支安排的综合绩效考评。赤字须作为一个构件融入整个综合绩效考评，除市政绩效这样资金用途明确的部分之外，不能孤立地单独考虑赤字的绩效如何。

（三）赤字与生产建设投资和各阶段支出结构特点并没有直接关系

中国过去财政收支结构曾有非常明显的计划经济下“生产建设财政”的特征，改革开放以后这个特征在改变，越来越趋向于一般市场经济的情况。在20世纪90年代后期明确提出促进公共财政建设后，支出结构越来越突出于保障民生，即很多支出是与维护基本公共服务、社会福利体系有关的事项。在应对1998年亚洲金融危机和2008年世界金融危机冲击的两次实践中，又出现了阶段性的政府支出中投资项目增加、比重上升的情况，但应该认为这只是反周期政策操作的特定阶段情况，并不是常态。我们在反周期操作中间无论赤字少一些还是多一些，原理上讲，均不能认为仅是为了支持投资，仍然是作为政策工具来实行反周期操作。但是，不否定在赤字扩大的时候如果正好碰上政府扩大投资（以这两次应对亚洲和全球金融危机为例），给人的印象似乎是扩大了的赤字规模，支撑了扩大的政府投资盘子。有这种印象或表象，并不能否定公共财政建设中从长期来看要追求的控制和调减政府生产建设职能、更多地充实政府的公共服务职能和履行社会保障体系建设责任的逻辑取向。所以，不能讲中国由于有了赤字所以才有这些收支结构的特点，也就是说，中国各阶段财政收支结构上的特点，与赤字安排并没有直接联系。（参见专栏 3－1）

专栏 3－1　中国中央财政支出结构及美、德、日可作比较的支出结构概况

下面各图描述了中国财政收支结构以及与他国的简要对比情况。

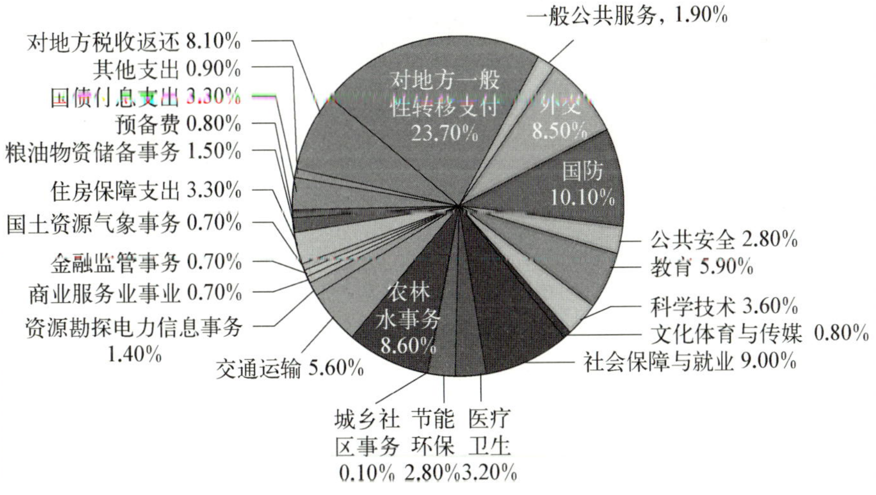

图 1　2012 年中国中央级财政支出结构

资料来源：2012 年中央和地方预算草案的报告，财政部网站。

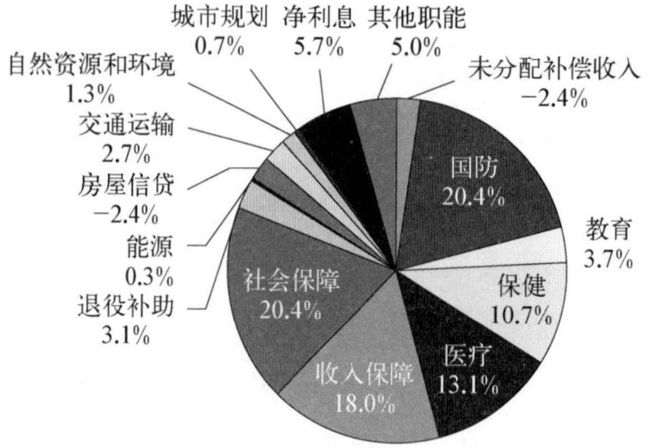

图 2　美国联邦政府财政支出结构（2010 年）

资料来源：美国总统预算办公室网站。

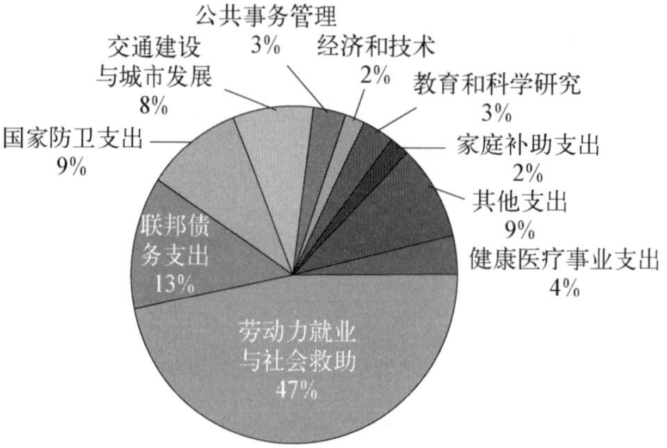

图 3　2010 年德国联邦政府财政支出结构

资料来源：《各国财政运行状况》，中国财政经济出版社，2012。

2010 年，德国联邦政府财政支出预算为 3 277 亿欧元，主要涵盖公共事业与公共管理的相关领域以及基础设施与基本经济建设等范围，支出占总额比例最大的是社会保障支出，达到 50% 以上，其次是债务利息支出，2010 年和 2011 年均达到 12%以上。国家防卫占总额的 10%上下，交通建设与城市发展约占 8%左右，教育与科学研究每年都稳步增长，2010 年占支出总额 3.1%，2011 年达到了 3.8%。公共事务管理也不断增长，2011 年达到了 3.8%。经济和技术发展的支出约占支出总额的 2%左右。

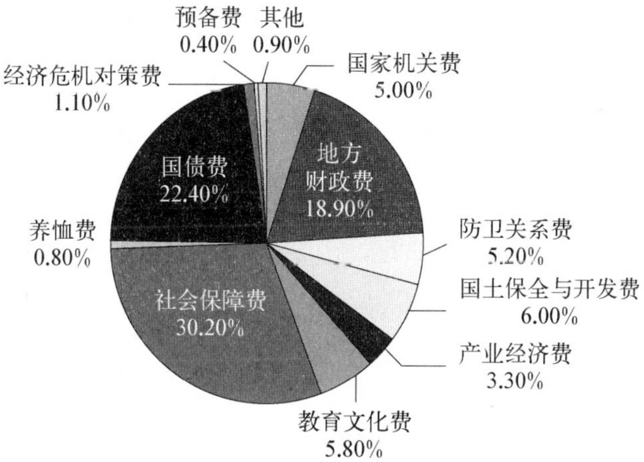

图 4　日本中央政府财政支出结构图

资料来源：《各国财政运行状况》，中国财政经济出版社，2012。

2010 年日本中央政府一般会计预算按目的分类的支出结构中，社会保障费比重最高，其次是国债费支出，向地方财政的支出排位第三；国家机关费用支出、防卫关系费、教育文化费、国土保全与开发费等支出水平大致相当，均在 5%上下；产业经济费只占 3.3%，一般行政费占 1.5%左右。

（四）赤字的相关风险主要是过度扩张和资金使用不当：中国近年赤字安排的风险可控性分析

赤字作为政策工具当然也有“双刃剑”特点，如安排不当，其负面作用（风险因素)主要表现为两条:一是使政府支出扩张过度,造成过大扩张因素和政府行为的"越界"与对民间投资的"挤出效应";二是资金安排不合理,未能有效优化结构甚至会加剧结构矛盾和社会矛盾,与应有的绩效导向背道而驰。我国改革开放以来,虽然基本上是"连年赤字",但在总结调控经验下,赤字安排掌握已比较成熟,但总体而言仍会谨慎把握;资金使用方向纳入预算盘子,坚持以稳增长、优结构、护生态、惠民生、促改革为原则,努力加强量化考评和多重监督,结合预算改革力求提升绩效水平。所以,中国在阶段性提高赤字率的过程中,赤字风险还是可控的。

还有必要指出,赤字率3%的预警线,并不是所谓"国际公认的警戒线",只是当年各欧盟成员国签订"马约"时,为协调各国间的财政纪律以约束不同利益取向,"讨价还价"中形成的一个整数量值,只反映相关谈判主体的经验与妥协。后来世界金融危机发生后,这一预警线在欧盟实际上已经全面失守。世界上其他经济体,如属于发达市场经济的美国、日本,仍在调整中的俄罗斯,和属于发展中经济体的巴西,都并不承认和遵守这个3%的预警线。中国比照欧盟,注重不超越3%的赤字率,有其助益"稳健"的意义和作用,但在引领新常态的新阶段中,又有必要打破简单化、绝对化的思维框架,基于反思国内外经验,研究更灵活且积极审慎地掌握赤字率和防范风险的调控要领。

思考与讨论

什么是财政职能?怎样认识它?它包括哪些内容?

怎样解读"以政控财,以财行政"的分配原则?

"量出制入"与"量入为出"是什么关系?

财政收支平衡重要吗?怎样理解赤字的工具性质?

主要参阅文献

黄达.财政信贷金融综合平衡导论.北京:中国人民大学出版社,2009.

贾康. 财政职能及平衡原理的再认识. 转轨时代的执着探索——贾康财经文萃. 北京：中国财政经济出版社,2003.

贾康. 我国财政平衡政策的历史考察. 中国社会科学,1993(2).

GENERAL THEORY OF PUBLIC FINANCE

第四章 财政收入

第四章　财政收入

只有死亡与税收无可逃避。

——旧谚(一说源自富兰克林)

生财有道,聚财有度。

——新　语

为履行政府公共职责,社会必须授权赋予政府配置(获取和支配)资源的权力,其中便包括在配置经济资源中获取资金的权力(收入权)和支配资金的权力(支出权),现代社会通常表现为立法机关对政府预算收支的授权。由此,财政收入涉及如何解决"钱从哪里来、怎样来、由谁负担的问题"。

一、财政收入概述

(一)什么是财政收入

如果政府实行全口径预算,即一切收入统统纳入预算,那么这种情况下,财政收入就是政府收入或预算收入,是指为履行政府职责以法定形式获取并支配的各种收入的总称。

与中国政府预算体系中的四种具体预算形成相呼应,我国财政收入(政府收入)可分为四类,分别是一般公共收入、基金收入、国有资本收入和社会保险基金收入。

一般公共收入是政府一般公共收支预算中的收入,纳入公共财政预算管理,可以统筹安排用于民生支出、提供一般公共产品和服务的财政收入,包括全部的税收收入和若干种非税收入。

基金收入是指国家各级政府通过向企业和社会成员征收专项收费以及通过出让土地使用权、发行彩票等方式而取得的,用于支持特定基础设施建设和社会事业发展。截至2014年底,中国的基金收入共有44类。实际工作中,公共预算收入与基金预算收入之间的界限并非十分固定,如2015年,就有将基金收入中的11类调入公共预算收入之中的新变化。

国有资本收入是指国家以所有者身份依法取得的国有资本收益,具体包括:(1)应交利润,即国有独资企业按规定应当上交国家的利润;(2)国有股股利、股息,即国有控股、参股企业国有股权(股份)相应获得的股利、股息收入;(3)国有产权转让收入,即转让国有产权、股权(股份)获得的收入;(4)企业清算收入,即国有独资企业清算收入(扣除清算费用),国有控股、参股企业国有股权(股份)分享的公司清算收入(扣除清算费用);(5)其他国有资本收益。

社会保险基金收入指国家为开展职工养老、失业等保险计划,强制向用人单位及其职工,和以个人身份参加社会保险者征收而得的收入,属于强制性的专款专用的政府收入。我国社会保险基金收入主要包括基本养老保险基金、基本医疗保险基金、工伤保险基金、失业保险基金、生育保险基金五类。

(二)财政收入的分类

从性质区分,财政收入可以分为税收收入和非税收入两大类。

税收是以实现国家公共财政职能为目的,基于政治权力和法律规定,由政府专门机构向居民和非居民就其财产或特定行为实施强制、不直接偿还的金钱或实物课征,是国家最主要的一种财政收入形式。

政府非税收入(以下简称非税收入),广义是指除税收以外的财政收入,狭义主要是指由各级政府、国家机关、事业单位、代行政府职能的社会团体及其他组织依法利用政府权力、政府信誉、国家资源、国有资产或提供特定公共服务和准公共服务取得的财政收入。

税收与非税收入两者的区别在于:第一,税收征收具有普遍性。这种普遍性反映在两个方面,一是纳税主体的普遍性,即所有市场主体(企业和个人)均须纳税,只是适用税种和负担水平有所差异,二是市场主体的所有经济活动(含生产、流通和消费)均须纳税;第二是税收收入“取之于民、用之于民”的非一一对应性。总体上看,税收源于国民(公民),用于国民(公民),具有对应性,但从微观个体角度来看,往往“此民”非“彼民”,典型地较多从富人那里征收的个人所得税,往往是给穷人转移支付的重要资金来源,以求达到“抽肥补瘦”的再分配目的。第三,税收收入的使用具有“统筹”特点,即“打酱油的钱可以买醋”,而非专款专用,这是税收与非税收入中基金收入的最大区别。日本出版的《租税法》一书,对税收给出的定义是:“租税并非国家对特别给付之相对给付(按租税并不具有个别报偿性),而系国家以获得为满足公共需求之资金为目的,依法律规定对私人课征之金钱。”[1]

(三)财政收入规模

财政收入规模反映了政府可支配资源的多寡。财政收入规模可用两个指标来衡量,一是绝对值,即资金数额;二是相对值,即财政收入占GDP的比重。后一指标的经济分析价值更大,含义更丰富和复杂。

政府的收入权(现代法治形式为通过立法机关的授权),为政府实际筹集收入提供了合法框架下的可能性,而实际需要筹集的收入规模(通常以政府取得的财力在GDP中的占比即广义“宏观税负”为指标)则首先取决于政府事权范围,

---

[1] 王诚尧:《国家税收》,中国财政出版社,2009,第1页。

取决于特定国情、发展阶段、体制特征、战略设计等诸因素影响制约下的公共职能的边界。这也反映着一种政府“以支定收”(中国古代表述为“量出制入”)的理财思想所带来的规律性认识(参见本书第三章讨论的相关内容)。剔除财政支出效率和各国公共品供给成本的客观差异等因素,所谓宏观税负(广义宏观税负是指全部政府收入占GDP的比重)高与不高,理论上更准确地说,还应该引申到政府支出占GDP的比重的高与不高,主要取决于政府职能定位、事权范围的大小。从工业革命之后各国实际情况看,政府支出占比的长期表现均呈现上升趋势,这便是由著名的“瓦格纳定律”所作的归纳——其根本原因,在于随着社会发展,经济社会公共事务趋于复杂和服务升级,政府公共职能对应的事权范围渐趋扩大所致。

政府事权范围是决定宏观税负高低的前提性认识框架,不同国家,发展阶段不同,国情相异,所以各国间静态的宏观税负可比性不强。中国政府事权范围和职能范围边界,在传统体制下总体而言明显超出成熟市场经济国家(这里未论“城乡分治”格局下的某些乡村公共服务状况),改革开放以来有所趋同,但仍差异可观,除有政府职能转变不到位而导致的政府越位、缺位和资金效率较低等因素外,还包括:转轨过程中的特定改革成本;为落实现代化发展战略实现中华民族伟大复兴而承担的特定经济发展职责;我国力求加速走完成熟市场国家上百年的工业化、城市化进程,导致在其他国家顺次提供的公共品(有利于市场发展的基本制度、促进经济发展的基础设施,以及有助于社会稳定和谐的民生保障品)等因素,在我国改革开放以来较密集地交织重叠[1]。本章第四部分还会对此作更多的讨论。

(四)财政收入结构

可以从不同维度分析财政收入结构,比如财政收入中,税收与非税的对比关

[1] 贾康、梁季:《我国“取之于民、用之于民”公共财政的理论分析和实证研究》,《收入分配与政策优化、制度变革》,经济科学出版社,2012。

系;财政收入中,一般公共预算收入(工作中亦称“公共财政预算收入”)与其他收入之间的对比关系等。2010—2015年中国财政收入结构情况如表4-1所示。

表4-1 2010—2015年各口径财政收入规模及占GDP的比重(单位:亿元、%)

	2010	2011	2012	2013	2014	2015
全国公共财政预算收入	83 101.5	103 874.0	117 254.0	129 210.0	140 370.0	152 217.0
其中:税收收入	73 210.8	89 738.0	100 614.0	110 530.0	119 175.3	124 892.0
政府性基金收入	36 785.0	41 363.0	37 535.0	52 269.0	54 113.7	42 330.0
国有资本经营收入	559.0	765.0	1 496.0	1 713.0	2 007.6	2 560.0
社会保险基金收入	17 071.0	25 758.0	28 465.0	35 994.0	39 186.5	43 088.1
扣减:公共财政对社会保险基金的补助	1 900.0	5 216.0	6 272.0	7 371.5	8 446.4	9 741.8
政府收入规模	135 616.5	166 544.0	178 478.0	211 814.5	227 231.4	230 453.3
GDP	408 903.0	484 123.5	534 123.0	588 018.8	636 138.7	676 708.0
小口径宏观税负(税收占GDP的比重)	17.9	18.5	18.8	18.8	18.7	18.5
中口径宏观税负(公共财政收入占GDP的比重)	20.3	21.5	22.0	22.0	22.1	22.5
大口径的宏观税负(政府收入占GDP的比重)	33.2	34.4	33.4	36.0	35.7	34.1

说明:(1)数据根据《中国统计年鉴》(2015)和财政部网站相关数据整理;(2)2010—2012年国有资本经营收入数据为中央级,2013—2015年国有资本经营收入数据为全国数据。

二、税　　收

人们日常生活中的税收往往牵动人心,成为“惊心动魄的财政史”中的重要因素。古往今来,民众对于税收的不满,学界用语称之为“税收厌恶”,是十分明显的。一个著名的生动比喻,是说税收属于“拔鹅毛的艺术”,既要把毛拔下来,又要尽量使鹅不叫唤。另一个在英国背景下带有寓言意味的故事被命名为《真正的高贵》,

见专栏4－1,我们进而标注出专栏末尾所列的三个问题与两点联想。

专栏4－1 真正的高贵

1040年,英国考文垂市的利奥夫里克伯爵迎娶了葛黛瓦为妻。葛黛瓦夫人貌美如花,气质端庄典雅,人们都对她十分倾慕,可她却整日闷闷不乐。伯爵看在眼里疼在心里,有一天,他终于忍不住问她:“您为何如此忧郁,难道奴仆们待您不好吗?”

葛黛瓦摇摇头,说:“这里的百姓脸上都写满了怨忿,我哪里高兴得起来?”伯爵生气地说:“您为了一群贱民而忧愁,真是有失体统。”

葛黛瓦哀求道:“可他们都快活不下去了,您能替他们减轻一点税负吗?”原来,伯爵为了支持英军出征,下令征收重税,百姓为此怨声载道。两人因此争执起来,伯爵语气坚决地说:“我是朝廷重臣,理应为国家分忧。”葛黛瓦针锋相对:“您从他们身上榨取的已经够多了,这次就放过他们吧。”伯爵气急败坏地说:“放过他们可以,除非您赤身裸体地骑马在城中大街上转一圈,我就宣布减税。”

第二天清晨,葛黛瓦夫人果然脱去睡袍,一丝不挂地骑上马,离开官邸。伯爵想上前制止,却不敢开口,只好也骑着马,跟在她后面。葛黛瓦光着身子在街上转了一大圈,所有百姓却都像事先商量好了一样,始终关闭门窗,大街小巷都空无一人,没有一个人趁机窥探她的隐私。

伯爵深受感动,他拥紧妻子问:“您怎么知道他们值得您这样冒险相助?”葛黛瓦笑了笑:“如果真心想帮助他人,就不该去想他人将怎样回报自己,难道不是吗?”伯爵点了点头,立即宣布全城减税。

多年后,英国著名画家约翰·柯里尔听说了此事,随即画下油画《马背上的葛黛瓦夫人》。柯里尔说:“真正的高贵,是心中明白自己该去救

济他人时，就勇敢去做，而不会过多考虑他人是否会因此而感恩，更不会因他人的回应而改变初衷。”时至今日，这幅名画仍被考文垂市博物馆珍藏，这幅油画和葛黛瓦夫人，已经成为考文垂市的“名片”。

（《生命时报》2014 年 10 月 17 日）

看此文后请你试作评说:

一、为英军出征而收重税有无道理?

二、故事中伯爵"为国分忧"的取向是怎样转为"减税"取向的?

三、伯爵夫人显然甚得人心民意,为什么这样的上层人物总是太少?

四、故事往往是美好的,现实经常是严酷的:设想伯爵将怎样向高端当局者交代?

联想:

1. 对于李闯王"迎闯王,不纳粮"的评价。

2. 2010年后中国管理当局提出"结构性减税",为何不提"全面减税"?

(一)税收原则

税收原则是一国设计税收制度时应遵循的基本指导思想,也是评价税收制度优劣的标准。税收原则主要侧重于考虑税制结构如何影响经济社会,且随着经济社会发展而发展。

最早提出税收原则的经济学家是威廉·佩第(William Petty),他在其著作《赋税论》和《政治算术》中,针对当时英国税制存在的严重不公平问题,深入研究探讨了税收原则(也称税收标准),他认为"公平"、"简便"和"节省"应是税制设计的三条基本原则。之后,经过攸士第、亚当·斯密、萨伊、瓦格纳的总结完善,形成了带有共性的两大原则:公平与效率。除此之外,从"发生学"意义上讲,还应有"税收法定"原则排列于这两条原则之前。而且对于需完成现代化转轨的中国而言,还应特别强调与重视税收法定原则。

1. 税收法定原则

税收法定起源于1215年英国《大宪章》,之后逐渐扩展至全球。《大宪章》

颁布之前，英国税收具有典型的王权特征，即税收王定，国王可以随意征税。《大宪章》体现和宣告了一条崇高的宪法原则——王权有限、法律至上。王在法下，要把权力关在制度的笼子里。《大宪章》有关征税、立法的条款中，规定“应与全国人民普遍协商”，征得“全国普遍同意”。这种基于充分反映民意而依靠规范化的立法程序才可建立税制规则的机制，也被广泛而传神地称之为“无代表，不纳税”，实质是要求实现税收制度机制的民主化、法治化。对于中国当下现实而言，“税收法定”是整个公权体系以其合法性使税收健康运转的最关键的制度要素。但是税收法定又不可能简单理解为“少数服从多数”来处理。如果那样，试想如果对我国个人所得税做全民公决的话，最大的可能就是多数人认为取消个税最好，至于需在住房持有环节从无到有建立的房地产税，则更是如此，但任何一个文明国家都不可能如此处理税制安排问题。因此，中国需正确把握的税收法定原则的含义，应是必须把政治文明、公民素质、专业理性、社会和谐、公权体系善治等要素综合在一起，通过规范的立法过程，加入专业化的引导，形成“最大公约数”，把各种利益集团的诉求中和后，尽可能最大包容性地来形成规则式的确认。

2. 税收公平原则

税收公平首先是“指政府征税要使各个纳税人承受的负担与其经济状况相适应，并使各个纳税人之间的负担水平保持均衡”[1]。这一原则也可称为“支付能力原则”。具体看税收公平，可包括横向公平和纵向公平两个方面。横向公平是指相同纳税能力的人应缴纳相同数额的税收，纵向公平是指不同纳税能力的人应缴纳不同数额的税收。“支付能力原则”，也称“量能纳税原则”，即能力大者多纳税，能力小者少纳税，无能力者不纳税。纳税能力的衡量标准主要是财富，以此为核心，又可衍生出收入、财产和支出三项子标准。

与“支付能力原则”并行，衡量税收公平的标准还有一项“受益原则”，是指

---

[1] 王传纶、高培勇：《当代西方财政经济理论（下）》，中国财政经济出版社，1995，第235页。

依纳税人从公共服务中获益程度来决定其纳税数额，获益多者多纳税、获益寡者少纳税。反映“受益原则”的典型税种为汽油消费税、驾驶执照税等，享受政府公路服务的机动车主，作为纳税人需要缴纳这类税收。另外，总体上看，地方税体系也在很大程度上是“受益原则”的体现，即对于地方政府辖区内公共服务支出的需要，主要以地方税的收入予以满足。当然，就个别税种而言，按“受益原则”来设计是可以的，也是必要的，但对于整个税收体系来说，则无法处处依此原则设计，典型的案例如以调节收入分配为目标的个人所得税，恰恰无法按“受益原则”来设计，其更多地需要按照“支付能力原则”来设计。

3. 税收效率原则

对税收效率原则的理解可以是多方面的。“从资源配置的角度讲，税收要有利于资源的有效率的配置，使社会从可用资源的利用中获得最大效益；从经济机制的角度看，税收要有利于经济机制的有效运行，不仅可使微观经济效益提高，宏观经济也要稳定增长；从税务行政的角度看，税务行政要讲求效率，税收制度必须简洁，征纳双方的费用要节省，等等。”[1]因此，税收效率包括税收经济效率和征管效率两个方面。

——税收经济效率。简单而言，税收经济效率是指对市场资源配置的影响最小，即最大化税收“中性”。税收中性包括两方面的含义，一是政府征税使社会所付出的代价应以征税数额为限，除此之外，不能让纳税人或社会承受其他的经济牺牲或额外负担；其二，政府征税应当避免对市场机制运行发生不良影响[2]。

对市场资源配置影响最小化暗含着不可能完全排除税收对资源配置的影响，相应地，税收被称为打入市场经济的“楔子”。从另外一个角度来看，在税制设计时，政府恰恰可以利用税收对资源配置产生影响这一内生特点，作为政府调控经济的一种手段，对经济实施有意识的调控。

[1] 王传纶、高培勇：《当代西方财政经济理论（下）》，中国财政经济出版社，1995，第241页。
[2] 同上，第244页。

——税收征管效率。税收征管效率对应于税收成本最小化。税收成本是指在征纳过程中,征纳双方所发生的相关费用支出,具体包括征收成本和纳税成本(遵从成本)两个方面。征收成本在实践中比较容易观察到,比如征税机关、征税人员等形成的必要开支。纳税成本体现在千千万万纳税人中,比如纳税人设置专岗人员负责纳税申报,因涉税事宜向中介服务机构支付的税收筹划咨询费等,被称为纳税人的管理成本;又比如,纳税人不得不缴纳税收滞纳金、罚款时,连同因此而遭受的声誉损失,被称为纳税风险成本;再比如纳税人因纳税问题产生的不满、焦虑情绪及相关的损失,被称为纳税心理成本。

(二)税收的特征:三性

税收的特征,与其他分配方式相比,具有强制性、无偿性和固定性,习惯上称为税收的“三性”。

税收的强制性是指税收是国家以社会管理者的身份,凭借政权力量,依据政治权力(公权力),通过颁布法律或政令来进行强制征收。负有纳税义务的社会集团和社会成员,都必须遵守国家强制性的税收法令,在国家税法规定的限度内,纳税人必须依法纳税,否则就要受到法律的制裁,这是税收具有法律地位和强制力的体现。强制性特征具体体现在两个方面:一方面税收分配关系的建立具有强制性,即税收征收完全是凭借国家拥有的政治权力;另一方面是税收的征收过程具有强制性,即如果出现了税务违法行为,国家可以依法进行处罚。

税收的无偿性是指通过征税,社会集团和社会成员的一部分收入转归国家所有,国家不向纳税人支付任何报酬或代价。税收这种无偿性是与国家凭借政治权力进行收入分配的本质相联系的。具体表现在两个方面:一方面是指政府获得税收收入后无须向纳税人直接支付任何报酬;另一方面是指政府征得的税收收入不再直接返还给纳税人。税收无偿性作为税收的本质体现,所反映的是一种社会产品所有权、支配权的单方面转移关系,而不是等价交换关系。税收直观的无偿性是区分税收收入和其他财政收入形式的重要特征。但这种直观的无偿性,并不否定从全局、从长期观察所应要求的税收"取之于民,用之于民"的对应性,即纳税人一方作为整体所应得的实质性意义的回报。

税收的固定性是指税收是按照国家法令规定的标准征收的,即纳税人、课税对象、税目、税率、计价办法和期限等,都是税收法令预先规定了的,有一个比较稳定的适用期间,是一种固定的连续收入。对于税收预先规定的标准,征税和纳税双方都必须共同遵守,非经国家法令修订或调整,征纳双方都不得违背或改变这个固定的比例或数额以及其他制度规定。

(三)税收负担分析考察:商品税(流转税)税负的转嫁与归宿

政府征税和纳税人纳税如跷跷板的两端,政府的收入于纳税人而言显然是一种负担,即当强制性地将纳税人的一部分经济利益让渡给政府时,对纳税人形成的一般可量化的负担。从全社会来看,这是公众享受公共产品和服务需付出的代价。(前已述及,现代社会的文明规范,是这种"负担"与"代价"的决定机制及其量度,必须体现为"税收法定"。)从微观个体而言,税收负担又因个体的生产消费行为不同而可能差异非常大。纳税人未必是税收负担的最终承担者(负税人)。按照经典税收理论,间接税容易转嫁,因而纳税人往往不是税收负担的承担者,而直接税因税负转嫁较难,一般征到谁,税负就直接落到谁的头上。

1. 商品课税的转嫁与归宿,与商品的供求弹性密切相关

我们知道,税收是政府依靠政治权力征收的一部分国民收入,相应代表着一部分社会财富,以税收形式征收去的财富对于被征收的一方来说,即构成税负。当纳税人以某种方式将税负转移于他人时,便发生税负转嫁。税负转嫁之后,终归于某一个人或某一部分人,谓之归宿。

税收的转嫁与归宿,是税收理论中值得注重的一个问题。税收应有利于国民经济,这已成为理论上的通则,而要判断实际上是否做到了这一点,则须分析税收对于国民经济产生的实际效果。研究税收的转嫁与归宿,即是分析税收效果的一项内容,从中我们可以了解税收作用的方向和机制,认识其效应的来龙去

脉和作用范围，为正确制定税收政策提供依据，从而争取在税制上趋利避害，寻求优化，达到自觉运用税收杠杆的目的。

税负转嫁是商品课税的鲜明特征，表现为税负通过商品的出售可或多或少转嫁于他人，在经过一次或多次转嫁之后，税负的归宿终落于商品的某一个或某一部分购买者身上。由于商品课税的转嫁在实际经济运动中是多种因素综合作用的结果，随各作用因素的变动，其转嫁也表现出极为复杂的情形，由全部转嫁到完全不能转嫁不等，包括一系列的中项。在这方面的分析，有助于税收理论研究的深化。

在市场经济的情况下，影响和制约商品课税税负转嫁的重要因素之一，是商品的供求弹性。

何谓供求弹性？简单地说，即是某种商品的供给量或需求量的变动幅度与该商品价格的变动幅度之比，可用公式分别表示：

$$\text{供给弹性} = \frac{\dfrac{\Delta S}{S}(\text{供给量变动的百分比})}{\dfrac{\Delta P}{P}(\text{价格变动的百分比})}$$

$$\text{需求弹性} = \frac{\dfrac{\Delta D}{D}(\text{需求量变动的百分比})}{\dfrac{\Delta P}{P}(\text{价格变动的百分比})}$$

它们分别表明商品的供给量或需求量对于商品价格变动反映的灵敏程度。如果变动幅度与价格变动幅度相等，弹性为 1，这是灵敏程度上的一个中值或分界点。如果分子大于分母，弹性便大于 1，即称该种商品为弹性较大的商品；反之，分子小于分母，弹性小于 1，则称该种商品为弹性较小的商品。如果价格变动而供求量不变，则为绝对无弹性（零弹性）。

一般地讲，非生活必需品和较易取得近似替代品的商品的需求弹性较大，而生活必需品和不易取得近似替代品的商品需求弹性较小，生产因素转移交易的生产部门或单位的产品，供应弹性较大，而生产因素转移不易的生产部门或单位的产品，供给弹性较小。供求弹性可通过直角坐标系表示如下：

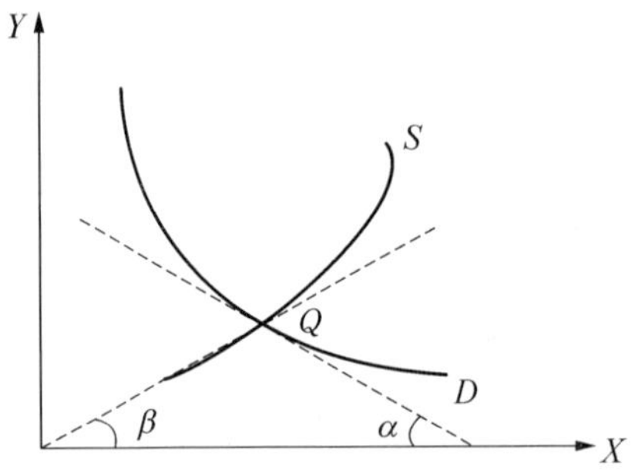

X 轴表示商品数量，Y 轴表示商品价格，D 为需求曲线，表示了一种商品在一个给定时期内在不同价格水平上的可售出量，需求弹性越大，曲线上 Q 点的切线与 X 轴的夹角 α 越小；反之，需求弹性越小，夹角越大。S 为供给曲线，表示了生产者在同一个给定时期内在不同价格水平上关于该种商品的可供给量，供给弹性越大，曲线上 Q 点的切线与 X 轴的夹角 β 越小；反之，供给弹性越小，夹角越大。两条曲线的交点 Q 便是均衡价格点，函数关系表明，在完全市场竞争的条件下，实际商品价格和供求量自然地趋向这一点。

这种关于供求弹性的表述，在 19 世纪末 20 世纪初资产阶级经济学主流派马歇尔的均衡价格论中，成为基本的概念和重要组成部分，具有合理内容，有助于我们具体分析和认识价格相对于供求或供求相对于价格的运动。

2. 商品课税、价格变动结合供求弹性的具体分析

价格是税负的承载物，课税而不导致课税商品价格提高的话，税负便不可能转嫁，税负能在多大程度上加入价格，因商品供求弹性不同而异，因此供求弹性对价格变动的制约和影响，也表现为在税负转嫁上的制约和影响。

在其他情形不变时，课税商品的需求弹性越大，意味着较小的价格上升会带来较大的购买量下降，卖主越不容易加价，税收的归宿越趋向于卖方；另一方面，课税商品的供给弹性越大，意味着较小的价格下降会带来较大的投资转移和供给量减少，卖主越容易加价，税收的归宿越趋向于买方。

两方面综合起来，则有供求弹性皆大、供求弹性皆小、需求弹性大供给弹性小、供给弹性大需求弹性小等多种组合的情况，我们可以借助直角坐标系中的图形作一些直观的表示。以下是在完全竞争条件下的几种典型的情况（为了图像表示上的简明，我们假定供求曲线都呈曲线的特殊情况——直线）。

（1）先作一项最基本的分析，假定供求弹性均为 1

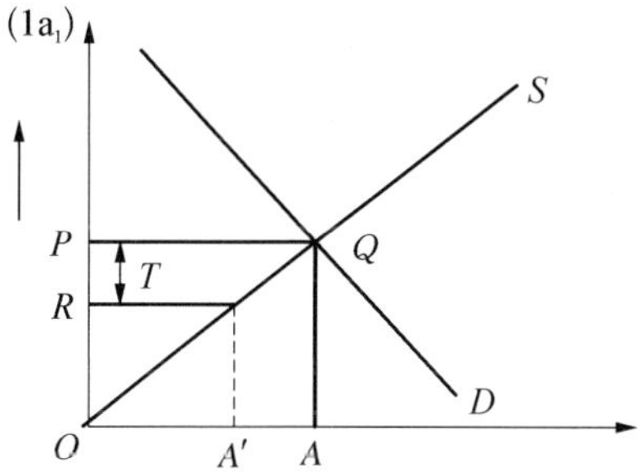

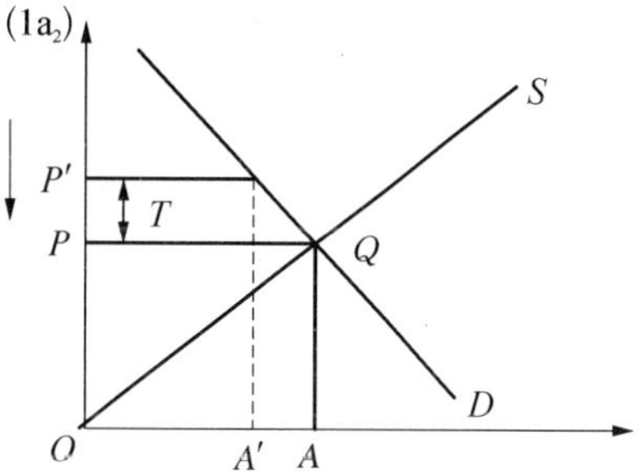

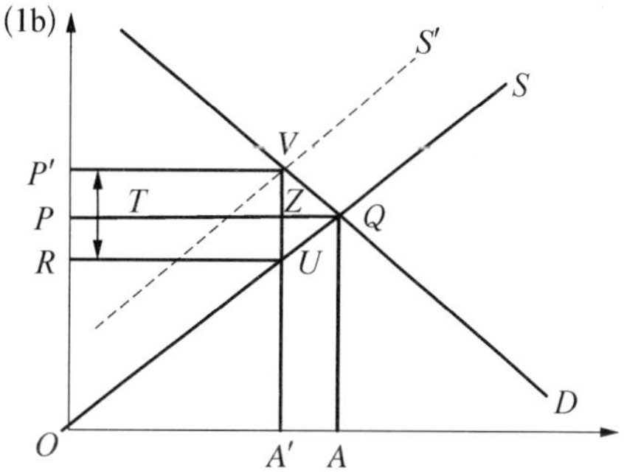

请看（$1a_1$）；课税之后，若价格不变，与之相关的生产者收益减少额等于商品课税额 T，收入量降到纵轴上的 R 点，该种商品供给量降到 R 点对应的横轴上的 A'，而这时的需求量仍停留在 P 点对应的 A 点，于是出现供小于求的情况，必然导致价格上升。再请看（$1a_2$）：假若将税额完全加入价格，即税负完全转嫁，价格升到 P' 点，生产者单位商品收益水平不变。而相应的商品需求量降到 A' 点，而此时供给量仍停留在与 P 点对应的 A 点，于是出现供大于求的情况，必然导致价格下跌。那么，由于上述两种趋向的作用，新的价格均衡点将稳定在哪里呢？请看（1b）：当价格由 P 上升到 P' 时，减少了的需求量为 V 点对应的 A'，此时单位商品的卖主收入由 P 降到 R，减少了的供应量为 U 点，对应同一个 A'，供求相等，于是，S 曲线按与 X 轴垂直方向上移 UV 一段距离，成为经 V 点的 S'，新的均衡点 V 便形成了。此时，很容易用几何方法证明，$P'P = \frac{1}{2}T = VZ = ZU$。从实际含义上讲，也就是表明，在供求弹性均为 1 时，税负由买方卖方各负担一半。矩形 $OP'VA'$ 代表了课税后商品的价格总量，$ORUA'$ 为其中生产者获得的部分，$RP'VU$ 则为税收的部分。

同理，再看下述几种情况：

（2）供给弹性为 1，需求弹性可变

（2a）需求弹性较大的情况

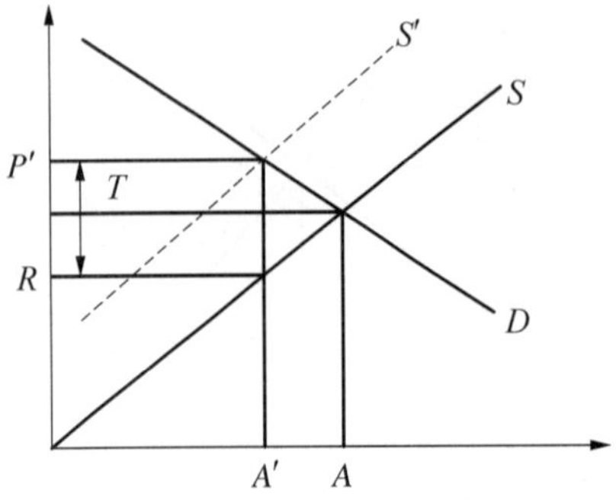

（2b）需求弹性较小的情况

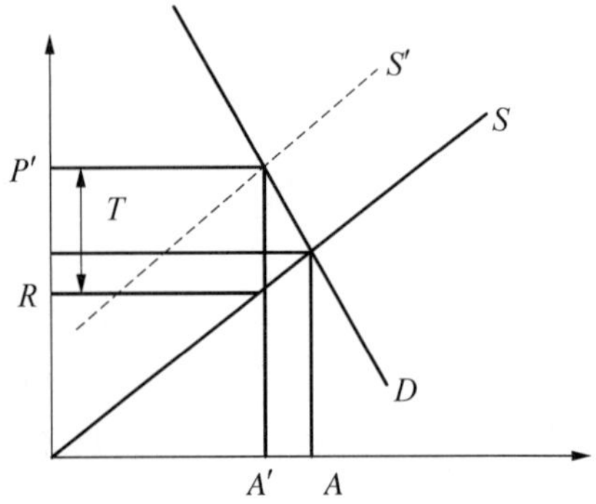

可见供给弹性既定的情况下，需求弹性较大时，税负趋向于卖方，需求弹性较小时，税负趋向于买方。

（3）需求弹性为 1，供给弹性可变

（3a）供给弹性较大的情况

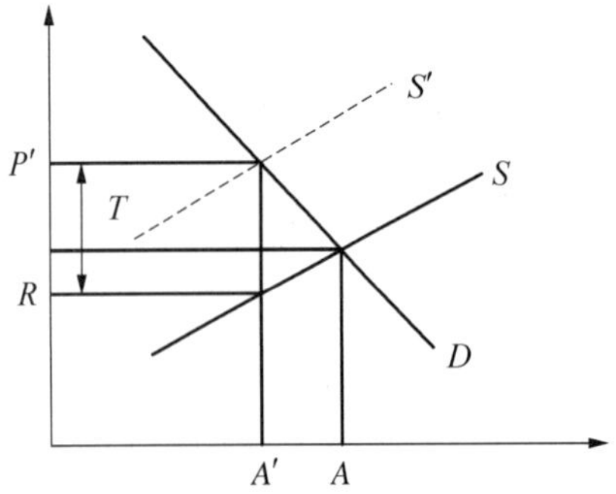

（3b）供给弹性较小的情况

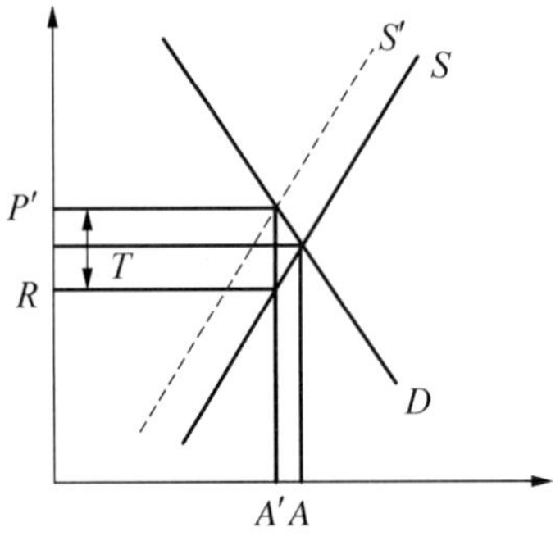

可见需求弹性既定的情况下，供给弹性较大时，税负趋向买方；供给弹性较小时，税负则趋向卖方。

（4）供求弹性相等

可见，只要供求弹性相等，不论弹性本身的大小，税负都由买卖双方负担各半，这种情况下随弹性大小所改变的只是课税对生产规模的影响程度$(A - A')$。

（4a）都较大

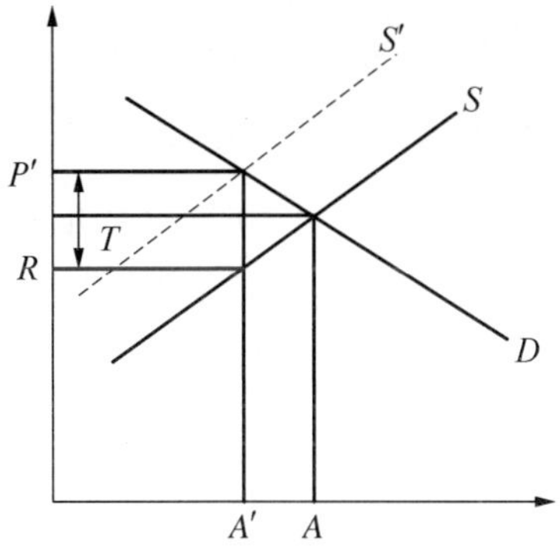

（4b）都较小

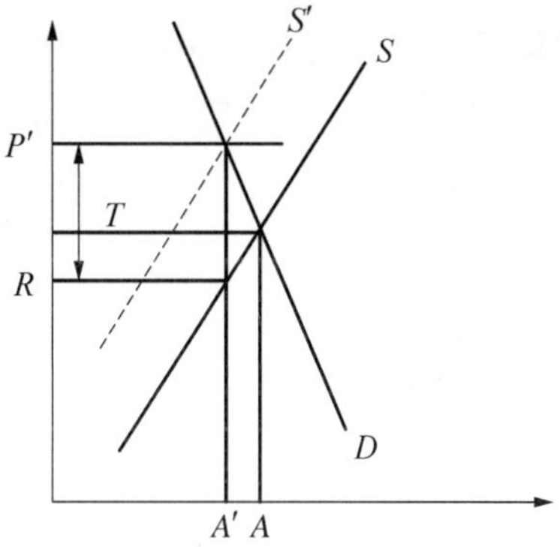

（5）极端情况

（5a）需求绝对无弹性，供给有弹性的情况

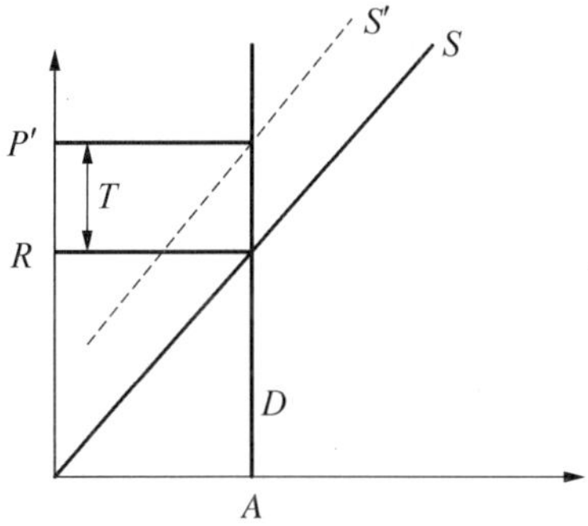

（5b）供给绝对无弹性，需求有弹性的情况

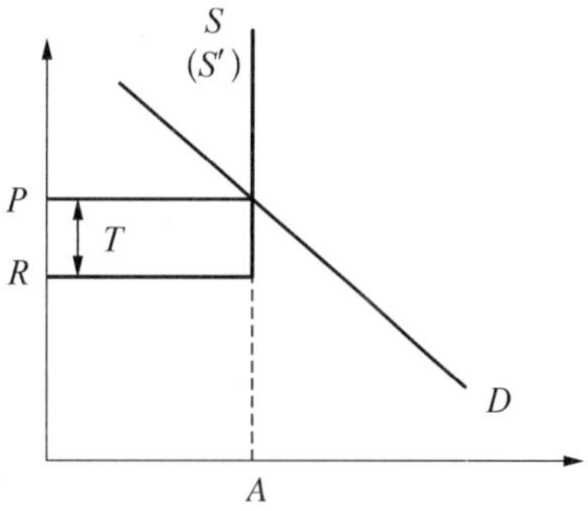

可见，需求绝对无弹性、供给有弹性时，税负完全由买方负担；在供给绝对无弹性、需求有弹性时，税负完全由卖方分担，原供求量不变。

（5c）需求弹性极大的情况

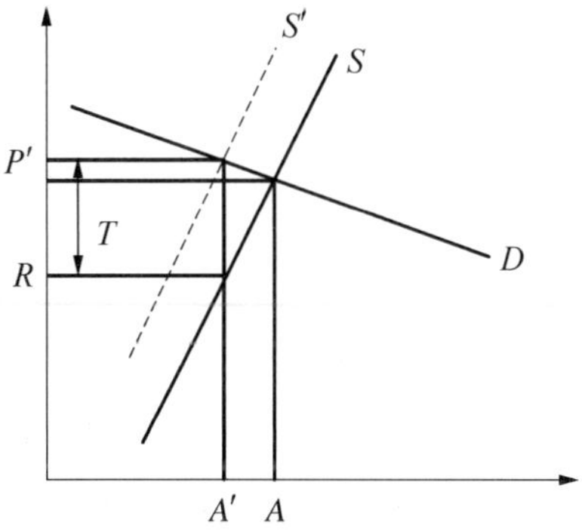

（5d）供给弹性极大的情况

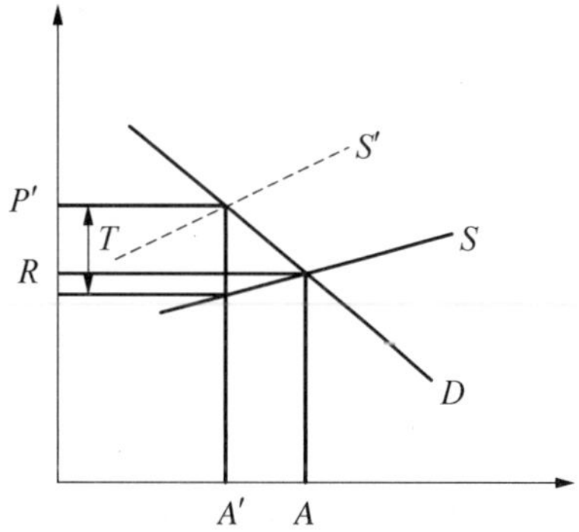

需求绝对有弹性,供给绝对有弹性都无实际意义,一般可不论。但有近乎绝对的情形:

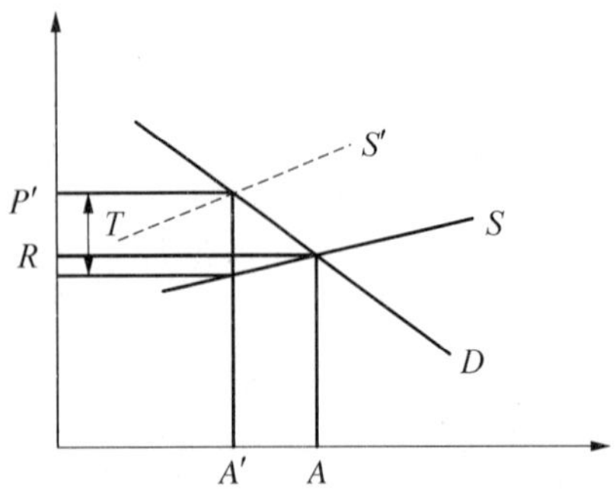

可见,需求弹性极大时,税负几乎全由卖方负担,供给弹性极大时,税负几乎全由买方负担。

3. 小结与可延伸作出的说明

把上面五个方面所列的所有情况概括起来,可以印证前面提到的供求弹性对商品课税转嫁归宿的总的影响,即商品需求弹性越大,税收归宿越趋向卖方,商品供给弹性越大,税收归宿越趋向买方;同时,我们还对主要的典型情况得到了更进一步的具体认识。

另外,还有以下几点需要说明:

1. 以上图示都以完全市场竞争条件为假设,而在现实中,任何经济中都存在或强或弱的垄断因素,因而我们在考虑具体的税负转嫁问题时,还有必要加入相应的因素。现代资产阶级经济学在分析垄断条件下的有关情况时,以边际成本曲线作为供给曲线的对等物,该曲线随每单位税收数量的提高相应向垂直于 X 轴的方向提高,与边际收益曲线的交点决定最终的产出和价格。类似方法可供我们研究借鉴。

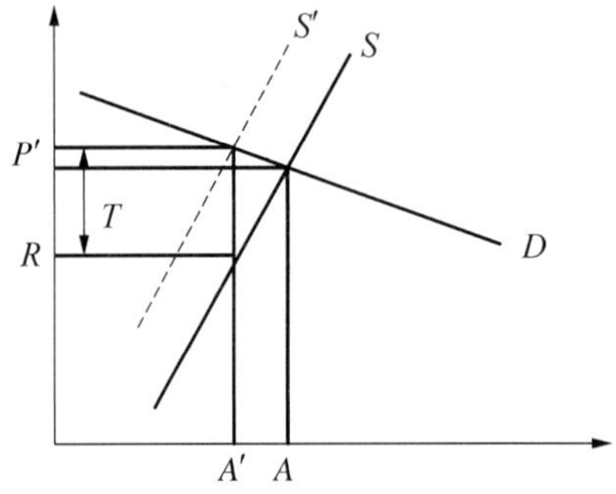

2. 同种商品的供求弹性在各个价格水平上亦会有所不同,使供求曲线呈某种弯曲状,由于以上图示是从直线画出的供求曲线,所以未表现出此种变动情况,但并不妨碍我们的分析,因为税后形成的新的供求均衡点在两条弯曲的曲线上同样以类似的方法表现出来。

3. 商品的供求弹性会依价格变化后由多种客观因素决定的供求调整所需

的时间而变动。一般地讲，调整的时间越长，供求曲线的弹性趋向越大，因为在需求方面，时间越长，消费者越可能找到该种课税商品的替代品，在供给方面，时间越长，生产者可能转移的生产要素量越大（比如旧的专用设备在使用损耗后，不需以同种设备来替换了）。而且还有

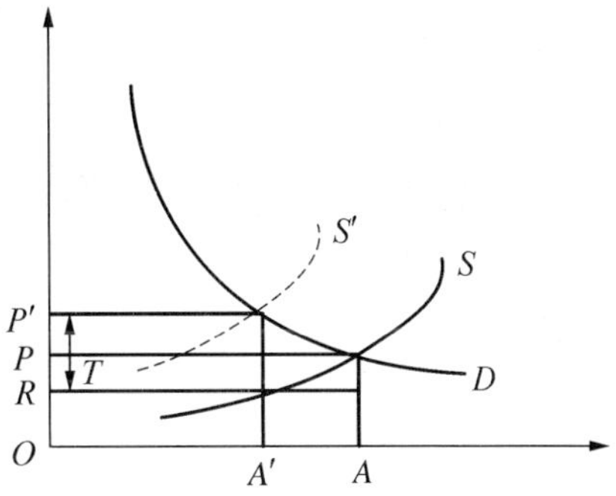

这种情形：在对一种商品课税伊始，可能购买量下降较多，表现为需求弹性较大，尔后一段时间，因消费者在寻找替代品方面不成功，消费量又逐步回升到近似原水平，表现为需求弹性较小。通常我们所画出的需求和供给曲线，代表的是充分调整后的情形。当然也可以画出表示仅仅有了部分调整的情况。在我们具体研究商品的供求弹性与商品课税的转嫁归宿时，有必要注意此种区别，以求得较精确的结果。

以上分析已表明，就商品税（流转税）所代表的间接税而言，谁会在多大程度上成为税收负担的最终承担者，最终取决于供需格局。同时可推知，在供大于需或者短期内价格难以调整的情况下，纳税人往往会成为税收负担的承担者。这方面一个典型的例子，是中国2016年做到了全覆盖的“营改增”：按照经典理论，增值税是典型的间接税，其税负可随产品流转而层层转嫁，最终消费者成为税负的承担者。但在改革初期，因价格调整具有时滞（如合同早在改革之前已签订），纳税人短期内则成为增值税的负担者。再比如，当前中国一线城市二手房市场，总体上还是供不应求，二手房卖家是个人所得税的纳税人，但在实际交易中，经常会看到，对于品质较好的二手房，买卖双方均到缴税大厅，税收缴款书上明确卖家是个人所得税纳税人，但却是买家刷卡缴付税款。当然，这也并不能说买家就是实际上的负税人，因为这里还要看房产最终的成交价。一般而言，如果某房产需要缴税，则该房产的成交价格（不含税）往往要低于市场价格，这就意味着，也有可能是买卖双方以分担方式共同成为税收负担的承

担者。

（四）复合税制体系与直接税、间接税

1. 关于复合税制体系

复合税制体系，是指多层次、多环节、多次征、多税种的税收体系。复合税制是各国税制普遍的实践特点。采用复合税制的主要原因：

——筹集财政收入的要求。任何单一税种的收入能力都无法满足政府支出的需要。

——普遍纳税的需要。纳税是公民（法人与自然人）对全社会应尽的责任和义务。任何单一税种都无法涵盖所有公民、所有经济行为。

——公平原则的体现。前文述及，衡量支付能力的指标有收入、财产和支出，相应地分别以收入、财产和支出作为税基的税种应运而生，这就必然导致复合税制。

下图是经典的税收与国民经济循环关系图，这张图往往是用来描述解释税系（商品税、所得税和财产税）的，但从图 4－1 中也可以看出，图中所标的 1—16 点都可以作为征税点。

——发挥税收调节功能的需要。在不同节点、征收不同的税，对生产者和消费者的决策有不同影响，从而发挥税收调节收入的功能。

——复合税制不简单等同于"重复征税"。严格的重复征税是指对同一税基征税。典型的如利润在缴纳企业所得税后，分配至股东时，股东还需缴纳个人所得税。复合税制中是不同税种的搭配，是对产品和要素征税的搭配，虽也包含一些必要的重复征税因素，但总体而言不属于全盘的重复征税。

2. 关于直接税和间接税

直接税和间接税是国内外广泛使用的税种划分方法。它最早见之于 18 世纪法国重农学派代表人物弗朗瓦·魁奈的"纯产品"理论，认为只有农业能够生产"纯产品"，相应地课征于土地的税是直接税，其他均为间接税。19 世纪，英国

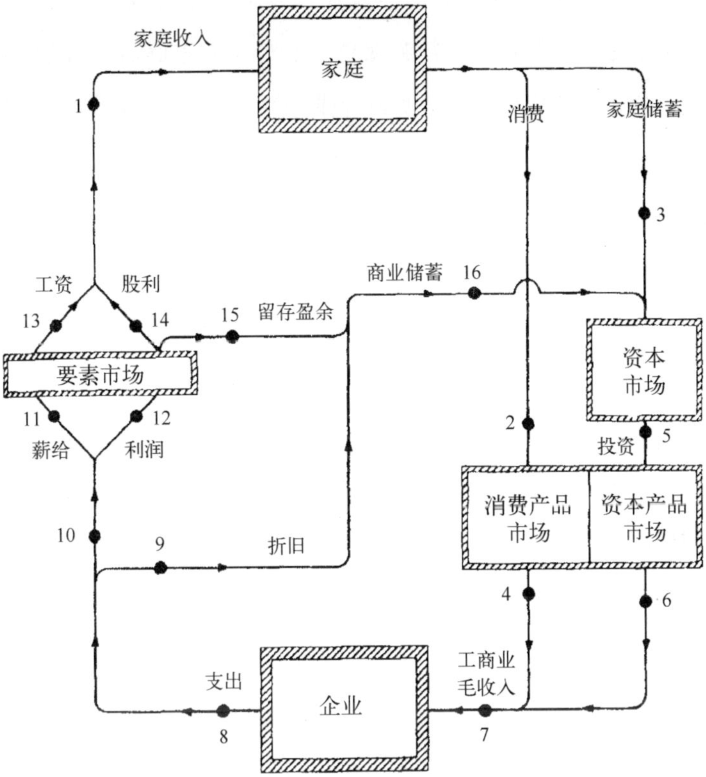

图4-1 复合税制下的征税点

经济学家约翰·斯图亚特·穆勒在其《政治经济学原理》一书中，又提出以租税立法时预期税负能否转嫁为标准，来区分直接税和间接税，即凡立法时预期纳税人自己直接负担的税为直接税，凡立法时预期纳税人能够将税负转嫁于他人负担的税为间接税。之后西方经济学界又提出多种直接税和间接税划分标准，如按照税源的类型划分为直接税和间接税等。

广泛使用的是按照税负能否转嫁或难易程度划分直接税和间接税，即税负不能或较难转嫁的为直接税，而能够或较容易转嫁的则为间接税。结合马斯格雷夫按课税对象性质的分类（所得税课税、财产课税和商品与劳务课税）方法，一般认为，所得课税和财产课税为直接税，而商品劳务课税为间接税。其中，所得课税是指对个人家庭或厂商的所得额为课税对象；商品劳务课税是以厂商的销售收入额或进行某种扣除之后的销售收入为课税对象;财产课税是指对财产的归属者课税,或对财产的转让行为课税。如对个人家庭或厂商拥有的各种财产所课征的财产税,以及对财产的遗赠所课征的遗产税、继承税和赠与税。具体到企业所得税,有学者认为不足以认定为实打实的直接税,理由是企业有可能凭借垄断地位或竞争优势,在纳税后又把负担转嫁至下一期的该产品或服务的购买者。

关于财产课税是否应全部划入直接税也是有不同的看法。财产课税包括对拥有财产和财产转让所课征的税。而对财产转让又包括财产赠与和财产交易量类,前者是施与者无偿给予授予者,而后者双方是平等的交易,这时财产(如房产)俨然是一种商品,与其他一般商品无异,所以按照其交易价征收税收应属于商品劳务税,属于间接税范畴。对财产转让行为课税视为商品劳务税还是财产税,直接决定了我国目前与房产转让过程中缴纳的契税、印花税等是直接税还是间接税的划分,进而影响我国直接税和间接税的占比,这是目前各方测算直接税和间接税占比有差异的一个原因。理论上说,与交易直接相关的税种都可以理解为间接税,因为市场交易行为由供求互动中的竞争可直接影响价格,进而使得纳税人和负税人不一致,从而导致税负转嫁,那么财产交易环节的相关税收,应当视为间接税。

由于研究视角的不同以及对各税种属性理解的差异,中国学界对现行 19 个税种(包括教育费附加)归类有差异。表 4 - 2 列示了代表性归类方法。

表 4 - 2　现行税种典型划分方法

序号	税　　种	税科所	北大林肯	财科所
1	国内增值税	间	间	间
2	国内消费税	间	间	间
3	进口货物增值税和消费税	间	间	间
4	营业税	间	间	间
5	企业所得税	直	直	直

续　表

序号	税　种	税科所	北大林肯	财科所
6	个人所得税	直	直	直
7	资源税	间	间	间
8	城市维护建设税	间	间	间
9	房产税	直	直	直
10	印花税	直	间	间
11	城镇土地使用税	直	直	直
12	土地增值税	直	直	直
13	车船使用税	直	间	直
14	船舶吨税	直	间	直
15	车辆购置税	直	间	间
16	关税	间	间	间
17	耕地占用税	直	直	直
18	契税	直	直	直
19	烟叶税	直	间	间
20	教育费附加	未明确列出	间	间

说明：税科所划分取自"我国直接税与间接税关系的发展和展望"，《税务研究》2005年第1期。北大林肯中心划分标准取自内部课题研究报告——梁季《直接税与间接税的理论探讨与实证分析》，财政部财科所《财政研究简报》2013年第45期。

根据三口径测算数据，我们可以得出基本结论：2008—2012年，我国间接税占比在65%—70%之间徘徊，相应直接税占比在30%—35%左右，较为中肯的量值，应是直接∶间接为70∶30。

表4－3　2008—2012年各机构计算的直接税和间接税比重（单位：%）

	年　度	2008	2009	2010	2011	2012
间接税占比	税科所	64.9	65.7	66.0	65.1	64.5
	北大林肯	69.1	69.2	69.9	68.6	67.9
	财科所	68.8	68.9	69.6	68.3	67.5
	区间范围	65—69	66—69	66—70	65—68	65—68

续 表

	年　度	2008	2009	2010	2011	2012
直接税占比	税科所	35.1	34.3	34.0	34.9	35.5
	北大林肯	30.9	30.8	30.1	31.4	32.1
	财科所	31.2	31.1	30.4	31.7	32.5
	区间范围	31—35	31—34	30—34	31—35	32—36

（五）拉弗曲线

美国的供给学派，后来虽被学界评价为其理论具有系统性不足，但其减税主张给人留下了深刻印象，并在历史上形成了值得重视的新意和变革印记。供给学派减税主张的理论依据，生动鲜明地表现在广为流传的拉弗曲线上。拉弗曲线得名于1978年裘德·万尼斯基（Jude Wanniski）发表在《公共利益》（*Public Interest*）杂志上的文章"税收，收入和拉弗曲线"（Taxes, Revenues, and the Laffer Curve）。正如该文作者（时任华尔街杂志的副主编）所描述的那样，1974年12月，他和拉弗（时为芝加哥大学教授）、多纳德（Donald Rumsfeld，时任福特总统的高级顾问）和迪克（Dick Cheney，时任多纳德的助理，拉弗的耶鲁大学同学）在华盛顿州华盛顿旅馆中的"两大洲"（Two Continents）饭馆吃饭。他们在讨论福特总统的以提税来抑制通货膨胀运动（Whip Inflation Now, WIN）的建议时，拉弗随手抓起餐巾纸和笔，画了一条曲线，来说明税率和税收收入之间的消长演变关系。万尼斯基将其命名为"拉弗曲线"。后来，拉弗本人谦虚地解释道，这不是他的发现，早在14世纪穆斯林的哲学家伊本·卡尔敦（Ibn Khaldun），在其著作中便提到："众所周知，在金字塔顶端，是从窄税基中获得大额收入，而在金字塔低端，则是以宽税基获得大额收入。"这句话给了他以思想基础和灵感。拉弗曲线的表达方式，是以现代化经济学已形成的直角坐标系上的曲线形态，直观地体现了其鲜明的内容。

拉弗曲线（如图4-2所示）描述的是税率和税收收入之间的关系，即从税率从最低（为0）到最高（100%），税收收入必然经历从0到其最高端然后又回归为0的演变过程，这一全过程背后，分析可得知税率变化对税收收入产生的两种效应：算数效应和经济效应。算数效应是指税率下降，税收收入（单位税额）相应减少，反之税率上升，税收收入增加，但此种效应会遇到其“天花板”，因为另一种经济效应此时将代之而起主导行为，其描述的是：税率降低对工作、产出以及就业产生正面效应，即对这些活动产生正面激励。反之，税率提高则对上述活动产生惩罚效应。因此，算数效应到顶端后，经济效应与之形成的二者间的相互抵消，使税收收入进入下降过程。

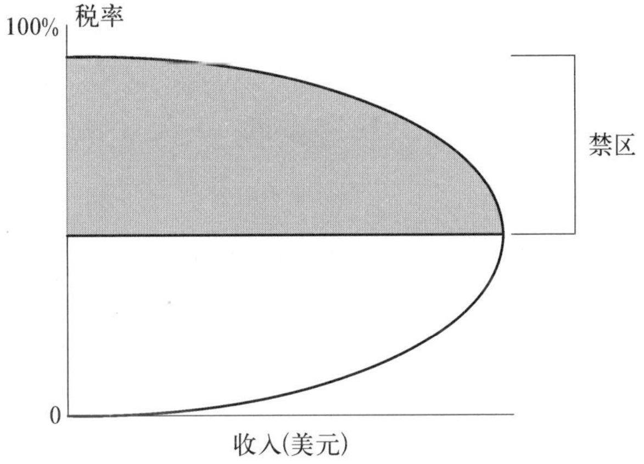

图4－2　拉弗曲线

税率的0和100%之间，税率变化对税收收入的影响其实不是可以十分确定而清晰地刻画的，因为这还与负责的税制结构等变量有关。拉弗曲线仅能粗略地描述税率和税收收入关系中演变的大趋势，却不能准确地刻画和计算两者关系。其精准的量化只在两端：在税率为零时，无论税基多大，政府都无法获取政府收入，在税率为100%时，由于没有人愿意工作，税基为零，政府仍然无法获取收入。其实在这两个极端情况之间，由量变过程可知存在两个税率点使政府可以获得同样的税收收入：分别为高税率、窄税基和低税率、宽税基两种情况，但此时对其经济效应的评价却相反，至于其复杂的相关政策含义，便需要结合税制设计与其他因素作展开分析讨论了。

因此，实际生活中，排除两端情况后的许多场景中，拉弗曲线自身并不能明确指出，降低税率是增加税收收入还是减少税收收入。税率变化给税收收入带来的影响还取决于当时适用的税制、所考虑的时间周期、经济活动向地下经济转移的难易程度、现有税率水平、现有因法律和会计制度结合带来的税收漏洞程度以及生产要素流动的倾向，等等。但假设其他因素不变，如果当前税率处于图4-2上方的"禁区"则可确认，降低税率可以增加税收收入，即税率降低的经济效应大于算数效应。这便是其可以最简明地从实践层面给出政策取向，并迎合了社会公众天然的"税收厌恶"倾向而颇得人心的原因。

三、非 税 收 入

/// 楔子：我们日常生活中的非税收入 ///

"拐弯路"的机制分析与公权扭曲问题

几个月前，北京复兴门的立交桥，驾车由南向北过桥之前有那么不足百米的一段路，出现了新的规定：车不能直接通过，必须向右拐入辅路再向左拐回到主路上，方可继续前行。在规矩变了后，我所乘车的开车司机不知情，因仍顺主路直行，走到按新规定应回到主路的那个口子之前，被交警拦下，按照"逆行"处理罚三十元，扣三分。自此称此段路为"拐弯路"——但至今还不明白为何要做出这种"奇怪的"规定？

以后每次车经此地，拐过弯来、将复入主路之时，我们总能看到一个有意思的现象：在我们曾挨罚的那个位置，必定有交警又拦下了一辆、两辆乃至更多的车，正在扣分罚款呢。

一个困惑油然而生：姑且假定这种让老百姓感到费解的新规定完全合理，但为什么有关管理部门不把一个足够醒目的指示牌放在快到应拐弯处的一个恰当的路边位置，使直行车辆都能明确认识到必须拐弯并且有时间作出必要的驾驶处理呢？特别重要的问题是，当交警有人力来“看守”这个路段时，为什么不站在应拐弯的入口处示意（挥一下手即可）而非要站到末端去呢？按现在这个样子，明摆着这段“拐弯路”成了一个“陷阱”，车辆直行过去时得不到交警的提示，却在“错误路段”的尽头挨罚。交警一天盯下来，不知要靠这一小段路累积出多大数额的罚款量，同时也不知要因这一小段路累积出社会上“生产要素”与“公众闲暇”的一个多大的时间价值损失。

我的思路再往下走，试图分析交警如此这般作为的内在机制，可依次摆出几种可能：

第一，罚款与交警的收入有直接联系——俗称“挂钩”，过去一般的形式是“罚没收入按比例留成”，所以特别刺激了交警利用“陷阱”方式罚款的积极性。这种“挂钩”情况几年前曾大量发生，但据我所知，在近年普遍实行“收支两条线”管理、罚款交到银行之后，首都北京总体上应该是不存在这个机制了。（我们近年在市内行车，虽偶尔也遇到过直接收取现金的罚款方式，但毕竟一般“守规矩”的作法，包括在“拐弯路”上，是领罚单、上银行交纳的。）

第二，扣分罚款与交警的业绩有联系，进而与其收入有间接联系（一般的形式是“完成纠正违章”多少次可得奖金多少元）。这种机制也会导致交警利用“陷阱”方式增加“纠正违章”数量的特殊积极性——不知“拐弯路”上的情形与此是否有关。

第三，纠正违章的扣分、罚款与交警的收入总额完全无关。在这种情况下，交警不愿在“拐弯路”入口处示意而愿在末端拦车扣分罚款的动机，恐怕就只能由不愿“服务”而愿“要威风”的心理因素或“素质因素”来解释了。

不论北京复兴门立交桥边的情形到底是由上述诸可能因素的哪一种具体组合形式产生，实际的结果都是交警职能在行使中的不当或误配置——最能方便公众的形式不用，偏偏采用最不方便公众的形式。联想到在其他地方也遇到的类似情况，比如在上海，夜间一路口边，摆上个很难让司机注意和看清的“临时变为单行路”的纸牌，交警在路口内100米处等着拦车罚款，等等，我不禁要大发一点感慨：政府用纳税人的钱组建交通警察队伍，是为了疏导交通、方便公众的，但在这些具体案例里，却变成了交警给公众增加甚至制造麻烦、影响交通——守在“陷阱”边上，以不容争辩的权威实施拦车罚款而乐此不疲，这是不是一个十分荒唐的功能“拐弯”？

既然想到这里，就还必须再深说一步：交警手里拿的是公权，“拐弯路”案例后面，可以发现的是公权的扭曲。中外各国的实际情况表明，公权的实际掌握环节上的个人，有发生滥用公权、使之扭曲的可能，所以为使公权名副其实而不被、少被扭曲，就必须使社会具备合理的公权行使机制和有效、高效的监督与纠偏机制，公众不应面对公权的扭曲而无可奈何，应当可以比较不那么“痛苦”或“麻烦”地通过一定程序要求对公权的不当使用作出改正——遗憾的是，中国现时社会生活中，类似上述情况的扭曲为数似乎太多了一些，有效的纠偏机制似乎太弱了一些。

如何以制度、机制的力量，把公权的扭曲抑制到最小限度，是中国现代化历史变革中最为深刻的内容之一，也是这种历史进程不可分割的组成部分——忽略了它，就没有现代化，这就是我从“拐弯路”以小见大而感到如鲠在喉、不吐不快的话。

（贾康，《中国经济时报》2001年9月3日）

广义地讲，政府收入中除了税收收入外，其他收入都可以划归为非税收入。但不同非税收入开征的理论基础、性质和功能定位差异却极大。

政府征收非税收入的依据比较复杂，概括起来主要有四种，即准公共产品、政府行政权、政府产权和政府信誉。其中，政府性收费（基金）基于政府提供准公共产品的成本补偿；罚没收入的取得源于政府作为国家机器而行使的强制性行政权力；国有资源（资产）有偿使用收入、国有资本经营收入主要基于政府的产权边界；彩票收入和以政府名义接受的捐赠收入，以及发行公债取得的收入，依据的则是政府信誉。

（一）政府性收费（基金）与准公共品的成本补偿

（1）准公共品的有效提供方式——政府的混合筹资（使用者付费机制等）

现实生活中，政府提供的大多数产品具有部分公共品的特征，可被称为准公共品。如果准公共品完全以税收方式筹资而由政府供应，即意味着准公共品的生产费用由所有社会成员共同负担，这就不仅会侵犯未消费或少消费这类公共品的成员利益，而且会剥夺消费这部分公共产品的社会成员根据自己偏好选择准公共品种类和规模的权利，也不利于形成贯彻节约原则的准公共品使用机制，从而会降低社会综合经济效益。在经济学的意义上，准公共品的市场均衡条件为：私人边际收益与公共边际收益之和等于私人边际成本与公共边际成本之和。正是由于准公共产品的市场特征，政府处于既不能将其完全交于市场提供，又不能完全通过税收融资无偿提供的两难选择之中。若实现准公共产品的有效供应及配置效率最大化，政府供应必须采用免费供应和收费供应相结合的方式，除采用税收手段外还以收费（使用者付费）等非税方式对相当一部分准公共品的供给予以支持和加以保障。可见，政府性收费（基金）存在的学理依据，在于准公共品理论，实践中政府性收费（基金）的出现有利于破解准公共品有效供给的难题。同时，政府性收费（基金）的规模及类型还取决于准公共品的定价原则及结构形态，即政府提供准公共品的范围决定政府性收费的边界，政府提供准公共品的类别决定政府性收费（基金）的结构。

使用者付费是一个在政府收入体系中值得重视的概念，在收入占比上虽然一般都十分边缘化（基层政府收入的占比一般较高），但其优化机制的意义，却相当具有启发性。试想，居民家庭日常使用的电、水、燃气等，若无与使用者使用费相对应的定价—收费机制，则普遍的消费者行为会无顾及地演化成“长流水”、“长明灯”似的浪费、挥霍模式，以使用者付费机制形成具体的供需对应性和内在的经济利益约束，有利于节电、节水、节气的消费习惯的养成，优化资源配置，提高公共服务绩效。同时，由于这些基本公共需要的满足要尽可能考虑低收入人群的支付能力,所以这类准公共品的定价是需要政府特殊管理机制覆盖的,不以营利为目的,必要时还需施加一定的政府补贴。这种使用者付费形成的“现金流”也形成了其供给侧对接PPP机制的可能性。

(2) 准公共品提供中的价格边界决定了政府性收费(基金)的不同规模

对竞争性较弱、政府鼓励消费但又要避免过度无效使用的准公共品,如公园、博物馆及办理证照簿卡等,一般采取政府定价低于其供应成本的低价收费方式,收费规模较小,只收取少量手续费、工本费或管理费;对存有一定竞争性,较易产生拥挤效应,政府支持但并不特别鼓励消费的准公共产品,如公共住宅、中端的教育文化和体育卫生、非闹市区的公共停车位等,一般采取政府定价等于平均成本的保本收费(“使用者付费”)方式;对产品的竞争性较强,且在技术上容易实现排他的准公共产品,如居民用水、用电、闹市区的公共停车位等公共资源,为限制过量消费,保证资源节约使用,政府一般采取定价略高于甚至明显高于平均成本的收费方式[1]。

(3) 准公共产品提供的结构形态决定了政府性收费(基金)的不同类型

对政府提供的体现政府管理职能的某些特定公共服务,如证照办理、度量衡鉴定以及司法的审判、执行、诉讼等,需要向消费者收取一定的手续费和工本费,即政府规费;对政府提供的体现某种市场交易性质的准公共品,如文化娱乐设施、自来水供应、高速公路等,需要向消费者收取使用费;对政府提供的体现某种资源(资产)所有权的准公共品,如土地、矿产、河流等公共资源的开发利用及频道占用、矿产资源探矿等专有权,要对占有、使用和经营这些资源(资产)的特定公民或团体,征收公共资源(资产)占用费。

(4) 准公共产品提供的层次范围决定了各级次政府性收费(基金)的不同比重

公共品除了价格边界和结构形态分类外,还可按其层次范围分为全国性公

[1] 曾建华:《现代西方财政学》,厦门大学出版社,2004。

共品和地方性公共品，分别由中央与地方政府提供。由于公共品自身特点及税收无偿性特征，中央政府所提供的公共品大多属于或接近于纯公共品，例如外交、国防、环境保护等，因此税收应成为中央政府的主要收入来源，政府性收费所占比重相对较低。地方政府主要提供准公共品，并通过收费实现或部分实现成本补偿。由于地方政府更接近消费者，更能够了解居民的真实意愿，便于实行成本效益分析，收费也具有可行性，因此，地方政府以非税方式组织的收入会占有较大的比重，随着政府级次的降低，非税收入在本级财政收入中所占的比重，一般也会提高。

（5）准公共品提供的时空相对性决定了政府性收费（基金）方式的演变

产品的竞争性、排他性与技术水平、经济发展等因素密切相关，随着这些因素的变化，准公共品在性质上和内容上会不断变化，相应的政府筹资的方式也会随之变动。一是，科技水平的提高改变了某些产品的排他性与竞争性，使原来的纯公共品转化为准公共品，非税收入方式发生演变。如无线电视到有线电视的转变，使这一公共产品的提供方式由无偿转为有偿。二是，经济发展与收入水平的提高会使人们追求更高的生活质量而改变某些准公共品的消费方式。如随着住房条件的改善，更多人从公共洗浴转向家庭洗浴，政府对公共洗浴场所的经费补助自然减少并最终取消。三是，随着国家财力的增强，政府提高了公共品供给能力，同时以转移支付方式缩小人们消费准公共品的数量区别，从而扩大权益—治理型公共品的范围和使若干准公共品变为纯公共品。如现在一些福利国家已在全国范围内推行全民免费高等教育和免费医疗，政府的筹资方式即由收费融资转变为税收融资。四是，政府和公众的公共选择可以改变某些准公共品的供应范围，进而影响非税收入的方式[1]。以上这些影响因素都具有动态性，从当今准公共品范围总的变化趋势看，一般而言发达国家准公共品的范围在缩小，发展中国家准公共品的范围在扩大。正是这种准公共品范围的差异，致使发达国

[1] 周自强：《公共物品概念的延伸及其政策含义》，《经济学动态》2005 年第 9 期；冯俏彬、贾康：《权益—伦理型公共产品：关于扩展的公共产品定义及其阐释》，《经济学动态》2010 年第 7 期。

家的财政收入以税收收入为主，而发展中国家的非税收入则更为普遍地存在，且在政府收入中往往占有相当比重。

（二）罚没收入与解决负外部性的强制性行政权力运用

罚没收入指国家执法机关依据国家法规、规章，对违法者实施行政处罚所取得的罚没款和没收物品的折价收入。罚没收入的取得依据在于政府作为国家机器行使的具有强制性的行政权力，这种强制性权力的使用目的应在于纠正市场主体及社会成员行为的负外部性。所谓外部性指经济主体（厂商或居民户）的经济活动对他人和社会造成非市场化的影响，这种影响又不能使经济主体得到相应的补偿或给予其他社会成员相应的赔偿。它具体分为使他人受益的正外部性（外部经济）和使他人受损的负外部性（外部不经济）。正外部性的存在，会使经济主体的活动水平低于社会所需要的最优水平，而对他人与社会带来的是受益；负外部性的存在，则会使经济主体的活动水平高于社会所需要的水平，并给其他经济主体带来损失。无论是外部经济还是外部不经济，都表明市场机制失效，资源没有实现最优配置，需要政府适当干预。政府消除外部性的方法有多种，可以是明晰产权，依据科斯定理使经济主体自发交易，也可以设计特定税种（如环境税）使外部成本"内部化"而引导相关主体优化调整行为方式，还可以促进相关企业合并使外部性"内部化"，以及可通过制定标准或法规进行直接管制。但有些方法，或者由于交易成本太大，产权难以界定，或者由于执行效率太低，难以有效管制，其适用性存在很大局限。现实生活中，政府解决外部性问题更普遍、更有效的手段是采用经济刺激与约束手段，即以补贴方式弥补正外部性，以罚没方式矫正负外部性。显然，这种干预的依据是政府所具有的强制性行政权力。政府以行政手段，通过罚没方式对产生负外部性的经济主体施加影响，使其边际私人成本等同或相当于边际社会成本，以有效抑制负外部性产出或行为，实现社会资源配置的优化。

因此，政府征收罚没收入的理论依据在于消除现实存在而市场体系又无法独立解决的负外部性问题,政府征收罚没收入的现实依据则在于政府作为国家机器所专有的强制性行政权力。外部效应存在的理论边界与政府行政权力的现实边界,共同决定了罚没收入的标准与范围,罚没收入的标准界定与取得依据,既不能超出外部效应所存在的区间范围,也不能突破法律所赋予的政府行政权力边界。

（三）国有资源（资产）收益与追求经济社会综合效益的国家产权取向特征

广义的国有资产指属于国家所有的一切财产和财产权利的总称,它包括经营性国有资产、非经营性国有资产和资源性国有资产。无论哪一类国有资产,其收益都是国有资产的出资者或所有者代表的国家权益追索权的实现,其取得依据都是基于政府对这些国有资源(资产)的产权形式,即政府对国有资产或资源的所有权以及对国企利润的分配权等。不同类的国有资产,其收益的具体取得方式不同。对经营性国有资产,其收益大小取决于国有资产所在企业的经营状况与取得收益的不同形式,如国有企业出售收入、上缴利润、分派股利,分别取决于企业市场价值、盈利状况与董事会依据经营成果和企业发展方向作出的决议;对非经营性国有资产,其收益取决于处置国有资产的方式,如国有资产占用费的收取依据在于对国有资产的转让经营;对资源性国有资产,其收益决定于由利率、租金、成本等因素决定的资源均衡价格,如土地出让金是地租的资本化,即地租与利率的商值[1]。

（四）彩票公益金与依据政府信誉助益分配优化

彩票公益金是政府为支持社会公益事业发展,通过发行彩票筹集的专项财政资金。社会公益事业具有很强的公共品属性,根据公共品理论,对这类事业的

[1] 李友志:《政府非税收入管理》,人民出版社,2003。

融资难以普遍实行收费方法,只能依靠其他手段。税收手段是选择路径之一,但完全依赖这种以国家行政权力作保障的强制性手段,既无法解决公益资金缺口日益扩大的问题,也不利于培育纳税人的税法遵从度;如果依据国债发行手段,则要付出还本付息的较高代价并受债务合理规模边界的制约。政府以国家实力和自身信誉作保证,通过垄断性的公益彩票的发行与经营,合理引导彩民购买彩票,这样形成的彩票公益金既弥补了社会公益资金的不足,又兼具自愿性和无偿性特征,可视为以政府名义接受的彩民捐赠收入。应当认识到,以政府名义接受的捐赠收入和彩票公益金主要依据政府信誉为社会公益事业的发展而融资,是实现分配正义途径的重要补充,然而,彩票购买毕竟只是一种投机性质的分配行为,其本身并不产生任何经济效益,而且往往彩票参与群体主要是中低收入者,彩票发行过多过滥会影响社会劳动生产率的提高与社会资源配置的优化,最终也会透支掉政府信用,因此,政府在筹集这一非税收入时,必须注意彩票发行的适度规模与合理的销售环节分配比例。

综上所述,非税收入形成的理论依据主要在于弥补市场失灵的政府行为的必要性。正是因为市场失灵,市场机制难以保证准公共品的完全提供,才需要政府以收费(基金)形式,实现对准公共品的成本补偿;正是因为市场失灵,市场体制难以有效规避各种外部不经济行为,才需要政府依据强制性的行政权力,以罚没等手段解决负外部性问题;正是因为市场失灵,政府为调节市场行为,或提供公共服务而形成大量国有资产,或开发大量国有资源,才需要政府依据其所有权调控国有资产的运营,使其增值增效;正是因为市场失灵,私人彩票业存在种种弊端,才需要政府以经济实力和自身信誉垄断彩票运营,以彩票公益金的形式,助益于实现市场机制难以解决的分配优化。

规范非税收入管理,就是针对以上各项非税收入的取得依据,按照政府管理及服务的边界与范围,确定非税收入的合理规模与结构,并在结构轨道上优化运营环境与机制。

四、宏观税负

专栏 4-2　走出宏观税负的误区

在现代社会，除了有意仿效鲁滨孙式的生存方式之外，要试图寻找一个脱离税收影响的空间是徒劳无益的。18 世纪末，美国著名发明家、政治家本杰明·富兰克林（Benjamin Franklin）说过一句在西方国家广为流传的话：这个世界上只有死亡和征税是确定无疑的。

国外某杂志发布的所谓 2009 年税负痛苦指数排行，一度吸引了国内媒体的关注。按其方法测算，中国税负痛苦指数为 159，在其公布的 65 个国家和地区中排列第二，仅次于欧洲某国。对于诸如此类的评论，如果不加甄别，把戏说当作正史来解读，甚至作为学术研究的依据，产生的误导将贻害无穷。

根据 IMF《政府财政统计年鉴（2009）》所列的数据相对齐全的 47 个国家和地区 2008 年的资料，按税收收入计算的宏观税负水平，发达国家平均为 27.7%，最高为 47.1%，最低为 14.6%；24 个新兴和发展中经济体的国家和地区，发展中国家和地区平均为 22.7%，最高为 37.7%，最低为 16%。按照中国现行各类预算管理制度规定，并以 2009 年数据测算，中国税收收入占 GDP 的比重为 17.5%；加上政府性收费和基金等非税收入，宏观税负约为 30%（其中，国有土地使用权出让收入占 4.2%，社会保险基金收入占 3.8%）。有的研究机构和学者，根据相关数据分别测算或估算中国目前宏观税负水平比 30%要略高一些。

宏观税负的经济内涵，显示了一国政府为社会提供公共产品和服务所占用的财力资源在该国当年实现的GDP中所占的份额,它不仅体现了政府履行职能与所需财力资源的关系,也反映了政府集中的各项收入与经济发展的关系。

国家间财政制度安排上的差异,会不同程度影响税负比较的公正性。统计数据的非一致性,也会或多或少影响税负比较的合理性。

(肖捷,《中国改革》2010年第10期)

专栏4-3 "人均宏观税负"是个伪概念

近日,原国税总局副局长许善达"中国宏观税负达到44%"的言论在互联网上激起热议。之后又看到"统计称今年全国人均宏观税负6 338元、北京超2万居首"的新闻,不由得想说两句。

这是一份21世纪宏观研究院发布的报告。这份报告创造性地提出一个新概念——"人均宏观税负"。其计算过程是这样的:以2014年各省区市的公共财政收入预算为分子,第六次全国人口普查人口数为分母。其计算结论是:2014年全国人均宏观税负水平约为6 338.76元……地方人均宏观税负的极值分别是北京的20 347.8元和西藏的2 454.7元。人均宏观税负前三名是北京、上海、天津,分别为20 347.8元、19 192.8元和17 993.5元,最低的3个省级行政区为河南、甘肃、西藏,分别为2 846.7元、2 580.6元、2 454.7元。

看似公允的数字与公式下,"人均宏观税负"却是生编硬造的伪概念,误导成分极大。

首先,我所见到的任何一本财政学教科书和财政文章中,从来没有

"人均宏观税负"这个词,有的只是"宏观税负"。宏观税负是指当年税收收入与当年GDP之比,表明是在全社会新创造的价值中,政府以税收的形式拿走的那一部分。这个公式中分子、分母的内涵准确,计算时所使用的数据也比较清楚,没有歧义。是不是"宏观税负"除以"第六次全国人口普查人口数"就能变成所谓的"人均宏观税负"?当然不是,因为前者计算出来是一个百分数,如果用来除以人口总数,不可能得出上述报告中的各项数字。报告作者是"以2014年各省区市的公共财政收入预算为分子,以第六次全国人口普查人口数为分母"计算出来的。这是"人均税负"而不是"人均宏观税负"。

再者,在宏观意义上,"税收负担"一词的含义是比较清楚的,即政府从全社会新创造的价值中拿走的那部分(还要假定不区分税收收入、财政收入和政府收入)。但在企业、个人、家庭、区域、行业等微观意义上,我前些年在教学过程中就发现,基本无法直接、笼统地使用"税收负担"这个词。

大家常说企业税负重,如果笼统地说,企业税负当然是当年企业所交纳的全部税收与其全部收入之比。但如果条分缕析一下,就会发现其中有太多的不清不楚。一是全部税收,到底是指企业交纳的税收(要包括流转税)还是企业承担的税收(不包括流转税)?理论上讲,如果要讨论税收负担,当然应当是后者。二是全部收入是指当年的营业收入还是利润收入?理论上也应当是后者。但大家平常所说的"企业税负重"指的是这个意思吗?恐怕不是。

正确的处理方法是分出具体的税种来。如企业的流转税负(分子是企业所交的流转税,分母是营业收入);所得税负(分子是企业所交纳同时也不能转嫁的所得税,分母则是当年的利润收入)……

就税负问题而言,“宏观税负”就是“宏观税负”,“人均税负”就是“人均税负”,就是没有一个“人均宏观税负”!硬要将两者扯到一起,就好比那个脑筋急转弯:“三个萝卜加两棵白菜等于几?”有意义吗?

(冯俏彬,《新京报》2014 年 8 月 19 日)

(一)关于宏观税负的含义、口径及其影响因素

1. 宏观税负的含义和口径

宏观税负是指一个国家(地区)的税负总水平,通常以一定时期(一般为一年)的税收总量占国内生产总值(GDP)或国民总收入(GNI)的比例来表示。因此,宏观税负是个相对值概念,它一方面反映了一国(地区)新创造价值中政府部门所拥有份额,另一方面也反映了市场主体和社会成员的负担。由于分子和分母所用指标口径的不同,产生了不同口径下的宏观税负。

从分母来看,有两个指标,分别是国内生产总值(GDP)和国民收入(NI),两个指标的差异在于以地域还是以国民为标准,是以生产还是以收入为标准。国内生产总值强调国内领域的生产总值,国民收入强调的国民的总收入。两者有如下关系:国民收入(NI)=国内生产总值(GDP)+净要素收入=国内生产总值+来自国外的劳动者报酬和财产收入-支付国外的劳动者报酬和财产收入。

改革开放至2006年,我国国内生产总值始终大于国民总收入,但自2007年以来,国民收入超过了国内生产总值,说明我国已成为要素收入净流入国家。2011年,我国国民总收入和国内生产总值分别为47.21万亿和47.29万亿,两者之差为766亿元,基本可以忽略不计。为此,本书以GDP数据作为宏观税负衡量指标的分母数据,这也是大多数研究者的指标选择。

从我国的具体运行情况而言,分子即“税收总量”指标的差异较大。对于宏观税负指标中分子税收总量的选择而言,大致有三种口径:一是仅指税收收入,

即由全国税、各机关以及海关代征的各种税收合成的总收入；二是较大口径的税收收入，是指公共财政收入，即纳入一般预算的全部税收收入和部分非税收入；三是指最大口径的税收收入，即全部政府收入。后两个口径的宏观税负概念中，“税”实为税收收入与非税收入相和的代称。

目前，我国预算的全口径包括四个预算，分别为公共收支预算、基金预算、国有资本经营预算和社会保险基金预算。所以，在设定分母后，我国宏观税负有三个口径，即小口径、中口径和大口径。小口径宏观税负是指税收收入与GDP的比值；中口径宏观税负是指公共收支预算收入与GDP的比值；大口径宏观税负是指纳入预算体系的全部政府收入与GDP的比值。

2. 宏观税负的影响因素

影响宏观税负水平的因素较多，如经济体制、发展阶段、城镇化水平、社会政策、政府效率等等。经济体制很大程度上决定着政府与市场的关系和政府事权范围。政府事权范围越广，所需要的财力越多，宏观税负水平的要求越高（在此假定政府支出均以收入来实现）。经济发展水平越高，经济现象越复杂，人们的需求愈发多元化，对公共品的需求增加，从而宏观税负水平越高；城市的拥挤产生了诸多农村分散居住所不需要的公共品需求，因而城镇化水平越高，宏观税负越高；社会政策对宏观税负的影响主要表现在越是高福利国家，宏观税负水平越高；政府效率决定了公共品提供的单位成本，效率越高，宏观税负水平越低。

实际生活中，影响宏观税负水平高低的首要因素是政府职能定位、事权范围的大小，它是经济体制、发展阶段、城镇化水平以及社会政策的综合反映。政府事权范围是决定宏观税负高低的前提性大框架，不同国家，发展阶段不同，国情相异，各国静态宏观税负可比性不强。

（二）我国宏观税负水平的客观考察

根据《中国统计年鉴》和财政部网站公布的相关数据，2010—2017年，我国大、中、小三口径的宏观税负水平如表4－4所示。

表 4-4　2010—2017 年我国各口径宏观税负水平(单位：亿元、%)

	2010	2011	2012	2013	2014	2015	2016	2017
全国公共财政收入	83 101.5	103 874	117 254	129 210	140 370	152 217	159 605.0	172 592.8
其中：税收收入	73 210.8	89 738	100 614	110 530	119 175.3	124 892	130 306.7	144 369.9
政府性基金收入	36 785	41 363	37 535	52 269	54 113.7	42 330	46 643.3	61 479.66
国有资本经营收入	559	765	1 496	1 713	2 007.6	2 560	2 609.0	2 580.9
社会保险基金收入	17 071	25 758	28 465	35 994	39 186.5	43 088.1	50 112	55 380.2
扣减：公共财政对社会保险基金的补助	1 900	5 216	6 272	7 371.5	8 446.4	9 741.8	11 088.6	12 264.5
政府收入规模	135 616.5	166 544	178 478	211 814.5	227 231.4	230 453.3	247 881	279 769
GDP	408 903	484 123.5	534 123	588 018.8	636 138.7	676 708	744 127	827 122
小口径宏观税负（税收占 GDP 的比重）	17.9	18.5	18.8	18.8	18.7	18.5	17.51	17.45
中口径宏观税负（公共收支预算收入占 GDP 的比重）	20.3	21.5	22	22	22.1	22.5	21.45	20.87
大口径的宏观税负（政府收入占 GDP 的比重）	33.2	34.4	33.4	36	35.7	34.1	33.31	33.82

专栏 4－4　两个口径的宏观税负实证考察

这里使用狭义口径和广义口径的两种宏观税负计算标准。狭义口径的宏观税负，是指公共财政的税收收入占同期 GDP 的比重；而广义口径的宏观税负，是指全部政府收入占同期 GDP 的比重（相当于本书前文三种口径中的第一和第三种）。

1. 狭义税负的国际比较

根据 OECD 统计数据，我们分别计算了 OECD 国家不含社会保障以

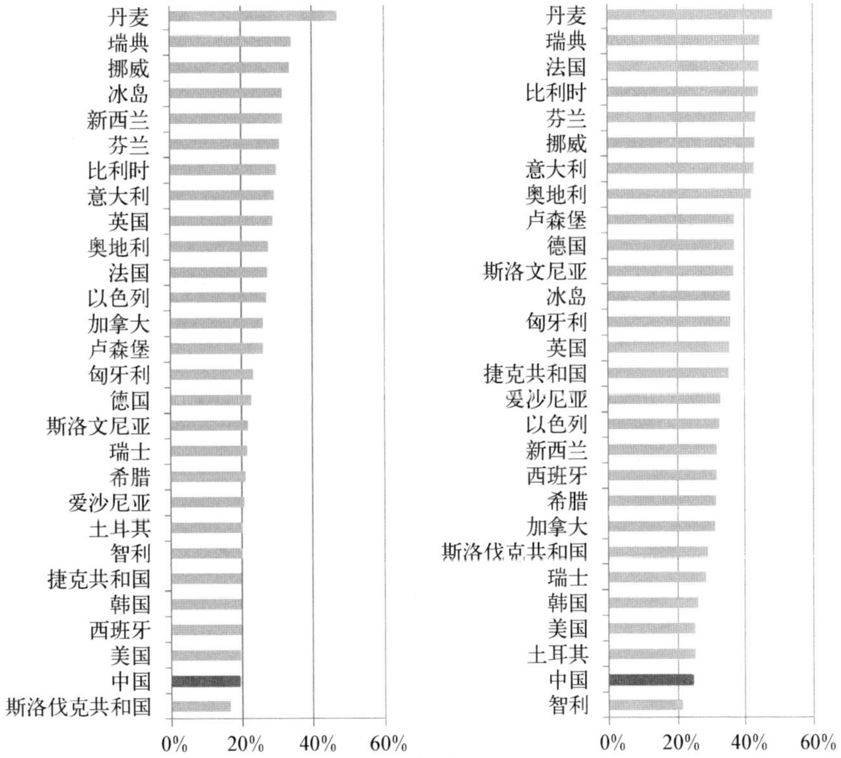

图 1　2011 年各国狭义税负水平

资料来源：OECD Statistics。

注：左侧不包含社会保障，右侧包含社会保障。

及包含社会保障的宏观税负。按照狭义口径计算，中国的宏观税负逐年上升，2011 年不含社会保障的税负为 19.0%，含社会保障的税负为 24.4%，均低于绝大多数发达国家和发展中国家，与美国、韩国、捷克、瑞士和西班牙等国家接近。

2. 广义税负的国际比较

按照广义口径计算，即计算全部政府收入占 GDP 的比重，2009—2012 年中国广义宏观税负分别为 29.88%、33.85%、32.04%和 31.60%。

根据世界银行对高中低收入国家的划分，我们分别列出了高收入国家（人均国民总收入大于 11 906 美元）、中偏上收入国家（人均国民总收入 3 856—11 905 美元）和中偏下收入国家（人均国民总收入 976—3 855 美元）的宏观税负情况[1]。从人均国民总收入来看，中国已经进入中偏上收入国家的行列，但是宏观税负水平略低于该行列的平均值，略高于中偏下收入国家的平均税负水平，低于高收入国家的平均税负水平。

但进一步考察人口大于 1 000 万的国家，我们发现中偏上收入国家的平均税负水平降至 31.08%，低于中国 2011 年的宏观税负。

表 1　2011 年国际宏观税负比较　　单位：美元

高收入	税负	人均 GNI	中偏上收入	税负	人均 GNI	中偏下收入	税负	人均 GNI
挪威	57.28	88 890	阿塞拜疆	47.45	5 290	莱索托(2008)	65.37	1 050
芬兰	53.64	47 770	俄罗斯	45.59	10 730	乌克兰	42.29	3 130
匈牙利	51.64	12 730	塞尔维亚	42.86	5 690	蒙古	39.35	2 310
瑞典	51.28	53 150	白俄罗斯	39.80	5 830	摩尔多瓦	34.75	1 980
丹麦*	48.45	60 120	波斯尼亚和黑塞哥维那(2010)	38.69	4 740	玻利维亚(2007)	34.16	1 240
奥地利	47.94	48 190	塞舌尔(2010)	36.36	10 460	伊朗(2007)	33.87	3 520

[1] IMF 统计年鉴中，低收入国家基本都没有数据，故此表中未包含低收入国家。

续　表

高收入	税负	人均 GNI	中偏上收入	税负	人均 GNI	中偏下收入	税负	人均 GNI
比利时*	45.88	45 990	巴西	36.05	10 720	格鲁吉亚	27.45	2 860
意大利	45.82	35 290	马其顿(2008)	34.67	4 230	不丹(2009)	24.23	1 820
法国*	45.64	42 420	土耳其	34.66	10 410	亚美尼亚	23.92	3 360
荷兰	45.33	49 650	南非	34.34	6 960	巴拉圭	23.14	3 020
葡萄牙	44.03	21 210	马尔代夫(2010)	33.19	5 440	洪都拉斯	22.39	1 980
斯洛文尼亚	42.64	23 610	保加利亚	31.47	6 530	埃及	22.28	2 600
希腊	42.05	24 480	罗马尼亚	31.30	7 910	萨尔瓦多	21.41	3 480
冰岛	41.68	34 820	突尼斯	30.98	4 070	也门(2009)	21.06	1 070
卢森堡	41.48	77 580	哥伦比亚	29.29	6 070			
英国	40.52	37 840	哈萨克斯坦(2010)	25.95	7 500			
新西兰	39.36	29 140	阿尔巴尼亚	24.90	3 980			
以色列	38.82	28 930	毛里求斯	23.54	8 040			
加拿大	38.24	45 560	泰国	22.63	4 440			
马耳他	37.54	18 620	秘鲁(2010)	20.02	4 630			
克罗地亚	36.58	13 530						
波兰	36.47	12 480						
西班牙	35.21	30 890						
捷克	34.99	18 620						
塞浦路斯*	34.96	29 450						
圣基茨和尼维斯	34.52	12 610						
日本	33.11	44 900						
瑞士(2010)	32.82	73 340						
爱沙尼亚*	32.68	15 260						
斯洛伐克	32.33	16 070						
澳大利亚	31.91	49 130						

续 表

高收入	税负	人均 GNI	中偏上收入	税负	人均 GNI	中偏下收入	税负	人均 GNI
拉脱维亚	30.88	12 350						
爱尔兰*	30.12	39 930						
美国	29.82	48 620						
立陶宛	29.60	12 280						
韩国	28.81	20 870						
阿联酋	27.34	40 760						
智利	24.58	12 280						
新加坡	19.03	42 930						
高收入平均	38.33	35 187	中偏上收入平均	33.19	6 684	中偏下收入平均	31.12	2 387
			中国(2011)	32.04	4 940			

表 2　2011 年国际宏观税负比较(人口 1 000 万以上)

单位：美元

高收入	税负	人均 GNI	中偏上收入	税负	人均 GNI	中偏下收入	税负	人均 GNI
比利时*	45.88	45 990	俄罗斯	45.59	10 730	乌克兰	42.29	3 130
意大利	45.82	35 290	巴西	36.05	10 720	玻利维亚(2007)	34.16	1 240
法国*	45.64	42 420	土耳其	34.66	10 410	伊朗(2007)	33.87	3 520
荷兰	45.33	49 650	南非	34.34	6 960	埃及	22.28	2 600
葡萄牙	44.03	21 210	罗马尼亚	31.30	7 910	也门(2009)	21.06	1 070
希腊	42.05	24 480	突尼斯	30.98	4 070			
英国	40.52	37 840	哥伦比亚	29.29	6 070			
加拿大	38.24	45 560	哈萨克斯坦(2010)	25.95	7 500			
波兰	36.47	12 480	泰国	22.63	4 440			
西班牙	35.21	30 890	秘鲁(2010)	20.02	4 630			
捷克	34.99	18 620						

续 表

高收入	税负	人均 GNI	中偏上收入	税负	人均 GNI	中偏下收入	税负	人均 GNI
日本	33.11	44 900						
澳大利亚	31.91	49 130						
美国	29.82	48 620						
韩国	28.81	20 870						
智利	24.58	12 280						
高收入平均	37.65	33 764	中偏上收入平均	31.08	7 344	中偏下收入平均	30.73	2 312
			中国(2011)	32.04	4 940			

税负数据来源于IMF《政府财政统计年鉴(2012)》,人均国民总收入和人口数据来源于世界银行WDI数据库。

注:宏观税负包括各个国家税收、社会缴款和其他收入3个统计科目,不包括赠与收入。＊代表该国政府收入数据“其他收入”统计条目缺失。

(资料来源:国际经济交流中心课题、北大林肯中心子课题组报告《中国广义宏观税负判定及国际比较》)

五、公债收入

(一)公债的必要性:收入功能和政策工具功能

政府负债是现代市场经济国家的普遍现象,与现代国家治理的机制建设和能力提升具有内在关系。根据经典的经济学和财政学理论,在市场经济条件下,政府应当行使公共资源配置、优化收入分配和稳定经济等职能;为完成上述职能,必须通过法定的程序赋予政府一定的事权和财权。所谓财权,既包括征税权,也包括举债权。政府举债既有筹集财政收入的被动之需,也有调控宏观经济的主动作为。

由于一些基础设施建设项目,如公路、铁路、市政设施、城市轨道交通,投资量大、投资期长、发挥作用的时间段也长,其效益具有很强的代际转移特点,完全依靠当期财政税费收入难以解决;而债务具有代际偿还的特征,通过适度举债建设,可以兼顾经济社会发展和财政收支的长期均衡,平滑处理公共工程支出负担,有机结合公平与效率的追求,更好地造福于公众。

因此,出现赤字更多的不是自然原因,而往往是管理当局、决策层有意为之,视为政策工具而用。本书第三章已论及,弥补财政赤字的方式主要有三种:用往年的财政结余弥补;向银行透支或借款弥补;发行公债以债务收入弥补。利用财政结余弥补赤字不会影响银行信贷规模和货币发行量,也不会引起债务负担。但从改革开放以来我国财政收支状况看,只有个别年份略有结余。因此利用财政结余弥补赤字在我国现阶段已无法实现。历史上曾有向中央银行透支或借款,也就是直接或间接增加货币发行来弥补财政赤字的例子。这种方式的实质是把财政赤字货币化,极易引起货币的非经济发行,虽然过程简便,但要面对的是货币增发所引起的通货膨胀。所剩下的必然选择,便是发行公债等筹集资金以弥补赤字。

通过发行公债弥补财政赤字,是现代各国普遍的做法。尽管各国财政赤字形成原因和发债目的不尽相同,但各国发行国债的很大部分,实际上都是用于弥补政府财政赤字。

除了以有偿方式筹集政府收入的功能(可简称“收入功能”)之外,公债的另一重要功能是调节经济的政策工具功能。在现代市场经济条件下,特别是在凯恩斯主义形成之后,财政赤字已被各国政府视作稳定经济所需反周期操作的政策工具,成为宏观经济调控中应用十分普遍的一个重要经济变量。即以公债的发行配合宏观政策来力求熨平经济周期波动、引导结构优化、促进经济社会发展。其政策调节的作用,既体现于总量方面(如中国 1998 年后以“长期建设国债”发行，配合为抵御不明金融危机冲击而实施的政府扩大投资的经济扩张），也体现于结构方面（如长期建设国债所筹集资金是选择性地用于有利于优化产业结构，弥补国民经济短板的建设项目）。

（二）公债正面效应曲线

有一种颇有影响的认识：“国债（公债）不是债。”因为可以不断供新还旧，随经济发展面扩大国债（公债）的总规模，所以债务存量（总规模）会像滚雪球一般越滚越大。这是有一定道理的。但是，我们又决不能由此而走向极端，以为国债（公债）的规模大小没有什么客观限制，可以放手发债，无视债务规模过大所可能产生的风险与负面效应。从理论考察视角全面地说，在一国某一特定时期的特定条件下，必然客观地存在着某种适度债务规模的数量规定性，即在这一规模上，国债功能可以得到最充分的发挥，对经济生活的正面积极影响作用最大，相对而言负面不利作用最小——虽然我们在实际工作中还很难精确地把握其数量界限。如图 4－3 所示，*X* 轴表示国债规模，*Y* 轴表示国债的正面作用。在原点 *O* 上，无国债，也无国债作用；在有了一定国债规模的情况下，国债的正面作用（精确地说，应为正面作用抵消负面作用之后的“净正面效应”）开始表现为一条上升的曲线，但到达一定的临界点后，随国债规模扩大，其正面作用反而下降，表现为下滑的曲线；与拐点相对应的国债规模 *A*，即是理论上的适度债务规模（或适度债务规模区间的中点）。过多地超过 *A* 点，便有可能出现危机性的后果。

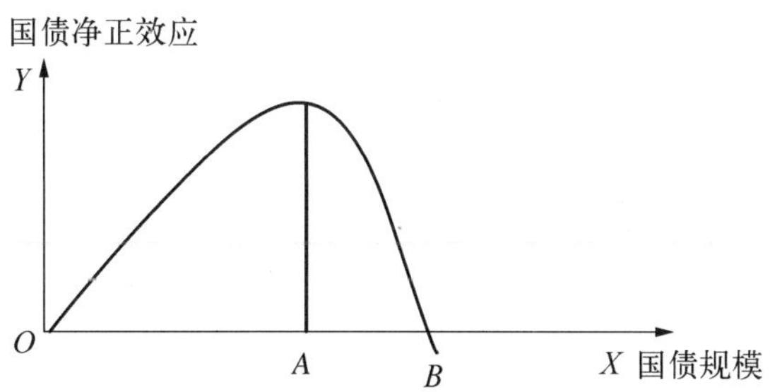

图 4－3　国债规模—效应关系图

现实生活中,决定或影响适度债务规模的因素是多方面的,相当复杂,如经济发展水平和金融深化程度,政府管理水平和市场健全程度,国债的结构状况、筹资成本与所筹资金的使用效益等。一般而言,在其他条件既定时,筹资成本越低,资金使用效益越高,则 A 值越大。国际上虽有一些关于一国债务规模或债务依存度的经验性判断标准,但并不是放之四海而皆准的“高压线”。如前文已讲到,欧洲货币同盟的成员国在签订《马斯特里赫特条约》(简称《马约》,即《欧洲联盟条约》)时,在财政纪律方面划出了一条公关部门负债率(即公债余额/GDP)不得超出3%的控制线(预警线),但当世界金融危机发生后,这条线在欧盟成员国曾全面失守。但其预警意义和作用,仍然是值得借鉴的。

(三)国债与地方债的风险防范

地方政府适度举债在许多国家的实践中十分平常,具有其必要性,关键是要处理好相关的制度、机制建设,充分发挥公共债务的积极作用,而将其可能的负面作用控制在最低,将其风险控制在可承受范围内。

2017年底中国地方债务余额政府公布数值是16.47万亿元,相当于GDP的20%,依此观察,加上中国国债的部分,中国的公共部门负债率不超过40%,是在安全区之内,但关于中国地方政府债务问题的关注度近年的确非常高,中央政府也反复强调要防范化解相关的系统性风险。其背后关联的是对中国近年来发展势头迅猛的PPP(公私合作伙伴机制,中国政府文件表述为“政府与社会资本合作”)及地方政府产业引导基金等所可能形成的隐形债务的担忧。

PPP所对应的建设项目投融资,有可能带来地方政府负债,其所相关的项目全生命周期中的或有负债,需要纳入统筹规划与项目风控,并在会计准则方面作专业化的筹划。不同PPP项目的负债压力与风控,需要具体分析,但总体而言,对于PPP这样的创新机制的开拓与发展中,主要是应强调规范发展,对于风险因素实现堵疏结合。PPP作为地方投融资机制的创新,其特点是在地方政府本身财力不够情况下,可以通过与企业构建合理的伙伴关系,把政府体外的社会资本、企业资金吸引过来,一起做与公共利益相关的公共工程基础设施、产业园区与产业新城的建设与运营,乃至地方政府辖区内的国土连片开发等重要项目投资。在PPP的发展中,应该对投融资中的负债进行风险控制,主要须依靠规范化制度建设,即以法治化、阳光化、专业化的项目管理,使之发挥应有的超常规发展支持作用和公共工程与服务的绩效提升效应。对此本书第十章还将展开讨论。

概念与认识的关键词

财政收入;财政收入的分类、规模、结构;税收原则;税收三性;宏观税负;复合税制;非税收入;公共收费;资产收益;公债

思考与讨论

财政收入包括哪几类? 最主要的是哪一类? 为什么?

请给"税收法定"作一尽量简洁的解说。

试结合税收效应谈谈税收负担的问题,以及对于"宏观税负"的认识。

什么是复合税制? 如何理解现代税制须为复合税制?

何种资产收益需要纳入政府预算管理,为什么?

怎样认识公债的功能和规模?

怎样认识收费的必要性与辅助性?

主要参阅文献

王诚尧. 国家税收. 北京:中国财政经济出版社,2009.

曹立瀛,等. 西方财政理论与政策. 北京:中国财政经济出版社,1995.

Sandford:Economics of Public Finance(复印本).

黄桦. 税收学(第三版). 北京:中国人民大学出版社,2014.

胡怡建. 税收学(第三版). 上海:上海财经大学出版社,2011.

杨斌. 税收学(第二版). 北京：科学出版社,2011.

贾康. 以税费改革实现政府收入规范化. 光明日报 1999 年 5 月 7 日.

贾康. 关于我国国债适度规模的认识. 财政研究,1996(10).

第五章　财 政 支 出

第五章 财政支出

“以政控财，以财行政”是为财政。

——贾 康

/// 楔子：生活中的财政支出 ///

在现代社会中，国家财政支出的影响广泛，涉及教育、医疗、养老、公共基础设施、国防、社会治安、自然灾害救助等诸多方面，与人们日常生活息息相关。户外公共场所路灯照明，用的电是政府买单提供的；刷牙洗脸，用的水是由政府投资的自来水公司供应的，烧菜做饭，用的煤气来自政府创办的煤气供应公司，上班下班，乘的是市政部门提供的公共汽车，而这些，可能都有政府财政补贴支出来提供保障；晚餐之后，既可以待在家里看看政府创办的电视台的节目，也可以到政府兴建的公园散步散心。可见，我们每天的起居住行都与政府财政支出有着相当密切的关系。

从每个人的一生看，于啼哭中落地的那一天，我们中的多数人诞生在政府开办的医院里。伴随时光流逝，我们渐渐成长，接受教育，而我们就读的小学、中学、大学等，多半是由政府开办的。在完成学业的过程中，我们可以申请政府提供的奖学金。当我们走上工作岗位后，受伤生病，可以享受政府牵头提供的医疗保障服务；而当我们年老退休之时，可以获得社会基本养老保险金，而这种养老金又可能需要匹配财政支出机制。此外,政府还专门针对穷人、老人和退伍军人提供了相应的扶贫、补贴或抚恤计划。

政府财政支出与每个人的关系如此密切,以至于几乎没有人能脱离政府财政支出而生存。很难想象如果没有了国家的财政支出,我们的生活将会是怎样的。

提示:但是从专业的角度讲述财政支出,不少内容却可能是相当枯燥的,本章的阅读者,需要具有较高程度的耐心。

一、财政支出概述

(一)财政支出的含义

财政支出也被称为政府支出或公共财政支出,是指政府为履行其职能,将通过各种形式筹集到的财政收入由财政部门按照预算计划,向有关部门和方面作出支付的活动。

财政支出作为政府配置公共资源、实现其职能的基本经济手段,是政府调节经济运行、实施社会管理、强化市场监管、提供公共服务的重要保障,它体现政府的目的和财政职能的内涵。财政支出是财政收入的归宿,它与财政收入一起构成财政分配的完整体系。财政支出体现了政府活动的范围和方向、重点及政策取向,而且反映着政府介入经济社会生活的广度和深度。

(二)财政支出的分类

财政支出分类是指按照一定的标准和依据对财政支出所作的划分和归类。从不同的角度对财政支出进行分类,不仅具有理论意义,而且具有现实意义。合理的财政支出分类有利于掌握财政资金的支出规律,服务于财政分配的管理操作,提高财政资金的使用效率。财政支出依据不同的标准具有不同的分类形式。

1. 财政支出的一般分类

(1) 按国家职能分类

依据国家职能对财政支出进行分类，是财政支出的一般分类标准，但不同国家或地区据此对财政支出所进行的分类则形式不一。从市场经济较为发达的国家来看，有的将财政支出分为国防支出、管理支出、经济支出和社会支出四类；也有的将财政支出分为国防支出、外交支出、司法支出、经济建设支出、教育支出、医疗保健支出的类别；还有的将财政支出分为国防支出、国际事务支出、一般行政支出、司法支出、一般科学空间与技术支出、农业支出、社会保障支出、卫生保健支出等十几类。

在我国，依据国家职能一般将财政支出划分为经济建设费、社会文教费、国防费、行政管理费和其他支出五大类。① 经济建设费。包括基本建设拨款支出，国有企业挖潜改造资金，科学技术三项费用(新产品试制费、中间试验费、重要科学研究补助费)，简易建筑费支出，地质勘探费，增拨国有企业流动资金，支援农村生产支出，工业、交通、商业等部门的事业费支出，城市维护费支出，国家物资储备支出，城镇青年就业经费支出，抚恤和社会福利救济费支出等。② 社会文教费。包括用于文化、教育、科学、卫生、出版、通信、广播、文物、体育、地震、海洋、计划生育等方面的经费、研究费和补助费等。③ 国防费。包括各种武器和军事设备支出，军事人员给养支出，有关军事的科研支出，对外军事援助支出，民兵建设事业费支出，用于实行兵役制的公安、边防、武装警察部队和消防队伍的各种经费，防空经费等。④ 行政管理费。包括用于国家行政机关、事业单位、公安机关、司法机关、检察机关、驻外机构的各种经费、业务费，干部培训费等；⑤ 其他支出。

财政支出按照国家职能分类，一是意在反映出国家政治、经济、文化、军事等活动的全貌；二是力求清晰揭示国家执行了怎样一些职能以及侧重于哪些职能；三是能够体现一国各个时期政府职能与活动范围的变化情况；四是可以揭示各个国家职能的差别。

（2）按支出用途分类

财政支出用途由政府职责决定。在不同国家和不同时期，政府承担的具体职责和任务并不一致，尤其是在不同的经济体制下，其差异就更为显著，不同国家不同时期的财政支出，其具体用途纷繁复杂，甚至千差万别，不存在一个固定模式。

按支出用途对财政支出进行分类，是我国财政支出的传统分类方法，也是我国财政支出的主要分类方法。按用途分类，我国主要有基本建设支出、流动资金支出、挖潜改造资金和科技三项费用支出、地质勘探费、工交商部门事业费、支援农村生产支出和各项农业事业费、文教科学卫生事业费、抚恤和社会救济费、国防费、行政管理费支出、价格补贴支出等。

财政支出的这种分类方式，成为前述按政府职能分类方式的具体化，可使财政支出指标同国民经济和社会发展指标相互衔接，可以从财政支出中比较直接地反映政府各项支出之间的比例，有利于按用途分配财政支出资金，考核财政支出的使用情况和政府各项政策的实施与运作，加强对财政支出的管理监督等。

（3）按财政支出是否与商品和劳务相交换分类

按照财政支出是否与商品和服务相交换为标准，可将全部财政支出分为购买性支出和转移性支出两类。

购买性支出是指政府以购买者的身份，按照等价交换的原则在市场上购买商品和劳务的支出。购买性支出一方面包括购买政府进行日常活动所需的商品和服务支出，另一方面也包括购买政府用于投资所需的商品和劳务支出。前者涵盖政府用于国防、外交、行政、司法等方面的支出，后者包含政府用于道路、桥梁、港口、码头等公共工程的支出。这些支出的目的和用途虽然有所不同，但却具有一个共同点：财政一手付出了资金，另一手相应地购得了商品和服务，并运用这些商品和服务，实现国家的职能，即在这样一些支出安排中，政府如同其他经济主体一样，在从事等价交换的活动，它所体现的是政府的市场性再分配活动。由于在购买性支出中，政府直接以商品和服务的购买者身份出现在市场上，因而,它对于社会的生产和就业有直接的影响。当然,购买性支出也会影响分配,但这种影响是间接的。

转移性支出是指政府按照一定方式,将一部分财政资金无偿地、单方面转移给居民、企业、不同层级或同层级的其他政府,以及其他收益主体,直接表现为资金无偿的、单方面的转移。转移性支出主要有社会保障支出、补助支出、捐赠支出、政府间转移支付和债务利息支出等。这类支出具有一个共同点:财政付出了资金,只是转移了资金的所有权,却无任何所得,它所体现的是政府的非市场性再分配活动。由于在转移性支出中,政府只是将其所掌握的一部分财政资金无偿转移给其他经济主体,政府既不直接购买商品和劳务,也不直接占有并消耗与该支出等价的经济资源,因而,转移性支出属于以政府为主体的再分配,直接影响收入分配,而对生产和就业的影响是间接的。

这种分类便于分析财政支出对经济的影响。在财政支出总额中,如果购买性支出所占的比重较大,表明财政活动对生产和就业产生的直接影响就较大,财政所能直接配置的经济资源规模也较大,此时的财政主要执行资源配置职能和经济稳定职能;如果转移性支出所占的比重较大,则表明财政活动对国民收入分配产生的直接影响较大,此时的财政更多执行了收入分配功能。

(4) 按政府层级分类

按照政府层级对财政支出进行分类也是一种重要的分类方法。按照政府层级,财政支出可分为中央财政支出和地方财政支出。中央财政支出和地方财政支出,指根据政府在经济和社会活动中的不同职责,划分中央和地方政府的责权,按照政府的责权划分确定的支出。中央财政支出一般包括国防支出,武装警察部队支出,中央级行政管理费和各项事业费,重点建设支出以及中央政府调整国民经济结构、协调地区发展、实施宏观调控的支出。地方财政支出主要包括地方行政管理、辖区社会治安、各项事业费、地方统筹的各项发展支出等。

目前世界各国基本上都依据政府级次设置各相应级次的财政支出。如美国,作为联邦制国家,其政权有联邦政府、州政府和地方政府三级架构,相应地,财政支出也由联邦财政支出、州财政支出和地方财政支出组成；再如日本，作为单一制国家，其政府机构有中央、都道府县和市町村三级次，财政支出也相应地分为中央支出、都道府县支出和市町村支出三级，其中都道府县支出和市町村支出也称为地方财政支出。

我国现有五级政府层级，分别是中央政府、省级政府、市级政府、县级政府、乡（镇）级政府，根据以往一级政府、一级财政的要求，我国有五级财政级次，财政支出也由五级组成。近年来，随着推进财政层级与政府层级"扁平化"改革（涉及"乡财县管"、"省直管县"）的提出，减少财政层级已成为财税改革的一个重要理念，未来方向应是将财政层级由中央到乡镇的五级，扁平化为中央、省和县三级，与此相适应，未来财政支出会逐步成为中央财政支出、省级财政支出和市县级财政支出三级。政府间的转移支付支出，包括中央对省、市县，省对市县两种自上而下的形式，也包括地方政府间的横向转移支付（如"对口支援"）。

按照政府层级对财政支出分类，可清晰反映中央政府和地方各级政府在政府财政资源配置中的地位和相互关系。

2. 我国现行的财政支出分类

改革开放以前，我国参照苏联财政管理模式确立了与计划经济体制下的建设型财政管理体制相适应的政府收支科目分类。随着社会主义市场经济体制的完善，公共财政体制的逐步建立和财政管理改革的不断深入，原有的财政支出分类体系不完整、分类不科学、反映不明细、与国际口径不可比等弊端也越来越明显。为适应市场经济条件下转变政府职能、建立健全公共财政体系的总体要求，逐步形成一套既适合中国国情又符合国际通行做法[1]的、较为规范合理的政府收支分类体系，我国自 2007 年 1 月 1 日起，按公开透明、便于操作和参照国际经

[1] 国际通行的统计分类方法有财政支出功能分类和财政支出经济分类。支出功能分类是按照政府提供公共物品与服务的产出性质进行的分类，反映政府的职能活动，即政府的钱到底被拿来做了什么事。支出的经济分类是按照政府生产公共物品的成本投入进行分类，反映政府支出的经济性质和用途，说明政府的钱是怎样花出去的。支出经济分类是对政府支出活动更为明晰的反映。国际货币基金组织（IMF）将财政支出按功能分类划分为一般公共服务、国防、教育、保健、社会保障和福利、住房和社会服务设施、社区服务、经济事务等；将财政支出按经济分类划分为经常性支出、资本性支出等。

验的原则对政府收支分类实施了全面改革。

按照 2007 年 1 月 1 日正式实施的政府收支分类改革，中国财政支出分类采用了国际通行的做法，即同时使用按支出功能和按支出经济性质两种方法对财政支出分类。

（1）支出功能分类

支出功能分类是按政府主要职能活动分类，主要反映政府活动的不同功能和政策目标。根据政府职能活动情况及国际通行做法，我国将政府支出分为类、款、项三级。类级科目综合反映政府职能活动，如 205“教育支出”，款级科目反映为完成某项政府职能所进行的某一方面的工作，如“教育”类下的“普通教育”；项级科目反映为完成某一方面的工作所发生的具体支出事项，如“普通教育”下的“小学教育”“初中教育”等。

专栏 5-1 中国政府支出功能分类

以我国《2018 年政府收支分类科目》为例，按照支出功能分类，分为类、款、项三级。其中，类、款两级科目设置情况如下：

1. 一般公共服务支出。分设 28 款：人大事务、政协事务、政府办公厅（室）及相关机构事务、发展与改革事务、统计信息事务、财政事务、税收事务、审计事务、海关事务、人力资源事务、纪检监察事务、商贸事务、知识产权事务、工商行政管理事务、质量技术监督与检验检疫事务、民族事务、宗教事务、港澳台侨事务、档案事务、民主党派及工商联事务、群众团体事务、党委办公厅（室）及相关机构事务、组织事务、宣传事务、统战事务、对外联络事务、其他共产党事务支出和其他一般公共服务支出。

2. 外交支出。分设 8 款：外交管理事务、驻外机构、对外援助、国际组织、对外合作与交流、对外宣传、边界勘界联检和其他外交支出。

3. 国防支出。分设5款：现役部队、国防科研事业、专项工程、国防动员和其他国防支出。

4. 公共安全支出。分设12款：武装警察、公安、国家安全、检察、法院、司法、监狱、强制隔离戒毒、国家保密、缉私警察、海警和其他公共安全支出。

5. 教育支出。分设10款：教育管理事务、普通教育、职业教育、成人教育、广播电视教育、留学教育、特殊教育、进修及培训、教育费附加安排的支出和其他教育支出。

6. 科学技术支出。分设10款：科学技术管理事务、基础研究、应用研究、技术研究与开发、科技条件与服务、社会科学、科学技术普及、科技交流与合作、科技重大项目和其他科学技术支出。

7. 文化体育与传媒支出。分设5款：文化、文物、体育、新闻出版广播影视和其他文化体育与传媒支出。

8. 社会保障和就业支出。分设20款：人力资源和社会保障管理事务、民政管理事务、补充全国社会保障基金、行政事业单位离退休、企业改革补助、就业补助、抚恤、退役安置、社会福利、残疾人事业、自然灾害生活救助、红十字事业、最低生活保障、临时救助、特困人员救助供养、补充道路交通事故社会救助基金、其他生活救助、财政对基本保险基金的补助、财政对其他社会保险基金的补助和其他社会保障和就业支出。

9. 医疗卫生与计划生育支出。分设12款：医疗卫生与计划生育管理事务、公立医院、基层医疗卫生机构、公共卫生、中医药、计划生育事务、食品和药品监督管理事务、行政事业单位医疗、财政对基本医疗保险基金的补助、医疗救助、优抚对象医疗和其他医疗卫生与计划生育支出。

10. 节能环保支出。分设15款：环境保护管理事务、环境监测与监察、污染防治、自然生态保护、天然林保护、退耕还林、风沙荒漠治理、退牧还草、已垦草原退耕还草、能源节约利用、污染减排、可再生能源、循环经济、能源管理事务和其他节能环保支出。

11. 城乡社区支出。分设6款：城乡社区管理事务、城乡社区规划与管理、城乡社区公共设施、城乡社区环境卫生、建设市场管理与监督和其他城乡社区支出。

12. 农林水支出。分设10款：农业、林业、水利、南水北调、扶贫、农业综合开发、农村综合改革、普惠金融发展支出、目标价格补贴和其他农林水支出。

13. 交通运输支出。分设7款：公路水路运输、铁路运输、民用航空运输、成品油价格改革对交通运输的补贴、邮政业支出、车辆购置税支出和其他交通运输支出。

14. 资源勘探信息等支出。分设8款：资源勘探开发、制造业、建筑业、工业和信息产业监管、安全生产监管、国有资产监管、支持中小企业发展和管理支出、其他资源勘探信息等支出。

15. 商业服务业等支出。分设4款：商业流通事务、旅游业管理与服务支出、涉外发展服务支出和其他商业服务业等支出。

16. 金融支出。分设5款：金融部门行政支出、金融部门监管支出、金融发展支出、金融调控支出和其他金融支出。

17. 援助其他地区支出。分设9款：一般公共服务、教育、文化体育与传媒、医疗卫生、节能环保、农业、交通运输、住房保障和其他支出。

18. 国土海洋气象等支出。分设6款：国土资源事务、海洋管理事务、测绘事务、地震事务、气象事务和其他国土海洋气象等支出。

19. 住房保障支出。分设3款：保障性安居工程支出、住房改革支出和城乡社区住宅。

20. 粮油物资储备支出。分设5款：粮油事务、物资事务、能源储备、粮油储备和重要商品储备。

21. 预备费。

22. 其他支出。分设2款：年初预留和其他支出。

23. 转移性支出。分设8款：返还性支出、一般性转移支付、专项转移支付、上解支出、调出资金、年终结余、债券转贷支出和援助其他地区支出。

24. 债务还本支出。分设3款：中央政府国内债务还本支出、中央政府国外债务还本支出和地方政府一般债务还本支出。

25. 债务付息支出。分设3款：中央政府国内债务付息支出、中央政府国外债务付息支出和地方政府一般债务付息支出。

26. 债务发行费用支出。分设3款：中央政府国内债务发行费用支出、中央政府国外债务发行费用支出和地方政府一般债务发行费用支出。

与原财政支出科目相比，新的支出功能分类主要有五个特点：一是分类范围完整。新分类涵盖财政预算体系中包括社会保险基金等在内的所有政府支出。二是分类标准规范。即统一按支出功能分类，确保集中、直观反映政府职能活动。比如，过去政府用于教育方面的支出，分散在基本建设支出、企业挖潜改革资金、科技三项费用、教育事业费、行政管理费等好几类科目中，新分类体系则对教育单独设类，可全面反映各项教育支出。三是科目设置明细，充分体现了预算细化、透明的要求。比如，210类“医疗卫生”下设置了“医疗服务”、“疾病预防控制”、“妇幼保健”、“农村卫生”等款级科目；在款级科目“疾病预防控制”之下又设置了“疾病预防控制机构”、“重大疾病预防控制”、“突发公共卫生事件应急处理”等社会各方面普遍关注的支出事项。四是便于比较交流。我国支出功能分类类级科目与国际货币基金组织(IMF)的功能分类类级科目在总体框架和分类原则是基本一致的。五是充分考虑国情。在支出功能分类类级科目设置中,为了适应科教兴国战略要求,同时考虑目前我国科技经费管理的特殊需要,财政部单设了“科学技术”类科目;另外,为了更明细地反映政府经济活动,财政部将国际货币基金组织进行总体反映的“经济事务”科目,拆分为“交通运输”、“农林水事务”等几个大类。这些特殊处理在充分考虑我国国情的前提下,可为有关方面的管理与改革提供较大便利。

(2) 支出经济分类

支出经济分类是按支出的经济性质所作的一种分类,主要反映政府支出经济性质概念下的具体用途。在支出功能分类明确反映政府职能活动的基础上,支出经济分类明确反映政府的钱究竟是花在哪些经济性质的支出事项上。我国政府支出经济分类设类、款两级。

专栏 5-2 中国政府部门预算支出经济分类

根据我国《2018 年政府收支分类科目》,部门预算支出经济分类具体科目设置情况如下:

301 工资福利支出。分设 13 款:基本工资、津贴补贴、奖金、伙食补助费、绩效工资、机关事业单位基本养老保险缴费、职业年金缴费、职工基本医疗保险缴费、公务员医疗补助缴费、其他社会保障缴费、住房公积金、医疗费和其他工资福利支出。

302 商品和服务支出。分设 41 款:办公费、印刷费、咨询费、手续费、水费、电费、邮电费、租赁费、会议费、培训费等。

303 对个人和家庭的补助。分设 14 款:离休费、退休费、抚恤金、生活补助、医疗费补助、助学金等。

307　债务利息及费用支出。分设4款：国内债务付息、国外债务付息、国内债务发行费用和国外发行费用。

309　资本性支出(基本建设)。分设12款：房屋建筑物构建、办公设备购置、专用设备购置、基础设施建设等。

310　资本性支出。分设16款：房屋建筑物构建、办公设备购置、专用设备购置、基础设施建设、大型修缮、信息网络及软件购置更新、物资储备、土地补偿、安置补助、拆迁补助、其他资本性支出等。

311　对企业补助(基本建设)。分设2款：资本金注入和其他对企业补助。

312　对企业补助。分设5款：资本金注入、政府投资基金股权投资、费用补贴、利息补贴和其他对企业补助。

313　对社会保障基金补助。分设2款：对社会保险基金补助和补充全国社会保障基金。

399　其他支出。分设4款：赠与、国家赔偿费用支出、对民间非营利组织和群众性自治组织补贴和其他支出。

新的支出经济分类主要具有三个特点：① 自成体系。原来的目级科目只是挂在支出类、款、项科目下面的几个明细科目，是一个局部的、片面的概念，新的支出经济分类除将原目级科目的人员支出、公用支出两大块进一步充实与细化为工资福利、商品和服务支出、对个人和家庭的补助三大类外，还补充了资本性支出、债务支出等内容，形成了一个完整的体系，可以独立反映所有政府支出活动。② 充分细化。支出经济分类的款级科目有98个，可较充分地满足细化预算编制、加强预算单位财务会计核算和经济分析等方面的要求。如原目级科目中的公务费，在新分类中被细化成办公费、差旅费、邮电费、租赁费、水电费、维修费、会议费等多个款级科目。③ 运用广泛。原支出目级科目只能反映行政事业单位的部分经费支出情况，而在新的经济分类中，除这一块内容用“工资福利”等类科目继续反映外，原目级科目不能反映的基建支出项目也能通过“基本建设支出”和“其他资本性支出”明细反映。此外，有关债务支出的内容也在支出经济分类中得到了细化反映。

通过以上对我国现行财政支出分类体系的介绍可以看出，支出功能分类和支出经济分类从不同侧面，以不同方式反映政府支出活动，有利于全面、完整、明细地反映政府资金的使用情况，能够有效克服原政府财政支出分类的弊端，实现“体系完整、反映全面、分类明细、口径可比、便于操作”的改革要求。新的财政支出分类和科目体系与部门分类编码、基本支出预算、项目支出预算相配合，在财政信息管理系统的支持下，可对任何一项收支运行进行多维定位，清晰地说明政府的每一笔钱是怎样来的，花在哪里，怎样花的，可以为统计分析、财政管理、财政监督以及宏观决策提供全面、真实而准确的相关信息。

（三）财政支出的规模

1. 财政支出规模的含义

财政支出规模是指政府在一定时期安排的财政支出合计数量的绝对值或其占同年度 GDP 的百分比。它反映了政府在一定时期内集中、占有和使用的经济资源数量，以及由此形成的财政与其他经济主体的各种经济关系，体现了政府财政在资源配置、收入分配、经济稳定等方面发挥作用的规模和力度。

2. 财政支出规模的衡量指标

衡量财政支出规模的指标一般分为绝对量指标和相对量指标两类。

（1）绝对量指标

财政支出绝对量指标是指以一国货币单位表示的特定财政年度内政府实际安排使用的财政资金的合计数额，它直观地反映一定时期内政府支配社会资源的总量。绝对量指标有以下作用：① 绝对量指标是计算相对指标的基础;② 从时间序列上对绝对指标加以对比,可以看出财政支出规模发展变化的趋势。

(2) 相对量指标

相对量指标是指绝对量指标与其他有关指标(通常为国内生产总值GDP)的对比关系。这一指标可以反映政府公共经济部门在社会资源配置过程中的地位。相对量指标通常有财政支出占GDP的比重,此外财政支出增长率、财政支出弹性等也属于相对指标。

财政支出占GDP的比重是指报告期财政支出总量与当年GDP的对比关系,它反映了政府公共经济部门占用社会经济资源的情况,通常表示为:财政支出占GDP的比重=报告期财政支出总量/当年GDP×100%。

财政支出增长率是指报告期财政支出总量与上年财政支出总量的对比关系,它是反映一定时期内财政支出水平变化程度的动态指标,通常表示为:财政支出增长率=(报告期财政支出总量-上年财政支出总量)/上年财政支出总量×100%。

财政支出弹性是指财政支出增长率与GDP增长率的对比关系,通常表示为:财政支出弹性系数=财政支出增长率/GDP增长率。

3. 财政支出规模的影响因素

影响财政支出规模的因素有很多,概括起来主要有以下三种:

(1) 经济性因素

主要有经济发展水平、经济发展阶段、经济体制模式和政府干预经济的政策等。从根本上说,经济决定财政,经济发展水平的高低直接影响政府财政收入的多寡,进而也影响财政支出规模。经济不同发展阶段对财政支出规模有不同的影响,一般而言如处于经济发展"起飞"阶段,政府用于基础设施的投资较多,财政支出的规模相应地也较大。经济体制模式的选择也必然影响财政支出的规模,通常在高度集权的计划经济体制下,政府全面介入生产、生活的各方面,财政支出的规模较大;而在市场经济体制下,政府退出一般竞争性领域,财政支出的规模也相应减小。政府干预经济的政策也直接影响财政支出规模，如政府采取扩张性财政政策，财政支出的规模必然增大；政府采取紧缩性财政政策，财政支出规模就会相应减小。

（2）政治性因素

影响财政支出规模的政治性因素主要体现在政局形势、政府职能范围、政府机构规模和政府行政效率四个方面。政局形势不稳，频繁出现内乱和外患时，政府用于维稳的财政支出必然增加。政府职能范围的大小会显著影响财政支出规模，如政府直接介入经济领域的投资和生产，一定会导致财政支出规模扩大。政府机构的多少和工作人员的多少及其行政效率也直接影响着财政支出的规模和数量，如一国政府机构臃肿、人浮于事，财政经费开支就必然增大。

（3）社会性因素

影响财政支出规模的社会性因素主要包括人口状况和社会福利模式。人口的数量和结构是影响财政支出规模的重要因素。人口数量的增加，导致社会对教育、就业、医疗卫生、公共基础设施、司法等方面公共需要的增加，而人口结构老龄化的出现，会使政府用于与养老相关的各种财政支出也相应增加。此外，实行高福利社会政策如免费医疗、免费教育等，政府财政支出的规模也会随之增加。

（四）瓦格纳法则

瓦格纳法则亦被称为瓦格纳定理。

19 世纪 80 年代，德国著名经济学家瓦格纳在对许多国家政府公共支出资料进行实证分析的基础上，得出一个著名的瓦格纳法则：当国民收入增长时，财政支出会以更大比例增长。随着人均收入水平的提高，政府支出占 GNP 的比重将会提高，这就是财政支出的相对增长，被后人归纳为瓦格纳法则，又称为政府活动扩张法则。

瓦格纳法则的基本原理是指随着国家职能的扩大和经济的发展，就要求保证行使这些国家职能的财政支出不断增加，即随着人均收入提高，财政支出相对规模相应提高。

瓦格纳是在对欧洲国家和美国、日本等国的资料进行分析后得出这个结论的，他认为这种财政支出增长的趋势可以从两个方面加以解释，即把导致政府支出增长的因素归结为政治因素和经济因素。随着经济的工业化，市场中的当事人之间关系也愈加复杂，由此引起对商业法律和契约的需要，要求建立司法组织，这样就需要增加政府公共支出，把更多的资源用于提供治安的和法律的设施，此为政治因素。

经济因素是指工业发展带来人口居住密集化，由此将产生拥挤等外部性问题，需要增加公共部门规模进行管理。此外，他还把教育、娱乐、文化、保健福利等政府支出的增长归于需求的收入弹性，也就是归于实际收入的上升，即随着实际收入增加，这些项目的公共支出的增长将会快于 GDP 的增长。瓦格纳的这一公共支出理论观点为许多国家的经济发展资料所证实。（参见表 5－1、专栏 5－1）

表 5－1　1929—2002 年美国政府支出（10 亿美元）

年	GDP	联邦政府	州和地方政府	各级政府总计	所占国民生产总值的比重%		
					联邦政府	州和地方政府	总　计
1929	103.7	2.2	7.2	9.4	2.09	6.97	9.06
1930	91.3	2.5	7.5	10.0	2.76	8.10	10.86
1931	76.6	3.4	6.5	9.9	4.38	8.55	12.93
1934	66.0	5.3	5.3	10.6	7.97	8.09	16.06
1939	92.0	7.5	7.2	14.7	7.97	7.81	15.78
1942	161.8	55.0	7.8	62.8	34.01	4.80	38.81
1945	223.0	84.7	8.5	93.2	37.98	3.81	41.79
1949	267.7	29.4	17.4	46.8	10.98	6.50	17.48
1955	415.2	60.5	26.3	86.8	14.57	6.33	20.90
1960	527.4	85.8	34.1	119.9	16.27	6.47	22.74

续　表

年	GDP	联邦政府	州和地方政府	各级政府总计	所占国民生产总值的比重%		
					联邦政府	州和地方政府	总　计
1970	1 039.7	198.6	88.2	286.8	19.10	8.48	27.58
1975	1 635.2	345.4	152.1	497.5	21.12	9.30	30.42
1980	2 795.6	576.6	235.5	812.1	20.63	8.42	29.05
1981	3 131.3	659.3	264.4	923.7	21.06	8.44	29.50
1982	3 259.2	732.1	293.0	1 025.1	21.06	8.99	30.05
1983	3 534.9	797.8	315.7	1 113.5	22.57	8.93	31.50
1984	3 932.7	856.1	335.9	1 192.0	21.77	8.54	30.31
1985	4 213.0	924.6	366.1	1 290.7	21.95	8.69	30.64
1986	4 452.9	978.5	399.6	1 378.1	21.97	8.97	30.94
1987	4 742.5	1 018.4	439.9	1 458.3	21.47	9.28	30.75
1988	5 108.3	1 066.2	466.5	1 532.7	20.87	9.13	30.00
1989	5 489.1	1 140.3	501.3	1 641.6	20.77	9.13	29.90
1990	5 803.2	1 228.7	549.4	1 778.1	21.17	9.47	30.64
1991	5 986.2	1 287.6	592.2	1 879.8	21.51	9.89	31.40
1992	6 318.9	1 418.9	628.1	2 047.0	22.45	9.94	32.39
1993	6 642.3	1 471.5	659.1	2 130.6	22.15	9.92	32.07
1994	7 054.3	1 506.0	690.7	2 196.7	21.35	9.79	31.14
1995	7 400.5	1 575.7	718.0	2 293.7	21.29	9.70	30.99
1996	7 813.2	1 635.9	748.6	2 384.5	20.94	9.58	30.52
1997	8 300.8	1 678.8	785.8	2 464.6	20.18	9.47	29.65
1998	8 759.9	1 705.9	819.4	2 525.3	19.45	9.35	28.80
1999	9 256.1	1 753.6	871.2	2 624.8	18.97	9.33	28.30
2000	9 824.6	1 827.1	938.7	2 765.8	18.60	9.55	28.15
2001	10 082.2	1 936.4	1 015.2	2 951.6	19.21	10.07	29.28
2002	10 442.1	2 073.9	1 050.9	3 124.8	19.86	10.06	29.92

资料来源：大卫·N. 海曼：《财政学：理论在政策中的当代应用》，张进昌译，北京大学出版社，2006。

专栏 5-3　政府经常支出占 GDP 的百分比

瑞典	52.51	希腊	42.2
奥地利	49.3	葡萄牙	40.7
丹麦	49.1	冰岛	39.8
法国	48.8	英国	39.4
匈牙利	46.6	日本	38.1
意大利	46.1	西班牙	37.1
捷克共和国	45.6	新西兰	36.9
德国	45.1	加拿大	36.7
比利时	44.8	爱尔兰	32.9
波兰	44.2	美国	31.9
挪威	43.5	澳大利亚	31.8
芬兰	42.6	韩国	24.7
荷兰	42.4		

美国的政府支出占国内生产总值的比例与其他工业化国家相比是较低的。奥地利、比利时、加拿大、法国、德国和意大利都将超过其国内生产总值 40%的部分用于政府支出。在瑞典,政府支出已经超过国内生产总值的 50%。

从历史的角度看,美国当前的政府支出更为令人吃惊。从 1870 年至第一次世界大战开始,美国联邦政府支出占国内生产总值的比例平均低于 3%。第一次世界大战后至 1930 年前,这一比例基本保持在接近 3%的水平上,此后联邦政府支出开始高速增长。1940 年前联邦政府支出每年增长的幅度小于 1%。与此相反,从 1948 年至 1980 年,联邦政府支出平均每年的增长速度约为 8%。

在其他工业化国家也可以发现类似的趋势。英国历史上就拥有庞大的政府部门。令人惊异的是，作为亚当·斯密的故乡，自由市场经济的先驱，英国在19世纪初叶就跻身于世界上拥有最大的政府部门的国家之列。1801年，英国22%的国内生产总值用作政府支出。2000年，英国的政府支出占国内生产总值的比例达到40%。

20世纪初期，瑞典中央政府支出占国内生产总值的比例低于7%。而今，瑞典全部政府支出已经约占国内生产总值的二分之一！

把20世纪称为全球政府扩张的世纪可能毫不夸张。

（资料来源：大卫·N.海曼：《财政学：理论在政策中的当代应用》，张进昌译，北京大学出版社，2006。）

对瓦格纳法则可给予如下展开一些的解释：

（1）市场失灵和外部性的存在需要政府的活动增加。瓦格纳认识到，随着经济的工业化，不断扩张的市场与这些市场中的行为主体之间的关系更加复杂化，这需要建立司法体系和管理制度，以规范行为主体的社会经济活动。

（2）政府对经济活动的干预以及从事的某些涉及产业振兴、升级的生产性活动，也会随着经济的工业化而扩大。因为随着工业化经济的发展，不完全竞争市场结构更加突出，市场机制不可能完全有效地配置整个社会资源，需要政府对资源进行再配置，实现资源配置的高效率。

（3）城市化以及高居住密度会导致外部性和拥挤现象，这些都需要政府出面进行干预和管制。最后，教育、娱乐、文化、保健以及福利服务的需求收入弹性较大，要求政府在这些方面增加支出。这就是说，随着人均收入的增加，人们对上述服务的需求增加得更快，政府要为此增加支出。

二、事权划分与支出责任

（一）不同层级政府事权的划分

1. 政府事权与支出责任

政府事权是政府管理国家事务与公共事务的法定权力，是政府职能的具体化与细化。它规定各级政府承担经济和社会事务的性质与范围，是进行政府间支出责任划分、财权配置和财力分配的基本依据。各级政府事权划分的背后，是深刻的政府职能合理化所依托的体制机制问题，成为财政配套改革的始发环节。

政府支出责任是指与事权相对应的财政支出保障范围、规模与结构比例。按照支出责任履行阶段不同，可以划分为筹资责任、支用责任和监管责任。按照支出责任性质不同，可以划分为决策权、执行权、管理权、监督权四项具体责权。实践当中，这两大类、七项具体责权可以分别配置于两级或两级以上政权机构。不同层级政权机构，分工协作，共同承担支出责任，履行政府职能。

具体而言，把某类事权划给某级政府，不仅仅意味着该级政府要承担支出责任，更要对公共产品的质量、数量和成本负责。因此，"事权"与"支出责任"两个概念其实并不完全等同，支出责任是事权框架下与操作对接、更趋近于"问责制"与"绩效考评"机制的概念表述。公共财政的本质要求是在"分钱"和"花钱"的表象背后，带来对公共服务责任的合理有效制度规制，以寻求公共利益最大化。

2. 政府事权划分的原则

政府间各层级事权划分应遵循以下"三原则"：

（1）外溢性的原则。外溢性指某个经济实体的行为使他人受益（正外部效应）或受损（负外部效应）。假如一项活动的外部性只是一个地方得益，或者一个地方受损，这个事情就交给这个地方来管理。如果其外溢性是跨区域的，应该在更高的区域级别上管理[1]。比如国防是整个国家的安全防卫，它外溢到整个中华民族国家的全部版图，显然它应该是中央的事权，只有这样，才能合理地履行必须统筹协调的政府功能[2]。而有一些事情没有什么外溢性，比如具体到每个地方政府辖区里的不动产（包括居民住房），它基本上没有外溢性，就适合由当地的地方政府来管理[3]。

（2）信息处理的复杂性原则。信息不对称造成了市场交易双方的利益失衡，影响社会的公平、公正的原则以及市场配置资源的效率，常常会导致经济学上的道德风险问题。特定时间和地点的知识是由每个人所掌握的可以利用的独一无二的信息，是信息不对称的根源，基于这种信息的决策只有由每个个体作出，或由其积极参与作出，这种信息才能被利用。信息处理越复杂，越可能造成信息不对称的事项，越应让地方管理，因为地方政府熟悉基层事务，比中央政府容易识别信息不对称[4]。从不动产和住房来看，具体每个住房的地段、朝向、各种各样配套的要素，如此等等，这些信息十分复杂，如果交由地方政府来管理，有利于最大限度减少信息的不对称，提高管理效能，中央政府就没有必要跨越中间的政府层级一下管到地方基层政府[5]。

（3）激励相容原则。如果能有一种制度安排，使行为人追求个人利益的行为，正好与实现集体价值最大化的目标相吻合，这就是"激励相容"。要设计一种体制，让所有的参与人即使按照自己的利益去运作，也能导致整体利益最大化，这种体制就是激励相容的[6]。追求激励兼容，就是既有激励，又与其职能合理化兼容。同样从不动产和住房来看，地方政府如果能管这个事情，同时按照市场经济的经验不只是在交易环节能够取得税收，还应该在保有环节适当取得税

[1] 楼继伟：《中国政府间财政关系再思考》，中国财政经济出版社，2013。

[2] 贾康：《财政事权是政府事权　各层级事权划分应遵循三原则》，《证券时报》2016－11－28［2018－9－11］. http://finance.sina.com.cn/roll/2016－11－28/doc-ifxyawxa2892263.shtml.

[3] 同上。

[4] 同[1]。

[5] 同[2]。

[6] 同[1]。

收的话，它的财源建设机制就和这个税收索取权结合在一起，地方政府就会意识到只要自己专心致志地优化本地投资环境，履行市场经济要求它应该履行的搞好公共服务、维护公平竞争的职能，它自己的财源建设跟着就一起解决了。这就是既有激励，又和它的职能合理化兼容了。中央政府不用着急去管各个地方辖区之内的这些不动产和不动产的税收问题，所以就应该把它确定为地方税[1]。

3. 事权与支出责任合理化的三个案例[2]

从完善立法到明确事权，进而把事权和支出责任打通形成可操作的一览表，在操作上，应该明确地列示中央、省和市县三级框架之下的事权明细单，然后对应到财政运行管理环节上实打实代表着支出责任的预算支出科目，并把它们打通，形成整个政府分配运行体系支出责任的一览表、分工图。这是我们推进全面改革必须要做的事情。当然，其中也有不少复杂的问题。在事权概念之下，中央和地方之间怎么样合理地分工？过去已有多年的讨论，关于中央政府应该承担什么样的职责，原理上说比较清晰，比如关联国家主权和统一市场的事务应是中央的事权，那么外交、国防以及生产要素无壁垒流动这样的相关制度安排，应该在中央政府事权里面。但实际上中央和地方之间还存在着种种重叠和模糊地带。

(1) 国防事权。国防本应该确定为中央事权，但中国过去多年间在国防概念之下，有军民联防、军民共建、双拥模范城、预备役等这些概念，实际上是把中央和地方混在一起，形成种种错综复杂的事权和财权关系。在边境地区如何形成中央事权下的国防全覆盖？有些地方的特殊安排实际上是与国防密不可分的，比如新疆有其特殊体制，它既有自治区人民政府体系，还有屯垦戍边的兵团，兵团具备特定的国防使命并兼备有其他功能。这些具体的事情，在原则上必须

[1] 贾康：《财政事权是政府事权　各层级事权划分应遵循三原则》，《证券时报》2016－11－28[2018－9－11]. http://finance.sina.com.cn/roll/2016-11-28/doc-ifxyawxa2892263.shtml.

[2] 贾康：《从原则到现实：中央、地方事权与支出责任合理化中的立法思维》，《财金研究》2014年第5期，第5—10页。

由中央承担国防、外交事务的同时，也必须和地方形成配合关系，明晰经费来源，让不同层级的政府各司其职和有效合作。

（2）投资权。从中国市场取向改革的内在逻辑考虑，大方向应是使地方政府逐步退出一般竞争性项目的投资领域，这个渐进过程总体上是沿海发达地区首先推进、中西部地区随后跟上，未来应稳定地体现在相关法规上面，有别于一般竞争性领域的基础设施、公共工程、公共服务设施等的投资。对地方政府而言，显然应该调动它的积极性，就是优化本地投资环境，提升本地公共服务水平，使各地合在一起，形成一个在全国统一市场之内大家实现共同诉求、全体国民享受改革开放成果的大环境。在这个方面，也有一个与事权相关的理念：没有外溢性的辖区公共事务，都应该放在当地。地方的财力如何与其相匹配？不足的部分要靠转移支付解决问题，这也是可以在原则上认定的事情。在这方面做起来有一些具体的问题还是比较棘手。可认定为具有外溢性的事情，认定之后，有些事情处理上还会有模糊地带。比如说各地间，跨区划的基础设施（比如交通干道），如何合理地承担各自的事权？显然还需要由上一级政府介入和统筹协调。跨市县的由省介入作协调，跨省的由中央政府介入作指导，这些事情都要可操作。

（3）经济案件的司法管辖（审判）权。我国走向现代国家，强调政府要做的事情的第一条，是维护社会的公平正义，之后还要讲公平竞争，扶持弱势群体，基本公共服务均等化、可持续发展等。维护公平竞争等所有事项的前提，是总体的社会公平正义，这和司法有根本性关联。“司法腐败是最大的腐败。”在现实生活中发生了很多不良事件之后，人们都知道这句话的分量。但是回到制度安排的功能作用来说，要靠制度约束权力，让它可持续地按照公平正义来运行，减少不公和腐败，需合理形成一种从事权到相关的财权和经费分配的有机连接，把激励和约束搞对。比如由地方层面掌握经济案件的司法审判权，就大有问题。大家都反映，这些年地方要判的经济案子数量激增，判案质量很粗糙，很多信息不公开、不透明，做手脚太容易，老百姓往往在一系列的不良案例之后，甚至丧失了对司法公正的信心。如何扭转这种不良现象?是不是应该正面提出这种经济案件司法管辖权或者审判权的问题?是不是应该在总体设计之下作出新的思路上的考虑?

司法管辖权,是一种需要清晰、合理界定的政治权力,是国家政权体系内各级政府间事权合理划分必须正确处理的重要内容。党的十八届三中全会《关于全面深化改革若干重大问题的决定》在以“完善立法、明确事权”等为原则明确要求“建立现代财政制度”的同时,也提出了“探索建立与行政区划适当分离的司法管辖制度”的改革任务;到了四中全会,《关于全面推进依法治国若干重大问题的决定》中,则明确提出了关于“优化司法职权配置”的重要措施:“最高人民法院设立巡回法庭,审理跨行政区划重大行政和民商事案件。探索设立跨行政区划的人民法院和人民检察院,办理跨地区案件。”2014年12月2日,中央全面深化改革领导小组第七次会议,审议通过了《最高人民法院设立巡回法庭试点方案》和《设立跨行政区划人民法院、人民检察院试点方案》,表明即将以改革试点方式把这两项涉及司法管理体制和司法权力运行机制深层次问题,也触动我国政府层级间事权划分与配置格局的改革,推向实际操作中的先行先试,并寻求“可复制、可推广”的机制和制度。这方面所包含的促使中央、地方事权合理化的改革取向与格局改造的实质,是把我国的很大一部分司法管辖权上提,转变为国家中央层级的高端事权。之所以要以此为取向,制度安排的内在逻辑,正是最大限度地顺应客观规律,排除原区域司法管辖权对经济案件等审判结果可能产生的干扰因素,从而追求和维护“法治化”框架下尽可能充分的公平正义的社会功效。

我们以经济案件司法审判权的设置为例,作一简要分析。近年间,我国经济案件的数量迅速上升。按照过去的事权划分,司法管辖权报案、立案的属地原则,审判权是在地方,但实际生活中大量的经济案件中所涉及的利益关系,却是跨行政辖区的,比如,由A省主持案件审判,利益关系却可能关联到B省、C自治区,甚至到国外。现实情况下,A省的“地方本位主义”、“地方保护主义”、“近水楼台先得月”的“关系户”因素等,会“一拥而上”地作用于当地法院、检察院、政法委等相关主体，干扰案件审判的公正性。大量的事例表明，我国司法公信力的不足，固然有多方面的原因，但其中来自这种审判权制度安排的“扭曲空间”的存在及其作用因素，是重要的一个方面。我国在年复一年、日复一日的经济案件审理结果中，所积累的司法不公因素，也表现在引致了为数不少的社会问题。从媒体披露的南方某省一桩社会影响颇大的“集资案”审理有关情况观察，涉案人在案发前后与当地官员的“关系”与“过节”，实为案情审理不可回避的相关因素，涉案人被拘押后，当地主持的对其财产的很快拍卖处理，也被指存在种种不合规范的表现；而在当地的司法管辖权之下，这些至少属于“瓜田李下”的嫌疑，都不能给出应有的回避规则和公众所期待的解释，而后，又形成了处以极刑的审判结果。只是在最高人民法院复核程序中未获核准，才“刀下留人”。其后，在狱中服刑的案中人又有新的“举报”消息传出，随后还涉及其狱外的家人被拘和其本人可能“加罪”等。对此，公众还是不能听到权威信息的发布，难免疑窦丛生。可见，最为合理的相关司法管辖权与政府层级事权的安排，是把此类经济案件一律交由中央层级审理。为了“努力使人民群众在每一个案例中都感受到公平正义”，我国显然亟须在“事权划分”上处理好“问题导向”的配套改革，把原属地方的这种司法管辖权向中央层级事权转变，具体形式便是巡回法庭和跨行政区划的法院、检察院的设立及运行，相应调整财政的财力保障安排。

如果做个比照，若干年前中国的缉私就是维持经济生活公平正义必须做的事情——为打击走私，缉私队伍建设一开始按照各个地区组建，各有自己的一套经费、设备配置，但是后来发现海上缉私涉及不同地方、要办交接的时候怎么办？要去追赶的走私船正开足马力在逃跑，这边还要办交接怎么来得及？更不要说可能发生的扯皮。技术原因使得缉私系统变成垂直系统，中央来管，这才解决了问题。其实在逻辑上有同样的道理：一个经济案件如放在某地判，但是其中的利益会牵涉到其他地方、牵扯到国外，为了最大限度地减少扭曲动机，减少地方层面必然牵涉进来的各种利益纠葛，从原理上讲，经济案件最好的管辖权设计，是变成垂直系统来做。但是，很多地方对此不认同。有人问：那我们的公检法还做什么？其实地方经济案件变成垂直系统办理以后，原来许多司法人员还是会做同样的事情，但是管理中的利益连接、管理系统的指挥操作，都改观了，是中央垂直往下的司法体系。人员还是做这些事情，但是里面的制度安排所体现的利益联结得到了优化改造，最大限度地减少了地方事权中原来经济案件司法审判权对于公平正义扭曲的可能性。这也是我们应该追求的法治化和公平正义的事权与支出责任合理化的一个具体例子。

通过上述这些例子回到现代国家治理、现代财税体制的具体问题中，讨论中央和地方的问题，还是要从大处着眼，还原到统筹协调层面，进而做实做细，做到可操作。必须破除方方面面的既得利益，寻求对于社会公共利益最大化最有利的改革方案。这是制度建设面临的真实问题，必须抓住财政事权合理划分的基础作用，支撑合理原则，运用于可行的、规范化的实践。

（二）"人吃马喂"的基本支出

1. 基本支出的概念与分类

基本支出是政府机构为保障正常运转、完成日常工作任务所必需的各项支出，它按性质划分为人员经费和日常公用经费两部分。人员经费涵盖的范围主要包括政府收支分类的经济分类科目中的"工资福利支出"[1]和"对个人和家庭的补助"[2]，日常公用经费涵盖的范围包括政府收支分类的经济分类科目中的"商品和服务支出"[3]和"其他资本性支出"中的属于基本支出内容的支出。

2. 基本支出的管理方式

基本支出实行以定员定额为主的管理方式，同时结合部门资产占有状况，通过建立实物费用定额标准，实现资产管理与定额管理相结合。定员、资产和定额

[1] 包括在职人员的工资、津贴补贴、奖金、伙食补助费、绩效工资及其他工资福利支出。

[2] 包括离退休人员的离退休费、抚恤金、生活补助、救济费、学校的奖助学金、奖励金、生产补贴、住房公积金、提租和购房补贴等。

[3] 包括日常的办公费、水电费、差旅费、因公出国（境）费、取暖费、印刷费、邮电费、咨询费、劳务费、物业管理费、会议费、租赁费、培训费、维（修）护费、公务接待费等。

是测算和编制政府机构基本支出预算的重要依据。

定员,是指国家机构编制主管部门根据政府机构的性质、职能、业务范围和工作任务所下达的人员配置标准。资产,是指政府机构占有、使用而依法确认为国家所有的公共财产,包括国家调拨的资产、用国家财政性资金形成的资产、按照国家规定组织收入形成的资产、以单位名义接受捐赠形成和其他依法确认为国家所有的资产等,其表现形式为办公用房、车辆、专用设备等固定资产。定额,是指财政部门根据政府机构正常运转和日常工作任务的合理需要,结合财力的可能,对基本支出的各项内容所规定的指标额度。

基本支出定额项目包括人员经费和日常公用经费两部分。人员经费包括政府收支分类的支出经济分类科目中的“工资福利支出”和“对个人和家庭的补助”。具体定额项目包括:基本工资、津补贴及奖金、社会保障缴费、离退休费、医疗费、助学金、住房补贴和其他人员经费等。日常公用经费包括政府收支分类的支出经济分类科目中的“商品和服务支出”和“其他资本性支出”中属于基本支出内容的支出。具体定额项目包括:办公及印刷费、水电费、邮电费、取暖费、物业管理费、交通费、差旅费、日常维修费、会议费、专用材料费、一般购置费(包括一般办公设备购置费、一般专用设备购置费、一般交通工具购置费、一般装备购置费等)、福利费和其他公用经费等。

根据政府机构承担的职能、行业及业务特点,在核准同类单位工作量、占用的资源和相关历史数据资料的基础上,以人或实物作为测算对象,确定各类单位各定额项目的单项基准定额。基本支出日常公用经费定额项目中,水电费、取暖费、物业管理费、交通费等可采取人员定额和实物费用定额相结合的方式确定。各个单项定额标准的总和构成单位基本支出的综合定额。

(三)“做事”的项目支出

1. 项目支出的内涵

项目支出是政府机构为完成特定的工作任务或事业发展目标,在基本的预算支出以外，由财政预算专款安排的支出。项目支出是部门支出的组成部分，具体包括基本建设、有关事业发展专项计划、专项业务费、大型修缮、大型购置、大型会议等支出。

2. 项目支出的分类

(1) 按照项目支出性质分类

项目支出按照其支出性质分为专项公用类项目支出和发展建设类项目支出两类。

专项公用类项目支出，是指行政事业单位为履行职能，完成工作任务，而发生用于商品和服务、人员类的特定项目支出。具体包括：① 大型会议、培训类项目支出：是指政府机构围绕中心任务和业务工作召开的工作会议等项目支出；② 重大宣传、活动类项目支出：是指各级政府确定的重大宣传、活动项目支出；③ 重大课题调研、规划类项目支出：是指各级政府确定的重大课题调研、规划等项目支出；④ 信息化运行维护类项目支出：是指为保证政府机构计算机网络和业务信息化系统正常运行和信息安全而必须支付的硬件设备维护、软件维护和数据更新等方面的技术服务、有线网络信息服务、零配件项目的费用支出；⑤ 执法办案类项目支出：是指政法部门和具有执法依据的专设执法机构，为履行职能在基本支出范围外支出的执法服装费、罚没物品的仓储保管和销毁费用及举报奖励等；⑥ 大宗印刷类项目支出：是指政府机构为履行专业职能，需印制数量大、同一用途的印刷项目支出；⑦ 房租类项目支出：是指政府机构无办公业务用房，确需承租办公业务场所的房租项目支出；⑧ 物业管理类项目支出：是指政府机构聘请社会机构进行办公业务用房的保安、公用区域卫生保洁、基础设施的日常养护和小修等涉及物业管理方面的项目支出；⑨ 其他专项公用类项目支出：是指政府机构为履行职责、完成工作任务，在上述项目之外发生专项公用类项目支出。

发展建设类项目支出，是指行政事业单位为完成其特定行政工作任务和事业发展目标，一次性或阶段性发生的属于基本支出外的项目支出。具体包括：

① 房屋建筑物购建类项目支出：是指用于购买、自行建造办公业务用房、仓库、职工生活用房、教学科研用房、学生宿舍、食堂等建筑物（含附属设施，如电梯、通讯线路、水气管道等）的支出及前期费用。② 大型修缮类项目：是指按财务会计制度规定允许资本化的各类设备、建筑物、公共基础设施等大型修缮的支出。③ 信息网络购建类项目：是指行政事业单位用于电子政务工程、信息化网络改造等支出。④ 设备购置类项目：是指行政事业单位为完成其特定行政工作任务和事业发展目标或开办时发生的交通工具购置、办公设备购置、专用设备购置及储备物资购置项目。⑤ 其他发展建设类项目：是指行政事业单位为完成其特定行政工作任务和事业发展目标在上述项目之外发生的发展建设性支出项目。

（2）按照部门预算编报要求分类

按照财政部颁发的管理办法[1]，项目按照部门预算编报要求分为国务院已研究确定项目，经常性专项业务费项目，跨年度支出项目（以下统称“前三类支出项目”）和其他项目四种类别。国务院已研究确定项目，是指国务院已研究确定需由财政预算资金重点保障安排的支出项目。包括党中央、国务院文件中明确规定中央财政预算安排的项目、党中央和国务院领导明确批示需由中央财政予以安排的项目等。经常性专项业务费项目，是指中央部门为维持其正常运转而发生的大型设施、大型设备、大型专用网络运行费和为完成特定工作任务而持续发生的支出项目。如执法部门办案费；常例性的专项检查经费；监管、监测、审批、审查经费等。跨年度支出项目，是指除以前年度延续的国务院已研究确定项目和经常性专项业务费项目之外，经财政部批准并已确定分年度预算，需在本年继续安排预算的项目和当年新增的需在本年度及以后年度继续安排预算的支出项目。其他项目，是指除“前三类支出项目”之外，中央部门为完成其职责需安排的支出项目。相应地，项目支出也分为国务院已研究确定项目支出，经常性专

[1] 《财政部关于印发〈中央本级项目支出预算管理办法〉的通知》（财预〔2007〕38 号）。

项业务费项目支出，跨年度支出项目支出和其他项目支出四个类别。

3. 项目支出的管理方式——项目库管理

在科学论证、合理排序及追踪问效等原则的指导下，项目支出实行项目库[1]管理方式。申报的项目应当同时具备以下条件：(1) 符合国家有关方针政策；(2) 符合财政资金支持的方向和财政资金供给的范围；(3) 属于本部门履行行政职能和促进事业发展需要安排的项目；(4) 有明确的项目目标、组织实施计划和科学合理的项目预算，并经过充分的研究和论证。

项目申报程序包括：(1) 项目单位应当按照预算管理级次申报项目，不得越级上报；(2) 中央部门对申报的项目审核后，将符合条件的项目纳入中央部门项目库；(3) 根据年度部门预算编制的要求，中央部门对其项目库中的项目，择优排序后统一向财政部申报。财政部对中央部门申报的项目进行审核后，对符合条件的项目，经商中央部门后，排序纳入财政部项目库。财政部根据国家有关方针、政策和中央部门履行职能、事业发展目标，确定当年项目安排的原则和重点，并根据年度财力状况和项目排序，结合中央部门以前年度项目资金结余情况，统筹安排项目支出预算，列入中央部门年度预算。财政部对列入部门预算的经常性专项业务费项目，明确项目的支出范围，并会同中央部门根据项目的具体情况制定专门的管理办法。按照规定属于政府采购的项目，应当编入政府采购预算，并按照政府采购制度的有关规定执行。

此外，为解决实行定员定额试点政府机构在年度预算执行过程中的零星支出和临时性开支，减少预算执行中的调整，设立了“机动经费”的专项经费。机动经费实行项目预算管理，可调剂用于基本支出，主要用于编制内增人、增编等支出，但不得擅自用于提高人员待遇；机动经费也可调剂用于其他项目支出。机

[1] 项目库是对项目进行规范化、程序化管理的数据库系统，它分为中央部门项目库和财政部项目库。中央部门和财政部按照规定对各自设立的项目库实行管理。中央部门项目库，由中央部门按照申报项目支出预算的要求，结合本部门特点，对所属单位申报的项目进行筛选排序后设立。财政部项目库，由财政部根据项目支出预算管理的需要，结合财力可能，对中央部门所报项目进行筛选排序后设立。

动经费动用时应按以下顺序安排支出：编制内增人、增编增加的支出，当年执行中新增不可预见的项目支出，当年预算已安排项目执行中出现的缺口等。机动经费动用时，实行审批和备案两种管理方式。

4. 央地共同承担的公共服务事权的财力分担解决方案：中央与地方财政事权与支出责任划分改革

从财政事权和支出责任划分的改革历程看，改革开放以来，中央与地方财政关系经历了从高度集中的统收统支到"分灶吃饭"、包干制，再到分税制财政体制的变化，财政事权和支出责任划分逐渐明确，特别是1994年实施的分税制改革，初步构建了中国特色社会主义制度下中央与地方财政事权和支出责任划分的体系框架，为我国建立现代财政制度奠定了良好基础。但受当时以及实施过程中一些客观条件的制约，改革主要是针对中央与地方收入划分，事权和支出责任划分在沿袭已有做法的基础上主要作了一些局部调整。在新的形势下，财政事权和支出责任划分与推进财税改革和国家治理现代化要求相比，越来越不适应。主要表现在：一是政府职能定位不清，一些本可由市场调节或社会提供的事务，财政包揽过多，同时一些本应由政府承担的基本公共服务，财政承担不够；二是中央与地方财政事权和支出责任划分不尽合理，一些本应由中央直接负责的事务交给地方承担，一些宜由地方负责的事务，中央承担过多；三是不少中央和地方提供基本公共服务的职责交叉重叠，共同承担的事项较多；四是省以下财政事权和支出责任划分不尽规范；五是有的财政事权和支出责任划分缺乏法律依据，法治化、规范化程度不高。因此，自2016年起，我国相继出台了一些中央与地方财政事权与支出责任划分改革方案，逐步明确和规范基本公共服务领域中央与地方应承担的财政事权与支出责任。

（1）中央与地方财政事权与支出责任划分总体改革方案

2016年8月，国务院印发了《关于推进中央与地方财政事权和支出责任划分改革的指导意见》（国发〔2016〕49号），对推进中央与地方财政事权和支出责任划分改革作出总体部署，明确了财政事权和支出责任划分改革的总体要求、划分原则、主要内容、配套措施等。一是推进中央与地方财政事权划分。适度加强中央的财政事权,保障和督促地方履行财政事权,在现有基础上减少并规范中央与地方共同的财政事权,建立财政事权划分动态调整机制。二是完善中央与地方支出责任划分。中央的财政事权由中央承担支出责任,地方的财政事权由地方承担支出责任,中央与地方的共同财政事权根据基本公共服务的属性,区分情况划分支出责任。三是加快省以下财政事权和支出责任划分。将部分适宜由更高一级政府承担的保持区域内经济社会稳定、促进经济协调发展等基本公共服务职能上移,将适宜由基层政府发挥信息、管理优势的基本公共服务职能下移,并根据省以下财政事权划分、财政体制及基层政府财力状况,合理确定省以下各级政府的支出责任。

(2) 基本公共服务清单制——8 个领域的 81 个基本公共服务项目改革方案

2017 年 1 月,国务院印发了《"十三五"推进基本公共服务均等化规划》,明确建立国家基本公共服务清单制,确定了公共教育、劳动就业创业、社会保险、医疗卫生、社会服务、住房保障、公共文化体育、残疾人服务等 8 个领域 81 个基本公共服务项目,作为政府履行职责和公民享有相应权利的范畴。每个项目均明确服务对象、服务指导标准、支出责任、牵头负责单位等。

(3) 基本公共服务领域中央与地方共同财政事权和支出责任划分改革方案

2018 年 1 月,国务院办公厅出台了《基本公共服务领域中央与地方共同财政事权和支出责任划分改革方案》,一是将义务教育、学生资助、基本就业服务、基本养老保险、基本医疗保障、基本卫生计生、基本生活救助、基本住房保障等 8 大类 18 个基本公共服务事项,首先纳入中央与地方共同财政事权范围,由中央与地方共同承担支出责任。二是制定基本公共服务保障国家基础标准。参照现行财政保障或中央补助标准,制定义务教育公用经费保障、免费提供教科书、中等职业教育国家助学金、城乡居民基本养老保险补助等 9 项基本公共服务保障的国家基础标准。三是规范基本公共服务领域中央与地方共同财政事权的支出责任分担方式,主要实行按比例分担,并保持基本稳定,对基本公共卫生服务等

7个事项实行中央分档分担办法，并将其分担比例适当简化和归并为五档[1]；对义务教育公用经费保障等6个按比例分担，按项目分担或按标准定额补助的事项，暂按现行政策执行；对基本公共就业服务等5个事项，中央分担比例主要依据地方财力状况、保障对象数量等因素确定（详见表5－2）。四是在一般性转移支付下设立共同财政事权分类分档转移支付，对共同财政事权基本公共服务事项予以优先保障。五是推动省以下支出责任划分改革。中央财政要加强对省以下共同财政事权和支出责任划分改革的指导；省级政府要考虑本地区实际，根据各项基本公共服务的重要性、受益范围和均等化程度等因素，结合省以下财政体制，合理划分省以下各级政府的支出责任，加强省级统筹，适当增加和上移省级支出责任；县级政府要将自有财力和上级转移支付优先用于基本公共服务，承担提供基本公共服务的组织落实责任。

表5－2 基本公共服务领域中央与地方共同财政事权清单及基础标准、支出责任划分情况表

共同财政事权事项		基础标准	支出责任及分担方式
义务教育	1. 公用经费保障	中央统一制定基准定额。在此基础上，继续按规定提高寄宿制学校等公用经费水平，并单独核定义务教育阶段特殊教育学校和随班就读残疾学生公用经费等	中央与地方按比例分担。第一档为8∶2，第二档为6∶4，其他为5∶5
	2. 免费提供教科书	中央制定免费提供国家规定课程教科书和免费为小学一年级新生提供正版学生字典补助标准，地方制定免费提供地方课程教科书补助标准	免费提供国家规定课程教科书和免费为小学一年级新生提供正版学生字典所需经费，由中央财政承担；免费提供地方课程教科书所需经费，由地方财政承担

[1] 第一档包括内蒙古、广西、重庆、四川、贵州、云南、西藏、陕西、甘肃、青海、宁夏、新疆12个省（区、市）；第二档包括河北、山西、吉林、黑龙江、安徽、江西、河南、湖北、湖南、海南10个省；第三档包括辽宁、福建、山东3个省；第四档包括天津、江苏、浙江、广东4个省（市）和大连、宁波、厦门、青岛、深圳5个计划单列市；第五档包括北京、上海2个直辖市。

续 表

共同财政事权事项		基 础 标 准	支出责任及分担方式
义务教育	3. 家庭经济困难学生生活补助	中央制定家庭经济困难寄宿生和人口较少民族寄宿生生活补助国家基础标准。中央按国家基础标准的一定比例核定家庭经济困难非寄宿生生活补助标准，各地可以结合实际分档确定非寄宿生具体生活补助标准	中央与地方按比例分担，各地区均为5∶5，对人口较少民族寄宿生增加安排生活补助所需经费，由中央财政承担
	4. 贫困地区学生营养膳食补助	中央统一制定膳食补助国家基础标准	国家试点所需经费，由中央财政承担；地方试点所需经费，由地方财政统筹安排，中央财政给予生均定额奖补
学生资助	5. 中等职业教育国家助学金	中央制定资助标准	中央与地方分档按比例分担。第一档分担比例统一为8∶2；第二档，生源地为第一档地区的，分担比例为8∶2，生源地为其他地区的，分担比例为6∶4；第三档、第四档、第五档，生源地为第一档地区的，分担比例为8∶2，生源地为第二档地区的，分担比例为6∶4，生源地为其他地区的，与就读地区分担比例一致，分别为5∶5、3∶7、1∶9
	6. 中等职业教育免学费补助	中央制定测算补助标准，地方可以结合实际确定具体补助标准	中央统一实施的免学费补助所需经费，由中央与地方分档按比例分担。第一档分担比例统一为8∶2；第二档，生源地为第一档地区的，分担比例为8∶2，生源地为其他地区的，分担比例为6∶4；第三档、第四档、第五档，生源地为第一档地区的，分担比例为8∶2，生源地为第二档地区的，分担比例为6∶4，生源地为其他地区的，与就读地区分担比例一致，分别为5∶5、3∶7、1∶9

续 表

共同财政事权事项		基 础 标 准	支出责任及分担方式
学生资助	7. 普通高中教育国家助学金	中央制定平均资助标准,地方可以按规定结合实际确定分档资助标准	所需经费由中央与地方分档按比例分担。第一档为8∶2,第二档为6∶4,第三档为5∶5,第四档为3∶7,第五档为1∶9
	8. 普通高中教育免学杂费补助	中央逐省核定补助标准,地方可以结合实际确定具体补助标准	中央统一实施的免学杂费补助所需经费,由中央与地方分档按比例分担。第一档为8∶2,第二档为6∶4,第三档为5∶5,第四档为3∶7,第五档为1∶9
基本就业服务	9. 基本公共就业服务	由地方结合实际制定标准	主要依据地方财力状况、保障对象数量等因素确定
基本养老保险	10. 城乡居民基本养老保险补助	由中央制定基础标准	中央确定的基础养老金标准部分,中央与地方按比例分担。中央对第一档和第二档承担全部支出责任,其他为5∶5
基本医疗保障	11. 城乡居民基本医疗保险补助	由中央制定指导性补助标准,地方结合实际确定具体补助标准	中央与地方分档按比例分担。第一档为8∶2,第二档为6∶4,第三档为5∶5,第四档为3∶7,第五档为1∶9
	12. 医疗救助	由地方结合实际制定标准	主要依据地方财力状况、保障对象数量等因素确定
基本卫生计生	13. 基本公共卫生服务	由中央制定基础标准	中央与地方分档按比例分担。第一档为8∶2,第二档为6∶4,第三档为5∶5,第四档为3∶7,第五档为1∶9
	14. 计划生育扶助保障	由中央制定基础标准	中央与地方分档按比例分担。第一档为8∶2,第二档为6∶4,第三档为5∶5,第四档为3∶7,第五档为1∶9
基本生活救助	15. 困难群众救助	由地方结合实际制定标准	主要依据地方财政困难程度、保障对象数量等因素确定
	16. 受灾人员救助	中央制定补助标准,地方可以结合实际确定具体救助标准	对遭受重特大自然灾害的省份,中央财政按规定的补助标准给予适当补助,灾害救助所需其余资金由地方财政承担
	17. 残疾人服务	由地方结合实际制定标准	主要依据地方财力状况、保障对象数量等因素确定

续 表

共同财政事权事项		基 础 标 准	支出责任及分担方式
基本住房保障	18. 城乡保障性安居工程(包括城镇保障性安居工程和农村危房改造等)	由地方结合实际制定标准	主要依据地方财力状况度、年度任务量等因素确定

资料来源：国务院办公厅关于印发《基本公共服务领域中央与地方共同财政事权和支出责任划分改革方案》的通知(国办发〔2018〕6 号)。

此改革方案通过明确与人直接相关的最基本公共服务事项的共同财政事权范围,明确相关基本公共服务事项保障标准,规范支出责任分担方式和分担比例,调整完善转移支付制度等,明确了基本公共服务事项财政事权和支出责任划分的具体规则,直接划分了部分最基本公共服务事项的财政事权和支出责任,既实现了财政事权和支出责任划分改革的重点突破,又为后续推动分领域财政事权和支出责任划分改革提供了引领和支撑。

(4) 医疗卫生领域中央与地方财政事权和支出责任划分改革方案

2018 年 7 月,国务院办公厅关于印发《医疗卫生领域中央与地方财政事权和支出责任划分改革方案》的通知(国办发〔2018〕67 号),从公共卫生、医疗保障、计划生育、能力建设四个方面,划分医疗卫生领域中央与地方财政事权和支出责任。对现行划分较为科学合理且行之有效的事项予以确认;对现行划分不尽合理且改革条件成熟的事项,进行改革调整;对改革条件尚不具备的事项,暂时延续现行划分格局,并根据相关领域体制机制改革进展情况及时作相应调整。以全国性或跨区域的公共卫生服务为重点,适度加强中央财政事权和支出责任;属于中央与地方共同财政事权的,由中央统一制定国家基础标准或提出原则要求;统筹推进项目优化整合,提高财政资金使用效益。

表 5－3 医疗卫生领域中央与地方财政事权和支出责任划分情况表

财政事权事项		主要内容	支出责任及分担方式
一、中央财政事权			
（一）公共卫生	1. 重大公共卫生服务（全国性或跨区域的重大传染病防控等）	包括纳入国家免疫规划的常规免疫及国家确定的群体性预防接种和重点人群应急接种所需疫苗和注射器购置，艾滋病、结核病、血吸虫病、包虫病防控，精神心理疾病综合管理，重大慢性病防控管理模式和适宜技术探索等	中央财政承担支出责任
（二）能力建设	2. 中央所属医疗卫生机构改革和发展建设	落实国家规定的对中央所属医疗卫生机构改革和发展建设的补助政策，包括符合区域卫生规划的中央所属公立医院、专业公共卫生机构和计划生育服务机构等	中央财政承担支出责任
	3. 中央卫生健康管理事务	包括中央职能部门承担的战略规划、综合监管、宣传引导、健康促进、基本药物和短缺药品监测、重大健康危害因素和重大疾病监测、妇幼卫生监测等	中央财政承担支出责任
	4. 中央医疗保障能力建设	包括中央职能部门及其所属机构承担的战略规划、综合监管、宣传引导、经办服务能力提升、信息化建设、人才队伍建设等	中央财政承担支出责任
二、中央与地方共同财政事权			
（一）公共卫生	1. 基本公共卫生服务	包括居民健康档案管理、健康教育、预防接种、0—6 岁儿童健康管理、孕产妇健康管理、老年人健康管理、高血压和糖尿病等慢性病患者健康管理、严重精神障碍患者管理、肺结核患者健康管理、中医药健康管理、传染病及突发公共卫生事件报告和处理、卫生计生监督协管 12 项内容，以及健康素养促进、妇幼卫生、老年健康服务、医养结合、卫生应急、提供避孕药具、孕前优生健康检查、计划生育事业费等部分原重大公共卫生服务和计划生育项目	中央与地方分档按比例分担。第一档为 8∶2，第二档为 6∶4，第三档为 5∶5，第四档为 3∶7，第五档为 1∶9

续　表

财政事权事项		主 要 内 容	支出责任及分担方式
（二）医疗保障	2. 城乡居民基本医疗保险补助	包括各级财政对城乡居民基本医疗保险的缴费补助	中央与地方分档按比例分担。第一档为8∶2,第二档为6∶4,第三档为5∶5,第四档为3∶7,第五档为1∶9
	3. 医疗救助	包括城乡医疗救助和疾病应急救助	根据救助需求、工作开展情况、地方财力状况等因素确定
（三）计划生育	4. 计划生育扶助保障	包括农村部分计划生育家庭奖励扶助、计划生育家庭特别扶助、计划生育“少生快富”补助	中央与地方分档按比例分担。第一档为8∶2,第二档为6∶4,第三档为5∶5,第四档为3∶7,第五档为1∶9
（四）能力建设	5. 国家根据战略规划统一组织实施的卫生健康能力提升项目	包括国家根据战略规划统一组织实施的卫生健康人才队伍建设、重点学科发展等项目	根据工作任务量、补助标准、绩效考核情况等因素确定
	6. 中医药事业传承与发展	包括中医药临床优势培育、中医药传承与创新、中医药传统知识保护与挖掘、中医药“治未病”技术规范与推广等	根据工作任务量、绩效考核情况、地方财力状况等因素确定
三、地方财政事权			
能力建设	1. 地方所属医疗卫生机构改革和发展建设	落实国家规定的对地方所属医疗卫生机构改革和发展建设的补助政策,包括符合区域卫生规划的地方所属公立医院、基层医疗卫生机构、专业公共卫生机构和计划生育服务机构等	地方财政承担支出责任。在深化医药卫生体制改革期间,中央财政对地方按规定给予补助
	2. 地方自主实施的卫生健康能力提升项目	包括地方自主实施的卫生健康人才队伍建设、重点学科发展等项目	地方财政承担支出责任
	3. 地方卫生健康管理事务	包括地方职能部门承担的战略规划、综合监管、宣传引导、健康促进、基本药物和短缺药品监测、重大健康危害因素和重大疾病监测、妇幼卫生监测等	地方财政承担支出责任

续 表

财政事权事项		主 要 内 容	支出责任及分担方式
能力建设	4. 地方医疗保障能力建设	包括地方职能部门及其所属机构承担的战略规划、综合监管、宣传引导、经办服务能力提升、信息化建设、人才队伍建设等	地方财政承担支出责任。在深化医药卫生体制改革期间，中央财政对地方医疗保障能力建设按规定给予补助

注：本表中五档次分别是：第一档包括内蒙古、广西、重庆、四川、贵州、云南、西藏、陕西、甘肃、青海、宁夏、新疆 12 个省（区、市）；第二档包括河北、山西、吉林、黑龙江、安徽、江西、河南、湖北、湖南、海南 10 个省；第三档包括辽宁、福建、山东 3 个省；第四档包括天津、江苏、浙江、广东 4 个省（市）和大连、宁波、厦门、青岛、深圳 5 个计划单列市；第五档包括北京、上海 2 个直辖市。

资料来源：国务院办公厅关于印发《医疗卫生领域中央与地方财政事权和支出责任划分改革方案》的通知（国办发〔2018〕67 号）。

（四）政府采购与政府购买服务

英国政府在 1782 年成立了“文具用品局”负责采买政府所需货物和投资建设项目，并规定了一套政府采购特有的采购程序以及规章制度。美国 1861 年通过联邦政府采购法，规定了采购机构、官员所应遵循的程序和方法；瑞士政府也是较早设立和完善政府采购体系的国家之一，他们的采购制度已有两百多年的历史[1]。我国政府采购制度改革试点始于 1996 年，1998 年试点范围迅速扩大，到 2000 年政府采购工作已经在全国铺开[2]。经过十多年的改革发展，我国政府采购制度改革进入了全面发展的新时期。从某种意义上讲，近年来推行政府购买服务，是深化政府采购制度改革的集中体现。政府采购管理和运行基础不断巩固，为开展政府购买服务工作奠定了坚实基础；政府采购结构的变化和实施范围不断拓展，为开展政府购买服务工作提供了实践的载体；而政府购买服务工作的开展，则是政府采购管理职能拓展的必然结果和直接体现[3]。

[1] 楼继伟：《中国政府预算：制度、管理与案例》，中国财政经济出版社，2002，第 234 页。

[2] 袁星侯：《政府预算：理论分析 · 改革述评 · 过程比较》，广东经济出版社，2008，第 182 页。

[3] 财政部财政科学研究所课题组：《中国：公共财政发展战略 2020》（亚洲开发银行技术援助赠款项目），第 56—57 页。

1. 政府采购

(1) 政府采购的概念与特点

政府采购是指国家各级政府及所属机构单位为从事日常的政务活动或为了满足公共服务的目的,利用国家财政性资金和政府借款(不排除匹配其他来源资金)购买货物、工程和服务的行为。政府采购具有以下特点:

第一,政府采购的公共性。政府采购也称公共采购,政府通过采购取得的产品、服务来保障政府及公共部门的有效运转,向社会提供公共服务,满足社会公共需要。同时,政府采购的资金主要来源于政府财政收入,或需要由财政资金进行偿还的公共借款,这些资金最终来源于公众的纳税、公共事业服务和其他公共收入。

第二,政府采购的政策性。政府采购有责任维护国家和社会公共利益,促进社会经济协调平衡发展,体现社会责任。政府采购对于平衡社会有效需求和供给、推动经济产业结构调整升级、保护和扶持民族产业、促进地区经济发展、扶植中小企业发展、支持科技创新、支持环境生态保护和节约能源等社会经济、公益事业都能发挥显著的促进作用。

第三,政府采购的强制性。为了规范政府采购行为,提高资金使用效益,维护国家利益和社会公共利益,我国颁布了《政府采购法》以及一系列相关法律法规。属于政府采购范围的项目,采购计划方案、程序、方式及其资金使用等,必须严格按照有关法律、法规组织实施和规范管理。

第四,政府采购的竞争性。竞争是市场经济的基本特征,也是政府采购的内在要求。政府采购活动必须遵循市场经济规律,通过有效竞争追求财政资金使用效益的最大化,实现社会公共利益最大化的最终目标。

(2) 政府采购的意义

政府采购制度改革,是完善监督、提升绩效的长效机制建设。我国过去一向实行的支出管理方式,是把大量的政府采购放到各部门、各单位分散进行,由此而造成资金使用效益低下的问题,甚至出现一些弊病,“吃回扣”成为“公开的秘密”,也不利于顺应社会主义市场经济体制的要求,提高政府的调控管理水平。过去我们虽然意识到把财政的钱拨到各个预算单位之后,还要“跟踪问效”,但面对各个层级成千上万个预算单位、千百万次的采购交易行为,追踪问效谈何容易?管理成本太高,监督便难以落实。因此,所谓政府采购制度改革,就是要找到一种低成本、高效率、能使监督落到实处的政府采购方式或机制,并把它制度化、规范化。这种方式或机制的最主要内容,就是在市场经济国家已经过多年探索与发展,能够拿来为我们所借鉴和结合国情加以运用的,以集中招标采购为代表的政府采购方式。虽然在具体的政府采购工作中,要涉及大量的技术性内容,除了公开的招标采购方式之外,还应有选择性招标采购、限制性招标采购以及询价采购、竞争性谈判采购、单一来源采购等,也不排除小额、零星的分散直接采购,以适应不同的具体情况,但最主要的、最具制度变革意义的、最应着力发展的,是最能体现公开、公正、公平和使采购“物美价廉”原则的招标式集中采购——尤其是公开招标采购。建立和健全政府采购制度的意义具体可概括为以下三个方面:

第一,在市场化导向中提高财政资金的使用效益。招标投标是一种面向市场、鼓励竞争的运作方式。可以把市场范围设定为宽广的国内统一市场甚至国际市场。通过来自多方面的生产者的公平而充分的竞争,使政府取得价廉、物美、质高的商品与劳务供给。政府的消费品从性质上说归属于公共产品范畴,或者是为形成公共产品而所需的投入。但公共产品的生产并不一定完全由政府部门、国有企业进行。市场经济国家公共产品的一个可观的份额,往往来自私人部门的生产,而政府招标可成为一座很好的桥梁,把私人部门或非政府部门的产出置换为公共产品,同时也对公共产品的供给或投入注入健康的竞争因素,促成那些最具竞争力的厂家对政府“薄利多销”,从而降低政府行政成本,提高财政资金使用效益。我国过去没有实行统一的政府采购,而是把资金完全拨付到各个预算单位手中,分散采购。今后如果能转为市场经济的通行做法,开展公开、统一、规范的政府采购,则一方面可以起到培育、规范统一市场的作用,另一方面可以挖掘巨大的资金效益潜力，从而“少花钱多办事”。这也将是缓解财政困难和压力的有效途径之一[1]。

第二，在法制化导向中加强政府系统的廉政建设。统一的政府采购，特别是公共招标方式，可以依托于法制而明显地提高政府采购过程的透明度和严密性，减少产生“权钱交易”等腐败行径的土壤。在不够成熟、不够完善的市场经济中，法制的不严密，交易过程的不透明，最易引起大量“寻租”行为。厂商暗中从政府权力掌握者那里争取到慷国家之慨的优惠待遇，而政府工作人员则从厂商那里获得私下的“好处”；政府分散采购中常常发生的“回扣”，正是这种情况下防不胜防的弊端。统一、透明的政府采购制度之所以能够提高资金效益，固然一方面是由于可促成供给方的“薄利多销”，另一方面则是由于可减少消费方工作人员因暗中“吃回扣”等行为引发的政府财力误配置。我国近年来政府系统廉政建设成为各方十分关注的重大问题，为了加强廉政建设，减少腐败，除了思想教育之外，关键是要加强法规制度建设，依靠制度的力量强化预算约束和规范工作人员的行为。积极建立和健全政府采购制度，正是这方面的一个十分重要、带有某种战略性意义的事项[2]。

第三，科学化导向中提高政府的调控管理水平。市场经济的健康发展离不开政府合理、适度的宏观调控与科学的财力分配管理，这一点在现代社会已大体成为共识。但如何使政府的调控管理合理化、科学化，却是一个重大的挑战，需要形成一套能够适应市场经济客观规律的方式方法。统一、公开的政府采购制度，可以使政府在这方面获得一个比较有效的方式和手段。因为政府统一采购属于与市场规则、市场运作兼容的间接调控，既可以加强科学化管理导向，又有助于实现一系列政府所追求的调控目标。首先，通过统一的政府采购，可以贯彻政府在总量调控方面的意图。政府根据宏观经济冷热程度及其发展态势，在可利用的弹性区间内适时、适量地安排政府采购行为，并产生政府支出的乘数效

[1] 贾康：《建立健全政府采购制度的意义和作用》，《中国财政》1998 年第 1 期，第 7—9 页。
[2] 同上。

应,是调节总量的一种可选方法。其次,通过统一的政府采购,可以贯彻政府在结构调节方面的一些意图。政府采购客观上对于不同的产品和行业有一定的选择余地,可以据此体现不同的政策倾向。比如,对于那些政府根据合理的产业政策和技术经济政策认为需要给予一定扶持的新兴产业或技术项目,可以考虑在政府采购招标方案安排中多包含它们的产品。再次,通过统一的政府采购,可以发挥稳定物价的调控作用。政府采购具有"成规模"的特点,是市场供求平衡关系中较大的砝码,对市场价格的水平和走向可以起到一定影响。最后,通过统一的政府采购,可以体现政府的某些特定政策。政府在环境保护、社会福利等方面所追求的一些特定政策目标,可以纳入政府采购的通盘考虑[1]。

(3) 政府采购的基本方式

第一,按招标范围分类。根据招标范围可将采购方式分为公开招标采购、选择性招标采购和限制性招标采购。世界贸易组织的政府采购协议就是按这种方法对政府采购方式进行分类的。公开招标采购,是指通过公开程序,邀请所有有兴趣的供应商参加投标,经过综合评估,择优选择中标者。选择性招标采购,是指通过招标的方式,邀请所有潜在的供应商、承包商或服务提供者参加投标,采购单位通过某种事先确定并公布的标准从所有投标中评选出中标供应商,并与之签订合同的一种采购形式。限制性招标采购,是指限制性招标,也称谈判招标或议标,是对于一些技术复杂或工期紧迫的项目(工程)征得有关主管部门同意后,选择两家以上有兴趣投标的法人或者其他组织发出招标邀请书,再通过谈判确定中标的招标方式。

第二,按采购规模分类。按采购规模的大小可将政府采购分为小额采购方式、批量采购方式和大额采购方式。小额采购是指对单价不高、数量不大的零散物品的采购,具体采购方式可以是询价采购,也可以直接到商店或工厂采购。批量采购即小额物品的集中采购,其适用条件是:在招标限额以下的单一物品由

[1] 贾康:《建立健全政府采购制度的意义和作用》,《中国财政》1998年第1期,第7—9页。

个别单位购买，而且数量不大，但本级政府各单位经常需要；或单一物品价格不高但数量较大。其具体采购方式可以是询价采购、招标采购或谈判采购等。大额采购是单项采购金额达到招标采购标准的采购，适用的具体采购方式有招标采购、谈判采购等[1]。

第三，按采购对象分类。按采购对象的不同，政府采购可分为货物类采购、工程类采购和服务类采购。货物类采购是指业主或称购货方为获得货物通过招标的形式选择合格的供货商或称供货方，它包含了货物的获得及其获取方式和过程。工程类采购，是指为工程项目、建筑项目、建设项目等而采集、采购项目所需要的建筑材料、工程设施、建筑工程设备，此类采购在采购数量、规格、重量、质量标准等方面不同于其他采购。服务类采购，是指组织对除货物和工程以外的劳务形成采购获取的过程。

第四，按采购手段分类。采购方式按运用的采购手段可分为传统采购方式和现代化采购方式。传统的采购方式是指依靠人力来完成整个采购过程的一种采购方式，如通过报纸杂志发布采购信息，采购实体和供应商直接参与采购每个环节的具体活动等。现代化采购方式是指主要依靠现代科学技术的成果来完成采购过程的采购方式，如采购卡采购方式和电子采购方式。采购卡类似于信用卡，但与信用卡的不同在于，采购卡由财政部门统一发放给采购实体，采购实体的采购官员在完成采购后付款时，只需划卡就行。划卡记录包括付款时间、付款项目、付款单价和总价等信息，这些信息将报送财政部门备案审查。采购卡一般适用于小额采购，由于这种采购方式不需要签订合同，对于大量小额采购来说，能够节约可观的文书费用。

我国《政府采购法》第二十六条规定，政府采购实行公开招标、邀请招标、竞争性谈判、单一来源采购、询价、国务院政府采购监督管理部门认定的其他采购方式。其中，公开招标应作为政府采购的主要采购方式。根据财政部数据，

[1] 肖建华：《政府采购》，东北财经大学出版社，2011，第86页。

2013 年全国政府采购金额为 16 381. 1 亿元，比 2012 年增长了 17. 2%。从采购方式来看，2013 年通过公开招标方式完成的政府采购规模为 13 645. 8 亿元，占采购总规模的 83. 3%，公开招标方式占有主导地位。

（4）政府采购的基本程序

政府采购程序包括以下主要步骤：编制政府采购预算，汇编政府采购计划，确定并执行采购方式，签订及履行采购合同，验收，结算[1]。

政府采购预算。政府采购预算，是指反映采购机关年度政府采购项目及资金的计划，是部门预算（或单位财务收支计划）的组成部分。采购机关应当按照财政部门要求，编制政府采购预算，经主管部门审核汇总，报同级财政部门审核。财政部门的政府采购主管机构要依据批复的部门预算，按项目或项目汇总编制本级政府采购计划，并批复给各采购机关。负有编制部门预算职责的部门在编制下一财政年度部门预算时，应当将该财政年度政府采购的项目及资金预算列出，报本级财政部门汇总。部门预算的审批，按预算管理权限和程序进行。

政府采购计划。政府采购计划，是政府采购预算的具体实施方案，也是年度政府采购执行和考核的依据。政府采购计划主要内容包括：当年集中采购目录，采购机关各采购项目的采购组织形式、采购方式、资金支付办法等。其中，属于集中采购目录的项目由集中采购机关组织实施，属于分散采购的项目由采购单位组织实施。采购机关的主管部门应当在接到财政部门批复的政府采购计划后规定的时间内，向同级财政部门提交实行集中采购项目的采购清单。采购清单应当标明的内容是：采购项目的详细品名、技术规格和数量，预算和资金构成，交货时间或开工竣工时间，货物配送单位名单和其他有关事项。

财政部门要根据预算和政府采购计划，对采购清单核对无误后，交集中采购机关实施；尚未设立集中采购机关的，可委托中介机构承办。

---

[1] 楼继伟：《中国政府预算：制度、管理与案例》，中国财政经济出版社，2002，第 241 页。

2. 政府购买服务

/// 楔子：政府购买服务在中国的进展 ///

党的十八届三中全会以后，政府购买服务悄无声息地更多渗入百姓生活的方方面面，包括医疗保险、老年服务优惠等。政府购买服务通过发挥市场机制作用，把原认为需由政府直接提供的一部分公共服务，按照一定的程序，移交给相应的社会主体承担，但政府需要根据服务数量和质量向其支付费用。

早在2002年《中华人民共和国政府采购法》颁布时，服务类采购就被纳入政府采购管理，为政府购买服务工作奠定了法律基础。十八届三中全会通过的《中共中央关于全面深化改革若干重大问题的决定》提出要推广政府购买服务，使这项工作进入了新阶段。在政府职能转变、经济体制转轨和社会加快转型的大背景下，政府购买服务成为处理政府与市场、政府与社会的关系，推进国家治理体系和治理能力现代化的重要改革举措。

国务院办公厅和财政部通过顶层设计文件指导，推动政府购买服务稳步有序进行。2013年9月，国务院办公厅制定印发《国务院办公厅关于政府向社会力量购买服务的指导意见》，提出要大力推进政府购买服务工作。随后，财政部制定印发一系列文件，逐步完善政府购买服务的各项规定。2014年底，财政部、民政部、工商总局三部委联合印发《政府购买服务管理办法(暂行)》，详细规定了政府购买服务的定义和范围、购买主体和承接主体、购买内容及指导目录、购买方式及程序、预算及财务管理、绩效和监督管理等内容。

2014年初，财政部颁布《关于政府购买服务有关预算管理问题的通知》，明确政府购买服务所需资金列入财政预算，从部门预算经费或经批准的专项资金等既有预算中统筹安排；同时要求，财政部门和预算单位强化购买服务预算执行监控，对购买服务进行全过程跟踪；及时公开政府购买服务预算信息，并将预算绩效管理理念贯穿于购买服务预算管理全过程。

财政部、民政部、中国残疾人联合会、环保部、文化部纷纷制定印发了《关于做好政府购买养老服务工作的通知》、《政府购买残疾人服务试点工作实施方案》、《关于做好政府购买环境公共服务的指导意见》等文件，为政府购买服务在各个领域的展开奠定基础。其后许多省、自治区、直辖市制定了实施意见或管理办法，地市一级的政府购买服务的相关管理办法也纷纷推出。

2015年两会前夕，政府购买服务被写入《2015年政府采购工作要点》，预计今后政府购买服务工作将进一步迎来扩面增量提质的变化，继续朝着有利于转变政府职能、有利于降低服务成本、有利于提升服务质量水平和资金效益的方向发展。

推进政府购买服务是新时期全面深化改革的必然要求。随着我国经济社会发展进入新阶段，社会结构、利益格局、思想观念发生深刻变化，人民群众日益增长的公共服务需求对政府管理和服务模式提出了新要求。在全面深化改革的关键时期，大力推进政府购买服务，逐步建立健全政府购买服务制度，是正确处理政府和市场、社会的关系，建设服务型政府，推进国家治理体系和治理能力现代化的客观要求；是创新公共服务供给方式、提高公共服务供给水平和效率的迫切需要；是培育和引导社会组织、加快服务业发展、扩大服务业开放、引导有效需求的重要举措，对于深化社会领域改革，推动政府职能转变，整合利用社会资源，增强公众参与意识，激发经济社会活力，提高财政资金使用效益，为人民群众提供更加优质的公共服务，具有重要意义。

（1）政府购买服务的内涵

政府购买服务，是指通过发挥市场机制作用，把政府直接提供的一部分公共服务事项以及政府履职所需服务事项，按照一定的方式和程序，交由具备条件的社会力量和事业单位承担，并由政府根据合同约定向其支付费用。政府购买服务范围应当根据政府职能性质确定，并与经济社会发展水平相适应。

（2）政府购买服务的基本内容

购买主体。政府向社会力量购买服务的主体是各级行政机关和参照公务员法管理、具有行政管理职能的事业单位。纳入行政编制管理且经费由财政负担的群团组织,也可根据实际需要,通过购买服务方式提供公共服务。

承接主体。承接政府购买服务的主体包括依法在民政部门登记成立或经国务院批准免予登记的社会组织,以及依法在工商管理或行业主管部门登记成立的企业、机构等社会力量。承接政府购买服务的主体应具有独立承担民事责任的能力,具备提供服务所必需的设施、人员和专业技术的能力,具有健全的内部治理结构、财务会计和资产管理制度,具有良好的社会和商业信誉,具有依法缴纳税收和社会保险的良好记录,并符合登记管理部门依法认定的其他条件。承接主体的具体条件由购买主体会同财政部门根据购买服务项目的性质和质量要求确定。

购买内容。政府向社会力量购买服务的内容为适合采取市场化方式提供、社会力量能够承担的公共服务。与公共产品未必一定要由公共生产过程提供相类似,公共服务也未必一定要由公共机构运行过程来提供。在既追求绩效又保证公共性和公益性的前提下,教育、就业、社保、医疗卫生、住房保障、文化体育及残疾人服务等基本公共服务领域,都可采用政府购买服务方式形成供给机制。在深化改革推进经济社会转轨中,需要逐步加大政府向社会力量购买服务的力度。非基本公共服务领域,也要更多更好地发挥社会力量的作用,凡适合社会力量承担的,都可以通过委托、承包、采购等方式交给社会力量承担。对应当由政府直接提供、不适合社会力量承担的公共服务,以及不属于政府职责范围的服务项目,政府则不得向社会力量购买。各地区、各有关部门需要按照有利于转变政府职能,有利于降低服务成本,有利于提升服务质量水平和资金效益的原则,在充分听取社会各界意见基础上,制定政府向社会力量购买服务的指导性目录,明确政府购买的服务种类、性质和内容,并在总结试点经验基础上,及时进行动态调整。

购买机制。需要按照公开、公平、公正原则,建立健全政府向社会力量购买服务机制,及时、充分地向社会公布购买的服务项目、内容以及对承接主体的要求和绩效评价标准等信息，建立健全项目申报、预算编报、组织采购、项目监管、绩效评价的规范化流程。购买工作应按照政府采购法的有关规定，采用公开招标、邀请招标、竞争性谈判、单一来源、询价等方式确定承接主体，严禁转包行为。购买主体要按照合同管理要求，与承接主体签订合同，明确所购买服务的范围、标的、数量、质量要求，以及服务期限、资金支付方式、权利义务和违约责任等，按照合同要求支付资金，并加强对服务提供全过程的跟踪监管和对服务成果的检查验收。承接主体要严格履行合同义务，按时完成服务项目任务，保证服务数量、质量和效果。

购买资金管理来源。政府向社会力量购买服务所需资金在既有财政预算安排中统筹考虑。随着政府提供公共服务的发展所需增加的资金，应按照预算管理要求列入财政预算。对政府购买资金管理，应确保公开、透明、规范、有效。

购买服务监管。加强政府向社会力量购买服务的绩效管理，严格绩效评价机制。建立健全由购买主体、服务对象及第三方组成的综合性评审机制，对购买服务项目数量、质量和资金使用绩效等进行考核评价。评价结果向社会公布，并作为以后年度编制政府向社会力量购买服务预算和选择政府购买服务承接主体的重要参考依据。

(3) 政府购买服务的未来改革取向

在我国，政府购买服务属于新生事物，涉及范围和领域很宽广，总体上还处于“摸着石头过河”的阶段。近年来，中国一些地方立足实际，按照中央关于转变政府职能和创新社会管理的要求，积极探索政府向社会组织等社会力量购买服务，取得了良好效果。其中，广东、上海以及杭州、成都、无锡等省市出台了政府购买服务的有关文件，在市政、养老、社会救助、社区服务等领域作了大量探索（见专栏 5－1、表 5－2），积累了不少好的做法和经验。政府购买服务涉及国家治理方式、社会管理模式和财政资金使用方式的变革，可以说，是对中国传统管理模式的一场深度调整和革命。为适应未来深化财税管理改革和建立现代财政制度的新变化，应从以下方面建立和健全政府购买服务制度[1]：

第一，合理界定购买范围，明确购买目录。明确哪些可以买、哪些不能买，是顺利开展政府购买服务工作的前提和基础，也是政府购买服务实践的难点所在。公共服务的范围取决于界定政府和市场、社会边界的尺度，取决于政府职能和政府间事权的划分基础，取决于政府活动的规模和范围，取决于一个国家的体制和发展阶段。同时，公共服务的内涵也是随着形势的发展变化而不断演变的。2014年4月，财政部颁发了《关于推进和完善服务项目政府采购有关问题的通知》(财库[2014]37号)，按照服务受益对象将服务项目分为三类：第一类为保障政府部门自身正常运转需要向社会购买的服务。如公文印刷、物业管理、公车租赁、系统维护等。第二类为政府部门为履行宏观调控、市场监管等职能需要向社会购买的服务。如法规政策、发展规划、标准制定的前期研究和后期宣传、法律咨询等。第三类为增加国民福利、受益对象特定的政府向社会公众提供的公共服务。包括：以物为对象的公共服务，如公共设施管理服务、环境服务、专业技术服务等；以人为对象的公共服务，如教育、医疗卫生和社会服务等。政府逐步向社会力量购买服务的目录应包括以下几类：基本公共服务类，包括基本公共教育、劳动就业服务、人才服务、社会保险、社会救助、社会福利、基本养老服务、优抚安置服务、基本医疗卫生、人口和计划生育、残疾人基本公共服务、环境保护、交通运输、市政管理、服务三农等；社会管理服务类，包括社会组织管理、社区事务、社工服务、法律援助、慈善救济、公益服务、人民调解、安置帮教、公共公益宣传等；行业管理服务类，包括行业规划、行业规范、行业职业资格认定、行业调查、行业统计分析、贸易纠纷诉讼、处理行业投诉等；中介技术服务类，包括项目评估、项目评审、检验检疫检测、技术服务、业务咨询、资产评估、财务会计咨询、审计服务、绩效评价等；其他公共服务类，包括法律服务、决策咨询、课题研究、会议经贸活动、展览服务等。一般来讲，公共服务大致可分为三类：第一类

[1] 财政部财政科学研究所课题组：《中国：公共财政发展战略2020》(亚洲开发银行技术援助赠款项目)，第56—57页。

是支撑经济社会正常运转、全民受益、且无法分割的公共性服务，如宏观调控、市场监管、环境保护等，实施工具多为法规、发展战略、政策、标准的制定和实施，职能承担者主要为行政管理部门。这一类服务难以向市场购买，但为支撑政府部门履职的一些中间服务，如维持机关运转的后勤服务、法规制定的前期研究服务等，则可以向市场购买。第二类是增加公众福利、受益对象特定的公益类服务，如教育、科技、文化、卫生等。第三类公共服务是介于两者之间，具备支撑经济社会正常运转、民众受益且无法分割特点，又无须通过制定法规实施生产，受益范围具有辖区特点，且未必一定由行政管理部门承担，如基础理论研究和社会管理服务等。后两类基本上可以向市场购买。

第二，规范政府购买服务的组织程序和运行机制。按照公开、公平、公正原则，建立健全政府向社会力量购买服务机制，及时、充分向社会公布购买的服务项目、内容以及对承接主体的要求和绩效评价标准等信息，建立健全项目申报、预算编报、组织采购、项目监管、绩效评价的规范化流程。购买工作应按照政府采购法的有关规定，采用公开招标、邀请招标、竞争性谈判、单一来源、询价等方式确定承接主体，严禁转包行为。购买主体要按照合同管理要求，与承接主体签订合同，明确所购买服务的范围、标的、数量、质量要求，以及服务期限、资金支付方式、权利义务和违约责任等，按照合同要求支付资金，并加强对服务提供全过程的跟踪监管和对服务成果的检查验收。承接主体要严格履行合同义务，按时完成服务项目任务，保证服务数量、质量和效果。把政府购买服务统一纳入政府采购范围和目录之内，按照“谁购买、谁预算、谁申报、谁组织”的原则，由购买主体按照政府采购规定的程序组织采购。即购买主体按照经批复的预算提出服务项目采购申报计划，经财政部门按规定批复采取的采购方式及组织形式后，购买主体委托具备资质的政府采购代理机构代理采购。按照提供采购需求、发布采购文件、资质审核、专家评审、中标公示、合同签订、资金支付、履约验收的程序严格开展采购活动。

第三，建立政府购买服务预算管理制度。政府购买服务所需资金从其部门预算安排的公用经费或经批准使用的专项经费中统筹安排，剥离出来以后形成政府购买服务预算，实行预决算单列。随着政府提供公共服务的发展所需增加的资金，应按照预算管理要求列入政府购买服务预算，购买主体要按规定编制政府购买服务年度预算，经财政部门批复后下达，作为购买主体政府采购预算，年度中间追加的政府购买服务预算也要下达政府采购预算。经过法定程序完成采购后，按政府采购规定实行国库集中支付，向承接主体支付政府购买服务资金。

第四，建立政府购买服务绩效评价制度。由购买主体、服务对象及第三方组成进行综合性评估，充分发挥专业评估机构、行业管理、专家等方面的作用，对购买服务项目数量、质量和资金使用绩效等进行考核评价，评价结果向社会公布，作为以后年度编制政府购买服务预算和选择承接主体的重要依据。

第五，建立政府购买服务监督检查机制。财政、监察、审计及行业主管等部门要建立健全政府购买服务制度，监督、指导购买主体依法开展购买服务工作，建立购买项目考核评估与验收机制，将承接主体纳入年检、评估、执法等监管体系，加强政府购买服务的资金管理和监督检查，确保政府购买服务项目资金用在刀刃上，对违法违规行为，按法律规定进行处理，对作出显著成绩的，给予奖励。同时，及时披露、公开政府购买服务相关信息，接受社会监督。

专栏 5－4　政府购买服务的中国探索

中国深化改革中的政府购买服务最先产生于上海市。为破解政府包办公共服务的弊端、提高社会服务效率，2000 年上海率先在改革社会管理体制时提出并推行政府购买服务，卢湾等 6 个区的 12 个街道开始依托养老机构开展居家养老试点。从此，政府购买服务第一次进入我国实践领域。此后，全国一些城市也纷纷进行了这方面的探索和实践，政府购买服务的范围逐渐扩大到医疗卫生、教育、计划生育、就业培训和社区服务等诸多领域。2004 年 2 月,在上海市政府主导下,自强社会服务总社、新航社区服务总站和阳光社区青少年事务中心等三家民办非企业社团组织正式挂牌成立,通过政府购买服务机制,由这三家社团聘用的社会工作者分别承担上海禁毒、社区矫正和社区青少年事务管理。2006 年,上海浦东新区有关部门委托社会组织承接公共服务项目的资金近 6 000 万元,8 个政府部门和 13 个社会组织集中签订购买服务合同,涵盖慈善救助、农民工子女教育等领域;2007 年又将 30 多个公共服务项目委托 100 余家有资质的社会组织、中介机构承接。

在江苏,政府购买服务工作率先由地市发起。2003 年南京市鼓楼区开始推出政府购买服务、民间组织运作的居家养老服务网为独居老人提供居家养老服务。无锡市从 2005 年开始在文化、旅游、水利等 6 个部门开始试点政府购买服务,到 2007 年全市市政设施养护、污水处理、路灯设施维护、环卫清扫保洁、水资源监测、社会办养老机构、城区绿化养护等十多项公共事业,由政府直接参与转变为政府购买服务。2006 年至 2011 年间,无锡、杭州、扬州先后制定了指导意见。2012 年,该省财政厅首次提出要扩大政府购买公共服务范围和调整优化政府采购办法,并首次提出"1+4"预算,增加政府采购预算编制及启动政府购买社会服务工作。

广东省深圳市政府于 2007 年培育了鹏星社会工作服务社、社联社会工作服务中心以及深圳慈善公益网等三家社会工作机构,在社区建设、社会福利与救助、青少年教育、医疗卫生、社会矫正、残障康复、外来人口服务等领域推进政府购买社工服务的试点。广东自开展政府购买服务工作以来就非常注重发展和规范社会组织。通过制定相关政策,采取购买服务等方式,重点扶持一批具有示范导向作用的公益服务性组织,在全省试行政府向社会组织购买服务工作。

2009年9月,天津市开发区成立泰达社会服务中心,政府通过购买服务、合同外包、项目委托等多种形式,向其剥离部分管理和服务职能,由社会服务中心依托社区提供政府公共服务和行使部分公共管理职能。

专栏5-5　广东省政府购买服务的主要做法和成效

广东省政府购买服务工作经历了从无到有、从小到大、从零散被动购买到常态化制度化购买的发展过程,政府购买服务工作取得一定实效。

(一)制度体系初步建立。完善的政策制度是开展政府购买服务的重要保障。2008年,广东省委办公厅、广东省人民政府办公厅印发了《关于发展和规范我省社会组织的意见》,要求"采取购买服务等方式重点扶持一批具有示范导向作用的公益服务性组织",随后印发了《关于开展政府购买社会组织服务试点工作的意见》,在全省试行政府向社会组织购买服务工作,在全国属率先之举。为进一步规范和推进政府向社会组织购买服务工作,在总结前期工作经验的基础上,2012年,广东省人民政府办公厅印发了《政府向社会组织购买服务暂行办法的通知》和《2012年省级政府向社会组织购买服务目录(第一批)》,进一步明确了服务主体、服务范围、服务程序、经费保障机制等。随后,广东省财政厅印发了《关于政府向社会组织购买服务供应方竞争性评审的管理办法》,规范了竞争性评审相关工作职责、程序、管理要求等。

(二)购买程序进一步规范。购买服务根据《中华人民共和国预算法》、《中华人民共和国政府采购法》、《中华人民共和国合同法》等有关规定组织实施。重大项目、重大民生事项或党委、政府因工作需要临时确定的重要事项，由财政部门委托第三方机构通过公开招标方式确定供应方组织实施；其余项目中，属于政府采购范围的，应按规定采取公开招标等方式实施；不属于政府采购范围的，除单笔金额较小的项目外，均通过公开竞争方式实施。实际操作中，由部门编制政府购买服务计划（包括政府购买服务需求、数量和质量相关指标），该计划报财政部门审定后上网公示，进行公开招标，确定供应主体后组织实施。

（三）购买规模逐步扩大。主要体现在三个方面：一是从购买资金看，部分地方政府逐步将购买服务纳入财政预算资金支持范围，同时引导其他资金支持社会公益事业发展。广东省2009年以来各级政府用于购买服务资金达到11.1亿元，其中财政资金8.7528亿元，彩票公益金2.236亿元，其他资金1221万元。二是从购买项目看，不少地方政府针对不断涌现的新的紧迫的社会需求问题，及时设计相应的服务项目，通过购买服务方式，为有需要的个人和群体提供服务。如，东莞市与团委、残联、民政部门等合作，开展了“模拟家庭”、“外孙计划”、“松柏之家”、“社区餐厅”、“莞香青年农舍”、“关爱空巢老人”等项目，为社区困难老人、重度残疾人、青少年儿童等群体，提供居家养老、日间照料等服务，既增强了就业能力，又促进了社会和谐。三是从购买范围看，政府购买服务逐步从中心城市拓展到边远农村，从经济发达地区拓展到经济相对落后地区，从养老服务、残疾人服务、青少年服务、社区服务、就业服务等传统领域逐步拓展到司法矫治、医疗卫生、教育辅导、婚姻家庭、新农村建设、外来务工人员服务、志愿服务等新兴领域，从民政部门、残联拓展到司法、教育、卫生、工会、共青团等其他部门和组织，逐步形成了多部门、多组织、多领域购买服务的新格局。

（四）购买方式多样化。社会发展的非均衡性决定着政府购买服务方式的多样性。近年来，广东在推动政府购买服务方面进行了探索和创新，目前主要包括三种购买方式：一是非竞争方式。政府有关部门发起成立社会工作服务机构，通过定向委托而非竞争方式购买其服务。这种购买方式的优点是政府管理和资金保障力度大，可以直接解决特定服务需求。二是有限竞争方式。主要以东莞为代表，根据当地群众的服务需求和政府提供公共服务规模情况，有选择、分步骤地发展民办社会工作服务机构，并面对这些机构购买服务。这种方式既可以保证民办社会工作服务机构发展的独立性和服务的专业性，又可以避免机构间的无序竞争，是在政府购买服务的规模和数量不大、社会工作服务市场发育不充分不完全情况下的一种好的选择。三是充分竞争方式。主要以深圳为代表。深圳市政府鼓励社会力量成立民办社会工作服务机构，积极培育社会工作服务的卖方市场。政府通过公开招标方式，面向所有具备承接资质的服务机构招标社会工作服务，实行优胜劣汰。这种方式有利于节约财政成本、提高资金使用效率、激发民办服务机构发展活力。除此之外，不少地方还探索形成了岗位购买、项目购买以及全额支付、成本支付、资助补贴、以奖代补等做法。

（五）成效逐步显现。目前，广东省在政府购买服务方面主要有四个方面成效逐步显现：一是在满足公共服务需求上取得新成效。随着经济社会的发展，人们对公共服务需求的数量和质量不断增加，通过政府购买服务形式，积极发挥社会组织便捷性、社会性和专业性优势，完善了公共服务供给方式，丰富了公共服务供给主体，增强了公共服务的针对性和有效性。二是在促进政府职能转变上取得新成效。通过政府购买服务，打破了政府过去包揽一切社会服务的做法，将很多传统上管不了、管不好和不便管的服务交由社会力量承接提供，实现了从单纯政府包办向政府生产与政府购买并重方向转变。三是在提高财政投入效益上取得新成效。以竞争性购买或定向委托等方式，择优选择专门机构购买服务，降低了以往单纯依靠政府直接提供服务的行政成本，实现了从“养人”向“办事”的转变，在一定程度上减轻了财政支出负担，提高了财政资金的使用效益，增强了政府对基本公共服务的支持保障能力。四是在推动社会组织发展上取得新成效。通过政府购买服务，创造了一种新型的服务市场，为社会组织参与市场竞争、获得政府资金支持建立了渠道，极大调动了社会组织的积极性和主动性，有力推动了社会组织的健康发展。

（资料来源：《如何有效推进政府购买服务》，《中国政府采购报》2013年9月2日。）

（五）财政补贴

1. 财政补贴的含义与特征

财政补贴是指国家为了实现特定的政治、经济和社会目标，无偿地向经济组织或城乡居民提供的一种补偿支出，即一种影响相对价格结构，从而改变资源配置结构、供给结构、需求结构的政府无偿支出。其实质是一种财政转移支出形式，属于一种国民收入再分配。财政补贴作为政府调控社会经济运行的经济手段，已为世界各国普遍采用。财政补贴作为一种调控手段可被政府用来实现多种政策目标，如对促进生产和流通的发展，稳定市场价格、保障人民生活，以及扩大国际贸易等，都可以发挥积极作用。

财政补贴具有如下特征[1]：(1) 政策性。财政补贴的目的是贯彻政府在一定时期的政治、经济和社会等政策目标，并随着国家政治、经济形势的发展变

[1] 王曙光：《财政学》，科学出版社，2010。

化而进行修正、调整和更新，因而具有很强的政策性。(2) 灵活性。财政补贴杠杆作用的对象、范围、效果和要达到的目标，由财政部门根据政策要求适时地确定和调整，因此财政补贴在直接调节经济和协调各方面经济关系时，往往比价格、税收等经济杠杆的作用更为灵活、直接和迅速。(3) 时效性。财政补贴是为实现国家政策目标服务的，当某项政策发生变化时，财政补贴也将作相应调整；当某项政策实施完结、失去效力时，某项特定的财政补贴也应随之中止。(4) 专项性。财政补贴只对政府政策规定和指定的项目或事项进行补贴，以外的其他项目均不给予补贴。

2. 财政补贴的分类

(1) 按照财政补贴目的分类

以财政补贴目的为依据，财政补贴可划分为价格补贴、政策性亏损补贴、出口补贴、财政贴息、税收补贴等。价格补贴，是指政府向某种商品的生产经营者或消费者无偿支付补贴金，以维持一定价格水平的措施，其实质是对这些生产经营者或消费者的经济利益损失所作的补偿。政策性亏损补贴，是指企业为实现政府规定的社会公益目标或生产经营专项、特种商品，因国家限价而产生亏损，经审核后而给予的合理弥补。出口补贴，是指一国政府为降低出口商品的价格，增加其在国际市场的竞争力，在出口某商品时给予出口商的现金补贴或财政上的优惠待遇。财政贴息，是指政府为支持特定领域或区域发展，根据国家宏观经济形势和政策目标，对承贷企业的银行贷款利息给予的补贴。

(2) 按照财政补贴对象分类

财政补贴按照补贴对象，可以分为对企业的补贴和对居民的补贴。对企业的补贴是政府为了执行某些政策，转变经济增长方式，优化产业结构升级，在保证公共产品价格稳定的条件下维护企业利益而给予企业的补偿。对居民的补贴主要是为缓解物价波动对居民生产、生活带来的冲击与影响，由政府给予居民一定的补助。

(3) 按照财政补贴环节分类

财政补贴以补贴的环节为标准,可分为生产补贴、流通补贴和消费补贴。

生产补贴,又称生产性补贴,是指对社会再生产的生产环节进行的补贴。补贴的项目主要有粮、棉、油加价款补贴,对种田农民的直接补贴,农用生产资料价格补贴和工业生产企业亏损补贴等。

流通补贴,又称商业经营性补贴,是指对社会再生产中的流通环节进行的补贴。其项目主要有粮、棉、油价差补贴,平抑市场肉食、蔬菜价差补贴,民用煤销售价差补贴以及国家储备粮、棉、油等利息费用补贴。

消费补贴,又称消费性补贴,是指对社会再生产中的消费环节进行的补贴。其补贴项目主要有房租补贴、副食品价格补贴、水电煤补贴和职工交通补贴等。

(4) 按照财政补贴透明度分类

按照财政补贴的透明度不同,财政补贴可分为明补和暗补两类。

明补又称直接补贴方式,是国家将补贴款项直接支付给受补者。它可以发生在生产环节,如"种田农户直补"、"能繁母猪补贴",也可以发生在消费环节如职工福利补贴、绿色节能家电补贴等。

暗补是国家通过前置环节将补贴款项间接给予受补者,受补者只能从相关购买支出的低价上受益,它主要发生在生产、流通环节,如过去有的粮棉油价格补贴、农用生产资料补贴等。

3. 财政补贴的经济效应

财政补贴作为政府的调节手段,对经济的影响主要表现在以下几个方面:

(1) 调节社会供求,维护经济社会稳定

财政补贴对需求的影响反映在需求总量和需求结构两方面。从需求总量来看,对居民的补贴会增加消费需求,对企业的补贴会增加投资需求。就需求结构而言,人们的需求结构取决于人们所需要的商品和服务的种类及价格两个因素,商品和服务的价格越低,人们对其需求越大;反之,需求则越小。可见,以补贴影响部分产品与劳务价格的高低,可以影响需求结构。因而,能够影响相对价格水平的财政补贴同时具有影响需求总量与结构的作用。

财政补贴还可以改变供给结构。财政出于贯彻政府产业政策或技术经济政策的考虑而对某些产品的生产者进行补贴,从原理上说,是使"正的外部效应内部化",令某些产品的生产主体或某些技术与工艺的使用厂家在弥补了其生产成本和经营费用以后仍然有利可图,这样就调动了生产者增加生产、增加供给、改善供给结构的积极性,从而影响和优化社会供给总量与结构。如对农产品价格实行补贴,使从事农业生产者有利可图,农产品的供给就会增加。对于新能源汽车的生产厂家或其购买者实行补贴,使更为低碳化的新能源汽车扩大产销规模,会有利于新能源汽车产业的成长和全社会的低碳环境。

不论政府的财政补贴设计具体着力点在供需的哪一侧,其目的都与优化总供需结构状况而维护和促进经济社会稳定有关。

(2) 优化资源配置,促进生产要素合理利用

政府将一部分社会资源通过各种财政收入形式集中起来之后,为了特定的社会、经济发展需要,再通过财政补贴方式安排支出,可以引导社会资金流向,弥补市场缺陷,从而优化社会资源配置。如在经济不景气或遇到特大自然灾害时,政府向遭受重创的重要行业或企业进行补贴,可以维持其生产经营活动,以促进经济复苏和灾后重建;而对老、少、边、穷等地区的财政补贴,可以促进资源向这些经济不发达的地区流动。

(3) 调节收入分配,缩小居民收入差距

政府在不改变初次收入分配政策的情况下,可以通过财政补贴的形式,进行收入的再次分配,以弥补社会财富初次分配的缺憾。

当然,财政补贴作为政府调节经济的手段,其机制设计需要作理性的优化,其使用范围及规模有一个限度,如机制设计不当或超过合理限度,就会出现消极作用。比如,对新能源汽车的补贴机制如不能有效防止"骗补"现象的发生,则一方面造成宝贵的公共资源的浪费损失,另一方面带来绿色低碳政策目标的落空。

4. 我国的财政补贴

（1）我国财政补贴的设立及内容的简要考察

我国从1953年开始实行财政补贴政策，当时对棉絮生产提供价格补贴。从1958年起，开始为部分国营企业提供补贴。此后，财政补贴范围、补贴规模逐步扩大。特别是改革开放以来，为确保社会稳定和经济发展，财政补贴的范围和规模更是呈波动中的上升趋势，在整个财政收支项目中成为举足轻重的组成部分。

从国家预算管理的角度来看，我国财政补贴主要包括价格补贴、企业亏损补贴、财政贴息等内容。价格补贴是财政在商品购销价格倒挂的情况下对企业支付的补贴或者在商品购销价格顺挂的情况下对消费者支付的提价补贴。企业亏损补贴则是由于国家特定计划或行政管制措施与要求，致使国有企业因生产的产品价格偏低而形成亏损，财政通过补贴对其亏损给予弥补。财政贴息是指财政对使用某些特定用途的银行贷款使用者的企业或个人，就其支付的贷款利息提供的补贴。

（2）我国财政补贴存在的主要问题

改革开放以来，财政补贴资金导向作用显著，为推进经济体制改革，促进社会经济的协调发展做出了重要贡献。但是，我国的财政补贴又存在着以下不容忽视的问题：

一是财政补贴项目较多，规模偏大。我国财政补贴名目繁多，从生产到流通再到消费，各环节都有补贴。生产环节有工业、农业、城市公用企业等补贴；流通环节有商业、粮食等补贴；消费环节有直接发给消费者个人的物价补贴等等。从补贴的规模来看，数额偏大。从我国政策性补贴支出来分析，主要包括粮棉油价格补贴、平抑物价补贴、肉食价格补贴、其他价格补贴等。国家政策性补贴从1978年的11.14亿元膨胀到2000年的1 042.28亿元。据有关资料显示，2004年、2005年、2006年政策性补贴支出分别高达795.8亿元、998.47亿元、1 387.52亿元，增长幅度分别达到28.92%、25.47%、38.96%。近年来，无论是从其数额还是规模来看,都呈现出较大增长的趋势[1]。

二是财政补贴分配不公。我国财政补贴存在重国企轻民企、重上市公司轻中小企业等现象。据调研,2001—2008 年,国有企业所获各类财政补贴高达 6 万余亿元,“两桶油”(中石化和中石油)7 年间以炼油亏损为名,获得政策性补贴高达近 2 000 亿元。而民企尽管亦可享受到政策规定的财政补贴,但补贴金额与国企相比差距很大,补贴申请过程亦相对曲折。此外,根据相关统计,2011 年我国仅 90 家上市公司就获得财政补贴 39 亿元,平均每家 4 500 万元;2010 年 1 454 家上市公司总共获得财政补贴 463.4 亿元,平均每家 3 187 万元[2]。与之相比,诸多中小企业获得补贴较少,而且具体申请也往往很困难。固然,部分国企因担负稳定物价、确保民生的责任,部分上市公司因涉及新兴产业且技术创新较多,其分享更多的财政补贴,也无可厚非。但是,国企对财政补贴的过度享有甚至形成过度依赖,则不仅会弱化国企的市场竞争力,更对民企造成相对的不公平。而上市公司对财政补贴的过度占有,并不完全是其创新程度较高,往往是由于地方政府有意政策倾斜的“面子工程”。

三是财政补贴的方式亟待适时调整。财政补贴作为贯彻政府政策目标,调节经济发展的重要杠杆,应该根据经济形势的发展变化,不断调整和完善。随着我国社会市场经济的快速发展,原来一些行之有效的补贴政策,却越来越不适应新的经济环境要求,有些补贴政策积极效应逐步减弱,甚至出现消极影响,亟待调整和完善。以物价补贴形式为例,这种补贴形式在计划经济体制下,对于稳定物价,保障居民生活水平发挥了重要作用。在个人分配以计划体制为基础、城镇居民工资水平普遍很低的情况下,国家为了补偿城镇居民的收入损失,通过价格补贴的形式提高居民的实际购买力,保障了绝大多数城镇居民的生活水平。然而,随着我国居民收入分配差距不断扩大,这种价格补贴使很多无须补贴的消费者也因此而获益,甚至使富裕的消费者因为购买力较强而成为价格补贴最大的

[1] 肖贱春:《我国当前财政补贴存在的问题及完善建议》,《经济视角》2011 年第 10 期。
[2] 天和网:《中国财政补贴难显导向初衷》,http://www.tianhenet.com.cn/zmcz/。

获益者。这样就违背了财政补贴增进整体社会福利的目的,造成了公共资源的浪费。

四是财政补贴过程不透明、监管乏力。政府部门向企业发布其制定的补贴项目,企业根据自身的情况进行申报,然后政府部门组织人员对其进行考察,通过审批之后,向企业拨付资金,并要求企业定期向政府报送相关的财务信息。但是在整个过程当中,政府具体补贴哪些企业,补贴多少金额,企业怎么运用这些补贴金额等,往往缺乏透明度而不为外界所知。政府将补贴金额发放到企业之后,企业是否按照规定的用途使用资金,并不能够得到有效监督。企业取得补贴之后,可能会从自身利益出发,不按照申请时的用途使用资金,从而违背政府补贴的初衷。

(3) 完善我国财政补贴的建议

第一,确立重点补贴对象,控制补贴规模。随着我国市场经济的不断完善,应该逐步规范财政补贴的范围,取消一些不合理的补贴项目,尽可能缩小补贴规模,确立和聚焦重点补贴对象。首先要加大财政对农业的补贴力度,因为农业作为国民经济的基础产业,具有极大的正的外部效应,农产品市场供求容易受经济形势影响而波动,农业生产具有很大的市场风险。其次,要调整对企业的补贴政策,加大对企业研究与开发的补贴,注重扶持中小企业发展。再次,改革和完善国有企业的亏损补贴制度,政府补贴应该主要集中在关系到国计民生的重要领域。最后,完善对居民补贴政策,在我国社会保障制度还不够健全的情况下,财政补贴改革更应注重与社会保障制度相配合,更加注重公平——调整补贴的方向,统筹城乡居民,关注低收入群体,减少间接补贴,更多采用直接补贴。

第二,规范财政补贴方式,调整补贴标准。不同的财政补贴方式,补贴效果各不一样,政府有必要选择合理的财政补贴方式。以企业补贴为例,企业获得财政补贴的形式多种多样,如税收返还、研发补贴、直接拨付货币性资金等形式,政府应根据企业的具体情况,采取最适合的补贴形式,才会得到预期的补贴效果。同时,政府应规定相应的补贴金额标准。制定规范的补贴金额标准,不仅有助于提高信息透明度，而且还有利于解决资源配置过程中出现的利益争夺问题。

第三，提高财政补贴信息的公开透明度，加强财政补贴机制，优化设计与监管。政府应将补贴项目、申报时间、申报标准以及补贴金额使用用途等向社会公众公开，以使其能够落实于最能达到政府财政补贴目的的企业和对应于真正应受补贴的居民，解决政府和企业、居民之间的信息不对称，防止选择错误的补贴对象，导致资金的浪费。同时，政府需要对如何使用补贴资金进行尽可能优化的机制设计，及全面的管理和监督，防止骗补与扭曲现象，享受政府财政补贴的企业应及时披露信息，加大社会公众和相关政府部门对补贴的监督力度。

专栏 5－6　家电下乡补贴政策

家电下乡是中国政府于 2008 年 12 月宣布的财政政策救市方案之一，为了应对自美国开始的全球金融海啸所造成的消费性电子产品外销需求急速衰退，意图扩大内需市场，全国非城镇户口居民购买彩色电视、冰箱、移动电话与洗衣机等四类产品，按产品售价 13%给予补贴，最高补贴上限为电视 2 000 元、冰箱 2 500 元、移动电话 2 000 元与洗衣机 1 000 元。

为稳妥推进家电下乡补贴政策，自 2007 年 12 月起在山东、河南、四川、青岛三省一市进行了家电下乡试点，对彩电、冰箱(含冰柜)、手机三大类产品给予产品销售价格 13%的财政资金直补。

在总结试点经验的基础上，从 2008 年 12 月 1 日起，经国务院批准，在试点的三省一市继续实施的同时，将家电销售及售后服务网络相对完善、地方积极性较高的内蒙古、辽宁、大连、黑龙江、安徽、湖北、湖南、广西、重庆、陕西纳入推广地区范围，共计 14 个省、自治区、直辖市及计划单列市。为保持政策公平，家电下乡在各地区实施的时间(含三省一市的试点时间）统一暂定为4年，即试点的三省一市执行到2011年11月底，其他省、自治区、直辖市、计划单列市执行到2012年11月底。

从2009年2月1日起，家电下乡在原来14个省市、自治区的基础上，开始向全国推广，产品也从过去的4个增到8个，除了之前推出的“彩电、冰箱、手机、洗衣机”之外，本次家电下乡又新增了摩托车、电脑、热水器和空调。它们和彩电等产品同样享受国家13%的补贴。各个省市、自治区可以根据各地区不同的需求选择进行推广。

（贾康整理）

专栏5-7　北京地铁票价的降与升

2007年9月26日，北京市举行了轨道交通路网票制票价的听证会。此次听证会的25名听证代表中的绝大多数选择了单一票制方案，确定票价为2元。2007年10月7日，北京地铁正式降价，这一降价，也让北京的地铁票价成为全国最低。低票价使得北京地铁在2007年亏损6亿元。票价的支持只占全部地铁投资回收预期的10%至30%，每年政府补贴力度很大，2014年以前每年都会安排100亿元左右的专项建设资金进行补贴。数据显示，2011年北京补贴给公共交通的资金达156.7亿元，2012年达到175亿元，2013年则超过180亿元。

2014年，北京市发改委召开北京市公共交通价格调整听证会。方案是改变北京公交地铁的单一票制，全面实行计程票制，多乘坐多付费，使票制更加公平合理。2014年10月13日，北京发改委发布公交票制票价调整听证方案，其中，地面公交和轨道交通均实行计程值并按递远递减原则加价，地铁起步价为3元。从2014年12月28日起，北京市地铁正式进入3元以上时代，此次涨价无疑能够减轻政府对公交部门的扶持和补贴形成的财政压力。

（贾康整理）

（六）政府性基金

政府性基金，是指各级人民政府及其所属部门根据法律、国家行政法规和中共中央、国务院有关文件规定，为支持某项事业发展，按照国家规定程序批准，向公民、法人和其他组织征收的具有专项用途的资金，包括各种基金、资金、附加和专项收费。基金的基本政策目标是为特定公共事业发展提供稳定的资金来源，支持重大基础设施建设、加强经济社会发展的薄弱环节和促进战略性新兴产业发展。

政府性基金实行中央一级审批制度，遵循统一领导、分级管理的原则。政府性基金按照“以收定支、收支平衡、专款专用”的原则安排支出，根据基金收入情况安排，自求平衡，不编制赤字预算。各项基金按规定用途安排，不调剂使用。当年基金收入不足的，可使用以前年度结余安排当年支出；当年基金收入超过支出的，结余资金可结转下年安排使用。

我国从20世纪80年代即开始设立了少量基金，至90年代曾出现基金设置过多过乱问题，之后经过大力治理整顿，取消了一大批不合法、不合理的基金项目，并建立起规范的基金审批管理制度。2009年以来，为深化预算制度改革，建立健全由公共收支预算、资本预算、社会保障预算和基金预算四本预算组成的政府预算体系，在保持政府收支分类科目框架不变的情况下，调整基金收支科目设置，细化基金支出科目，清晰反映各项基金的支出结构与方向。

按照基金用途，我国政府性基金支出可分为以下几类：（1）用于交通基础设施建设，包括铁路建设基金、民航发展基金，以及港口建设费、船舶港务费、长江口航道维护收入、农网还贷资金、铁路资产变现收入、海南省高等级公路车辆通行附加费、转让政府还贷道路收费权收入、车辆通行费等安排的各项支出。(2) 用于水利建设，包括水利建设基金、南水北调工程基金和国家重大水利工程建设基金等安排的各项支出。(3) 用于城市维护建设，包括新菜地开发建设基金、国有土地收益基金、政府住房基金，以及城市基础设施配套费、城市公用事业附加、国有土地使用权出让收入、农业土地开发资金、新增建设用地土地有偿使用费等安排的各项支出。(4) 用于教育、文化、体育等社会事业发展，包括旅游发展基金以及地方教育附加、文化事业建设费、国家电影事业发展专项资金、彩票公益金、贸促会收费等安排的各项支出。(5) 用于移民和社会保障，包括大中型水库移民后期扶持基金、大中型水库库区基金、小型水库移民扶助基金、三峡水库库区基金、残疾人就业保障金等安排的各项支出。(6) 用于生态环境建设，包括以山西省煤炭可持续发展基金（资源税"费改税"后取消）、船舶油污损害赔偿基金、新型墙体材料专项基金、育林基金、废弃电器电子产品处理基金，以及散装水泥专项资金、森林植被恢复费等收入安排的各项支出。(7) 用于其他方面，包括核电站乏燃料处理处置基金、中央特别国债经营基金的财务支出，以及可再生能源电价附加收入、电力改革预留资产变现收入、无线电频率占用费等安排的支出和其他政府性基金支出等。

三、支出管理：国库集中支付制

（一）国库集中支付制度的内涵

国库集中支付制度，是指以国库单一账户体系为基础，以健全的财政支付信息系统和银行间实时清算系统为依托，政府将所有的财政资金全部集中到国库单一账户，并规定所有的财政支出必须由国库通过单一账户体系直接拨付到用款单位的一项国库管理制度。在这种制度下，财政资金的使用由各部门根据细化的部门预算安排，由财政部门核定后准予支出，财政资金将由国库单一账户直接拨付给商品劳务的供应商，而不必经过支出单位进行转账结算，即“只见数字不见钱”。

在国际上，国库集中支付制度统称为国库单一账户制度（Treasury Single Account System，TSAS）。大多数市场经济发达国家均已实行国库集中支付制度，但具体到每个国家，其称谓有所不同，如美国的国库总账户、法国的国库特别账户等。尽管称谓不同，但是其内涵和外延基本一致，都是设置国库单一账户体系，政府所有财政预算资金都需要通过这一账户体系支付。

（二）国库集中支付制度的基本特征

1. 设立国库集中支付专户，对国家所有的财政性预算资金实行统一管理

设立国库集中支付专户是国库集中支付制度的基础和先决条件。一般由国家财政管理部门在指定银行设立国库集中支付专户，多数国家都选择开设在各国的中央银行，也有少数国家开设在商业银行。国家所有的财政性预算资金，都需要通过国库集中支付专户进行划拨和核算，做到国库财政资金统一管理。

2. 建立国库集中支付执行机构，专职负责国库集中支付的运作

实行国库集中支付，国家财政管理部门必须设立专门的国库现金管理和支付的执行机构，这样不仅可以有效保证财政资金支付的安全，还可以获得较高的国库现金管理效益。如法国财政部任命 3 000 多名会计师在政府各部门和单位负责各项国库财政资金的支付；美国联邦财政部负责国库现金管理和支付事务的会计师约有 1 900 人；匈牙利财政部的国库资金管理机构共有职员大约 830 人。[1]

3. 规范财政资金支付方式，加快财政资金的拨付速度

在国库集中支付制度下，支付机构将资金直接从集中支付专户支付给收款

[1] 王钧：《国库集中支付改革存在问题及对策研究》，吉林大学硕士学位论文，2011。

单位或个人。各项财政资金的余额只保存在国库集中支付专户，并由专人进行现金运作及管理，使财政资金支付方式更加规范，财政资金拨付速度加快。如法国，被财政部派往各政府部门和各单位的公共会计师具有开出支付令的权限，他们须按照操作流程和规范向商品供应单位或劳务供应者支付财政款项，在当天业务结束时，由计算机汇总所有支付数额，并复核当日所有交易，从而获得国库在银行账户的余额，对接国库现金管理操作。

（三）我国的国库集中支付改革

1. 国库集中支付改革的背景与进程

在国库集中支付改革之前，我国实行的是以设立多重账户为基础的分散支付制度，即财政支出是通过财政部门和用款单位分别开设的账户层层拨付的。这种分散支付制度存在以下几大弊端：（1）各部门多头开列账户。各商业银行为了承揽储蓄往往置有关规定于不顾，推动多头重复开列账户，致使政府财政资金分散，脱离预算统一管理，从而使预算执行中的监督得不到落实，资金使用效率低下，并滋生腐败。（2）预算信息管理落后。由于大量资金分散于各商业银行，政府预算管理部门无法及时了解资金使用效率和运转情况，不利于政府作出正确判断。（3）大量资金沉淀。因为各单位资金使用时间规模不一，有一个逐渐使用的过程，而政府预算部门又是按期拨付的，势必造成一方面政府财政为如期拨付资金而不得不发行公债或向银行借款，另一方面又有大量政府财政资金沉淀于各商业银行的情况。

为了改变上述局面，我国于2001年在包括财政部在内的6个中直部门开始启动并实施了国库集中支付改革试点。2003年底，82个中央部门、1 288个基层预算单位纳入国库集中支付改革试点范围；地方已有26个省份、607个省级预算单位、3 300多个基层预算单位、120个地市和300多个县实施了国库集中支付改革试点，初步建起了现代财政国库管理制度框架。2007年，党中央有关部门，国务院有关部委、有关直属机构，全国政协办公厅，高法院，高检院，有关人民团体，各民主党派中央根据《财政部关于中央单位2007年深化国库集中支付改革若干问题的通知》,将中央级行政单位的离退休经费也归入到国库集中支付范围内,基本实现了经费全方位改革。截至2011年底,所有中直部门和机关预算单位已经实行了国库集中支付制度改革,全国所有的省本级和部分地市、县进行了国库集中支付改革试点并进行逐步推广。

2. 国库集中支付改革的内容

(1) 建立国库单一账户体系

建立国库单一账户体系是我国国库集中支付改革的核心内容。开始时,国库单一账户体系由五类账户构成:一是财政部门在中国人民银行开设的国库存款账户;二是财政部门在商业银行开设的预算外资金财政专账;三是财政部门在商业银行开设的财政零余额账户,用于财政直接支付和清算;四是财政部门在商业银行为预算单位开设的预算单位零余额账户,用于财权授权支付和清算;五是经政府批准或授权财政部门开设特殊性资金专户。

(2) 划分支付方式

国库集中支付制度改革后,根据不同的支付主体和支出类型,财政资金的支付方式分为财政直接支付和财政授权支付两种。

财政直接支付是由预算单位根据分月用款计划,向财政部门提出支付申请,财政部门审核无误后,向代理银行签发支付令,通知代理银行通过国库单一账户体系的零余额账户将资金直接支付到用款单位账户。直接支付主要包括工资支出、物品和服务采购支出、企业大型工程项目或大型设备采购支出、税收及罚没返还、过渡期转移支付、原体制补助、结算补助等支出。

财政授权支付是指预算单位根据财政部门的授权,自行向代理银行签发支付令,代理银行根据支付指令在财政部门提前批准的预算单位用款额度内,通过国库单一账户体系中的零余额账户将资金支付到收款人账户。授权支付包括以下类别的支出:一是未纳入工资支出、年财政投资额不足50万元人民币的工程采购支出、单笔物品服务采购额不超过10万元人民币的购买支出和零星支出等；二是特别紧急的支出以及经财政部门批准的其他特殊支出。

财政授权支付相对于财政直接支付而言，资金从拨付到使用的流程更加复杂，对预算单位管理和财政资金的使用要求也更加严格，运用比较广泛。

（3）设定支付流程

国库集中支付的基本流程是：由国库管理机构在中央银行设立国库集中支付专户，由相关预算单位在商业银行设立零余额账户。如果预算单位需要国库资金的话，就要遵循之前被核准的预算向国库管理机构提出申请，经管理部门审核通过后，使用直接支付或授权支付方式，将购买服务或者商品的资金直接支付给提供者，最后则通过代理银行的清算系统对预算单位的零余额账户、国库的集中支付专户进行清算。其基本关系如图 5－1 所示：

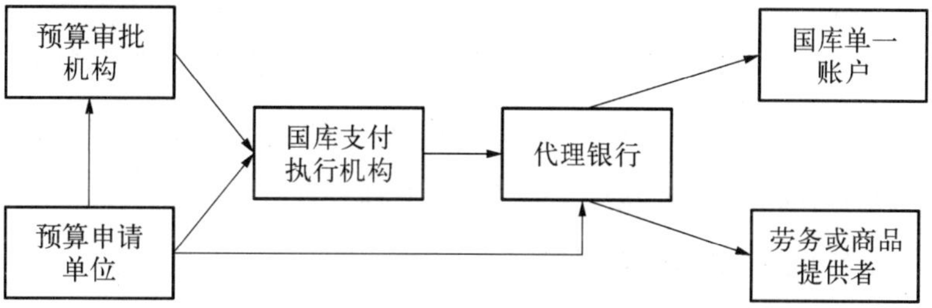

图 5－1　我国国库集中支付的基本流程

3. 现阶段国库集中支付存在的主要问题

国库集中支付改革，使财政资金在国库单一账户体系里运作，通过直接支付和授权支付到商品或劳务供应者，减少了中间环节，缩减了不必要的中间开支，节约了运行成本，资金从支付到使用的效率大大提高，同时也提高了财政资金的调控能力，加强了财政对预算单位资金使用情况的监管力度。随着我国国库集中支付改革的不断深入开展，一些亟待解决的问题也逐渐暴露出来，主要有以下几方面：

（1）集中支付覆盖还不全面

国库集中支付制度试行之后，大部分预算单位都能较好落实新政策，积极认真执行，但是，国库集中支付并未能实现对预算单位的全面覆盖。究其原因，一方面是在国库集中支付的管理模式下，预算单位再难像以前那样能够随意使用和支配资金，单位的财务行为受到更为严格的监管，这种更为透明、高效的资金管理模式在某种程度上触痛了某些预算单位的部门利益，在推行进程中遭遇不少抵制和阻力；另一方面，一些经济条件相对落后、基础设施较差的单位的硬件环境不达标，限制了国库集中支付的开展，这也是国库集中支付有时难以推进的另一个原因。

（2）部门预算编制不够科学

部门预算、政府采购、国库集中支付和政府收支分类管理等是财政支出改革的重要内容，其中部门预算则处于政府支出改革的关键环节，是国库集中支付的改革基础。部门预算编制不科学，预算编制质量差，将直接影响国库集中支付的效果。现阶段一些单位在预算编制过程中由于思想不重视、方法不科学、程序不得当，使得预算目标同单位业务实际难以匹配，有的甚至通过虚列项目、夸大支出等虚增预算，削弱了国库集中支付的资金管理效果。

（3）信息管理系统建设滞后

信息技术的发展促进了国库集中支付制度的推广和应用，国库集中支付业务主要是通过网上平台操作完成，预算资金申报、审批、打印、支付和查询等都能够在信息管理系统中实现，提高了资金流通速度和办事效率，便于预算单位及时用款，也利于通过网络平台进行监督和检查。这种高度的互联网化使得国库集中支付对于信息管理技术十分依赖，然而现实中相对滞后的信息化建设阻碍了国库集中支付的更好更快发展，同时国库部门、银行、财政部门和有关单位的端口对接和平台性能也成为制约国库集中支付发展的重要因素。

4. 未来深化国库集中支付改革的对策建议

（1）扩大国库支付覆盖范围，强化其他财政管理措施配套

国库集中支付是支出管理制度的大趋势，地方政府和各级单位应提高财务管理意识，自觉推动国库集中支付改革向本区域、本单位深入发展，应扩大国库

集中支付的覆盖层级，将事业单位、基层部门等都纳入其中，逐步建立起从中央、省到基层一体化的国库集中支付体系。同时，实质性建立国库单一账户，真正改变多层级账户体系，确立国库集中支付制度，拓宽国库集中支付管理的资金范围，通过建立限时专户解决临时资金使用问题，加强账户动态管理，完善资金使用和监督机制。此外，还应加快其他财政管理改革，如推动公务卡结算制度，逐步取消预算单位现金支付，实现资金的全电子化管理；健全法制建设，针对支付结算办法同国库集中支付某些地方不相配套和适应等问题，将相关法律的修订和完善尽早提上议事日程，加快国库集中支付推广进程。

（2）深化部门预算改革，建立起完善的预算管理体系

部门预算是国库集中支付的基础，应积极推动深化部门预算改革，建立完善的预算管理体系。科学编制基本支出预算，依据机构运行要求和业务目标足额安排人员办公经费，不留缺口，同时严格控制“三公”经费规模，按照“稳中有降”的原则合理编制“三公”经费预算，对特殊项目要留足预算，避免耽误项目进度影响最终目标。预算编制过程中应严格遵循“二上二下”的编制原则，合理安排预算编制时间，规范预算编制流程，科学采用复式预算、零基预算、滚动预算、弹性预算等预算编制方法，提高预算编制的准确性和实用性。预算编制单位应加强内部之间的协调和平衡，统筹平衡内部收入分配，避免收入差距过大造成的发展失衡和苦乐不均，优化资金配置和使用效率。此外，还应加强结转结余资金管理，采取措施切实消化压缩结转结余资金。

（3）依托公共财政服务平台加快信息联网建设进程

为推动财政资源的有效整合和集中管理，促进国库集中支付更好更快发展，地方政府应积极依托公共财政服务平台，推动建立财务信息化建设，加快财政、人民银行、商业银行、预算单位等之间的信息联网建设，共同建立起财务大信息平台。健全信息共享制度，促进不同部门之间的财务资源信息交流，提高财务运行效率和透明度。同时，应积极推动国库集中支付系统应用开发建设，加强平台运维管理和升级维护，构建国库集中支付基础保障。

四、政府间转移支付

（一）转移支付的概念与作用

转移支付又称转移性支出，区别于另一类财政支出：购买性支出，强调资金或资源的无偿转移。以财政支出是否涉及商品和服务交换为标准，财政支出分为购买性支出和转移性支出两类。购买性支出直接表现为政府购买商品和服务的活动，它有一个特点：财政一手付出了资金，另一手购得了商品和服务，并运用这些商品和服务实现国家的职能。在这样一些支出安排中，政府如同其他经济主体一样，在从事等价交换的活动，体现的是政府的市场性再分配活动。转移性支出则与之不同，它们直接表现为资金无偿的、单方面的转移。财政付出了资金，却不涉及交易，无任何所得，在这里，不存在交换问题，它所体现的是政府的非市场性再分配活动。转移支付作为再分配重要的财政政策工具和管理手段，主要有三种形式：政府对企业的转移支付（各种专项资金），政府对居民个人的转移支付（各类补贴、救济）以及政府之间的转移支付（可分为一般性的与专项的两大类）。

转移支付所起的作用，是通过支出安排，使政府的预算资金转移到领受者手中，以此体现与落实政府支持某些重点（如战略性新兴产业发展、增长极区域的构建等）、扶助社会中的弱势群体（如失业、残疾和遭遇自然灾害打击者）、减少发展差距（如发达和欠发达区域间的悬殊）的社会管理者职责。转移支付是资金、物品使用权的单向度转移。不同主体获得这些资金（或实物）以后，可用于购买商品和服务，受补者的经济状况因实际收入的增加而必然有所改善。转移支付结构化地直接影响收入分配。

（二）政府间转移支付及其存在的原因

政府间转移支付是指在一定的预算管理体制下，一个国家的各级政府之间在既定的职责、支出责任和税收划分框架下财政资金的无偿拨付，包括上级政府对下级政府的各项补助，下级政府上解的收入、共享税的分配，发达地区对不发达地区的补助等。政府间转移支付作为政府之间无偿的财政资金拨付，具有独特的内涵、方式和效应，其实施的原因有以下四个方面：

1. 纠正纵向财政失衡的需要

纵向财政失衡是针对多级财政体制中上下级政府之间财政收支差异的状况而言。在各级政府之间的收入范围和支出范围确定之后，当某一级政府财政面临着赤字，而其他级次政府却出现盈余时，就意味着纵向财政失衡问题的存在。这是由各级地方政府收入支出责任不一致造成的，从收入来看，各级地方政府的财政收入大多呈“倒三角”特征，即大部分的税收收入由中央统一调配，而各级地方政府需肩负很多支出责任却只有很少的财权；从支出方面分析，各级地方政府的财政支出大多呈“正三角”特征，即相对于某地区的地方政府，越接近基层，其承载的支出责任就越大。这种因财权与事权不对等而产生的资金缺口需要政府间纵向转移支付来弥补。[1]

专栏 5-8　云南省勐腊县接受转移支付状况

2013 年勐腊县财政收入总计 17.23 亿元，其中：地方公共财政预算收入 3.15 亿元，占收入总数的 18.3%；上级补助收入 14.04 亿元，占收入总数的 81.05%；勐腊县的财政收入主要是靠上级的补助收入。上级对勐腊县转移支付收入 13.85 亿元，其中：专项转移支付收入 6.17 亿元；一般性转移支付 7.68 亿元。

一般性转移支付收入中：1. 体制补助收入 692 万元；2. 均衡性转移

[1] 唐沿源：《转移支付与地方财政支出竞争——激励效应及中国经验的检验》，《云南财经大学学报》2015 年第 3 期，第 49—62 页。

支付收入 10 185 万元;3. 革命老区及民族地区和边境地区转移支付收入 15 319 万元;4. 调整工资转移支付收入 6 482 万元;5. 农村税费改革转移支付收入 9 669 万元;6. 县级基本财力保障奖补资金收入 5 341 万元;7. 企业事业单位划转补助收入 1 600 万元;8. 基层公检法司转移支付收入 1 734 万元;9. 义务教育等转移支付收入 6 195 万元;10. 基层养老保险和低保等转移支付收入 6 873 万元;11. 新型农村合作医疗等转移支付收入 4 945 万元;12. 村级公益事业奖补等转移支付收入 1 009 万元;13. 重点生态功能区转移支付收入 4 892 万元;14. 其他一般性转移支付收入 214 万元;15. 固定性(指标发文)结算补助收入 1 651 万元。

上级的转移支付补助收入增加了勐腊县财政收入,弥补了财力缺口,保证了人员工资的发放和机构的基本运行,为勐腊县的建设提供了财力保障。但是,当前财政转移支付中存在的主要问题是承担的事权过多过大与财力不相匹配,补助基数一成不变、项目繁杂、配套多、资金下达不及时等问题。

(勐腊县财政局:《情况汇报》,2014 年 10 月 9 日)

具体到我国,在 1994 年后财政总收入“蛋糕切分”的分配比例中,中央政府和地方政府各约占 50%,而同时,在本级支出方面,中央所占比重不足 30%,地方则占 70%以上。中央政府掌握较多的财力,使之可以在满足本级支出需要之后,自上而下地对地方政府给予区别对待,向中西部欠发达地区倾斜的转移支付资金支持,改变一些地方财政收不抵支的境况。

2. 矫治横向财政失衡的需要

从经济社会发展视角来看,一个国家内各个地区之间存在各种要素禀赋条件的差异性是绝对的,而条件的同一性则是相对的,当国土面积较大时,更是如此。各个地区之间经济发展程度的差异,必然导致横向财政失衡问题,主要体现在：(1) 富裕地区财政收入充裕，出现财政盈余；而贫困地区税源和非税收入来源均狭小，财政状况拮据；(2) 富裕地区能够为其居民提供较高水准的公共产品和服务，而贫困地区却难以提供最基本的公共产品和服务。

显然，横向财政失衡状况的存在和加剧，是不利于各地区均衡发展和社会共同进步的，需要加以矫治，解决此问题的主要途径，便是进行上级政府对欠发达地方的财政转移支付，合理协调上下级政府之间的资金关系。因为，在经济落后和税源有限的条件下，增税和发行公债等加重企业和居民负担的方式，不是地方政府筹资理想的和可行的渠道。与落后地区相比，发达地区财政资金的边际效应是递减的。中央政府通过分税制特定的体制安排，把主要来自发达地区的收入集中起来，再通过转移支付方式，用于扶持落后地区的发展，可以增加财政资金总体的边际效用。通常，在发达和落后地区之间，是无法自动形成这种财政资金转移的，因为各地方财政的收支活动都会以本地利益为出发点和归宿点。但中央政府代表着国家的整体利益，有责任采取转移支付的预算调剂方法，运用倾斜性政策，协调各个地区之间的经济发展。

3. 弥补公共产品提供正外部性的需要

公共物品的外溢性是其特有属性，根植于公共物品的供给之中。地方政府提供区域性公共产品的受益范围，几乎不可能恰好限定在地方政府的辖区。地方性公共产品的受益(或成本)范围很可能会超出地方政府辖区的界限，使其他地区在受益的同时并不承担任何成本。此时会出现：当存在着正外部性时，从本地利益出发，地方政府有可能高估提供公共产品的成本，而低估其整体效益的社会价值，并有可能以无法完全负担成本为理由，减少此类外部效应比较理想的公共产品的提供。这种扭曲性政策的实施，不仅影响着区域性公共产品的提供和本地区及相关地区居民的利益，而且也不利于地区间经济关系的协调。在这种情况下，由上级政府实行财政转移支付制度，给予下级政府一定的财政补助，对具有正外部性的公共产品的提供加入中央政府的责任与财力支持，便是一种较为有效的资源配置优化方式。

4. 实施特定政策目标的需要

最为典型的是，一些大型公共开支项目或国民经济主干工程，地方政府由于无力承担或风险太大而缺乏投资兴趣，而从效益角度考虑，中央政府的直接投资又不经济。在此情况下，就需要中央政府对项目建设所需资金给予一部分或全部的支持，从而形成特殊的转移支付。另外，通过设立鼓励性转移支付，可以引导地方政府从事中央政府期望的活动（如发展节能环保产业、战略性新兴产业）；对一些地区因不可控因素（如自然灾害）等引起的收入减少或支出增加，上级政府需要给予扶持性转移支付。

（三）政府间转移支付的分类

国际上通常是将财政转移支付大致分为一般性转移支付和特殊性转移支付。在我国，与国际上的分类相似，将与分税制财政管理体制相配套的政府间转移支付制度主要分为两类：一是一般性转移支付，不规定具体用途，可由地方纳入其财力盘子统筹安排使用，主要目的是促进各地方政府基本公共服务的均等化，保障国家出台的政策在各地顺利实施。二是专项转移支付，为了实现中央政府的特定政策目标和调控意图，实行专款专用。专项转移支付项目多、规模大，几乎涵盖了地方的全部支出项目。一般转移支付资金主要按因素法来分配，专项转移支付额采用因素法和项目法相结合的方式进行分配。此外，还有地区之间的横向转移支付。

1. 一般性转移支付

一般性转移支付是根据税收能力、支付需求及资源、人口、贫富等方面存在的差异，按照统一标准或公式计算出而由上级政府给予下级政府财力补助的转移支付形式。上级政府对资金投向不加以明确限制，下级政府可以纳入预算，根据本地区情况自行决定如何使用。一般性转移支付功能主要在于缩小地区间财力差距，实现基本公共服务均等化。

目前，我国已经建立了以均衡性转移支付为主体、以老少边穷地区转移支付为补充并辅以少量体制结算补助的一般性转移支付体系。除均衡性转移支付(详见专栏5-7)外,一般性转移支付还包括县级基本财力保障机制奖补资金补助、成品油税费改革转移支付、资源枯竭城市转移支付、老少边穷地区转移支付、基层公检法司转移支付、基本养老金转移支付、城乡居民医疗保险转移支付、体制结算补助等(详见表5-4)。这些转移支付主要用于解决地方政府基本公共服务方面的问题,并且按因素分配,具有一般性转移支付特征。

专栏5-9　2012年中央对地方均衡性转移支付资金的来源与分配办法

1. 均衡性转移支付的资金来源

1）按照《国务院关于印发所得税收入分享改革方案的通知》(国发[2001]37号)的规定,预计当年中央财政因所得税收入分享改革增加的收入。

2）中央财政另外安排的预算资金。

3）清算上年的均衡性转移支付余额。

2. 均衡性转移支付资金的分配原则

1）公平公正。选取影响财政收支的客观因素,形成计算公式,采用统一规范的方式分配转移支付资金。

2）公开透明。转移支付测算办法广泛征求地方意见,测算过程和分配结果公开。

3）适度激励。对省级财政推进省以下公共服务均等化效果显著的地区给予适当奖励。

3. 均衡性转移支付资金的分配办法

均衡性转移支付测算所需资料原则上来源于统计年鉴等公开资料,

确有需要的可采用相关部门提供的权威数据。地方政府有权要求核对测算资料。

1）基本公式

均衡性转移支付资金分配选取影响财政收支的客观因素，考虑人口规模、人口密度、海拔、温度、少数民族等成本差异，结合各地实际财政收支情况，按照各地标准财政收入和标准财政支出差额及转移支付系数计算确定，并考虑增幅控制调整和奖励情况。用公式表示为：

某地区均衡性转移支付=(该地区标准财政支出-该地区标准财政收入)×该地区转移支付系数+增幅控制调整+奖励资金

凡标准财政收入大于或等于标准财政支出的地区，不纳入均衡性转移支付分配范围。

2）标准财政收入测算

标准财政收入分省计算。各省的标准财政收入由地方标准财政收入、中央对地方返还及补助（扣除地方上解）、计划单列市上解收入等构成。

地方标准财政收入主要根据相关税种的税基和税率计算，个别税种根据实际收入适当调整。中央对地方返还及补助收入按照决算数确定，主要项目包括："两税"返还、所得税基数返还、公路养路费等"六费"基数返还、一般性转移支付（不包括资源枯竭城市转移支付、国家重点生态功能转移支付、产粮（油）大县奖励资金等）、专项转移支付（不包括抗震救灾专项转移支付基本建设投资项目等），以及各地区对中央的体制上解、专项上解等。计划单列市上解省收入按照计划单列市上解省级收入决算数计算。

税收收入中统一按照"税基"乘以"税率"的公式计算。确定的税种包括：增值税、营业税、企业所得税、个人所得税、资源税、城市维护建设税、契税。

税收收入中的资源税、印花税、烟叶税、房产税、土地增值税、城镇土地使用税、车船税，非税收入中的罚没收入、排污费收入、其他收入按照实际收入计算。计算标准财政支出时，选取各地总人口、学生数等与该项支出直接相关的指标为主要因素，按照客观因素乘以单位因素平均支出计算，并根据海拔、人口密度、温度、运输距离、少数民族、地方病等影响财政支出的客观因素确定各地成本差异系数。考虑到各地市辖区、市本级支出责任划分的差异，部分支出项目根据实际情况适当调整市辖区、市本级等人均支出标准。

例如，基本公共管理与服务标准财政支出的测算：

基本公共管理与服务标准财政支出 = $\sum i(\sum j$ 各级次总人口 × 该级次人均支出标准 × 支出成本差异系数)

其中：i=省本级、地市本级（省会城市、其他城市分别计算，下同）、县级（县市旗、市辖区分别计算，下同）；$j=0,1,2,\cdots$（该级次行政单位个数）。

人均支出标准=该级次公共服务全国总支出÷该级次全国总人口

支出成本差异系数=（人口规模系数×0.85+面积系数×0.15）×{艰苦边远系数×人员经费占该项支出比重+温度系数×取暖费占该项支出比重+海拔系数×运距系数×燃油费占该项支出比重+路况系数×车辆维修费占该项支出比重+[1-（人员经费占比+取暖费占比+燃油费占比+车辆维修费占比）]}×供养率差异系数×民族系数×直辖市差异系数。其中：人口规模系数、面积系数、温度系数分别根据人口、面积、温度分档，系数=该档内人均财政支出÷全国平均人均财政支出，并适当平滑艰苦边远系数=该地区工资津补贴总额÷全国平均工资津补贴总额,不包括地方津补贴部分。

计算。

非税收入中的探矿权、采矿权使用费及价款、行政事业性收费、国有资本经营收入、国有资源(资产)有偿使用收入按实际收入的一定比例计算。

例如,增值税标准财政收入(地方分享25%部分)测算:税基采用国家统计局提供的制造业、采掘业、电力燃气水资源供应业和批发零售贸易业的增加值,税率采用全国平均有效税率。考虑部分低税率行业税基无法获取等因素,标准财政收入根据实际收入可适当调整。

3)标准财政支出测算

标准财政支出分省、市、县(含乡镇级,下同)三个行政级次,按政府收支功能分类支出科目。

海拔系数按照海拔分档,各档海拔系数根据燃油消耗差异情况计算确定。

运距系数=该地区省地运距及地县运距÷全国平均省地运距及地县运距。

路况系数根据公路等级及车辆研究所提供的相关系数确定。

直辖市差异系数根据直辖市县区人均支出与其余县区平均水平的差异情况确定。

供养率差异系数按照各地财政供养率分档,根据各档财政供养率与全国平均水平差异情况计算确定。

4)均衡性转移支付系数的确定

均衡性转移支付系数按照均衡性转移支付总额、各地区标准财政收支差额以及各地区财政困难程度等因素确定。其中,困难程度系数根据地方"保工资、保运转、保民生"支出占标准财政收入比重及缺口率计算确定。

困难程度系数=标准化处理后("保工资、保运转、保民生"支出÷地方标准财政收入)×50%+标准化处理后(标准收支缺口÷标准支出)×50%

标准化处理=(某指标-指标均值)÷指标标准差

表5-4 中国政府间转移支付主要内容情况表

类别	具体内容
一般性转移支付	均衡性转移支付
	县级基本财力保障机制奖补资金补助
	企事业单位划转补助
	成品油税费改革转移支付
	基层公检法司转移支付
	资源枯竭城市转移支付
	农村综合改革转移支付
	城乡义务教育转移支付
	重点生态功能区转移支付
	产粮(油)大县奖励资金补助
	基本养老金转移支付
	城乡居民医疗保险转移支付
	体制补助
	结算补助
	固定数额补助
	革命老区转移支付
	民族地区转移支付
	边疆地区转移支付
	贫困地区转移支付

续 表

类　　别	具 体 内 容
一般性转移支付	其他
专项转移支付	社会保障和就业专项补助
	科技专项补助
	教育专项补助
	医疗卫生与计划生育专项补助
	文化体育与卫生专项补助
	外交、国防、公共安全专项补助
	节能环保专项补助
	城乡社区专项补助
	农林水专项补助
	交通运输专项补助
	资源勘探信息等专项补助
	商业服务业等专项补助
	金融专项补助
	国土海洋气象等专项补助
	住房保障专项补助
	粮油物资储备专项补助
	其他

资料来源：中华人民共和国财政部：《2018 年政府收支分类科目》，中国财政经济出版社，2017，第 112—113 页。

2. 专项转移支付

专项转移支付是按照政府间事权与支出责任划分，由上级政府对承办委托事务、共同事务以及符合上级政府政策导向事务的下级政府所给予的补助。该类补助专款专用，所以又称有条件补助或专项拨款。新中国成立以来，在建立起分级财政、确立中央与地方的分配关系之后，中央财政即开始安排对地方的专项转移支付。专项转移支付设立初期，项目少数额也很小。1994 年实行分税制以后，项目增多数额也增加。尤其是 1998 年实施积极财政政策以来，项目和绝对额增长速度都高于以前年度。为规范和加强中央对地方专项拨款的管理,依法行政,提高财政资金使用效益,确保财政改革和各项政策措施的顺利实施,2000年财政部下达了《中央对地方专项拨款管理办法》,对专款资金分配、管理和使用等提出了明确要求,使转移支付资金分配的规范性、科学性和透明度得到了提高。2013年之后,根据财税配套改革方案要求,对专项转移支付按照降低比重、适当归并、减少项目和不再要求地方做资金配套等要领加以改进。专项转移支付重点用于教育、医疗卫生、社会保障和就业、住房保障、农林水、交通运输、节能环保等领域,用以体现中央的政策导向。

3. 横向转移支付

横向转移支付是指同级地方政府间发生的资金平行转移,一般是发达地区向不发达地区提供资金援助。德国是通过横向转移支付平衡州与州之间公共服务水平的典型案例。其具体做法是,由联邦政府和州政府财政部门分别测算出全国居民平均税收额和本州居民平均税收额,如果某州的居民平均税收额只相当于全国居民平均税收额95%以下,该州就被列为贫困州,它可以得到来自富裕州的转移支付;如果某州的居民平均税收额大于全国居民平均税收额102%以上,该州就属于富裕州,它就要向贫困州转移资金;如果某州的居民平均税收额相当于全国居民平均税收额95%—102%,该州与转移支付无关。值得注意的是,德国联邦政府没有通过税收手段将富裕州的一部分收入集中到中央,再分配到贫困州,而是以“州之间分享基金”的形式让富裕州直接向贫困州进行“转移支付”(详见专栏5-10)。

专栏5-10　德国富裕州向贫穷州横向转移支付的具体步骤和方式

德国富裕州向贫穷州横向转移支付的具体步骤和方式如下:

第一，测算出“全国税收能力额”（TC_g）和“某州的税收能力额”（TC_i）。TC_i 的计算要考虑如下几个方面：(1) 州独享税收的收入能力。(2) 分享税。(3) 增值税本身所得到的部分。(4) 地方筹集的收入。这里应当注意，税收能力的计算包括了前面纵向平衡中的转移支付部分。

某一州的人均税收能力就表示为：TC_i / P_i。其中，P_i 是指 i 州的人口，TC_i 是指 i 州的税收能力。

全国的人均税收能力就用如下公式表示：TC_g / P_g，它还可以表示为：$(\sum_{i=1}^{n} TC_i)/(\sum_{i=1}^{n} P_i)$，即各州各种税收能力之和除以各省人口之和。

很明显，各省的人均收入能力与全国平均的税收能力之间有一个差额，这个差额就成为计算给各州拨款的依据，超过者转出，低于者转入。全国人均税收能力是一个标尺。

但是由于各州的人口密度不同，所需财政支出大小就不同，因此在计算各州差额前要视各州的情况，对这个“全国人均税收能力”进行特别处理，即调整一下这个标尺。某一州应该有的人均标准均衡数是：

$$Y_i = (TC_g / P_g) \cdot W_i$$

其中，W_i 为人口密度权数。

当城市人口为 5 000 时，$W_i = 1$；城市人口为 500 000 时，$W_i = 1.35$。对于特大城市，比如汉堡，还有另外一些加权的方法，即如果每平方公里人口在 1 500—2 000 人的条件下权数为 1.02，每平方公里人口在 3 000 人以上的权数为 1.06。这种调整是第一种调整。

第二，确定富裕州和贫穷州。Y_i 为某一州的应该有的人均标准均衡数。部分州税收能力达不到这个水平，部分州税收能力超过这个水平。

该州的收入能力（TC_i）计算包括前述的四项内容。这里还要作一个调整，即减去该州由联邦认可的特殊需要支出的部分（S_i），比如汉堡某城市要减去港口维护费，$TC_i - S_i = ATC_i$，即等于调整后的税收能力（ATC_i）。人均调整后的税收能力就应当是ATC_i/P_i。这种对被减数的调整可以称为第二种调整。

部分州调整后税收能力（ATC_i/P_i）低于调整后的标准均衡数（Y_i），部分州高于标准均衡数。但不是所有低于标准均衡数的州都能得到补助，也不是所有高于标准均衡数的州都要补助别人，补助别的州或被补助的还要有另外的条件：如果一个州调整后的人均收入数与调整后的人均标准均衡数的比低于95%，才被列入贫困州，接受转移支付；如果这个比等于或大于95%且小于102%，那么该州与转移支付无关；如果超过102%，那么就要向别的州进行转移支付。

被列入穷州，即接受被补助的州，应当具有这样的条件：

$$PE_i = (ATC_i/P_i - 95\%Y_i) < 0$$

被列为富裕州，即去补助别的州，应当具有这样的条件：

$$PE_i = (ATC_i/P_i - 102\%Y_i) > 0$$

第三，计算实际转移数。富裕州实际人均向外转移数（AE_i）是自己超过102% Y_i 的部分再乘以70%：

$$AE_i = 0.7(ATC_i/P_i - 102\%Y_i) < 0$$

贫穷州实际人均接受转移的部分计算，是先将其收入最低的州用增值税补足到92% Y_i 的水平，然后看其与100% Y_i 的差额（最多达8个百分点）乘以37.5%，计算出人均被补助数，各自再乘以人口数就是实际总补助数或实际被补助数。

我国没有以制度形式确立横向转移支付，但我国财政实践中已有多年的“对口帮扶”和对特大自然灾害救助的“对口支援”等方式，近年来又有在相关水系区域的“生态补偿”方式试点，形成了我国横向转移支付的雏形。

“对口帮扶”是指在经济发达的地区和经济欠发达地区财政能力不平衡的状态下，由财政能力富足的地方政府向财政能力匮乏的地方政府实施援助的一种区域间经济发展的政策性行为。改革开放以来，在中央政府主导下，在全国范围内实施“对口帮扶”工作。如为加快西部贫困地区扶贫开发进程、缩小东西部发展差距、促进共同富裕，1996 年 5 月，中央确定北京、上海、天津、辽宁、山东、江苏、浙江、福建、广东 9 个东部省市和大连、青岛、宁波、深圳 4 个计划单列市，与西部 10 个省区开展扶贫协作。随后，对原有东西部扶贫协作结对关系进行适当调整，东西部有关省市开展了多层次、多形式、宽领域、全方位的扶贫协作，取得了显著成绩，并实现了对 30 个少数民族自治州的全覆盖（详见表 5－5）。

表 5－5　2010 年“横向转移支付”的安排之一：东西部对口帮扶 30 个民族自治州结对关系

序　号	自　治　州	结对帮扶省市
1	吉林省延边朝鲜族自治州	宁波市
2	湖北省恩施土家族苗族自治州	杭州市
3	湖南省湘西土家族苗族自治州	济南市
4	四川省阿坝藏族羌族自治州	浙江省
5	四川省凉山彝族自治州	佛山市
6	四川省甘孜藏族自治州	广东省
7	贵州省黔东南苗族侗族自治州	杭州市
8	贵州省黔南布依族苗族自治州	广州市
9	贵州省黔西南布依族苗族自治州	宁波市
10	云南省西双版纳傣族自治州	上海市
11	云南省文山壮族苗族自治州	上海市
12	云南省红河哈尼族彝族自治州	上海市
13	云南省德宏傣族景颇族自治州	上海市

续　表

序　号	自　治　州	结对帮扶省市
14	云南省怒江傈僳族自治州	珠海市
15	云南省迪庆藏族自治州	上海市
16	云南省大理白族自治州	上海市
17	云南省楚雄彝族自治州	上海市
18	甘肃省临夏回族自治州	厦门市
19	甘肃省甘南藏族自治州	天津市
20	青海省海北藏族自治州	山东省
21	青海省黄南藏族自治州	天津市
22	青海省海南藏族自治州	江苏省
23	青海省果洛藏族自治州	上海市
24	青海省玉树藏族自治州	北京市
25	青海省海西蒙古族藏族自治州	浙江省
26	新疆维吾尔自治区昌吉回族自治州	山西省
27	新疆维吾尔自治区巴音郭勒蒙古族自治州	河北省
28	新疆维吾尔自治区克孜勒苏柯尔克孜族自治州	江苏省、江西省
29	新疆维吾尔自治区博尔塔拉蒙古族自治州	湖北省
30	新疆维吾尔自治区伊犁哈萨克族自治州	江苏省

特大自然灾害救助，主要指自然灾害发生后，为尽快恢复灾区的经济生产，稳定当地居民的日常生活，中央政府依据各地经济发展水平和区域发展战略统一调度，对灾区实行一对一、多对一的“对口支援”行动。如2008年汶川地震发生后，为举全国之力，加快地震灾区灾后恢复重建，并使各地的“对口支援”工作有序开展，中央决定，按照“一省帮一重点县”的原则，于2008年6月建立了由19个省市对口支援受灾严重的四川、甘肃、陕西的24个县（市、区）对口支援机制（详见表5－6）。各支援省市每年对口支援实物工作量按不低于本省市上年地方财政收入的1%考虑，连续支援三年。自援建开始以来，各省市从灾区实际情况出发，坚持规划先行、民生优先、科学重建，19个援建省市三年共投入

825亿元，取得了对口援建的重大成果。这项人类历史上罕见的巨大援建工程，书写了中国奇迹。

表5-6 汶川地震灾后重建对口支援安排情况表

序　号	对 口 支 援 安 排
1	山东省——四川省北川县
2	广东省——四川省汶川县
3	浙江省——四川省青川县
4	江苏省——四川省绵竹市
5	北京市——四川省什邡市
6	上海市——四川省都江堰市
7	河北省——四川省平武县
8	辽宁省——四川省安县
9	河南省——四川省江油市
10	福建省——四川省彭州市
11	山西省——四川省茂县
12	湖南省——四川省理县
13	吉林省——四川省黑水县
14	安徽省——四川省松潘县
15	江西省——四川省小金县
16	湖北省——四川省汉源县
17	重庆市——四川省崇州市
18	黑龙江省——四川省剑阁县
19	广东省（主要由深圳市）——甘肃省受灾严重地区
20	天津市——陕西省受灾严重地区

生态补偿是以保护野生自然生态系统和建立可持续发展的生态模式为目的，以经济为手段调节地方政府之间的社会经济发展水平。我国最早开展辖区内流域上下游横向生态补偿工作，是在东部地区经济比较发达的辽宁、山东、浙江、江苏、福建、广东等省份。如辽宁省2008年出台并实施了《辽宁省跨行政区域河流出市断面水质目标考核暂行办法》，以地级市为单位，对主要河流出市断

面水质进行考核，水质超过目标值的，上游地区将给予下游地区补偿资金。浙江在全省流域实施横向生态补偿政策和机制试点，福建在省辖区、市辖区的三个流域的上下游实施横向生态补偿机制试点等。2011 年，财政部、环保部牵头组织的全国首个跨省流域生态补偿机制试点在新安江启动实施，每年安排补偿资金 5 亿元，其中中央财政资金 3 亿元，浙江与安徽两省各安排 1 亿元。各方约定，只要安徽出境水质达标，下游的浙江省每年补偿安徽 1 亿元，否则反之。目前，我国已有 20 多个省（市、自治区）相继出台了省域内或跨省域流域上下游横向补偿相关的政策措施。

（四）我国政府间转移支付制度深化改革的要领

财政体制改革的方向是强化中央事权和支出责任，明晰各级政府事权和支出责任范围，减少对地方事权和支出项目的干预。相应地，现行转移支付结构要顺势调整。从我国政府间转移支付的现状看，未来完善转移支付制度的方向是要建立起以纵向转移支付为主、横向转移支付为辅的政府间转移支付制度，使政府间的横向转移支付成为政府间财力均衡的有益补充，并解决地方政府间存在的外部性问题。要科学设置一般性转移支付和专项转移支付，发挥好各自的功能作用，逐步增加一般性转移支付的规模和比例，更好发挥地方政府贴近基层、就近管理的优势，促进地区间财力均衡，重点增加对革命老区、民族地区、边疆地区、贫困地区的转移支付。

1. 扩大公式法一般转移支付的比重

中央出台减收增支政策形成的地方财力缺口，原则上通过一般性转移支付调节。要设定长期、中期和短期基本公共服务均等化目标，明确公共服务的领域和事项。针对不同时期的目标，选择切实可行的政策路径。进一步完善一般性转移支付制度框架，明确转移支付的资金来源，减少转移支付总规模确定的随意性。优化一般性转移支付资金分配方式，继续发挥多年来选择客观因素、按照公式分配资金的优势，减少资金分配的随意性。按照人口、地理、服务成本、功能区定位等因素优化转移支付的均等化公式，加强对欠发达地方政府的财力支持。优先弥补禁止和限制开发区域的收支缺口，推进基本公共服务均等化。同时，提高中央纵向一般性转移支付比重，建立以一般性转移支付为主、专项转移支付为辅的制度体系。将现有均衡性转移支付和其他类型一般性转移支付进行整合，不断完善因素法公式，进一步将中西部地区的特殊因素加入公式。此外，应建立下转一级的转移机制，严禁地方政府越级向上级政府申请转移支付。[1]

2. 整合与优化专项转移支付机制

要根据政府间支出责任划分，在理顺政府间职责与财权的基础上，对现有专项转移支付项目进行分类规范、清理整合。大幅度减少转移支付项目，降低专项转移支付占全部转移支付的比重，归并、整合专项中的重复交叉以及相似内容或可归并项目。逐步取消竞争性领域专项和地方资金配套，严格控制引导类、救济类、应急类专项，对保留的专项进行甄别，属于地方事务且数额相对固定的项目，划入一般性转移支付，并根据经济社会发展及时清理专项转移支付项目。设定专项转移支付门槛和准入机制。取消现有专款中名不副实和过时的项目，归并重复交叉的项目，严格控制专项转移支付规模。各级政府转移支付资金分配原则上应当直接面对民众，面对最终受益人，程序要公开、透明，同时尽量提前其具体信息到达地方层面的时间，并减少专项转移支付对地方政府的配套要求，原则上取消其“地方配套资金”的要求，以利地方预算的通盘编制与严肃执行。重点将专项转移支付用于重点发展和突发事件，如节能环保产业、战略性新兴产业、重大灾害救助等。[2]

3. 积极发展辅助性的横向转移支付

建立省间和市县间横向转移支付制度，规范和增强横向平衡机制。借鉴德国横向转移支付经验，在中央政府的主导下，提倡地方政府间“互帮互助”，构建省政府之间和市县政府之间的横向转移支付体系。先行研究启动市县级横向转

[1] 贾康、刘薇、孙维：《深化中国财税体制改革的战略取向与要领》，广东经济出版社，2017。
[2] 同上。

移支付试点，选择较有实力、省内发展水平差异较大的大省作为试点，如广东、浙江、江苏、湖北、四川。同时研究省间横向转移支付方案的可行性。将现行中央向地方的转移支付总量（约占全国财政收入的35%）的三分之一用两种方法进行转移支付。方法一，总体留给地方，将其中的一部分用于中央主导下的省间横向转移支付；方法二，留给地方一半，中央保留一半，用于中央主导下的省间横向转移支付。[1]

总体来说，完善财政转移支付，应该配合有关事权和支出责任上划的体制改革基础上，降低转移支付的规模，精简其项目；着力提升转移支付政策的有效性；重塑分配规则，增强规范性、法制化和透明度。

概念与认识的关键词

事权；财权；财政支出；基本支出；项目支出；政府采购；政府购买服务；补贴；基金；国库集中支付；政府间转移支付；一般性转移支付；专项转移支付；纵向财政失衡；横向财政失衡

思考与讨论

事权的划分应遵循什么原则？

基本支出和项目支出的异同

“政府提供”与“政府购买”的关系

财政补贴的功效与局限

财政基金与资金的区别

政府间转移支付的功能作用

国库直接支付和单一账户体系的意义

---

[1] 贾康、刘薇、孙维：《深化中国财税体制改革的战略取向与要领》，广东经济出版社，2017。

主要参阅文献

楼继伟.中国政府间财政关系再思考.北京:中国财政经济出版社,2013.

楼继伟.中国政府预算:制度、管理与案例.北京:中国财政经济出版社,2002.

贾康.转轨时代的执著探索——贾康财经文萃.北京:中国财政经济出版社,2003.

贾康,苏明.部门预算编制问题研究.北京:经济科学出版社,2004.

贾康,刘薇,孙维.深化中国财税体制改革的战略取向与要领.广州:广东经济出版社,2017.

王曙光.财政学.北京:科学出版社,2010.

倪志良.政府预算管理.天津:南开大学出版社,2013.

袁星侯.政府预算:理论分析·改革述评·过程比较.广州:广东经济出版社,2008.

肖建华.政府采购.大连:东北财经大学出版社,2011.

贾康.财政监督与政府采购制度改革.财政监督,2002(3).

贾康,梁季.中央地方财力分配关系的体制逻辑与表象辨析.财政研究,2011(1).

贾康.构建财权与事权相顺应的财税体制.中国证券报,2012年9月28日.

贾康.从原则到现实:中央、地方事权与支出责任合理化中的立法思维.财会研究,2014年5月.

贾康,苏京春.现阶段我国中央与地方事权划分改革研究.财经问题研究,2016(10).

贾康.财政事权是政府事权 各层级事权划分应遵循三原则.证券时报,2016年11月28日.

吕敞会. 国库集中支付改革方向探析. 财税审计,2014 年 6 月.

肖贱春. 我国当前财政补贴存在的问题及完善建议. 经济视角,2011(10).

杨佳丽. 我国财政补贴存在的问题及对策. 企业改革与管理,2014(11).

王钧. 国库集中支付改革存在问题及对策研究. 吉林大学学位论文,2011.

第六章　预算编制、管理、绩效追求及“预算管理体制”

第六章　预算编制、管理、绩效追求及“预算管理体制”

国家的预算是一个重大的问题，里面反映着整个国家的政策，因为它规定政府活动的范围和方向。

——毛泽东

究竟以什么为依据，决定将 X 美元分配给 A 活动，而不是 B 活动?

——科伊(Key)

预算是财政分配所有诉求的载体。

——贾　康

一、政府预算概述

让我们先来看一下美国联邦政府(相当于中国的中央政府层级)，在其每年印制的预算简介小册子开始之页所一目了然给出的预算收支内容“饼状图”：

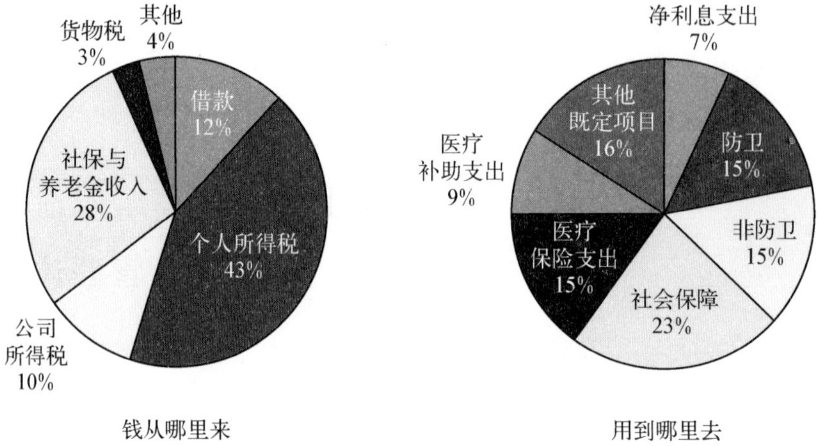

图6-1　美国联邦政府2017财年预算结构图

资料来源：http：//www.omb.gov。

政府是一个国家公共事务的大管家，要将纳税人的税收等财政收入统一归集，并按照一定制度规则合理配置在教育、科研、国防、就业、社会保障、医疗卫生、基础设施等各个与民生相关的领域。政府为民众提供的公共产品和服务虽然并不是由人们直接支付对价获得，但每一项产品和服务在根本上说都是由国民的税金等形成的政府收入所支持的。因此，我们需要关注政府预算的合理化，充分监督和合法保障纳税人与国民的公共权益。

将这一张美国2017财年预算结构的饼状图（见图6-1）摆在面前，人们可曾知晓，这简单的饼状图却是来自不同政府职能部门耗时几个月共同完成的七套复杂的数据表。美国较规范的预算制度的由来，体现着一个重要维度上的社会进步过程，可参阅专栏6-1。其相关联的美国“进步时代”的历史经验及其重大的全局性意义，可参阅专栏6-2。

专栏6-1　美国打造“预算国家”往事

预算民主　纽约开先河

1898年，纽约市公共支出是纽约州的5倍，比其他所有州的总和多三分之一,比联邦政府也要多七分之一。腐败猖獗,城市维修工程没有开支记录,市政府没有公共财产记录,公共财产流失屡见不鲜。

1898 年纽约州议会图书馆管理员杜兰德(后任美国人口普查局局长),出版了一部研究纽约市财政的专著,影响深远。“使得许多市民不能参与大量的城市事务”,预算缺失正是罪魁祸首。

随后成立的纽约市政研究局,将预算界定为“城市制订计划时不可或缺的知识基础。一年中只有在制订计划时,每一个政府部门才尽力规划它 100%的目标任务,100%的社会需要,100%的政治机会,才能确定接下来的 12 个月将花多少钱”。

1908 年纽约市出台的城市预算,是全美最早以部门职能系统分类为基础的预算。根据职能对部门进行细分,意味着“必须提交反映每类要做的工作或公共服务所要求拨款总数的预算”。到了 1913 年,预算文件从五年前的 112 页,增长到 836 页,拨款法案涉及总数达 3 392 项的不同条目。

美国进入预算时代

美国建国之后,“没人负责为整个政府制定一个统一的预算方案”。《宪法》将财政收支大权赋予国会,两院十几个委员会均涉足拨款领域。分散的立法主导预算,导致行政部门各显神通,自己争取资金,自己掌握开支,势必产生“不负责任的权力”。预算改革者呼吁建立行政主导型预算,需要一个看得见的、民主负责的总统。

“总统对政府活动的正当运行负有主要职责。”老罗斯福总统大胆发起挑战,从国会手中夺走了预算的创制权。创建联邦预算的幕后推手塔夫脱总统,呼吁在整个联邦政府建立行政管理的“指挥塔”。

1919 年,全美 44 州相继效法纽约,引入公共预算,制定预算法律。

1921 年,《预算与会计法》出台,一锤定音,预算编制权力赋予总统。人民利益的总管家——美国总统,与人民利益的个别代表——国会议员之间的权力之争,逐渐向前者倾斜。

《预算与会计法》标志着美国预算国家初步形成。美国总统授权管理和预算局(OMB)领导和控制行政机关各部门。OMB 的首要职责是协助总统准备年度联邦预算,并提交国会,集中和分析各部门和机构的预算需求,OMB 就总统如何形成其向国会提交的文件提出建议。"如果你负责给总统提供关于数字的建议,那么你就会参与联邦政府的每项政策制定。"总统评价 OMB 的局长职位是政府中最重要、最难胜任的工作之一。OMB 局长——"政府分支机构中权力第二大的职务",可以直接晋见美国总统。

美国预算程序严谨细致,预算编制和国会审批 18 个月,预算执行 12 个月,决算的汇总和审计 3 个月,周期长达 33 个月。

2014 年美国政府预算 244 页,预算分析书 508 页,附录 1 381 页,历史图表 376 页。除国家机密外,一律依法公开,全文上网。国防部、国家安全机构也不例外。

(俞飞,《中国经营报》2014 年 9 月 7 日)

专栏 6-2　美国"进步时代"的启示

"进步时代"(1880—1920)是美国现代财政制度的成型期。在"进步时代",美国从收入和开支两方面对其财政制度进行了彻底的改造。

在收入方面,最重要的变化是引入了个人所得税和公司所得税。当然，引入所得税曾遭到保守势力的顽强抵抗。他们耸人听闻地说，所得税体现的是共产主义和社会主义的原则。最高法院也宣布这种税违反美国宪法。不过，到 1913 年，50 个州中有 42 个州批准了宪法第 16 条修正案：“国会有权对任何来源的收入规定和征收所得税。”

相对以前杂七杂八的税种，所得税有三大优势。一是简单：用一个税种替代了一批税种；二是公平：税负是依据经济能力分配的；三是高产：这一类税产生的收入比其他任何税种都多。这三大优势有助于缓解美国当时面临的严峻挑战：急剧的社会变迁引发尖锐的阶级冲突，而政府缺乏再分配能力应付种种危机。在以后的年代里，所得税在美国财政制度中扮演了“挑大梁”的角色。事实上，所有发达国家都或迟或早经历了引入所得税的过程。现在，所得税在所有这些国家都是最重要的税种。

在支出方面，最重要的变化是引入现代预算制度。直到 20 世纪初，在美国，所谓预算不过是一堆杂乱无章的事后报账单。对政府某部门的拨款只是一个总数，开支分类是没有的，细目也是没有的，不准确，更谈不上完整。在这种情况下，美国虽然号称民主，民众实际上根本无法对政府行为进行有效监督。结果，腐败现象屡禁不绝。

人们对腐败的厌恶和愤怒成了改革的动力。1905 年，一批人设立了旨在推动纽约市预算改革的“纽约市政研究所”。今天大名鼎鼎的“布鲁金斯研究所”便是由它演化而来的。这些预算改革者指出，预算问题决不仅仅是个无关紧要的数字汇总问题，而是关系到民主制度是否名副其实的大问题。没有预算的政府是“看不见的政府”，而“看不见的政府”必然是“不负责任的政府”。“不负责任的政府”不可能是民主的政府。预算改革的目的就是要把“看不见的政府”变为“看得见的政府”。“看得见”，人民才有可能对它进行监督。在这个意义上，预算是一种对政府和政府官员“非暴力的制度控制方法”。

改革派的意思很清楚，与其对人们的愤怒置若罔闻，听任矛盾激化，不如进行预算改革，缓和阶级冲突。

那么，什么样的预算才算是现代意义上的预算呢?

首先，它是一个关于未来政府支出的计划，而不是事后的报账。

其次，它是一个统一的计划，包括政府所有部门的开支。

第三，它是一个详尽的计划，要列举所有项目的开支，并对它们进行分类。

第四，对计划中的每项开支都要说明其理由，以便对开支的轻重缓急加以区别。

第五，这个计划必须对政府的行为有约束力：没有列支项目不能开销，列支的钱不得挪作他用。

第六，这个计划必须得到权力机构(议会)的批准，并接受其监督。

第七，为了便于民众监督，预算内容和预算过程必须透明。

当时，美国反腐败还有另外一支生力军，即所谓“耙粪者”，或以揭露黑幕为己任的新闻记者。但预算改革者的思路与“耙粪者”很不一样。后者把重点放在反腐败上，而前者认为，防腐败比反腐败更重要。在预算改革者看来，腐败不是人品问题，而是制度问题。只要制度安排上存在大量漏洞，腐败的出现是必然的，不管花多大力气反腐败，不管惩罚力度有多大，效果也不会明显。因此，要降低腐败出现的可能性，重点必须放在堵塞制度漏洞上。预算改革的目的正是为了堵塞制度漏洞。

在预算改革者的敦促下，纽约市在1908年推出了美国历史上第一份现代预算。当然这份预算还很粗糙，只有市政府的四个主要部门拿出了分类开支计划。以后几年，纽约市的预算日臻完善。到1913年，预算文件已从1908年的122页增加到836页。纽约市的经验很快引起了美国其他城市的兴趣，它们纷纷索要“市政研究所”编制的“市政会计手册”，并派人到“市政研究所”举办的培训班学习。不久，“预算”这个词就像“民主”和“社会正义”一样变成美国的日常用语，任何政治参与者都能朗朗上口。到1919年，全国已有44个州通过了预算法；到1929年，除阿拉斯加外，所有的州都有了自己的预算法。初战告捷后，纽约市政研究所的大将移师美国首都华盛顿。在他们的努力下，国会终于在1921年通过了《预算与会计法》。至此，美国的预算改革可以说是大功告成了。

看似不起眼的预算改革对美国后来的政治发展产生了巨大的影响。一方面，它将各级政府行为的细节第一次展现在阳光下，有效地遏制了腐败的势头，从而改善政府与民众的关系，增强了政府的正当性。另一方面，它加强了政府内部的统一集中领导机制，提高了政府整体运作效率，造就了一个更加强有力的政府。

美国的经验对我们至少有三点启示：

第一，公共财政制度是国家政治体制最重要的组成部分，其重要性不下于选举制度、政党政治、议会制度和舆论监督制度。

第二，从收入和支出两方面改造公共财政是遏制腐败、加大政府透明度、调节收入分配、缓解社会矛盾、增强国家能力的制度条件。不改造公共财政，无论是基层民主，还是更大范围的民主，都难以发挥实效。改造公共财政的过程实际上也是政治改革的过程。

第三，改造公共财政是政治改革的最佳切入口。它是低调的，不会过分提高人们的期望值；它是具体的，比抽象谈论“政治民主”更容易操作；它是务实的，可以在不太长的时间里产生看得见的变化。

[王绍光，《新理财(政府理财)》2012年5月]

想要读懂政府预算,往往并不是一件容易的事情。中国每逢两会期间,总有人大代表表示看不懂政府预算。一方面的原因,是我国政府预算编制尚需要改进、完善,进一步提高预算透明程度,减少复杂的专业表述和尽量使用浅显明确的措辞。另一方面,也需要使国民和人大代表们对预算知识有所了解,进而才能充分行使预算监督的基本权利。

(一)政府预算的概念

"政府预算"起源于国家形成后政府收支所必然要求的簿计形式和相关规划管理活动。关于"现代政府预算",一般会提到美国"进步时代"引出的相对固定的一套政府收支编制与管理的模板,具有公开透明、内容完整、事前决定、严格执行、决算审计等特征,在20世纪20年代之后迅速风行。但关于预算的学术理论研究相对滞后。1926年塞里格曼(Seligman)就指出,财政理论和实践还没有得到一种清晰的解释。1964年,科伊(Key)明确提出了"科伊问题":政府预算是解决"究竟以什么为依据,决定将 *X* 美元分配给A活动,而不是B活动?"瓦尔达沃斯基(Wildavsky)在《预算过程的政治学》中将政府预算定义为:"预算是渐进的,而不是全面的。显然,在每个预算年度中,支出机构必然不会根据现有支出项目价值及其替代项目价值来积极评估所有预算方案。相反,支出机构的支出需求是建立在上一预算年度预算基础上的,并特别关注边际上的增加和减少。"[1]此后,西方关于预算的概念趋于简化,将政府预算定义为政府的收支计划表,而更多关注和研究预算形成过程,形成了渐进预算理论、公共选择理论、政策过程理论等理论学派。

我国学术界关于"预算"的概念,存在着"政府预算"、"国家预算"、"公共预算"三个不同的界定。

1. "政府预算"与"国家预算"

在20世纪90年代中期以前,我国财政学研究和实务工作中,普遍使用"国

[1] Widavsky, 1984c. *The Politics of the Budget Process* (Little Brown).

家预算”概念。1994年分税制改革之后,我国预算的内容更为清晰地具体体现在“分税分级”的各级政府预算之中,政府预算的概念在较多场合替代了原来笼统称呼的“国家预算”概念,实指“各级政府的预算”。随着我国国有企业改革以及2000年社会保障基金预算的建立,我国政府预算逐步分为“一般性公共预算”、“政府性基金预算”、“社会保障基金预算”和“国有资本经营预算”四部分相对独立又要相互协调的预算,形成预算体系。

当然,从广义的角度来看,国家预算的概念也是可以成立的。全国人大常委会预算工作委员会办公室关于国家预算的定义是:“国家预算是具有法律效力的国家财政收支计划,是国家分配集中性财政资金的重要工具,是国家调节、控制、管理社会和经济的重要杠杆。”这一定义实际是把各级政府预算合在一起,作了一体化的理解与表述。

2.“政府预算”与“公共预算”

“公共预算”这一概念来源于西方公共经济学理论,更加强调预算的“公共性”这一特征。公共经济学将社会生产分成私人部门和公共部门,公共部门是指提供公共产品和服务的机构或组织。公共部门未必仅是政府机关,也有可能是社会团体或私人非营利组织。相应地,“政府预算”将预算主体严格界定为政府,主要反映政府组织的全部收支结构。另外,随着西方发达国家绩效导向制度机制的不断发展成熟,以及社会福利负担所产生的赤字压力加大,私有化(多元主体持股的股份化)改革逐渐兴起。公共部门私有化不仅使政府规模和直接活动范围有所缩小,也使提供公共产品的机构范围有所扩大,这些机构之间存在着一定程度的市场竞争,如何进一步界定这些机构以及“政府预算”、“公共预算”的范畴,还需要进一步深入研究。

3.“政府预算”的定义

综合以上分析,“政府预算”是指政府部门为履行社会职能和公共事务的需要,依照法定制度规则编制并批准,参与国民收入分配与再分配的所有收支计划方案。“政府预算”概念的内容有以下几个基本方面:第一,政府预算是一个政府的收支计划方案，这一收支计划既可以是年度性的，也可以是跨年度的。第二，预算计划，即财政收支的内容，与部分国民收入的分配有关。第三，政府预算应当依照所制定的制度进行编制和审批，依法参与社会收入分配与资源配置。第四，政府预算的目的是为了履行社会职能和公共事务。

（二）政府预算的分类和形式

政府预算按照不同视角与标准，可以作出以下分类：

1. 按照不同的政府级次，可以分为中央预算和地方预算。在单一制国家里，政府预算可以分为中央政府预算和各级地方政府预算；在联邦制国家中，政府预算可以分为联邦政府预算、州政府预算和各级地方政府预算。过去，国家预算有时狭义地仅指中央政府的财政预算，而现在所称的国家预算则包括各级地方政府的财政预算。

2. 按照收支管理范围，可以分为总预算和分预算（本级预算），也包括部门预算和单位预算。从预算项目的分合来看，总预算就是政府财政收支的综合计划，它包括一般经费收支和各类特别收支两大方面，而分预算则是某一具体部分的细目。从预算的部门划分来看，国防预算、经济投资预算等部门预算都是分预算，而多个部门预算的汇总就是总预算。

3. 按照收支属性，可以分为经费预算（普通预算）和专项预算（特别预算）。普通预算是指政府编制的一般财政收支项目的预算。特别预算是指政府对某些具有特别意义的项目另行安排的预算。例如，在某些发达国家，公营企业投资预算、公共工程投资预算、社会保险预算以及各类特种基金预算都属于特别预算。实践表明，特别预算往往不利于政府在各类收支项目之间进行资金的调剂使用，也在一定程度上影响了综合反映政府全部财政收支使用、变化的情况。因而，近年来有些国家已经倾向于不再编制普通预算与特别预算，只编制总预算和分预算。

4. 按照立法手续，可以分为正式预算（本预算）、临时预算和追加预算。正式预算是政府依法就预算年度可能发生的财政收支加以预计编成，经立法机构审批后即可公布实施的预算。临时预算是指有时基于某种原因，新预算年度即将开始而政府预算草案尚未完成立法程序，不能成为正式的预算，在这种情况下，为解决预算成立前的政府经费开支问题，就要先有一个暂时性质的预算，作为正式预算成立前进行财政收支活动的依据。追加预算是指在本预算已经批准且付诸实施的情况下，如果必须增加某项支出并同时相应增加财政收入，政府就需要编制一份追加的预算，作为本预算的补充。

5. 按照政府预算的编制形式，可以分为单式预算和复式预算。从形式上考察，政府预算体现为一个有关收支计划的报表或报表体系，它涉及政府的财务收支及其平衡情况。单式预算是指只有一张收支平衡表所组成的政府预算，把各类收入和支出在一张表上反映出来，在收支发生差额时称为预算结余或预算赤字。复式预算是在单式预算的基础上发展演变而来、将全部政府预算收支按特定归类分别汇编成两个或两个以上的预算，以特定的预算收入来源保证特定的预算支出，并使两者具有相对稳定的对应关系。复式预算一般分为经常预算和资本预算（投资预算或建设预算）。

6. 按照政府预算编制方法，可以分为增量预算和零基预算。增量预算是指以基期的财政收支作为基础编制预算。零基预算则要求政府支出机构每年都为其全部预算内容进行论证性辩护，前一预算年度中支出机构获得的拨款所形成的预算基数，不再理所当然地成为下一个预算年度进行预算决策的基础。零基预算可以避免一个单位一旦成立、一项计划一旦开始实施，便被视为永远存在下去的传统方法的弊端。但零基预算也存在忽视中长期规划中的前后衔接关系、工作量繁重等弊端，而且在现实实施中，受到技术上、政治上、法律上等多方面的制约，往往并不能达到预期的“科学化、精准化”效果。

7. 按政府预算的收支对应状态，可以分为平衡预算和赤字预算。平衡预算是指当期的预算收入总额与预算支出总额一致，或收入略大于支出。赤字预算是指将预算赤字作为一种调节国民经济的政策工具，在编制预算时就安排有一定额度的赤字。经济学研究表明，由于预算赤字会将个人储蓄转化为政府支出与消费，具有扩大消费、刺激经济的作用，因而在遇到经济衰退或经济萧条时，适度的预算赤字有利于减轻经济萧条的程度。但是，理论和实践也表明，长期地、大额度地使用财政赤字，可能带来通货膨胀压力和“经济滞胀”问题。

8. 按照政府预算期限，可以分为年度预算和中长期预算。年度预算是指预算有效期为一年的财政收支预算，这里的年度即通常所说的预算年度或财政年度。中长期预算也称中长期财政计划，一般 2 年以上 5 年以下的计划称中期计划，5 年以上的计划称长期计划。在市场经济中，经济周期性波动是客观存在的，而制订财政中长期计划是在市场经济条件下政府进行反经济周期操作从而调节经济的重要手段，也是实现经济增长中经济社会综合协调的重要工具。

（三）政府预算的级次

政府预算级次是按一定原则设置和构建的政府预算管理层级结构。政府层次应该分为几级，要根据多一个政府层次与少一个政府层次是改善了还是降低了政府公共管理的效率而定[1]。有一级政府就有一级财政收支活动主体，也就有一级预算。政府预算级次的设置，一般是依据政体结构和行政区划，遵循效能等原则，对政府预算权在政府内部进行分级配置。

国体结构有两种形式：联邦制和单一制。从大国的政体结构看，无论是实行联邦制的国家，还是实行单一制的国家，一般都分为三个政府层次：联邦政府（如美国、俄罗斯、德国、印度等）或中央政府（如日本、英国、法国等）、州政府或省级政府、地方政府。我国是一个单一制国家，政府结构由一个中央政府和四级地方政府组成。2015 年施行的新《预算法》规定，国家实行一级政府一级预算，设立中央，省、自治区、直辖市，设区的市、自治州，县、自治县、不设区的市、市辖区，乡、民族乡、镇五级预算。

[1] 卢洪友：《政府预算学》，武汉大学出版社，2005。

二、现代预算的特点、意义和要领

“财政是国家治理的基础和重要支柱，科学的财税体制是优化资源配置、维护市场统一、促进社会公平、实现国家长治久安的制度保障。”[1]党的十八届三中全会以来，基于财政是国家治理的基础和重要支柱的认识，预算被视为公共治理与公共财政的基石。在国家治理视野之下，财政分配是政府、企业和个人利益关系的交汇点，是所有社会活动有序进行的基础，财政又是国家实现其治理目标的重要工具，完善的财政制度必须支持国家良治，成为国家治理体系和治理能力现代化的重要支柱。现代财政制度是财政的收支政策、战略规划、收支控制、执行效率、宏观调控等一系列功能作用所依托的制度框架，而其基础和载体正是全面规范、公开透明、讲求绩效的现代预算制度。现代预算制度也由此成为现代国家治理体系的重要组成部分。

随着国家治理概念的提出和现代财政制度的完善，政府预算在经济社会中承担的职能也越来越被方方面面所认知和重视，由一个为政府进行资源配置的技术性工具，升华为连接公众生活与国家良治两者间关系的桥梁。通过现代预算制度的建设，可以优化国家财政资金的收支方式和方法，使有限的公共资源更加顺畅地为国家各项经济建设和社会发展提供支持，推动国家治理结构的改善和社会的包容性发展。以现代预算制度为取向的改革，旨在为政府财政活动提供一个完整全面的规范性框架，切实减少政府财政活动中委托代理问题所造成的效率损失，保证国家治理在体系完整性和制度执行力两方面的协调提高。

（一）现代预算的基本特征

1. 公开透明

公共化是现代预算的重要特征，它也要求预算运行的方式必须公开、透明和

[1] 《中共中央关于全面深化改革若干重大问题的决定》，2013年11月。

规范。实行预算公开,最大限度地提升预算透明度是其题中应有之义。党的十八届三中全会明确指出,“要改进预算管理制度,实施全面规范、公开透明的预算制度”。现代财政的内在逻辑是按照民众的意愿,通过法治、规范的程序,运用民主的方式,来理政府之财。

从政治学角度看,根据人民主权原则,政府财政的钱来自人民,人民是委托政府来管理和使用纳税人的钱,即“集众人之财,办众人之事”——是“委托—代理”关系,公众就应该有对预算信息的知情权,进而就应该行使对预算编制、执行等活动的质询权、参与权和监督权。从这个意义上讲,实行预算公开,保障公民的知情权,实际上是国家民主政治的前提条件,政府信息与活动的透明度,是经济和谐与可持续性、良好治理和财政总体公正性的重要前提。提高透明度是公共财政建设、民主政治培育和实现国家治理的必然要求。

所以,推进预算透明不仅是一个财政信息和数据公开的问题,而且是一个政治层面与体制机制的问题,是关系民主法治是否名副其实的问题。在政府和公众之间,纳税是否被有效地用作公共事务和追求公共利益最大化,这一问题是很容易存在巨大的信息不对称的,透明的预算能够把政府收支与相关活动置于公众监督之下,减少政府执政活动中的代理成本。反之,如果政府预算没有公众的知情、参与和监督,必然会引起公众对政府的猜忌,以及不受制约情况下极易发生的低效与扭曲。

现代预算制度对政府预算的透明度提出了高标准严要求。同时,政府预算应该有科学合理的收支分类及明晰细化的框架结构,以免公民在行使其知情权时,因预算的形式、措辞等原因在理解上产生障碍。可以采用预算附件的形式对基本预算文件进行详细说明。

2. 全面完整

现代预算的全面完整,是要求所有的政府财力统统纳入预算,政府预算应该包括政府预算收支的全部项目,能够完整地反映以政府为主体的全部财政收支活动,全面体现政府活动的范围和方向,不允许政府在预算规定的范围之外有任何收支活动。现代预算全面完整的特性一方面有利于增强政府对各类财政资金收入来源及支出的控制能力，同时，预算的全面完整使公民能更方便地和无遗漏地对政府预算进行“全景图”式的了解和监督，体现了政府预算公共、民主的特性。

历史证明，如果政府在预算之外还拥有大笔收入，就不可能真正形成议会（中国为人民代表大会）与公众对政府的监督。我国的“预算外资金”与“制度外资金”在20世纪后期曾一度高达相当于预算内资金的规模，试想那时的“预算监督”只覆盖约一半的政府财力，那么“公共”的现实意义将会打上多大的折扣？与此类似，我国社会保障体系建设虽取得显著进展，但社保支出透明度仍很低，相关信息不能完整反映，预算脱离人大监督，严重损害了社会公众对社会保障与财政运行可持续性的信心。因此，建立现代预算制度，必须改变公共预算收支、政府性基金收支（主要是土地出让金收支）、社会保障收支、国有资本经营性收支相互分割的局面，建立统一全面的全口径预算。

在2014年修正的中国新《预算法》中，第四条明确规定：“政府的全部收入和支出都应当纳入预算”，实行全口径预算管理。第五条则明确：“预算包括一般公共预算、政府性基金预算、国有资本经营预算、社会保险基金预算”，并对四本预算的功能定位、编制原则及相互关系作出规定，使四本预算成为有机衔接的整体。同时，将地方政府债务纳入预算管理，避免地方政府债务游离于预算之外、脱离人大监督，便于政府监督和控制财政资金的具体来源和流向，以更好地发挥财政在现代经济社会中的各项职能。完整、标准的政府预算有利于降低公众对预算进行了解的准入门槛，让公众对预算的监督权能得到较充分的实施。

3. 法定程序

“预算即是法律，预算过程即是立法过程”，与一般的经济计划不同，国家预算必须经过法律程序，并最终成为一项公开的有法律效力的执行文件。国家预算的法定性，是指国家预算的成立及执行，要经过立法机关审查批准，才能具有法律效力。法律约束是现代政府预算的基本特征之一，预算、决算的编制、审查、批准、监督,以及预算的执行和调整,都必须依照法律规定。政府预算既受到法律的约束和限制,其自身在法定之后又成为国家法律的实际组成部分,具有法律的权威性,违反政府预算要受到法律的追究和制裁。

从前,我国财政预算管理处于一种"软预算约束"状态中,面对公共资源的有限性和公共需求的无限性这一矛盾,预算约束软化使预算的权威受到严重质疑,预算的功能不能正常发挥。增强预算的严肃性和约束力,形成"硬预算约束",意义重大。

4. 事前决定

在现代预算制度下,政府的一切财政收支行为都在事前纳入法律管辖范围,确保对有限公共资源分配的合规可控。从收入角度,政府不得随意对不在预算规范中的项目征税和收费,从支出角度,政府预算要遵循严格的管理规定和相关流程使用资金,政府提交的预算报告要经人大审查批准方可实施,预算通过后必须严格执行,政府不得随意违背和超越已经通过的预算。新《预算法》第六十八条增加规定:"在预算执行中,各级政府一般不制定新的增加财政收入或者支出的政策和措施,也不制定减少财政收入的政策和措施;必须作出并需要进行预算调整的,应当在预算调整方案中作出安排。"在预算执行环节,相关部门还要依法对预算执行情况进行跟踪监督。只有在既定法定程序的约束与监督下形成的政府预算,才能约束政府的权力,遏制政府行政权力的不断扩张趋势,真正实现民主和法治。

5. 反映民意

预算制度作为国家治理的重要组成部分,追求民主、法治等基本价值是现代预算的内在逻辑。预算制度的产生,就是为了保证纳税人的利益不被政府随意侵犯,政府预算的编制、审查、批准和监督,都必须从纳税人的根本利益出发,反映公众的意愿,按照民主程序进行,接受来自代议机构和公众的民主监督。

为使预算能够真正反映民意,防止政府的经济行为脱离公共目标,就必须做到预算编制、审批和执行中都有公众或由公众选举出的代议机构的参与。在预算编制过程中，应该广泛听取公众诉求，为民主参与预算积极尝试各种不同的渠道，在有限的公共资源用于各方面分配的过程中，民主诉求应该是确立资源分配比例与次序的一个决定性因素。预算审批不能流于形式，代议机构必须由公众民主选举产生，并能够真正代表公众的利益，对预算的合理性进行全面彻底的审查。预算执行过程中，预算执行机构要依据议会机关审批后的预算进行管理，实际情况与原预算计划发生冲突时，也必须通过民主程序依法进行增减。

预算民主是对政府行为和行政权力进行监督的有效路径之一，民众的参与有利于推动政府向服务型和责任政府的转型，同时，为了根据公众的意见完善各项制度，预算民主对政府预算制度机制自身的完善提供了外在的压力和动力。

6. 严格执行

预算的严格执行是指预算一旦由立法机关审批通过，就具有了法律效力，对各部门的行为具有严格的法律约束作用，必须严格执行。在预算的实际活动中，如果不顾预算法律约束随意对原定预算计划进行改动，就会产生预算执行偏差。由于客观情况和一些不可预期事件发生造成的随机性执行偏差是可以被接受的，但决算偏离预算编制数据太远可能暗示了预算在执行的过程中出现了问题，打乱了预算中对公共资源经过民主程序决定的相对合理的配置方式，削弱了国家的治理能力。

预算的严格执行必须体现在预算拨款的范围上，只有经过立法机关审批后的用途才能获得预算拨款，各部门不得随意对预算内容进行更改；严格执行也体现在预算拨款的数量和进度上，“不多不少不迟不早”。如遇实际情况与预想不符需对预算进行调整时，必须按照法律规定的程序在法律的框架内对预算进行重新调整。只有依法约束政府的预算自由裁量权和随意调整权，才能够真正体现预算法律效力的严肃性。

7. 考评绩效可问责

现代预算制度对预算绩效提出了更高的要求，不仅要重视预算全流程中的合规性，更要注重预算资金所达到的产出和结果。由此，现代预算制度引进了预算绩效管理的概念,政府依据"花钱买服务,买效果"的公共价值观,主要应用绩效评价等手段,对公共服务实行以业绩和结果为导向进行科学管理的新型模式,是一种以支出结果为导向的预算管理模式,其本质上是以公众利益最大化为目标而派生的技术性考评、管理模式也是执政为民理念的具体化、操作化。

要使公共资源得到合理配置,需要使政府的财政行为符合公众的整体偏好,而在绩效管理的帮助下,可将无效和低效的资源配置降低到最低程度。绩效预算,是政府首先制订有关的事业计划和工程计划,再依据政府职能和施政计划制定计划实施方案,并在成本效益分析的基础上确定实施方案所需费用来编制预算的一种方法,特点就是按计划决定预算,按预算计算成本,按成本分析效益,然后根据效益来衡量其业绩。

基于绩效考评,可问责性是现代预算管理的重要原则之一,"用钱必问效,无效必问责"的绩效管理理念与机制,将信息反馈、绩效考评及问责有机结合,贯穿到政府预算的全过程中,能够最大限度地减少资源配置效率的损失,保证政府权力的公正公平运行。

(二)现代预算的重要意义与作用

随着社会的发展和现代政府职能的不断演进,政府预算的功能也随之发生变化,现代预算为国家治理提供了新的思维和制度手段。在新的历史条件之下,现代预算在分配、调控、监督三个方面,推进和保证国家治理在体系完整性和制度执行力两方面的协调提高。

1. 现代预算有利于更精准地分配稀缺的公共资源

从经济学视角看,政府预算是一个筹集和分配有限的公共资源的工具,预算行为就是政府基于对未来行为的预计和经济目标之间的取舍,将公共资源配置到各种不同的预算项目上。现代预算制度是建立在现代财政制度基础之上,基于现代社会政府职能的发展不断适应变化中的社会需要而来的。现代预算的完整性特征保证了财政资金来源、规模和去向按照"全景图"、"结构图"式的全口径受控，力求让所有资源筹集和分配活动对经济、社会产生的扭曲最小和收益最大。在“权为民所赋”的委托—代理框架下政府可以结合市场经济的实际运行情况，贯彻预算安排，选择适当的预算政策，以保证经济的稳定增长和社会的和谐发展。现代预算使政府能够对经济社会各部门所获资源的比例和规模进行较精确的调节，对集中起来的部分国民收入实现结构性的再分配。同时，现代预算的法定性和严格执行的特点，又保证了政府财政的结构性支出能够真正落实，给政府以更多可行的政策手段。

2. 现代预算有利于更好地反映和预测国民经济和社会发展情况

现代预算具有全面、完整的特点。2012 年后中国取消“预算外资金”概念，要求全部政府收支都纳入政府预算体系，实现全口径的现代政府预算。这种预算能够更好地反映国民经济和社会发展的情况。在全口径预算中，通过对预算收入规模和结构的分析，可以得到与国民经济发展规模、产业结构及产业的经济效益水平等相关的信息；通过对预算支出的方向及比例的分析，可以直观地了解到国家各项经济及社会事业发展的财力支持情况。在现代预算制度之下，零散的信息可以通过各部门的预算报告制度，以特定的渠道及时、流畅、全面地反映到预算管理部门进行分析和汇总。这种信息汇总的流程赋予了现代预算更大的意义，即现代预算的编制和执行可超越其本身的财政资源分配指导功能，成为经济和社会发展的观察哨，通过科学的理论和方法对预算收支进行分析，结合其他必要手段，可以对经济社会的发展趋势等作出预测，从而为政府决策提供重要支持。

3. 现代预算有利于更严格地监督各方依法理财

在政府与民众之间，存在着一种“契约”式代理关系：民众以缴税等方式为政府提供财政基金，政府为民众提供公共服务与公共物品，所以政府的财政行为本质上就是代理民众进行理财的行为。在这个意义上，预算是一种对政府和政府官员“非暴力的制度控制方法”。历史上，正是为了更好加强代理机制中各方对政府这一受托人的约束，减少政府在财政活动中对资金的挪用和侵蚀，预算制度应运而生。以完整性、透明性为前提和重要特征的现代预算制度,有利于从根本上加强对政府不规范行为的监督与约束。

(三) 预算的年度与跨年度平衡

1. 传统预算中的年度预算平衡

传统的年度预算,其编制、执行和决算这一完整流程必须以年为单位周期进行,预算中列明全年的政府收支计划,不包括跨年度的内容。这种以年度收支平衡为框架的预算导致了一系列的问题。年度预算的视野限制,使政府编制预算、制定决策时,普遍缺少长期的战略考量,多看短期效率,看不清、易忽视潜在的长期风险,往往导致财政支出的碎片化和不可持续性问题。预算收入征收部门在预算执行上易出现顺周期现象,在经济增速放缓的年度征“过头税”,在经济过热时期却“藏富于民”,不利于优化需求管理。对于预算支出部门,由于年度预算与国家治理的长期战略性规划结合不够紧密,跨年度支出没有顶层规划瞻前顾后的指引,预算支出部门常在年底出现结转资金规模过大的问题,也就容易强化有些部门“突击花钱”等行为。

2. 现代预算引入跨年度预算平衡框架

为了解决传统年度预算平衡框架带来的问题,现代财政管理引入了跨年度预算平衡框架,使跨年度预算平衡与传统年度预算平衡形成预算体系而共同发挥作用。跨年度预算平衡机制又称“滚动式中期财政计划”或“跨年度(滚动)预算”,期限一般为3—5年,每年更新一次,重点在于对预算内容和相关政策进行优化调整。当年度预算审核重点由收支平衡转到支出政策优化之后,收入预算从任务改为预期,初始预算确定的收支平衡状态在执行中有可能被打破。将视野扩大,不再局限于年度,有利于确保财政的可持续,因为实施跨年度预算平衡机制,通过立足长远发展目标组织筛选预算项目,特别是对重点支出项目预算实施跨年度管理,能够增强各年度之间财政支出的连续性及其与收入的呼应性,优化提高预算编制的质量,优化财政运行的平衡和稳固,也有利于进一步增强预算的透明度,有利于构建政府与公众之间更加和谐友好的关系,发挥好预算功能。

跨年度预算平衡机制将年度预算的框架放到了更具战略性的中期框架之中,同时有利于规范财政收支中形成的结转、结余资金的预算管理,增强财政政策的前瞻性。年度预算和跨年度预算两者共同规范财政资金使用程序、支持政府财政决策,可形成一套更为科学的预算体系。

3. 我国跨年度预算体系的建立

2008 年,财政部预算司就中期预算安排了三个地区试点,省级试点为河北省,市级试点为河南省焦作市,县级试点为安徽省芜湖市的芜湖县。

2014 年,根据党的十八届三中全会精神,国务院明确提出,要推行中期财政规划管理,即以未来三年为视界对财政收支情况进行预测分析,对规划期内一些重大改革、重要政策和重大项目,要研究相关目标、运行机制和评价方法。推进部门三年滚动规划的编制,加强项目库管理,健全项目预算审核机制。通过逐年更新滚动管理,强化财政规划对年度预算的约束性。依此,2015 年 1 月,《国务院关于实行中期财政规划管理的意见》发布,财政部要求全国各地启动 2015 年至 2017 年三年期滚动预算编制。

(四) 预算收支科目及合理设计

政府预算收支分类体系,是编制政府预决算、组织预算执行以及预算单位进行会计明细核算的技术性基础依据,是财政预算管理的重要基础性工作,直接关系到财政预算透明度的提升和预算管理的科学化与规范化,是现代预算制度建设的重要内容之一。

从 2007 年起,我国全面实施政府收支分类改革,政府支出由传统的按经费性质设置"类、款、项、目"科目体系,改为按功能分类和经济分类二维体系综合反映,功能分类下设置"类、款、项"三级科目,经济分类下设置"类、款"两级科目。改革后的收支分类更加科学、直观、清晰地反映政府收支全貌。

随着社会主义市场经济体制改革的深入推进,特别是党的十八届三中全会、新《预算法》对深化预算管理体制改革、建立现代财政制度提出了更高要求，新《预算法》第四十六条明确规定：报送各级人民代表大会审查和批准的预算草案应当细化。本级一般公共预算支出，按其功能分类应当编列到项；按其经济性质分类，基本支出应当编列到款。本级政府性基金预算、国有资本经营预算、社会保险基金预算支出，按其功能分类应当编列到项。

政府预算科目的设立要随着政府职能的转变而不断适应、修改，全面地反映政府的职能活动，这有利于政策制定者对财政政策调控力度的精准把握，对财政预算的收支进行全面管理，进而优化收支结构和提高财政运行效率。

通过对预算收支科目的合理设计，可以使预算管理由粗放随意，走向细化科学，形成完整、明细、科学、透明的预算收支标准体系，从而为促进依法、科学、精细理财，加强财政监督，推行政务公开，促进民主建设，惩治预防腐败，增进国际交流，提供基础性保证。

（五）预算的修正、审批

在预算编制结束后，预算草案即被提交至人民代表大会，进入预算的审核程序。中央预算由全国人民代表大会审查和批准，地方各级预算由本级人民代表大会审查和批准，人大具有对预算的修正权。新《预算法》第四十八条中，对全国人民代表大会和地方各级人民代表大会对预算草案及其报告、预算执行情况的报告的审查内容作出了具体规定：(1) 上一年预算执行情况是否符合本级人民代表大会预算决议的要求；(2) 预算安排是否符合本法规定；(3) 预算安排是否贯彻国民经济和社会发展的方针政策，收支政策是否切实可行；(4) 重点支出和重大投资项目的预算安排是否适当；(5) 预算的编制是否完整，是否符合本法第四十六条的规定；(6) 对下级政府的转移性支出预算是否规范、适当；(7) 预算安排举借的债务是否合法、合理，是否有偿还计划和稳定的偿还资金来源；(8) 与预算有关重要事项的说明是否清晰。

预算民主是预算改革的必然要求，随着人大代表预算审议和监督能力的不断加强，以及民众监督预算的意识越来越强，要求人大代表能够认真行使预算审批权，以有效地保障公共资金合理使用。而预算修正制度，恰是有效控制政府滥用财政权力，浪费资金的重要手段。故此，要通过法律的形式规定预算修正制度，赋予人大预算修正权，是顺应预算改革客观要求的重大举措。

（六）中国预算法的修改历程

在新中国成立以前，各革命根据地曾编制过财政预算，但那只属于战时财政预算。由于客观条件的限制，在根据地被分割的情况下，不可能建立统一的国家预算。1949 年新中国成立以后，根据《中国人民政治协商会议共同纲领》中“建立国家预算决算制度”的有关规定，财政部着手编制 1950 年全国财政收支概算。1949 年 12 月在中央人民政府委员会第四次会议上，通过了《关于 1950 年度全国财政收支概算草案编成的报告》，这标志着新中国国家预算的诞生。1951 年 7 月，在统一全国财政经济工作的基础上，政务院又发布了《预算决算暂行条例》，我国的政府预算管理制度从此建立起来。

1951—1992 年，这是一个跨度相当长的历史时期，中国的预算管理制度长期相对稳定。其间财政体制大体经历了统收统支、总额分成、分级包干等多个历史阶段。大体变动趋势是，从 20 世纪 50 年代的高度集中型，到 70 年代以集中为主、适度下放财权的类型，再到 80 年代的地方分权为主、放权让利的类型。但这期间保持了总体相对稳定的预算管理制度，其特点表现为：在预算形式上采用单一预算，预算编制长期沿用基数法，编制程序上采用“自下而上和自上而下，上下结合，逐级汇总”的方法，预算管理总体上比较粗放，预算编制透明度不高。

从 1992 年开始实施的《国家预算管理条例》规定，我国国家预算采用复式预算编制方法，分为经常性预算和建设性预算，从 1992 年起，中央预算按复式预算形式编制。

1994 年 3 月 22 日第八届全国人民代表大会第二次会议审议通过《中华人民

共和国预算法》,1995 年 1 月 1 日施行。这是新中国第一部预算法。《预算法》及其实施条例,将中央预算和地方预算划分为政府公共预算、国有资产经营预算、社会保障预算和其他预算四部分。随着条件的成熟,复式预算体系还将进一步完善。1994 年《预算法》颁布的当年,我国开始实行分税制财政管理体制改革,即根据中央政府和地方政府的事权确定其相应的财权,通过税种的划分形成中央与地方的收入体系。《预算法》的颁布实施在加强国家预算管理、保障社会经济运行、确立政府职能正常运转等方面,均起到了积极的作用。

随着经济社会发展,《预算法》也逐渐暴露出一些不完善的地方。在《预算法》实施两年后,1997 年全国人大即动议修改。但直到 2004 年,修法才正式启动。

表 6-1 《预算法》修改历程

2004 年	第十届全国人大常委会将修改《预算法》列入立法规划,启动《预算法》修订
2009 年	第十一届全国人大常委会将修改《预算法》列入立法规划,由全国人大常委会预算工作委员会和财政部共同组织起草
2011 年 11 月	国务院第 181 次常务会议讨论通过了《预算法修正案(草案)》并于 12 月提请全国人大常委会审议
2011 年 12 月	第十一届全国人大常委会第二十四次会议初次审议《预算法修正案(草案)》
2012 年 6 月	第十一届全国人大常委会第二十七次会议分组审议《预算法修正案(草案)(二审稿)》
2012 年 7 月	全国人大常委会法工委公布《预算法修正案(草案)(二审稿)》,征求社会各界意见。收到相关意见建议共计 330 960 条
2014 年 4 月	第十二届全国人大常委会第八次会议对《预算法修正案(草案)(三审稿)》进行分组审议
2014 年 8 月 11 日	全国人大常委会法工委举办预算法立法前评估会议,邀请全国人大代表、中央部门、地方人大及财政部门以及有关专家学者就预算法实施后的影响进行评估
2014 年 8 月 26 日	第十二届全国人大常委会第十次会议对《预算法修正案(草案)(四审稿)》进行分组审议

续　表

2014年8月31日	第十二届全国人大常委会第十次会议通过了《全国人民代表大会常务委员会关于修改〈中华人民共和国预算法〉的决定》，并颁布了修订后的预算法
2015年1月1日	《全国人民代表大会常务委员会关于修改〈中华人民共和国预算法〉的决定》施行

2004年全国人大成立《预算法》修改领导小组和起草小组，起草小组成员单位包括财政部、国家发改委、审计署等。2006年，全国人大常委会预算工作委员会牵头起草了《预算法修正案》第一稿。2006年6月，时任全国人大常委会预算工委法制室主任俞光远，对媒体公开表示：“新修改的《预算法》将有利于解决地方预算漏洞，力争8月提交一审。”当年8月，《预算法》并未如期进入审议。由于各部门意见不统一等原因，此次修改最终搁置。

2009年，《预算法》修改在搁置三年后，由第十届全国人大转至第十一届全国人大，第十一届全国人大决定重启《预算法》修法进程。2009年2月，全国人大常委会预算工委、财政部、审计署等部门成立《预算法》修改领导小组。2011年11月，国务院第181次常务会议讨论通过了《预算法修正案（草案）》，第十一届全国人大常委会于当年12月对草案进行了初审，但草案一审稿内容未见公开。2012年6月，《预算法修正案（草案）》迎来二审。随后，草案通过中国人大网向社会公开征求意见，引起公众广泛关注，共有1.9万人提出了33万条意见，其中有3.4万条具体修改意见，征得意见数超出此前的“冠军”——《个人所得税法修正案（草案）》，仅次于同期征求意见的《劳动合同法修正案（草案）》。

2013年8月，原定三审的《预算法修正案（草案）》“缺席”第十二届全国人大常委会第四次会议，三审延期。相隔1年零10个月后，2014年4月21日，第十二届全国人大常委会第八次会议启动对《预算法修正案（草案）》第三次审议程序。这是新一届全国人大常委会组成以来，首次审议《预算法修正案（草案）》，也是党的十八届三中全会以后，《预算法修正案（草案）》首次上会。4个月后，四审稿经第十二届全国人大常委会第十次会议顺利审议并表决通过。此前颇为曲折的预算法修改进程,最终在十八届三中全会后加快。受访专家认为,《预算法》大修提速是落实党的十八届三中全会决定的必然要求。

在跨越十年、历经三届人大、四易其稿、征求30余万条意见后,此次“《预算法》大修”尘埃落定,修法成果来之不易。党的十八届三中全会把财政定位为“国家治理的基础和重要支柱”,在财税体制改革方面,十八届三中全会提出的首要任务就是改进预算管理制度,实施全面规范、公开透明的预算制度。党的十八届三中全会为从根本上深化预算改革、建立现代预算制度明确了指导思想,很多修改正是着眼于落实全会的要求。多位全国人大常委会委员认为,法律修改从多个方面强化了对政府行为的硬约束,有多项重大突破:包括确立全口径预算体系、建立预决算公开透明制度使地方公债“开明渠,堵暗流”形成法律依据(明确规定了地方债“怎么借、怎么用、怎么还”的规则)、健全政府的债务管理制度、加强人大对预算决算的审查监督、完善转移支付制度及对转移支付的预算编制作出详细规定、建立跨年度预算平衡机制等。新《预算法》为深化财税体制改革、推进中国的预算制度现代化提供了法律保障。

三、预算的绩效考评

(一)目的与机制

1. 厘清概念

(1)绩效

绩效概念最早来源于人力资源管理、工商管理和社会经济管理。从20世纪70年代开始,西方国家为应对科技进步和国际竞争,同时为解决财政危机与公众信任问题,将这一概念引入到公共管理之中。绩效就是结果和进展情况的最后体现,是投入了要素之后的产出,付出了成本之后的收益,直接反映产出和结果的合理性、有效性,即效益、效率和效果情况。具体来说,“绩”主要是量的衡量,重点强调产出;“效”侧重于质量与效益的衡量,是将产出和投入比较而重点强调考量的结果。

（2）绩效管理

绩效管理是在传统管理理念基础上发展起来的新管理模式。绩效管理通过设计组织活动目标，并对达到目标的效果进行考评，进而促使相关责任人对结果负责来实现组织行为的高效。相对于传统管理而言，绩效管理主张放松对组织活动的过程管理和规则控制，将管理的重点从以规则为基础的责任制转向以绩效为基础的责任制，整个管理过程体现出对组织活动目标和实现目标效果的关注。要建立以绩效为基础的责任制，就必须对组织和个人活动的绩效进行评价，产生绩效考评结果。绩效考评需设计一套科学的指标体系，客观地反映出组织和个人达到日标的效果，为管理者进行资源分配、实施组织激励和约束提供依据。绩效考评是绩效管理的技术工具和关键因素，构成绩效管理的核心内容。

（3）预算绩效管理

预算绩效是指预算资金达到的产出和结果。预算绩效管理是一种以结果为导向的预算管理模式。它强化政府预算为民服务理念和强调预算支出的责任和效率，要求在预算编制、执行、监督的全过程中更加关注预算资金的产出和结果，使政府部门不断改进服务水平和质量，政府行为更加务实、高效，花尽量少的资金、办尽量多的实事，向社会公众提供更多、更好的公共产品和公共服务。[1] 预算绩效管理是在管理学与财政学互相碰撞中产生的新概念，它是一种以结果为导向的预算管理模式，是在时代进步和民主法治发展过程中，基于社会公众对政府“取之于民”的资源如何有效“用之于民”的必然诉求，也是在自20世纪80年代末以来席卷全球的行政改革中，政府层面对民众发出的评估政府绩效、提高政府效能普遍呼声的回应。

政府绩效管理工作部际联席会议认为：“政府绩效管理作为一种新型的行政管理模式，主要是指通过建立科学合理的政府绩效评估指标体系和评估机制，对

[1] 财政部：《关于推进预算绩效管理的指导意见》（财预[2011]416号）。

政府及其工作人员履行职能、完成工作任务以及实现经济社会发展目标的过程、实绩和效果实行综合考核评价,并根据考评结果改进政府工作、降低行政成本、提高政府效能的一种管理理念和方式。”[1]

(4)预算绩效考评

在绩效预算管理中,预算支出绩效考评需作为核心内容。所谓预算支出绩效考评,是指运用一定的考核方法、量化指标及考评标准,对部门为实现其职能所确定绩效目标的实现程度,以及为实现这一目标所安排预算的执行结果进行的综合性考核与考评。其目的是通过对部门绩效目标的综合考评,合理配置资源、优化支出结构、规范预算资金执行,提高预算资金使用效益和效率(财政部预算司,2007)。科学的绩效支出、绩效考评结论,是绩效管理成功实施的关键。其中又涉及如何组织实施、如何选择考评范围、如何确定绩效目标、绩效指标以及运用考评方法等一系列的问题,以得到一个关于公共支出在“经济性”、“效率性”和“有效性”三个方面(“3E”标准[2])实现程度的科学结论。

(5)委托—代理理论

委托—代理理论起源于企业中的授权与被授权关系,从信息不对称条件下契约的形成过程出发,探讨委托人如何以最小的成本去设计一种契约或机制,从而消除信息不对称问题,建立激励约束机制,将代理成本控制为最佳水平,减少代理人的引致需求,以最大限度增加委托人的效用。相较于企业,公共事务领域涉及的委托—代理关系一般呈现多层级、多类型的特点:社会公众将资金以税收的形式委托给政府,政府则以预算的形式,将资金管理与使用委托给各职能部门,政府部门内部各层级之间也存在委托—代理的关系。

此外,政府与公众的委托—代理属性是基于政治契约下的安排假定,实际

[1] 王伟:《在政府绩效管理试点工作动员会上的讲话》,2011年6月28日。

[2] “3E”即经济(Economy)、效率(Efficiency)和有效(Effectiveness)。其中,经济是指输入成本的降低程度,在实践中通常以低成本投入而获得的金钱节省来量度;效率是指一种活动或一个组织的产出及其投入之间的关系。最常用的效率测定的概念是劳动生产率及单位成本;有效性是指产出对最终目标所作贡献的大小比。

并无具体财产所有者，也无明确委托人，所提供的公共产品和服务属于非市场供给，必须辅之以有效的管理制度，使之有可靠的保障和抓手，完善相关激励机制。

政府可以通过建立合理的激励约束机制，以绩效为切入点，强化绩效评价，完善预算管理方式，使预算绩效管理成为实现这一目标的有效管理制度。预算绩效管理通过“出资人”对“经营者”绩效目标的设定以及对目标的分解、执行、考核的过程，解决委托人和代理人在公共财政资金经营管理上的法律、时间、空间和信息等方面的分离问题，实现对政府各层代理人的激励与约束。通过预算绩效管理，实现对收支管理情况的绩效评价，可以反映和控制代理经济责任的具体履行过程，反映受托经济责任履行的最终结果，从而确保达到支出效益最大化。因此，从这个意义上来说，预算绩效管理是政府解决委托—代理问题、实现科学管理的先进管理方式。

（6）新公共管理理论

新公共管理（New Public Management，NPM）理论以现代经济学和企业管理理论为基础，是对传统行政层级控制管理和官僚行为模式作反思与发展，代表了一种新的公共行政理论和管理模式。它主张在政府公共部门广泛采用私营部门成功的管理方法和竞争机制来提高行政管理效率、服务质量和水平，重视公共服务的产出，强调在解决公共问题、满足公共需要方面增加有效性和回应力，要求对政府实行更加灵活、富有成效的管理。新公共管理强调用企业精神改造政府，主张采用私人部门的管理理论、方法及技术，引入市场竞争机制，以市场或顾客为导向，重新调整国家、社会、市场三者的关系，提高公共管理水平及公共服务质量。

新公共管理理论主张的内在逻辑，是以市场为导向，实现经济资源从生产效率较低的地方，转移到效率较高的地方，但并非以营利为主要目的；公众则是向政府提供税收的纳税人和享受政府服务的顾客，可以“用脚投票”，自由选择服务机构。在政府管理中可引入市场竞争机制，创造“以竞争求生存、求质量、求效率”的环境，让更多的私营部门、非营利组织参与提供公共服务，以节约成本，提高服务供给的效率。

新公共管理重视公共服务效率，强调政府低成本运作，注重公共服务的质量和效果，从关注投入（Input）、产出转到关注结果（Outcome），直接催生了政府绩效管理，而政府绩效管理又进一步优化预算管理行为，推动了以绩效管理为牵引的预算管理创新。

2. 预算绩效考评的目的

实现国家治理体系和治理能力现代化，需要看政府绩效，而预算绩效是重点，它综合反映政府行政管理的产出效率与结果。讲求绩效是国家治理的内在要求和现代财政制度的本质特征。在我国经济发展的转型期，改革开放的攻坚期，财政管理升级也迈入关键期。面临新阶段，适应新形势，要着力推进预算绩效管理，促进公共产品和服务质量的提升，进一步推动财政管理改革和公共财政体系建设，切实实现政府职能转变。

具体分析，加强预算的绩效考评、推进预算绩效管理，目的主要在于以下几点：

（1）通过绩效考评，加强预算管理，提高财政管理水平

预算绩效管理以绩效理念为核心，通过绩效评价等手段，围绕政府向社会提供公共产品和服务的职能来提高预算编制水平，强化预算与部门发展规划、项目目标的联系，关注预期结果，强调资金效益，促使收支更高效合理。预算绩效管理符合现代管理理论的发展，有利于从“质”上提升预算管理水平。

（2）有助于推进预算公开，提高财政透明度

在预算绩效管理框架下，从预算绩效目标的编制、执行以及结果等视角于事前、事中、事后全方位关注绩效信息，实现预算绩效结果在各相关预算利益主体及社会公众之间的共享与公开，可以最大限度地规避以往因预算透明度不高而造成人们对预算结果不满或缺乏信任的现象，从而打造“阳光财政”，提高财政管理的透明度和公共性。

（3）构建结果导向的现代预算制度，完善财政制度内容

现代财政制度的本质要求，是通过财政的优化变革，高效、科学地利用公共资源，进而不断提升全社会的福利水平。提高预算绩效是现代财政制度的题中应有之义，财政收支绩效的持续改善是我国现代财政制度建设的根本目标之一。将绩效理念融入预算管理过程中，探索和建立新型预算绩效管理模式，有助于进一步调整优化财政收支结构，构建较为规范的现代预算制度，推动财政制度内容的不断完善。

（4）适应经济发展需要，实现财政可持续性发展

中国经济发展已由高速增长进入增长速度下行的“换档期”和结构调整的“阵痛期”，财政收支形势也呈现新特点，收入增速下降，而积极财政政策实施中支出刚性扩张、政府举借债务因素叠加，对中央、地方财政的可持续性提出新的挑战。在可以预见的相当长一段时期内，财政支持经济发展方式转变和经济社会改革转轨的任务相当繁重，财政收入增长空间有限，财政收支压力则会进一步加剧。在这种情形下，加强预算绩效管理，以提高预算绩效来更好地发掘资金效益潜力，具有明显的积极效应。

3. 预算绩效管理机制

（1）《预算法》夯实了绩效管理的法理基础，但预算绩效管理改革尚处于探索阶段

新修订的《预算法》要求，各级预算应当遵循统筹兼顾、勤俭节约、量力而行、讲求绩效和收支平衡的原则，首次以法律形式明确了政府预算的绩效管理规则，为由传统预算转向绩效预算奠定了坚实的法理基础。现实中，由于行政体制改革不到位，部门分设过多而职能交叉固化，资金、资产、资源管理呈现“九龙治水”的状况，实施绩效预算管理的基本条件尚不到位。从实务看，全面深入推进绩效管理制度改革，依然面临各种制度障碍，尤其是财政法制建设和顶层制度设计滞后，成为预算绩效管理改革推进的掣肘。

现阶段的预算绩效管理基本上还是财政部门唱“独角戏”状态，政府层面介

入较少，财政部门预算绩效管理未与政府绩效管理有机融合。绩效法律法规缺位，也还未形成一套指导全国各行业的评价指标体系。尚未形成事前、事中、事后通盘连接的“闭环”系统，绩效评价结果与预算安排还达不到有机结合。绩效评价与绩效审计、财政监督存在部分重合交叉，易造成被评价部门的疲于应付和无所适从。

（2）进一步发展完善预算绩效管理机制的几大要点

——将预算绩效管理纳入国家治理范畴

实施预算绩效管理，绝不仅仅是财政部门的“独角戏”，应纳入国家治理体系。政府要更新理念加快职能转变，根据新理念来进行顶层设计。此外，还要在培育社会组织、加强法治体系建设等方面有突破，调动社会群体、政府内部不同机构、不同利益代表的积极性，不断改善预算绩效管理的生态体系和制度环境。

——理论先行

预算绩效管理理论研究，应当走在改革实践之前，引导其发展，避免盲目和风险过大不可控的预算绩效管理改革实践。因此，必须重视预算绩效管理理论密切联系实际的研究，借鉴国际先进经验，结合中国国情，推动实践探索。

——完善法制

我国应借鉴国际通行做法，将预算绩效管理以法律的形式加以明确。一是可比照成熟市场经济国家的经验，针对预算绩效管理出台单独的法律，如美国的《政府绩效成果法》；二是今后还可通过修订现有法律，如《预算法》，增加预算绩效管理的条款和相关内容，提高绩效管理法律保障效力。

——对接实际工作

要加快研究制定可行的预算绩效管理制度化流程、可操作的指标体系与量化方法，并发展问责机制与奖励机制。总体的推进路径，可先易后难，先项目开支考评后一般开支（“人吃马喂”运行支出）考评，先事后考评后事前、事中考评，由粗到细，动态优化，不断积累经验，完善方式方法。

（二）方法与指标体系

1. 具体方法

（1）人大牵头构建平台，系统性协调政府部门绩效管理体系

各级人大应权威性地牵头构建政府绩效管理平台，加强人大财经委、预算工委对预算管理绩效的审查与协调指导。

（2）建立绩效评价指标体系与相关选择机制

可基于系统化的研究设计，选择地区、部门试点，在试点基础上尽快构建一整套可操作的绩效评价指标体系。要积极通过信息化技术手段，建立指标库、专家库和项目库。全国须建立一个覆盖各省、各市县的绩效评价及其信息管理的网络平台，建立支持事前、事中、事后通盘连接的闭环管理系统。目前国内地方的绩效评价大多是侧重于事后，对于事前和事中的评价与监管措施较少。今后应稳步推进绩效目标管理，使财政资金全部实行绩效目标申报，编制明细预算，重点项目须完善可行性分析。凡可竞争性配置的专项，应本着总量控制和绩效优先原则，通过专家论证与竞争程序，在财力范围内统筹优先安排绩效高的项目，为政府资金优化分配提供选择性机制。

（3）评价结果与问责挂钩

一是创新预算编制方法，形成评价结果与预算编制紧密结合的激励约束机制。首先是建立体现部门战略规划的中长期预算（滚动预算）制度，并将年度预算置于滚动预算的约束之下。其次，运用绩效指标对年度预算进行绩效评价，并根据考评结果，安排、调整下一年度预算，强化绩效评价结果对预算的约束，避免流于形式、为评价而评价。再次，探索建立绩效评价信息公开发布制度，加强人大、审计和社会公众对各部门支出绩效的激励和监督，增加政府公共支出的透明度。

二是建立“谁用款、谁负责”的绩效问责机制。绩效问责是提高政府绩效的压力—动力机制，如果没有相应的责任追究与奖惩机制，公共部门及其工作人员很难有持续提高预算成效的动力。应以重点支出或重点项目为抓手，本着“谁用

款、谁负责”的原则，建立政府透明、社会广泛参与的绩效问责机制，对在预算编制和执行过程中未能达到绩效管理目标或规定标准的各级预算部门单位及其责任人员，实行绩效问责，对于优秀者给予多种形式的鼓舞与奖励，形成预算绩效管理的有效激励与约束。

（4）重视第三方评估

积极培育第三方评估机构，提高绩效评价的公信力。可通过政府公开招标购买服务方式，鼓励、引导、指导有条件的地方引入第三方评价，克服内部评价双重角色的矛盾，确保评价结果的独立性和客观性。同时，加强对第三方评价机构的引导培训，大力培育第三方评价组织，使之成为一项成熟的公共支出管理制度安排要素。

（5）信息化建设保障

在“金财工程”即政府财政管理信息系统（GFMIS）中应开发绩效评价管理信息系统，并与预算编制系统、资产管理信息、预算单位财务核算、财政决算等系统互联互通，信息共享，建设好一个覆盖全国各省、各市县的、集中进行绩效评价及其信息管理的网络平台。

2. 指标体系构建的框架性考虑

绩效考评的最终目的是对项目按照“经济性”、“效率性”和“有效性”（“3E”）标准作出价值判断。因此可将绩效考评的指标体系也分为这三大类：

（1）经济性指标。按定义，经济性指标是指“输入成本的降低程度”。它试图说明，为完成既定数量和质量的公共服务，财政的投入是否最低，有无存在浪费的现象。经济性指标是一个简单的但是有力的指标，因此在考评中能最大程度地为考评双方所接受。但是，此类指标的运用中应尽量避免过于简单化的情况。“成本降低程度”的考评必须与既定数量和质量的公共服务相联系。一旦公共服务的数量和质量无法准确确定的话，则经济性指标的使用应采取慎重的态度。

（2）效率性指标。此类指标用于反映既定的资源投入是否获得了最大的满足公共需要的公共服务产出，或者是既定的公共服务产出是否做到了成本最小化。因此，它是将投入类指标和产出类指标相比较得到的。与经济性指标相比较，效率性指标更具有意义，但运用的难度也较大。这是因为，这类指标的科学性建立在对公共产品和服务的准确的成本测量和产出测量的基础之上的两方对比，而这在现实中显然是个难题。

（3）有效性指标。此类指标用于反映既定的公共服务投入产出所实现的目标的程度。与前面的各类指标相比，这是一个融效率和效益为一体的指标。如“每个劳动力每小时所修补的道路里程数”反映效率性，而“修补道路质量合格率”则反映了效果，那么，“有效修补每公里道路的成本”或者“每千元投入实现道路有效修补的公里数”则反映了有效性。由此可知，有效性指标是用来衡量所花费的资源对完成所预定目标的程度。相对于其他指标而言，有效性指标运用的复杂性与难度最大，它除了要准确测量成本和产出，还需要对综合效果进行准确的评价。

公共支出绩效考评指标的设置与选取，应充分考虑一个项目或财政资金使用与管理部门和单位的具体目标与环境等综合因素，根据财政支出的不同功能，在教育支出类、科学事业类、文化事业类、社会保障类、行政管理类、公检法司类等各种类别的支出中，建设一批通用的“固定指标”库，同时根据具体的考评对象的差别，合理设置“选定指标”，以达到指标体系共性与个性的有效结合。

（三）方向坚定而路途漫长的征程（绩效评价—预算绩效管理—绩效预算）

1. 绩效评价阶段

20 世纪 60 年代，西方国家开始尝试对财政支出项目的有效性进行评价。如美国国防部实行了计划—项目—预算系统（PPBS），1973 年尼克松政府颁布了“联邦政府生产率测定方案”。1979 年，英国撒切尔夫人推行了“雷纳评审”。

从西周到秦汉，我国古代政权普遍建立了“上计制度”，对财政活动和官吏政绩进行管理和考核。明朝万历年间，推行“考成法”，其核心是根据政务的轻重缓急，列出处理的先后顺序和完成期限，由六部和都察院按文簿登记事项逐月对完成情况进行检查，并根据检查结果对官员实施奖惩。可见，绩效思想自古而有之。1978 年开始，我国实行以市场为导向的经济体制改革，财政资金使用效益问题不断得到重视，但开始阶段财政管理的主要内容依然是解决财政收支矛盾，侧重于财政收入，对财政支出尤其是财政支出绩效的关注还未摆上主要位置。1994 年，分税制改革实施，我国财政收入得到快速、稳定增长，此时的财政收支矛盾得到较大缓解，财政管理的侧重点逐步由收入管理转移到支出管理。始于 1999 年的部门预算、国库集中支付、收支两条线等改革，更是对于优化支出结构、保障和改善民生起了积极作用，在很大程度上也促进了财政资金使用效益的提高。

2003 年，党的十六届三中全会提出“建立预算绩效评价体系”，自此我国开始了对于预算绩效管理的探索与实践。同年，财政部印发了《中央本级教科文部门绩效考评管理办法》，组织对中央教科文部门的项目支出进行绩效考评。此后，从制度供给入手，财政部先后颁布了《中央级行政经费项目支出绩效考评管理办法（试行）》、《中央政府投资项目预算绩效评价管理办法》、《财政扶贫资金绩效考评试行办法》等，并先后选择了教育、科技、农业等领域的项目进行绩效考评试点。2005 年，制定了《中央部门预算支出绩效考评管理办法（试行）》，着手对中央部门绩效评价试点工作进行引领和规范。从 2006 年起，财政部开始选择农业部等个别部门进行绩效评价试点；2007 年，继续选择教育部等六部门进行绩效评价试点；到 2008 年时，中央部门开展绩效评价试点的项目已达 108 个，资金超过 20 亿元。2009 年，财政部在中央部门开展绩效评价试点工作的基础上，印发了《财政支出绩效评价管理暂行办法》，加强对地方财政部门的绩效评价工作的指导。至此，以项目为主要内容的绩效评价试点工作在中央和地方进一步开展起来。

这一阶段已建立起绩效评价制度和办法，完善绩效评价形式，对绩效评价工作进行规范，纳入绩效评价的试点项目逐年增多，覆盖的范围逐年扩大，但基本上都属于事后评价，整体上还存在明显的局限性。

2. 预算绩效管理

从20世纪70年代开始，西方国家为应对科技进步和国际竞争，同时为解决财政危机与公众信任问题，经历了从最初的绩效评价到预算绩效管理的转变。逐步将后一概念引入到公共管理之中。

我国的绩效评价试点工作的深入开展在实践中暴露了一些“瓶颈”问题，主要是评价立足事后，与预算编制脱节，执行中的监控缺失，评价结果应用不够，易成为“为评价而评价”，对预算管理的促进作用没有得到有效发挥。针对这些问题，财政部在总结绩效评价试点经验的基础上，开始以绩效评价为主要内容，推动绩效管理理念逐步向事前目标管理、事中绩效监控、事后评价结果应用方面延伸，将绩效评价作为一个管理闭环看待，使单独的绩效评价环节转向全过程预算绩效管理的各环节。2011年，为进一步统一思想认识，明确绩效评价的下一步发展方向，在广州召开了第一次全国预算绩效管理工作会议，从业务管理角度首次提出全过程预算绩效管理的理念；会后，财政部下发了《关于推进预算绩效管理的指导意见》，明确提出要逐步建立健全“预算编制有目标，预算执行有监控，预算完成有评价，评价结果有反馈，反馈结果有应用”的全过程预算绩效管理机制，标志着完整意义上的预算绩效管理理念得以正式确立。

2012年，财政部出台了《预算绩效管理工作规划（2012　2015）》，明确今后一段时期我国预算绩效管理工作的总体目标、主要任务和重点工作。在此基础上，财政部分别于2013年4月和2014年3月出台了《预算绩效评价共性指标体系框架》和《地方财政管理绩效综合评价方案》，设立了项目支出、部门整体支出和财政预算绩效评价共性指标体系框架，以及地方财政管理绩效综合评价方案，预算绩效管理顶层设计的制度框架基本完成。

3. 绩效预算

新公共管理运动催生了新的“绩效预算”概念。20世纪80年代，随着经济全球化和信息技术飞速发展,政府支出规模逐年扩大,财政透明度不断增加,公众对强化部门支出责任,提高政府行政效率的诉求日趋强烈。一场以政府绩效管理为基础、以流程再造为特点的新公共管理运动,首先在英国、澳大利亚、新西兰等国家兴起,进而迅速扩展到其他西方国家。新绩效预算由此应运而生,并成为西方国家主流预算管理模式。新绩效预算,就是以结果为导向的预算编制方式,强调"花钱必问效,无效必问责"。它既是新公共管理的重要组成部分,又是推动新公共管理从理论转化为实践的载体。可以说,推行绩效预算,主要来源于公众压力,成为化解财政收支矛盾的创新之举。在我国时代进步和民主法治发展进程中,基于社会公众对政府"取之于民、用之于民"效能考量的内在要求,政府必须对民众发出的评估政府绩效、提高政府效能强烈呼求给予有效回应。新绩效预算不仅是预算方法上的创新,也是对政府执政理念、行为结果、效率责任的优化升级,更是构建现代财政制度的题中应有之义。

我国绩效预算的探索实践虽然取得了一些成效,但从总体上看,我国的预算绩效管理工作仍处于起步阶段,与新的形势和发展要求相比还有不小的差距和不足,在健全体系与制度机制建设、配套改革、加强保障以及外部环境等方面,仍存在一些有待解决的问题和难点,需要在长期努力中改进和完善。

(四)财政预算投资支出绩效的综合评价框架研讨

在预算支出管理中,追求财政资金(也即其所代表的公共资源)配置使用的绩效最大化,是必然的逻辑起点与运行目标。每当财政政策有重大举措(如中国应对世界金融危机冲击而启动政府"四万亿元"一揽子投资计划),关于政府使用财政资金的绩效如何,更成为公众议论的热点。针对这一重大现实问题,聚焦于财政资金使用中特别具有代表性的投资支出,可提出一个系统化的财政投资绩效综合评价框架,以利于探讨全面、深入认识财政支出资金绩效问题的基本理论框架与方法论的要点,以适应财政支出管理由粗到细发展绩效评价与绩效预算的现实需要。

1. 问题的提出

任何经济活动都要讲求效益。在市场经济环境中,公共支出绩效的考评本应与作为微观主体的企业的成本—效益分析一样天经地义。但是,由于公共支出绩效考评的复杂性,实际上其绩效考评的实践,远远滞后于企业成本—效益分析的普遍成熟状态。近几十年的"新公共管理"潮流中,绩效预算(Performance Budget)或结果导向预算(Outcome-oriented Budget)成为发展前沿,但迄今并未进入成熟阶段。中国公共财政建设在近十几年已明确地破题并在加速前行,其中关于财政支出资金绩效考评的追求也已日趋强烈。在原则上,管理部门与研究界已形成共识:公共支出同样也要讲求效益。财政为政府履行职能提供物质保障,追求财政支出的综合效益(即绩效)最大化,是政府尽责和财政管理优化的基本出发点,也应是检验财政管理成效的核心指标。

全面地说,财政绩效问题贯穿于财政分配全过程的各个环节,贯穿于公共产品供应的全周期。全面的财政效益观体现在收、支的全部流程和宏观、中观、微观的不同层面,不仅包括财政资金的分配和使用,而且应延伸到资金配置最前端的财政决策,包括财政政策方向选择和政策力度等,又一直延续到政府支出关于投资项目的顶层规划、可行性选择、公共工程建设过程中的监督管理和工程竣工后的运营维护机制等方面。我们这里先集中讨论财政问题上有必要树立的全面效益观,再进而分析财政支出中最具代表性的投资支出综合效益问题。

2. 以全面的财政效益观认识财政投资资金综合效益的内涵

财政效益有别于微观效益,它的体现是在宏观、中观、微观各层面,贯穿于相关资源配置的各个环节和财政资金运用的全过程。运用财政资金安排投资,在确定财政政策的大方向和力度、制定具体政策要领、确定资金在项目群与具体项目上的配置、监督资金使用、公共工程项目竣工交付使用的运营和维护等方面,都与效益有关。换言之,财政投资支出效益贯穿于公共事务决策和公共产品提供的全过程,涵盖公共产品和产出品的整个生命周期(示意图如下)。

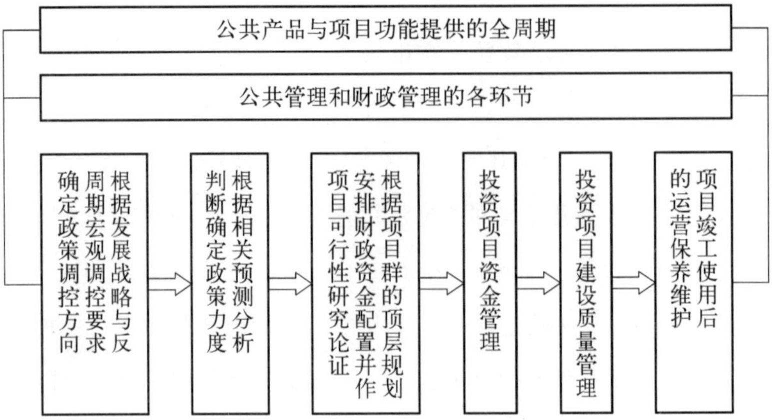

图 6－2　财政投资资金综合效益主要体现环节示意图

以这种全周期、全要素式的整体考量，才能无遗漏地反映和把握全面的财政效益观和完整地认识财政投资资金的综合效益问题。可知，这一效益的内涵必然是从经济社会全局评价的财政投资资金正面效应的最大化。

3. 追求财政投资支出绩效必须把握的六大环节

从财政投资支出绩效管理的关键环节考察分析，按照全面的财政效益观追求投资支出绩效，至少可具体分为分层次的六大环节：

（1）在财政政策的基本思路上，首先大方向必须正确

财政决策的正确性是财政管理绩效即财政政策与资金综合效益的基本前提。通常情况下，财政政策选择，不是在确定的前景条件下基于各种备选方案的决策，而是面对预测的前景环境所作的相机决策，即存在风险和不确定因素的条件下的事前与事中决策。决策者不可能确知下一阶段环境条件的细节，只能根据历史资料和预测、分析、建议作出经验判断，追求在预计的资源及经济环境约束下的最优财政决策，努力作出财政政策与调控方案的最满意解。那么，任一周期或时间段初始时，在财政政策的基本思路上，关于大方向的认识与决策判断正确与否，从根本上决定财政资金的使用效益。也就是说，基本思路的大方向正确与否，直接决定财政资金运用总体绩效的高低和调控的成败。很显然，在财政政

策作为宏观调控最主要手段之一解决反周期的调控任务时,此为大前提。每当在宏观经济形势发生重大变化时,决策层能否见事快、方向明,及时下决心,确定实行适应客观规律和客观需要的扩张型或收缩型财政政策,是决定和影响财政投资支出综合效益的基础。

比如,20 世纪 90 年代之后,面对复杂的国内外经济形势,中国决策层审时度势合理应对,先后相机抉择实施了“适度从紧”的财政政策(1993—1997)、积极的财政政策(1998—2004;2009—目前)和稳健的财政政策(2004—2008)等,对经济运行中的周期性波动进行“逆周期”或“反周期”的宏观调控,有力地维护和促进了国民经济的较快平稳增长。特别是两次积极财政政策的实施,说明我国政府运用财政政策的大思路和大方向正确,并彰显实施宏观经济调控的艺术在走向成熟。

1998 年年初,我国受亚洲金融危机的影响明显加深,经济形势发生急剧变化:贸易受到严重冲击、物价持续走低、消费需求增长趋缓、投资需求增长乏力、结构因素制约经济健康运行。为积极应对亚洲金融危机对我国经济的冲击和影响,在一季度之后,政府果断决策,由“适度从紧”的财政政策转为扩张性的积极财政政策,推出预算调整方案,通过增发长期建设国债安排政府投资项目、调整税收、收入分配和非税收入三个方面的政策和相关财政体制,促进经济持续稳定增长。当时,由于我国过去无论在传统体制下或在改革开放新时期,只有过对付通货膨胀的经验,还从未有过实施有意为之的财政大规模投资项目实施扩张以对付通货紧缩的经验,所以在扩张的决心下定之前,其实是颇费踌躇的。在大方向的认定上,决策层的注意力经历了从“千方百计防止通胀死灰复燃”、“中国经济需要升温时不愁温度升不上去”的认识框架,从坚持到疑问,再到最后的放弃,终于转换到全新的“全力应对通缩压力”的认识框架上来。实践证明,针对我国经济运行中当时前所未有地出现的全面买方市场、需求不足、经济增长乏力的特殊形势,明确地提出实行扩张性财政政策,是在正确的大思路和大方向上的正确决策,而且政策的着力点既注重总量扩张也着眼于结构调整、产业升级、技术改造和改革事项的呼应,使短期政策效应与中长期政策效应有机地结合起来,提供了其后调控成功即基本实现预期的、合意的综合绩效的大前提。

2004年,在国民经济运行明显走过了从相对低迷阶段向繁荣高涨阶段的拐点之后,我国的财政政策又不失时机地从扩张性的积极财政政策转向中性导向的稳健财政政策,控制赤字、调整结构、推进改革、增收节支成为财政政策的主要内容。而演进到2008年第四季度,面对“百年一遇”的世界金融危机的强烈冲击不期而至,我国决策层及时果断地再次实施宏观政策转型,重新启动扩张性的积极财政政策,推出以“四万亿元政府投资项目”为代表事项的一揽子经济刺激方案,再次正确地把握住了关键时段决策大方向的转变,为政府资金综合绩效的实现提供了大前提。当时的过程是:从2008年第一季度开始,我国宏观经济增速放缓,2008年一至四季度国内生产总值分别增长10.6%、10.1%、9.0%、6.8%。但在三季度之前,还可以认为增速下行是2007年“两防”方针实施带来的意料中的结果,三季度的9%增速就一般判断也是不低的、合意的,但决策层结合国际国内形势的全面分析和微观调查材料,认识到与进出口总值下降、工业增加值增长速度明显回落、股市财富大幅缩水、失业人数增加、CPI和PPI双双进入负值等等综合起来加以判断,已可看清美国次贷危机(即后来所称的国际金融危机)将对我国经济造成极大冲击,必须果断启动扩张性积极财政政策,与适度宽松的货币政策相配合,实施抵御危机冲击的宏观调控。积极的财政政策通过减收增支,在加强宏观经济运行稳定性、拉动经济增长、改善民生、夯实未来经济发展基础等方面显现出积极效应,把危机对我国的负面影响降到了最低。

实践证明,每当处于这种抉择关头,“扩张”还是“收缩”首先表现为政策大方向的认定,社会上可能众说纷纭,各种声音都有,但大方向的最优解其实是唯一的。

(2)在财政政策力度安排上,要力度适当

在总体思路和方向正确之后,还需要力度适当。力度不够,难以实现预定效果;而力度过大,又会造成对非公共部门的经济产生挤出效应和公共部门负债率过高等风险因素，可能过犹不及。

无论是传统总收支模型还是 IS－LM 模型都强调财政政策对经济产生的刺激效应依赖于乘数机制，而财政政策的有效程度就取决于乘数的高低。在不考虑税率变动的情况下，凯恩斯主义论述的政府购买乘数等于 $1/(1-c)$。由于债务化资产的财产效应，以及需求对收入变化的过度敏感性，从而保证了乘数机制的有效性。在征收总额税时，政府购买性支出的乘数等于 $c/(1-c)$；课征所得税时，政府购买性支出的乘数等于 $1/1-c(1-t)$；政府转移性支出的乘数等于 $c/(1-c)$。其中，c 代表边际消费倾向，t 代表税率。凯恩斯理论认为财政政策影响总需求的方式非常直接：财政扩张刺激总需求，而财政收缩降低总需求，刺激总需求的程度取决于凯恩斯乘数。运用 IS－LM 模型得出，在封闭经济中挤出机制通过提高利率而降低乘数；运用蒙代尔—弗莱明模型得出，在开放经济中乘数会随着汇率和收入效应而降低。然而在两种情况下，乘数都将大于零。

从国际理论研究和经济增长的实践经验来看，不同的经济体，由于经济发展水平、财政政策传导渠道和机制相异，因而导致财政政策的经济增长效应各不相同。即便是同一个经济体，由于宏观经济形势不同，财政政策的增长效应亦不同。例如，由稳健的财政政策向积极的财政政策的转型，面临投资乘数大小难以准确确定以及通过财政政策作用总需求水平达到预定目标需要的时间等两方面的不确定性，而在这期间总需求特别是投资发生的戏剧性变化可能导致决策失误。

日本政府曾在 1992—1995 年间实施了七个以国债投资为核心的积极财政计划。虽然方向正确，但是，除了 1995 年的两个计划外，其余的五个计划都缺乏力度，不足以拉动经济增长。1992—1995 年，日本用于刺激需求的积极财政计划总规模达 56.4 万亿日元，年均近 16 万亿日元，约相当于 GDP 的 3.3%。然而，真正利用新发国债、超出正常预算规模进行的公共投资，远远低于宣布的投资刺激计划数字。而这类超出正常预算规模的公共投资才具有凯恩斯主义扩张财政刺激需求的作用。1992—1995 年，这类公共投资在 GDP 中占的比重分别为

0.9%、1.4%、0、2.2%。对于萧条多年的日本经济来说,这样的财政刺激力度并不能够达到刺激阈值。

我国1998年开始实施积极财政政策,1998—2004年共发行长期建设国债9 100亿元,截至2004年年末,七年累计实际安排国债项目资金8 643亿元。积极财政政策的主要着力点是增加基础设施投资,其直接目的是通过投资拉动内需以确保经济持续增长。据测算,1998—2003年积极财政政策对GDP增长的贡献是每年1.5—2个百分点。2008年秋,为了应对"百年一遇"的世界金融危机冲击,保证经济较快平稳增长,政府又史无前例地出台了30年来规模最大的财政刺激计划,到2010年底投资总额约4万亿元。其中,2008年第四季度先增加安排中央投资1 000亿元,2009年全国财政赤字9 500亿元,各项税费减免政策预计减轻企业和居民负担约5 000亿元,发行地方政府债券2 000亿元。4万亿元投资计划方案表明,此次财政政策力度很大,而且政策着力点鲜明:财政政策注重刺激消费需求,在基础建设和民生工程方面进行大规模投资,期望通过增加投资和扩大消费"双重动力"的合力来拉动总需求、刺激国民经济增长。表明政府对导致内需长期不足的深层次矛盾把握更加准确,通过采取提高广大低收入群体收入水平的政策,同时辅之以民生工程和基础设施建设的开展、各项社会事业的完善以及环境的改善。

总体而言,虽然人们通常无法对刺激力度作出事前的精确计量安排,但实践证明,我国两次积极财政政策的扩张力度是大体适当的。这是在政策大方向之后对财政资金综合效益的第二重保障因素。

(3)在政策实施中,具体的项目选择要正确

接下来,资金投入项目的合理选择和尽可能充分的可行性论证,成为保障财政投资支出效益的又一个重要环节。追求财政综合效益的高水平,不仅要政策思路方向正确、力度适当,而且要在政策的实施操作中选项正确,而这与项目群的通盘"顶层规划"及各个项目尽可能充分的可行性论证密切相关。

"顶层规划"如同整个棋盘上的通盘布局,不看全盘只讲某一棋子是否应该

部署，是无法形成合理答案的。比如要在某地建设一座主力火电厂（用煤发电），其合理性必然涉及我国电力产能的通盘布局问题，首先涉及火电、水电、核电、风电等的大全景规划。其次涉及火电概念下煤炭资源的分布与坑口电站、非坑口电站、电网、运煤干线的全局性合理规划；再次涉及在诸种制约条件下此方案与其他各种可选方案之间在中长期眼界内的利弊对比等。只有这个“顶层规划”到位并具备了应有水准，其中各个局部的正确性，包括这座主力火电厂建设的正确性，才有讨论的前提。否则，看起来发改委在起劲儿地批项目，公共财政在热闹地配资金，但追求绩效的依据都还是未形成的。

有了合理的、有前瞻性和统筹协调应有水准的“顶层规划”，还需在具体项目上进行可行性论证。具体项目方案的决策正确与否，往往是在“细节决定成败”的层面上直接关系各个工程实际造价的高低与总体上投资支出效果的好坏，从而关系财政政策预期效应的发挥和财政综合效益的高低。

1998 年以来我国两轮为刺激需求而增加政府直接投资的调整，一般把资金用于能够快速启动经济的在建项目和投资期为 1—3 年的中短期基础设施建设项目，又重点推进少数长周期大型重点项目，如南水北调、西气东输、西电东送、青藏铁路。2008 年底以来的 4 万亿元投资体现为七大方面的建设项目，以 1.18 万亿元中央财政资金拉动地方、银行、企业等的配套资金，在总量扩张的同时，基础设施、灾后重建、新农村建设、安居工程、生态保护、自主创新和教文卫七大方向体现了结构优化调整的导向，进一步的工作便是需要把各个具体项目选择好。

我国现实生活中的问题，是有些项目的可行性研究不到位，或虽到位但受到某些“领导意图”的钳制而代之以另一套“可批性论证”，项目决策失误，主要表现为对不该建设的项目安排了投资，项目建设地点选择错误、投资方案确定的技术路线不合理，以及投资规模不恰当等。在项目可行性论证中要具体考虑：项目是否符合国家宏观产业政策和行业、地区规划；项目建成后的财务效益、社会效益、环境效益是否能满足各方面需要；项目各项风险是否得到识别并采取了防范措施;项目建设方案和资金配套是否在进行多方案比较后选择了最优化方案等。

(4) 在项目资金管理上,要防止挪用、厉行节约

资金(所代表的资源)是具体落实财政政策的物质基础与手段。追求财政资金的使用效益,需要在前述政策方向、力度正确和项目可行的基础上,保证资金的准确合规使用,使已确立的项目资金按进度拨付到位不被挪用。还要在资金的使用中严防浪费、厉行节约,通过财政管理和监督制度的细化完善,把有限的财政资金使用好。

资金管理首先要确保资金及时到位,按照既定安排使用,不挪作他用。在积极财政政策的执行期,不论政策的大方向、总体力度掌握和建设项目的可行性论证如何正确与到位,但在这些资金被挪用的情况下,政策与资金的综合效益都无从谈起,总体的政策绩效必然被大打折扣。

在财政资金分配使用中,应按照重要性原则和合理把握轻重缓急的决策机制,优先保障国家的大政方针、大局规划和政府的重点工作所需资金,确保财政支持方向与政府施政目标保持一致;同时要兼顾一般,统筹协调。要坚持法治原则,完善资金分配决策机制,实现自上而下与自下而上有机结合的决策过程。在制度设计上,既要为决策者统筹平衡留有空间,又要给予资金需求方和利益相关方表达诉求、申请动态修正或应急调整的权利与途径。应发展基层参与、专家论证与集体决策相结合的方式,解决无限需求与有限资金的矛盾,并留有动态优化调整的制度程序,与此同时,就需要加强资金、资产管理,防止挪用、闲置与浪费;这是不可缺少的一个重要管理环节。

(5) 在项目施工建设中,要严格监理,保证质量

财政政策思路正确,力度适当,项目选择无误,资金又能及时到位、合规节约使用,并不意味着万事大吉,以这些为基础,还必须把施工质量保证好。

政府投资的公共工程、建设项目,不论是道路、桥梁等准公共产品,还是产业领域如大钢铁、大化工之类的重点企业设施,工程量大,投资金额高。如果前面

一切正确，但施工单位在施工过程中，由于一线施工人员素质较低，没有按相关规定要求保证质量，监理单位未认真履行职责，把关不严，导致不按图施工、野蛮施工、偷工减料等问题出现，造成质量低劣的豆腐渣工程，也会导致财政资源的巨大浪费而使资金综合效益归零，甚至带来由于额外拖累、收拾残局而形成的负效益。比如，1998 年 2 月 20 日湖北巴东县正在施工中的三峡工程焦家湾大桥突然坍塌，11 人当场死亡；1999 年 1 月 4 日，建成仅 3 年的重庆綦江彩虹桥整体坍塌，40 人死于非命；云南省耗资 3.8 亿元修建的云南省昆禄公路，开通 18 天，路基沉陷、路面开裂；投资 760 多万元的江苏省徐州市济众桥改建工程在剪彩头一天突然坍塌；2003 年 3 月广东省信宜市刚完工的石岗嘴大桥主体工程突然坍塌；2007 年 8 月 13 日湖南省凤凰县的沱江大桥突然坍塌，41 人死亡。国务院领导同志 1998 年在抗洪一线曾愤怒地痛责九江堤防的豆腐渣工程，这类质量无保障的“豆腐渣”在关键时段、关键地点所带来的公共利益损失十分巨大，往往要表现为天文数字的负效益。

为避免出现豆腐渣工程，必须切实加强相关制度保证。要实行从头到尾严密的全程监督和规范、到位的工程监理，一丝不苟保证项目质量。因此，必须执行投资项目审批、核准、备案管理程序，认真落实开工报告制度、施工许可证制度和安全生产许可证制度，加强对招投标活动的监管，规范招标方式确定、招标文件编制、资格审查、标段划分、评标定标、招标代理等行为，改进和完善评标办法，确保招标投标活动公开、公平、公正。在全程监管中，坚持合理工期、合理标价、合理标段，严格合同订立和履约，规范设计变更，科学组织施工，禁止违法和转包分包，落实工程质量和安全生产领导责任制，明确质量标准，细化安全措施，强化全程的施工监理，直至验收交付。

（6）在项目建成运营后，要创新运营中的保养维护机制

公共工程项目竣工投入运营后，还十分需要形成适当的运营机制，保证项目效益和公共工程效能的正常发挥，使相应公共服务可及时提供，发挥公共资金投入的放大辐射效应和支持全面发展的应有后劲。

在我国现行的政绩考核制度中,公共工程建设的成就相当明显,而公共工程的维护则不明显。一些领导热衷于公共工程建设,却容易忽视公共工程竣工后运营中的保养维护问题。由于工程维护没有工程投资产生的政治红利大,决策者还往往出于资金不足的压力等忽视工程维护,削减工程维护预算。政府投资工程竣工验收交付使用后,就退出了政府预算管理的视野,对公共工程建设所形成的资产也缺乏约束力强的核算、管理和监督机制。项目运营维护支出的不足和维护保养机制不良,往往导致公共设施出现不当使用、失修、速朽等问题,使用寿命短——这除与某些质量问题有关,也与"公家的东西烂得快"、无人尽心尽力做好日常保养的运营机制问题有关。这也必然直接影响财政资金投资支出的综合效益。

当前,我国仍处于公共工程和项目建设的高潮期,随着西部大开发、促中部崛起、振兴东北老工业基地、东部率先实现现代化、新农村建设等重大方针政策的推进,青藏铁路、南水北调、大江大河分蓄洪区、水利设施等一批关系国民经济全局的重大工程建设完成或加紧施工建设,可以预见,工程运营期搞好保养维护的客观需要将进一步凸显,公众对公共服务质量的需求会不断提升,未来我国将面临公共工程运营维护机制创新的更大制度需求压力。重视公共工程运营中的保养维护,加快完善相关制度,创新运营模式,积极采用 PPP 模式下的"建设—经营—转让"(BOT)、"移交—经营—移交"(TOT)、服务外包等运营维护机制,具有重要的现实意义。

在项目立项及建设前期便充分考虑公共工程的运营和维护,有助于提高公共资金的总体效益。具体方法上运用 r 系数(所需要的经常性费用占该项目总投资成本的比例)有助于在大体上估计中期支出计划框架中,现有投资项目运营中所需要的经常性支出。特别是在市场经济环境中,应特别重视相关机制创新,充分考虑运营保养维护的资金来源,发展多种新的模式,注重将公共工程运营维护的市场化运作与严格绩效考评相结合。

萨瓦斯对公私合作 PPP 模式进行了分类:① 对现有基础设施,可用出售、租赁、合同承包三种模式。其中,出售即民营企业收购基础设施,在特许权下经营并向用户收取费用；租赁即政府将基础设施出租给民营企业，民营企业在特许权下经营并向用户收取费用；合同承包即民营企业经营和维护政府拥有的基础设施，政府向该民营企业支付一定的费用。② 对于扩建和改造现有基础设施，可采用“租赁—建设—经营”、“购买—建设—经营”、外围建设等模式。在“租赁—建设—经营”、“购买—建设—经营”模式下，民营企业从政府手中租用或收购基础设施，在特许权下改造、扩建并经营该基础设施，可以根据特许权向用户收取费用，同时向政府缴纳一定的特许费。在外围建设模式下，民营企业扩建政府拥有的基础设施，仅对扩建部分享有所有权，但可以经营整个基础设施，并向用户收取费用。③ 对于新建基础设施，可采用“建设—转让—经营”、“建设—拥有—经营—转让或建设—经营—转让”、“建设—拥有—经营”等模式。“建设—转让—经营”模式为民营企业投资兴建新的基础设施，建成后把所有权移交给公共部门，然后可以经营该基础设施 20—40 年，在此期间向用户收取费用。“建设—拥有—经营—转让”或“建设—经营—转让模式”与“建设—转让”经营类似，不同的是，基础设施的所有权在民营部门经营 20—40 年后才转移给公共部门；“建设—拥有—经营”模式即民营企业在永久性的特许权下，投资兴建、拥有并经营基础设施。

其中，“建设—经营—转让”模式即 BOT 模式的特点在于政府不必出资，只需要给出相关政策，就获得了社会需要的公共设施。例如，咸阳渭河三号大桥采用 BOT 融资方式，中国铁道建筑总公司、中铁二十局集团有限公司、咸阳市政府的城市建设投资公司按照 5.5：3.5：1.0 比例出资，经咸阳市政府批准，合作建设、经营大桥 25 年后无偿转交给咸阳市政府。经营权特许即政府将建设完成的公共设施经营权转让给投资经营公司，由公司负责经营、维护、管理，特许期满后再移交给政府。例如，2010 年建成通车的青岛海湾大桥是青岛市政府采取国际招标选择项目法人建设运营管理的海上特大型桥梁工程。通过竞标，山东高速集团取得了 25 年的特许经营权。特许经营期内，青岛海湾大桥与已建成的胶州湾高速公路捆绑经营。

这些方式所包含的新机制，非常值得重视，它们既能培育凭借专业资质和内在的“激励—约束”机制尽心尽力做好项目运营中保养维护的法人主体，又能以大的乘数发挥政府资金“四两拨千斤”的放大效应，“少花钱多办事”，甚至利用民间资本和社会资金使政府“不花钱办事”，当然会显著地提升财政资金的综合效益水平。本书第十章，还将在这一方面作更为展开的考察与讨论。

4. 小结

这里对于财政支出中政府投资资金的绩效提出了分层次六大环节的框架解说，意在为其指标体系的构建和未来我国投资支出绩效预算的编制提供理论依据与支撑，以利用由粗到细发展中国特色公共财政建设中不容回避的预算绩效考评体系。

实际工作中，财政部门需要解放思想，坚持财政运行全过程和公共产品供应全周期的财政综合效益观，积极适应经济社会发展变化，创新财政决策和管理运营机制，力求提高资金使用效益和政策综合绩效。以财政综合绩效为导向，也势必要求完善预算体系内经常性公共收支预算、资本预算、基金预算与社保预算的衔接，推进科学化、精细化管理，并在政府会计中适当引入权责发生制，如计提固定资产折旧，预提工程维护基金和大修基金等，真实、准确地反映政府部门和行政、事业单位可货币计量的完全成本，反映公共产品和公共服务的综合性的耗费与效率水平。同时，扩大现行预算会计的核算范围，使政府会计核算不仅包括预算收支引起的资金运动，同时还包括和反映那些与预算收支有机联系的公共工程和公共设施全生命周期内的配套资源、资金情况，以推动、引导其配置的优化。

四、预算管理体制：“财政联邦制”及“政府间财政关系”——“分税制改革”在中国

财政发挥资源配置职能，表现为政府体系对社会再生产和社会生活的分配调节，同时也表现为政府内部不同层级之间财政资源的配置，由此便产生了财政分级与分权问题。1994 年，我国在财政体制改革领域，创新地推出了分税制管

理体制改革思路，对我国市场经济和社会发展产生了深远影响。但改革的道路并不一帆风顺，若干年来基层财政困难、地方隐性负债和“土地财政”等问题日渐突出，有人以此责难分税制改革。对此，国务院前总理朱镕基与清华师生座谈时直言不讳地抨击：“攻击分税制，根本就是无知！无知还透顶！”本书将有专章展开讨论与此相关的中国财政体制改革问题，在此我们先在“预算管理体制”概念中简要勾画相关认识框架。

（一）财政体制的核心：预算管理体制

1. 预算管理体制的概念

我国所谓“财政体制”，又称“财政管理体制”，这一概念最初起源于苏联，主要是指国家财政权责的划分和组成体系。广义的财政体制不仅涵盖预算管理体制、税收管理体制，还包括国家对行政事业单位和企业的财务管理体制与国家基本建设管理体制；狭义的财政体制则仅指预算管理体制。随着我国改革开放和财政管理体制改革不断推进，财务管理体制等内容趋于弱化，逐渐集中于直观的政府间财政收支关系的制度安排，即预算管理体制。叶振鹏（1999）[1]对财政体制概念作出的界定是：“在特定的行政体制下，通过一定的方式调节政府间财力分配的基本制度。具体地说，它是国家在中央和地方以及地方各级政权之间，划分财政收支范围和财政管理职责与权限的一项根本制度。”这一概念近乎将财政体制等同于预算管理体制。陈共（2012）[2]则指出：“预算管理体制是财政管理体制的主导环节，是国家预算编制、执行、决算以及实施预算监督的制度依据和法律依据。”

可以说，“预算管理体制”，直观地看，是在国家基本制度和战略发展框架下，统筹和协调处理不同层级政府间财政收支关系的制度安排，通过这一制度安排，实现各级政府职责（事权、支出责任）与财权、财力相适应。而其内在属性，

---

[1] 叶振鹏、张馨：《公共财政论》，北京经济科学出版社，1999。
[2] 陈共：《财政学（第七版）》，中国人民大学出版社，2012。

则是在政府体系“钱从哪里来,用到哪里去”的稳定制度安排层面,处理政府与企业、中央与地方、公权机构与公民(纳税人)关系的机制设计。首先,预算管理体制是历史性的,一国财政预算管理体制的选择将会受到本国政治、经济、社会等基本制度的制约,并在不同时期受发展战略、政策规划的影响而不断发生变化。其次,预算管理体制作为顶层制度设计,应力求充分体现国家治理体系和治理能力的现代化,以“法制”、“规制”代替“人治”,以规范代替任意。第三,预算管理体制的核心,在于协调处理政府所处的经济社会中前述的三大基本关系。第四,预算管理体制的目标,是为了实现各级政府财力与事权和支出责任相适应相匹配。

2. 西方“财政联邦主义”理论

西方经济学关于财政体制的研究,主要集中在财政分权领域,分级分税的预算管理体制已是全球市场经济国家所普遍采用的主流制度,这一制度也被西方公共经济学称作“财政联邦主义”(Fiscal Federalism)。财政联邦主义理论代表人物奥茨曾表示,财政联邦制“是指财政管理中的分级,而不是政治意义上的自治”,主要分析和解决财政分权问题,并关注“哪些职能和工具最好要集中,哪些安置在那些分散化的政府级次”。

财政联邦主义理论产生于20世纪50年代,经全球众多学者共同丰富和发展,逐步形成了两个发展阶段:“第一代财政联邦主义”理论体系,或称“传统联邦主义”;以及“第二代财政联邦主义”理论体系,或称“新联邦主义”。

(1) 第一代财政联邦主义理论体系

第一代财政联邦主义理论假设政府是谋取社会福利最大化的善良的践行者,并通过采用新古典经济学的规范理论作为分析框架,来探究不同层级政府间合理配置政府职能和政策工具的问题。

哈耶克(Hayek,1945)[1]最早提出“经济计算问题”的概念,用以说明政府间财政分权问题。哈耶克研究米塞斯等人著作,主张在中央计划经济里,某个特

[1] Hayek, F. A., *The Use of Knowledge in Society. The American Economic Review*, No. 4 (Vol. XXXV September 1945).

定的个人或团体必须决定资源的分配，然而这些计划者永远都不会获取足够的资讯以正确地分配资源。由于某些信息无法通过统计手段进行传递，从而基于统计信息作出的中央计划相对各个地区便失去意义，形成了"经济计算问题"（Economic Calculation Problem），因此需要将部分决策权赋予地方上更熟悉特定决策相关信息的人。

此后，蒂布特（Tiebout）、奥茨（Oates）、马斯格雷夫（Musgrave）相继努力，共同形成传统联邦主义理论的"TOM模型"（Tiebout-Oates-Musgrave Model）。蒂布特（1956）[1]首先形成了地方政府供给模型，并提出"以足投票"理论。模型共作出了7个方面的假设：① 具有投票权的居民具有充分的流动性，并愿意根据自己的喜好迁移至满意的地区；② 居民对不同地区政府的税收和公共支出特点都非常了解，并可以对不同政策差异作出应对；③ 有大量的地区或社区可供居民选择；④ 不考虑就业机会等方面的限制，或假设所有居民都依靠股息红利生活；⑤ 在不同地区或社区间不存在外部性效应；⑥ 因为城市管理者，即政府，会根据原有居民的偏好来设置不同的地区或社区服务模式，所以每个社区都有最优规模大小；⑦ 未达到最优规模的地区或社区则会吸收新的居民来降低服务供给成本。基于模型比较与验证，蒂布特得出结论，居民在可以充分流动的情况下，会自主选择最满意的公共产品和税收组合，迁徙到最适合自己偏好和收入水平的地区。"以足投票"的机制也促进了地方政府间竞争，通过有效提供各类公共产品、服务以及改变税收政策来满足居民需要。由此也解决了萨缪尔森提出的"地方难以形成最优的分权定价机制以确定这些层级的公共产品消费"[2]的问题，为中央、地方财政间分权提供了有力依据。

奥茨（1972）[3]在蒂布特模型的基础上，对假设条件作了进一步限制，对最优政策环境中地方政府存在的必要性与合理性进行论证分析，提出了"分权定

[1] Tiebout, C. M., *A Pure Theory of Local Expenditures* (The University Chicago Press, 1956).
[2] Tiebout, C. M., *A Pure Theory of Local Expenditures* (The University Chicago Press, 1956).
[3] Oates, W. E., *Fiscal Federalism* (Harcourt Brace Jovanovich, 1972).

理”:“对某种公共品来说,如果对其消费涉及全部地域的所有人口的子集,并且关于该公共品的单位供给成本对中央政府和地方政府都相同,那么让地方政府将一个帕累托有效的产出量提供给他们各自的选民,则总是要比中央政府向全体选民提供的任何特定的且一致的产出量有效率得多。因为与中央政府相比,地方政府更接近自己的公众,更了解其所管辖区选民的效用与需求。也就是说,如果下级政府能够和上级政府提供同样的公共品,那么由下级政府提供则效率会更高。”

马斯格雷夫(1959)则是对政府的三项职能作出进一步的分工,他在《公共财政理论》一书中给出了政府财政职能在各级政府间进行划分的经典论述:“财政联邦主义的核心在于资源配置政策应该根据各地居民的偏好不同而有所差别,而分配和稳定政策则主要归中央政府负责。”

此外,斯蒂格勒(Stigler)提出最优分权的“菜单”理论,主张地方政府设计应当遵循两方面原则:1) 代议制政府距离居民越近,其运作越有效,因此地方政府提供公共产品更加符合本地居民的偏好和效用;2) 居民享有充分的表决权,对公共产品服务的种类和数量作出投票表决。根据这两方面原则,斯蒂格勒得出结论,为了实现资源配置的有效性和公平性,应当由最低层级政府来进行公共产品供给决策。特里西(Tresch)针对以往分权理论中的一些疏漏提出了“偏好误识”理论,认为中央政府对全民偏好认识的准确性不足,存在一定偏差,如果基于认识偏差作出决策并强加于地方政府,就无法实现公共产品供给最优。

布坎南(Buchanan)提出“俱乐部”理论,用以诠释地方政府最优管辖规模及税收收益界限等问题。布坎南将各个社区比作不同的“俱乐部”,每一个社区的最佳规模,应是外部不经济所产生的边际成本,正好等于新成员分担运行成本所带来的边际收益这一均衡点上。

(2) 第二代财政联邦主义理论体系

第一代财政联邦主义理论体系始终建立在政府是“仁慈”、“善良”统治者的假设前提下,只要投票集体决策并投入所需要的资源,政府便会如公众所愿、有效率地提供所需要的公共产品和服务。因此,传统的联邦主义理论并没有将政府的主观能动作用考虑在内。此后一些学者把政治、经济等动因纳入考量,将政府进一步细分为“无形之手”、“援助之手”和“掠夺之手”。

表 6-2 转型期间地方政府的经济角色

	法律环境	法规环境
无形之手	政府不在法律之上,运用权力提供最低公共产品。由法院执行合同	政府遵守规则,规则极少,腐败几乎没有
援助之手	政府在法律之上,但是运用权力帮助企业。地方官员执行合同	积极制定规则推动某些企业发展。行政组织腐败
掠夺之手	政府在法律之上,运用权力榨取租金。法律系统不起作用,黑社会势力代替政府执行合同	掠夺性规则,行政组织瘫痪,腐败横行

图表来源:吴俊培:《财政联邦主义理论述评》,《财政监督》2012 年。

随着全球范围兴起的分权化财政体制改革浪潮的推进,传统财政联邦主义过于简单的模型假设更受到了新的挑战,由此逐渐孕育出以温加斯特(Weingast)、麦金农(McKinnon)、钱颖一等为代表的第二代财政联邦主义理论。第二代财政联邦主义在第一代财政联邦主义的基本假设、原理和分析方法的基础上,进一步关注政府的主观能动性,并引入公共选择理论关于政府的观点。政府不再是一个追求社会福利最大化的“善良”管理者,而是一个垄断机构,追求税收收入、预算和自身规模最大化的“利维坦”。在选民、中央政府和地方政府间则形成了这样一种“委托—代理”关系:中央政府是服务于全体选民的单一代理人,而财政分权的各地方政府则是各个地方选民的代理人,地方政府并不是实现中央政府目标的代理人,中央政府并不能完全控制各个地方政府。因此,为实现社会福利最大化,需要建立相应的政府激励机制,形成政府间竞争来限制政府规模。

钱颖一和温加斯特(1995)[1]进一步提出了“市场保护型”的财政联邦主

[1] Barry R. Weingast. Second Generation Fiscal Federalism: Implications for Decentralized Democratic Governance and Economic Development. Discussion Draft. http://ssrn.com/abstract=1153440.

义,认为有助于市场效率的政府既是有效的又是有限的,它能够提供一种有效的市场激励机制。一方面,政府必须保持“积极”的市场激励机制以奖励经济成功,防止“政府掠夺问题”;另一方面,政府也必须提供“消极”的市场激励机制以惩罚经济失败,防止政府的预算约束软化。在这个行动框架内市场机制受到维护和促进,从而市场交易各方都从市场增进中获益。

(二)为什么要走分税制之路——中国分税制改革的历程:从行政性分权到经济性分权

1949 年以后,在财政体制关系问题上,我国一直在反复地探索“分权”、“放权”。改革开放之后,我国逐步由计划经济转变为市场经济,财政体制也需要相应改革。

1980 年,以分权为取向实行“分灶吃饭”的“划分收支、分级包干”的财政体制。1994 年,我国在汲取其他市场经济国家制度要素与可借鉴经验的基础上,立足于中国实际,进行了分税制财政体制改革,为适应社会主义市场经济客观需要,重新配置我国财政权力和资源。

1. 我国分税制改革前的财政体制演变

如对改革开放以来的财政体制转变作出简要的总结,那么 1994 年之前可称为“行政性分权”,而 1994 年后则可称为“经济性分权”。新中国成立初期我国借鉴苏联实行“统收统支”高度集中的财政体制,不久调整为中央主导但有分权因素的“总额分成,一年一定”体制。至 1979 年,我国财政体制频繁变动,虽然 1958 年和 1970 年财政收支有所下放,但整体而言,是经历了从集中到短暂分权又到集中的历程,其基本形态是高度集中,没有大的改变。集中的财政体制与改革开放前的集中生产、统一分配模式相匹配,却与 1979 年后的市场化改革极不相容。

1979 年改革开放后,于 1980 年开始在宏观层面由“分灶吃饭”的财政新体制为突破口实施中央对地方分权的改革,并要求进一步对企业推行一系列放权让利改革,先后有利润留成、企业基金和两步走的“利改税”改革。各级政府实行“分灶吃饭”的财政分权包干体制,属于行政性分权,极大地调动了地方积极性,但并非真正意义的经济性分权,最基本的特征是依企业行政隶属关系形成财政收入的组织方式和控制方式,企业按照行政隶属关系“条块分割”地服从自己的行政主管。即使分权之后,隶属不同层级政府的企业之间依然不能真正开展所谓公平竞争。哪怕实行“多种形式的企业承包责任制”,政企之间也不可能是平等的甲乙双方——即使在承包制框架之下,如何“搞活企业”仍得不到一个真正优化解决的方案。同时,财政包干体制中,中央与地方的财政关系仍迟迟不能理顺,中央财政收入的增长被“包死”,在20世纪90年代初通货膨胀迅速上升、经济过热环境下,中央政府宏观调控能力受到极大限制。地方财政独立性和自主权迅速扩大,地方财政上缴比例通过与中央财政“讨价还价”的谈判达成,主观随意性严重,市场分割、地方保护的“诸侯经济”倾向愈演愈烈,预算约束弱化,预算外、制度外企业迅速膨胀,中央财政困难,各级政府利益纠结、经济秩序紊乱等弊端凸显。

2. 分税制——预算管理体制的关键性改革

1993年国务院颁布《国务院关于实行分税制财政管理体制的决定》(国发[1993]85号)文件,自1994年1月1日开始,财政从分级包干体制,转变为对各省、自治区、直辖市以及计划单列市实行分税制预算管理体制。分税制改革的原则和主要内容是:按照中央与地方政府的事权划分,合理确定各级财政的支出范围;根据事权与财权相结合原则,将税种统一划分为中央税、地方税和中央地方共享税,并建立中央税收和地方税收体系,分设中央与地方两套税务机构分别征管;科学核定地方收支数额,逐步实行比较规范的中央财政对地方的税收返还和转移支付制度;建立和健全分级预算制度,硬化各级预算约束。

在分税制体制下,每一个辖区内所有的企业不讲大小、不分行政级别、不问经济性质、不看隶属关系,该交国税的交国税,该交地方税的交地方税,税后可分配的部分,按照产权规范和政策环境,由企业自主分配。由此,划出了各类企业在市场上公平竞争的"一条起跑线"，国有企业的行政级别随之淡化，各类企业间跨行政区划和原隶属关系的存量兼并重组成为可能。企业的厂长、经理，包括国有企业和国有控股企业的领导，以后也越来越多地可以在不参照行政级别的情况下，依靠企业家市场去挑选和配置。从此，我国财政体制实现了经济性分权。

在正确处理政府与企业关系的同时，分税制预算管理体制改革规范和稳定了中央地方间的关系，以税种配置告别了包干式体制周期，但也继续沿用了部分分级包干的制度因素，一方面，继续沿用了原包干体制下的中央、地方财政支出范围；另一方面，明确划分了中央和省一级（含自治区、直辖市及计划单列市）的收入范围，对省级以下财政体制则并未作出明确安排，各省级以下政府可以继续沿用包干制度，也可以参照分税体制作出安排。中国分税制预算管理体制框架的建立，为我国形成全国统一市场经济，实现市场经济公平竞争，以及扭转中央财政困难局面，正确处理各级政府间财力分配关系，促使国家长治久安，打下了坚实的基础，对我国今后不断深化和发展中国特色社会主义经济产生了深远的影响。

3. 中国分税制的深化改革历程

自建立分税制预算管理体制开始，在财政收入方面，我国先后又进行了证券交易印花税、金融保险营业税中央与地方分享比例改革，所得税收入分享改革，出口退税负担机制改革，跨省市总分机构企业所得税收入分配等多项改革，对中央与地方财政税收划分作出调整，不断深化和发展分税制预算管理体制改革。

以分税制改革基本确立政府间财政关系以来，我国财政分权原则的表述上经历了从"事权与财权相结合"到"财力与事权相匹配"，再到"事权与支出责任相适应"的转变。基本原则表述的变化，反映了改革开放以来不同时期经济发展的矛盾和政府经济体制改革的思路调整，也反映了理论与实践层面对现实矛盾和财政体制改革的认识在迂回曲折中逐渐深化。

1994年《国务院关于实行分税制财政管理体制的决定》明确提出，应当坚持

“事权与财权相结合的原则”,“既要考虑地方利益,调动地方发展经济、增收节支的积极性,又要逐步提高中央财政收入的比重,适当增加中央财力,增强中央政府的宏观调控能力”,并基于这一原则统一划分中央与地方间税收收入。随着分税制预算管理体制的施行和发展,地方政府出现了区域财力横向不平衡的同时纵向不平衡加剧的情况,许多地方基层财政困难;另外,某些地区土地出让金等非税收入比重大幅增加,地方隐形负债急剧扩张。2007 年,党的第十七次全国代表大会中关于财政体制问题上正式通过了“健全中央和地方财力与事权相匹配的体制”的改革方向,其中,地方财力主要由税收、转移支付、非税收入及发债收入等构成。2013 年,党的十八届三中全会进一步提出,建立“事权和支出责任相适应”的制度,“适度加强中央事权和支出责任,国防、外交、国家安全、关系全国统一市场规则和管理等作为中央事权;部分社会保障、跨区域重大项目建设维护等作为中央和地方共同事权,逐步理顺事权关系;区域性公共服务作为地方事权。中央和地方按照事权划分相应承担和分担支出责任。中央可通过安排转移支付将部分事权支出责任委托地方承担。对于跨区域且对其他地区影响较大的公共服务,中央通过转移支付承担一部分地方事权支出责任”。

（三）难点——分税制的诘难与回应

某些人将“土地财政”、地方隐性负债、县乡财政困难等突出矛盾和问题归咎于分税制改革,还产生了质疑“财权”概念的讨论、强调所谓“因地制宜”而否定分税制通盘框架等观点。关注和研究深化我国财政体制改革、评价分税制,不可陷入似是而非的“因地制宜”论和简单看待中央、地方收入占比高低,而应牢牢把握市场经济大局对财政制度规范的客观要求和中央、地方事权合理化这一“源头”问题,处理好扁平化、地方税体系建设、理财法治化与民主化、转移支付合理化等重大问题。

我们应当承认,1994 年分税制预算管理体制改革后,中国中央财政收入占财政收入总额的比重从 30%以下一度提高到近 60%,后又稳定在 50%左右。收入集权、支出分权，使得中央财政掌握了更多的财政资源，中央财政对于区域差距的调控能力得到明显加强，也使整个财政体系能够将更多的资金投向“三农”、公共医疗、就业、社会保障、环境保护等民生领域。然而2000年前后，地方基层财政出现了严重的财政困难。

这一问题并不应当归咎于分税制改革。分税制预算体制改革，其实质是以制度化方式规范了中央与省级地方财政的收入分配格局，财政资源的分配不再于讨价还价环境中进行，也杜绝了许多地区的种种“特权”，这完全符合实现国家治理体系和治理能力现代化的发展理念。大国必然要求中央财政具有足够的调控能力，中央财政收入占财政收入总额比重提升具有其合理性。分析产生基层财政困难问题的主要原因，其实是分税制改革的深化遇阻，省级以下并没有进行真正的分税制改革，迟迟未进入分税制状态。1994年分税制改革只明确了中央和省级政府之间的收入划分范围，省级以下未能作出明确、合理的规定。虽然事权不断下放至地方基层政府，但财力却逐步向省、市级财政集中，事权重心下移而财权重心上移，导致了县、乡级政府财政困难。直到2016年，我国所有省级行政区，包括最发达的地区，在省以下也没有进入真正的分税制状态，而是五花八门、复杂易变、讨价还价色彩较浓的分成制和包干制。“土地财政”、“隐性负债”等问题的累积，也都与此有关。

（四）分税制改革继续深化之路

虽然在分税制改革的过程中遇到许多坎坷和波折，但需要按照社会主义市场经济和现代财税制度的客观要求坚持深化和不断完善分税制预算管理体制改革。

进一步深化分税制改革，首先应当探索行政层级扁平化道路，培育地方税收体系。分析中国1994年以后省以下分税制不达状态的矛盾症结所在，不难发现，其原因在于财政层级太多。“五级”框架下无解，如扁平化为三级，便可柳暗花明。农村税费改革使农业税取消以后，以农业为主要财政收入的地方，乡镇没有或基本没有收入了，已无从谈论怎样建立乡镇实体财政的问题，也没有能力给乡镇配金库，实际上就必须放弃之前一再强调的建设乡镇财政的方针。进而行政方面也可通过乡镇综合改革，最后走到把一般的乡镇（首先是农业区域的乡）变成县级政府的派出机构。另外通过省直管县，可以把浙江经验全国化推广，先使市和县在行政不同级情况下，与省级财政直接结算，财政不必再分这两个层级各自配税基，逐渐走到中央文件已明确提出的“行政省直管县”改革。

真正把经济性分权贯穿到底，还必须进一步培育地方税体系。在建立地方税体系中，我国可考虑的支柱税种有两个：一是资源税，中西部工商业虽不发达，但资源富集，所以通过资源税可使其形成大宗稳定的收入来源，如新疆先行先试的资源税改革。通过资源税改革，也可使整个中国在市场经济发展以后，在可持续发展、节能降耗的问题上形成一个以法律为背景的长期有效的经济杠杆，通过这种依靠经济内在利益的调整机制，倒逼整个产业链上从资源开发开始，所有的经济主体在经济压力之下千方百计地节能降耗，开发有利于节能降耗的工艺、技术和产品。另外，一个地方税体系中可以寄希望的支柱财源，就是上海、重庆已经试点的不动产保有环节的税收（即房产税）。要使中国走向现代社会，必须有现代不动产制度，必须有现代意义上的与不动产相配套的调节制度，构建不动产保有环节的税收是不可回避的——因为，中国不可能进入现代社会而没有现代的财产税制。

在转移支付方面具体怎么优化，仍有大量的问题需要讨论。在中央与地方财政收入占比背后还有很多更深刻的问题，就当前的事权框架来讲，不应简单讲中央多一点还是地方多一点，而是作更有建设性意义的从本源开始理顺的讨论。有人认为，中国现在很多应该中央做的事情，中央没有真正承担起来。如维持法律的公正，很多经济事务上的司法权就不能再给地方，特别是涉及跨地区的经济纠纷的司法审判权，应该统一上收到中央，中央可以垂直式、巡回法庭式地处理这些经济方面的司法问题。这样才能使地方的司法不再从自己的局部本位出发来处理与各自利益相关的案件。司法一旦不超脱于局部利益，就极为容易形成非常明确的不公正情况。这一类事务,显然需要中央政府更多来承担事权并加以强化。由此可见,并不是中央政府财政收入所占比重越低越符合分权要求。在有些方面,中国现在按照事权合理化这个取向要做的事情,动作可能会很大,但是不得不考虑这些问题,有必要抓住事权合理化这一始发环节来推动相关的全面改革。

关于中国财政体制的改革过程及其深化改革的展望,本书的第十一章还将作全面展开的考察和讨论。

提要与总结

"政府预算"是指政府部门为履行社会职能和公共事务的需要,依照一定制度规则编制并批准,参与国民收入分配与再分配的所有收支计划方案。

财政是国家治理的基础和重要支柱,预算制度是公共财政制度的基石。随着新的历史时期及经济形势的发展,现代预算制度也随着建设现代财政制度的要求产生新的特点。现代预算的重要特征是公开透明、全面完整、经过法定程序、真正反映民意、严格执行、考评绩效可问责等。在新的历史条件之下,现代预算在分配、反映、监督三个方面,共同推进和保证了国家治理在体系完整性和制度执行力两方面的协调提高:现代预算能更精准地分配稀缺的公共资源,给政府以更多可行的政策手段;现代预算能更准确地反映国民经济和社会发展情况,为政府决策提供重要支持;现代预算能更严格地监督各方依法理财,从根本上加强对政府不规范行为的约束。

为适应新时期的需求,中国近年预算制度发生了三个方面的重要变革:首先是引入了跨年度预算平衡机制,跨年度预算平衡与传统年度预算平衡相互补充和促进,共同规范财政资金使用程序、支持政府财政决策,形成了一套更为科学的预算体系;其次是改革传统政府预算收支分类体系,使其更加科学、直观、清晰地反映政府收支全貌;最后对人大在预算的修正和审批程序提出了更高的要求,力求使人大的预算审批权真正落到实处。

新修订的《预算法》明确了讲求绩效的理念,在我国经济社会发展史上将此首次写入法典,奠定了新时期强化预算绩效管理的法理基础。从预算绩效、公共财政和国家治理三者之间关系看,“讲求绩效”是依法治国的内在要求,是现代财政制度的本质特征,更是改进预算制度的必然选择。而在绩效预算管理中,预算支出绩效考评作为一种管理控制工具,是绩效预算管理中的一个核心内容。其目的是通过对部门绩效目标的综合考评,合理配置资源、优化支出结构、规范预算资金执行,提高预算资金使用效益和效率。具体机制包括将预算绩效管理纳入国家治理范畴、完善法制、构建平台以绩效管理系统性协调政府部门管理体系、建立绩效评价指标、评价结果直接与问责挂钩、重视第三方评估与信息化建设的跟进等方面,其中绩效考评的指标体系主要依据“3E”标准,由经济性(Economy)、效率性(Efficiency)、有效性(Effectiveness)这三类指标构建。

我国的预算绩效管理体制在改革开放、实行以市场为导向的经济体制改革以来,在实践中得到了进一步的发展和完善,经过了绩效评价、预算绩效管理、绩效预算这三个阶段,逐步形成有中国特色的预算绩效管理体系,并在继续积累经验,取得积极进展。

“预算管理体制”是指在国家基本制度和战略发展框架下,合理统筹和协调处理不同层级政府间财政收支关系的制度安排,通过这一制度安排,实现各级政府支出责任与财权相适应。

西方将分级分权财政体制称为“财政联邦主义”(Fiscal Federalism),可将其划分为两个阶段:第一代财政联邦主义理论假设政府是谋取社会福利最大化的善良的践行者,并通过采用新古典经济学的规范理论作为分析框架,来探究不同层级政府间合理配置政府职能和政策工具的问题;第二代财政联邦主义在第一代财政联邦主义的基本假设、原理和分析方法的基础上,进一步关注政府的主观能动性,并引入公共选择理论关于政府的基本观点。

1994年,我国在汲取其他市场经济国家制度要素的基础上,充分考虑中国实际与社会主义市场经济客观要求,进行了分税制财政体制改革,其后我国财政分权原则经历了从“事权与财权相结合”到“财力与事权相匹配”,再到“事权与支出责任相适应”的转变。

分税制预算管理体制的建立,为我国形成全国统一市场经济,实现公平竞争以及国家长治久安打下了坚实的基础,对我国今后不断深化和发展中国特色社会主义经济产生了深远的影响。但分税制改革发展的道路并非一帆风顺:在中央财政掌握更多的财政资源的情况下,省级以下的职责范围和收入划分却迟迟未能作出明确、合理的规定,出现县、乡级政府财政困难和隐性负债、“土地财政”等问题。

虽然遇到了一些坎坷和波折,但深化我国财政体制改革,应当坚持深化和不断完善分税制预算管理体制改革,首先应当探索行政层级扁平化道路,培育地方税收体系;还要在优化转移支付制度的同时,从事权合理化的角度推动相关的全面改革。

概念与认识的关键词

政府预算;现代预算;预算体系;预算收支科目;预算修正;预算审批;绩效考评;分税制

思考与讨论

什么是政府预算?

什么是现代财政预算?它有哪些特征?它的意义何在?

为什么说现代意义的预算是公共财政所追求的载体?

你怎样认识预算执行中的调整修正?

你怎样理解绩效预算?

你怎样看待分税制财政体制?

主要参阅文献

麦蒂亚·克莱默,等.联邦预算,美国政府怎样花钱.上海金融与法律研究院,译.北京:三联书店,2013.

袁星侯.中西政府预算比较研究.厦门大学博士论文,2002.

艾伦.希克.联邦预算——政治、政策、过程.苟燕楠,译.北京:中国财政经济出版社,2011.

艾伦.希克.国会和钱:预算、支出、税收.苟燕楠,译.北京:中国财政经济出版社,2012.

罗伯特·D.李,罗纳德·W.约翰逊,菲利浦·G.乔伊斯.公共预算体系.苟燕楠,译,马嘉楠,校.北京:中国财政经济出版社,2011.

苟燕楠.绩效预算:模式与路径.北京:中国财政经济出版社,2011.

贾康,梁季.配套改革取向下的全面审视——再议分税制.中共中央党校学报,2013(5).

吴俊培.财政联邦主义理论述评.财政监督,2012(33).

陈共.财政学(第七版).北京:中国人民大学出版社,2012.

叶振鹏,张馨.公共财政论.北京:经济科学出版社,1999.

萨尔瓦托雷·斯基亚沃-坎波,丹尼尔·托马西.公共支出管理.张通,译.北京:中国财政经济出版社,2001.

卢洪友.政府预算学.武汉:武汉大学出版社,2005.

程瑜.激励与约束:中国预算绩效管理的制度创新路径.财政研究,2014(9).

王泽彩,程瑜.绩效是改进预算制度的内在要求.经济参考报,2015年1月22日.

贾康.积极财政政策效应评析.中国经济时报,2003年2月8日.

贾康 等著

财政学通论

下

FINANCE

GENERAL THEORY OF PUBLIC FINANCE

中国出版集团
東方出版中心

第七章　财政与基本社会保障

第七章　财政与基本社会保障

从摇篮到坟墓。

——人们形容社会保障"福利国家"的通行语

社会保障应遵循四个基本原则：普遍性原则；保障基本生活原则；统一原则；权利和义务原则。

——贝弗里奇报告(英,1942年)

一、财政与再分配的不解之缘

/// 楔子：什么是再分配？ ///

案例1：2013年11月,厦门市民政局公布了2014年最低生活保障标准。规定低保新标准：城市(城镇)1人户每人每月525元,2人户每人每月500元,3人及以上户每人每月475元;农村每人每月450元。领取低保的资格按照低收入标准和低收入家庭财产标准划定。其中低收入家庭收入标准为城市(城镇)人均每人每月1 000元;农村人均每人每月900元。低收入家庭财产标准为城市(城镇)每人每年24 000元(24个月城市低收入标准);农村人均为每人每年

21 600 元(24 个月农村低收入标准)。

案例 2:在 2018 年 10 月 1 日起执行的新修订的《个人所得税法》中,我国个人所得税免征额上调至每月 5 000 元(全年 6 万元)。实行 7 级超额累进税率,最低一档税率 3%,最高一档税率为 45%。月工资收入低于 5 000 元的个人,其税后工资收入为其工资总额(即无税负)。应纳税的劳动收入按年度综合后缴纳,税率表如下(表 7－1):

表 7－1　个人所得税税率表(综合所得适用)

级数	全年应纳税所得额	税率(%)	速算扣除数	该档税率顶格纳税额
1	不超过 36 000 元的	3	0	1 080
2	超过 36 000 元的不超过 144 000 元的	10	210	10 800
3	超过 144 000 元的不超过 300 000 元的	20	1 410	31 200
4	超过 300 000 元的不超过 420 000 元的	25	2 660	30 000
5	超过 420 000 元的不超过 660 000 元的	30	4 410	72 000
6	超过 660 000 元的不超过 960 000 元的	35	7 160	105 000
7	超过 960 000 元的	45	15 160	

注:本表所称全年应纳税所得额是指依照修订后《个人所得税法》第六条的规定,居民个人取得综合所得(工资、薪金所得、劳务报酬所得、稿酬所得和特许使用费所得)以每一纳税年度收入额减除费用 6 万元以及专项扣除、专项附加扣除和依法确定的其他扣除后的余额。纳税人每当达到更高一级的级数时,前面各级的顶格纳税额需累加,比如:达到年综合收入应纳税所得额 96 万元时,再增加的纳税额将按 45%边际税率计算,而前边 6 级的应纳税额已累加为 25.008 万元。

案例 3:1994 年分税制改革以来,中央财政集中收入增量通过转移支付方式对地方进行再分配。据测算,1994—2009 年,中央财政从广东、江苏、上海、浙江、深圳、北京、山东、宁波、天津、青岛、福建、厦门、大连 13 个地区净集中收入增量 39 100 亿元,从自有收入增量中安排 11 527 亿元,一并用于增加对其他 23 个地区的转移支付,累计增加 50 627 亿元(张海燕,2011)。与此同时,中央政府安排和启动地方层面的对口支援机制。1995 年启动对口支援西藏工作,至第五批援藏干部进藏工作结束时,对口支援省市与单位累计向西藏无偿援助资金、物资折合人民币 133 亿多元(于嘉、文涛,2011)。2008 年汶川特大地震后,《汶川地震灾后恢复重建总体规划》明确19个支援省(市)按每年不低于本省(市)上年地方财政一般预算收入1%的实物与工作量,对口支援四川、甘肃、陕西省的24个县(市、区)。

观察综述:对于丧失劳动能力,没有生活来源或者收入难以维持基本生存需要以及由于遭受自然灾害,或者由于其他经济、社会等原因而无法维持最低生活水平的社会成员,财政根据社会保障制度规定,对其给予一定的物质方面的救助以保证其能够维持最基本的生活需求。这样的社会救济,是再分配的一种方式。

通过累进税率的税率设置,达到低收入者少纳税、高收入者多纳税的效果。累进式的直接税税制的设计,不仅影响个人收入水平,还能改变个人收入分配结构,缩小高收入者与低收入者之间的收入差距。一方面体现了税收的量能负担原则,一方面体现了政府“抽肥补瘦”的意愿,有着收入再分配的效应。

在各地税种一律、分享比例一律的情况下,各地实际的税收丰度(某一税种的人均可实现收入数量)会由于地区经济发展水平的差异及其他相关因素而大相径庭。税收丰度很低的地方,大都是地广人稀、高原山区、自然条件较严酷而提供公共产品的人均成本非常高的地方;税收丰度较高的地方,一般都是人口密集、城镇化水平高、自然条件和生存环境较好因而提供公共产品的人均成本比较低的地方。为了保证经济发展程度不同的各个地区都有提供最基本公共物品和服务的能力,中央政府作出了对欠发达地区的转移支付安排。这种地区间的转移支付,也是收入再分配的一种。

(一)基本认识:初次分配与再分配

1. 收入分配

收入分配指国民经济在一定时期内所创造的国民收入,按一定的方式在政府、企业和居民个人之间的分割。以生产经营活动中创造的增加值为国民收入分配的起点，初次分配形成各经济主体（含机构部门）的原始收入，再分配则形成各经济主体的可支配收入，进而供各经济主体消费或投资。

——收入分配的分配对象

收入分配的分配对象是国民可支配收入。国民可支配收入是指一国国民在一定时期内实际可用于最终消费和投资的收入总量，既包括本国国民所获得的全部要素收入，即国民收入，也包括本国国民从国外获得的转移性收入，如国外捐赠和无偿援助等。

——国民可支配收入的具体计算公式如下：

国民可支配收入＝国民总收入（GNI）＋国外经常转移净额＝国内生产总值（GDP）－非国民创造并分配的收入＋国外的净要素收入＋国外经常转移净额

通常而言，国外经常转移净额数额较小，且资料不易取得，因此在实际测算中，往往用国民总收入数据代表国民可支配收入。——收入分配的分配主体参与国民可支配收入的经济单位有千千万万，在国民经济核算体系中，根据一定标准将这些经济单位进行分类，这些不同的“类”被称为“部门”。根据部门的性质及其在国民经济中不同的功能定位，通常将经济单位主要分为三类，即住户部门、政府部门、企业部门。

住户部门，也称居民部门，由所有常住户组成，同时包括个体经营单位，即通常意义上的个体工商户。在国民经济体系中，住户部门的主要职能有两个：一是提供各种生产要素，是劳动生产要素的唯一来源，同时还提供资本要素；二是消费者，通过消费货物与服务来满足自身需要。

政府部门，由提供公共服务的行政单位（如政府部门）或者政府资助的其他单位（如事业单位）组成。在国民经济体系中，政府部门承担两项职能：一是通过社会经济管理为居民和社会公众提供公共产品；二是在全社会范围内对收入和财富进行再分配。

企业部门，由各类常住企业单位组成，既包括各类法人单位，也包括类似于企业的准法人企业和为企业服务的非营利单位。企业部门的基本特征是以营利为目的进行对接市场的经济活动，其主要职能是汇集各种生产要素进行生产活动，向市场提供各类产品，包括货物和服务。

——收入分配的级次

一般认为国民收入分配包括三个层次，头两个层次是初次分配与再分配。初次分配按照各经济主体拥有生产要素的类型、质量和多寡进行分配，形成各经济主体的原始收入。再分配按照政府牵头制定的法规进行分配，进而形成各经济主体的可支配收入。初次分配是基础，再分配是结果。由慈善、公益、志愿者活动形成的收入分配，则被称为“第三次分配”。各经济主体对资源的占有程度，决定了其消费和投资能力。

2. 初次分配的市场主导

初次分配也称要素性分配或交换性分配，是在市场交易中依据各要素对生产贡献所进行的分配，其内在的逻辑取向是以对称性的激励机制提高市场生产效率。该分配层次强调的是参与生产活动的主体才能参与分配，同时分配主体收入的取得，与其拥有且用于市场交换的生产要素的质量和数量正相关。

——市场是分配主体。在市场经济体制下，收入分配首先依靠市场机制。实际上，由于初次分配主要是要素分配，讲究要素投入与要素收入相对称，所以其中应主要是由市场机制发挥作用，是一种讲求市场公平竞争的分配。市场化的分配有助于实现经济激励和经济效率。社会福利总量的增加是财富公平分配的前提。没有收入差距的绝对平均社会，既没有效率，也谈不上公平，适度差距是调动生产积极性的必然要求，是经济发展和社会进步的内生动力，因此初次分配的机制原理与制度安排取向，应是降低准入门槛、消减要素流动壁垒刺激创业创新，鼓励能者多得，强调按生产要素分配，即根据生产参与者提供的生产要素价格和数量获得收入，而决定要素价格的关键因素为市场供需关系。

——分配面较小。初次分配随生产过程完成，这意味着只有生产过程的参与者有机会参与分配，分配面较小。无劳动能力者、失业者以及不能提供其他生产要素的居民或个人，不在初次分配范围之内。

——政府以管理者身份参与生产与分配。在初次分配中，政府以管理者身份参与生产，进而参与分配，取得生产税收入。管理手段应多为法律法规，旨在为生产创造公平有序宏观环境，即所谓的“政府搭台、企业唱戏”，对于成千上万企业的微观生产分配行为，政府无须也无能力介入。一种比较直接和常用的干预手段是价格管制，但这种手段往往收效甚微，有时伴有很大负面影响。因此综合衡量利弊，初次分配中总体而言应坚持重效率的原则，增强经济活力，做大财富蛋糕，为财富的后续分配提供充分的前提与可能。

——影响初次分配的因素和维护初次分配的公平性。在社会生产过程中，各大部门凭借其拥有的生产要素取得相应的收入。劳动要素的收入即为劳动者薪酬，政府管理要素的收入即为生产税净额，资本要素获得的收入为营业盈余/混合收入，分别归属于家庭、政府和企业。初次分配过程中各部门间发生的资金流动情况如图 7－1 所示。

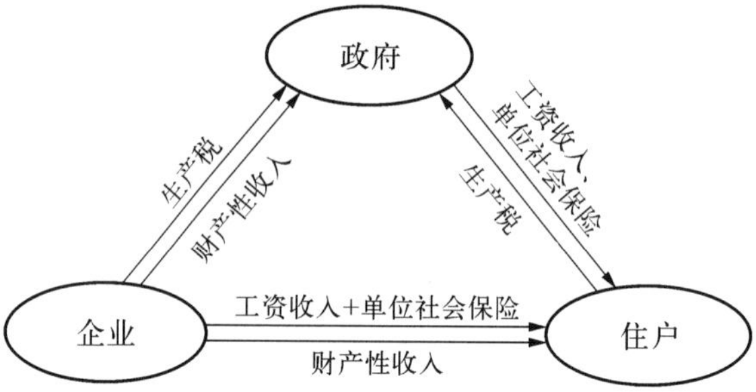

图 7－1　各部门间资金流动情况图示

劳动者报酬（雇员薪酬）是生产单位依据劳动者提供的劳动力生产要素的多寡和质量支付的现金或实物报酬总额。劳动者报酬不仅包括奖金、津贴和其他劳务收入等，统计上还包括生产单位为劳动者缴纳的社会保障缴款，但不包括向劳动者发放的困难补助等。

生产税是生产单位因从事生产销售等经营活动以及在这些经营活动中购买、进口和使用货物或服务而向国家缴纳的税金，具体包括增值税、营业税、消费税等。简而言之，政府针对生产活动征收的税费统称为生产税。生产税补贴主要是指政策性补贴，但不包括固定资产投资的补助。生产税净额是政府提供公共管理要素而相应获得的净收入，它等于生产税毛收入扣除生产补贴后的净收入。

营业盈余/混合收入，是资本要素的收入形式。在国民经济核算中，营业盈余/混合收入不是单独核算的项目，是增加值扣除劳动报酬和生产税净额后的余额。

混合收入是指因非法人企业投资者具有劳动提供者和资本提供者双重身份而使得其收入具有了混合特点。

在要素收入中，除政府管理要素（可视为生产税对应的要素）之外，企业作为微观主体向三大部门中的劳动要素付出多少劳动者报酬，留多少盈余（对应于资本要素）给自己，起决定作用的是要素价格。能够影响要素的供求关系进而影响要素的价格的因素，都将对初次分配结果产生影响。比如市场发育状态与竞争环境、要素的稀缺程度、要素提供的成本等。

初次分配的"公平"，其本意主要是"公正"，即机会的公平、规则的公平、竞争过程的公平，它有利于保护、促进效率。在这方面，政府的应尽之责是制定和维护必要、合理的法律制度和规则，廓清与保护合法的产权、公民权利和公平竞争的市场环境（"刷出各类市场主体公平竞争的一条起跑线"）。

3. 再次分配的政府主导

再分配又称为转移性分配，是基于初次分配形成的格局，以政府为主体，采用税收、社会保险付款、转移支付等手段，通过资金无偿的、单方面的转移，对初次分配格局进行调整，形成各机构部门的可支配收入。如果说初次分配的内在取向应主要是基于效率的考虑，那么再分配的出现和内在取向则是侧重于公平——这里"公平"的本意已侧重于分配结果的适当均平化。初次分配中，只有那些拥有生产要素并且参与了生产的机构和部门才能参与分配。这就意味着，参与初次分配的主体仅为全体国民的一部分，还有相当一部分国民未能参与初次分配，典型的如失去劳动力且无其他生产要素的“老弱病残”者，或者是有劳动能力但暂时失业者。如果没有再分配，这类群体则无收入，也就相应制约了其消费能力，而消费是其生存发展的前提条件，所以如果没有规范的再分配，没有参与生产群体的生存将会受到威胁，其结果是要么无收入者处于贫困饥饿的状态，要么是他们通过暴力、偷窃等手段获取收入，这与发展经济、保持社会和谐、增进国民福利的目标相悖。为此，为了维护社会的和谐稳定，进而保持经济社会持续均衡发展，非常有必要借助各种非交换手段对收入实施再分配。

再分配具有以下特点：

(1) 政府是分配主体。在初次分配中，市场机制是分配主体，因而无论企业、个人还是政府，都要遵循价格规律，被动接受市场这只“无形的手”的分配。而对于再分配，政府是分配主体，政府应依法制定分配规则，决定分配方式，处理“取”、“予”的方向和数额，政府具有主动权、能动性，调控能力有较充分的表现。

(2) 分配面较大。再分配中，分配范围有很大的扩展，就家庭和个人而言，不但包括就业者，从就业所得者“取”个人所得税和社会保险缴款，也包括非就业者，向年老者发放社会保障、向失业者发放失业救济金、向残弱者发放最低生活保障金等，原则上说涵盖所有居民中的合理对象。

(3) 手段多样。再分配中，既能以“税”的方式从有所得者“取”，以累进税率达到“多所得者多取”、“少所得者少取”的调节目的，也能以“费”的方式向全体有劳动能力者取“社会保障缴款”，平均分摊社会养老成本。另一方面，在“予”时，手段既包括发放社会保障金、最低生活保障金，还包括社会救济金，根据情况不同，分层次、分类别实行区别对待。

（二）再分配的路径、方式与经济效应

为了调节收入分配，抑制、缓解收入悬殊，实现“抽肥补瘦”而促进社会和谐，政府有税收政策、转移性支出（包括社会救济、社会保障支出）等财政手段。一方面“高端调低”，通过税收等规范手段适当降低高收入阶层的收入；另一方

面做到“低端托底”，对低收入阶层收入不足以满足基本生活需要的缺口，通过社会救济、社会保障措施填补。

（1）个人所得税

个人的劳动收入和财产性收入差距过大，是导致社会成员生活境况“两极分化”的原因之一。个人所得税直接针对这部分收入课征，一般运用超额累进和起征点（费用扣除额）的税制安排，调低高收入阶层的可支配收入总额，而对低收入阶层则不征税或少征税。这样可达到收入再分配的调节效果。

（2）财产税

除了收入差距之外，财产差距也是社会成员生活境况“两极分化”的重要原因。所得税调节流量的收入，财产税调节存量的收入，两者互相配合，能够共同发挥税收调节收入分配的作用。个人所得税课征之后，社会成员之间仍存在的收入差距，将转化为社会财富与财产分布的差距。而财产差距又将引起财产性收入的差距，有可能进一步加大贫富差距。财产税主要是对高收入阶层的财产存量征收，将缩小社会各阶层在财富及相关收入上的差距。

（3）遗产和赠与税

财产的代际传承也会扩大财产的集中度和社会成员间的贫富差距。对遗产课税进行再分配，直观的效应就是通过对少数富裕人群向后代转移财产课税，减少了税后转移的财产数量，直接降低了财产代际传承造成的财产积聚、集中程度，也就减轻了后代人的起点不公平程度。为防止纳税人一方以财产赠与方式逃避遗产税，遗产税制设计上可考虑与赠与税联结为一体。

（4）政府的济贫支出

这是政府依据有关的济贫法案条款规则等，通过政府预算安排的支出，用于“贫困线”之下的社会成员的生活补助。所谓“贫困线”的经济含义，就是社会成员个人或家庭的最低生活水平线。如低于该线，则连基本生活水准也无法维持。济贫支出直接将收入转移给贫困阶层，可明显改善社会最底层人员的生活水准，起到“低端托底”的作用。

（5）政府的社会保险支出

失业、退休、疾病和伤残等是社会中必然发生的现象。对于由于年老等原因丧失劳动能力、没有生活来源或者收入难以维持基本生存需要者，以及由于遭受自然灾害，或者由于其他经济、社会等原因而无法维持最低生活水平的社会成员，财政根据社会保障制度规定，对其给予一定的资金支付与物质方面的必要救助，以这种社会保险支出安排，保证他们能够满足基本的生活需求。

（三）再分配的政府责任

收入分配格局的合理性，数量上没有严格精确的一定之规，往往取决于不同的价值判断，即使在同一个国家，不同的人也会有不同的评判标准。任何一种分配状态都可能仁者见仁，智者见智，但从社会公众总体的可接受程度而言，在维护公正即维护公民权利公平和经济活动起点公平、机会公平、过程公平的前提下，适当“抽肥补瘦”、侧重于“雪中送炭”所形成的再分配结果，是最接近于合理的状态。

整个收入分配过程中，政府要在效率和公平之间作出尽可能适当的权衡把握。“效率与公平”是经济学和社会科学工作者多年来反复探讨的一对概念，如何把握“公平”的准确内涵，可谓见仁见智。贾康于研究中形成的一套分析认识，是强调应把汉语语境中的“公平”，拆分为“公正”与“均平”两个指向，防止“一锅煮”（参见专栏 7－1）。政府的相关责任可表述为“维护公正，兼顾均平，高端调低，低端托底”。在社会生产过程即初次分配过程中，注重“维护公正”；在再分配过程中，政府作为分配主体，要尽到“兼顾均平，高端调低，低端托底”的主要职责，以必要的调节、控制、规范手段介入再分配，遏制收入差距悬殊，防止“两极分化”并促其收敛。

专栏7-1　关于效率与公平的分析

收入分配问题相关的"激励—约束"，实质上就是要处理好"做大蛋糕"与"切好蛋糕"这两个紧密关联，在社会再生产中主要的、互动的对立统一关系。

(1)"公平"的概念和"公平与效率"的关系亟须廓清

关于"公平与效率"的讨论在学术界由来已久，所涉及的现实问题是非常重要的，而且近年来在中国与日俱增地引起了各方面的强烈关注。已有不少研究者指出：公平与效率的关系并非全是此消彼长的对立关系，也有相互促进、互为条件的关系，这一点十分重要，需要进一步细化分析。我们认为，如果从细致、严谨研究的角度，应该把"公平"之内涵再作拆分，通常人们谈到很多公平问题，要视情况的不同再作细分定位才能较准确地表达原意。比如说近年来人们越来越多地认同应作出"规则的公平"、"过程的公平"和"结果的公平"这样的划分，那么规则公平和过程公平所强调的是"公正"和"正义"，这两个公平与效率是没有矛盾的，并且是保护、促进效率的，主要是指通过公正的待遇和处理，使大家各尽所能，得到一种发展中的公平的环境。但论及结果的公平，则实际是指结果的均平状态，这种均平确实与效率有一定的此消彼长的关系。过于平均，则激励不足，影响效率；过于悬殊，则虽有强激励，但弱势、低端人群的困难与不满增升又可能带来矛盾凸显，危害社会和谐稳定，所以调控者需要作出合理的权衡掌握。遗憾的是，人们讨论公平问题时，往往是把这两个概念混同，完全"一锅煮"了，接着带来的问题就是"捣糨糊"，无助于问题的廓清。清楚地区分中文中"公平"在不同情形下实际分别所指的规则、过程公正的"公平"和分配结果相近的"均平"这两个不同对象，对于正确而深入地讨论问题实属必要，有利于大家避免“鸡同鸭讲”、“苹果与橘子比”。近些年收入分配方面的矛盾凸显之后，人们讨论时往往慷慨激昂、争论激烈，但是却普遍地把应当清楚区分的这两个命题混在一起说，也就带来了在同一个概念下说不同的事情、实际没有共同语言的情况，造成了中文语境中“公平与效率”问题的混乱。观察以中文翻译的西方学界关于“公平与效率”的文献，也有类似的问题，英文“Fair”“Fairness”“Equity”“Equality”在词典上普遍是互证互解的关系，中文翻译统统一律译作“公平”，但细究词根与最基本的词意，“Equity”有“股本”之意，更适合于表达标准化的“均平”，而“Fairness”与“标准化均平”不发生交集，更接近于正义（Justice）的含义，一般应首选“公正”译法。如更多地细考这样的语义差别，讨论者陷入“捣糨糊”不良状态的危险性可望由此有所降低。

（2）“公平”与“均等化”方面的政府责任应当明晰化、合理化、动态化，把握好市场经济环境中的政策理性

如从起点公平、过程公平（意在公正）的角度来看，政府的应尽之责是制定和维护必要、合理的法律制度和规则，保护合法的产权和公平竞争的环境（“刷出一条起跑线”）。如果从结果公平（意在均平）的角度来说，政府的作用应更多地体现为通过再分配手段抑制、缓解收入悬殊。前期的“结果”在一定场合又是后期的“起点”，于是又联系到政府的另一项应尽之责，就是努力发展和实现基本公共产品、公共服务的“均等化”，这个问题的实质是要“托一个底”，政府应该提供的诸如普及义务教育、实施社会救济与基本社会保障这类公共产品与服务，应该首先把最低限度上的供给水平托起来。同时这并不应理解为政府可以和应当大包大揽地过度着力，把在公平竞争之中和之后必然形成的差异压得十分扁平。应力求清晰地形成政府职责边界和“政策理性”的要领，促成政策的合理优化调

整，以有利于社会矛盾的缓解与多元主体活力的持续释放，保障和支持现代化事业的持续发展。

比如，在“住有所居”的公共供给方面，政府首先要托的底其实不是“经济适用房”，一定应该是公租房（廉租房与公租房因为实际很难划清区别界限，可统称为公租房），其入住者是没有产权的，由政府甄别鉴定社会最低收入阶层，让他们入住而“住有所居”。这是关联整个社会稳定的一种“公共产品”。同时政府做这件事情的管理成本也会比较可观，必须在众多社会成员中对公众负责地认清到底谁有资格得到这种公租房待遇。人住进去以后，政府应跟踪观察，如果以后入住家庭的收入上升到一定的程度，还应劝他们搬出去，把资源腾出来去解决届时真正的低收入阶层“住有所居”的问题。这种管理成本是必须付出的，因为这是政府非做不可的事，关系整个社会的稳定。但是如果按这个逻辑不断提升，以类似方式包揽边界不清的“经济适用房”（现实生活中扩展至十几种具体形式）的供给，说起来会很得民众拥护，实际上做起来却发生大量的扭曲，不少收入较高的人混在一起防不胜防地钻各种制度与政策的“空子”，大量不具备资格的较高收入者能够买这种房子，实际上是排挤掉了真正在较低层的社会成员的对应机会，不当地占据了原指望发挥其政府功能的宝贵的公共资源。于是从追求公平、公正的理念出发，造成的却是让人啼笑皆非的结果，使五花八门的“经济适用房”变成了一个“管不了、管不好”的事情，政府做了很多却还要挨骂，因为把应当用来“雪中送炭”的钱，往往变成了“锦上添花”和乌烟瘴气的设租、寻租、投机取巧，前面好的动机没带来后面好的结果。

（贾　康）

从权利公平、起点公平和过程公平（意在公正）的角度来看，政府的应尽之责是制定和维护必要、合理的法律制度和规则，廓清与保护合法的产权、公民权利和公平竞争的环境（“刷出一条起跑线”）。从结果公平（意在均平）的角度来说，政府的作用应更多地体现为通过再分配手段抑制、缓解收入悬殊。高收入阶层的收入应通过税收等规范手段适当降低；低收入阶层收入不足以满足基本生活需要的缺口，应通过社会救济、社会保障措施填补。由于对社会成员的发展而言，前期的“结果”在一定场合又是后期的“起点”，于是应当明确政府的另一项职责，就是努力发展和实现基本公共产品、公共服务的“均等化”，即政府应该提供诸如普及义务教育、实施基本医疗、基本住房的机会保障这类公共产品，应该保证由政府托底而形成至少是最低限度的公共供给，给所有社会成员最基本的发展起点。

在再分配过程中，政府起主导作用，体现为向企业、个人征收多少税，向居民提供多少社会补助，以及居民的社会保险缴款水平、企业对居民的社会补助水平等，都依据相关政策和法律执行，由政府负责与监管。2007 年，我国住户部门再分配后，收入占比比初次分配占比上升了 0.4%，表面上看，住户部门收入总规模的变化不大，但再分配过程中进行的转移收支规模却很大。实际上，在资金流量表账户上，住户部门向政府部门转移了收入税、社会保险缴款，其比重占到住户部门初次分配收入的 9.5%；同时收到了主要来自政府部门的转移性支出，比重占到住户部门初次分配收入的 9.9%。这些都表现在再分配环节，政府主导之下进行了收入的“一取一予”，对住户部门及企业部门的初次分配结果，从结构角度进行了“抽肥补瘦”。

二、社会保障

/// 楔子：社保案例 ///

——老张今年退休了，在国有企业工作了一辈子的他虽然不再工作，但他每个月依旧可以领到以前工作时基本工资的95%的养老保险金，老张可以悠闲地享受生活了。

——受经济调整的影响，小李工作的公司倒闭了，成为失业人员的小李不得不日夜奔波寻找新的工作，所幸小李之前工作的公司为其缴纳了失业保险，因此，小李在失业后继续领到24个月的失业金，暂时缓解了其家庭的生活压力。

——贝贝刚出生五天就失去了亲人，但值得庆幸的是，贝贝被好心人及时送到了福利院，在福利院的阿姨热心的照顾和小伙伴的陪伴下，贝贝得以健康成长。

（一）概念：什么是社会保障

社会保障（Social Security）作为现代社会的一种制度安排，其萌芽产生的历史，可以追溯至几百年前。在西方，通常认为1601年英国伊丽莎白女王时期《济贫法》的问世标志着这一制度的出现；1881年和1882年，德国宰相俾斯麦先后提出工伤事故保险法案和从事工业生产工人的疾病保险法案，也被认为是社会保障制度建设的案例；但社会保障这一概念表述的形成，要迟至最早出现于美国罗斯福总统实施"新政"时期在1935年颁布的《社会保障法》中，过去也有人译为社会安全。1944年国际劳工组织通过的《费城宣言》也使用了社会保障一词，1952年国际劳工大会通过了《社会保障公约》，规定了社会保障的基本准则。此后，社会保障一词逐渐被国际社会广泛采用，成为专门的术语。所谓社会保障，是指政府向丧失劳动能力、失去就业机会、收入未能达到应有的水平，以及由于其他原因而面临困难的社会成员，给予货币或者实物形式的帮助，以保障经济社会的正常运转。社会保障是20世纪以后工业化国家市场经济的一个十分重要的组成部分，其本质是对于社会福利、社会公平和社会稳定的追求。从这个意义上，我们可说社会保障是社会发展不可或缺的组成部分，是社会发展的"安全阀"和"稳定器"。当代的社会保障制度是经济社会发展和文明进步的产物，并不断随着各国政治、经济、文化等各方面的发展而发展。社会保障的发展体现了各国具体的社会进步、历史文化和价值观方面的选择，各国都依据自己的政治、经济和社会情况制定符合自身需要的社会保障政策。因此，不同国家对社会保障的界定呈现出多样性。

1. 国外对社会保障基本内涵的界定

德国是世界上最早以立法形式确立社会保障制度的国家之一。在第二次世界大战后，德国在实施市场经济的同时，着重把社会保障制度规划为向市场竞争中失败者或失去竞争能力的人提供基本生活保障的、具有互助性质的安全制度。他们将社会保障视为社会公平和社会安全的需要，是为因生病、残疾、老年等原因丧失劳动能力或遭受意外而不能参与市场竞争的劳动者及其家人提供基本生活保障，使之重新获得参与竞争的机会。德国的社会保障概念体现了社会公平和社会安全的思想理念。

美国于 1935 年罗斯福新政时期，通过了《社会保障法》，主要对老年人、遗属和残疾人提供现金和生活补助，强调了保障对象的特定性，即为生活困难的社会公民。以后，美国对这一概念进行深化，指出社会保障是社会对那些法律规定的困难公民，如年老、生病、年幼或失业者提供的收入补助，保障方式主要是现金补助形式。

英国最权威的《牛津法律大辞典》对社会保障的定义如下：社会保障是对一系列相互联系的、旨在保护个人免除因年老、疾病、残疾或失业而遭受损失的法律的总称。1942 年的《贝弗利奇报告》首次赋予了社会保障普遍性原则和类别原则，该报告将社会保障视为对国民在失业、残疾、伤害、老年及家庭收入锐减、生活贫困时予以的生活保障。根据这一报告，英国将社会保障定义为以国家为主体的公民福利计划，是国民收入再分配的一种手段，遵循普遍性原则，注重实行全面的保障。

在亚洲国家中，较早确立社会保障制度的日本将其定义为：对疾病、负伤、分娩、残疾、死亡、失业、多子女及其他原因造成的贫困，用保险或者政府直接负担的方式，找出保障其经济的途径；对于生活贫困者以国家扶助的方式，保障其最低限度的生活水准。强调了社会保障是一种反贫困的制度安排。

1985 年,国际劳工组织在《社会保障导言》中对社会保障作出如下定义: 社会保障即社会通过一系列的公共措施对其成员提供保护,以防止他们由于疾病、妊娠、工伤、失业、残疾、老年及死亡而导致的收入中断或降低而遭受经济和社会困窘,也包括对社会成员提供的医疗照顾,及对有儿童的家庭提供的补贴。这里将社会保障的内容表述为一系列公共政策的组合。

总体看来,尽管各国和国际组织对社会保障的定义侧重不同,但显然存在一些基本的共性: 第一,社会保障是政府为了保障社会安全,维持社会正常运转而采取的制度安排;第二,社会保障与社会风险、个人风险和自然风险密切相关,是一种抵御风险的机制;第三,社会保障对象具有一定特定性,主要针对的是因为某种原因可能面临生活困难的社会成员;第四,社会保障以维持社会成员基本生活或最低限度生活为主要目标,以货币形式和实物保障为主要手段。这些特征可勾勒出社会保障的基本内涵和概念。

2. 我国对社会保障基本内涵的界定

中国改革开放后自 1986 年起开始积极采用与国际接轨的现代社会保障制度,此后不断对其进行完善。《中国大百科全书》经济卷对社会保障的定义是: 国家通过立法对社会成员给予物质帮助而采取的各种社会措施的总称,包括社会保险、社会救助、社会福利和公共医疗卫生四方面内容。《现代劳动关系辞典》中的表述为: 社会保障指国家为维持社会再生产和社会安定,通过立法的形式对公民因年老、疾病、伤残而丧失能力,或因丧失劳动机会,或因自然灾害以及其他原因面临生活困难时提供物质帮助,以保障其基本生活需要,维持其基本生存权的社会活动体系,一般主要有社会保险、社会救助、社会福利、优抚安置、公共医疗卫生事业等。

从经济角度看,社会保障是一种以国家为主体的经济分配形式,是对国民收入的分配和再分配,是确保社会成员基本生活需要的一种社会责任和社会经济分配形式。从社会福利角度看,社会保障是一种社会福利制度,是对贫者、弱者实行救助，对暂时和永久失去劳动能力的劳动者实行生活保障，使他们享有基本生活保障，以及对全体公民普遍实施福利措施，以保证每个劳动者乃至公民都有生活安全感的一种社会机制。总体来看，国外的社会保障主要是指政府主导的，在社会成员面临风险时，保障社会成员基本生活的社会安全机制。国内对于社会保障概念的理解具有泛化倾向，一般都包含了社会保险、社会救助和社会福利三方面内容。

3. 社会保障的基本特征

无论国内、国外对于社会保障的定义差别如何，社会保障作为一种经济保障形式，具有如下基本特征：

——社会性

社会保障的主体是政府，目的是满足全体社会成员的基本生活需要，范围覆盖整个社会，任何成员都不应该被排斥在社会保障体系之外，因此具有很强的社会性。

——强制性

由于每个社会成员从社会保障中获得的收益与支付的成本不同，就会导致一些成员没有参加社保的意愿，这不利于社会的整体利益。因此，每个国家都是以立法的形式来保证社会保障参与的强制性。我国的宪法明确规定：中华人民共和国公民在年老、疾病或丧失劳动能力的情况下，有从国家和社会获得物质帮助的权利。国家发展为公民享受这些权利所需要的社会保险、社会救济和医疗卫生事业。由此可见，社会保障的强制性体现为法定的普遍性。

——互济性

在日常生活中，每个人所面临的风险程度是不同的，这就决定了每个人在社会保障中的权利与义务是不完全对等的。而社会保障在强制每个人都参与的基础上，使得利益从风险小的一方向风险大的一方转移，实质就是通过社会保障将个人的风险分散给全社会，从而实现社会成员的互济。

——福利性

社会保障的目的是保障社会成员的基本生活，实质上属于社会公益事业，并非出于营利的目的,这也是社会保障区别于商业保险的重要特征。

4. 社会保障具体包括哪些方面

国际劳工组织将社会保障主要承担的风险防控归纳为:疾病、生育、老年、残疾、死亡、失业、工伤、职业病和家庭。按此,可将社会保障制度的组成部分概括为:医疗补助、残疾补助、失业补助、老年补助、工伤补助、生育补助、家庭补助和遗属补助等内容。由于各国的政治、经济、文化、价值观以及实行社会保障制度的各项具体规定不同,各国的社会保障构成体系存在很大的差异。但是从各国实践来看,主要都包括社会救助、社会保险、社会福利以及社会优抚和安置四个方面。

社会救助是社会保障的最低(托底)层次,其对象是社会中的最困难群体。具体是指国家和其他社会主体对于遭受自然灾害、失去劳动能力或者其他低收入公民给予物质帮助(必要时也涉及心理与精神救助),以维持其基本生活需求,保障其最低生活水平的社会保障制度,主要包括自然灾害救济、失业救济、孤寡病残救济和城乡困难户救济等。这些对于以社会政策托底来扶助弱势群体、实现社会公平、维护社会稳定,有重要的作用。

社会保险是社会保障的核心,是一种为丧失劳动能力、暂时失去劳动岗位或因健康原因造成损失的人口提供收入或补偿的一种社会和经济制度。主要是依法由国家、集体和个人共同筹集资金,以确保公民在遇到生、老、病、死、伤、残、失业等风险时,获得基本生活需要和健康保障。社会保险一般包括以下内容:

——社会养老保险。是指国家以立法形式确立的劳动者在年老失去劳动力或退出就业领域后享有的领取退休养老金的权利,通常以企业、劳动者、政府和社会为资金来源。

——社会失业保险。是由国家以立法形式确立的劳动者在失业时享有的权利,用以维持劳动者的基本生活水平。

——社会医疗保险。是由国家以立法形式确立的劳动者所享有的疾病预防和治疗的权利,主要以劳动者缴费和政府补助为经费来源。

——工伤保险。是由国家以立法形式确立的劳动者因工作而负伤、致残、死亡时,给劳动者本人或者其直系亲属提供资金与物质帮助的保险制度。

——女工生育险。是由国家以立法形式确立的女工在生育期间中断劳动或工作时给予其帮助的一种社会保险制度。

社会福利是社会保障的最高层次。它是国家和社会在保障和维持全体社会成员基本生存权利的基础上,通过兴建社会公共福利设施、实施社会服务以及各类社会公共福利事业,来增进和提高社会成员的物质和文化生活水平的保障制度。广义的社会福利是指提高社会成员生活水平的各种政策和社会服务,旨在解决广大社会成员在各个方面的福利待遇问题。狭义的社会福利是指对生活能力较弱的儿童、老人、单亲家庭、残疾人、精神病人等的社会照顾和社会服务。广义的社会福利所包括的内容十分广泛,不仅包括生活、教育、医疗方面的福利待遇,而且包括交通、休闲、体育、文化艺术欣赏等方面的待遇。

社会优抚和安置是社会保障体系中一种带有褒扬、优待、抚恤和安置性质的保障制度。主要是指国家和社会依照法律、法规,给予优抚对象提供一定的生活补助资金、物资和服务的特殊社会保障制度。主要包括牺牲病故丧葬抚恤、定期定量生活补助、残疾抚恤与残疾人员免费医疗、烈军属医疗费减免优待等。

(二)为什么要施行社会保障?

分析施行社会保障的原因,可主要从其实施的必要性和社会保障的功能两个方面入手。

1. 理论基础与多样性(多支柱)体系

社会保障的理论基础主要是在福利经济学方面。以养老为例,依理论上的分析可指出,各社会成员收入演变与支出需要在全生命周期中的不均衡,以及各个社会成员之间必然存在的收入与支出差异,需要有一种缓解矛盾的错期调节机制和全社会可共享的互济机制,于是参加社会保障制度的成员在工作期间,他们个人及其雇主按工薪的一定比例缴税或缴费形成养老的基金;退休后,可按月得到付款，该付款额的水平部分地取决于过去的缴款。很重要的一点是，只要受益人活着，这种付款就会由全社会统筹形成的资金“蓄水池”和可能的财政支持而一直存在，实际上是为受益人的晚年生活提供了一种保障。

在考虑晚年生活保障的时候，我们常常会想到另一种方式——商业性的人寿保险，其所依据的是基于大数定律的商业性精算方案，较充分地与市场接轨，而选择性地由中高收入阶层自愿参与。另外，还有政府支持和引导其发展的补充性养老金计划——企业年金，也简称为年金。个人参与年金计划可具有选择空间，会得到政府政策方面个人所得税递延缴纳等优惠政策的激励与引导，进入个人账户的年金还会与资本市场对接安全、专业的投资机制。但是由于年金市场中存在较明显的信息不对称的现象，所以政府也可以通过强制每个人购买年金的方式来解决年金市场上由于信息不对称所产生的逆向选择问题。由此理论上的一种分析解说是由于养老社会保险是一种优良保值品，很多人缺乏远见，不能够正确评价这种特殊产品所带来的效用，没有为自己的将来作出适当的打算，或者他们偏好于即期消费而不是储蓄，这些都可能导致没有足够的物质基础来保证他们晚年的生活，因此出于家长主义的观点，政府应该强制人们储蓄，即提供强制性年金计划，使人们在退休的岁月里也可以保持适当的生活水平。至于要决定将收入的多少比例用于储蓄、多少比例用于消费是很复杂的，这些决策也取决于人们的预期寿命，对于一般人来说，要作出这些决策需要大量的时间和精力，因此公共决策者应该集中大部分人与专家的智慧对公众提供合适的年金计划，而且政府有必要通过要求所有人都参加社会保障，以及适当限制参保人的选择，这样在管理上可以比私人计划节省很多人力、物力资源，从而降低决策成本和提高社保体系的总体运行效率。

人们通常把社会统筹、年金和商业性养老保险，分别称为社会养老保险的第一、第二和第三支柱。这种多样性形成的整个体系，可以较好适应所有社会成员的养老基金需要与不同社会成员基于各自偏好的差异化选择性需要。

2. 功能角度：社会稳定器、再分配中的“托底”、劳动力再生产与调节投融资

从功能的角度看，社会保障制度在市场经济中具有“社会稳定器”的作用，可以为全体社会成员提供免除种种“后顾之忧”的环境，特别是低收入阶层得到“托底”式保障，增加社会经济的有序性，而使经济和社会有机体得以持续、稳定、均衡、协调发展。由于社会保障必须是制度化的，其收支便与财政收支及国民经济的运行规范构成某种函数关系，基于这种联系，社会保障支出是随经济周期而发生反向变化，可以弱化经济周期的波幅实现“逆周期”调节。同样支付标准下，经济低迷阶段社保支出会上升，给经济增加景气，反之经济高涨阶段社保支出会下降，使经济减少过热风险。因此，社会保障制度就像是具有稳定作用的“安全阀”与“稳定器”，是社会稳定机制的重要组成部分。

市场是以个人对生产贡献的大小来分配收入的，在市场经济体制下，收入分配机制与竞争机制相联系，由于个人禀赋和个人运用禀赋的方式不同，会造成社会成员之间在收入分配方面的不均等，甚至收入相差悬殊。而提供社会保障措施，对社会成员的收入进行必要的再分配，把一部分高收入成员的收入转移到生活陷入困境的成员手中，从而在一定程度上缩小社会成员之间的贫富差距，弥补市场经济的缺陷，缓和社会矛盾。

由此可知，社会保障的最基本功能是使社会成员的基本生活得到保障即体现社会政策的“托底”。也就是根据最低生活标准判断贫困者，然后给予适当的救济，使其可以维持必要的基本生活。社会保障的补偿功能主要体现在社会救济和社会保险两个方面。社会救济的根本目的在于保障最低生活水平，具有鲜明的扶贫特征。社会保险是一种对事故发生后的补救手段，可以有效地对风险进行防范和规避。

实行社会保障可以从保证劳动力再生产的作用方面，促进经济稳定发展。社会保障制度通过建立生育、抚育子女和教育津贴的形式，对劳动力再生产给予支持帮助，使得劳动力再生产和劳动结构的调整适应社会发展的需要。市场经

济条件下的竞争中,当劳动者因企业破产、疾病、工伤等非自愿因素而招致失业和伤害时,社会保障可以通过提供各种帮助而使这部分社会成员维持基本生活需要,学习新的就业技能并且重新参与就业和竞争,从而保护劳动力的生产和再生产。

此外,社会保障具有调节投融资的功能。因为社保资金来自保险费、财政负担以及资金运用增值的收入,具有较高的稳定性。经过多年的探索与发展,社保基金在许多国家的财政运行上的作用已经不可忽视,比如庞大的养老基金也可在财政投融资上发挥重要的作用。社保基金的储备部分通过对国家基础设施和重点项目进行投资支持国家建设,也提高了总体的资金利用率。

(三) 政府在社会保障中应该做什么?

社会保障是国家和社会为保障社会成员的基本生活,通过再分配手段扶助社会成员的一种制度安排,在社会保障相关各主体中,政府不可或缺,在基本社保方面尤处于关键环节。社会保障体系的可持续运行离不开政府的支持和相关监管与服务。根据统计,在全球141个主要的国家和地区中,由政府对社会保障事务进行管理的占90%以上,反映着世界各国、各地区政府介入社会保障事务的一般趋势与规律。从理论角度看,社会保障的性质决定了政府介入社会保障的必要性;从实践角度看,基本社会保障是现代政府职能的重要内容,因为社会保障领域中市场与社会自治机制的不够充分与健全,决定了政府从"托底"介入兼及"普惠"的必要性。具体而言,政府应该在社会保障中做些什么呢?

首先,政府有责任设计建立社会保障制度的方案。现代社会中,社会保障制度是关乎国计民生的重要社会经济制度,制度实施所需要的人力、物力和各种资源不是个人、基层单位所能独立承担的,而政府凭借公共权力对公共事业具有管理职能,可以集中各种资源对社会保障制度进行建设和运转,前提就是需由政府牵头对于这项制度作出整体设计,进而在实施过程中发挥关键的作用。社会保障制度的具体模式选择涉及政治经济文化等诸多制约因素,在建立和实施中牵涉社会各利益集团的竞争，只有政府才能在如此复杂的环境下达成各方面的均衡与妥协，并通过政府权威与公权的强制性来建立统一的社会保障制度。

其次，推动建立和健全社会保障法律体系。从它的发展历史看，社会保障制度和立法密不可分，换言之，社会保障制度的顺利实施需要借助法律手段。现代社会法治化已成为基本特征，社会保障制度既是一项社会经济制度，同时也必须是一套法律法规形成的制度规范，其内容广泛庞杂，涉及社会保险、社会福利、社会救济、社会优抚等诸多方面，而且需要极高程度的稳定性、可预期性和连续性。法律的有效规制对于这一项关乎国计民生、社会稳定的重要制度是必不可少的，只有政府推动和实施一定的立法程序制定正式的法律法规，才能保证社会保障制度的建立和运行。

第三，以财政资金支持和引导社会保障体系的运行。与社会保障关系紧密的政府财政部门，在社会保障的运行及有关工作中起着不可替代的作用。按照我国《社会保障法》的规定，国务院社会保障行政部门负责全国的社保管理工作，各级财政部门的职责主要是在国家多渠道筹集社会保障资金的体制下对社会保障事业给予必要的经费支持。最主要的，是对各项基金的经费支持，包括基本养老保险基金、城镇居民基本医疗保险、新型农村社会养老保险等。在这之中，政府部门担任了“最终付款人”的“托底”责任，通过预算收支筹集和使用资金，以及设立全国社会保障基金，对社会保障体系的支出进行必要的补充。政府对社会保障的财政支持与财政兜底责任是社会保障财务稳定的重要保证。虽然由于各国情况不同，政府介入社会保障的程度不同，这项职能的具体实现形式也存在种种区别，但是财政部门为社会保障制度体系的建立和运行提供强大的财政支持与兜底保证是基本的共性特征。

第四，管理与监督社会保障体系运行。社会保障管理，是指通过一定的机构与程序，采取一定的方式、方法和手段，对各种社会保障事务进行计划、组织、协调、控制及监督的过程，具体包括社会保障的行政管理、业务管理和基金管理等。社会保障制度需要依靠完备、高效的管理体制来发挥其功能。由于社会保障主要涉及社会公共事务,其管理的职能也主要应由政府来承担。各国政府在实施社会保障行政管理方面承担的职能是高度一致的,区别主要在社会保障的业务管理与基金管理方面,各国政府担负的职能不尽相同。在实行社会保障集中管理的国家,政府直接承担主要的社会保障业务管理与基金管理;而在实行分散管理的国家,政府在业务管理与基金管理中主要执行监督与调控职能。

第五,政府需主导与实施社会保障制度的创新。随着经济社会环境的变化,社会保障制度也需要不断调整以适应社会经济关系。在此过程中,政府的主导色彩尤为强烈,因为政府是制度创新的重要主体,在设计新的社会保障制度、推进社会保障制度转换和承担转制成本等方面,都需要政府发挥主导性作用。

（四）他山之石：国外的社会保障

现代意义的社会保障制度经过一百余年的发展,已经在全世界范围内普遍确立。但是由于各国社会制度、经济发展水平等方面的条件不尽相同,社会保障体系也存在着种种差异。一般来说,根据社会保障资金筹集和管理方式的不同,可将各国的社会保障制度划分为三种模式：福利型模式(以英国、瑞典为代表,强调政府主导、全方位覆盖的社会保障);保险型模式(以美国、德国、日本为代表,强调社保资金由政府和个人共同分担);储蓄型模式(以新加坡为代表,强调政府通过强制储蓄制度形成个人可支付的社保资金)。

1. 福利型国家社会保障制度

福利型社保制度最早起源于英国,随后在北欧各国发展开来,强调对全体社会成员从出生到死亡整个过程以及社会生活的各个方面提供全方位的保障。这种社会保障制度以福利经济学为理论依据,实行这种制度的国家一般有较高的经济发展和物质生活水平。主要特点是将福利最大化作为经济政策目标,社会福利至少同国民收入总量成正比。同时,在总量既定的情况下,国民收入越均等,社会福利越充分,社保政策主张通过累进税收政策等对社会收入进行二次分配,保证国民收入均等化达到一定水平,以增加社会福利。福利型国家社会保障制度的主要特征包括：

（1）社会保障政策包括社会生活的各个方面，保险对象为全体社会成员。

（2）政府通过高额累进税和企业缴纳等筹集社会保障资金，以实现对社会收入的二次分配。

（3）社保项目覆盖范围广，保障水平较高。

以瑞典为例，具体说明福利型国家的社保政策实际运行情况：

多年以来，瑞典以其“从摇篮到坟墓”的全面社会保障制度和高水平的社会保障闻名于世，其雄厚的经济实力及长期的和平环境与合作互助的文化传统，是社会保障制度得以建立的基础。自1913年开始，瑞典的社会保险制度不断扩大和完善，已经形成了比较完备的保障系统，涵盖了生、老、病、死等社会生活全方面的内容。其社会保障支出占国内生产总值的比重居世界第一。主要运行特点有：

——社会保障覆盖范围广，保障水平高。瑞典的社会保障制度涉及社会各个阶层的保障需求和个人生存发展的全面需要。所有瑞典公民和在瑞典生活的人，不论其是否具有瑞典国籍，年满16岁后便可以在当地保险机构登记入保。同时，人们生老病死的每一个环节都有相应的社会保障：照顾生病孩子的父母津贴；伤残者可领取的伤残养老金；因病在家的疾病津贴等。瑞典社会保障的整体水平高于其他国家。

——个人一般不需要直接缴纳社保费用。社会保障费用大部分由政府负担，个人缴费很少，雇主缴费较多。这一政策和混合经济相联系，通过高额累进税制和工人参加企业管理的“劳资合作”来实现民主社会主义。

——社会保障法制化。瑞典的社会保障政策不仅以国家的法律法规的形式颁布实施，而且也由国家法律机关即多层次的社会保障法院监督执行。国家成立了统一的社会保障委员会，负责全国社会保障体系的运行，在其之下，形成了由国家、州市各级政府社会机构与服务处所构成的社会保障服务网络，地方自治政府在其中也发挥了巨大的作用。

——强调福利的普遍主义和人权观念。认为政府有责任和义务对所有具有公民身份的个人给予保护。国家有责任保障公民的劳动、住房和受教育的权利，支持社会的福利和保障，维持良好的生活环境。实际上，在大部分的社会保障项目上，普遍性的原则都得到了贯彻。瑞典的每一个公民从出生到死亡都处于社会保障网络当中，并且这种社会保障被看作公民的基本权利，与个人贡献无关。

——失业保险的非强制性。瑞典的失业保险不是由政府管理的，而是分属于两个部门：一是由工会自愿建立的失业基金会管理，政府予以大量补贴；二是劳动市场委员会举办的项目，由各地劳动委员会或就业办事机构管理和具体实施。

2. 社会保险型国家社会保障制度

社会保险型制度起源于德国，随后为西欧各国、美国、日本所效仿。这种保障制度是在工业化取得一定成就，国家经济有较雄厚的基础，单位和个人都有了一定经济承受力情况下实行的。其目标是为公民因失业、年老、伤残以及婚姻、生育或死亡而需要特别支出时提供一系列的基本生活保障。主要有以下几个制度特征：

（1）基本社会保险为强制性保险，个人缴纳社会保险费，企业主也为雇员缴纳社会保险费，各国政府以不同标准拨款资助。公民只有在履行缴费义务后，才能依法领取各种社会保险津贴。

（2）资金来源以个人和单位为主，同时争取社会各界的资助，实现资金来源多元化。

（3）社会保险的人员覆盖面较大，几乎包容全体社会成员。

（4）保险项目多少不一，一定程度上解决生、老、病、死、失业、伤残的“后顾之忧”，同时并行补充性的养老年金制度与商业性的养老保险等。

以美国为例说明社会保险型社保制度实际运行情况：

美国社会保障制度覆盖面较广，涉及公民社会生活的各个方面，包括养老、医疗、失业、残疾、生育、遗属等，有出生补贴、子女津贴、教育津贴、医疗保险、失业保险、工伤保险等。主要运行特点如下：

——社会保障管理和运作的多元体制。美国社会保障制度的一大特点就是体制多元化，公私兼顾，联邦、州和地方政府兼顾，非营利组织和营利组织兼顾。管理权利往往下放到基层。

——较强烈的社会化、市场化倾向。社会保障的经费来源依靠成员参加社会保险所缴纳的社会保险金，基金纳入政府财政预算，但是独立于一般公共收支预算进行管理和运作。社保体系关注的只是基本生活的几个主要方面，其他方面则需要社会成员通过市场化的方式自行解决。

——社会保障项目的选择性和多层次性。一些项目需要受益人缴纳一定数额的保险金，如老年人、幸存者和伤残人保险（OASDI）等；而另一些项目，则按公共援助的方式来实施，不要求缴纳作为享受援助资格的“使用费”，如抚养未成年儿童家庭援助（AFDC）、医疗补助（MEDICARE）等。层次性方面的另一表现是收益的形式，一些项目直接提供现金资助，如失业保险（UI）和补充保障收入（SSI）等；而另一些项目则是在满足一定要求的情况下直接提供实物援助，如医疗补助、食品券等。

——社会保障资金筹集来源的多渠道性。社会保障基金由联邦政府、地方政府、企业、非营利组织和个人共同支付。比如，退伍军人津贴和低收入家庭的“补充保险收入”由联邦政府支付；公共救济和医疗补助等由州和地方政府支付；失业救济金和私营企业养老金等则主要由企业主支付。

——实行差别化社会保障。一方面，不同州和地区社会保障政策不同，以及不同企业的盈利能力水平和工会力量的大小差距，导致了社会保障水平不一致；另一方面，美国的社会保障制度强调自助，主要倾斜于儿童和老人。

3. 储蓄型国家的社会保障制度

储蓄型国家的社会保障制度在一些新兴工业化国家和发展中国家实施，其中以新加坡和智利最为显著。新加坡主要实行的是中央公积金制度。

新加坡是第二次世界大战后才独立的新兴工业化国家，建立之初，经济发展水平很低，根据自身的情况，采用了完全积累性的“中央公积金”制度来实现社会保障。所谓“中央公积金”制度，是指政府通过立法强制国民为养老和医疗等进行个人专项储蓄、采取完全积累模式的社会保障制度，这项储蓄连同储蓄利率，分别记入每个人的名下，在个人年老、残疾或死亡等不测事故发生时付给本人或其遗属一次性总付的全部储蓄和利息。个人在生病、失业或购置住宅时可以中途支取部分存款。公积金的缴纳率随着经济增长和职工工资水平的提高而调整。简要归结起来，新加坡的中央公积金筹措方式为强制性储蓄，实行有限保健制度，没有失业保险。总体而言，新加坡的社会保障制度的主要特点如下：

（1）定位于“授人以渔”，强调个人自力更生和自我保障。新加坡的社会保障政策制定机构认为，太过全面的社会福利会导致绝对平均主义，从而削弱了效率在社会经济发展中的作用。因此，主张教会人们谋生的方法，在消灭贫困的同时，激发人们的劳动积极性，促使自己动手摆脱贫困。

（2）社保制度以“效率优先，机会平等”为价值取向。在发挥社会稳定作用的同时，努力克服社会保障政策的弊端，保证国家不会因此失去经济竞争力。一方面，社会保障公积金筹集政策和个人账户支付政策有利于促进社会经济的发展和社会成员工作积极性的提高，体现“效率优先”的追求；另一方面，公积金缴纳的一视同仁和完全个人账户积累体现了“机会平等”的原则。

（3）公积金制度以福利为主，社会保障为辅，不具备再分配和互助调剂功能，完全是纯个人的强制性储蓄，账户上的每一元钱都属于个人和他的家庭，具有财富积累功能，没有财富再分配功能。

4. 各国社会保障制度的共性

纵观世界，各国社会保险制度虽有不同的类型与模式，各具特色，但是也有共同的特点，可以概括如下：

（1）保障项目名目繁多。以美国为例，迄今为止，实施的保障有 300 多项，而美国还不是西方世界社会保险制度最发达的国家。北欧国家为代表的“从摇篮到坟墓”的保障制度更是涉及了生老病死、从物质到精神全方位的内容。

（2）社会保障资金有确定的来源。这些资金首先主要来自社会保险税，该税由取得工资收入的职工和职工的雇主各缴纳一定的比例，采取“源泉扣缴法”课征。对于社会保险税不足以支付社会保障支出的差额，由政府从财政收入中开支加以弥补。

（3）社会保障支出依法由政府集中安排。尽管国外管理社会保障项目的机构很多，有政府机构也有民间团体和私人企业，但是从整体倾向上来看，社保项目主要是由政府集中管理的，尤其是社保制度的一切细节、标准和收支程序都有明确的法律规定。

（4）无城乡差别。西方国家的社保制度是全社会化的，由全社会统一实施，没有城乡、地区之分。

（5）社保资金的运作，主要有现收现付制和基金制两种模式。现收现付制是指当期的缴费收入全部用于支付当期的养老金开支，不留或者只留很少的储备基金。从资金角度看，现收现付制是一种靠后代的养老模式，上一代人并没有养老储备基金，完全靠下一代人的缴费筹资，实质上是代际间的收入转移。基金制又分为完全基金制和部分基金制。完全基金制是指当期缴费收入全部用于为当期缴费的受保人建立养老储备基金，建立储备基金的目标应当是满足未来向全部受保人支付养老金的资金需要。部分基金则是介于现收现付制和完全基金制之间的一种筹资模式，其缴费的一部分用于应付当期的养老金开支，一部分用于为受保人建立养老储备基金。完全基金制是一种自我养老的保险模式，各代之间不存在收入转移，每一代人都是靠自己工作期间缴纳的保险费所积累起来的养老储备基金来维持老年生活；而部分基金制的养老保险则是自我养老和后代养老相结合的一种养老模式。

（五）中国的社会保障状况

1．我国社会保障体系的内容

改革开放后，随着经济体制市场化改革的步伐加快，建立一个完备的社会保障制度被急切地被推上了日程。在高度重视社会保障体系制度的社会氛围中，通过广泛讨论和试点，积极借鉴吸取国外经验，中国已初步形成了一套较完整的以基本养老、基本医疗为骨干，以最低生活保障、失业保险、工伤保险、生育保险、社会救济、社会福利等为辅助，以慈善事业、商业保险为补充的社会保障体系。我国的社会保障体系主要内容包括以下几个方面：

（1）社会保险

社会保险是我国社保体系的核心。险种主要包括：养老保险、医疗保险、失业保险、工伤保险和生育保险、住房公积金等，这就是通常所说的“五险一金”。社会保险保障对象主要是社会工作者，目的是兜底维护社会工作者的基本生活。资金来源主要是用人单位和劳动者，政府提供一定的补贴。雇员履行缴费义务，有权获得相应的社会保险收入补偿。

我国的基本养老保险是将社会统筹和个人账户相结合，个人缴费（一般为工资额的8%）全部计入个人账户，其余从企业缴费（一般为工资额的20%）划入统筹账户。我国还在推进建立多层次的养老保险体系，鼓励有条件的企业、单位在参加基本养老保险的基础上，建立企业年金和职业年金制度，年金费用由企业和个人共同负担，实行完全基金制、个人账户管理。

医疗保险方面，初步建立了用人单位和个人共同缴费的机制，城市区域的个人缴费为个人工资总额的2%，全部计入个人账户，用人单位缴纳的比例为职工工资总额的6%左右。在农村区域，建立起新型农村合作医疗制度。

表7－2　2007年到2013年我国若干社会保险项目的基本情况

年份	失业保险			城镇基本医疗保险			工伤保险		年末参加生育保险的人数（万人）
	年末参保人数（万人）	全年发放失业保险金人数（万人）	全年发放失业保险金（亿元）	年末参保人数（万人）	年末参保城镇职工（万人）	年末参保城镇居民（万人）	年末参保人数（万人）	年末享受工伤待遇的人数（万人）	
2007	11 644.6	538.5	129.4	22 311.1	18 020.0	429.1	12 173.3	96.0	7 775.3
2008	12 399.8	516.7	139.5	31 821.6	19 995.6	11 826.0	13 787.2	117.8	9 254.1

续 表

年份	失业保险			城镇基本医疗保险			工伤保险		年末参加生育保险的人数（万人）
	年末参保人数（万人）	全年发放失业保险金人数（万人）	全年发放失业保险金（亿元）	年末参保人数（万人）	年末参保城镇职工（万人）	年末参保城镇居民（万人）	年末参保人数（万人）	年末享受工伤待遇的人数（万人）	
2009	12 715.5	483.9	145.8	40 147.0	21 937.4	18 209.6	14 895.5	129.6	10 875.7
2010	13 375.6	431.6	140.4	43 262.9	23 734.7	19 528.3	16 160.7	147.5	12 335.9
2011	14 317.1	394.4	159.9	47 343.2	25 227.1	22 116.1	17 695.9	163.0	13 892.0
2012	15 224.7	390.1	181.3	53 641.3	26 485.6	27 155.7	19 010.1	190.5	15 428.7
2013	16 416.8	416.7	203.2	57 072.6	27 443.1	29 629.4	19 917.2	195.2	16 392.0

数据来源：中国国家统计局统计年鉴。

（2）社会救济

我国的社会救济是由国家财政拨款、资助的社会保障计划，为生活在城市或农村的生活有困难的居民提供最低生活保障，主要有贫困救助制度、灾害救助制度、医疗救助制度、教育救助制度、住房救助制度等。这些制度使部分社会成员获得物质帮助，以此解决相关项目的保障问题。地方政府需要根据当地的生活水平，确定最低生活标准，低于生活标准的家庭可以提出申请，通过收入调查后，可享受最低生活保障待遇。

（3）社会福利

传统意义上来讲，社会福利是国家运用财政资金对社会成员提供的津贴以及各种免费或低费使用的物质文化生活设施。这是为提高居民的生活质量而提供的另一种形式的收入，有“社会工资”的美誉。在我国，由于经济发展水平有限，社会福利制度还处于相对较低的水平。为保障特殊困难社会成员的生活权利，国家颁布了《中华人民共和国老年人权益保障法》、《中华人民共和国残疾人保障法》、《农村五保供养工作条例》等法规。规定对城市孤寡老人、符合供养条件的残疾人和孤儿实行集中供养；对农村孤寡老人、符合供养条件的残疾人和孤儿，实行集中供养与分散供养相结合；集中供养一般通过开办社会福利院、敬老院、疗养院、儿童福利院等福利机构进行；对于残疾人，通过政府的优惠政策来兴办多种形式的社会福利企业，帮助适合参加劳动的残疾人获得就业机会。

（4）社会优抚

社会优抚是政府运用财政资金对特定社会成员及其家人带有褒奖性质的物质援助。我国为确保优抚对象及其权益，颁布了《革命烈士褒扬条例》、《军人抚恤优待条例》、《城镇退役士兵安置条例》等法规，规定对烈士与牺牲军人家属、残疾军人、复员军人等重点优抚对象，实行定期定量补助；对义务兵家属，普遍发放优待金；对残疾军人等重点优抚对象，实行医疗费用减免；城镇退役士兵可以享受一次性就业安置费，对自谋职业的安置对象发放一次性经济补助，等等。

2. 我国社会保障制度的成绩与进展

首先，我国创建了在养老方面符合中国国情的社会统筹与个人账户相结合的部分基金制运作模式。根据世界社保体制改革的潮流和趋势，我国借鉴吸收了国外现收现付制的优点，引入了个人账户，同时参照新加坡中央公积金制的特点，将社会统筹与个人账户结合起来，从而形成了一种有中国特色的部分积累制。

其次，积极推进广大农村人口的社会保险改革。我国过去的社保制度基本上“只保城镇，不保农村”，占我国总人口大多数的农村人口或被排斥在社保项目之外，或被区别对待地处于较低水平。经济改革后，农村社会处于快速转型期，集体经济下的贫困救济和“五保户”等救济形式已经不再适应农村发展现状。随着农村劳动力的流出，老年人的养老问题也愈加突出。2009年，国务院启动了新型农村社会养老保险试点工作，按照加快建立覆盖城乡居民的社会保障体系的要求，逐步解决农村居民的养老问题。基本原则是“保基本、广覆盖、有弹性、可持续”。一是从农村实际出发，低水平起步，筹资标准和待遇标准要与经济发展及各方面承受能力相适应；二是个人、集体、政府合理分担责任，权利与义务相对应；三是政府主导和农民自愿相结合，引导农村居民普遍参保；四是中央确定基本原则和主要政策，地方制定具体办法，对参保居民实行属地管理。根据以上原则，探索建立个人缴费、集体补助、政府补贴相结合的新农保制度，实行社会统筹与个人账户相结合，与家庭养老、土地保障、社会救助等其他社会保障政策措施相配套，以保障农村居民基本养老。

第三，初步形成多层次、多种类、多渠道的社会保障体系，覆盖面不断扩大。在1993年中国共产党十四届三中全会上，已经提出“建立多层次的社会保障制度”的要求。经过多年、多方努力，我国已经初步建成覆盖城乡的社会保障制度体系。其中，全民医保已基本实现。截至2018年末，全国基本养老保险参保人数为9.43亿人，失业保险的参保人数为1.96亿人，工伤保险的参保人数为2.39亿人。社会保障水平在逐年提高，其中企业退休人员基本养老金实现了“十余年连续调增”。截至2018年底，基本养老社保基金累计结存达到5.82万亿元，其中城镇职工基本养老保险基金累计结存为5.09万亿元。此外，全国社会保障基金理事会管理的基金资产总额已达2.96万亿元。

第四，立法通过并且实施了社会保障法。第十一届全国人大第十七次会议审议通过《中华人民共和国社会保障法》，于2011年7月1日起实施。《社会保障法》规范了社会保障关系，维护了公民参加社会保障和享受社会保障的合法权益，为全体公民的社会保障提供了法律基础和保证，使广大社会成员可以共享发展成果，促进社会和谐稳定。

3. 我国社会保障体系的主要问题

经过三十多年的实践和探索，中国特色社会保障目前正在实现从传统的家庭保障和计划经济时期的单位保障到体系化的社会保障的历史性跨越。但从总体上看，我国社会保障体系还不完善，一些基本保障制度覆盖面比较窄，基金统筹层次低，保障水平不高，城乡社会保障发展不平衡，广大农村地区严重滞后。当前我国社会保障制度面临的问题主要有以下五方面：

(1) 社会保障社会化程度低，覆盖面仍然较窄

社会保障统筹范围缺乏社会化的统一性，不同地区和行业的保障形式、给付标准、保障对象和具体的保障范围千差万别，社会保障覆盖面窄直接影响社会保

障制度功能的发挥,覆盖面过窄,享受社会保障利益的人数过少,会使得社会保障带有严重的局部保障特征,发挥不出这一制度应有的作用。这一问题主要体现在:第一,社保基金的主要对象仍然侧重于城镇国有、集体企业及其职工,民营企业、外资企业、个体劳动者未能充分覆盖。第二,与职工的养老、医疗、失业相关的许多责任仍由企业承担,退休人员的日常管理仍然主要由企业承担责任。第三,城市化进程加快之中,社保体系未能适应多样化就业模式的发展,就业形式的多样化已对传统的"单位"为标准的社会保障制度提出了挑战。第四,在福利制度方面,残疾人康复服务仍然缺乏。第五,在社会救助体系方面,还未能充分考虑贫穷人口的住房、医疗保健、儿童教育和对流浪人群的及时关爱等需求。

(2) 保障制度城乡差别大、有效性不足,保障机制碎片化、可持续性差

社会保障体系的基本目标在于实现对需求者的有效保障,而我国目前社会保障体系仍有传统体制遗留的"城乡分治"特征,城乡人口之间差别很大,非城市人口水平过低,制约了社会保障的有效性。广大农民工、城市流动人口等群体缺乏相应的社会保障。比如"农民工"入城打工、户籍仍在农村这类特殊群体,或是受国家社保政策限制,或是受自身经济条件限制未适时参保,他们为经济发展和城市建设做出了巨大的贡献,但却处于市场和社会的边缘地位,不能得到相应的一视同仁的社会保障。从最有分量的基本养老制度来说,社会统筹最高层级只做到了省级,相当于基金的"蓄水池"有大大小小至少二十多个(实际上由于不少地方连省级统筹也未实现,"蓄水池"远不止此数),极大地影响了统一市场上养老保障可用财力的"互济"、"共济"功能的发挥,劳动力的跨区域流动,呈现碎片化特征,也降低了系统运行的可持续性。

(3) 社会保障资金征收不到位,相关成本高

缴纳方面,我国基本养老、基本医疗、失业救济和其他社会保险的社会保障基金长期都以"费"的形式征收,主要由企业和国家承担。这导致了个人保障意识淡薄,企业缴纳社保经费负担较重。征收方面,由于资金筹集和管理不规范,

执法刚性不强，强制性较差，企业违约行为、逃费现象时有发生，造成征收的不足与高成本；不同项目的社会保障分属于多个政府职能部门，缺乏强有力的协调机制，也造成行政运行成本高昂。

（4）管理分散、政出多门、各自为政

我国现行的社会保障行政管理事务按规定由人力资源和社会保障部负责，但是还有民政部、卫生健康委、农业农村部等部门的参与。由于没有打破所有制、行政隶属关系、地区界限以及缺少法律法规的统一标准，致使不同地区和部门在分管不同的保障项目时，制定自己的管理办法，按照自己确定的方法筹集和支付社保资金。在相关机构部门中，城镇职工养老保险、失业保险、医疗保险主要由人保部负责；城镇特殊人群的社会福利、社会救济需要农业农村部配合，主要由民政部负责；社会团体、党政机关及事业单位的养老保险等主要由人事部负责；公共卫生、公费医疗主要由卫生健康委和财政部负责；还有部分农村养老保险是由政府牵头协调在商业保险公司投保的。这种多头管理、政出多门的管理体制，往往导致由于部门利益而出现的相互扯皮、相互掣肘现象，影响社会保障整体功能的发挥。而且管理机构重叠、多头管理，会加大管理成本，降低效率。同时，在分散管理的体制下，社保基金被分块管理和运营，导致资金也碎片化，难以形成规模，不利于提高资金利用中的效率。

（5）法治化管理和监督体系不够健全

中国的社会保障法律体系尚不够健全，也亟须加强严格依法行政和有效监督的机制建设。首先，社会保障法律的不完备，往往导致仲裁机构和法院对社会保障争议案件的处理无据可依。其次，社会保障立法层次不高，到目前为止，涉及社会保障的相关法律法规，全国人民代表大会审议通过的不多，除了由国务院及相关部委发布以决定、意见、通知的形式公布的“红头文件”外，还允许一些地市级以上地方政府根据当地情况来选择性地形成地方层面的“红头文件”，其结果是全国各省、市、自治区都能根据情况与自己的特定考虑，作出不同的规则、规定与裁决。同时，制度自身的监督控制机制整合性与效力也差，社会保障的受保对象和待遇提供者很多没有纳入监督范围,或不能作出及时与精细化的监督管理。

(六) 中国社会保障改革、发展的展望

社会保障体系是市场经济运行的“安全阀”和“减缓器”,主要功能是为“民生”提供托底的保障制度安排,属于政府必须规划、引导并合理介入的再分配。我国近些年大力促进侧重于扶助低中收入阶层并覆盖全体社会成员的社保体系建设,明确要求全面建成覆盖城乡居民的社会保障体系,按照全覆盖、保基本、多层次、可持续方针,以增强公平性、适应流动性、保证可持续性为重点,不断完善社会保险、社会救助和社会福利制度,稳步提高保障水平,实行全国统一的社会保障制度。在相关的工作重点和要领方面,已提出了一系列任务,其中包括:① 完善基本养老保险制度,“十二五”期末实现基础养老金全国统筹(实际未能实现,这一任务又顺延到了“十三五”期间),旨在更好发挥基本养老基金“互济”功能,与统一市场进行匹配,消除低层级统筹时难以消除的劳动力流动壁垒,从而激发微观层面的人力资本活力,并加强整个基本养老体系的资金支付能力。② 建立兼顾各类人员的养老保障待遇确定机制和正常调整机制。③ 发展企业年金和职业年金,发挥商业保险补充性作用。④ 加快健全全民医保体系。“十二五”期末基本医疗保险政策范围内医保基金支付水平达到75%以上,明显扩大对个人实际住院费用报销支付的比例。⑤ 加大保障性住房供给。“十二五”期末全国城镇保障性住房覆盖面达20%左右,完成农村困难家庭危房改造1 000万户以上,实现全国游牧民定居目标。

进入“十三五”时期,对于我国的社会保障体系的展望,主要集中在以下几个方面:

(1) 中国的社保管理应该走政府牵头的共济型体制之路。原因主要有以下方面:首先,中国是世界上最大的二元经济和单一制国家,这种体制相对有利于推行覆盖全体国民、实行全社会统筹的社会保障,可以降低社会成本和人力资

本,有利于管理的有效进行。其次,中国是坚持社会主义市场经济道路的大国,社会主义与中国特色的结合,也需要基本社保管理体制采取"政府主导、统一管理"的模式。在黄金发展期与矛盾凸显期交织的状态中,中国只有选择政府主导的"共济型"社保体制,才可能保证无动乱地完成其低标准渐进覆盖过程,服务于建设全面小康社会与和谐社会的目标。

(2)中国社保资金的管理形式应该为公共财政框架下的复式预算。在现代公共财政中,部门和机构的一般预算、社保预算和国有资本经营预算共同构成一套相互间可以统筹协调、有效联通的复式预算。这种公共财政下具有公共资金"完整性"的现代意义的预算,是贯彻科学发展观和实施全局性统筹协调必不可少的运行载体,是使国家和人民最高利益能够落实于公众资源配置的基本制度保障。具有"完整性"的预算再加上国库集中收付制度,便有望实施公共资金运行的全面、全程监督,包括保证基本社保资金的安全性和使用及时性,不被挪用和不被拖延。在复式预算中,财政部门应尽之责是会同各有关部门(包括复式预算要涉及的社保机构、国资机构等),处理好编制、执行等具体工作。这种资金管理形式上的现代意义的预算形式,可以防止公权分割、扭曲和异化,有利于实现国家和人民的最高利益,其内涵是符合市场经济的整体模式和合理有效提供公共产品、构建和谐社会客观要求的。

(3)中国基本养老社保资金筹集形式应该由收费改为征税并实行全社会的统筹互济。养老是社保体系中最具代表性和普遍性的重大事项。从筹资的具体形式考虑,应该逐步创造条件,争取推出规范、稳定、低运行成本的社会保障税,实现基本养老社保的"费改税"。社会保障税作为一种与市场经济相匹配的目的税,带有专款专用的特征,特别适合于基本养老社保"社会统筹"部分的筹资。在我国未来一个时期内,我们应该逐步提高基本社保统筹级次,按照中央《关于完善社会主义市场经济体制若干问题的决定》要求,实行基本养老金基础部分的全国统筹,并用社会保障税与之相匹配。一旦做到基本养老金的全社会统筹,把分散的许许多多地方养老金"蓄水池"合成为一个全国性的"蓄水池",池中之水

(即养老资金)的“互济功能”将大大提高其功能,原有大量滚存结余地区形成的可调剂使用资金,便可用于解决原来频告“入不敷出”的老工业基地等区域的燃眉之急,并形成适当降低标准缴费率(税率)的可操作空间。至于养老金的个人账户部分,可以继续以缴费形式运行,也可以税的形式收上来后再拆分做实。基本养老资金筹集形式的“费改税”,是我国经济社会转轨中使社保逐步定型并可持续发展的必然合理取向,我们应当胸怀全局、出以公心来看待这个问题,在深化改革中“冲破利益固化的藩篱”来攻坚克难加以解决。

(4) 择时转由税务机关征收基本养老费。既然长远的发展方向应该是“费改税”,而且不少地方已经实行了税务机关代为收缴的办法,那么应该允许已实行这一办法的地区继续运行和进一步积累经验,并可适当鼓励未实行的地区向此办法靠拢。前些年的实践中在我国 37 个征缴地区(含省、自治区、直辖市、计划单列市和新疆生产建设兵团)中,已有一半以上的地区全部或部分由税务机关征收基本社保费,这样做第一是有利于规范和完善社保体制,健全社保基金管理机制,增强基金的安全性。第二,由税务机关征收社保费,可充分利用约 39 万人的地税专业征收队伍,避免再单独搞一套人马专门负责社保费征管工作,符合政府行政体制改革的方向,有利于充分利用行政资源,节约行政费用,降低征收成本,提高征管效率;也有利于将缴费经办机构(全国约十余万人)从社保费征缴工作中解脱出来,集中力量做好社保社会化管理服务工作。第三,税务机关征收,有利于提高征管力度,操作上具有简便高效的优势。税务机关能够较为全面地掌握企业工资发放情况和生产经营信息,可以便捷地对税收申报和缴费申报进行对比,显著提高缴费基数的准确性。而且税务机关征收也更具有威慑力和制裁力,能够有效地防止偷、漏、拖欠等问题。第四,实行税务征收与我国社会保障管理模式相适应。从国际经验看,由政府组织实施社保的国家,如美国、英国等,都从机构设置、征收效率以及行政成本角度考虑,由税务机关征收社保费。这同样是符合我国国情的做法。2018 年,随着中国个人所得税法改革,终于明确今后基本养老缴费将由税务机关统一征收。这个举措,也暴露了过去多年由部门管理缴费情况下，约 3/4 的企业未能按规定的缴费标准定额缴纳的现实问题，势必将纳入配套解决方案，适当处理以对接未来的规范化缴纳机制（参见专栏 7－2）。

专栏 7－2　关于基本养老金统筹机制的改进

这次会议的主题是减税降费赋能，企业、纳税人、社会成员都特别关心怎么减轻负担，除了正税进一步降低之外，还必须降费，必须考虑通过怎样的减税降费机制才能增加经济社会发展的活力。

厦大目前的文本中有相对缺憾之处，是明确提出了应该在我国适当降低社会保险的费率，但是没有接着探讨怎么样降低。在这一问题上，我想谈谈自己的一些看法。

首先，降低社保缴费率有必要，这方面已经有清晰的共识。多年来的研究表明，在我们所称的“五险一金”的社会保险缴费方面，尽管各地有些区别，但合在一起是接近 40%。和国际上各经济体进行横向比较，这一比例显然是在最高之列。因此，此前的研究已反复强调，这样的水平应该考虑向下调整，它关系到中国在实现现代化的道路上充分调动一切发展潜力和活力的高质量发展，关系到对作为市场主体的企业，通过降负赋予他们更多内生的活力，减轻他们的社会保障负担。

其次，降低社保缴费率显然有空间，这一空间相关的问题也就在于：中国作为发展中的经济体，怎么会把社会保障的实际负担水平一下子推到世界最高水平？这一空间的客观存在，和我们应当承认的社会保障制度建设有成绩的同时还存在明显缺陷有关。这个空间的打开，一定要结合中国改革这一命题。改革在中国进入了深水区，我们讨论多年的降低社会保障负担问题，其难点就在于改革碰到了硬骨头。总书记说过多次的"利益固化藩篱"问题，在这个领域中表现得非常明显。由于存在既得利益，它所造成的阻力在最近十多年一直顽强地表现出来，因此，尽管大家都觉得有必要采取降低社保费率的措施，但多年来却都没有能打开相关的制度建设空间。

第三，按照厦大报告所提出的方向，我认为要降低社会保险费率，必须在改革取向下进行机制创新，解决关键的"怎么办"的可操作性问题。其中最为核心的内容，就是要把最有代表性的基本养老保险缴费后的资金统筹扩展到全社会。这是一块硬骨头，但我觉得这个硬骨头必须啃。现在已有一个乘势把硬骨头啃下来的可能性，这就是去年的个税改革所引出的配套措施，将所有基本养老缴费的管理职责明确统一到税务机关，而税务机关接手后暗账翻明，发现全中国有3/4左右的企业基本养老缴费是没有缴到位的。税务机关是不是会追缴以前的欠缴？这一问题引起了轩然大波。总理和有关部门明确表示不允许往前追溯，这是非常有必要的。因为过去企业欠缴的原因太复杂了，尤其是大量中小微企业的欠缴，现在都要追缴，肯定是不可行的。

但接下来说原则上不能再增加企业负担，表述的模糊性随之而来。具体考察一下，这3/4欠缴企业的欠缴幅度高低各不相同，那么，原则上不增加负担这条线该画在哪儿？是中等水平以上的不增加负担、中等水平以下的还得把负担提上来？还是一下降到最低？

降到最低也是不可能的。因此，怎么把握不增加实际负担的原则，只能理解为政府给出了一种过渡期缓冲的姿态，关键还是要将相关制度规范的建设问题落到可操作方面。总体上说，这已使降低社会保险费率有了明显的紧迫性——尽管困难和问题摆在面前，但这也恰恰是我们乘势在操作方面把多年没有理顺的机制争取能够像样地予以理顺的一个不可忽视的契机。

我愿特别强调统筹机制的原理和意义。社会保障基本养老的统筹就是要形成一个蓄水池,每个人所在企业的缴费,合在一起进入蓄水池后,所产生的是互助、共济的功能。这种统筹很早就有,但过去经过努力,最高也只达到省级统筹的水平,多年来没能继续往前推进,只是这一两年刚刚开始有了少量的中央调剂金机制。

如果说全中国是一个统一的市场,那么,从原则上说,最合适的设计就应该是匹配全社会统筹这个最大的蓄水池,使共济功能更充分发挥,可以化解很多矛盾。现实社会中的突出矛盾,就是东北老工业基地的基本养老支出早已入不敷出,需要中央政府介入,费尽九牛二虎之力做各种各样的调节让它的日子能过得去,给它特殊的资源,才能填上东北地区基本养老缺口,让应该享受养老待遇的老工人能够按照标准得到基本的生活支撑。而另一个典型的地方是珠三角。广东省劳动人员的年龄结构相当年轻,蓄水池里水位越涨越高。在满足当地的支付需要之后,多出来的部分怎么办?多年以前,我们就知道是将这笔钱委托到中央的社会保障理事会,由他们代行安全投资来求增值,所有权仍然属于广东,没有任何可能调一分钱去支持东北以解燃眉之急。这是过去的基本事实:总体上看已经有了统筹基本养老基金的蓄水池机制,全国合计有这么多米可以供人吃饭,但是,由于蓄水池是碎片化的,并无联通,于是有的地方在喊饥饿、喊过不去,表现为“持米叫饥”。这样一个系统怎么克服其缺陷呢?应该考虑合乎逻辑地扩展、提升到全社会统筹。

不过,这样的全社会统筹会不会动了广东等地方的奶酪呢?有人说,广东省贡献的收入解了东北的燃眉之急,会使广东人吃亏,这话不对。其实广东当地人所应缴纳的基本养老基金一分钱也不会多,所有在广东应该享受养老待遇的受益者，到了退休的时候该得到的退休金一分钱也不会少。标准是法定的，只是这些人一起在蓄水池里依规则先后取水用而已，在共济过程中，如果统筹的池子大了，会将功能放大，保证所有人在按照法律规则、在缴费标准和收益水平可以兑现的情况下，整个系统的绩效提高，而缴费的标准，企业的负担，也就可以得到降低，这就是改革所带来的红利。这个道理现在社会上有很多人想不通，在网上就有人跳着脚骂。以提高这个蓄水池的统筹层级、放大其功能来支持过去传统体制和过渡阶段中为全社会做出贡献的老工人可以更顺畅地得到养老金待遇，这种总体统筹机制是国际经验和国内实践都可以证明的，不会损失统筹体系内任何人的实际利益。当然目前各地标准上有差异，未来走向统一之后，完全可以分段计算，退休时清晰兑现待遇。

说清楚这个道理，可以让决策层和有关部门下决心，在基本养老收费管理已统归税务部门之后，乘势把基本养老全社会统筹这块硬骨头啃下来。实际上，收费归税务机关统管后，这件事已成为中国改革事项里面很少见的“只有人受益而无人受损”的帕累托改进，蓄水池的共济功能提高后，就可以名正言顺地把基本养老金缴费所代表的社会保障负担标准往下降低，以解脱3/4缴费不足的企业面临的现实窘境：它应当遵纪守法，但过去又交纳不足，现在只要费率标准降低了，很大一批企业就解脱出来了，就可以名正言顺地按规范的降低后的标准，实现企业和个人的缴费。

对那过去1/4左右缴足社会保险费的企业，我们应当承认他们过去所做的贡献，现在它们也是跟着大家一起改进。因为面临的约束条件不同，这些企业过去缴得比较足，未来他们跟着大家一起降低缴费标准，也属于帕累托改进。

我认为，这些都十分值得继续讨论，力求大家形成基本共识，乘势找到操作路径和要领,促使有关部门下决心将写入“十二五”、“十三五”规划但迄今仍未兑现的基本养老全社会统筹改革,落到实处。

(贾康,在中国宏观经济高层研讨会暨CQMM2019年春季预测发布会上的发言)

(5)积极消除“城乡分治”因素,提高整个社保体系运作的社会化程度,消除碎片化弊端。在养老、医疗、义务教育等方面,应率先推进社会保障的城乡一体化,逐步缩小制度和待遇差异,其他方面的城乡、层级、项目上的多种差异,也应结合户籍制度改革和基本公共服务均等化进程,力求创造条件整合、统一和提高总体的公平性,消除碎片化的特征及弊病。

总之,中国的社会保障体系还需要在经济社会转轨中不断完善和调整。只有真正从国家、人民的最高利益出发,拨开某些流行的(带有部门利益背景的)似是而非观点的迷雾,才能对我国社保管理体系的框架性重大问题,作出符合市场经济规律和现代化长远要求的正确而明智的方向性选择。

三、关于财政支持“包容性发展”和避免“福利陷阱”

(一)公共福利正面效应曲线

贾康和苏京春合作的《财政分配“三元悖论”制约及其缓解路径分析》发表于《财政研究》2012年第10期,首次提出财政分配的“三元悖论”分析框架:减税、增加公共福利支出和控制政府债务与赤字水平三大目标至多只能同时实现两项。对这种制约关系处理不当,在中等收入阶段已有拉美国家的“中等收入陷阱”的前车之鉴。这种关系在我国现阶段政府调控管理中,也带来了明显的棘手难题。正视“三元悖论”制约,是调控当局优化处理社会保障制度与政策设计、维护经济社会可持续发展局面的必然命题;缓解“三元悖论”制约,有必要特别重视与“少花钱、多办事”,“用好钱、办实事”,“少借钱、多办事”,“扩财源、优事权”紧密相连的四方面机制创新和综合配套改革。

1. 三目标关系的一般考察

比照蒙代尔·克鲁格曼的“不可能三角”与“三元悖论”形式,考察财政分配的内在制约,可以于常规限定条件下得出财政分配的“三元悖论”,即在财政经常性支出的管理水平、政府的行政成本水平和政府举债资金融资乘数既定情况下,财政分配中减少税收、增加公共福利和控制政府债务及赤字水平三大目标,至多只能同时实现其中两项,而不可能全部实现。

图 7－2 直观地表明前述限定条件下,财政分配的“不可能三角”:任一特定时期,人们在减少税收、增加公共福利支出和控制政府债务及赤字水平这三个通常看来都“很有道理”的目标之中,其实只能进行以下三种选择:第一,若在财政分配中“减少税收”和“控制债务及赤字水平”,那么必须以减少(而不可能是增加)公共福利支出为前提。第二,若在财政分配中“减少税收”和“增加公共福利”,那么必须通过提升(而不可能是控制)债务及赤字水平来实现。第三,若在财政分配中“控制债务及赤字水平”和“增加公共福利”,那么必须通过增加(而不可能是减少)以税收代表的政府非债收入来实现。由此有图 7－3:财政分配“三元悖论”表现为,三角形每一顶角上所标目标的实现,必然要求相连两条侧腰线上标出的事项配合,而必然在另外两个顶角上各自标出的目标中违反至少一项。

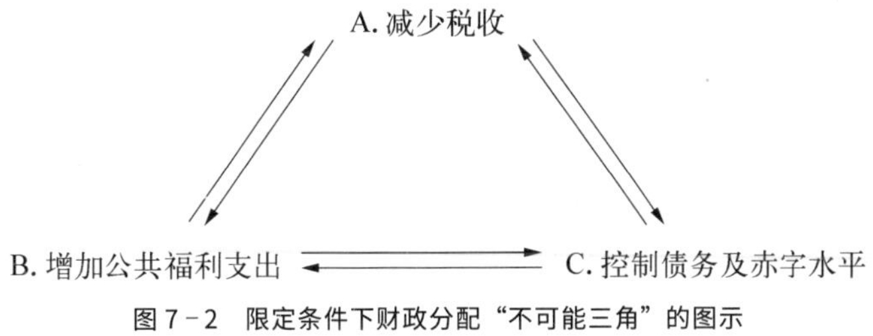

图 7－2　限定条件下财政分配“不可能三角”的图示

以上分析可归结出一个基本认识:虽然公众福利的增进是经济社会发展的

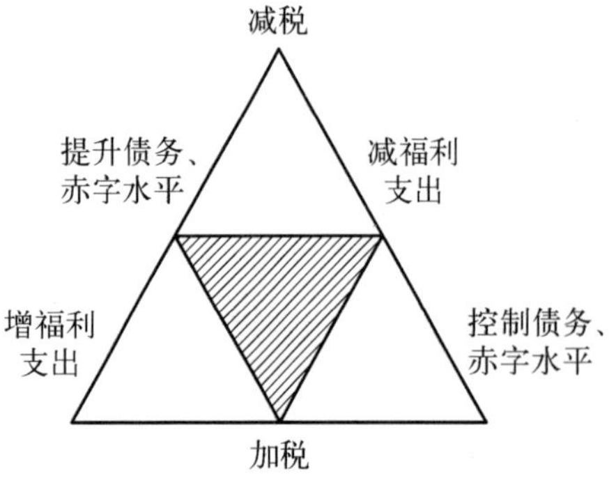

图 7－3　财政分配“三元悖论”的图示

出发点与归宿，但在某一经济体发展的任一特定阶段、具体条件下，公众福利的水平（可以用公共福利支出规模为代表）却并非越高越好，高过了一定点，对于经济发展的支撑作用会迅速降低，甚至导致经济增长过程不可持续。福利支出水平带来的福利增进对于经济发展的正面效应及其转变，在直角坐标系上可简明表示为图 7－4。

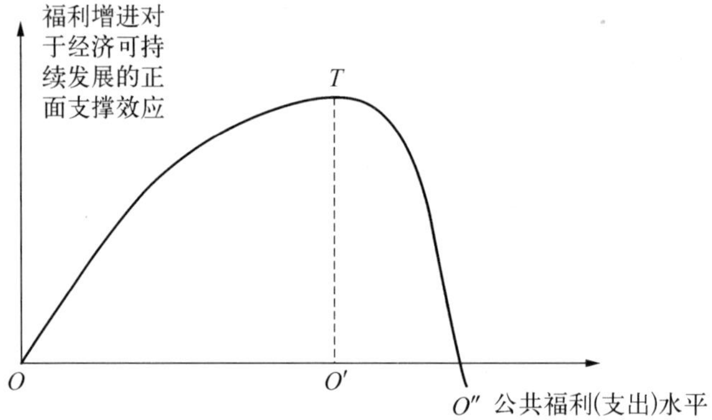

图 7－4　福利增进效应转变曲线

图中横轴表示公共福利水平（以公共福利支出水平为代表），纵轴表示福利增进对于经济可持续发展的正面效应或支撑作用（亦可按一定数值单位量化），在原点 O，假设无福利，其正面效应当然无从谈起，其右方一旦有一定的公共福利，便会随其水平上升迅速表现为对经济成长的正面支撑效应的上升（现实生活中常被称为人民群众的积极性因为基于物质利益原则的激发与调动等措施而促成经济活力的上升），一直可上升到对应于横轴上 O' 的曲线上 T 这一最高点（最佳值）。但若还一味继续增进福利，其正面效应的下滑（现实生活中表现为经济体成长活力的迅速滑落）将迅速导致 O'' 点上正面效应丧失殆尽而进入负值区间

（可与拉美式“中等收入陷阱”案例比照），而 $O'—O''$ 的距离是相当短的。也就是说，公共福利水平一旦超出最佳值，其对一国经济可持续发展的正面支撑作用会很快转变为迅速下滑后的负面效应，所以对调控当局而言，必须精心、审慎地把状态控制在接近或达到峰值但不超过临界点的区间内。

这一“福利效应转变曲线”与贾康20世纪90年代提出的国债规模正面效应变化曲线（本书第四章已有专述）十分相似，两者的内在逻辑完全一致，可认为是同一演变过程中的不同角度表述而已。

2. 限定条件与权变逻辑

对财政分配的“不可能三角”与“三元悖论”的相关分析论述建立在若干限定条件基础上，这些限定条件具体包括：第一，财政经常性支出管理水平既定。第二，政府行政成本既定。第三，政府举债资金融资乘数既定。这些限定条件都是短期难以再现较大改观的“慢变量”，但又是可以变化的。它们的变化，对于财政分配“三元悖论”中的各项目标均会产生影响。（财政分配“三元悖论”的数字公式推导及解析本书从略。）

3. 缓解财政分配“三元悖论”制约的可能途径

财政分配的“三元悖论”制约具有广泛存在的共性，并在我国中等收入阶段的经济社会发展进程中，与矛盾凸显过程相伴随而愈显其不容忽视。为长远计，欲尽可能以较平稳、社会代价较小的方式和过程实现造福于中国人民和全人类的中华民族“三步走”现代化战略目标，决策上在进入中等收入阶段之后需特别注重避免民粹主义基础上的福利赶超倾向，增加公共福利水平而造成税收减少与债务及赤字水平防止一味提高的过度状态，规避经济社会发展的“中等收入陷阱”。现阶段，我国应当在全面、协调、可持续的科学发展观指导下，精心、审慎、合理地权衡把握财政政策目标组合、沿合理逻辑路径处理财政分配服务于可持续发展的一系列棘手问题，既正视财政分配“三元悖论”的限定条件制约，又积极、能动地通过提高财政支出管理水平、有效降低政府行政成本、扩大政府举债资金融资乘数、实质性转变政府职能类型和优化社会管理，以改革和创新中的活力与潜力释放缓解“三元悖论”制约关系，坚定而有序地走向现代化国家。

关于具体的可选择途径，有四个方面的机制创新：

（1）切实提高财政支出管理水平：“少花钱，多办事”；

（2）有效降低政府行政成本：“用好钱，办实事”；

（3）扩大政府举债资金乘数效应：“少借钱，多办事”；

（4）实质性优化转变政府职能：“扩财源，优事权”。

（二）以包容性增长联结现代化战略目标的哲理思考和道路选择

1. 高屋建瓴统观全局的战略思维与“中国抉择”

“包容性增长”，这是一个由亚洲开发银行首先提出、已在我国领导高层获得明确肯定、学界也对之探讨了若干年的大概念，属于全局战略命题。财政是服务于全局的“以政控财，以财行政”的分配体系，要认识好、处理好财政问题，首先要“跳出财政看财政”。正如楼继伟在2013年重回财政部并出任财长之际的“首次演讲”中讲道：面对事关国家前途、民族命运、民生福祉、“中国梦”可否成真的历史性考验，中国应在实现现代化“包容性增长”的基本路径上，作出何种理性抉择？

楼继伟在把包容性增长“不发散”地清晰界定为“让经济发展的成果惠及所有的地区，惠及所有的人群，在可持续发展中实现经济社会的协调发展”之后，直奔存在异议、“每人心目中不同”的如何实现包容性增长的途径问题。他首先点明这一问题的关键，是市场和政府在资源配置中“应该扮演什么角色”的问题，也是与政府税收、预算安排所体现的公共资源配置机制如何正确设计息息相关的前置问题。随后，他列举出三种较有代表性的关于增长途径抉择的认识理解：一是以高财政收入占比，支持政府主导的大规模再分配，追求“结果的公平”，这会导致压缩市场作用、就业不足和人民奋斗意识不足，幸福感并不见得高而经济增长率较低；二是政府更多关注发展机会的创造、鼓励人人奋斗，在市场中谋求发展，而国家适当提取财政收入和实施适当的再分配，其结果会是就业充分、人民幸福感强、经济增长率高；三是国家走低税收、高支出、高福利之路，扩大赤字和债务，个人付出较少努力享受更多福利，结果会是最后靠通货膨胀取得“平衡”，实际上使低收入人群和地区更为困难，陷入恶性循环和中等收入陷阱。对这三种理解代表的三种抉择，楼继伟鲜明地指出：第二种理解是实现包容式增长的可持续的正确道路，遗憾的是第一种和第三种理解却“总是很有市场”，颇得拥护，其背后的多种原因简要地可指出政府部门对自身“干预能力”的过分自信和社会公众的大多数虽认同机会公平，但会遇到实际机会不均等的情况，使想少付出、多享受福利的人比重上升，并且舆论环境也会恶化。他随后的一段话概括得非常简洁、到位：“第一和第三条是不归之路，我们并不是没有滑向这些歧途的可能性。第二条是艰巨的改革之路，也是走向包容性增长之路，中国正在力争摆脱滑向第一、第三条路的可能，力争走第二条路。”

中国当下进行中的转轨进程，其实与“中国模式”这一概念必然内含的相对稳定和相对规范状态相比，显然还相距甚远，我们面临的真实问题，是在改革开放的“中国道路”上，仍无法回避地需要作出“中国抉择”的问题——从当下至远景的理性“中国抉择”的战略取向之争，已概括在这里涉及的三种可能的道路选择上。

2. “政府万能”幻觉终归虚妄，“福利赶超”过程难在戒急

为什么只有选择第二条路才是可持续的正确道路？这固然可以从正面给出不少分析论证，但在这里，我们不妨先着重审视一下第一、第三两条路为何不可持续的基本道理。

大政府、高财政收入占比、过度注重结果均平的第一条路，哲理层面属于陷入“政府万能幻觉”的歧路，是把政府调控看得总是有理和有效，形成资源高集中度和对微观经济活动施加十分强烈、极为迅速的反应。正如楼继伟所说，这里的实质是不相信市场自身的修复能力，而引出的苦果是干预措施往往适得其反，制造波动，压缩市场作用换来的是活力低，使就业率、增长率也走低。这个方向上的实证表现，我们可以从传统体制的“高度集中”弊端窒息活力、放大宏观决策失误的痛苦教训，和转轨中反复表现的种种“政府万能”幻觉的负效应来认

知。所以,对这一取向的虚妄性质,我们仍必须作出深刻的反省,哪怕在表象上,这条途径的支持者多么正面地强调其带来的“结果的公平化”,实际上其误置的政府总是强于市场的内在逻辑,必然毁坏发展中的活力基础,无法为人民带来可持续的幸福水平的提升。

而高赤字、高举债、高福利的第三条路,理论考察是直接违反了财政分配的“三元悖论制约”,实证考察则前有一些拉美国家由“民粹主义基础上的福利赶超”而跌入中等收入陷阱一蹶不振几十年的前车之鉴,近有欧债危机中一些南欧国家在欧元保护伞撑不住后险象环生、经济社会滑落于紊乱动荡的重蹈覆辙,代价和教训可谓惨痛。但直言不讳地说,这一倾向在当下的中国,却随步入中等收入阶段后的矛盾凸显而露出端倪且往往披上了“民意外衣”:如以改善民生的导向为标榜而不讲其基本、非基本之别和理性程度,提到民生就好像站在道德高地上而忽视其满足条件的匹配与渐进——在这后面,隐含着“吊高民众胃口而不持续”之忧患,但在政治家的定位上,却往往自然而然、有意无意地回避捅破这层窗户纸,有关部门也常常由于不肯做得罪人的表态,甚至是只想得到叫好之声,而对与之相关的艰巨的配套改革与管理难题拖而不议、议而不决。楼继伟在援引中央经济工作会议强调的“守住底线、突出重点、完善制度、引导舆论”的原则之后,十分生动、坦率地说:“我们应该帮助穷人,而不应该帮助懒人,我们制度中有很多这样的问题。”

应当说,从“人民对美好生活的向往就是我们的奋斗目标”的动力源泉和“满足人民群众不断增长的物质文化生活需要”的生产目的看,伴随我国“三步走”现代化赶超战略的实施而追求民众的“福利赶超”,自是题中应有之义。但进入中等收入阶段后的一项巨大挑战却是:人民群众对福利改善的预期被进一步激活和加速之后,却极易超前于政府可调动资源(包括通过深化改革增加制度机制支撑力)来提供有效供给的现实能力,其危险,便是民众与政府在一段时间内,“改善民生”取向可能有蜜月般的互相呼应、互相激励,而一旦后劲跟不上,“福利赶超”就会很快从云端跌落尘埃,而跟着跌下来的,可就是整个经济成长、社会发展势头顿失——一旦如此，在中等收入阶段痛失好局后想再重拾升势，经验证明难上加难。遗憾的是，在此中等收入阶段，政策环境、制度建设、社会正义机制都还不太到位的情境下，民众“端起碗吃肉、放下筷子骂娘”的压力，是很容易逼迫政府实施超越客观、帮助懒人的“福利赶超”的。在这个视角上说，后发经济体进入中等收入阶段后，改善民生福利过程中的主要矛盾方面，就是“戒急”之难；不能戒急，就是中等收入陷阱之危。我们亟须对此形成清醒的认识，理性地引导舆论来讲清“减税、严控债务和大举提升福利三者不可能一并兼得”的基本道理。

第一条路和第三条路，取向形似不同，但在轻视市场作用而夸大政府调控作为方面，却殊途同归，不论是偏于高税—平均主义，还是偏于低税—福利主义，都无法形成可持续性和包容性增长，都会归于“不归”之歧路、死路。

3. 财税服务全局的理性大前提：“真正让市场充分起作用”

既然我们应力求避免的前述两条歧路，偏差都是轻视市场，那么回到党的十八大报告和全国人大通过的《政府机构改革和职能转变方案》所强调的核心问题上来，就是要处理好政府与市场的关系，以及政府与社会、公权机构与公民、中央与地方、局部与全局、短期与长远等关系，以“真正让市场起作用”为大前提，处理好以财税分配服务于“全面、协调、可持续发展”的深化改革、优化政策事项。要把创造机会均等、维护社会正义，放在最为突出的位置，既加快财税自身的改革，又积极支持配合相关改革，着重建立机制、促进包容的基本思路，坚决贯彻落实十八届三中全会以来的改革顶层设计与部署。

千头万绪的改革、攻坚克难的突破创新，在逻辑原点、理性认识的大前提上，无非是怎样看待市场和怎样使政府与民众理性互动，以机会公平为重点，着重鼓励激发活力、创造力而支撑民生改善与人民幸福。正如楼继伟所言，过去三十多年中国坚持市场取向的持续改革中，财税体制起了突破口与先行军的作用，尽管今后的改革和政策调整任务仍非常艰巨，但在新的历史起点上，方向既然明确，亦有一定的经验和理论的准备，我们完全有理由期待新一轮财税改革和配套改革取得更为长足的进展。

（三）避免经济发展中的福利陷阱

1. 中等收入经济赶超与中等收入陷阱

从国际经验看，位于中等收入阶段经济体的经济增长一般处于“经济赶超”阶段。一方面，这一阶段具有规模性收益递增的特性，加之存在技术后发优势、人口红利、资源加工与开采和制度优化等增长空间，经济增长机会多、速率高。另一方面，随着经济赶超进程的推进，经济发展将逐步进入阶段转换，经济规模性发展将逐渐饱和，常规投资边际收益递减效应开始发力，与此同时，原有增长空间也将逐步缩小。进入中等收入经济阶段的经济体有三种可能的发展路径，包括平稳衔接步入发达阶段；进入调整中发力跨越中等收入阶段以及由于动荡混乱而落入中等收入陷阱。

“中等收入陷阱”概念是指中等收入阶段的增长陷阱，即中等收入经济体未能如愿上升为高收入经济体而落入经济增长停滞徘徊期。这一概念由世界银行在2006年的《东亚经济发展报告》中明确提出，首先是基于前面半个多世纪全球的统计。100多个进入中等收入阶段的经济体中，仅有约十分之一成功“晋级”为高收入经济体，其他绝大多数则饱受“落入陷阱”之折磨。在这种特殊的停滞徘徊期内，经济增长往往呈现急转直下，雪上加霜并难以企稳向好的特征，所以被形象地称为“落入中等收入陷阱”。由于殖民地的历史制度遗留、民族种族多样化、发展战略的失误、政治动荡不安以及不适当的福利赶超等因素，拉美各经济体是落入中等收入陷阱的典型代表，因此，这一问题又被形象地称为“拉美化”问题。

2. 中等收入陷阱与福利陷阱

研究表明，不适当的福利赶超因素会导致国家落入中等收入陷阱。福利赶超的直接动因是为了缓解由于社会收入差距不断拉大而造成的社会不稳定，也更是广大中下层民众对于迅速提高生活水平的热望被特定因素激活、助推使然，便出现过早、过急地照搬发达国家已经实施的社会福利制度的种种做法，在步入经济追赶—赶超过程且经历了一定时期的发展后，没有能够选择合理的发展路径解决社会矛盾，却一味进行所谓的“福利赶超”，结果掏空了经济发展的后劲和持续改进民生福利的基础，并且触发了其后的社会矛盾激化与不稳定局面。作为拉美国家落入中等收入陷阱的重要原因，福利赶超的选择主要是由社会各阶层对福利要求的强烈意愿、民粹主义倾向以及回应民粹主义的政治领袖三方共同造成的。这种扭曲的不可持续的经济赶超会使发展中国家经由赶超演变成福利陷阱而落入中等收入陷阱。福利陷阱的主要表现是社会保障和福利制度超过经济发展水平，成为财政和纳税人的沉重包袱，结果拖累经济增长和触发社会矛盾激化，造成难以收拾的不良局面。中等收入陷阱的本质是工资福利的增长快于劳动生产率的提高。

3. 中等收入阶段经济追赶—赶超与避免福利陷阱的对策思路

在中等收入阶段，要实现福利赶超，改进优化民生，应该注重再分配的作用，维护公正、兼顾均平、引导高端、壮大中端、托好底端，在以民生为主要内容的福利增进进程中，通过优化财政收入再分配功能来实现全民福利水平的提高，并同时更加关注瞻前顾后与可持续问题，保证福利的供给公正、适度，不伤害发展后劲。

针对中国国情，特别应该加快深化体制改革，积极转变政府职能，避免政府“缺位”和“越位”；同时完善社保制度，推进基本公共服务均等化，扩大居民财产财富，调整社会收入结构缩小社会收入差距；实现“鸭梨形”收入结构向“橄榄形”转变，通过建立健全市场机制加快推进国企改革，推进国有资本经营预算与公共预算、社保预算相结合等举措，统筹财政收入用于民生支出；同时深入推进税制改革，完善转移支付体系。

按照“瞻前顾后”的长远考虑，建立健全相关财税体系，全方位、多维度、多视角保障中等收入阶段经济追赶—赶超与福利增进的协调进行。总结拉美地区教训和发达国家典型财税体制的经验，可以得到如下要领：第一，一切服务于经济发展可持续，政策应该为经济发展形成启动。第二，福利增进应该逐步开展，其发展水平应该与经济水平相适应，通过继续发展富国、强国、富民，来逐步实现社会保障与福利水平的稳步提高。第三，财政体制应该上下理顺，真正实现分税制的优越性，合理解决基层财政困难、上下级政府事权与财力不匹配等的问题。

第四,转移支付应规范有序,有利于切实解决基层财政困难和支持社保体系运转的问题。第五,在福利增进中,财政支出方面应该稳步提高社会性支出,在改进民生的取向上注重优化收入再分配,首先注重以全覆盖为主,并科学细化提高水平。第六,财政收入方面,应该逐步提高直接税比重,改革首先侧重两大税种,即个人所得税和房地产税,并研究开征遗产赠与税,形成稳定的直接税调节机制,从而控制收入分配差距。

概念与认识的关键词

初次分配;再分配;效率与公平;社会保障中的基本社会保障和多支柱体系;包容性发展;福利陷阱

思考与讨论

1. 怎样认识初次分配与再分配的机理差异?

2. 为何强调"效率与公平的矛盾关系",实质应为"效率与分配结果均平间的矛盾与权衡关系"?

3. 试写一篇关于中国基本养老保障制度问题与对策思路的文章。

4. 试从实证视角考察拉美国家"福利陷阱"与"中等收入陷阱"的关系。

主要参阅文献

李强,邓建伟.我国社会分层理论的演进.学海,2002(04):76-82.

郭庆旺,赵志耘.财政学.北京:中国人民大学出版社,2002.

王国清,马骁,程谦.财政学.北京:高等教育出版社,2010.

穆怀中,社会保障国际比较(第三版).北京:中国社会劳动出版社,2014.

孙光德,董克用.社会保障概论.北京:中国人民大学出版社,2016.

贾康,等.深化收入分配制度改革研究.北京:企业管理出版社,2018.

第八章　财政政策与宏观调控

第八章　财政政策与宏观调控

20世纪30年代世界出现空前的经济危机，使得传统的经济理论对此束手无策，这时凯恩斯的《就业、利息和货币通论》顺时应势出版，标志着宏观经济学的产生，也使得国家干预经济理论由配角变成了主角。

——吴大琨

在世界金融危机之后，我们对于主流经济学关于宏观调控的"需求管理"为主的思路与框架，亟应作出深刻的反思和创新改造，新供给经济学便由此应运而生。

——贾　康

一、宏观调控

（一）1929—1933年"大萧条"及宏观经济学的产生

/// 楔子：1929—1933年"大萧条"及宏观经济学的产生 ///

自"工业革命"带来的工业文明普及至今，人类经济社会演化，在主脉络上经历了从所谓自由资本主义时代到垄断资本主义时代，又到全球化时代的递进，原以政府“无为而治”为主导取向的政府职能思维模式，推进到了政府以财政政策、货币政策为主要政策手段的国家干预、综合调控思维模式。与之相应，宏观经济学取得了长足的发展，现实经济推动着宏观经济学向前走。最经典的案例，是1929年至1933年期间席卷整个资本主义世界的经济危机，以及由此而形成的经济学、财政学基础理论革新和相关政策调控实践的综合创新。

20世纪20年代中后期，以美国、欧洲为代表的发达国家在经历较短暂的经济繁荣期后，出现了严重的周期性生产过剩，导致了一场烈度前所未有、席卷全球的经济危机。危机的导火索，是1929年纽约股市的崩盘。根据美国《商业及财政记事报》1929年11月2日的记载：“本周发生了世界上从未有过的股票市场灾难。”如报中描述，“各地谣言四起：所有的银行都已崩溃！政府已下令封闭一切股票交易所，120个银行家已自杀！愤怒的群众已向华尔街进攻”。

作为危机的开端，1929年10月29日被载入史册，在这个“黑色星期四”，纽约证券交易所一开门，人们便潮水般蜂拥而入，争相抛售手中的股票，当天交易量达到1 642万股的天量，而在1929年前每日成交量一般只有100万股。1928年美国总计发行有价证券大约13亿美元，这一数字1933年锐减到160万美元。这场灾难中，纽约市场股票总市值从10月24日到1932年12月底，共下跌了450亿美元左右。股票市场的暴跌是美国经济崩盘的序幕，由此以美国为首的发达国家全面进入危机时代，欧洲、加拿大、日本等国都因与美国紧密的国际金融、贸易关系而引发危机，危机很快席卷了整个资本主义世界。

作为金融业务的核心支撑，商业银行被卷入旋风的中心，1929—1933年期间美国共破产10 500家银行，达美国银行总数的49%，一批资本所有者从巅峰跌入谷底，走上颠沛流离之路。比如来自芝加哥的英萨尔，曾拥有150家企业，管理着5万名雇员，同时兼任65家公司的董事长、85家公司的董事、11家公司的总经理，拥有证券市值一度高达30亿美元，他在此次危机中破产，背井离乡，先后流亡法国、意大利、希腊和土耳其。

危机使所有发达国家的工业水平大幅下降，最具有代表性的国家如表8-1所示，其中美国倒退到1905—1906年的水平，英国倒退到1897年，法国倒退到1911年，德国倒退到1896年，其间大批企业破产。美国在此次危机中破产企业约14万家，英国约3.2万家，德国约6万家，法国约5.7万家。失业人数飙升，根据美国政府统计，其1933年的失业人口总数达到1 280万人，约占美国当年劳动力人口的28.4%；英国失业人口近300万人，法国失业人口近150万人；德国失业人口近600万人，最高时接近德国工人总数的一半。

表8-1　主要发达国家在1929—1933年的工业衰退情况

主要发达国家	美　国	德　国	法　国	英　国	日　本
-37%	-46.2%	-40.6%	-28.4%	-16.5%	-8.4%

在危机到来后，不论理论界还是实业界都呼唤创新，实际生活中亟须理论依据来解释此次危机爆发的原因和纾解之路，要求有新的思路和方法来化解衰退带来的一系列严重后果。此前占据主流的经济学理论，一直将自由市场经济标榜为经济发展的制度基础，但危机的魔咒显然打破了这个金科玉律。恰逢此时，英国经济学家约翰·梅纳德·凯恩斯基于其多年的理论研究形成了经典之作《就业、利息和货币通论》（以下简称《通论》），对危机进行深入的分析，并将对此次全球性危机的见解纳入其中，明确指出是经济运行中总量型的有效需求不足成为危机的肇始原因，其反映的市场失灵缺陷，需要得到政府干预实施需求扩张来矫治，而政府干预的主要政策工具即为财政政策和货币政策。凯恩斯的《通论》成为宏观经济学中强调宏观调控的不朽之作，以《通论》为代表的理论建树被称为经济学的"凯恩斯革命"。无独有偶，另一位重要的领导者正在美国将《通论》中所强调的宏观调控付诸实施，他就是美国第三十二任总统富兰克林·德兰诺·罗斯福。罗斯福为了应对此次危机，在美国推出了一系列"新政"，广泛涵盖各个产业改革、经济社会的复兴和对弱势群体的救济，核心内容就是财政政策与货币政策的协调配合。他在就职后第三天即1933年3月6日，就宣布美

国银行业全国性停业整顿，3月9日由国会推出了《紧急银行法令》，3月15日开始绝大多数银行在财政部的审核及政府的监督下陆续恢复营业，6月16日国会通过了《1933年银行法》，建立了以联邦承担责任的货币储备体系。同时，罗斯福对农业开始实施有计划的生产，对工业乃至工资、工作时间实施有计划的调控，并大规模发行政府债券兴办公共工程，加大政府采购和以工代赈的力度。

《通论》的问世和罗斯福新政的推行，虽然多年来都不乏争议，但不可否认的是，两者表现了从理论到实践的珠联璧合，成效卓著，在美国以胡佛水坝等基础设施投资扩张总需求并结合以工代赈等政策的同时，其工业生产很快得以恢复，银行业的存款不到一年增加了将近20亿美元。英国、法国、德国等主要发达国家的宏观经济形势也逐渐好转，世界从危机中开始复苏。由此，一系列关于宏观调控政策的主张与学术讨论走入主流经济学，宏观经济学也明确地成为一个不可或缺的独立学科。应该说，大萧条与宏观经济学的产生和完善，有着密不可分的关系。

（二）什么是宏观调控？

20世纪30年代资本主义世界陷入全面危机之时，经济学家凯恩斯提出“宏观调控”概念，认为“自由放任的市场经济在资本主义社会并非是凭借自身调节就可以自动运行的美妙机器”，为解决资本主义的危机，只能依靠政府的宏观调控。宏观调控可定义为是国家运用计划（规划引导）、法律规范、政策调节、信息导向和行政干预等手段，从宏观层面对市场经济活动运行调节和干预，使微观经济活动纳入宏观健康发展轨道，及时纠正经济运行中偏离宏观目标的倾向，以保证国民经济的持续、快速、协调、健康发展。

（三）实行宏观调控的理由

宏观调控是市场经济发展到一定程度的产物，具有必然性，主要在于市场机制调节经济时有失灵的可能性，这种市场机制的内在缺陷是导致危机的根本原因。首先,市场调节并非万能,一系列实际生活中“负的外部性”(如环境污染、黄赌毒)和凯恩斯所分析论证的“边际消费倾向不足”等问题,市场并不能由自身克服。其次,市场调节机制存在的弱点和缺陷,还包括自发性、盲目性以及滞后性。市场调节中在问题发生之后进行的调节,从价格形成、信息反馈到产品生产具有一定时间差,加之在信息不对称等情况下,这种滞后性又使市场调节具有了自发性、盲目性和波动性、周期性(比如,较小的有农产品价格—供给的“大年、小年”式轮回,较大的有周而复始的全局性经济危机)。针对市场调节的失灵与弱项,宏观调控具有补充作用,将两者结合起来是实践和历史的选择。

(四)宏观调控的手段

宏观调控主要包括三种不同性质的手段:

一是经济手段,主要指借助于经济杠杆和经济政策进行调控。经济杠杆是国家依据客观经济规律,运用各种价值形式,通过调节经济利益关系,引导微观经济主体的经济活动方向,实现国民经济良性循环的经济手段。主要有税收、利率、价格等价值工具;经济政策包括财政税收政策、金融政策、产业政策、收入分配政策等。

二是法律手段,指政府利用法律这种强制手段进行调控(如掌握准入的法定标准)。宏观调控运用法律手段主要是发挥法律手段的规范、限制以及促进作用,进而保证市场经济的运行秩序。

三是行政手段,指政府运用行政权力对经济活动进行行政调控(如行政许可、审批)。行政手段具有权威性、无偿性等特点,但对一般市场经济体而言,它也具有非常规性的特点。在传统的计划经济体制下,完全按行政手段、指令性计划调控国民经济运行,表现为一种“直接控制”、“管制经济”的运行状态。在具体实践中,虽然这也曾在一定阶段上(主要是初期)体现了支持超常规推进工业化进程的作用,但也时常表现出僵化、粗放、低效和牺牲“人的全面发展”与压抑主动性、创造性的弊病。

财政政策与货币政策在宏观调控中属于经济调控手段。财政政策与货币政策在很大程度上利用了市场机制的作用,形成“国家调节市场、市场引导企业”的间接调控,既对市场机制进行干预,又在干预的同时通过发挥该机制的作用来达到政策目的。这种间接调整机制最有利于在引导微观主体行为时给出释放活力和潜力的空间。财政政策与货币政策的具体内容,本章在下面展开论述。

二、财 政 政 策

(一)需求管理与供给管理中的财政政策

/// 楔子:需求管理与供给管理 ///

需求管理的核心是总量调控问题。基本原理是在政策的制定及政策工具的使用上与经济周期逆向,即经济高峰期抑制、压缩需求,而经济低谷期放松需求控制乃至有意刺激需求,以此来减少经济周期波动的振幅,在一定程度上“熨平”波动,实现相对平稳的经济发展。

供给管理的核心是结构优化问题。基本原理是在政策的制定和实施上对经济中各部门、各行业、各区域的长、短线区别对待,以合理方式支持和扶助国民经济中“瓶颈”部门与产业(即短线)的发展,必要时适当抑制长线,以增加有效供给,提高总体效益,矫正结构错位,缓解由于比例失调所激发的总供需失衡和周期波动因素。

“宏观调控”是社会总供需动态平衡的调节控制问题。这种调控既有主要着眼于需求方的所谓“需求管理”,主要处理总量平衡问题,也有主要着眼于供给方的所谓“供给管理”,主要针对结构平衡问题。两方面各有独到之处,是相辅相成的。但由于西方市场经济国家一般而言需求不足的“生产过剩”是主导倾向,有效供给不足的“短缺”情况比较少见,加之对有效供给影响甚大的经济结构基本是由市场自发调节的，因而宏观层次上一般对需求管理的重视程度最高，并且经常把增加有效需求以降低失业率作为其主要目标，对调节结构以增加有效供给这方面的问题，则关注较少。在凯恩斯主义宏观调控的理论与经验总结上，简洁的概括称为“反周期”，内涵即侧重于总量型的需求管理。

然而，在中国改革开放以来40年的经济发展中，宏观运行中的主要偏差，基本上与结构失调问题如影随形，难解难分，或需求过旺、经济过热或需求不足、经济低迷的问题，都与结构不平衡问题密切交织。因此，中国学者较早意识到，供给管理至少与需求管理具有同等重要的意义。亚洲金融危机（1997）和世界金融危机（2008）爆发后，对于经济学理论与调控实践的反思更使我们认识到，西方主流经济学教科书对于供给管理的忽视，其实正是其局限性和需要改进之处，因此美国等最发达国家也好，众多发展中国家也好，都必须深刻反思现实经济生活中供给管理的不可或缺，并总结已跳出经济学教科书而采取的一些供给管理举措的经验。

需求管理和供给管理都着眼于经济和社会的稳定，服务于国民经济总体效益的提高，都离不开财政政策手段的积极运用。需求管理的“反周期”（“逆周期”）操作，要求财政政策与货币政策作有效配合；供给管理的“优化结构”，操作上则需依仗财政政策作为主要的宏观政策工具。

（二）财政政策及其目标

财政政策是通过财政支出与财政收入及相关管理来调节经济与社会生活的财政方针与原则。财政政策是一国重要的经济政策，与其他经济政策联系密切。

财政政策的主体是各级政府，包括中央政府与地方政府。

财政政策的目标是指实施财政政策所意图实现的预期目的。由于所处经济环境的不同，不同时期财政政策具有不同的目标，大体而言有这样几个方面：

一是促进经济快速、持续、协调、健康地发展。长期以来财政政策都将经济发展作为其主要目标，但过分、单一地强调以经济发展为目标也会带来一定的副作用。

二是促进充分就业。就业是一项关乎民生、影响深远的重要经济问题,促进社会实现充分就业有助于其他经济问题的解决。

三是合理配置资源。市场在资源配置中起到基础性和决定性作用,因此财政政策在配置资源的过程中为预期达到良好效果,需要尊重市场机制的客观规律,以兼容于市场和可以弥补市场失灵的合理机制,追求人力、物力、财力的充分利用与社会综合绩效的尽可能提高。

四是实现物价稳定。之所以将物价稳定作为财政政策的目标,是由于通货膨胀或紧缩所带来的物价过高或过低,均会对经济与社会发展产生不良影响。而物价稳定并不是指物价的固定不变,而是价格指数合理的相对稳定。

五是分配收入合理化。财政政策可以促进社会公平分配,但这种分配并不是绝对均平,而是要促进社会公正取向下均平与效率的优化权衡。

六是促进人民生活水平的提高。这一目标符合社会全体成员的共同利益,也是一国追求经济发展的最终目的。

(三)财政政策的工具

财政政策的工具主要包括两大方面,即财政收入政策工具和财政支出政策工具。财政收入政策工具主要指税收和公债,而财政支出政策工具可分为购买性支出和转移性支出两类。

关于财政收入政策的税收工具。税收是指国家为实现其职能强制、无偿取得的财政收入,具有强制性、无偿性和固定性的特点,而税收也是一国财政收入的最主要组成部分。运用税收手段实现财政政策的目标主要采用以下方式:首先,适当设置税种和税收科目;其次,设定合理的税率;再次,还可采取税收减免和加成方式实施财政政策。

当税收收入不足以保证政府的支出时,政府可以采用另一种重要方式增加财政收入,即发行公债。公债的实质是政府对公众的债务,按照发行层级的不同分为中央政府债务和地方政府债务，根据期限不同又可以将公债分为长期债、中期债、短期债，而对于期限的设置也是政府利用公债手段调控经济的重要手段。（关于公债期限的划分，一般偿还期限在一年以内的为短期债券；2—5 年的为中期债券；5 年以上的为长期债券。）公债的发行直接影响财政收入的多少，而公债通过对货币市场和资本市场的影响作用又可以间接影响货币供求。

关于支出方面的购买性财政支出和转移性财政支出。首先需要明确两者的含义：购买性财政支出是指政府在市场中充当购买者的角色，购买商品和劳务，构成社会需求的重要组成部分。当社会总需求过低时，政府购买商品和劳务可提高社会总需求水平，反之则反是。由此可见，政府购买对社会供求的调节具有重要作用。

财政支出的另一重要手段是政府转移支付，指政府将一部分财政收入转移给企业、居民等主体所形成的财政支出。政府转移支付具有公共性、社会性的特征，对于维护社会公平与正义具有重要意义。政府转移支付并不产生商品、劳务的实际交换，而仅仅是政府在不同社会成员之间进行的收入转移和再分配，也就是说转移性财政支出并不会引起社会总收入水平的改变。

这些在本书的前面章节中已有展开，在此不作赘述。

（四）财政政策的类型

按照实施方式的不同，财政政策可以分为三类，即扩张性财政政策、紧缩性财政政策以及中性财政政策。

扩张性财政政策是指通过增加财政支出来增加和刺激社会总需求的一系列政策。在社会总需求不足时，通过扩张性财政政策可以缩小总需求与总供给的差额，使得两者趋向平衡。然而，当总需求与总供给平衡时，扩张性财政政策会使总需求超过总供给。减税和增加财政支出是扩张性财政政策的两大手段。减税可以增加居民、企业的可支配收入，在政府财政支出规模不变的情况下，一般也可以实现社会总需求扩大的目的。而扩大财政支出规模会直接增加社会总需求。当减税与增加财政支出同时进行的情况下,扩张性财政政策会导致财政赤字显著增加。

紧缩性财政政策是指通过财政支出来减少社会总需求的一系列政策。在社会总需求过多的情况下,通过紧缩性财政政策可消除通货膨胀缺口,达到供求平衡。然而,当总需求与总供给平衡时,紧缩性财政政策会导致总需求不足。与扩张性财政政策相对应,实施紧缩性财政政策的措施主要是增税和减少财政支出。一般来说,增加税收会减少居民、企业的可支配收入,导致民间消费和投资需求的降低。而减少财政支出会直接减少社会总需求。所以,无论是增税或减少财政支出,都会抑制社会总需求。一定经济状态下,同时实施增税与减少支出的措施,财政会出现盈余。

中性财政政策是指财政的支出活动对社会总需求的影响保持中性的政策,即既不抑制也不增加社会总需求。一般在这种政策下财政收支为基本平衡状态。

(五)财政政策的传导机制

财政政策的传导,是指经由相关中间因素使财政政策实施转变为政策目标实现的过程,根据中间因素的不同,可将财政政策的传导机制分为收入机制、货币机制以及价格机制。

收入机制是指个人收入和企业利润收入表现为中间因素。当采取扩张性财政政策时,一般会增加财政支出、减少税收,在这样的情况下,个人、企业的可支配收入会增加,相应的民间消费和投资需求会扩大,进而促进经济增长;当采取紧缩性财政政策时,一般会减少财政支出、增加税收,在这样的情况下,个人、企业的可支配收入会减少,相应的民间消费和投资需求会减少,这样有助于实现物价的稳定。

货币机制的中间因素是货币供给量。当增加财政支出或减少税收时,扩张性财政政策会导致财政赤字,当发生财政赤字时,往往其弥补会引发扩大货币供给量,进而促进经济增长中的流动性景气,同时也可能导致通货膨胀的发生。反之则反是。

价格机制,顾名思义其中间因素为价格。紧缩性财政政策下,增加税收,由于税负提高，商品、劳务价格提高，此时会导致需求与供给的减少，进而实现结构的平衡；当进行财政补贴时，商品、劳务价格回归，供给与需求相应会增加，进而促进实现结构的平衡。

（六）财政政策调控的功能效应

财政政策的功能是指其由财政分配的客观属性所决定的可能作用，其结合中国现实为主的考察，可归纳出财政政策调控七个方面的功能作用，并有必要配之以相关的效应（绩效）考察分析。

1. 促进经济增长

根据生产与分配相互关系的原理，可知生产决定着分配，但分配又反过来影响着生产，因为分配既是前期生产成果的分配，又是下期生产条件与要素的分配，具有发挥能动反作用的余地，其合理与否，必将对下期的生产发生一定作用。以生产为轴心的经济增长，体现着社会生产力的发展，是一国所有经济、社会事项中最具根本意义的事项，而财政分配，则是对全社会生产成果的一部分，主要借助价值形式（货币形式），同时又考虑使用价值形式（产业类别、技术类别、区域类别等）作集中性的分配，其间可以体现政府的资源配置意图，用以弥补“市场失灵”，促进生产力的更快发展，即促进经济增长。

除了我们这种理论、逻辑上的定性论证，还有一些学者作了更具技术性的分析。西方财税理论指出：作为社会总供需一个重要组成部分的财政收支通过乘数作用影响一定时期 GNP 的增减：（1）政府支出增加可促进 CNP 的增长，其增长的规模取决于支出乘数的大小。财政支出乘数是社会边际储蓄倾向的倒数，即 $K_E=1/MPS$（但并不是所有支出具有相同的乘数效应，如转移支付，由于资金自政府手中直接转移到接收者，不与商品或劳务转移相对应，故其乘数效应小于政府的购买支出）。（2）税收增加将减少 CNP 的增长，减少的规模取决于税收乘数的大小。税收乘数是边际消费倾向除以边际储蓄倾向之商，即 $K_T=MPC/MPS$。由于 $MPC+MPS=1$，所以 $K_T=(1-MPS)/MPS=1/MPS-1=K_E-1$，即税收乘数比支出乘数小1(与支出乘数相类似,不同税种的乘数大小也是不同的)。(3)由上述两条可导出第三条结论,即在市场经济体制下,即使财政支出与财政收入相等,通常也会促进GNP的增长。这种分析可作为一个从数量分析角度关于财政收支对国民经济增长影响作用的论证。

结合我国情况作更为具体的考察,则应看到,以财政资金承担或参与、引导的国家重点建设项目和技术改造项目等,对于经济增长具有特殊意义。作为颇具个性色彩的财政职能的体现,这些投资在社会固定资产总投资中的比重历史上曾经很可观,然而改革开放以来的演变中已不太大(根据《中国统计年鉴1997》的数据,1996年财政预算内重点建设支出已降到约为全社会固定资产投资的2.7%,加上技术改造和新产品试制费,也不足5%),以后亦不会很大,但这却是政府调控总供需平衡状态、优化产业结构和生产力布局、培育新经济增长点的一个有力手段,进而也是中国作为后进发展中国家实施赶超战略的一个有力手段,其对于经济增长、调控优化的功用不应忽视。

中国"经济起飞"阶段最基本的国情之一,是生产力水平还较低,企业技术改造、产业升级任务重。据有关方面"千年之交"前对一千余家大中型国有企业的大样本抽样调查结果显示,我国国有大中型企业的主要设备生产技术水平,与国际水平相比较,存在十分明显的差距。样本企业中现有的或正在引进的设备生产技术水平,达到国外20世纪80年代中期水平的占28.8%,达到国外80年代初期水平的占30.4%,达到国外70年代中期水平的占17.0%,达到国外70年代初期水平的占18.7%,而达到或超过国外90年代初期水平的不足4.2%。总的概念是,三分之二的国有大中型企业与国际的设备技术水平存在10—20年的差距。在某些重点产业、关键行业,差距甚至更大。以钢铁行业为例,20世纪90年代我国大部分钢铁企业中的主体设备,还是五六十年代水平。重点和地方骨干钢铁企业的炼铁、炼钢和轧钢三个工序的主要设备中,达到国际水平或国内先进水平的只有25%左右。1991年重点企业人均产钢31吨,而日本新日铁是687吨,韩国浦项是657吨,美国阿姆科是467吨(见《经济研究参考》1994年第

84期、87期)。近年来,虽然我国钢铁行业的产能已遥居全球第一,成为“产钢大国”,但劳动生产率仍与发达经济体的先进产钢国存在明显差距,特别是高级产品和高附加值产品方面,还存在显著的短板。所以,在高端先进水平意义上说,“产钢大国”的中国仍未成为“产钢强国”。

因此实现中国的现代化,迫切需要有基于客观规律的超常增长即追赶中后来居上的“赶超”,需要全力解放和发展生产力。邓小平一句朴素的话语“发展才是硬道理”,包含了关于社会主义历史命运和中国特色社会主义发展道路的非常深刻的内容。在中国,财政分配对于促进经济增长,除了共性化地提供一般环境与条件之外,必然还需要有直接投资的个性化安排。新时期中财政促进技术改造、高科技带头产业发展和产业升级,当然需要探索新方式,但总体而言财政职能中包含一部分建设性内容的必要性是不可否定的。近些年来把“国家分配论”狭窄化的倾向,其典型表现之一是就财政论财政,认为可以简单仿效某些发达市场经济的国家职能与财政职能样式,把我国财政完全收缩成“吃饭财政”,即完全退出生产建设领域,这就脱离了全局性把握和立足国情从实际出发的原则。从体制改革之后我国政府间关于直接生产投资的事权划分看,地方政府退出一般营利性项目建设领域是必要的(但在许多地区,特别是中西部地区还有待逐步达到),然而中央政府必须承担一些大型的,对形成新的经济增长点、发展后劲及优化生产力布局或发展新兴产业有突出意义的重点建设项目,财政对此必须积极参与,提供财力支持。社会总投资中比重并不大的这类财政投资,却可以产生重要的带动、助推、辐射作用。

2. 优化经济结构

政府通过财政分配来优化国民经济结构,不论是从生产—分配关系原理方面分析,还是在现实生活之中考察,都是与促进经济增长紧密相联的,但仍可予以相对独立的处理。

优化经济结构的主要内容,是根据优化资源配置的要求,在国民经济发展中扶持短线,抑制长线,并促进新兴带头产业的发展。这一条被表述为政府的产业政策问题，在以发达市场经济为背景的西方经济理论中并不具有重要地位，但第二次世界大战之后日本、“四小龙”经济起飞的实践，却给我们提供了这方面的许多启示。我国生产力低起点、二元经济结构和地区差异显著的特点，决定了经济增长过程中结构变动因素特别强烈，结构问题十分突出，缓解瓶颈制约，优化产业、部门结构和生产力布局的任务特别巨大，而我国实现现代化目标的“赶超”性质，激烈国际竞争的环境等等，又不允许我们坐等国内市场化程度提高，再由漫长、缓慢的平均利润率形成过程和调节资源配置的过程，来解决结构问题。因此，必须清醒地看到政府在现代化过程中通过国家干预促进结构优化的责任，在大力推进市场取向改革的同时，也应努力提高决策水平，积极而有分寸地把握好调节结构方面的工作。2015 年之后，政府认定供给侧的结构优化问题是经济生活中“矛盾的主要方面”，明确地提出了“供给侧结构性改革”的战略方针。对此，财政收支可以成为非常重要的操作手段。

（1）在财政收入方面，一些税种（如我国现行税制中的投资方向税、消费税等）和规范化的税收减免、税率区别对待的制度，通常情况下可以发挥扶持或抑制某些产品、产业发展的作用，特别是随着我国今后对企业行政隶属关系控制的淡化和企业自身预算约束硬化的过程，作为市场主体的企业对“经济杠杆”（经济参数）信号的敏感度将提高，税收的结构调节作用将可以得到较充分的发挥。

（2）在财政支出方面，中央政府的“重点建设”投资是调整总体结构和生产力布局的重要手段。比如，能源、交通、通讯、原材料（冶金、化工）等基础产业，长期以来是我国国民经济的薄弱环节，而向这些领域投资的资金和技术的“门槛”都很高，并且如以分散的小项目上马，还会产生严重的规模不经济，故特别需要政府的产业政策指导和集中性资金支持。当然，诸如此类的“重点建设”项目也必须纳入建立现代企业制度的轨道，明确产权关系，积极鼓励“混合所有制”，建立健全资金使用的责任制体系，加强经济核算和奖惩制度，并积极采取多种方式（发行专项公债、股票等）吸引民间资金投入重点建设。

（3）在“常规”的财政收支之外，还有财政信用在调整结构方面大有可为。

除了国债手段,日本取得成功经验的“财政投融资”特别值得我国借鉴。日本政策性投融资的基本方式是在财政大系统之内设立政策性投融资机构,实行专家式管理,按照国家发展战略和产业政策导向选择项目提供优惠贷款。第二次世界大战结束后经济恢复阶段的支持重点,首先是煤炭、钢铁等基础产业,20世纪50年代前期抓住世界经济变化的机遇转为造船业,50年代后期与60年代又转为机械工业中的工作母机与自动化机械方面,对于优化经济结构,促进产业升级,实现经济起飞,收到了显著成效。(加藤浩三等:《政策金融:战后日本的经验》,世界银行讨论稿第221号。可参见《经济学消息报》1994年7月14日的介绍。)我国在经济起飞的准备与实施阶段,同样遇到产业升级、结构调整的紧迫性与资本市场不成熟的矛盾,同样需要发展政策性投融资。这是财政在新时期可以大有作为的一个领域。至于政策金融可能产生的“寻租”弊端,则应借鉴日本经验,实行严格的“多重审计”制度、惩治制度和专家式管理,以将其缩小至最低限度。

(4)中央财政自上而下的转移支付制度,也是调节地区差异和经济结构的重要途径。在今后分税制改革的进一步深化中,应当使中央财政掌握较充分的财源,形成“资金向下流动”的大面积补助格局,其中一般性补助额对各地的区别对待,要放在依“因素法”和严格统计数据的公式化计算基础上,从而大大增强补助资金分配的客观性、科学性;而专项补助资金,则以“戴帽”方式直接贯彻中央政府的结构性调整意图。

社会主义市场经济中,政府对经济结构的调控,被客观地要求侧重于运用财政手段。政府致力结构优化的基本方式是“区别对待”不同产业、行业或产品,超越市场利润率的一般调节机制,把宏观的、总体的、长远的效益作为首位目标;而中央银行货币政策调控集中于总量方面的银根松紧,其调控下的商业银行系统是按照追求直接效益(微观利润目标)的市场原则展开竞争的。哪里的直接效益高、风险小,银行贷款就流向哪里,或按形象化的说法,商业金融只愿“锦上添花”,不肯“雪中送炭”。这对于商业银行系统的功能性质而言是合理的,无可厚非的,政府不应要求它们于利润目标之外还承担“区别对待”的政策性结构调控职能。与此不同,财政的资金运作在承认市场一般原则的前提下,更于其特性方面体现矫正市场缺陷或克服市场不成熟性的特定要求,可以并且应该超越微观直接效益的眼界而注重追求长远、宏观的效益,同时财政分配正具备了这方面的适当手段和能力。因此,在财政政策、货币政策两大政府调控手段中,货币政策主要侧重于调节总量,而财政政策更侧重于调节结构。

可以说,对于优化结构的作用,是财政调控作用中最突出的方面之一。从我国社会主义市场经济中宏观调控主体的角度而言,财政政策将是优化结构的最主要调节手段。

3. *反经济周期与维护经济稳定*

经济周期是国民经济运行中循环出现的发展速度上下波动现象。当前世界上的任何国度都无法完全避免这种循环或波动的出现,于是问题归结为如何避免周期中的超常波动并缓和常规波动,以寻求必要的经济稳定,减少与波动相关的损失。所谓"反周期",即政府通过国家干预适当"熨平"经济的周期波动。这一条与当代主要西方发达国家的理论与实践相通——本来凯恩斯学派所言国家干预、宏观调控的意思,就是主要指的这个方面。

我国的经济周期波动是一种可以观察到的现象——尽管管理部门和学界过去在理论上曾不予承认,而且看起来历史上"决策失误"等所谓非经济因素的影响很大,已经发生过的波动偏重于"紧运行"的一方,等等,但这些都不能否定周期波动的基本事实。市场化的程度越高,周期波动的趋势将越清晰;国民经济的对外开放程度和国际化程度越高,受他国经济周期因素影响的可能性也越大——20世纪80年代以来的情况已对这些作出了证明。今后国民经济一定程度的"高涨"与"疲软"在我国的交替出现,将继续是意料之中的情况。因而,如何掌握平抑波动的反周期政策措施,以促进经济持续增长和维护增长中必要的稳定,成为政府不可回避的重大课题。财政在这方面可以发挥重要的调节作用。虽然随着几十余年改革开放中企业和一般金融机构作为市场主体的发育,资金分配、运行、融通渠道的多元化,国际收支对国民经济调节作用的显著上升,以及居民金融资产数量和作用的迅速扩大等，财政收支在我国社会再生产和综合平衡中排在第一位的“主导性”作用已不复存在，社会总供需平衡与否，要取决于财政、信贷、国际收支的总体调节，但是，财政收支仍是对经济和社会发展举足轻重的宏观调节手段，赤字或盈余可以成为特定条件下政府在宏观上反周期波动的政策工具，合理的财政制度设计也可以发挥与周期波动逆向的“自动稳定器”功能。

然而具体考察财政的反周期与经济稳定作用，还是需要先从最为宏观层次上的总供需管理和财政政策与货币政策两大基本手段的综合运用开始，再及财政政策、制度自身。这可分为三个层次。

(1) 财政、货币政策协调配合的“反周期”宏观调控及财政政策的侧重点

“反周期”宏观调控以财政政策和货币政策为两大基本手段，两者的协调配合至关重要。一般说来，经济高峰期财政要增收减支，中央银行要紧缩银根，以抑制总需求；相反，经济低谷期财政则减收增支，中央银行应放松银根，以刺激总需求。但是，现实操作远非如理论分析那样简单而直截了当，由于各种因素的制约，财政、银行两家“双松”或“双紧”的操作未必可行，或者未必是最好的选择，往往只能采取“一松一紧”的搭配，或财政松银行紧，或银行松财政紧，形成总体上或松或紧的导向，并配之以其他政策意图。比如，经济过热时，财政却为多种因素制约，实际上达不到消除赤字、甚至安排盈余的真正的“紧”（这时的“适度从紧”更大程度上是一种态度而非一种现实），所以只能采用在争取财政赤字规模不扩大的同时，由中央银行大力抽紧银根这样一种松紧搭配。

同时，总量型“反周期”的调控客观上需要需求管理与供给管理双管齐下。比如经济过热、总需求超出总供给时，一方面要压缩需求总量，一方面要增加有效供给总量，从而缩小总供需差额。在我国改革前的高度集中体制下，达到上述两点都主要是通过财政途径，但在改革后投资主体多元化、财政分配占国民收入分配的份额显著下降、企业和居民金融资产急剧增大的情况下，财政、货币政策在宏观调控中的分工配合关系，依客观要求应当向市场经济国家的通行机制靠拢，同时又保留必要的中国特色。具体说来，调控总量须更侧重于金融货币政策

的力量,调节结构则主要借助于财政政策的力量。在达到了一定市场化程度的经济中,在“对企业间接调控为主”的体制下,中央银行以币值的稳定为基本操作目标,调控银根松紧,进而通过市场体系的作用影响全局经济运行,对总体资金供应状况和“经济热度”的作用力最大,同时却难以承担多少“区别对待”调整结构的职责;财政政策则指导政府收支安排及其对经济全局的导向和“辐射”(当然也要通过市场体系的作用),对调节国民经济总体的结构状况和“比例关系”的作用力最大,“区别对待”比较便捷有效,但相对于中央银行而言,对总量的调控只起次要的作用。

换言之,财政与中央银行两大部门及财政、货币两大政策各自的功能特点,决定了在“反周期”宏观调控中协调配合是带有各自侧重点的,财政的侧重点是结构方面和供给管理方面。

肯定财政在结构方面的侧重,绝不是否定财政在总量调控方面的重要作用。第一,财政收支在以 GNP 或 GDP 表示的总量中的比重虽然不是很大,但其“乘数”作用很大,类似于中央银行基础货币的“高能资金”作用,一个较小量的减收增支或增收减支安排,可以带来一个规模大得多的需求扩张或收缩效果。第二,优化结构的供给管理,会通过扩大有效供给规模有力地作用于总量态势,显著缓解总供需矛盾。尤其我国是一个从长期看比较容易以经济过热为主导性偏差的经济,又不能坐待漫长的市场发育成熟过程来全面解决结构调节问题,不得不强调政府的产业政策引导和政策性倾斜的结构优化,因而就必须更加重视由财政扮演主角的供给管理对总供需平衡和“熨平周期”过程的重要作用。

总之,财政对于总量的调节和结构的调节,以及与货币政策、产业政策相协调配合的复合性调节,使财政成为宏观经济运行“反周期”的重要稳定器之一和优化结构、提高供给体系质量效率的主要政策手段。

(2) 财政“自动稳定器”作用的设计和发挥

西方经济学和财政理论对财政的“自动稳定器”作用作了较系统的分析论

述。简言之，首先，在政府税收方面，主要体现在累进的所得税上。当经济处于高峰期时，需求扩张，经济繁荣，收入上升，纳税人超越个人所得税起征点和适用累进税率更高级次的情况增加，税基扩大，从而使税收数额自动增加，且总的增加幅度超过个人收入的增加幅度，于是税收产生抑制消费与投资意愿，防止需求过度增长的降温作用，使波动过程中的“峰顶”不至过高；相反，当经济处于低谷期时，需求疲软，经济萧条，收入下降，符合纳税规定及适用累进税率较高级次的纳税人减少，税基收缩，结果使税收数额自动减少，且总的减少幅度超过个人收入的减少幅度，于是形成对于消费与投资意愿和需求的刺激力和鼓励作用，促使经济升温，使波动过程中的“谷底”不至过深。某些国家的公司所得税也有累进设计，则会更强化此种“自动稳定”作用。如果政府支出规模保持不变，税收数额的自动增加或减少会分别导致政府预算的盈余或赤字，这将通过乘数作用进一步放大“自动稳定”的效应。

其次，在政府支出方面，主要体现在公共开支的一些转移支出项目上。比如，政府的失业救济、福利性支出都有一定的发放标准，在经济繁荣高涨时期，失业人数和符合接受福利支出条件的人数减少，这时政府转移性支出额便会相应减少，从而产生减缓消费需求增长的作用；相反，在经济萧条低落时期，失业人数和符合接受福利支出条件的人数增加，这时政府转移性支出额便会相应增加，从而产生加大消费需求的作用。再如，政府的农产品价格维持制度，目标是把农产品价格稳定在一定水平上，在经济高峰期，需求扩张，通货膨胀，农产品价格上升，政府便抛售农产品，稳定农产品市场价格，减缓通货膨胀；反之，在经济低谷期，农产品市场价若滑落到维持价格以下，政府便以维持价格收购农产品，这样就会增加农场主收入，维持他们的消费需求水平进而相对稳定总需求水平。于是，上述这些按一定标准执行的政府转移性支出，也成为减缓经济周期性波动的自动稳定器。

以关于“自动稳定器”的上述分析描绘与中华人民共和国成立以来的历史情况相对照，可以发现极为显著的差异：几十年中的大部分时间，我国仅对集体企业实行过超额累进的所得税(1994 年之后已不再实行);近些年,城乡个体工商户所得税(1994 年并入个人所得税)和后来覆盖面较广的个人所得税的设计和实施,则越来越靠近西方经济理论所描述的"自动稳定器"机制,但总的说来这些现仍处于逐步上路阶段,对经济全局的影响虽在扩大,却远未成为举足轻重的力量。至于政府福利性转移支付方面的机制,也很不健全规范。

因此,从现状而言,我国财政的"自动稳定器"功能是远非完备的。反过来看,正是由于这种低起点、不完备而特别应当强调的是,随着市场导向改革的推进和深入,合理设计与充分发挥"自动稳定器"功能在我国具有广阔的前景,是非常有必要依此方向努力的。在可以预见的将来,逐渐提高直接税比重、实现个人所得税的优化、强化和"一体化"的社会保障体系的健全,并加快房地产税立法适时推进其改革,是最主要的新稳定因素和必须打造的调控机制。

总之,自觉的稳定器作用加上自动稳定器作用,便是今后财政在宏观调控中发挥"反周期"功能的基本机制。

4. 实施收入再分配与维护社会稳定

经济发展中的均平与效率(Equity and Efficiency)是为经济理论、政策和管理所关注的一对矛盾,是需要作出权衡和适当兼顾的两个方面。(国内一般把 Equity 译作"公平",是不够确切的。公平既可指参与资格的一视同仁即"机会的公平",也可指结果的均等即"结果的公平"。原词此处意在后者,参见本书第七章专栏 7-1。)在经济增长模式和管理体制模式都正在经历转轨变型的中国,均平与效率的矛盾更为突出乃至尖锐。政府如何积极而适度地处理这一矛盾,通过收入再分配适当调节区域发展差距和社会成员收入差距,是无法回避的重大事项。

市场机制配置资源情况下收入分配的基本决定因素有二:一是个人或区域拥有的生产要素(如劳动力、资本、自然资源);二是这些生产要素在市场上所能实现的价格。由于种种因素决定,生产要素拥有水平和市场价格水平可以出现极大的差异,因而单纯由市场机制决定的收入分配可以形成很大的结果不均等,有必要通过政府为主体的再分配调节,缓和收入两极分化现象,以适当处理效率与均平的矛盾，维护社会的稳定和整体、长远的利益。若对此类事情处理不当，不仅会发生经济上的一系列问题，而且可能出现政治性和社会性的严重后果。我国社会主义定位所决定的“共同富裕”目标，更对政府收入再分配调控赋予了重大意义。

对于通过收入再分配调控区域差距和社会成员收入差距，财政可以发挥并应当发挥主要的作用。这里分别作简要考察。

（1）调节地区差距

有多项研究表明，自改革开放以来，特别是20世纪90年代以后的一段时间，我国的地区差距有所扩大。虽然许多市场经济的实证材料表明，在一定的经济发展阶段上，区域间差距扩大难以避免，但政府却必须自觉地关注对这种扩大的制约，并力求把握好缩小差距的时机与进程。影响、调节区域差距的财政手段，可以分为收支两大方面。

在收入方面，主要是通过适当的区域性税收优惠，对不同地区的发展态势产生影响，使一部分地区的经济发展得到“政策倾斜”而较快一些。由于多种原因，我国曾对经济特区和沿海地区的税收优惠力度较大，反映着“梯度推移”在一定程度上成为现实的发展战略安排。然而这种“倾斜”绝非可以一成不变、长此以往的。当市场经济有了一定发展之后，就应当加强规范性，讲求公平竞争，构造统一市场，并注重“先富”地区对“后富”地区的带动和支援。这一角度的调整实际上已经以“西部大开发”等战略部署而开始积极推行，对特区和沿海地区的较大优惠逐步有所淡化，未来还要逐步使各地税制环境逐渐归一到统一大市场的规范上来。这将是下一时期在动态中掌握税收杠杆，达到适度调节区域差距的方向和要领。

在支出方面，对于调节地区差距影响最大的，一是预算安排的重点建设，二是政府间转移支付。但在改革前后，两者各自的作用程度和方式都不同。

——我国“一五”时期开始的大规模经济建设，以预算内安排的“156项”重点建设为代表，显著改变了我国的生产力布局，为建立独立的工业体系搭起了一个初步框架，同时也对于区域差距的调节产生了深远影响：东北和中部区域一些重工业基地、机械制造业基地的形成，对这些区域的经济和社会发展产生了极大的辐射、带动作用，使旧中国留下的畸形的产业结构和区域间极度不平衡的状况得到了调整。与以后的国际政治、军事形势等因素相关，我国20世纪60年代实行的“大、小三线”的建设，虽然现在看来有种种失误，代价甚大，但客观上对于生产力布局和区域差距调节也产生了重大影响，使中西部与沿海东部区域的整体差距有所缩小。

改革开放以后，随管理体制转变，我国经济建设费支出占财政支出的比重和中央财政安排的基本建设支出占中央财政支出的比重都呈明显降低趋势。前一比重由1978年的64.1%降为1995年的41.9%；后一比重1990年为39.5%，1995年跌落到只有7.0%（《中国财政年鉴1995》、《中国财政年鉴1996》），这同时也就意味着财政支出对于产业结构、生产力布局和区域差距的直接调节能力大为减弱。在改革的进一步深化中，指望这种依托于直接投资的调节能力回复到历史水平是不现实的，也是不合理的，值得注重的是在充分、合理运用有限的“重点建设”直接投资手段的同时，发展和增强其他依托于间接调节手段的调节能力。

——在新中国成立之初，曾短暂地实行过最为高度集中、真正统收统支的“收支两条线”财政管理体制，但很快便向“分级财政”方向演变。其后，不论是在“收支挂钩、总额分成”的体制类型下，还是在“划分收支，分级包干”（“分灶吃饭”）的体制类型下，都形成了中央财政对部分欠发达地区的补助支出和部分较富裕地区对中央的上解支出。这是一种不同级次和区域间的政府财力分配的体制安排和转移支付，基本意图中都包括在不同地区间“抽肥补瘦”、调节地区差距和体现特定政策倾斜等功能作用的发挥。

过去数十年间，体制安排及其中转移支付的具体规定是频繁变化的，往往同一时期的内容也相当复杂。以20世纪90年代初除若干分税制试点地区以外的中央、地方间财政体制为例，中央与地方“分级包干”中上解或补助的具体样式可分为表8-2中的五大类。

表 8-2　1992 年中央地方财政包干体制概况

省（市、区）	固定比例留成（%）	固定比例增长留成：（1987 年基数）留成比例（%）	固定比例增长留成：固定年增长率（%）	定额上缴（亿元）	定额递增上缴：初始定额（亿元）	定额递增上缴：年递增率（%）	定额补助（亿元）
山西	87.6						
安徽	77.5						
河南		80.0	5.0				
河北		70.0	4.5				
北京		50.0	4.0				
哈尔滨		45.0	5.0				
江苏		41.0	5.0				
宁波		27.9	5.3				
上海				105.0			
黑龙江				3.0			
山东				2.0			
广东（含广州）					14.1	9.0	
湖南					8.0	7.0	
内蒙古							18.4
新疆							15.3
西藏							9.0
贵州							7.4
云南							6.7
青海							6.6
广西							6.1
宁夏							5.3
海南							1.4
甘肃							1.3
陕西（含西安）							1.2
吉林							1.1
福建							0.5
江西							0.5

很显然,这些具体的上解或补助的体制规定,对各地的实际可用财力和社会经济发展安排形成重大的影响因素之一,进而成为一种施加于区域差异的强烈作用力量。但历史上这种种体制规定的一个巨大缺陷就在于,其中诸多差别对待、数量划分安排的客观性、科学性很不充分,具体的上解、补助数额的确定过程很不规范,带有浓重的一对一谈判、“讨价还价”色彩,很难避免非客观的“鞭打快牛”因素和人情因素导致的“苦乐不均”。概言之,其基本的决定性因素,首先是“基数”,即每一个确定体制的基年各地的收支数额,这是核定转移支付的基本参考依据,但由于种种历史的与现实的、客观的与主观的原因,各地基数的可比性是相当差的,加之各地为了在一个数年不变的“体制周期”中争取自己的最大利益,都倾向于“做手脚”压低自己的收入基数,提高自己的支出基数,以便尽可能减少上解或多得补助。其次,还有一个基数的调整问题,即各地收支数额要逐一确定从基数上调或下调多少(或维持不变),主要通过中央与各地的谈判解决,其间双方代表的谈判技巧、背后的种种影响因素乃至当事人相互的熟识程度和感情因素,都可能发挥作用。这样,最终确定的方案办法,到底合理性高低,就很难说清了,几乎每项方案刚刚确定,便会引起种种攻讦和争议,难以稳定下来。因此,转移支付这样一个作用甚大的手段,在“基数法”为基础的情况下,却颇多主观性质并极易引起争议和摩擦,自然要妨碍其功能的充分发挥。

针对这种弊病,我国理论界和实际工作部门在研究改进思路的过程中,已形成了一种共识,即要借鉴市场经济国家的经验,变“基数法”为我们所称的“因素法”,将方案放置在比较客观、科学的基础上。

我国 1994 年的财税体制改革,使以分税制为基础的分级财政新体制初步入轨,同时也要求建立新的以“因素法”为基础的“资金向下流动”的转移支付制度。但由于种种客观因素制约,1994 年新体制的过渡色彩尚十分强烈,使得现实情况与理想目标反差较大。新财税管理体制运行一段时间以后,人们发现东部地区与中西部地区的差异尚没有得到有力的调节,甚至欠发达地区感到财力困难的问题更为突出了。概括分析其具体原因,首先是新税制虽然维持宏观税负基本不变,但客观上基础原材料等“上游产业”的实际税负有所上升,而加工、零售等“下游产业”的实际税负有所下降,由于前者在欠发达地区比重较大,而后者在发达地区为数更多,所以这在一定程度上加大了欠发达区域企业的相对负担,同时当地的税收增加因素按分税方案又大部分归中央拿走;其次,烟酒等产品的消费税按新体制规定要100%上交中央,这对于长远考虑的产业结构优化与可持续发展确有必要,但对于十分倚重烟酒财源的欠发达区域打击最大;第三,考虑到体制所必要的规范性,1994年在增值税0.75∶0.25共享等方面没有对欠发达地区开任何优惠的口子。因此,欠发达地区的财政困境不但未得到明显缓解,有些地方一度还有加剧迹象。但是应当看到,按照分税制新体制的设计思路或内在逻辑,本来是具有解决欠发达地区财力困难的手段的,即中央从财力分配中拿大头之后,可以并应当逐步加大自上而下的转移支付力度,并且这种基于“因素法”的转移支付必将把财力支持的重心明显倾斜于各欠发达省区,达到缓解它们的财力困难并合理调节区域差异的目的。问题是1994年之后,出现了出口退税额猛增并大大超出测算数额等始料不及的情况,而按照体制规定出口退税是完全归中央负责的,出于不得已,几百亿元之巨的出口退税要甩在以后年度逐步“消化”,这在很大程度上打击了中央财力状况,限制了中央财政实行转移支付的能力。总之,全面地看,欠发达地区财力困难仍然比较突出的问题,其实并不是新体制的内在缺陷,而是新体制在转移支付这方面的重要功能尚未到位的结果。

现实生活在迫切呼唤财税体制改革的进一步深化和新转移支付制度的出台。对此的积极回应,是财政部于1995年度办理与地方财政结算时,正式推出了《过渡期转移支付办法》,借以确定对各地的一般财力补助,使财政转移支付资金的分配更趋规范、合理。之所以称为“过渡期转移支付办法”,是考虑到一步到位地建立规范的转移支付制度的条件尚不成熟,但无疑应以其作为长远目标;这样近期内便有必要选择一些客观性因素及政策性因素,采用相对规范的办法,逐步向远期目标靠近,最终实现目标模式到位。这一办法是在不调整各地既得利益的前提下，从中央财政的收入增量中拿出一部分资金，重点缓解地方财政运行中的突出矛盾；其技术性设计上的基本特点，是按照各地“财力”低于“标准支出”的差距作为确定转移支付数额的基础，同时适当考虑各地的收入努力程度及支出结构，并对民族地区增加政策性转移支付。在这一办法中，选取的因素包括客观因素三十余项，政策性因素 7 项。虽然这仅是一个比较粗线条的、过渡色彩还颇浓重的转移支付办法，但却是一个意义重大的新开端，它跨出了由“基数法”转向“因素法”的关键、坚实的一步，是新思路实施中一个良好的起点。

1995 年度，中央财政拿出 20 亿元以上的资金，依《过渡期转移支付办法》实施对地方的一般性补助。按照计算结果，获最高补助额的为贵州省（2.5 亿元以上），各少数民族地区和其他边远欠发达地区都各有“收获”。1996 年中央财政的这种补助又增加了 10 多亿元，并且在方法上有进一步的改进。地方的同志们反映，这是多少年来补助资金分配最顺利平稳的一次，没有什么可扯皮的。虽然还有不少同志感觉中央补助总资金规模太小，“像是下了一场毛毛雨，雨下到了该下的地方，但未能解决很大问题”，但这毕竟使我国的政府间转移支付走上了新轨道。依此导向，只要按照新财税体制和新转移支付思路的内在逻辑发展下去，这场毛毛雨会越下越大，必将在调节区域差距方面发挥愈益重要的作用。

（2）调节个人收入差距

改革开放前，我国曾在个人收入分配方面长期实行低、平政策，城乡居民的收入水平低下，平均主义取向明显，除比重很低的部分“高薪”者外，一般社会成员收入差距不大。而改革开放以后，特别是进入 20 世纪 90 年代之后，居民个人收入差距明显扩大。据有关部门调查统计，1995 年 10%的最高收入户的人均可支配收入与 10%的最低收入户的人均可支出收入之比，由 1990 年的 2.9 倍扩大到 3.8 倍。按照建设有中国特色社会主义的理论，中国的发展要坚持共同富裕的方向，这是一条根本原则。但“共同富裕”的过程不可能是所有人齐头并进，所以要允许并鼓励“一部分人先富起来”。因此，一定阶段上居民收入分配差距的拉大，可以说是不可避免的。关键在于政策上对差异程度的把握以及调节时机、方式的把握，即适度、适时、可行。

过去，政府调节居民收入分配主要有覆盖面极广的直接的工资控制等手段；改革之后，企业及相当一部分企业化的事业单位的职工工资已脱离这种直接控制，只有财政供养人口（公务员、公办教师等）的工资尚在直接控制之中，但已不构成居民总收入的主要部分，而且在财政供养人口中直接控制之外的各种"工资外收入"也正在迅速增长。从总体上看，今后的社会主义市场经济中，政府须主要运用"经济参数（杠杆）"手段间接调节社会成员收入差距，即居民收入再分配的环节，是政府调节的重点，而调节的最主要手段，便是财政手段。没有任何别的手段可以在这方面发挥比财政手段更大的作用。具体考察，财政调节社会成员收入分配的主要手段，一是税收（特别是属于"直接税"的若干税种），二是转移支付支出（主要是救济扶贫、社会保障、义务教育等）。

——我国现行税制中调节居民收入分配的最主要税种，当数个人所得税。按照规定，在中国境内居住的个人所取得的收入（居住一年以上者含境外收入），都应依法缴纳个人所得税，具体的应税所得包括工资薪金所得、个体工商户生产经营所得、劳务报酬、稿酬、利息股息红利所得、财产转让所得和偶然所得等项。对工薪所得、生产经营所得和劳务报酬等，分别实行不同的超额累进税率或比例税率。

超额累进税率有明显的随收入增加而加大税收调节力度的倾向。每当收入量超过一定界限，超过部分的税率便跳高一档，收入水平越高，实际税负越高。如果收入水平降低，实际税负亦回落。所以，它是调节个人收入畸高情况的有力手段，并且具有与经济景气周期逆向的"反周期"调节作用，被称为经济的内在稳定器。

20世纪90年代中后期，我国的个人所得税征收额增长十分迅速，1994年为72.67亿元，1995年达到131.39亿元，增长80.8%；1996年又比上年净增61.67亿元，达到193.06亿元，增长46.9%。之所以能出现两年增长近1.7倍的情况，一方面固然是由于经济的蓬勃发展扩大了税基，另一方面则是由于加强稽征管理减少了税源的流失。2017 年,中国个人所得税收入已达 11 966 亿元。现在的主要问题,一是征管体系和手段比较落后,税源的流失还相当严重。为了充分发挥个人所得税的调节作用,就需要进一步加强征管。我国要借鉴这方面的国际经验,在通过宣传教育逐步提高公民纳税意识的同时,发展纳税人自动申报的纳税方式,并积极采用现代科技手段加强源泉控制和税收稽核与监察,严厉打击惩处偷漏税行为。二是个人所得税改革进展不尽如人意,从分类征收变为“综合与分类相结合”的征收,提出多年而迟至 2018 年才终于迈出步伐,但仍仅限于对工薪、劳务、稿酬和特许权四类劳动性收入的综合,超额累进调节机制仅仅覆盖劳动收入,很不利于个人所得税再分配调节作用的合理、充分发挥。我们寄希望于在深化改革的过程中经过持续的努力,我国个人所得税的调节能力将更加健全和完善起来。

另外,在调节居民收入分配方面,我国应当研究开征遗产税。对遗产课取的税收,是一种收入再分配调节作用大而“副作用”小的良税。每个人都逃脱不了生老病死的自然规律,在遗产税的制度屏障面前,一个千万富翁或亿万富翁,如果去世,其万贯家财只有在完税之后,才能合法地转移给他生前指定的财产继承人。遗产税在主要市场经济国家已有了多年的实践,税率通常都设计成累进的,越是富户,实际税负越高。(最高边际税率英国历史上曾超出 80%,美国近几十年也在 50%左右。)这样的调节形成了市场经济中所谓“没有三代以上的富豪”的情形。于是,这种“罗宾汉(欧洲历史上著名的劫富济贫的侠盗)税种”削平富豪的积极作用,也包括促使“先富起来”的人更多地关心公益事业和慈善事业,以及更加注重子女(继承人)的教育。因为与其交纳高额的遗产税,不如把钱财捐助到公益与慈善事业上去,一方面抵顶了税收,另一方面又可以“流芳百世”;而且由于子女不能过多指望父辈的遗产,就必须注意学得真才实学以求将来借此在社会上安身立命。这些,都会对社会生活发生良性的影响。

近些年,中国的“富豪”们正迅速增加,出台遗产税无疑具有重大而长远的制度建设意义,并且可望逐渐发挥越来越显著的调节居民收入分配、抑制两极分化的作用。作为遗产税的配套事项，亦应设立赠与税。另一重要配套事项，是应大力加强公益性基金的规范化制度建设。但从推出遗产和赠与税的先决条件考察，亟应积极争取在配套改革中推出官员财产的报告制度及一定级别以上官员的财产公示制度，这样才能较好解决“社会可接受”的这一税种在中国的操作可行性问题。

在调节居民收入分配方面，还有一个重要的税种，即房地产税（或称“不动产税”）。这是市场经济国家较通行的地方税种。它除了可以成为筹集财政收入的有效手段之外，还具有十分重要的经济、社会调节作用：一方面对使用房地产的生产者因地段位置、用地规模等因素而获得的某些级差收益作调节，促使他们开展大体平等的竞争；另一方面对使用房地产作为消费资料的居民的收入作调节，使他们在个人不动产方面的动机与行为，得到一定的外部制约与引导，并适当缩小居民的收入差距。目前我国城市不动产保有环节的房地产税（称为房产税）除税基评估、税率设计等方面的弱项与欠缺外，突出的问题便是未覆盖非经营性的房产，而我国私人所有的非经营性房产早已呈明显增长之势，城镇富裕阶层的大量私房显然应属房产税的调节对象。为有效发挥税收在这方面应有的调节作用，可考虑在把对外、对内不同的房地产税、房产税及土地使用税等合成一个房地产税之后，借鉴市场经济的通行模式和上海、重庆两地扩大到非经营性住房的改革试点经验，加快立法，整合相关税费，实施房地产税改革，每隔一定时期，重新评估税基。

——财政调节居民收入分配的另一个重要手段，是对于部分社会成员的转移支付支出，如社会保障方面的救济扶贫支出，失业与养老保险支出，医疗保健支出，以及助学金支出等。这些主要是把来自较富裕阶层社会成员的税收收入，转而用于改善低收入阶层居民、丧失劳动能力居民及其子女的生活、保健、教育状况，提高或维持其实际收入与福利水平。这种支出对于调节居民收入分配、维护社会安定的意义和作用是显而易见的，并且在走向社会主义市场经济新体制和力求共同富裕的中国，这种意义和作用在今后将变得更为重要。过去，我国社会保障的许多事务曾下放到企事业单位和农村基层机构分散承担，是政府职能的一种特殊的“分解放权”。改革后，养老、失业、医疗等项目的资金来源正经历逐步扩大覆盖面的社会性“统筹”过程，反映了市场经济对于政府职能归位的客观要求。今后要进一步借鉴国际经验，结合我国实际，形成基本养老、企业与职工年金和商业性养老保险协同的“多支柱”养老制度框架，基础养老金主要以社会统筹收入账户缴费（远景目标则为社会保障税形式）为规范化资金来源，配以个人账户，由财政部门牵头协调的基本社会保障体系可以较好地发挥财政在此方面应起的作用。由于社会保障是政府为主体或政府调控下的再分配，理应由政府理财部门牵头协调。目前我国基本社保基金分散管理、“五龙治水”的局面，弊病很大，亟待改变。

5. 支持社会公益事业和可持续发展

提供公共产品与服务（包括参与准公共产品或半公共产品的提供），是政府与财政的共性职能，这在具体形态上表现为政府以财政资金支持社会性公共服务事业、公立教育与文化事业、公用基础设施、基础性的科学研究等等，并通过环境保护、资源合理开发利用来维护可持续发展。

原则上说，对属于“公共财（公共产品）”性质的事务，政府出资责任是不言而喻的，虽然同时可吸引民间资金参加，但一般必然需要由财政充当中坚力量。从具体形态考察，这些事务巨细不一，内容繁杂，大体可分为几类：

——公共服务。如交通指挥（包括路灯、路牌、航标、灯塔等识别导向系统的设立与维护）、国家防卫、社会治安、检察司法、江河疏浚、环境卫生、气象预报、文物保护、消防急救，等等。

——公益性质的基础设施。如公共道路、桥梁、隧道、引水排水设施，防洪堤坝、防风林带、公共绿地、公用厕所，等等。自来水与供气供暖设施、公交汽车、地铁等，以及大众住宅，往往既可带有一定经营性质，表现为收取使用费，又可带有一定公益性质，表现为财政给予政策性补贴。（无补贴的通信设施、收费道路、铁路、港口等，则属于商业化运作的基础设施。）

——社会人力资源开发、人口控制与基础科学研究。如所有与提高社会成员素质有关的公立教育、培训、文化事业、计划生育、非应用性(但为整体科技发展所必需)的基础科学研究,等等。

——环境保护。如对工业“三废”的监测和控制处理,生活垃圾的集中处理,原始森林、野生动植物的保护,水资源与矿物资源的合理开发利用,以及江河防洪,森林、草原防火,国土防治沙漠化,等等。

政府通过财政支出安排,资助、支持这些事务,才能保证社会公用、公益事业的正常运作。吸引民间资金进入公用事业、基础设施、教育等领域,是市场经济的重要经验,一些灵活方式,如收费高速公路与桥梁,BOT(由非政府机构或公司进行项目建设,经营一段时间获得回报后,再转交给政府),私人办学等,已在我国国内出现并在PPP(公私合作伙伴关系,即政府与社会资本合作)概念下得到很大发展,通信行业的独家垄断局面也被打破,这些都具有积极意义,并且今后仍有很大的发展潜力。但是,所有这些,并不能否定财政在公共服务、公益事业等方面总体而言的主导地位和作用。比如,大多数的道路、桥梁都收费,那将是不可取的;政府收缩公立教育支出而主要依靠私人办学,在中国也是难以想象的;如此等等,诸多的公共事务,还是需要依靠财政支持才能正常运转。

可持续发展,是当代经济与社会发展中为各方面所日益重视的大课题,强调的是环境保护、资源节约与合理开发利用前提下的发展。环境的污染,是西方经济理论所讨论的负的“外部性”(Externality)或外部成本的一个明显的例子,市场机制无法对此有效解决,而且,某些生产经营行为在环境污染、生态破坏方面所造成的问题和差错,不仅当事人没有经济上的动力予以有效防治,一般公众也往往对之感受不太强烈,或者虽有抱怨而无力改变,要经过一段时间,如三五年之后,危害性明显了,社会各界才会予以较高的重视,而届时可能空气、水的污染已到了非常严重的程度,生态环境已遭破坏,如草原已经沙化,水土已经流失,要想再予以挽回,往往非常困难,在短期内甚至是完全不可能的。此类问题的积累,将会打断人类社会经济发展进程。因此,环境保护、生态平衡这种需要有一定远见、需要通盘考虑的大事,必须由政府为主体或出面协调引导来做,必须运用严密的法规,并且离不开财力的支持。财政对此是责无旁贷的。

我国这些年的情况,恰恰是这方面的问题相当严重,欠账很多,政府与财政应起的作用远没有发挥到位。为防止重蹈不少工业化国家破坏环境的覆辙,避免付出过于沉重的代价,国家各有关部门现已对环境保护和可持续发展方面予以高度重视,并积极推进国际合作。对于资源的节约和合理开发利用,市场机制也在某些方面“力所不逮”,会陷入微观效益与宏观效益、短期直接利益与长期社会利益的矛盾之中,必须实行必要、合理的国家干预。对此,财政的资源税、特种行为税等,是可用的调节手段。总之,在我国今后“两个转变”和现代化历史进程中,财政理应对可持续发展发挥更大作用。

6. *监督与规范经济活动*

财政的分配,既然在具体形态上表现为筹集资金、运用资金的预算收支安排与执行,就注定相伴实施有关于预算执行情况和资金运用规则的管理与监督。由分配所派生的监督职能,其实现过程与结果,必然是作用于企业、事业、机关、团体等各类预算单位和纳税人经济活动的监控和规范,属于财政调控的一个组成部分。

社会经济活动需要有规则和秩序,社会主义市场经济的正常运转离不开法治前提。财政对于经济活动实行监督与规范的依据,是国家的一系列法律、法规和制度条例。从具体方式或途径看,财政的监督规范,包括几种类型:

——税收监督与规范。在检查督促纳税人依法照章完税的过程中,可以对他们生产经营中的资金运作、财务分配、成本核算、财经纪律等实行监督,落实规范。

——预算支出监督与规范。在预算计划的执行过程中,必须要求和督促各预算单位依法照章执行资金运用的程序,按照规定数量、进度和用途安排支出;确有必要调整支出计划时,也必须按照程序和规范办理。

——国有资产管理运作监督与规范。财政是为国家理财,理所当然要建立健全国有资产的管理体系。尤其是我国,在体制转换中明确了政府作为社会管理者和国有资产所有者的两种角色身份,并组建专门的国有资产管理机构之后,对各类国有资产的管理，特别是经营型资产的运作，可以而且应当大大加强监督与规范。对于资产的评估、运营、产权交易等等，应通过监控使之依法照章纳入规范化轨道，防止国有资产流失和受损。在预算形式上，今后应探讨在复式预算中形成专门的国有资产经营预算。

——财务会计监督与规范。一切合法经营的市场主体和各类机关、团体、事业单位，在财务会计方面都须遵守某些必要的共同规范，在会计核算中形成真实准确的信息，并接受必要的监督。财政部门的职责包括牵头总领财务会计规范的设计、修订和不断完善，并以税务部门在课征环节把握成本扣除的规范，形成财务会计监督体系。这是为企业公平竞争、健康发展和各单位正常管理所必需的，也是财政监督作用的一个重要方面。

可知，财政监督的实质，是财政全面介入初次分配领域和再分配领域，以维护规范的形式，对经济生活实行调控。这种全面的分配规范，是覆盖整个经济生活的。我国的财政监督，历史上一向发挥了重要作用。市场经济的发展，虽然使财政分配的许多方面发生了调整变化，但丝毫没有减轻这种监督的责任，而是对于财政监督提出了更高的要求。监督的方式和手段，需要进一步健全，各个薄弱环节，应当努力消除。而且在新形势下，财政监督要与审计监督、社会公证机构监督等加强协调配合，形成全面的社会性经济监督体系。

7. 保证正常的政权建设与运转

这是国家财政最基本的共性职能的体现，注定如此，十分明显，不言而喻。然而，在某些教科书中，却似乎视而不见，只字不提。

前面已经作过分析，国家政权在阶级社会中本质上是一种阶级统治的机关，虽然它也具有公共职能。社会主义国家的公共职能日趋扩大，阶级专政职能从长期看将渐趋消亡，但在现阶段，仍不能完全否定后者的存在。国家财政的存在，是国家政权“以政控财，以财行政”的表现，自然要保证正常的政权建设和国家机器的运转，以及体现社会统治特定属性决定的政治要求。当财政通过预算收支安排将资金、资源配置到政权机关手中，维持其运转，包括为巩固政权而使用国家机器的强力工具，维持警察、监狱等暴力机关，为国家主权、领土完整提供财力后盾，乃至社会主义国家为坚持公有制应有地位而采取某些特别的经济、政治行为，都是在贯彻这种职能作用。当然，"国家财政"并不排除、否定"公共财政"，后者是财政的共性和中国经济社会转轨中财政转型的基本方向。

客观地考察，财政保证政权建设与运转的开销，内在地存在着某种正常限度，即包含着对政权自身在精简和效能方面的客观要求。如果政权机构过分臃肿庞大，人浮于事，花销太多，便会形成过重的行政成本与财政负担，并将这种负担放到全体社会成员身上，这属于违反客观分配规律的表现——其对政府自身公信力与稳固性要带来销蚀破坏作用，便是客观规律所施加的惩罚。

我国某些地区县、乡级政权一度的财政困难，曾引起人们的广泛关注。一方面，往往出现拖欠公务人员工资、"吃饭"难保的情况，另一方面，普遍存在公务人员编制过大和财政供养人员数量过多问题，"吃财政饭"的人口占总人口的比重偏高，虽然曾多次要求实行机构、人员精简，但难度甚高，实效有限。从主要原因上看，我国政府行政事业机构庞大，养人过多，加上财力分配中的苦乐不均、调度失当，集中比例偏低，可以一般地解释县、乡级财政困难。只有从体制、管理、精简和培植与开掘财源几方面综合治理，才能解决好这种问题，正常发挥财政维护政权运转的作用。

三、与宏观调控相关的货币政策

（一）日常生活中货币政策出台的例子

/// 楔子：日常生活中货币政策出台的例子 ///

2010 年 1 月中国中央银行提高存款准备金率，这是自 2008 年 6 月提高准备金率间隔一年多之后的又一次准备金率上调。可认为有三大原因来说明此次存款准备金率上调：首先，经济已无后顾之忧。公布的我国2009年12月出口增长17.7%，远超预期，这也是14个月以来的首次增长，提供了我国经济持续增长的新证据。其次，通胀压力已经明显。根据申银万国报告显示，2009年12月通胀率在2%，2010年通胀率为3.2%，通胀压力上升。最后，央票利率上升的调控作用及其规模，不足以达到政府控制风险的目的。从此，开始了中国进一步适当紧缩的货币政策。到2011年6月接连12次提高存款准备金率，收紧流动性，以抑制通货膨胀。

具体调整历程如表8－3：

表8－3　中国中央银行准备金率调整历程表

时　　间	机构类型	调整前	调整后	调整幅度
2011年6月20日	大型金融机构	21.00%	21.50%	0.50%
	中小金融机构	17.50%	18.00%	0.50%
2011年5月18日	大型金融机构	20.50%	21.00%	0.50%
	中小金融机构	17.00%	17.50%	0.50%
2011年4月21日	大型金融机构	20.00%	20.50%	0.50%
	中小金融机构	16.50%	17.00%	0.50%
2011年3月25日	大型金融机构	19.50%	20.00%	0.50%
	中小金融机构	16.00%	16.50%	0.50%
2011年2月24日	大型金融机构	19.00%	19.50%	0.50%
	中小金融机构	15.50%	16.00%	0.50%
2011年1月20日	大型金融机构	18.50%	19.00%	0.50%
	中小金融机构	15.00%	15.50%	0.50%
2010年12月20日	大型金融机构	18.00%	18.50%	0.50%
	中小金融机构	14.50%	15.00%	0.50%
2010年11月29日	大型金融机构	17.50%	18.00%	0.50%
	中小金融机构	14.00%	14.50%	0.50%
2010年11月16日	大型金融机构	17.00%	17.50%	0.50%
	中小金融机构	13.50%	14.00%	0.50%

续 表

时　　间	机构类型	调整前	调整后	调整幅度
2010年5月10日	大型金融机构	16.50%	17.00%	0.50%
	中小金融机构	13.50%	不调整	—
2010年2月25日	大型金融机构	16.00%	16.50%	0.50%
	中小金融机构	13.50%	不调整	—
2010年1月18日	大型金融机构	15.50%	16.00%	0.50%
	中小金融机构	13.50%	不调整	—

但在2011年秋天之后，央行开始了在降低利率和存准率通道上的操作，以应对中国经济的“新常态”了。

（二）货币政策及其主体

货币政策与财政政策一样，也是政府进行宏观调控的重要手段。宏观间接调控，主要依靠这两大政策手段。货币政策是指一国的中央银行通过调节控制货币供给量进而实现特定经济目标的经济政策。与财政政策的作用机制相比，货币政策通过基准利率水平、存款准备金率水平等实现宏观调控的目的，更为间接地表现为影响总需求的作用机制，是需求侧宏观管理的总量调节工具（近年我国实践中，货币政策也通过“定向宽松”、“定向降准”等操作发挥某种“供给管理”的作用）。

货币政策制定和执行的主体是中央银行，在经济生活中扮演着有别于一般银行的政府管理层面“货币监管当局”的重要角色。中央银行的重要地位具体表现在：

1. 中央银行是发行货币的银行。中央银行集中并垄断货币发行的特权，是国家赋予的，成为国家唯一的货币发行机构。中央银行作为发行银行，其具体目标表现在两个方面，一方面需要保持货币流通顺畅，另一方面需要有效控制货币发行量以稳定币值。

2. 中央银行是政府的银行。之所以将中央银行称之为政府的银行，主要是指中央银行为政府提供金融服务。具体包括：一是代理国库，办理有关政府的财政预算收支事务，履行国库的出纳职能；二是向政府提供信用，如通过向政府提供贷款、购买债券等方式满足政府对资金的暂时性需求。

3. 中央银行是银行的银行。这一点是指中央银行为商业银行等其他金融机构提供金融服务时充当最后的贷款人，具有这样两方面的具体表现：一方面是为了保证商业银行的到期清偿能力和配合货币政策调节的需要，中央银行负责保管商业银行的存款准备金；另一方面是中央银行负责全国金融机构的票据清算。

（三）货币政策的目标

1. 货币政策的最终目标

关于货币政策的最终目标主要是稳定物价，其实质即为保证币值的稳定。通货膨胀和通货紧缩都会导致社会分配的不公平，进而激化社会矛盾。当通货膨胀严重到一定程度时，货币会严重贬值，最终可能有货币体系崩溃和引发社会危机的风险。通货紧缩则会引起经济运行中的低迷与衰退，导致社会矛盾的激化与严重危机的局面。由此可见稳定物价的重要意义。

2. 货币政策的中介目标

货币政策的中介目标是一些可由其调控而可服务于实现最终目标的金融变量，它们与货币政策最终目标之间的因果关系比较稳定。被选作货币政策中介目标的金融变量主要有货币供应量、长期利率以及汇率。一般而言中央银行对货币供应量的控制力较强，而对汇率影响相对较弱。

3. 货币政策的操作目标

充当货币政策操作目标的金融变量：一是短期利率，指银行同业拆借利率。对于短期利率的水平，中央银行既可以随时观察到，也可以通过公开市场操作和再贴现率影响其水平和结构。但短期利率易受通货膨胀、心理预期等因素的影响，这些非货币因素有可能误导中央银行的判断和决策；二是存款准备金。存款准备金作为货币政策操作目标的金融变量具有可控性高、与货币政策目标相关性高的优点；三是基础货币。流通中的通货和商业银行的准备金是基础货币的两大组成部分。中央银行对基础货币的数量变化比较容易掌握，但由于中央银行对货币乘数无法控制，会使中央银行对货币供应量的控制力度有所削弱。

（四）货币政策的工具

中央银行为实现货币政策的目标会使用的各种政策、措施、手段，被称为货币政策的工具，主要分为三类，即一般性货币政策工具、选择性货币政策工具以及其他货币政策工具。

一般性货币政策工具也被称为数量工具，主要用于调节信用总量、货币供应总量。比较有代表性的一般性货币政策工具主要有法定存款准备金政策、再贴现与再贷款政策、公开市场业务。首先，法定存款准备金政策是通过规定或调整商业银行的法定存款准备金比率，达到改变商业银行的准备金数量和货币扩张乘数的目的，以此最终影响货币供应量以及商业银行的信用创造能力。虽然法定存款准备金政策对货币供应量的影响效果比较明显，但其对经济的震动也比较大；其次，再贴现指为了解决商业银行暂时性资金不足的问题，商业银行可以使用为客户贴现的票据或其他中央银行同意接受的抵押品作担保，再由中央银行对其进行短期贴现。再贴现政策的具体措施可以是调整再贴现率，以再贴现率的高低来实现对信用扩张或紧缩的目的。一般而言，上调再贴现率伴随着紧缩性货币政策，而下调再贴现率伴随着扩张性货币政策。最后，公开市场业务操作分为一级市场上的操作和二级市场上的操作。一级市场上的操作主要是发行短期政府债券或中央银行债券；二级市场上的操作有抵押贷款、证券回购协议等操作。具体而言，当货币供应不足时，为增加货币供应量，中央银行买入债券；当货币供应量过多时，中央银行卖出债券，减少流通中的货币供应。

选择性的货币政策工具主要有对证券市场信用、消费信用以及不动产信用的控制。证券市场信用控制主要对使用贷款进行证券交易的行为进行控制，消费者信用是对不动产以外的各种耐用消费品的销售融资进行控制，而不动产信用控制通过规定对商业银行不动产贷款的最高限额和最长期限，以及首次付款最低金额等来减少不动产交易带来的信用膨胀或紧缩的可能性。其他货币政策工具，包括贷款规模、额度的控制（审批）这种直接信用控制。

（五）货币政策的类型

货币政策的类型，依据对经济生活中"流动性"（银根松紧）与社会总产出的影响，分为扩张性货币政策和紧缩性货币政策。扩张性货币政策一般应用于经济萧条时期。当经济低迷和萧条时，为了刺激经济，中央银行会增加货币供给，具体措施包括降低存款准备金率、降低再贴现率，以及在公开市场上购买有价证券，这些方式都将增加市场上的货币供应量，当货币供应量增加时，利率降低，进而刺激投资和出口，增加总需求。而紧缩性货币政策应用于经济过热、通货膨胀时期，当经济过热，出现通货膨胀压力时，中央银行会通过一系列措施减少货币供应，以提高利率，进而抑制投资和出口，使总需求减少。

（六）货币政策的传导机制

货币政策通过"操作目标"和"中间目标"来实现"最终目标"，而货币政策发挥作用的这一过程也被称为货币政策的传导机制。大概情况是这样的：中央银行调整法定存款准备金率、再贴现率、公开市场业务等政策工具，导致准备金和基础货币两项"操作指标"发生变化，进而影响"中介指标"，即货币供应量或利率的变化，最终导致货币政策目标的实现。例如当上调法定存款准备金率时，存款准备金增加，导致流通中的货币供应量减少；当中央银行在公开市场上购买有价证券，也会直接导致货币供应量增加。此外，再贴现率等的调整也会对基础货币产生影响。

基于"有效需求不足"的分析，凯恩斯认为，货币政策的目的是刺激经济，实际上就是刺激投资，由于货币政策直接影响的只是利率，所以货币政策的作用具有局限性。他认为投资的利率弹性比较低，当降低利率 i 时对投资扩张的影响并不大。当出现危机时，还可能出现流动性陷阱，即 L 曲线变成水平状，利率的货币需求弹性为无穷大，货币政策便不发生作用了。即使货币供给对利率有影响，其作用也有限。凯恩斯对于货币政策传导机制的论述如图 8－1 所示；所以凯恩斯主义对于货币政策的传导机制可从长期和短期两方面来论述：在长期上，货币政策只影响价格水平，不对经济增长产生影响；而在短期内，货币政策可以通过改变投资和消费的信贷条件来刺激经济。凯恩斯主义的货币政策传导机制的短期作用如图 8－2 所示。

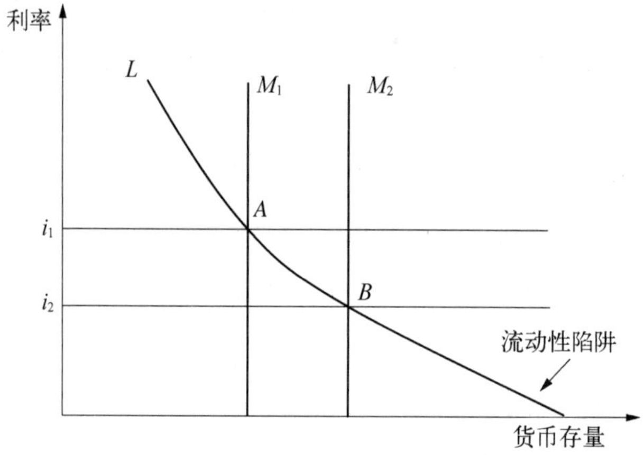

图 8－1　凯恩斯论述的货币传导机制

（七）货币政策的效应

货币政策效应的考量即是看货币政策实施所产生的成效是否达到预期的货币政策目标，需要借助一些经济指标进行分析，主要包括内部效应指标和外部效应指标。内部效应指标包括反映货币供给量及结构变化的指标，如货币供应量增长率和货币供应量结构比率等，还包括反映相关比值变化的指标；外部效应指标是反映总体社会经济变化以及通货膨胀程度等的指标。货币政策效应，受到经济周期、经济体制等诸多因素的影响。

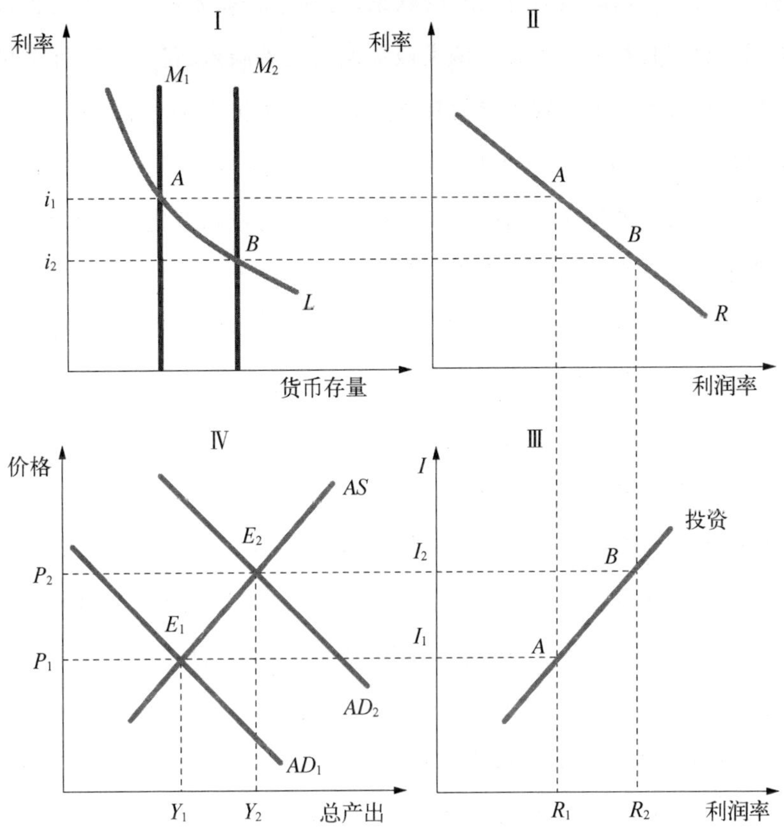

图 8－2　凯恩斯主义的货币政策传导机制

（八）两大政策的比较：一致性与差异性

市场经济的宏观调控体系以间接调控为基本特征，即政府调控主体主要通过政策手段把经济参数附加到市场上多种生产要素的价格信号上，进而调节、引导市场主体的生产经营行为。间接调控所倚仗的主要政策手段，便是财政政策与货币政策。这两大宏观调控政策共同服务于宏观调控的总目标，有分工而且互补，需要相互协调配合，促使经济运行趋于总量均衡和结构优化的理想状态。随着我国经济“市场化”和融入“全球化”的进程，经济运行的复杂程度大大提高了，财政、货币政策加强协调配合的必要性和复杂性也显著增加。

财政政策与货币政策具有紧密的联系，这种紧密联系从根本上说植根于双方政策调控最终目标的一致性。两大政策调控的着眼点，都是针对社会供需总量与结构在资金运动中表现出来的有悖于货币流通稳定和市场供求协调正常运行状态的各种问题；两大政策调控的归宿，都是力求社会供需在动态过程中达到总量的平衡和结构的优化，从而使经济尽可能实现持续、稳定、协调发展。两大政策的紧密联系还来源于双方政策手段的互补性以及政策传导机制的互动性，一方的政策调控过程，通常都需要对方的政策手段或机制发挥其特长来加以配合策应，从社会总资金的运动来看，财政政策和货币政策对资金运动的影响相互间必有千丝万缕的联系和连锁反应，各自的政策实施及其变动，必然要牵动对方，产生协调配合的客观要求。

在财政政策与货币政策存在紧密联系的同时，又由于各自在经济体系中所侧重的不同领域和具备的不同作用而具有一系列的差异性特征。可分别分析论述调节范围、侧重点、手段、反周期不同阶段的功能空间、所调控资金遵循的经济运行机理，以及政策时差与调节时滞的不同。

首先，调节的范围不同。财政收支及其政策体现政府职能的各个方面，其调节范围不仅限于经济领域，也涉及社会生活的其他领域；货币政策主要处理商业性金融系统功能边界内的事务，其调节范围基本上限于经济领域（当然，可以由经济领域间接传导到其他领域）。

其次，调节的侧重点不同。虽然财政政策与货币政策都对总量与结构发生调节作用，但财政政策相对于货币政策而言带有更为强烈的结构特征，因为财政收入按不同项目与不同规定来组织，可以直接调节不同地区、部门、企业及个人的收入水平，财政支出按资金性质与用途来安排，可以直接调节产业结构、部门结构和社会经济结构的各个方面；财政政策对总量的调节，则主要是以政府收支及其乘数作用影响社会总资金运动的全局。反之，货币政策相对财政政策而言带有更为鲜明的总量特征，因为国民经济中的一切投资需求和消费需求，都要表现为有支付能力的货币购买力，中央银行作为唯一能够直接管理全社会货币供应总量的部门，正是运用货币政策对之加以调控；同时，商业性金融信贷自身的市场化经营原则要求银根松紧的变化大体一视同仁地覆盖其全部资金运动，贷款差别利率等旨在区别对待不同产业、行业、企业、项目等以调节结构的手段，只能在比较有限的范围内实行和发挥作用，并将随着我国市场化改革的推进而日趋有限。宏观经济政策的特定目标，可归纳为经济增长、资源优化配置、稳定物价、充分就业、反周期波动、收入公平分配、产业结构合理化和高级化等方面，财政政策和货币政策固然都服务于这一系列目标，但由于上述侧重点的不同，各自对于不同目标的作用，便有所区别。比如，在产业结构合理化、收入公平分配方面，财政支出政策与税收政策的重要性居先；在稳定物价方面，货币政策的重要性则排在首位。

第三，调节的手段不同。财政政策所依靠的手段，主要有税收、预算支出、公债、财政补贴、贴息等，货币政策所凭借的手段，则主要有利率、存款准备金率、贴现率和公开市场业务以及贷款安排等。

第四，在经济周期的不同阶段，财政政策和货币政策的功能空间不同。例如，人们可以把货币政策比作一根拴在经济之车上面的绳子，认为当经济向上步入通货膨胀时，它可以拉住其别走太远，但当经济处于通货紧缩而无力向上爬坡时，它却无法推动。这种比喻形象地描绘了不同经济运行状况下，货币政策作用效果的差异。一般而言，货币政策长于应对通货膨胀阶段的问题，而财政政策在应对内需不足、解决通货紧缩阶段的问题时更具优势。我国1998—2002年间政策实践中的调控效应，与凯恩斯理论中关于萧条阶段财政政策更具有效性的认识是相吻合的。

第五，两大政策所调控的资金所遵循的经济运行机理不同。货币政策调控下的商业性金融资金是按照追求微观直接效益（利润）目标的市场原则展开竞争的，只愿意“锦上添花”，即按照商业化原则投向尽可能高收益、低风险的领域和状态良好的企业，这对于商业性金融而言是合理的、无可厚非的。与此不同，财政政策下的资金运作在承认市场一般原则的前提下，可以并且应该超越微观直接效益的眼界而注重追求长远、综合、宏观、社会的效益，财政政策可以和必须在关注基本民生、施行“雪中送炭”式的支持扶助和调节收入分配差距、优化生态环境等方面发挥积极作用。

最后，政策的时差与调节的时滞不同。政策时差是指决策机关从认识到需要改变政策，到实际上实行新的政策所需的时间。一般而言，在财政政策的制定与修订必须经过立法机关审议、批准这样一整套程序的情况下，财政政策的时差较长；而货币政策由于通常是由具备较强独立性的中央银行的人数不多的高级决策层所制定，其时差较短。调节时滞是指政策从其调节动作的发生到调节效果的显现所需的时间。一般而言，财政政策由于通常具有政府直接安排收支和可以运用某些强制性手段的背景，其时滞较短；而货币政策则由于通常完全依靠间接手段作用于调节对象，其时滞长于财政政策。

正是由于财政政策与货币政策之间存在十分密切的相互联系，同时又存在一系列不同特点和侧重点，因此，在宏观调控中，两者必须紧密配合，取长补短。

四、两大手段的配合

（一）危机来临时最忙的两个部门（财政部门和中央银行）

/// 楔子：危机来临时最忙的两个部门（财政部门和中央银行） ///

◇ 欧洲货币联盟框架下的财政联盟构造与倒逼式应急响应机制建设

2010 年 5 月，为防止希腊债务危机蔓延并向其他可能陷入债务危机的欧元区成员国提供救助，欧盟成员国财长理事会、欧元集团，联合 IMF 达成了一项总额为 7 500 亿欧元的救助机制。救助资金主要由三部分组成：（1）欧元区 17 国根据相互间协议组建欧洲金融稳定基金（EFSF），筹资 4 400 亿欧元；（2）根据

《里斯本条约》的相关条款，欧盟27国委员会建立欧洲金融稳定机制（EFSM），从金融市场上筹集600亿欧元；(3) 国际货币基金组织提供2 500亿欧元援助资金。7 500亿欧元的救助机制建立后，首先有三个国家接受了救助，金额共计2 507亿欧元。其中，希腊1 100亿欧元，爱尔兰627亿欧元，葡萄牙780亿欧元。

欧洲金融稳定基金机制是欧盟委员会于2010年5月设立的主要针对欧元区国家的危机救助机制，其本身是7 500亿欧元救助计划的一部分。从历史渊源看，欧洲金融稳定机制和欧盟于2002年2月针对非欧元区欧盟国家设立的危机救助机制"支付平衡规则"（Balance of Payments Regulation）相对应。它由欧盟委员会提供隐性担保，融资上限为600亿欧元，主要功能是代表欧盟27国委员会向遭遇金融或经济危机的欧元区成员国提供资金救助，担保方成为欧盟27国委员会，而不是欧元区17国集团。当另外10个非欧元区国家遭遇支付困境时，自动转由原来的"支付平衡规则"救助机制提供资金救助。

筹资规模为4 400亿欧元的欧洲金融稳定基金（EFSF）为期三年。作为一家在卢森堡注册的公司，它以欧元区成员国的共同信用作为担保，通过发行债券融资向那些申请援助并得到批准的欧元区成员国政府提供紧急贷款援助。标普、惠誉和穆迪均给了它3A的信用评级，由欧洲投资银行通过合同方式进行资金管理和行政运作。EFSF与IMF、欧洲央行（ECB）共同构成解决欧债危机的三大金融支柱。但是，EFSF属于临时性组织，有效期的截止日期最初定在2013年6月底。

为解决EFSF的时效问题，2010年11月欧盟财长会议提议建立永久性的金融救助机制欧洲稳定机制（ESM）。2010年12月欧盟议会通过修改《里斯本条约》，批准了这一提议。2011年5月，欧盟各国领导人同意在2013年6月底成立ESM，以取代届时到期的欧洲金融稳定基金（EFSF）。2011年12月，欧盟峰会决定将ESM成立的时间提前一年（即提前至2012年7月），2013年年中以前EFSF和ESM两大基金可以同时共存。由于ESM迟迟不能获得德国宪法法院和意大利议会的批准，因此，ESM未能在2012年7月1日如期启动。2012年9月

12 日，德国宪法法院终于裁定 ESM 合法，但同时指出，德国对 ESM 的出资额不得超过目前条约规定的 1 900 亿欧元，超出限额必须获得德国下议院批准。由于意大利议会已于 2012 年 7 月 19 日批准 ESM，因此，2012 年 10 月 8 日，期盼已久的欧洲稳定机制（ESM）终于正式启动。

2011 年 3 月，欧盟峰会将 EFSF 和 ESM 总的可贷资金规模确定为 5 000 亿欧元，其中，EFSF 的最大可贷资金为 2 000 亿欧元，ESM 的最大可贷资金为 3 000 亿欧元。在这 5 000 亿欧元最大可贷资金中，800 亿欧元为以各相关经济体的财政为后盾的实缴资本，2012 年分两次缴付，剩余的 4 200 亿欧元由欧元区成员国自 2013 年起分五次等额分期缴付。

2011 年 10 月，欧盟峰会就欧洲金融稳定基金（EFSF）扩容议题达成一项共识，提议向 EFSF 引入杠杆，力求通过此举将救助资金的规模扩大 4～5 倍（1 万亿～1.25 万亿欧元），后因希腊政局动荡和意大利国债收益率飙升、投资者响应寥寥而夭折。

2012 年 3 月底，欧元区 17 国财长在哥本哈根再次举行会议讨论 EFSF 和 ESM 的扩容问题。会议最初提议将两大救助基金的最大可贷资金规模由 5 000 亿欧元扩大至 9 400 亿欧元，其中，2 000 亿欧元为 EFSF 已承诺救助希腊、爱尔兰等的资金规模，7 400 亿欧元为将来 ESM 的最大可贷资金规模；但该项扩容提议遭到德国的强烈反对。最后经过讨价还价，德国同意将两大救助基金的最大可贷资金规模由原来的 5 000 亿欧元扩充至 7 000 亿欧元，其中 5 000 亿欧元为将来永久性救助基金 ESM 的最大可贷资金规模，而 2 000 亿欧元是 EFSF 已承诺救助希腊、爱尔兰和葡萄牙的资金规模。EFSF 剩余的 2 400 亿欧元可在存续期内作为资金储备参与新的贷款项目，EFSF 在 2013 年 6 月底到期时，ESM 拥有完整的可贷资金。

（二）难点：宏观调控中财政政策与货币政策的不同搭配

从宏观上看，财政手段和货币手段体现了国家通过资金的分配与融通对社会总供需进行调节的两条渠道。虽然两者最终目标都与国家宏观经济目标具有一致性，但各自发挥作用，并需要彼此配合呼应。财政参与国民收入的初次分配，又对集中起来的国民收入在全社会范围内进行再分配，但财政本身并不具有直接创造有支付能力的需求即“创造货币”的能力。[1] 而中央银行是发行与调节货币资金的主渠道，可以通过信贷规模的扩大和收缩来起到扩张和紧缩需求的作用。稳定的经济发展离不开良好的货币环境，货币政策的总量调节不可或缺，同时经济社会发展也不能缺少必要的结构优化调节，财政政策的结构调节作用需要得到发挥，并伴之以对于货币政策总量调节的配合。因此，把财政政策和货币政策配合运用，以期实现宏观经济发展的总体目标，成为各国宏观调控中都必须考虑的问题。

财政政策与货币政策相互配合的框架方式主要有：

第一，“双松”政策，即松的财政政策和松的货币政策。松的财政政策是指通过扩大政府支出、减少税收等来增加社会的总需求；松的货币政策是指通过降低法定存款准备金率、降低利息率等增加货币的供给，扩大信贷支出的规模，而增加社会总需求。显然，“双松”政策组合可以刺激经济增长，提高社会总需求水平，但也伴随着通货膨胀的风险，一般仅适合于严重的通货紧缩、经济低迷阶段。

第二，“双紧”政策，即紧的财政政策与紧的货币政策。紧的财政政策是指通过减少政府支出规模、增加税收等，来抑制社会总需求；紧的货币政策是指通过提高法定准备金率、提高利率等来减少货币的供给压缩信贷支出的规模而抑制社会总需求。这种政策组合可以有效地制止需求膨胀与通货膨胀，但可能会带来经济停滞的后果，一般仅适合于严重的通货膨胀、经济过热阶段。

第三，紧的财政政策和松的货币政策。紧的财政政策可以避免过高的通货膨胀；与此同时，松的货币政策旨在保持经济的适度增长。因此，这种政策组合的效应就是在防止经济过热的同时，保持合理的经济增长，一般适应于经济正从

[1] 陈共：《财政学》，北京：中国人民出版社 2008 年版。

萧条走向复苏、结构问题不明显、财政赤字和债务压力较大的情况。

第四,松的财政政策和紧的货币政策。松的财政政策在刺激需求、防止经济萧条的同时还有较大的政府作为空间去促进优化结构;紧的货币政策可以抑制和防范通货膨胀率。因此,这种政策组合的效应是在保持经济适度增长的同时尽可能地避免通货膨胀。一般适应于经济生活中结构问题较突出、总量问题不明显、财政还存在较大扩张完全空间的情况。

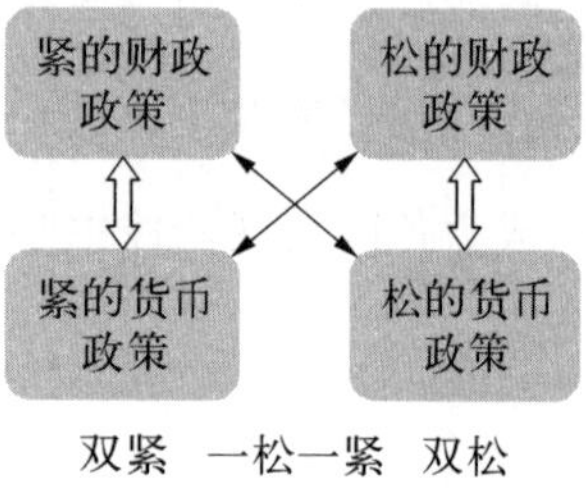

图 8－3 财政政策与货币政策相互配合的方式

在 2014 年以来引领"新常态"的宏观调控中,我国曾持续实施"积极的财政政策和稳健的货币政策"的配合框架,体现着以结构调整促进总量平衡,以供给创新带动需求扩大,确保经济运行在合理区间的意图。面对经济发展的阶段转换,财政政策的积极适应扩张、货币政策的中性与稳健的搭配,更有利于我国经济领域的"稳中求进"和全面深化改革,在稳增长、调结构、促改革、惠民生、护生态、防风险等多目标之间取得一定的平衡。

(三)两大政策的"结合部"

财政政策和货币政策在宏观调控过程中虽然覆盖不同领域,使用着不同的政策工具,但是,财政政策和货币政策又在某些领域存在天然的结合点,例如国债和财政国库存款领域,而在有些特定领域,通过政策制定者的主动设计,也会成为财政政策和货币政策的结合部,例如通过发行特别国债购买超额储备的外汇建立主权基金。

◇ 国债领域

国债是财政政策和货币政策协调配合的一个最基本的结合部。国债可作为弥补财政赤字的重要手段,从另一个角度看,其规模的扩大或者缩小,正是财政政策实现扩张或紧缩效果的一个重要工具，而国债进入二级市场之后，由于其低风险和高流动性，则成为中央银行通过回购或逆回购方式以回收或投放基础货币的重要载体。作为公开市场操作的工具，通常需要国债具有一定的余额和足够数量的中短期债券。但目前我国国债发行中短期国债发行存量不足，这为货币政策的公开市场操作带来了一定制约，因此，2003 年之后，央行为避免通货膨胀，大规模发行央行票据对基础货币投放量进行对冲，央行票据已成为货币市场的主体交易品种，也成为中央银行回收流动性的主要手段，比较而言，通过国债回购回收流动性的操作手法应用不多。但是，央行票据的发行存在一定的成本，而且也存在“借新债还旧债”的现象，可用于冲销流动性的空间逐步缩小，从长期来看，通过央行票据回收流动性的冲销政策“独木难支”，有必要加强国债品种的配合。

比如，2007 年下半年，财政部发行了 15 500 亿元左右的特别国债用于购买国家外汇储备中的一部分超额储备，中央银行通过商业银行买入这些特别国债，增加了中央银行持有的国债数额，为中央银行公开市场操作提供了载体。中央银行已经开始用这些特别国债作为质押通过正回购业务回收流动性，从而降低了中央银行货币政策操作的成本。这一举措是财政政策和货币政策在国债这个结合点上进行合理协调配合的创新性做法，为货币政策进行紧缩调控提供了新工具。

但是，在国债这一结合部上，也还有可能出现财政政策和货币政策相左的现象，政府制定宏观经济政策时需要关注这方面的问题。原则上说，对于财政政策而言，在经济萧条时，可以通过增加国债发行、扩大政府支出的方式实现经济的扩张，而在经济过热时，则需要减少国债的发行，减少政府支出，紧缩经济。但是，我国现阶段在经济趋于过热的情况下，央行要回收流动性却需要更多的国债作为载体，这就带来了一定的矛盾。当然，由于财政政策和货币政策本身的特点不同，其松紧配合的方式多种多样，同时采用紧缩性财政政策和紧缩性货币政策的时候较少，因此，我国现在可以通过财政政策和货币政策各自不同的松紧，来形成最佳配合，从而缓解国债方面可能存在的不协调，也包括今后探索在已有的国债“余额管理”的制度框架下更多发行短期国债的办法。

◇ **财政存款领域**

财政存款是财政政策和货币政策协调配合方面的另一个重要结合点。我国财政存款的数额由于季节性因素出现明显波动特点，会对中央银行货币政策的操作带来一定的影响。近年来，随着我国财政收入快速增长，在中央银行的政府存款出现了逐年攀升态势，同时，财政存款规模变化的明显特征是在每年前11个月存款余额基本上是增加趋势，而在每年的12月份会出现大幅度下降。中央银行在制定和实施货币政策时需要根据财政存款的季节性变化特点，有针对性地采取相应措施，这在一定程度上加大了货币政策调控的复杂性和难度。

现阶段我国财政存款的大幅增加也与国库集中支付制度改革推行的阶段性特点有关。国库集中支付制度改革是我国预算管理制度改革的重要内容，对于提高财政收支规范性、增强财政收支透明度、实施全程监督和提高财政资金使用效益，具有重要意义。国库集中支付制度改革在按照“横向到边、纵向到底”的方针继续深化过程中，不断减少在途资金和单位滞存资金，使国库库底资金和财政存款规模走高。在“国库现金管理”尚很幼稚而不能充分发挥作用的阶段内，这一矛盾会较为突出。随着国库集中支付制度、预算制度以及国债发行管理制度的逐步完善，财政存款的较大波动问题会逐步得到缓解，国库现金管理的发展，也会使国库存款数量平均规模降低。但是，财政收支的不一致性是一直存在的，这意味着财政存款规模随着季节性因素而变化的特点在相当长时期内仍然会存在，因此，有必要积极探索相应的缓冲机制，合理明确财政部与中央银行在国库资金收支管理中的有关职责，发展财政、央行的动态协调机制，逐步提高国库现金管理业务水平，在加强与税收部门、非税收入部门、主要政府支出部门、整个银行系统的合作与预测信息交流的基础上，提高国库现金流的预测水平，使国库在满足财政日常支出需要的前提下，积极稳妥拿出超库底资金部分进行安全投资，并提前消化财政存款余额大幅波动对货币供应量带来的压力。

◇ **外汇储备领域**

2000年后，随着我国贸易顺差的不断增长，外汇储备规模也在不断扩大，通过外汇占款投放基础货币成为中央银行货币投放的主要方式，并已经超出了经济发展的需要，中央银行要使用大量的政策工具来对冲。这种被动式的货币投放使我国货币政策的制定和操作增大了难度。与此同时，外汇储备资产变动的不可控性与波动性也对我国货币政策调控构成了较大的干扰。

2007年，15 500亿元特别国债的用途是购买部分外汇，并通过中国投资有限责任公司进行投资运作。这种做法一方面有利于提高外汇存量储备资产的收益率，另一方面也是对目前我国推行的“藏汇于国”或者说是藏汇于央行的结售汇制的一种突破，可配合外汇体制改革。更为重要的是，这种做法明显降低了超额外汇储备对货币政策调控的干扰程度和运行压力，有利于在总体上降低宏观调控的成本，提高其有效性。

但值得关注的是，通过发行特别国债降低外汇储备的方式是受制约的，财政政策和货币政策进行这种协调配合的操作空间也是有限度的，不能期望仅仅通过这一种方式持续地解决我国外汇储备增长过快给货币政策带来的压力问题。在未来一段时间，我国“双顺差”的国际收支格局仍将持续，因此，需要继续对外汇储备与货币政策调控之间的缓冲机制进行探索和完善，逐步改革外汇结售汇体制，探讨藏汇于国家结合藏汇于企业、藏汇于居民等制度安排的可行性与具体路径，研究解决债权性外汇储备与债务性外汇储备分类管理等问题的对策措施，以减轻外汇储备变动对货币政策的影响和提高财政、货币政策配合及其宏观调控的水平。

（四）相机抉择的“调控艺术”

通过对财政政策和货币政策相关内容的了解，可以发现两大政策具有不同的优势和强项，也同样具有不同的缺点与弱项。因此在调节经济的过程中，需要根据实际情况灵活地设计经济周期不同阶段、不同具体制约条件下确定两大政策的组合、配套方式，以及两大政策配合中运用“工具箱”中的哪些可选政策工具与手段，这种从两大政策的配合框架到各自政策手段的选用与配合呼应的操作与实现过程，被称为“相机抉择强调了调控中必要的针对性与灵活性”。

五、宏观调控的理论流派

（一）引例：美国采取不同宏观调控思路与手段应对危机的例子

20世纪20年代末30年代初，美国经历了一次被称为“大萧条”的前所未有的巨大经济危机。股票市值一夜之间从巅峰跌至低谷，失业人数不断增加，不满情绪在诸多地区蔓延，社会秩序受到极大冲击。在“大萧条”的1929年到1933年，美国的实际产出下降了27%[1]，并伴随着高达36%的通货紧缩，名义产出下降到原来的54%。在这一危机背景下，罗斯福出任总统，采取了一系列“新政”措施，主要是通过扩大政府开支，实行赤字财政政策等调控手段来弥补有效需求的不足。这是国家较全面干预经济、用国家宏观调控这只“看得见的手”直接调节市场经济运行过程的一次重大实践。政府通过颁布调节经济的大批政策法令，对金融业、工业、农业三大部门进行复兴、救济和改革，目标就是“为维持高度就业水平，物价的稳定，国民经济的增长，以及消费水平的提高，创造有利条件。”[2]

纵观罗斯福以来的美国经济史，美国的政治家在不断变化使用宏观经济调控的手段。杜鲁门、艾森豪威尔等凭借着建立北大西洋公约组织、朝鲜战争等因素，吸引众多的大公司参与第二次世界大战后的经济复兴与建设过程，政府主导

---

[1] 付敏杰：《财政政策为什么退出了美国的宏观调控舞台—事实、文献与观点》，《金融评论》2013年第3期。

[2] 霍维慈：《美国货币政策与金融制度（下册）》，谭秉文、戴乾定译，中国财政经济出版社，1980。

地位可见一斑。肯尼迪为走出艾森豪威尔后期的经济放缓局面，曾主张大幅削减个人所得税和公司税。在肯尼迪遇刺身亡后，林登·约翰逊以“伟大社会”计划留下了一个改革者标志：低通胀加上高就业，20世纪60年代10年中，经济年平均增长率达到4.7%，宏观经济调控也由此获得可信度。但随后于20世纪70年代，美国经济却出现“滞胀”的严重危机，经济停滞、高失业率与高通胀率的并存，使得“凯恩斯共识”在突然间土崩瓦解。其后，与20世纪30年代罗斯福总统的调控手段不同，里根经济复兴计划的要点是：在削减政府开支和控制货币量增长的同时，大规模减税；放开政府对企业规章制度的限制，减少国家对企业的干预；以减税为主要政策手段激发供给侧无数微观市场主体的潜力与活力，以实行稳定的货币政策抑制通货膨胀。20世纪80年代开始，美国的个人所得税，最高边际税率从70%削减到10年后的低于35%，中产阶级的边际税率下降了1/3。[1] 如果说罗斯福用“凯恩斯革命”的“新政”带领美国走出了萧条的局面，则里根创造性地采取供给学派的宏观调控政策战胜了严重的滞胀危机，这也为世界范围的“新自由主义革命”掀开了序幕。

（二）凯恩斯主义框架下的“反周期”

20世纪前期“大萧条”的经济危机使得传统的经济学理论受到广泛质疑。1936年凯恩斯发表的《就业、利息和货币通论》一书，摒弃了古典经济学中自由放任、市场经济自动调节的理论思路，在其总量研究方法之下开创了“国家干预”的新思路与“反周期”框架，为现代意义的宏观经济学奠定了基础。

凯恩斯认为，自由经济是不稳定的，存在周期性波动，必须采取反周期的财政政策和货币政策来“熨平”经济周期的波动，才能使国民经济处于稳定发展状态。由国家来“指导消费倾向”，投资“由社会来总揽”，就“可以避免现行经济形态的全部毁灭”[2]。实际上，他把“国家作为一种平衡力量”，以“补充私人资本

---

[1] 马丁·费尔德斯坦：《20世纪80年代美国经济政策》，王健等译，经济科学出版社，2001。

[2] 凯恩斯：《就业、利息与货币通论》，商务印书馆，1977，第321—323页。

的不足”,从而解决有效需求不足的问题。[1] “冷则添柴、热则降温”是凯恩斯主义宏观调控的经典定律,也成为许多决策者制定宏观经济政策的首要原则。具体来说,凯恩斯所提倡的反周期政策主要包括的两大方面的内容就是:财政政策和货币政策。当经济处于衰退或者萧条的时候,政府采取扩张性的财政政策和货币政策,扩大有效需求,从而刺激经济从萧条中复苏;当经济过热、通货膨胀严重时,则实行紧缩性的财政政策和货币政策,降低有效需求。因而,可认为政府在促进经济稳定发展中扮演着至关重要的角色。

关于凯斯恩“反周期”政策框架的作用,尽管得到了从理论到实践的印证与广泛认可,但学者的观点不尽相同,“滞胀”问题出现后尤甚。如艾兴鲍姆(Eichenbaum M.)(2007)认为,反周期的宏观相机决策被认为既非必须,在政治上也不可行[2]。因为从长期来看,财政支出将导致更多产能过剩。尽管“罗斯福新政”似乎给20世纪30年代美国经济带来了巨大的转折,但并没有证据证明其有效拉动长期增长,过剩的产能只能通过第二次世界大战来消化。另外,反周期宏观调控需要建立在实体经济部门真正存在增长潜在能力的基础上。这些不同意见或质疑可在很大程度上解释非凯恩斯主义的理论探求与实践努力。

(三)非凯恩斯主义的主要流派

虽然自《就业、利息和货币通论》问世后,凯恩斯主义经济学便登上西方世界的学术巅峰,直至20世纪70年代初,凯恩斯主义都盛行于各个国家。但是,随着70年代西方各国陷入滞胀困境后,凯恩斯主义开始受到更多学者的质疑,一系列另辟蹊径解释宏观经济并试图解决经济危机的经济学流派应运而生。

1. 货币主义学派(芝加哥学派)

20世纪60年代,以弗里德曼(Milton Friedman)、卡尔·普纳(Karl

[1] 克莱因:《凯恩斯的革命》,薛蕃康译,商务印书馆,1980,第164页。
[2] Eichenbaum, M. Some Thoughts on Practical Stabilization Policy. *American Economic Review*, 2007: 236-239.

Brunner)和艾伦·梅尔策(Allan Meltzer)等为代表的货币主义学派对凯恩斯主义提出了根本性批判。该学派认为,货币供给的变化也是经济总支出的重要决定因素。货币主义的货币数量分析的基础是货币需求理论,认为货币需求主要受到三方面因素的影响:财富总量;持有货币可以给持有人带来收益;持有者的兴趣爱好。货币主义的另一个理论基础是自然率假说,由弗里德曼在1967年美国经济学会第80届年会的会长演说(题为"货币政策的作用")中提出,认为在没有货币因素干扰的情况下,当劳动力市场在竞争条件下达到均衡时,由于市场的不完全性、劳动力的供给和需求的变化以及搜寻工作所花费的时间和成本,导致一部分人不愿意就业或者流动于劳动力市场上,此时的失业率便是自然失业率。

基于货币需求理论和自然率假说,货币主义展开理论分析并提出了一系列政策主张:首先,反对凯恩斯主义的财政政策,认为没有相应的货币政策相配合,纯粹的财政政策在刺激经济方面无效;同时,由于政府支出(或投资)通常是非生产性的,而私人投资是生产性的,政府支出将对私人投资产生"挤出"作用,从而降低社会生产效率和经济增长能力。其次,反对"斟酌使用"("相机抉择")的货币政策。由于存在政策时滞(包括认识时滞、制定与决定时滞和实现时滞),"斟酌使用"的货币政策并不能取得预期效果,相反可能会使得宏观经济的运行更不稳定。最后,主张单一货币规则。这种规则最关键之处在于将货币供给作为唯一的政策工具,使其增长速度保持在相对稳定的非通胀水平之下,而不必根据经济状况的波动进行经常性调整,因而这种货币原则具有持久性和稳定性。

货币主义理论曾一度在西方具有相当大的影响力。撒切尔夫人的改革、里根总统的"经济复兴计划",无不体现了货币主义的思想和主张。英国《经济学家》杂志1977年7月2日报道说"货币供给量的增长目标现正成为国际风尚"。尽管影响深远,但是货币主义的经济政策效果却不尽如人意。20世纪80年代之后西方不少国家经济的不振似乎为货币主义理论及其政策主张的局限性提供了一个有力证明。

2. 供给学派

供给学派是以“供给创造需求”的萨伊定律为理论基础形成政策思路与主张的。与凯恩斯有效需求理论的观点相左，供给学派将供给视为经济增长的唯一源泉。供给学派代表人物之一乔治·纪尔德在《财富与贫困》一书中指出：“资本主义财富之源是经济的供给。在西方资本主义经济中，这个简单的认识是一切成功经济政策的核心。”在讨论供给经济学时一定要区分过去强调供给因素的传统观点和20世纪80年代初以来出现的供给学派的新观点[1]。传统供给学派认为，从长期看，税收和货币政策都能够提高实际收入。新供给学派则强调大幅度减税能够迅速提高工作积极性，从而促进经济快速增长。

美国供给学派的政策主张在于：减税；反对国家干预，主张市场调节；削减政府开支，主张财政平衡；实施限制性货币政策。1981年，里根入主白宫后，积极地推行了供给学派的政策主张，并取得了阶段性的明显成效。同时，在里根的大力倡导下，美国政府在几乎整个20世纪80年代的财政政策中，一直在采取一种激进而危险的预算赤字方针，也带来了后续的财政缺乏稳固性等问题。

3. 理性预期学派

理性预期理论又称为新古典宏观经济学，是在古典经济学理论的基础上延伸和发展的。20世纪70年代，西方主要发达国家均陷入滞胀的困境，凯恩斯主义被宣布失灵，理性预期学派应运而生。

该学派的理论和政策建立在“合理预期”这一核心概念的基础上，认为理性的人们可以掌握充分的信息来预测经济变化并作出明智的决策。这样，当人们认识到政策制定者的意图时，他们会迅速作出反应并采取预防措施，从而政府政策措施由于人们的预期和相应的行为调整而失去效力。因此，任何形式的政府干预都是不必要的，社会经济应由其自身进行调节。另外，反对政府干预经济的另一个原因在于，市场经济具有内在稳定性，遵循着一定的自然规律。自由的市场竞争制度能

[1] 米尔顿·弗里德曼：《供给经济学：古老的真理和新的观点美国经济评论》，《国外社会科学》1986年第5期。

使总产量和就业率长期保持稳定水平,即潜在产出和自然失业率的水平。

理性预期学派把预期作为经济运行的一个重要变量纳入宏观经济分析中,对于经济学研究有重大影响与贡献,但其局限性也在于完全理性的假设与实际生活真实情况的差距所引出的问题,在其理论框架内得不到解决。

4. 新制度经济学派

有别于凡勃伦、康英斯·米切尔等人代表的老制度经济学派,新制度经济学脱胎于新古典经济学,但又对新古典经济学进行深入的批评。科斯的经典之作《企业的性质》,被视为新制度经济学诞生的标志,引起了整个经济学的革命。20世纪60年代后,威廉姆森、德姆塞茨、诺思和阿尔钦等学者在新制度经济学领域的研究中取得显著成就。

新制度经济学的渊源主要来自两个方面,一是新古典经济学中的边际分析方法和自由主义理念;另一个是古典经济学和旧制度经济学在制度分析方面的思想。其主要研究对象是制度。交易费用是新制度经济学研究的基本单位和核心范畴,不同的制度安排存在着不同的交易成本和经济绩效,如何选择更有效的制度来降低交易成本,是新制度经济学聚焦解决的重要问题。相应于此,制度变迁和制度创新也是新制度经济学研究的重要内容。

在新制度经济学的发展过程中,通过"坚持认为制度是重要的,并且能够进行分析"[1],新制度经济学不但将研究领域拓展到产业组织、劳动经济学、经济史、比较经济体制等领域,甚至在经济学以外的法学等社会科学中的应用也不胜枚举,与日俱增。[2]

5. 公共选择学派

第二次世界大战以后,凯恩斯理论成为国家制定经济政策的主导理论,各国政府纷纷加强对经济的干预。拥有干预权力的政府机构逐渐膨胀,造成了资源浪

[1] Mathews. R. C. O. . The Economics of Institutions and the sources of Economic Growth. *Economic Journal*, 1986. 96(12): 903-918.

[2] 奥利弗·E. 威廉姆森:《治理机制》,王健、方世建等译,中国社会科学出版社,2001。

费和效率低下问题。在多数经济学家关注于国家政策对宏观经济产生影响的时候,布坎南却将其研究重心放在政治市场和政府行为上,提出了公共选择理论。

公共选择理论继承了古典经济学中“经济人”的假设,并将此假设运用于对政治行为的分析。在传统的西方经济学理论中,政府部门似乎是公正、公共利益和利他主义的代表。然而,公共选择理论认为,政府官员也是理性的经济人,他们在政治交易过程中也在追求着自身利益的最大化。这样的假定为政府失灵现象作出了解释。布坎南的政府理论研究了市场经济下政府干预行为的局限性和政府失灵的相关重要问题。在布坎南看来,政府作为公共利益的代理人,其作用是弥补市场经济的不足,并使各经济人员所作决定的社会效应比政府进行干预以前更高,否则,政府的存在就无任何经济意义。但是政府决策往往不能符合这一目标,有些政策的作用恰恰相反,削弱了国家干预的社会“正效应”,政策效果削弱而不是改善了社会福利。“公共选择”被定义为“通过集体行动和政治过程来决定公共物品的需求、供给,是对资源配置的非市场选择即政府选择”,布坎南认为其努力方向是“在集体选择方面从事人们长期以来在微观经济学方面所做的事情,即用一种相应的尽可能合适的政治市场运转理论来补充商品经济学方面所做的事情,即用一种相应的尽可能合适的政治市场运转理论来补充商品与服务的生产与交换理论”。其政策主张的导向实际上涉及了经济政治、预算民主和“政府失灵”矫正机制的问题,具有理论与制度建设、政策优化方面的启发性。

六、前沿:宏观调控中的供给管理与新供给经济学创新

(一)引例:2008 年全球金融危机后美国的例子

经历过 2008 年的金融危机之后,美国经济进入了寒冬时期,失业率居高不下,国家经济严重低迷。为了刺激美国经济的发展,使得美国尽快走出金融危机的影响,美国实行了一系列的量化宽松货币政策。同时,美国管理当局还跳出主

流经济学教科书的框架，实施了一系列区别对待、有声有色、可圈可点的供给管理措施。

◇ **量化宽松（需求管理）**

2008 年 11 月 25 日，美联储宣布，将购买政府支持企业（简称 GSE）房利美、房地美、联邦住房贷款银行与房地产有关的直接债务，还将购买由两房、联邦政府国民抵押贷款协会（Ginnic Mae）所担保的抵押贷款支持证券（MBS）。这是联储首次公布将购买机构债和 MBS，标志着首轮定量宽松政策的开始。

美联储指出，最高将购买价值 1 000 亿美元的 GSE 直接债务，采购将在 11 月 25 日的后一周进行。联储还称，最高还将购买 5 000 亿美元的 MBS，这方面的采购预定于 2008 年底前启动。

QE1 扩大（第一轮宽松正式启动）：2009 年 3 月 18 日，机构抵押贷款支持证券 2009 年的采购额最高增至 1.25 万亿美元，机构债的采购额最高增至 2 000 亿美元。此外，为促进私有信贷市场状况的改善，联储还决定在未来六个月中最高再购买 3 000 亿美元的较长期国债证券。

QE1 结束：2010 年 4 月 28 日，美联储在利率会议后发表的声明中未再提及购买机构抵押贷款支持证券和机构债的问题。这标志着联储的首轮定量宽松政策正式结束。加上 2009 年 3 月至当年秋天结束前所购买的 3 000 亿美元较长期国债证券，美联储在首轮定量宽松政策的执行期间共购买了 1.725 万亿美元资产，这就是说首轮定量宽松总计为金融系统及市场提供了 1.725 万亿美元流动性。

Q1 的效果：使得纳斯达克工业指数从 2008 年 12 月底的 8 675 点升至 2010 年 2 月底的 10 400 点左右，涨幅超过 19%。虽然大宗商品和股市在持续攀升，但金融机构仍处于去杠杆化的过程中，而且经济走势仍有极大不确定性，由此带来的惜贷心理造成滞留在金融体系内部的流动性不能转化为对实体经济的信贷，从而难以促进投资，就业率上升也就无从谈起。美国失业率从 2008 年底的 7.4%一路上升，在 2009 年第四季度达到 10%以上，其后虽有所回落，但仍然停留在 9.6%的高位。

2009 年 6 月至 12 月，美国纽约银行、高盛集团、摩根大通、花旗银行等先后归还了政府救助资金。AIG 通过出售旗下保险公司筹到了 367 亿美元，以偿还纽约联邦储备银行部分贷款。种种迹象表明，在 QE1 执行期间，在美联储廉价资金以及财政部资助下，华尔街金融机构正在恢复元气。

第二轮量化宽松（QE2）：自 2010 年 4 月份美国的经济数据开始令人失望，进入步履蹒跚的复苏以来，美联储一直受压于需要推出另一次的量化宽松：第二次量化宽松（QE2）。伯南克当年 8 月在杰克逊霍尔的联储官员聚会中为第二次量化宽松打开了大门。但他同时谨慎地指出，量化宽松不是一个成熟的补救办法。而且，也不是所有的人都支持量化宽松政策。美国联邦储备委员会公开市场委员会（FOMC）宣布，将再次实施 6 000 亿美元的"量化宽松"计划，美联储发货币购买财政部发行的长期债券，每个月购买额为 750 亿，直到 2011 年第二季度。这就是 QE2，即所谓美联储的第二次量化宽松政策。QE2 的目的是通过大量购买美国国债，压低长期利率，借此提振美国经济，特别是避免通货紧缩，并降低高达 9.6%的失业率。

◇ 量化宽松旁边的选择性、针对性处置与产业政策和技术经济政策（供给管理）

美国人的调控实践显然跳出了主流经济学教科书讨论的范围，危机发生之后，在关键的节点上，美国人总结不救雷曼兄弟公司而使金融海啸迅速升级为席卷全球的金融危机的教训之后，在后来相对果断地先后动用公共资源注资花旗、"两房"，一直走到以公共资源注资实体经济层面的通用汽车公司，而走到给通用注资施以援手，就成为美国实际上反危机过程的一个拐点，原来市场上弥漫的恐慌情绪得到了明显的收敛，再往后便进入一个复苏过程。作为世界第一经济大国，复苏过程中美国当局也运用了几轮量化宽松这样的需求管理手段，但同时做得有声有色、可圈可点的是一系列产业政策、技术经济政策的供给管理措施，这些措施是找不到教科书里的理论支持点或者相对应的较充分讨论的，但是它对于全局的意义一望而知。比如大家都知道的油页岩革命，不仅是在反危机的过程中提振信心和提升景气，还实际上影响着以后很长远的整个全球基础战略能源的格局；3D 打印机，是适应信息化时代对于定制化的需求——成为既要保持社会化大生产的特征，又要解决现在越来越具体的定制化的市场需求和工艺难点方面的一个重大突破；还有，人们注意到的“信息高速公路”这个克林顿总统在职时就不遗余力作为第一大重点抓的产业政策，后来又有一轮又一轮的升级，当下的全球信息革命中大家不得不承认美国人是独占鳌头、引领潮流；还有，我们注意到有“制造业重回美国”，这也是一个非常重要的产业政策实施方略，显然不是简单地重回美国，而是智能化时代的“否定之否定”升级版的螺旋式上升的回归。还有，我们注意到在人力资本方面，实际上跟产业政策、技术经济政策息息相关，美国本来就有大家看到的在全球吸引人才的优势，但直到现在还不遗余力地要继续强调引揽全球高端人才到美国来服务。再有，就是在一些具体经济增长点上特别明显的“点调控”式的倾斜支持。比如，做事情非常有胆魄的特斯拉的带头人马斯克，他的重点产品之一是电动汽车，且不说其他的什么管道式的高速火车，还有在民间航天方面已经取得的重大惊人进展，只讲电动汽车这个领域里，他是在面临瓶颈期的时候，迎来了美国华裔能源部长朱棣文对特斯拉生产线的视察，跟着很快就有一笔为数可观（4.65 亿美元）的美国能源部门的优惠低息贷款，去支持他突破这个瓶颈期。后来的发展也不敢说就能一帆风顺，但是可以看得很清楚，特斯拉的电动汽车产品已经在中国布局，而且到中国布局的同时，已经有了中国北京到上海间最典型的长距离高速干道沿线怎么建充电桩的方案，它已经是谋定而后动地在市场攻城略地——这些事情后面可看到的政府供给管理的作用，非常值得我们进一步从实践再上升到理论。在这个领域里，我们认为实践早已走在了理论的前面。很遗憾，到现在为止没有看到美国有影响的经济学家，还有他们有影响的经济学文献有任何系统化的总结梳理，来反映美国的这套供给管理实践。

新供给经济学研究要做的事情,不是为了创新而创新,而是要确实顺应现实需要,突破经济学的局限性。新供给经济学框架下的创新,就是要把这种已经有的实践提升到理论,在基础学理的层面给出观察分析和深化认识,进而就有可能更好地支持我们的科学决策和政策优化。

(二)中国“新供给”学派的理论创新

中国“新供给”学派的理论创新体现在两个方面,一是新于“破”,二是新在“立”,即对已有的经济学成果有破有立。

(1) 新供给的“三破”:破偏颇、破脱节、破滞后

从世界金融危机和中国改革开放的现实生活经验层面考察,人们普遍发问:为什么经济学家对“千年之交”后震动全球的金融危机既无像样的预测,又无有效、有力的经济学解说与对策思路框架?如何以经济学理论总结分析各经济体在应对危机中的成败得失,特别是如何阐释中国的不凡发展与艰巨转轨进程?众多研究者认为:经济学理论迄今已取得的基本成果亟待反思。我们认为,这一中外人士反复提到的挑战性问题可以归结为经济学理论所需要的、在新供给研究中已致力作出的“破”,这至少集中于如下三大方面:

第一,我们直率地指出了主流经济学理论认知框架的不对称性。古典经济学、新古典经济学和凯恩斯主义经济学虽然各自强调不同的角度,都有很大的贡献,但是共同的失误又的确不容回避,即他们都在理论框架里假设了供给环境,然后主要强调的只是需求侧的深入分析和在这方面形成的政策主张,都存在着忽视供给侧的共同问题。最近几十年有莫大影响的“华盛顿共识”,理论框架上是以“完全竞争”作为对经济规律认知的假设条件,但是回到现实,即联系实际的时候,并没有有效地矫正还原,实际上拒绝了在供给侧作深入分析,在这样一个重要领域存在明显不足。世界头号经济强国美国前几十年经济实践中,在应对滞胀的需要和压力之下应运而生的供给学派是颇有建树的,其政策创新贡献

在实际生活中产生了非常明显的正面效应,但其理论系统性应该说还有明显不足,他们的主张还是长于"华盛顿共识"框架之下、在分散市场主体层面怎样能够激发供给的潜力和活力,但却弱于结构分析、制度供给分析和政府作为分析方面的深化认识——因为美国不像中国这样的经济体有不能回避的如何解决"转轨问题"与"结构问题"的客观需要,也就自然而然地难以提升对供给侧的重视程度。相比于指标量值可通约、相对易于建模的需求侧,供给侧的指标不可通约而千变万化,问题更复杂、更具长期特征和"慢变量"特点,更要求结构分析与结构性对策的水准,更不易建模,但这并不应成为经济学理论可长期容忍其认知框架不对称的理由。

第二,我们还应直率地批评经济学主流教科书和代表性实践之间存在的"言行不一"问题。美国等发达市场经济在应对危机的实践中,关键性的、足以影响全局的操作,首推他们跳出主流经济学教科书来实行的一系列区别对待的结构对策和供给手段的操作,这些在他们自己的教科书里面也找不出清楚依据,但在运行中却往往得到了特别的倚重与强调。比如,美国在应对金融危机中真正解决问题的一些关键点上,是教科书从来没有认识和分析过的"区别对待"的政府注资,美国调控当局一开始对雷曼兄弟公司在斟酌"救还是不救"之后,对这家150多年的老店任其垮台,而有了这样的一个处理后又总结经验,再后来对从"两房"、花旗一直到实体经济层面的通用公司,就分别施以援手,大量公共资金对特定主体的选择式注入,是一种典型的政府区别对待的供给操作,并且给予经济社会全局以决定性的影响。然而,如此重要的实践,迄今还基本处于与其经典学术文献、主流教科书相脱离的状态。

第三,我们还应直截了当地指出政府产业政策等供给侧问题在已有经济学研究中的薄弱和滞后。比如,在经济发展中"看得见摸得着"的那些"产业政策"方面,尽管美国被人们推崇的经济学文献和理论界的代表人物均对此很少提及,但其实美国的实践却可圈可点,从20世纪80年代亚科卡自传所强调的重振美国之道的关键是"产业政策",到克林顿主政时期的信息高速公路,到近年奥巴马国情咨文所提到的从油页岩革命到3D打印机，到制造业重回美国，到区别化新移民和新兴经济等一系列的亮点和重点，都不是对应于教科书的认知范式，而是很明显地对应于现实重大问题的导向，以从供给侧发力为特色。毋庸置疑，本应经世致用的经济学理论研究，在这一领域，其实是被实践远远抛在后面的“不够格”状态。

（2）新供给的“四立”：立框架、立原理、立融合、立体系

有了上述反思之“破”而后，我们强调，必须结合中国的现实需要，以及国际上的所有经验和启示，以更开阔的经济学理论创新视野，考虑我们能够和应当“立”的方面。

第一，我们特别强调的是经济学基本框架需要强化供给侧的分析和认知，这样一个金融危机刺激之下的始发命题，需要更加鲜明地作为当代学人“理论联系实际”的必要环节和创新取向。在基础理论层面我们强调：应以创新意识明确指出人类社会不断发展的主要支撑因素，从长期考察可认为是有效供给对于需求的回应和引导，供给能力在不同阶段上的决定性特征形成了人类社会不同发展时代的划分。需求在这方面的原生意义，当然是不可忽视的——人有需求才有动力、才要去追求各种各样的可用资源——但是在经济学角度上，对于有效供给对需求引导方面的作用过去却认识不足。我们从供给能力在不同阶段特征上的决定性这样一个视角，强调不同发展时代的划分和供给能力以及与“供给能力形成”相关的制度供给问题，具有从基础理论层面发生而来的普适性，也特别契合于在中国和类似的发展中国家怎样完成转轨和实现可持续发展方面的突出问题。回应和解决这个视角上的问题，其实也包括那些发达经济体怎样在经历世界经济危机冲击后更好地把理论服务于现实需要。在现实生活中，关键是在处理“生产产品满足消费”的需求侧问题的同时，解决“生产什么”和“如何生产”的供给侧问题——尤其是“制度供给怎样优化”的问题。这种把需求与供给紧密联系起来的研究，在人类经济社会发展实践中正在日益凸显其必要性和重要性。

第二，我们强调正视现实而加强经济基本理论支点的有效性和针对性。比

如“非完全竞争”,应作为深入研究的前提确立起来,因为这是资源配置的真实环境,牵涉大量的供给侧问题。过去经济学所假设的“完全竞争”环境,虽带有大量理论方面的启示,但它毕竟是可称为一种1.0版的模型。现在讨论问题,应放在非完全竞争这样一个可以更好反映资源配置真实环境、涵盖种种垄断竞争等问题的基点上,来升级、扩展模型和洞悉现实。需求分析主要处理总量问题,指标是均质、单一、可通约的,但供给分析要复杂得多,处理结构问题、制度构造问题等,指标是非单一、不可通约的,更多牵涉到政府—市场核心问题这种基本关系,必然在模型扩展上带来明显的挑战和非比寻常的难度,但这却是经济学创新与发展中绕不过去的重大问题。更多的中长期问题和“慢变量”问题,也必然成为供给侧研究要处理好的难题。过去经济学研究中可以用一句话打发掉的“‘一般均衡’或‘反周期’调控中可自然解决结构问题”,我们认为有必要升级为在非完全竞争支点上的一系列并非完全自然演变过程而有待加入供给侧能动因素作深入开掘的大文章。

第三,我们认为市场、政府、非营利组织应各有作为并力求合作,这也是优化资源配置的客观要求。在明确认同市场总体而言对资源配置的决定性作用的前提下,我们还需要有的放矢地来讨论不同的主体——即市场和政府,还有“第三部门”(非政府组织、志愿者、公益团体等),它们在优化资源配置里面可以和应该如何分工、合作、互动。在不同的阶段和不同的领域,分工、合作、互动的选择与特点又必有不同。由分工、失灵到替代,再由替代走向强调“公私合作伙伴关系”(PPP)式的合作,反映了人类社会多样化主体关系随经济发展、文明提升而具有的新特征、新趋势。

第四,我们特别强调了制度供给应该充分地引入供给分析而形成有机联系的一个认知体系,即物和人这两个视角,在供给侧应该打通,各种要素的供给问题和制度供给问题应该内洽于一个体系,发展经济学、制度经济学、转轨经济学、行为经济学等概念下的研究成果,需要加以整合融于一炉。通过这样的“立”来回应转轨经济和中国现实的需求,形成的核心概念便是我们在理论的建树和理论联系实际的认知中,必须更加注重“理性的供给管理”。在中国要解决充满挑战的现代化达标历史任务,必须借此强调以推动制度和机制创新为切入点、以结构优化为侧重点的供给侧的发力与超常规的“追赶—赶超”的长期过程。我们应有最为宽广的视野、最为开阔的心胸,把人类文明发展在经济学及相关学科领域的一切积极成果,集大成式地形成科学体系,把供给侧“物”的生产力要素供给的分析认识与“人”的生产关系制度因素的分析认识内洽地、有机地结合在“认识世界,改变世界”的人类社会进步努力之中,“生产力决定生产关系”是规律,“生产关系反作用于生产力和释放生产力”也是规律——对于转轨中的中国,深刻认识理解前者,就要认识、尊重和敬畏市场,坚持以经济建设为中心这一发展的硬道理不动摇。深刻认识理解前者,就要认识、尊重和敬畏市场,坚持以经济建设为中心这一发展的硬道理不动摇。深刻认识理解后者,就要在坚持市场取向改革,让市场总体上在资源配置中充分发挥其决定性作用的同时,处理好“政府更好发挥作用”的挑战性问题,以供给侧结构性改革“守正出奇”地提升经济发展中整个供给体系的功能、质量和效率。

所以,新供给经济学研究中涉及的以上这些“破”和“立”,绝不意味着我们可以忽视需求方面的认识——“需求管理”的认识在已有的经济学理论成果中已经相对充分,我们希望在供给这方面更丰富地、更有针对性地提高认识框架的对称性。这样的认识落到中国经济学人所处的现实中,必然合乎逻辑地特别强调要“以改革为核心”,从供给侧入手推动新一轮“全面改革”时代的制度变革创新。这是有效化解矛盾累积和“滞胀”中等收入陷阱“塔西佗陷阱”和“福利陷阱”式的风险,实现中国迫切需要的方式转变与可持续健康发展而直通“中国梦”的“关键一招”和“最大红利所在”。我们的研究意图和可能贡献,是希望促使所有可调动的正能量把重心凝聚到中国迫在眉睫的“党的十八届三中全会、四中全会、五中全会之后新一轮改革如何实质性推进”这一问题上,以求通过全面改革和理性的供给管理,跑赢矛盾与危机因素的积累,化解隐患叠加的风险,破解中长期经济增长、结构调整瓶颈,从而使“中国梦”的实现路径可以越走越宽、越走越顺。

（三）中国“新供给”学派的政策主张

（1）新供给的政策主张：“八双”“五并重”

从上述基本认识引出的新供给经济学研究群体的基本政策主张，是以改革统领全局之下的“八双”和面对“两个一百年”历史任务的“五并重”。

“八双”的基本要点是：

第一，“双创”——走创新型国家之路和大力鼓励创业。

第二，“双化”——推进新型城镇化和促进产业优化。

第三，“双减”——加快实施以结构性减税为重点的税费改革和大幅度地减少行政审批。

第四，“双扩”——对外开放格局和新的国际竞争局面之下，扩大中国对亚非拉的开放融合，以及适度扩大在增长方面基于质量和结构效益的投资规模（对于消费的提振当然是比较重要的，已经有了不少研究成果和重视程度的明显提高，但是对于投资这方面的进一步认识，我们认为也需要强调，所以放在“双扩”概念之下来体现）。

第五，“双转”——尽快实施我国人口政策中放开城镇体制内“一胎化”管制的转变，和积极促进国有资产收益和存量向社保与公共服务领域的转置。

第六，“双进”——在国有、非国有经济发挥各自优势协调发展方面，应该是共同进步，需要摒弃那种非此即彼、截然互斥的思维，在“混合所有制”的重要概念之下，完善以“共赢”为特征的社会主义市场经济基本经济制度的现代化实现形式。

第七，“双到位”——促使政府、市场发挥各自应有作用，双到位地良性互动、互补和合作。这方面的分析认识，需扩展到中国势必要发展起来的第三部门，即志愿者组织、公益慈善界的非政府组织、非营利组织，这些概念之下的一些越来越活跃的群体，应该在社会主体的互动中间发挥他们的潜力。看重国际上已高度重视的公私合作伙伴关系(即“政府与社会资本合作”)——PPP 模式,在此模式之下寻求共赢,应该是最基本的认识视角。

第八,“双配套”——尽快实施新一轮“价、税、财”配套改革,积极地、实质性地推进金融配套改革。

在上述基本考虑中,“双创”是发展的灵魂和先行者;“双化”是发展的动力与升级过程的催化剂;“双减”则代表着侧重于提升供给效率、优化供给结构,以更好适应和引导需求结构变化的制度基础;“双扩”是力求扩大供给方面在国际、国内的市场空间;“双转”是不失时机、与时俱进地在人口政策和国有资产配置体系两大现实问题上顺应供给结构与机制的优化需要,以支持打开新局面;“双进”是明确市场供给主体在股份制现代企业制度安排演进中的合理资本金构成与功能互补和共赢效应;“双到位”是要在政府与市场这一核心问题上明确相关各方的合理定位;“双配套”是对基础品价格形成机制和财税、金融两大宏观经济政策体系,再加上行政体制,以大决心、大智慧推进新一轮势在必行的制度变革与机制升级。

“五并重”的基本要点是:

第一,“五年规划”与“四十年规划”并重,研究制定基于全球视野的国家中长期发展战略;

第二,“法治经济”与“文化经济”并重,注重积极逐步打造国家“软实力”;

第三,“海上丝绸之路”和“陆上丝绸之路”并重,有效应对全球政治经济格局演变;

第四,柔性参与 TPP 与独立开展经济合作区谈判并重,主动参与国际贸易和投资规则的制定;

第五,高调推动国际货币体系改革与低调推进人民币国际化并重。

这个“五并重”思路设计的视野,是把中国顺应世界潮流而寻求民族复兴的时间轴设为百年、空间轴设为全球,来认识和把握综合性的大格局、大战略问题。

（2）理论密切联系实际，以创新服务全局

简要地说，上面我们所主张的这些“立”，是生发于对经济规律的探究，面对古今中外的实践，兼收并蓄已有经济学和相关学科的积极成果，但首先是既对应于中国的“特色”和背景，又服务于中国现代化的赶超战略。邓小平所强调的“三步走”，可理解为一种实质性的赶超战略。其间前面几十年主要是追赶式的直观表现，最后的意图实现，则确切无疑地指向中华民族能够实现伟大复兴，在落伍近两百年之后又“后来居上”地造福全中国人民和全人类，这也就是习总书记所说的“中国梦”。这个“中国梦”绝不是狭隘民族主义的，而是一个古老民族应该对世界和人类做出的贡献，是数千年文明古国在一度落伍之后，应该通过现代化来加入世界民族之林第一阵营、在人类发展共赢中间做出自己应有的、更大的贡献，即服务于中国和世界人民把对美好生活的向往变为现实。

我们深知，相关的理论和认识的争鸣是难免的和必要的，而在中国现在的讨论中间，似乎还很难避免有简单化贴标签的倾向。比如说在一般的评议中，某些思路和主张很容易被简单地分类——某些观点被称为新自由主义，某些观点被称为主张政府干预和主张大政府，有些则被称为是主张第三条道路。贴标签的背后，是认识的极端化和简单化。

我们自己的认识倾向是希望能够超越过去的一些贴标签式的讨论，侧重点在于先少谈些主义、多讨论些问题，特别是讨论真问题、有深度的问题，来贯彻对真理的追求。研讨清楚了“真问题”，“主义”也就呼之欲出了。没有必要在经济学框架之内、在对经济规律的认知领域之内，对这些讨论中的观点处处去贴意识形态标签，处处去分辨是左是右、姓资姓社。新供给研究的追求，是继承经济学和相关学科领域内的一切人类文明的成果，站在前人的肩膀上，对经济理论学说作出发展，包括补充、整合与提升。

我们对于理论研究的“从实际出发”应该加以进一步的强调。“一切从实际出发”既要充分体察中国的传统（包括积极的、消极的）；充分体察中国的国情（包括可变的与不可变的）；也要特别重视怎样回应现实需要——有些已认识的固然是真实合理的现实需要，但也会有假象的现实需要即不合理的、虚幻的诉求，我们要通过研究者中肯、深入的分析，来把这些理清。既从实际出发体察中国视角上必须体察的相关各种事物，同时也要注重其他发展中国家以及发达国家的经验和教训、共性和个性，包括阐明和坚持我们认为现在已经在认识上可以得到的共性规律和价值。

由破而立，由理论而实际，在分析中就特别需要注重供给侧与需求侧的结合，政府、市场与第三部门互动等全方位的深入考察和相互关系考察，力求客观、中肯、视野开阔、思想开放。“新供给经济学”绝不是为了创新而创新，而是面对挑战有感而发，为不负时代而作出理应追求的创新。中国自20世纪90年代以来宏观调控中“反周期”的政策实践，有巨大的进步和颇多成绩，但延续主流经济学教科书和仿效发达国家的需求管理为主的思路，继续贯彻单一的“反周期”操作路线，随近年的矛盾积累与凸显，已日益表现出其局限性。今后随中国经济潜在增长率下台阶、经济下行中资源环境制约和收入分配等人际关系制约已把可接受的运行状态的“区间”收窄，再复制式地推出“四万亿2.0版”的空间，已十分狭窄，较高水平的理性“供给管理”的有效运用，势在必行。党的十八届五中全会明确提出了“释放新需求，创造新供给”的要求，其后领导层更宣示了对推进“供给侧结构性改革”和提升“供给体系质量和效率”前所未有的高度重视，直指形成有效制度供给的改革这一中国现代化的“关键一招”，和以创新驱动、结构优化解除供给抑制、释放增长潜能的系统工程。既然在中国中长期发展中如何破解瓶颈制约和攻坚克难全面深化改革、优化结构，是国人共同面临的历史性重大考验，那么我们应站在前人肩膀上，以严谨的学术精神，秉持理论密切联系并服务实际的创新原则，更好地追求经济学经世济民的作用，更多地注重从供给侧发力，在实践中破解瓶颈，服务全局，把握未来。

经济学是一门与实践密不可分的致用学科，新供给经济学是在中国本土研究者抱着“经世济民”的情怀与追求中产生和发展起来的。我们期待这样的学术理论研究能够避免走“空谈误国”的迷途，而实实在在地做到胸怀世界、脚踏实地，在“不唯上、不唯书、只唯实”的道路上为中国经济发展、社会进步服务。

概念与认识的关键词

宏观调控；财政政策与货币政策的协调配合；需求管理；供给管理

思考与讨论

1. 什么是宏观调控？
2. 需求管理和供给管理有什么异同？
3. 财政怎样发挥宏观调控作用？
4. 宏观调控中财政政策与货币政策如何协调配合？
5. 你对当下的中国宏观调控有什么样的建议？

主要参阅文献

陆夏．从服务业发展看当代经济危机的地理“位移”．求实，2007(2)．

大众财经图书中心．经济词典．北京：中国法制出版社，2013：108．

何立．市场经济词典．北京：学苑出版社，1999：468－469．

张静远．政府购买服务承担起新历史使命．新浪财经．

陈共．财政学．北京：中国人民出版社，2008．

李义平．需求管理与供给管理——宏观经济管理的两种模式及其理论基础．经济研究参考，2000(26)．

付敏杰．财政政策为什么退出了美国的宏观调控舞台——事实、文献与观点．金融评论，2013(3)．

保罗·M．霍维慈．美国货币政策与金融制度(下册)．谭秉文，戴乾定，译，北京：中国财政经济出版社，1980．

马丁·费尔德斯坦主编．20世纪80年代美国经济政策．王健，等，译，北京：经济科学出版社，2001．

凯恩斯.就业、利息与货币通论.北京：商务印书馆,1977：321－323.

克莱因.凯恩斯的革命.薛蕃康,译,北京：商务印书馆,1980：164.

Eichenbaum, M. Some Thoughts on Practical Stabilization Policy. *American Economic Review*, 2007：236－239.

里查德·芬克.供给经济学——批判性的评价.1982(14).

米尔顿·弗里德曼.供给经济学：古老的真理和新的观点美国经济评论.国外社会科学,1986(5).

Mathews. R. C. O. The Economics of Institutions and the sources of Economic Growth. *Economic Journal*, 1986, 96(12)：903－918.

奥利弗·E.威廉姆森.治理机制.王健,方世建,等,译,陈光金,王志伟,校,北京：中国社会科学出版社,2001.

贾康.新供给：经济学理论的中国创新.北京：中国经济出版社,2013：1－6.

第九章　国有资产管理体系

第九章　国有资产管理体系

国有资产产权不可悬空、虚置。

——1980年代中后期改革人语

一、国有资产概论

（一）国有资产的概念、作用

各类财富、财产、财力、资源，亦可统称资产。资产是指归特定主体拥有的、具有一定价值的经济资源，包括生产资料、资源、财产等。资产能够为其所有者带来经济利益。在经济学中，只要是能提供与创造效用或价值的经济资源，无论是否可以用货币计量，都可以归为资产。在会计学中，资产一般是指能用货币计量其创造的效用的经济资源，企业资产的价值等于企业的所有者权益和负债之和。国有资产，即终极所有权归属于国家的资产。国有资产管理在政府预算视界内，是侧重于"净资产"（所有者权益）的财政概念，它更强调给国有股东或所有者带来的收益的大小及其合理使用，而这种使用，又会涉及一系列社会公共政策的目标追求。与之相关的国有资产的数量和质量，显然密切关联于国有经济的强弱和发挥作用的大小。

1. 国有资产的范畴

国有资产涉及归国家所有的生产资料、资源、财产等经济资源，是社会总资产的重要组成部分。狭义的国有资产特指经营型国有资产，即国家通过各种形式的出资，在企业中形成的可增值的资产。

广义上理解，国有资产可分为经营型国有资产、非经营型国有资产、自然资源型国有资产。由于银行、保险、证券等金融机构的国家控制及其经营中的国有控股，金融机构所占用或使用的国有资产，往往被单独归类为金融性国有资产。各类国有资产在形态上和在国民经济中发挥的作用各有不同，但是各类资产又不是完全独立、没有交集的，如资源型国有资产一经开发，即或转为经营型资产，被投入到生产经营领域活动中；或转为非经营型国有资产，用于非营利的活动。

2. 国有资产的作用

中国国有资产经历了一个总量由小到大的积累过程。中华人民共和国成立初期，国有资产主要通过以下形式获得：建立新政权时获得的土地等自然资源；新中国成立后国有经济的自身积累，积少成多；没收的官僚垄断资本和帝国主义在华资产；通过赎买形式从民族资本家手中获得的资产；通过各种方式接受的馈赠、援助等。这些国有资产共同构成政权的物质基础，是满足人民生活需要和国家经济建设的物质保证。在经历了几十年的发展和积累之后，国有资产总量不断增加，新增国有资产除了国家出资企业的盈利积累，或通过馈赠、援助等方式形成之外，其他重要途径就是财政预算资金投资和经营型国有资产的收益再投资。

国有资产在保证国民经济平稳运行和保障国家经济安全等方面发挥着重要作用。从世界范围来看，各国保有一定数量的国有资产是一种普遍现象。经营型国有资产的存在一定程度上缓解了由于垄断或市场失灵而导致的社会产品与服务和准公共产品供给不足的问题。随着经济发展，各行业对能源和资源的需求大幅增加，资源型国有资产开始发挥越来越重要的作用，作为国民经济中工农业生产原料的主要来源，没有资源型国有资产作保障，经济就无法正常运行。非经营型国有资产是政府提供公共服务、实现各项公共职能的主要载体，它的作用也不可忽视。可以看出，各类国有资产发挥着各自的应有作用，是保证经济平稳运行的重要因素。对于国民经济来说，有一些行业领域涉及经济安全和国家安全，如国防、军工、金融、造币等，国有资产在这些领域不仅承担提供公共产品和服务功能，更发挥着维护国家政权稳定的基础性作用。

（二）国有资产的分类

国有资产的分类，是指按照一定的标准，对国有资产进行科学系统的划分。对国有资产进行分类是加强国有资产管理的重要内容，也是优化国有资产配置、合理发挥国有资产作用的必要前提。

1. 按性质分类

按国有资产的性质分类，可以划分为经营型国有资产、非经营型国有资产和资源型国有资产。

经营型国有资产。是指政府投入到社会生产领域从事生产经营活动、以营利为目的导向的国有资产。经营型国有资产主要包括国家对企业以各种形式投入形成的权益、国家出资企业由各种投资所形成的权益，以及依法认定为国家所有的其他权益。

非经营型国有资产。一般是指各级行政事业单位所占有、使用、管理的，依法确认为国家所有，能以货币计量的各种经济资源的总和。包括国家以实物和经费等形式拨给行政事业单位的资产，行政事业单位按照国家政策规定运用国有资产实现收入而形成的资产，以及接受捐赠和其他经法律确认为国家所有的资产等，主要存在于党政机关、事业单位、军队、政府驻外机构以及社会团体等公共部门。非经营型国有资产一般不直接创造物质财富，不以营利为目的。

自然资源型国有资产。是指相关法律法规所规定的归国家所有的满足资产属性的自然资源。在一定的技术水平条件下，通过开采开发，这些自然资源可以给国家带来经济利益。目前，资源型国有资产主要包括：森林资源、矿产资源、水资源、海洋资源、草原资源和土地资源等，这部分国有资产具有资源和资产两种属性。

2. 按存在形态分类

按国有资产存在的形态分类，可以划分为有形资产和无形资产。

有形资产。有形资产是指具有价值形态和实物形态的资产。有形资产的实物形态是指资产的自然形态。例如，资产的大小、形状、颜色等。有形资产的价值形态要经过交换，才能以价格形式表现出来。有形资产按其运动方式又可以进一步划分为动产和不动产。动产是指能够自由移动其位置而不改变其性质、形状，或者不失去其经济价值的资产。例如，机器设备和各种运输工具。不动产是指不能自由移动其位置的资产，如果移动其位置就会使资产遭受损坏而丧失其经济价值。例如，厂房和建筑物。

无形资产。无形资产是指由特殊主体控制、不具有独立形态，对生产经营持续发挥作用并能带来经济利益的一切经济资源。无形资产是一种特殊财产权利。例如，专有技术、专利权、商誉、版权、特许权、经营者的管理经验和管理才能等。

3. 按所处地域分类

按国有资产所处的地域分类，可以划分为境内国有资产和境外国有资产。

境内国有资产是指一国国境范围内的国有资产。

境外国有资产是指一国拥有的、在国境范围以外的国有资产。包括国有企业开展跨国经营、在国外投资所形成的资产，以及我国政府在国外有关机构所拥有的国有资产。

4. 按形成方式分类

按国有资产的形成方式分类，可以划分为自然界固有的国有资产和人工创造的国有资产两类。

自然界固有的国有资产是指国家凭借经济主权所拥有的国有自然资源，主要包括土地资源、矿产资源、水资源、森林资源等。

人工创造的国有资产是指国家凭借生产资料所有权所拥有的国有资产，主要包括国家投资形成的机器设备、建筑物、原材料等。

5. 按管理体制分类

按国有资产的管理体制分类，可以按管理层次不同划分为中央政府管理的国有资产和地方政府管理的国有资产。国家实行国务院和地方人民政府分别代表国家行使出资人职责，享有所有者权益，实行权利、义务和责任相统一，管资产和管人、管事相结合的国有资产管理体制。

中央政府管理的国有资产是指国家国有资产监督管理委员会和其他一些中央部门履行出资人权能，代表全体社会成员监督管理的国有资产。国务院代表国家对关系国民经济命脉和国家安全的大型国有及国有控股、国有参股企业，重要基础设施自然资源等领域的国有机构有控股、国有参股企业，履行出资人职责。国务院履行出资人职责的企业，由国务院确定公布。

地方政府管理的国有资产是指由国务院授权省、自治区、直辖市人民政府和设区的市、自治州级人民政府分别代表国家监督管理的国有资产，主要是对由国务院履行出资人职责以外的国有及国有控股、国有参股企业，履行出资人职责。省、自治区、直辖市人民政府履行出资人职责的国有及国有控股、国有参股企业，由省、自治区、直辖市人民政府确定、公布，并报国务院国有资产监督管理机构备案；其他有设区的市、自治州级人民政府履行出资人职责的国有及国有控股、国有参股企业，由设区的市、自治州级人民政府确定、公布，并报省、自治区、直辖市人民政府国有资产监督管理机构备案。

国有资产监督管理机构根据授权，依法履行出资人职责，依法对企业国有资产进行监督管理。企业国有资产较少的设区的市、自治州，经省、自治区、直辖市人民政府批准，可以不单独设立国有资产监督管理机构。

（三）政府资产负债表框架

政府资产负债表是全面反映政府资产负债状况的公共部门会计信息报表。

一张完整、清晰的政府资产负债表能够较准确地反映出作为一国政府财力基础的存量部分，对于通盘考虑履行政府职能实现可持续发展和实行风险防控，以及对政府间财政关系进一步作出优化调整安排等方面，都具有重要意义。我国1994年分税制改革及之后的相关调整，对财政资源的划分首先集中于税收，而对国有矿产资源收入、国有土地相关收入、国有经济产权收益等政府可支配财力的重要部分，则逐步有更多的涉及，产生这些可支配财力的源泉是国有土地、国有自然资源等，都是政府资产负债表中的重要内容。然而，我国现行的政府资产负债表尚存在许多缺陷，无法全面反映政府资产负债状况。因此，我国政府资产负债表应当在先解决“有无”问题之后，继而解决好逐步细化完善、提高质量的问题，有必要抓紧研究构建我国政府资产负债表框架。

由于没有统一的标准，需要借鉴国内外各种相关资料和研究成果，作为构建我国政府资产负债表框架的依据。从影响性、重要性和代表性等方面考虑，国际方面的参考主要包括：国民账户体系、政府财政统计体系、国际公共部门会计准则，以及有关国家中央联邦级的财务会计概念和准则。国内方面的参考则主要包括：现行政府会计相关制度、国民经济核算体系。

1. *构建资产方*

构建资产方的基本思路是：先给出我国政府资产的定义并划定资产类别，然后总结所有可能纳入资产方的资产项目，最后按照定义和各种相关标准进行判断，选择纳入资产方资产项目，并根据类别划分等进行相应调整，从而构建我国政府资产负债表的资产方。

（1）政府资产的定义

无论是政府还是学界，目前尚无十分权威的关于我国政府资产的统一的定义。总预算会计制度、新旧行政单位会计制度和事业单位会计制度中虽然有关于资产的定义，但分别仅针对一级财政、行政单位资产和事业单位资产，局限性较强，且都不同程度上存在缺陷。从而，究竟什么样的资产属于我国政府资产、究竟哪些资产属于我国政府资产之类的问题长期处于模糊状态，政府资产的范畴、边界还不十分清晰。基于这样的实际情况，本书将综合借鉴前述国内外各方面与政府资产的定义或范畴有关的内容，结合我国的实际情况，试给出我国政府资产的完整的严格定义。

总体上看，国内外各种资料及相关研究对政府资产定义存在几个主要共同点：第一，都强调资产是一种资源；第二，都强调主体的控制或占有；第三，都强调或隐含未来能获得经济利益或提供服务的能力。因此可以基于资源、主体、控制或拥有、经济利益或服务潜能这几个主要的共同要素，并结合我国现实，给出我国政府资产的定义：

由我国政府控制的包含经济利益或服务潜能的资源。其中，我国政府作为主体，包含两层含义。一是指政府总体，二是指政府特定组成部分。前者是后者的集合，是最终主体。政府组成部分包括各种行政单位，非营利性事业单位，使用行政事业编制或经费来源主要是国家财政拨款的社会团体，以及由国家拨款建立、主要资金来源为国家拨款的基金会。包括社会保障基金。中央银行的资产负债状况不在政府资产负债表的主表中反映，但应在附表中予以反映。控制参照 IPSASs（国际公共部门会计标准）和 FFACS（美国联邦政府财务会计概念与准则）的界定，是指我国政府能够从该资源中获得经济利益或服务，并且能够排除、禁止或制约其他主体从该资源中获得相应的经济利益或服务。这样，政府资产负债表中的资产方实质上是政府组成部分控制的包含经济利益或服务潜能的资源的归并，汇集了由我国政府总体控制的包含经济利益或服务潜能的全部资源。

基于此定义，可进一步确认所有国有资产都是政府资产。因为从我国现实情况看，所有国有资产都是由政府控制并须安排出资人代表的。

（2）纳入资产方的项目

表 9－1 中的 17 类资产项目，涵盖了绝大多数可能或应当纳入政府资产负债表的政府资产。从前述政府资产的定义看，这些资产项目的内容都全部或部分与前述政府资产的定义相符合，故满足纳入资产方的基本要求。但这并不意味

着必然进入资产方,一是这些不同来源的资产项目在范畴上相互间存在交叉重复的情况,二是这些资产项目中有一些资产部分或全部不宜纳入资产负债表的主表(资产方属于主表范畴),而应当在附注中反映。综合考虑 IPSASs 和 FFACS 等有关标准和实际后,纳入资产方的项目可整合成六项:国有经济资产、金融资产、存货及相关资产、固定资产、自然资源性资产和无形资产。

表 9-1　国内外各种政府资产项目总结

来源 资产项目	(1) IPSASs	(2) FFACS	(3) 国内现行制度			(4) 国民账户体系(政府部门)	(5) 国内相关研究
			总预算	行政	事业		
① 现金和现金等价物/其他货币性资产	√	√	√	√	√	√	√
② 应收账款	√	√	放款	√	√	√	√
③ 其他金融资产(各种证券等)	√	√	国债	可能有国债	短期投资	√	√
④ 应收税金	√	√				归入③	
⑤ 存货和相关资产	√	√		√	√	√	√
⑥ 不动产、厂场和设备(包括关联土地)	√	√		√	√	基本包含在固定资产中	√
⑦ 自然资源/资源性资产(如土地、矿藏等)		√				√	√
⑧ 未来税收等收入的贴现							√
⑨ 国有企业净值		有类似的内容					√
⑩ 国有金融机构净值		有类似的内容					√
⑪ 非经营性资产	主要体现在⑥中	主要体现在⑥中		√	√		√
⑫ 继承资产/遗产资产	部分归入⑥	附注披露		文物	文物		√

续 表

资产项目＼来源	(1) IPSASs	(2) FFACS	(3) 国内现行制度			(4) 国民账户体系（政府部门）	(5) 国内相关研究
			总预算	行政	事业		
⑬ 无形资产	√	√		√	√	√	√
⑭ 基础设施	归入⑥	可能不包含		无法判断	无法判断	部分包含在固定资产中	√
⑮ 国防或军事资产	归入⑥	归入⑥					√
⑯ 托管土地		附注披露					
⑰ 国外资产/储备资产	√	部分归入①					√

其中，国有经济包括企业的国有净资产（即所有者权益中归属国家所有的部分）、金融机构的国有净资产两项。金融资产包括财政性金融资产、全国社保基金和其他金融资产。固定资产的构成较复杂，包括基础设施和其他固定资产，在本书框架中，主要是指行政事业单位的固定资产，不包括国有企业的固定资产（因为已经反映在国有经济中）。自然资源性资产则分为土地资产、矿产资产、森林资产和水资产四项。在类别划分上，金融资产、固定资产、存货及相关资产属于服务性资产。国有经济和资源性资产属于财力性资产。而无形资产中可能既有属于服务性资产的部分，又有属于财力性资产的部分，因此可同时出现在两方之中。[1] 具体如表 9-2 所示。

表 9-2 可构建的政府资产负债表

资　　产		负　　债	
服务性资产	财力性资产	直接显性负债	或有和隐性负债
金融资产：	国有经济：	国债余额：	其他公共部门发行的债券：
财政性金融资产	企业的国有净资产	内债余额	政策性银行发行的债券
全国社保基金	金融机构的国有净资产		原铁道部发行的债券

[1] 这里的无形资产不包括可归属其他资产项目的无形资产，如国有企业净值中反映的无形资产价值。

续 表

资产		负债	
服务性资产	财力性资产	直接显性负债	或有和隐性负债
其他金融资产			
固定资产:	资源性资产:	地方政府负债:	地方政府负债:
基础设施	土地资产	政府负有偿还责任的债务	政府负有担保责任的或有债务;
其他固定资产	矿产资产	财政部代地方发行债券	政府可能承担一定救助责任的其他相关债务
	森林资产	国务院部委所借外债	国有金融机构的不良资产:
	水资产		当前国有商业银行的不良资产
			以不良资产转化形式存在的或有负债
存货及相关资产		中资金融机构承担的外国政府贷款	政府及部门担保(非地方)
无形资产	无形资产		外债余额中的其他部分
其他政府资产		其他政府负债	
政府净值			

2. 构建负债方

与政府资产的情况不同,国内外对政府负债已经有了许多共识,国内对中国因此对负债方的构建思路已有可借鉴和利用的研究成果,通过直接整合各政府负债项目来构建负债方。

表9-3列出了大多数国内已有研究所涉及的主要的政府负债项目,基本上涵盖了中国目前主要的政府负债项目。但与政府资产的情况类似,这些政府负债项目也有许多交叉重复,特别是地方政府负债这一项目中,有许多内容是与其他政府负债项目重复或重合的;还有一些负债则在不同程度上不宜纳入资产负债表主表,因此需要进一步调整。调整后的纳入负债方的负债项目共九项,分别归属直接负债、隐性和或有负债两部分。

表9-3　各种政府负债项目小结

可能纳入负债方的政府负债项目	主要涉及文献
(1) 内债余额(包括国债等)	樊纲(1999);马拴友(2001);张春霖(2000);刘尚希、赵全厚(2002);刘尚希(2005);孙涛、张晓晶(2007);沈沛龙、樊欢(2012)
(2) 国有商业银行、政策性银行等金融机构的不良资产、呆坏账等	樊纲(1999);张春霖(2000);贾康、赵全厚(2000);马拴友(2001);刘尚希、赵全厚(2002);刘尚希(2005);孙涛、张晓晶(2007);沈沛龙、樊欢(2012)
(3) 全部外债(包括部委所借外债、政府担保的外债)	樊纲(1999);张春霖(2000);刘尚希、赵全厚(2002);刘尚希(2005);孙涛、张晓晶(2007);沈沛龙、樊欢(2012)
(4) 欠发工资	贾康、赵全厚(2000);马拴友(2001);刘尚希、赵全厚(2002);刘尚希(2005)
(5) 粮食等未弥补政策性亏损	贾康、赵全厚(2000);马拴友(2001);刘尚希、赵全厚(2002);刘尚希(2005)
(6) 其他公共部门借债[包括(原)铁道部发行的债券等]	贾康、赵全厚(2000);刘尚希、赵全厚(2002);刘尚希(2005);孙涛、张晓晶(2007)
(7) 社会保障基金缺口	贾康、赵全厚(2000);张春霖(2000);刘尚希、赵全厚(2002);刘尚希(2005);孙涛、张晓晶(2007);沈沛龙、樊欢(2012)
(8) 政府及部门的各种担保	刘尚希、赵全厚(2002);刘尚希(2005);沈沛龙、樊欢(2012)
(9) 国债投资项目的配套资金及缺口	刘尚希、赵全厚(2002);刘尚希(2005)
(10) 国有企业未弥补亏损	刘尚希、赵全厚(2002);刘尚希(2005)
(11) 地方政府负债(包括乡镇政府债务)	刘尚希、赵全厚(2002);刘尚希(2005);孙涛、张晓晶(2007);沈沛龙、樊欢(2012)
(12) 其他负债(如供销社、农村互助基金的坏账,人民币升值造成外汇储备损失等)	贾康、赵全厚(2000);孙涛、张晓晶(2007)

直接显性负债包括:① 国债余额。② 地方政府负债中的直接显性负债。③ 国务院部委所借外债。④ 中资金融机构承担的外国政府贷款。隐性和或有负债包括:① 其他公共部门发行的债券。按照贾康、赵全厚(2000)、刘尚希、赵全厚(2002)和刘尚希(2005)的口径,主要包括政策性银行、原铁道部发行的债

券等。② 地方政府债务中的隐性和或有负债。③ 国有金融机构不良资产。包括按照孙涛、张晓晶(2007)口径的以不良资产转化形式存在的或有负债。④ 外债余额中的其他部分。包括中外资银行、中外资企业等私人部门所欠外债余额中,除了外国政府贷款外的其他部分。⑤ 政府和部门的担保(非地方)。另外,由于是否将隐性养老金负债纳入资产负债表的争议较大,因此在框架构建中以隐性养老金负债为主的社保基金缺口放入附注中反映。具体情况如表 9-3 所示。

3. 中国政府资产负债表框架研讨

表 9-2 反映了中国政府资产负债表的基本框架。这一框架还不是政府资产负债表的全部,仅仅是主表的部分。完整的政府资产负债表除了主表,还应包括资产负债表附表与附注。附表与附注也是(政府)基本财务报表不可缺少的部分,包括前已提到的中央银行的资产负债情况等。如果缺少,将可能导致对政府资产负债表内容的了解不足与误判。

二、国有资产管理

(一) 国有资产管理和国有资产管理体制

1. 国有资产管理的定义

所谓国有资产管理,是指对所有权属于国家的各类资产的经营和使用,进行组织、指挥、协调、监督和控制的一系列活动的总称。国有资产管理既有一般经济管理的普遍特征,又有其特殊性。在宏观领域,国有资产管理是宏观经济管理的重要内容,国有资产管理体制是经济管理体制的重要组成部分,与政府财政管理体制关系密切。

国有资产管理覆盖国有资产运营的各个环节、各个方面,包括国有资产的投资、经营、收益分配及资产评估、登记、界定等。主要体现在:

(1) 国有资产的投资管理。国有资产的投资管理,是国家根据国民经济发展战略目标，合理确定国有资产投资规模、结构，提高投资效益，兴建独资、合资、股份制等各类国有企业，调控国民经济运行，实现国家宏观经济政策目标的管理活动。国有资产投资管理涉及经济领域许多重大关系的调整，如投资管理体制的建立，财政部、发展和改革委员会、政策性银行、各主管部门之间关系的协调，投资决策、投资收益、投资风险的处理等许多问题。

（2）国有资产的经营管理。国有资产的经营管理，是指为实现国有资产的保值、增值，提高国有资产运行的经济效益、社会效益及生态效益而选择恰当的经营方式，考核评价经营者的业绩，取得最佳资产收益的管理活动。随着市场经济的发展，我国公有制实现形式多样化，国有资产经营也可以选择各种不同的方式，如股份经营、委托经营、联合经营、租赁经营等，以适应各类不同资产的性质、特点、行业要求，实现收益的最大化或特定管理目标。

（3）国有资产的收益分配管理。国有资产的收益分配管理，是国家作为资产所有者，依法取得资产收益并对收益进行分配、处置的管理活动。凭借资产的所有权，适当集中企业实现的利润即资产收益，并进行合理分配，是国有产权在经济上的体现，也是国家的主要经济权益。在现代市场经济条件下，股份制是国有经济的主要产权形式，因而国有资产收益分配管理的重点是，维护国有股的合法权益，如依法取得国有股的股息、红利收入；享受同等的或特定的送股配股权利；在企业购并、破产清算中保护国家股的利益；等等。

（4）国有资产的产权处置管理。国有资产的产权处置管理，是指国家根据国民经济运行的客观需要及国有经济战略布局，对国有资产存量及时调整，对部分国有资产进行收购兼并、拍卖、出售，优化资产结构，盘活资产存量，提高资产运行效益，防范国有资产流失的管理活动。在市场经济中，产权处置亦称资本运作，是一种正常的、经常性的经营行为，也是国家调控国民经济运行、实现国家宏观经济政策意图、维护国家权益的重要手段。

除以上主要管理内容外，还有国有资产的界定、评估、登记、审核、统计等国有资产管理的基础工作。国有资产的界定，是指对属于国家所有的资产依法明确其产权归属并由国有资产管理部门进行登记。国有资产评估是指运用一定的科学方法对国有资产的真实价值及其收益进行评价估算。这项工作一般可委托会计师事务所等社会中介组织进行,但国有资产管理部门必须履行监督职责。国有资产登记、审核、统计等管理工作按国家有关法规制度办理。

2. 国有资产管理体制的定义

国有资产管理体制是在中央和地方之间以及地方各级政府之间划分国有资产管理权限,建立国有资产经营管理机构体系的一项根本制度,是我国经济管理体制的重要组成部分。通过建立科学、合理的国有资产经营管理体制,有效解决国有资产管理的产权代表方式、经营机构、经营形式以及相应的责、权、利关系等重大问题,贯彻国家有关国有资产管理的各项法律法规、方法政策,巩固和发展国有经济,服务于实现国家经济发展战略目标。

建立与社会主义市场经济相适应的国有资产管理体制具有十分重要的意义。首先,通过建立健全国有资产管理体制,划分各级政府国有资产管理权限,建立国有资产经营管理体系,理顺国有产权关系,才能有效加强国有资产管理。其次,明确国有资产所有者、经营者、生产者之间的责权利关系,才能合理选择市场经营方式,保证国有资产的保值增值,有效防范国有资产流失,维护国有资产合法权益,努力提高国有资产运行效益,实现其预定的经济、社会和环境政策目标。再次,有利于为国家提供更多的财政收入,增加公共积累。次外,还有利于在提高国有资本运营效率的同时,充分发挥国有经济的主导作用和影响力,保证国民经济的正确发展方向。

(二)国有资产管理的分类

国有资产是一个内容广泛的总体概念,有必要区分其不同组成部分,进而根据各部分的不同特点采取适当管理形式。从不同的角度,可以对国有资产作不同分类,如动产与不动产,有形资产与无形资产,实物资产与证券资产,等等。但是,从宏观的角度,首先需要把国有资产划分为最基本的三类,即自然资源型资产、公益型资产和经营型资产。

1. 自然资源型国有资产的管理

自然资源型国有资产包括天然形成的地上水泽、水流、地下水源、矿藏、原始森林、山岭、荒地、草原、滩涂等，也包括珍稀野生动植物和未发掘的古文物等。这类资产在处于未经开发的状态时，即已构成或潜在地构成国家物质财富的内容，但并不呈现价值形态。其中，相当大的一部分也是国家整个生态环境的构成因素，对社会经济生活发生某些直接或间接的影响，但并不加入各经济单位经济效益的核算。这类资产一经开发利用，就要改变其性质，或转变为公益性资产（如：把自然状态的地下水转变为公益性居民供水系统的水源；把荒地建为公共运动场），或转变为经营性资产（如：把自然状态下的矿藏转变为生产经营性的矿山的开采对象；把滩涂辟为水产基地）。

对于未开发的自然资源型国有资产的管理，主要涉及对其的护卫（如防止偷伐、偷掘、偷猎），防范或减轻自然灾害（如预防、监视与及时扑灭森林火灾），以及防治污染等方面的工作。这些工作一般需要由国家财政预算的经常性支出项目提供资金来源（有时还需动用预备费）。今后，也有必要开拓和鼓励其他的资金来源，如各种以自然生态保护为宗旨的民间基金会与捐助等。

另外，森林、矿藏、地下水源等自然资源一旦处于开发之中，便立即牵涉资源的计价与补偿问题。通过计价收费，林木这样的再生性资源可以筹得维持其后续采伐量的投资，矿藏等非再生性资源则可以取得其后续替代资源的开发资金。这种计价与补偿的缺位或不足，将对国民经济的长远发展留下重大的隐患。

长期以来，我国自然资源型国有资产管理体制是条条和块块并存的模式。中央统一所有，中央和地方政府分级管理，管理职能分担在多个部门中，如环境保护部、水利部、国土资源部、农业部、林业局、能源局、旅游局、海洋局等十几个相关的部局。这种管理体制的复杂性容易导致中国在“全民所有制”概念下国有资产产权的悬空、经济活动中所有者职责的实际缺位，“九龙治水”式的部门管理容易引发部门之间的利益最大化与责任最小化的不良行为模式。此外，中央将管理权限下放到资源所在地的地方政府，委托地方政府进行管理，如机制构建不当，也往往引发地方利益和中央利益的冲突和地方短期行为。自然资源型国有资产过去缺乏统一的开发规划和协调管理，曾导致滥采滥用自然资源的情况非常严重。

对现行的自然资源国有资产管理体制进行改革，包括考虑从中央政府层面建立专职机构进行统一规划和管理。机构从产权管理角度出发，要立足于国家的可持续发展和各地区的协调发展，对各类自然资源进行统一的开发使用规划，做好产权界定、产权登记和有偿使用（占用、开发）等基础工作。在落实责任主体的同时，减少自然资源型国有资产的损失，实现资产的社会价值和经济价值。

2. 公益型国有资产的管理

公益型国有资产包括对社会成员提供公益性服务的道路、桥梁、隧洞、上下水系统、公共场所照明设备等基础设施，和某些公众活动、休息、娱乐场所（如广场）与环境美化设施（如绿地），也包括公益性文教、卫生、科研单位的资产和为社会生活正常运转所需要的国家行政管理部门的资产。

总的来说，这类资产都必须通过制造或修建过程来形成，而且它们所提供的公益性服务的性质，又往往决定了它们无法由市场上利润导向的企业行为所有效地形成，必须由政府来举办，因而主要或在很大程度上需要以国家财政的经常性支出提供用以形成并维修、护卫这些资产的资金来源。但是，极为值得重视的是，在现实生活中，公益性国有资产的公益性程度高低有别，资金运转方式也相应不同，除了行政管理部门的资产和那些完全不收费的公益设施要百分之百地依靠财政资金之外，不少事业单位和某些可以实行收费服务的基础设施和公用设施，自身都有或大或小的服务收入来源，有的能够借此满足资产维修费用的需要，甚至有的可以收回资产本金。近些年，越来越多可以产生现金流的公共工程建设项目对接了 PPP。因此，管理方式上应当依据不同情况而加以区别对待。凡对于服务对象收取一定服务费的资产项目，管理上都可酌情采取差额补助、PPP 等形式来解决资金来源问题。有一些收费过低、不利于资产合理配置和有效运用的项目,则有必要将收费标准提高。当然,如果某项原属公益性资产的资产项目,其资金回收能力超出收回本金的水平仍绰绰有余,并且这种超过了临界点的“质变”在经济意义和社会意义上是合理的,那么就应当将其划转为经营性资产,从而与财政经常性开支的资助脱钩。

大部分的公益型资产都是行政事业单位的国有资产。前些年,行政事业性国有资产确立了“国家统一所有,政府分级监管,单位占有、使用”的管理体制,初步构建了管理制度框架,逐步规范资产配置、使用、处置等各环节管理。各级财政部门是政府负责行政单位和事业单位国有资产管理的职能部门,对行政事业单位的国有资产实施综合管理。各行政事业单位对本单位占有、使用的国有资产实施具体管理。其中,事业单位的主管部门负责对本部门所属事业单位的国有资产实施监督管理。[1]

在中央层面,2008 年,国务院颁布文件[2]规定中央行政事业单位国有资产管理的职能分工:财政部负责制定行政事业单位国有资产管理规章制度,并负责组织实施和监督检查。国务院机关事务管理局负责中央行政事业单位(即国务院各部门、直属事业单位、最高人民法院、最高人民检察院、行政经费在国务院系统的人民团体)机关和机关服务中心等的国有资产管理,承担产权界定、清查登记、资产处置工作;管理中央行政事业单位机关和机关服务中心等的国有资产,接受财政部的指导和监督检查。中央行政事业单位按规定负责所属事业单位及派出机构的国有资产管理。

从地方层面看,行政事业性国有资产管理在各地尚未统一,一些地方委托政府财政部门进行管理,一些地方委托国资管理机构进行管理,各地区之间管理主体不统一,在管理主体内部往往缺乏对机构和人员进行专职管理。这种不统一的现状,一方面是由于各地的行政事业性国有资产的分布及规模不一,各地改革

---

[1] 《行政单位国有资产管理暂行办法》(财政部令第 35 号,2006 年 7 月 1 日实施)和《事业单位国有资产管理暂行办法》(财政部令第 36 号,2006 年 7 月 1 日实施)。

[2] 《国务院办公厅关于印发财政部主要职能内设机构和人员编制规定的通知》(国办发[2008]65 号)。

进程不同步，另一方面也体现了地方特点，地方政府可以因地制宜地进行有效管理。但是，从长远来看，统一的管理模式可以减少管理中的不规范行为，减少缺位越位现象，形成有效的监督机制，减少资产的制度性流失。

进一步深化行政事业性国有资产管理体制改革，可以建立中央政府、省（直辖市）级政府、市、县（区）级政府的分级次行政事业性国有资产管理体制，以保证财权与事权、公共管理职能的统一。在具体的机构设置中，可考虑在同一政府级次中，负责资产管理的行政机构与管理部门分离，在财政部门设立专门从事行政事业性国有资产管理的行政机构，如行政事业资产管理局或管理处，财政部门以外组建两个负责行政事业性国有资产管理的专业管理部门，分别行使行政性资产、事业性资产的具体管理职能，以利实现管理权责的统一，提高这部分资产的使用效率。

3. 经营型国有资产的管理

经营型资产包括各种从事商品生产、流通和营利性质服务的国有企业中的资产，以及股份企业、合资企业中国家股权所对应的资产。这些资产具有回收并增殖本金的功能，在营运中不仅一般应该保值，而且应该逐步扩展其总量。对这类资产的管理，是国有资产管理中最为复杂的方面。

回顾以往，我国国有企业之所以存在活力不足、资产使用效益不高的问题，固然有众多方面的原因，但国家在资产管理上没有分清经营性资产与公益性资产，无疑是重要原因之一。本来，商品与公共产品有质的不同，资产运动形态上则正好相反，后者需要依靠政府从社会总产品价值中集中一部分剩余产品价值不断提供其资金来源，而前者在社会再生产过程中却理所当然地要产生出一个剩余产品价值部分。因此，从事商品生产经营的资产，应当是增值型的资产，国有企业的经营资产也不能例外。当然，从全社会的角度考察，由于存在经营风险，总是难免会有某些企业发生亏损，但如果建立了较健全的优胜劣汰的资产存量重组机制，在客观上便能防止国民经济中的亏损总规模过大，并鞭策各企业不断追求经济效益的提高，使剩余产品价值源源不断产生出来。然而，我国过去长时期中，国有企业的亏损是固定地由国家或在事实上是最后由国家动用财政补贴手段予以弥补的，除特定调整时期的行政“关停并转”措施外，不存在规范化的资产存量重组手段，这就意味着在常规的经济运行中取消了劣汰机制，并不断地将相当一部分从事商品生产的经营型资产按提供公共产品的公益性资产处置，混淆了两者界限。

由此可知，划清经营型资产与公益型资产的界限，并严格按照各自的运行规律对它们加以正确处置，保证经营型资产在社会再生产过程中的完整并按期取得应有的产权收益，建立和健全资产存量重组机制，是提高国有资产使用效益的重要途径。

经营型国有资产管理体制改革是整个国有资产管理体制改革的重点和核心，在各类国有资产管理体制改革中，其改革次数最多、力度最大、波及的范围最广。1988 年，国家成立了归口财政部管理的国家国有资产管理局（以下简称“国资局”），对境内外全部国有资产行使管理职能，重点管理企业国有资产。由于管理过程中，存在管资产和管人的分离，国资局很难将“国有资产国有者的代表权、国有资产监督管理权、国家投资收益权、资产处置权”统一起来。因此，国资局在 1998 年被正式撤销，职能主要并入财政部。直到 2003 年，国务院在党的十六大思想指导下，将各部门的国有资产管理职能整合起来，设立国有资产监督管理委员会（简称“国资委”），代表中央政府（国务院）履行出资人职责、负责监督管理企业国有资产，享有所有者权益，权利、义务和责任相统一，管资产和管人、管事相结合。同时，进一步确定关系国民经济命脉和国家安全的大型国有企业、基础设施和重要自然资源等，由中央政府代表国家履行出资人职责，其他国有资产由地方政府代表国家履行出资人职责，中央政府和省、市（地）两级地方政府设立国有资产管理机构。[1]

---

[1] 2002 年中国共产党第十六次全国代表大会报告《全面建设小康社会，开创中国特色社会主义事业新局面》和 2003 年《企业国有资产监督管理暂行条例》（国务院第 378 号令）。

（三）国有资产管理的分层

国有资产的分层管理有两大方面的含义：第一，前述三大类国有资产在实际生活中分属于从中央到地方的各级政府，因此，在实行分类管理的同时，必须相应地健全分层管理体系。中央政府本着发挥中央、地方两个积极性的精神统筹规划指导，各级政府划清权责、协调一致，是这一含义的分层管理的要点。第二，经营型资产是实现社会扩大再生产的最基本的源泉，对这类资产的管理，也是以往问题最为突出、在改革中复杂程度最高的资产管理领域。因此有必要划分政府、中间机构和企业三个层次来实行经营型资产的分层管理，并以企业国有资产分红（资产收益分配）合理化为必要基点，实现国有企业改革的配套和深化。

在这三层架构中，第一层即各级政府及其授权的国资管理机构，代表国家履行出资人职责，在宏观层面监督和管理国有资产。中间层是从事股权管理和国有资产运营的集团、控股公司或资产管理公司，中间层接受国资管理机构的授权，代表其履行出资人职责。中间层可由原来的行业主管部门或企业集团转型而成，也可由国资管理机构新设立公司，其对上领受国家调控政策，接受国资管理机构的管理和监督，对下依据《公司法》对国家出资企业进行资本管理运作，负责国有资产的保值增值。第三层是接受经营型国有资产出资（全部或部分出资），并使用国有资产从事具体生产经营活动的国家出资企业。它们是市场独立的法人主体，拥有法人财产权，遵守市场规则，参与市场竞争。

1. 行使出资人代表权利的政府及国资管理机构

这是国有资产管理体制的第一层次，政府依法委托国资管理机构代表其履行出资人职责，对接出资人权益，管理本级国有资产。中央政府在 1988 年设立的挂靠在财政部下的国家国有资产管理局与 2003 年设立的归属国务院的特设机构——国务院国有资产监督管理委员会（简称“国资委”），都属于专门设立的国资管理机构。这一层级根据本级国有资产的分布和规模状况，合理地构建监管和运营体系，由授权中间层大型国有集团、国有控股公司、投资公司或资产管理公司作为出资人代表参与管理国家出资企业，实现国有资产的保值增值。第一层与中间层是委托代理的关系，以“管资产”为主线，监督和管理中间层的运营活动，保证资产的安全和使用效率。国资管理机构的设立有利于改变原来政企不分的情况，将政府的公共管理职能和出资人职能区分开来。

（1）国资管理机构的专职管理有利于加快“政资分离”和“政企分离”

国有资产管理体制中的一个历史遗留问题就是产权主体不明晰。政府没有专职的机构进行资产管理，而是将权利分散在政府多个部门中，对于有利可图的事情互相争夺，而在具体到管理细节和责任上，各部门又相互推诿，推卸责任，管理中“责权利”严重失衡。国资管理机构的设立，改变了原来所有者虚置和产权不清的状况，将旧体制下国资管理结构与国有企业之间的行政隶属关系转变为新的市场经济条件下出资人与企业法人之间的经济关系，有利于实现管理工作的“不缺位”、“不越位”和“不错位”。

首先，以国资管理机构的设立实现管理的“不缺位”。出资人在产权明晰的基础上，依法行使出资人权利，避免由于信息不对称而导致的内部人控制等诸多问题，有利于形成出资人对企业的有效合法控制。

其次，以国资管理机构的设立实现管理的“不越位”。在经营型国有资产两权分离的基础上，国家出资企业不再依赖行政监督或外部监督方式，而将主要关注点集中到建立现代企业制度和完善内部法人治理结构上来。通过科学的治理结构的建立，实现对企业的控制和约束。“不越位”要求国资管理机构加快推进国有企业的法人治理结构优化建设，在确保出资人利益的同时，保证企业经营者拥有企业法人财产权和相应的经营权，保证企业的市场化运转。

最后，以国资管理机构的建立实现管理的“不错位”。从部门定位的角度出发，摒弃过去既行使行政职能，又兼出资人职能的双重定位的弊端。其作为国家特设的专职从事经营型国有资产监督和管理的机构，不应该再直接承担其他公共管理职能，避免回归旧体制下的情况。

（2）国资管理机构的专职管理有利于强化出资人职责

国资管理机构代表国家履行出资人职责，执行国家相关政策，把原先分散在政府各部门的管理职能归并起来，享有所有者权益，形成“责权利”相统一、探索“管资产和管人、管事”相结合的新模式。具体来说，“管资产”主要是指经营型国有资产的产权界定、产权登记、资产评估监管、清产核资、资产统计、综合评价等基础管理工作；协调其所出资企业之间的产权纠纷；建立产权交易监督管理制度，加强产权交易的监督管理，促进资产的合理流动，防止资产流失；对其所出资企业的收益依法履行出资人职责；对其所出资企业的重大投融资规划、发展战略和规划，依照国家发展规划和产业政策履行出资人职责；依法批准所出资企业中的国有独资企业、国有独资公司的重大资产处置。“管人”就是任命和建议任命国有企业的负责人，包括通过“企业家市场”（职业经理人市场）的竞争性遴选机制选择国企高管，依法建立负责人的业绩考核制度，根据业绩考核结果定薪、实施奖惩等。“管事”即管理或参与管理所出资企业的重大事项，这些事项包括企业合并、分立、改制、上市，增加或者减少注册资本，发行债券，进行重大投资，为他人提供大额担保、转让重大财产、分配利润，以及解散、申请破产等。同时，国资管理机构还需牵头制定或者参与制定国家出资企业的章程。

（3）国资管理机构的专职管理有利于落实国家宏观经济目标

中国的改革是社会主义制度的自我调整和完善，国有经济布局是中国经济体制改革的一个重要影响因素。原有体制下国有经济全覆盖式的不合理布局，既使得存量国有资产的作用大打折扣，同时也不利于增量国有资本的使用。新的管理体制下，国资管理机构不履行行政职能，专职从事经营型国有资产监督管理工作，它的一个重要职责就是积极推动国有经济布局和结构调整，通过“有进有退、有所为有所不为”的优化，提高国有经济的活力和竞争力，提高国民经济整体水平，最终保证从根本上发挥好这部分“特殊性质”资产的真正作用。

（4）国资管理机构的专职管理有利于依法管理国有资产

市场经济下行为主体的行为准则是法律，经营型国有资产要实现规范管理必须做到有法可依。从目前看,国有资产管理方面的立法还严重不足,这种不足表现为最高层面的法律不完善,行政法规、部门规章制度较多,但是分散不成体系,有些甚至相互矛盾。国资管理机构成立后的一个重要职责就是在遵循相关法律法规的前提下,制定有关规章、制度。中央一级国资管理机构制定的规章制度不仅适用于中央一级经营型国有资产,而且对地方各级政府的国资管理工作也具有指导作用,而地方政府也可以按照本地区特点制定条例或者地方性法规,有法可依是国有资产管理法治化的第一步。动态发展中追求的是"有良法可依",而且应寻求在未来形成对不同类型国有企业的相关专项法案。

2. 从事产权管理和国有资本运营的集团或投资公司等

这是国有资产运营管理的中间层,在经营型国有资产管理体制三层架构中承上启下,它是国资管理机构授权的出资人主体,负责经营型国有资产的资本运作,基本目标应确定为保值增值。目前,中间层主要包括国有集团公司、国有资产经营(或投资)公司、专业控股公司、行使特定职责的投资公司等。中间层从事国有资本运营,是将原有对经营型国有资产的实物管理上升到资本管理的高度。中间层的存在有利于在准确地界定资产的监管方、出资方以及被出资企业之间的权责的同时,适应中国这个"巨国模型"经济体的现实,使多个相互有业绩竞争的中间层公司分别以产权纽带去面对实体经济中生产经营层面的企业,负责国有资本优化配置,有利于顺应市场经济环境,既减少信息不对称而加强国有资产管理,又给予企业充分的法人财产权和经营自主权。

(1)中间层是国有资本运营上下连接的纽带

中间层接受国资管理机构的授权专职进行国有资本运营,市场化运作国有资本,具有独立完整的法人身份,其既不是行政机构,也不是市场经济条件下以生产经营为主要活动内容的市场主体,它们是上一管理机构层授权下的经营型国有资产保值增值的责任主体,对下一层出资企业履行出资人职责。一方面,国资机构和中间层之间通过协议明确双方的责任和义务,国资管理机构监督管理中间层资本运营工作和经营型国有资产的保值增值状况,根据中间层的业绩进行奖惩。另一方面，中间层运营主体使用国有资本参股或控股其他公司，依据《公司法》行使股东权利，承担责任义务，追求公司的投资收益。中间层与被投资企业是出资与被出资的关系，将国资管理机构的行政监管和企业的生产经营活动以中间层适当分隔开来而形成这一纽带，可有效地避免经营型国有资产管理中“政企不分”等问题。

（2）中间层以股权管理为主进行国有资本运营

中间层通过市场化运作国有资本实现经营型国有资产的保值增值，其工作的主要内容就是进行以股权管理为主的国有资本运营。

依据《公司法》，中间层享有出资人权益，即依法享有资产收益、参与重大决策和选择管理者等权利。中间层运营主体作为股东参与股东（大）会，通过股东（大）会行使下列职权：决定公司的经营方针和投资计划；选举和更换由非职工代表担任的董事、监事，决定有关董事、监事的报酬事项；审议批准董事会的报告；审议批准监事会或监事会的报告；审议批准公司的年度财务预算方案、决算方案；审议批准公司的利润分配方案和弥补亏损方案；对公司增加或者减少注册资本作出决议；对发行公司债券作出决议；对公司合并、分立、解散、清算或者变更公司形式作出决议；修改公司章程；公司章程规定的其他职权。对于那些刚刚完成改制或尚未完成改制的国有企业，其内部法人治理结构还不完善，中间层应帮助建立健全内部的三会和经理层结构，完善激励约束机制，同时减少政府主管部门对企业生产经营活动的行政干预，保证公司经营活动的有效开展和长短期目标的实现。

除了行使股东权利、参与其出资企业的管理之外，中间层还应通过国有资本运作，推动国有资产重组，及时调整经营型国有资产在各行业几个领域的比重，服从国家产业政策调整和国有经济布局调整安排，同时适应瞬息万变的市场变化，从结构上提高国有资产的抗风险能力；通过国有产权交易，特别是通过国有企业兼并、联合等方式，壮大国有资本实力；通过参控股部分行业领域的重要公司，达到以少量国有资本引导大量社会优质资本的目标，提高国有经济的控制力和影响力。

(3) 中间层的运营强调并兼顾国有资本的社会性,协调公共政策目标

从市场竞争的微观主体企业看,企业负责人(企业家)使用企业资产,组织生产和经营活动,通过产品的销售实现利润,保障出资人的收益最大化和企业价值的最大化。在这个过程中,负责人理应重视国有资本的营利性,然而,实际生活中又不可忽略国有企业超越市场逻辑的对社会职能的履行。从全局而言,国有资本如果不能体现其社会性,其价值将大大减弱,不仅会影响政府宏观调控和干预经济的效果,而且会影响社会整体福利水平的提升,出现"与民争利"的不良现象,从而不利于经济社会的健康发展。

中间层的存在也有利于协调处理这一问题。公共目标所体现和追求的社会性(即经济学上所说的追求正的外部性、消解负的外部性),在国有资产管理体系中需表现为除保值增值之外的公共政策目标,这些目标可能产生与资产增值此消彼长的矛盾关系,需要找到可行的协调、权衡机制。为解决这一问题,中间层在经过授权履行出资人职责时,也接受国资管理机构的各项考核,这些考核既包含了对资产保值增值水平的考核,还可以包含对国有资产社会职责完成状况的考核。在这种综合考核的压力下,中间层不仅仅敦促企业进行盈利性活动,还可向被出资企业传导宏观政策,引导企业配合国家政策需要和发展需要来从事经济活动,合理权衡和体现国有资本社会性的一面。

3. 使用经营型国有资产从事具体生产经营活动的企业或公司

这是国有资产管理架构的第三层(不排除向下的继续细分股权、控股参股)。从事具体生产经营活动的国家出资企业所面对的持股主体——中间层,并不是其行政主管,它们是经济意义上的出资方与被出资方的关系,通过股权的资本纽带来连接。中间层运营主体不能违反法律和章程规定,直接干预入资企业的日常生产经营活动。从事具体经营活动的第三层企业拥有独立的法人财产权,在法律上享有民事权利,承担民事责任,以全部法人财产对债务承担责任,在接受董事会战略规划指导情况下,自主经营,于贯彻整体战略部署之中,可发挥企业

本身优势,更好地实现企业发展。

(1) 第三层企业依法享有完整的企业法人财产权

股东拥有企业所有权和企业拥有法人财产权是现代企业制度的特点之一。企业法人是营利性组织,投资者对企业进行投资是为了实现资本增值。如完全从"在商言商"立场考虑,企业的所有活动都应立足于实现利润(或股东的投资收益最大化)。要实现利润,必须利用企业的法人财产进行生产经营活动。因此,企业的财产权利意义重大。法人财产权是指具有独立民事行为能力的企业法人对其财产的占有、使用、收益和处分的权利,这部分财产不仅仅包含原始出资人投入的财产,也还包括增值的财产。国家出资企业的法人财产,是由国家这个特殊的出资人主体使用国有资产出资形成的。这部分国有资产一旦投入公司,便成为与其他投资主体的投入资产享有同等地位的法人财产。

首先,法人财产是一个完整的概念,股东不能按照出资比例或者个人意志支配、使用和处置已成为公司财产的出资资产或者法人的相关财产。股东分别投入的资产在企业组织架构下,形成了运行中完整不可分割的法人财产。

其次,出资人通过相应的机构间接监管所出资企业的活动,股东参加股东(大)会按其持股比例投票行使表决权,公司董事会负责具体的日常管理,对股东负责。所以,国资管理机构、集团公司等出资人对所出资企业的生产经营活动不宜直接干预。传统管理体制下,政府全面干涉企业从生产到经营的所有活动,拥有对资金和各类资产的调配使用权,企业几乎没有自主权,缺乏经营活力。新体制下,法人财产权完整地交给被出资企业,企业因此实现了"权责利"在企业法人层面的统一,企业对经营活动结果负责,依规则奖优罚劣。

最后,法人财产权是一种持续有效的权利。出资人一旦出资入股,除非特殊情况(如破产等),不得抽回投入的经营型国有资产,只能通过产权转让或股权转让实现资本退出。对于企业法人而言,法人财产的相对完整,使其可以长期占有和使用这部分财产,从长远发展的角度制定生产计划,有利于企业实现长期目标和价值最大化。同时,在法人财产权制度下,出资人以出资额(认购的股份)为限对企业承担有限责任,不承担无限连带责任,相比原有体制下国家无条件的包亏,这种制度安排可较好地保护国有出资人的利益。

(2) 第三层企业经营目标是企业价值最大化

第三层企业拥有独立的法人财产权,对出资人负责,以企业价值最大化为目标。企业的生产经营活动不再受上级主管部门的行政干预,依法接受股东(大)会、董事会和监事会的战略性指导与监督管理。新的组织形式更有利于激发经营者的活力,实现企业价值最大化。

首先,第三层企业拥有了独立的民事主体地位,自主经营、自负盈亏、自担风险、自我发展。企业通过改制和上市实现投资主体的多元化,通过公司法人治理结构的完善,形成企业的内部制衡,即权力机构、决策机构、监督机构和经营管理机构之间的制衡。同时,企业可以通过进一步转换经营机制,发掘内部潜力,提高企业活力。

其次,第三层企业改革用人制度,完善激励约束机制,可以变原有行政化的负责人任命方式为经理人市场上的竞争式遴选。改革劳动用工机制,实行聘用制和合同制。改革分配制度,形成奖罚分明、收入与业绩挂钩的激励约束机制,形成企业创新力和竞争力的源泉,这也是人力资源价值充分发挥的保证和法人治理结构发挥作用的基础。通过将精神激励和物质激励结合,长期激励和短期激励结合,解决好经营者的短视问题和道德风险问题,调动员工的积极性和创造性。

三、经营型国有资产(国有资本)管理体制

(一)我国经营型国有资产的特点

作为政府投入社会生产领域从事生产经营活动、具有盈利目的的国有资产,我国的经营型国有资产主要有以下特点:

第一,数量庞大。据财政部网站披露的数据,2018 年 12 月以来,全国国有企

业资产总额已达178.75万亿元。庞大的规模决定了它对国民经济有着举足轻重的影响。

第二,分布广泛。经营型国有资产不仅大量分布于竞争性行业领域,还大量存在于非竞争性行业和市场失灵领域,特别是涉及垄断、国家安全和(准)公共产品提供的相关领域。

第三,兼具多重目标。由于其分布领域广泛,经营型国有资产的运营目标也不是单一的,除了保值增值和追求利润之外,它还必须服从政府的政策安排,满足社会公共需要和政治需要。在国内公共目标和盈利目标发生冲突时,盈利目标就必须服从于公共目标。

第四,资产质量较高,可对其他非国有经济产生较强的扩散作用和引导作用。由于经营型国有资产的载体、国有企业的特殊地位以及其在规模、人才和政策等方面的优势,使其往往更有实力进行技术研发和国际合作,所以许多国有企业处于同行业的领先地位,可能的结果是企业的先进技术通过产业链对上下游相关企业进行扩散,最终实现国民经济整体技术水平的提升。

(二)经营型国有资产管理体制的国际经验

世界各国都有一些或大或小、数量不等的国有企业,各国政府都有相应的政策、制度、措施管理其国有资产。这些政策与措施,既有不同点,也有相同或相似之处,可为我国市场经济条件下的国有资产管理提供有益的借鉴。

1. 发达国家国有资产的管理

从发达国家国有企业及国有资产在国民经济中的作用来看,有以下特点:第一,除法国、奥地利等国家外,企业数量和资产规模在国民经济中所占比重较小,在一定程度上便于政府监督管理。第二,国有企业主要集中于社会基础设施、公用事业、科学技术研究等领域,在竞争性领域国有企业数量相对较少,具有克服市场失灵、提供公共物品、满足社会公共需要的特点。第三,国有企业在国民经济和社会发展中的重要作用在于执行政府政策,为宏观经济管理服务。如利用国有公共企业，实行公共定价，为社会提供价位合理的公共服务；为缓解社会矛盾，政府出资收购濒临倒闭的私营企业；政府投资高新技术产业，待成熟后实行私营化，等等。

西方发达国家各国政府对国有企业的经营管理可分为两种形式：一种是国家对国有企业实行直接的经营管理，另一种是强调所有权与经营权的分离，即实行所有权约束的管理方式。大部分国家都采用后者，并强调保障企业的经营自主权，如美国对部分国有企业实行系统工程承包合同和出租经营制度，政府除签订合同对企业经营作出规定外，不再直接干预企业的生产经营，并根据市场指标和合同、契约完成情况，来评价企业的生产经营成果。

从政府对国有企业实施管理的组织机构及其职能看，主要有两大类：一类以法国、德国为代表，实行以财政部为核心的对国有企业管理的制度。如德国法律规定财政部代表政府对国有企业行使所有权。财政部不仅在国有企业的资金供给以及是否批准建立国有企业等一些重大决策上大权在握，更主要的是通过监事会掌握企业的发展状况，并通过监事会和董事会成员的聘任，保证国有资产的保值增值。另一类是以意大利、瑞典和奥地利等国为代表，由国家设立专门机构对国有企业进行管理。如意大利 1956 年成立了专门负责管理国家参与企业的国家参与部。该部属于政府机构，相当于国家控股总公司或国家股份管理局。其主要职责是：管理国有股份，即根据市场规则，通过自主经营的各国有控股公司，对国家在各个经济部门所参与的股份进行全面管理，任命各控股公司的有关人员。各控股公司的董事长和副董事长应按照国家参与部部长的建议，由内阁提名，总统任命；对各控股公司的活动进行监督、协调和指导，并负责向产业政策部际委员会、经济计划部际委员会、国会委员会汇报国家参与企业的经营状况和执行国家经济政策的情况。

2. 发展中国家国有资产的管理

发展中国家国有资产的形成、发展及管理与发达国家有较大差距。许多发展中国家取得民族独立后，为摆脱殖民主义在经济上的控制，争取建立公平、合理的国家贸易新秩序，进行了大规模的国有化运动，将矿产、水利、森林、土地等主要资源收归国家所有，收购、没收国外私人资本企业，并大量投资创建和发展国有企业。国有企业在有些国家控制国民经济命脉，具有举足轻重的地位。由于经济发展水平、市场的发育程度及政治制度和意识形态等方面的差异，各国对国有资产及国有企业管理的方式各不相同。一般而言，一些经济相对较发达的发展中国家，企业有较大的自主权，经济相对落后的发展中国家，政府控制较严格，市场机制的作用较小。

巴西是发展中国家中经济较发达的国家，对国有企业的管理具有一定的代表性。巴西的国有企业可分为国营公司、国有股份公司和混合公司等三种形式。国有企业一般实行董事会领导下的经理负责制。国营公司的资产全部为国家所控制，因而董事会基本上由政府直接控制；对国营股份公司而言，政府和私人股东控制公司董事会的程度，则取决于双方占有股份的大小；混合公司董事会则基本上由股东大会控制，政府对董事会的影响程度取决于它在混合公司中占有股份的多少。

从发展中国家国有企业在经济社会发展中的作用来看，主要有以下特点：第一，发展中国家尚未完成工业化、现代化，为了摆脱贫穷落后的状况，许多国家在工业领域大量投资，形成大量经营性质的国有资产，这些国有资产在关系国计民生的领域发挥着重要作用。第二，政府对国有企业控制程度高，市场化程度低，甚至垄断经营，影响企业经营与管理的效益以及对经济发展的贡献。第三，与发达国家相似，国有企业在国民经济和社会发展中承担执行政府政策、为宏观经济服务的责任。

（三）经营型国有资产管理体制在中国的演变

我国的经营型国有资产管理体制，最早可以追溯到中国共产党领导下各个历史时期革命根据地的公营企业管理体制。中华人民共和国成立后，经营型国有资产管理体制的演变，大体可以分为两个时期：改革开放前 30 年，主要是在各级政府之间划分资产管理权限,中央政府或是上收权利或是下放权利,而政府对企业的集权管理方式基本没有发生变化。改革开放以后,为了提高国有资产的使用效率及其载体国有企业的盈利水平,改革的重点逐步转变到改变政府和企业的关系上来;1993年发布的《关于建立社会主义市场经济体制若干问题的决定》成为改革的阶段性标志,建立现代企业制度从此成为国有企业改革的主要方向,国有资产管理体制改革进入产权制度改革阶段。中央和地方各级政府之间的权利分配、企业和政府之间的权利分配,是经营型国有资产管理体制改革的焦点问题。

专栏9-1 我国经营型国有资产管理体制沿革

1. 改革开放以前的经营型国有资产管理体制(1949—1978年)

新中国成立初期到后来的很长一段时间里,经营型国有资产处于条条管理的模式下,资产管理的权限分散在中央和地方各级政府的职能部门中。

1956年9月,中共八大要求根据"统一领导,分级管理,因地制宜,因事制宜"的原则,划分企业、事业、计划和财政的管理范围,适当扩大各省、自治区、直辖市的管理范围。关系整个国家经济而带全局性、关键性、集中性的企业和事业,由中央管理,其他企业和事业归属所在地政府进行管理。企业和事业在下放的同时,有关的计划、财务管理和人事管理也附着下放。1959年,为了渡过"大跃进"的经济困难期,中共八届八中全会建议上收权力,地方政府的基本建设管理权上收,不再拥有不受限制的项目审批权,同时中央还上收了财权。1961年,中央发表《关于调整管理体制的若干暂行规定》,提出工业管理大权应更多地集中到中央的统一指导下,这一阶段重点是将下放的经济权利上收。1970年2月至3月,全国计划会议在北京召开,根据毛主席早期提出的"地方应该想办法建立独立的工业体系”,许多地方政府盲目建立“小而全”的工业体系。这一阶段,上收归中央的企业再一次逐步下放由地方政府管理,地方政府的生产计划权、投资安排权和物资分配权同时扩大。

早期的国资管理体制改革主要是在中央政府和地方政府之间分配管理权利,这一阶段,企业在政府统一的行政计划指令下进行生产,没有经营自主权,产供销等一切活动都由主管部门进行统一安排,企业的全部利润、折旧基金和大修理补偿基金全部上缴,企业的资产由政府无偿划拨,人员由国家统一安排,工资实行统一标准。这种计划经济下特有的制度安排导致了以下的结果:一方面,政企不分,企业所有权和法人财产权不分。企业完全没有经营自主权,生产的目标是完成或超额完成年度计划,企业内部缺乏有效的激励机制,平均主义大锅饭盛行,资产闲置浪费现象严重。同时,企业还承担了大量的政府公共职能,如提供社会保障,安排职工子女就业,安排社会富余人员就业等,许多企业亏损严重;另一方面,企业的亏损并不由企业自身承担,而是由政府和国有商业银行负责,将风险转嫁给了后者。

2. 改革开放以来的经营型国有资产管理体制(1978 年至今)

改革开放之后,计划经济体制逐步向社会主义市场经济体制转变,为了更好地适应不断变化的外部经济环境,提高国有经济的适应力和竞争力,国有资产管理体制也在不断进行改革。从最初在政府和企业之间分配经营管理权,到国有企业产权制度的深度试水——股份制改革,改革的力度越来越大,涉及的领域越来越广,改革的成果越来越丰硕。

(1) 改革开放初期国家和企业关系探索阶段(1978—1988 年)

——放权让利阶段

长期以来,国营企业利润是政府财政收入的主要组成,因此国营企业的经营状况在一定程度上决定了政府财力的大小。改革开放之前，国营企业大面积亏损，国家财政严重困难。政府开始进行国营企业改革，这一阶段的改革主要围绕着政府和企业之间的权利划分来进行，通过放权让利提高企业经营者的积极性，借此提高企业的盈利能力。

1978 年，国务院批准财政部《关于国营企业实行企业基金的规定》，国家开始实行企业基金制，国营企业在完成政府年度计划指标和供货合同后，可以按照工资总额的 5%提取企业基金，用于集体福利设施和奖励职工社会主义竞赛。

1979 年，在基金制基础上，政府开始尝试实施利润留成制度。国营企业按照国家规定的条件和核定的比例，从企业的实现利润中留取一部分归自己支配。利润留成是政府和企业分配关系改革历史上的一次比较重要的尝试，政府明确将一部分经营自主权下放给企业。但是，这一改革的缺点也较为明显，考核指标过多，利润留成部分太少，不利于调动企业的积极性。

1983 年到 1986 年，两步利改税改革开始施行。利改税，顾名思义，就是企业由上缴利润形式转变为纳税形式，改革的目标是重新界定企业和政府之间的关系。第一步利改税是税利并存，主要内容包括：从 1983 年起，在全国范围内把国营企业过去上交国家的利润改为大中型企业按 55%的比例税率向国家交纳所得税；小型企业按八级超额累进税率交纳所得税。税后利润在保证企业合理留利之后，按固定比例、定额包干、递增包干和调节税等多种办法上交财政。缴税之后，由企业自负盈亏，政府不再拨款，但是对税后利润较多的企业，国家可以征收一定的承包费，或者按照固定数额上交一部分利润。第一步利改税的内容比较复杂，而且税种单一不利于发挥其经济调节作用。于是，在此基础上国家于 1984 年开始第二步利改税，将国营企业应当上交的财政收入按国家规定的税种和税率缴税，也就是由“税利并存”逐步过渡到完全的“以税代利”，税后利润归企业自主安排使用。两步利改税第一次以法律的形式将国家、企业和职工的关系规定下来，结束了国有企业只向国家上缴利润而不缴纳所得税的历史，使得政府能够更好地利用税收杠杆进行经济调节。而且，利改税给予企业一定的留利，使得企业有能力自主安排企业的生产经营活动，符合社会主义市场经济发展的要求。

在这一阶段的改革过程中，政府同步扩大企业的权利，如提高企业的固定资产折旧率，折旧基金大部分由企业支配，小部分由主管部门调剂使用。实行固定资产有偿占用制度，鼓励企业开发新产品，给企业在劳动用工和干部任用方面一定的自主权。

——两权分离的探索阶段

1984 年党的十二届三中全会通过了《中共中央关于经济体制改革的决定》(简称《决定》)，确认了企业的所有权与经营权是可以适当分离的，同时确认了政府和企业的职责也是可以分开的。《决定》指出今后各级政府部门原则上不再直接经营管理企业，以增强企业自主经营的活力。政府机构管理经济的主要职能应是规划、协调、监督、服务，更多地运用经济杠杆来调节经济，改变过去单纯运用行政手段推动经济运行的习惯。这个阶段围绕两权分离进行的改革的主要内容是承包经营、资产租赁经营责任制等。

经过几年试点之后，1986 年 12 月 5 日，国务院发布了《关于深化企业改革增强企业活力的若干规定》，明确提出在大中型企业推行多种形式的资产经营责任制，将承包制推向高潮。企业承包制是在不改变企业的公有制的基础上，通过与企业签订承包合同，明确企业的经济责任，适当分离企业的所有权和经营权，促使企业自主经营和自负盈亏。其基本特征是，“包死基数、确保上交、超收多留、歉收自补”，各地承包经营的形式主要有：一是上缴利润递增包干，确定企业上缴国家的利润基数和年递增比例，一定几年不变。二是上缴利润定额包干，即确定企业上缴利润基数，超额部分全部留给企业，可以一定几年，也可以一年一包。三是上缴利润超收分成，也就是基数内利润留成加超收分成。四是“两保一挂”，即一保照章纳税和上缴利润，二保企业的国家批准的技术改造方案，企业的职工工资总额与经济效益挂钩。五是对微利和亏损企业实行盈利和减亏包干，超收留成办法。六是全行业投入产出包干。

承包制的实施是对国家企业关系的一次突破性尝试，使得企业有了一定的自主权，独立经营，自负盈亏，这对调动企业生产者的积极性和提高企业的盈利能力都有一定作用。但是，承包制度并没有深入到产权制度深度进行改革，没有完全理清企业的所有权和法人财产权的区别，也没有建立有效的监督和激励约束机制。因此，承包制度在一定程度上催生并助长了经营者的短期行为，对国营企业的长远发展产生了一定的负面影响。

1978 年至 1988 年的改革主要是进行微观层面的改革，缺乏宏观层面的改革配合，政企不分的问题基本没有解决，改革亟待深入。

(2) 国资局统一管理各类国有资产阶段(1988—1998 年)

1988 年国家组建国有资产管理局，行使对中华人民共和国境内外全部国有资产的管理职能，行使国家赋予的“国有资产所有者的代表权、国有资产监督管理权、国家投资和收益权、资产处置权”。这是政府内部第一次进行这样的尝试。国资局建立后做了大量的基础工作，如开展了全国范围的清产核资和国有资产统计分析，进行国有企业的资产评估和产权登记，进行国有资产管理的理论研究等。

但是，由于国有资产管理体制的立法工作相对滞后，国资局定位不甚明确，其权责不对称。国资局在开展工作中存在管资产和管人相分离等问题，很难将"国有资产所有者的代表权、国有资产监督管理权、国家投资收益权、资产处置权"统一起来，其职能并没有得到很好的发挥。因此，国资局在1998年被正式撤销，职能主要并入财政部。

从企业方面来看，这个时期承包制如火如荼地继续开展，税利分流试点也开始逐渐铺开。税利分流试点的主要内容是：降低所得税税率，强化所得税制；取消税前还贷政策；取消国有企业调节税税种；实行税后上交利润承包。

税利分流试点首次在分配关系上明确了国家的双重身份，国家以公共管理者的身份征缴所得税，以国有资产所有者的身份收缴利润，从体制上明确了分配关系。同时，所得税的弹性调节功能避免了承包制的基数固定的问题，初步实现了政府和企业共担风险、共享利润的格局，税后还贷还有效地预防了投资膨胀。但是，税利分流试点也存在诸多不足，由于上缴的所得税税额较高，试点企业普遍税后利润较低，技术改造能力下降。因此，企业的积极性普遍不高。

1993年，中共十四届三中全会明确指出，对国有资产实行国家统一所有、政府分级监管、企业自主经营的体制。从此，国有企业改革开始翻开新的篇章，进入产权制度改革及建立现代企业制度阶段。建立现代企业制度是社会化大生产和市场经济发展的必然要求，是我国国有企业改革的方向。

（3）国资局撤销后多部门共同管理经营型国有资产阶段（1998—2003年）

1998年国资局在国家机构改革中被撤销，国资局的职能划入财政部，国有资产管理职能分散到多个部门之中，形成了多头管理的格局。财政部负责行使国有资产的登记、处置和收益权;计委行使投资决策权;中组部和大企业工委行使人事任免权;经贸委和主管部门管理企业的进出口和日常生产经营,同时行使监督权;劳动和社会保障部门负责管理劳动和工资。

这种多头管理导致了"权责利"的不一致,一些有利可图的事务各个部门争相去管,而那些需要承担责任或日常的基础管理工作,部门之间则相互推诿,不明晰的产权使得管理工作混乱,管理效率低下,所有者约束软化。

(4) 设立新的国资机构监督和管理经营型国有资产阶段(2003 年至今)

2003 年,在十六大思想指导下,国务院将各部门的国有资产管理职能整合起来,设立国务院国有资产监督管理委员会,中央政府和省、市(地)两级地方政府设立国资管理机构。确定关系国民经济命脉和国家安全的大型国有企业、基础设施和重要自然资源等,由中央政府代表国家履行出资人职责,其他国有资产由地方政府代表国家履行出资人职责。

国资管理机构的主要职责是:依照《公司法》等法律、法规,对所出资企业履行出资人职责,维护所有者权益;指导推进国有及国有控股企业的改革和重组;依照规定向所出资企业派出监事会;依照法定程序对所出资企业的企业负责人进行任免、考核,并根据考核结果对其进行奖惩;通过统计、稽核等方式对企业国有资产的保值增值情况进行监管;履行出资人的其他职责和承办本级政府交办的其他事项。国有资产监督管理机构的主要任务是:推进国有资产合理流动和优化配置,推动国有经济布局和结构的调整;保持和提高关系国民经济命脉和国家安全领域国有经济的控制力和竞争力,提高国有经济的整体素质;探索有效的企业国有资产经营体制和方式,加强企业国有资产监督管理工作,促进企业国有资产保值增值,防止企业国有资产流失;指导和促进国有及国有控股企业建立现代企业制度,完善法人治理结构,推进管理现代化;尊重、维护国有及国有控股企业经营自主权,依法维护企业合法权益,促进企业依法经营管理,增强企业竞争力;指导和协调解决国有及国有控股企业改革与发展中的困难和问题。国有资产监督管理机构应当向本级政府报告企业国有资产监督管理工作、国有资产保值增值状况和其他重大事项。

国资管理机构代表政府履行国有资产的出资人职责,享有所有者权益,权利、义务和责任相统一,管资产和管人、管事相结合。"三统一"和"三结合"意在实现"政资分离",即国家的公共管理职能和国有资产管理职能分离,以求有利于进一步完善国有资产管理体制,实现经营型国有资产的保值增值。

2015年,党的十八届五中全会强调,以管资本为主加强国有资产监管,精神实质是要从管资产、管企业转向"管资本"为重心,优化国有资产运作和布局。

2017年,党的十九大报告强调,要完善各类国有资产管理体制,改革国有资本授权经营体制,加快国有经济布局优化、结构调整、战略性重组,促进国有资产保值增值,推动国有资本做强做优做大,有效防止国有资产流失,深化国企改革中,要发展混合所有制经济,培育具有全球竞争力的世界一流企业。这些要求中关于体制与监管的关键概念,落在了"资本授权经营"和"管资本为主"上。

2019年5月,国务院印发《改革国有资本授权经营体制方案》。

四、混合所有制

在邓小平南方谈话之后,1992年中共十四大确立我国经济体制改革的目标模式是建立社会主义市场经济体制,成为全局性的重大突破和历史性决策。

1997 年党的十五大提出，公有制实现形式可以而且应当多样化，一切反映社会化生产规律的经营方式和组织形式都可以大胆利用。对于股份制，资本主义可以用，社会主义也可以用。在这个判断中，已经区分了所有制和所有制的具体实现形式这两个不同的概念：股份制是所有制的一种实现形式，既不姓“社”，也不姓“资”。党的十六大要求进一步探索公有制特别是国有制的多种有效实现形式，除极少数必须由国家独资经营的企业外，积极推行股份制，发展混合所有制经济。而党的十六届三中全会通过的《中共中央关于完善社会主义市场经济体制若干问题的决定》，则进一步提出，积极推行公有制的多种有效实现形式，大力发展国有资本、集体资本和非公有资本等参股的混合所有制经济，实现投资主体多元化；并首次明确：使股份制成为公有制的主要实现形式。从股份制是公有制的一种实现形式，到主要实现形式的表述，体现了对公有制实现形式认识的深化和飞跃，也铺垫了、准备了十七大、十八届三中全会所强调的“混合所有制”改革。

（一）什么叫混合所有制

1. 对“所有制”的认识

从基本概念来讲，所有制指的是人对物质资料的占有形式，落到经济学话语中，所有制通常指人对生产资料的占有形式，即生产资料所有制。“混合所有制”中的“所有制”当然指的就是生产资料所有制这个层面的含义，反映生产过程中人与人在生产资料占有方面的经济关系，是生产关系的核心。所以说到底，与“所有制”相关的问题，还是要把握其作为生产关系的核心而必须充分反映和适应生产力的性质，从而有效匹配和促进生产力发展这一基本认识。

“混合所有制”是“所有制”的一种，但其生产资料所有权并不单一归属于某一类特定个人或群体，最基本的特征在于出现“公”的与“私”的所有权在一个主体内的混合（否则，这一称呼就丧失了其存在的必要性）。

2. 对“混合”的认识

“混合”一词的字面意思，就是“混在一起”，但这其中实际上也包含两个重要层次：第一，对“性质”的判断：是否实现了混合？第二，对“程度”的判断：混合到怎样的程度？对是否实现混合的判断，有助于认识究竟是否可定性为“混合”所有制，而对混合程度的判断，则有助于理解是否需要将“混合所有制”继续发展、推进。基于前述对“混合”的分析认识，我们不难知道，“混合所有制”要求的是不同所有权主体在一个企业体内真正实现“混在一起”，绝不是在某种社会形态中互为外体、他体的简单共存，是在某种社会生产关系具体形态下，在特定微观市场主体——企业的产权结构内部，实现对生产资料的混同占有，可认为即是不同所有权主体实现对某一企业的生产资料既各自清晰又共同占有的所有制形式。

因此，“多种经济成分并存”绝非意味着即实现了“混合所有制”。自改革开放伊始，我国就对多种所有制形式逐步放开，早已实现了多种经济并存，但在股份制的企业组织形式出现之前，总体上看，公的仍归公有、只可与公有结合，私的仍归私有、只可与私有结合，并未影响公和私泾渭分明地对一个个特定企业生产资料的占有，何混之有？既然没有实现“混合”，就更不用提程度了。在股份制这种企业产权结构出现后，一个企业股权中公的股、非公的股，以及国的股、非国的股的同时存在，则可称为“混合所有制”了。

3. 混合所有制并不是不同所有制成分“联合”形成企业

混合所有制本质上讨论的是社会生产资料所有制问题，而不是作为市场主体的企业联合的多种形式问题，不同所有制成分联合形成企业，并不必然意味着该企业涉及的所有权性质发生改变。最为典型的例子就是以委托—代理的形式联合形成企业或协作联合体，生产管理分工合作、按约定收取报酬和收益，这样的联合，并非就是实现了混合所有制。

倘若从这一角度试图对混合所有制作出界定，那么就必须首先判断哪些“联合”形式属于“混合”，哪些不属于“混合”。承包、联营未必是真正意义上的混合，股份制却有可能实现真正的混合。如仅讲联合，实际上，这种认识中可能暗含一种意味，就是其关注焦点最终可能逃离"混合所有制"概念的根本问题——即重要的是能否实现真正的"混合"，怎样才能在所有权实现形式层面使生产关系变革能动地回应与"解放生产力"层面相关的产权结构创新问题。

（二）混合所有制与股份制的关系

股份制是现代企业的一种资本组织形式。其突出特征是财产占有形式的社会化。混合所有制是指由各种不同所有制经济，按照一定原则，实行联合生产或经营的所有制形式。股份制从资产的组织运营方式的角度提出的概念，是所有制的实现形式，而混合所有制是从资产占有方式的角度来界定的，是所有制的内容实质，两者有联系又有区别，不能将所有制与其实现形式直接混为一谈。当然，股份制与混合所有制经济又有密切的联系。我国改革中所指的混合所有制经济的主要组织运营方式和实现形式是股份制。

我国当下所说的混合所有制，实际上强调的是在现代国家治理法治背景下，使任何一个市场主体内部，产权可以按照股份制框架下的混合所有制来处理，实现最大包容性和共赢、多赢。混合所有制若能够通过规范的股份制，来实现市场法人主体产权结构中尽可能大的包容性，那么原来谈论了多年、争吵不出来结果的"国进民退"与"国退民进"、"姓公姓私"和"姓社姓资"问题，便都可以淡化了。在"和平与发展"的时代，贯彻"一百年不动摇"的党的基本路线，特别需注重的是以最大的包容性走向共赢。如果从提升人类文明、解放生产力、共享发展成果这样一个宽阔的思维来说，基于"现代国家治理—现代市场体系—现代企业制度—混合所有制"的逻辑链，加之以现代财政制度作为国家治理的基础和重要支撑，配合起来充分发挥市场总体上在资源配置中的决定性作用，正确处理好政府与市场的关系和实质性地推进改革，那么，困扰人们多年而争议不休的国有经济部门改革和国有资产管理体系的重构，以及"民营企业"发展中在前、后两个"三十六条"文件公布之后的实质性"再破题"等问题，将会有一个豁然开朗的新境界。抓住真问题而化解矛盾的所有的“正面效应”,将汇集于实现现代化“中国梦”宏伟愿景的过程之中。

(三)马克思对股份制的认识及其应有的“与时俱进”

1. 马克思对股份制的认识

马克思在有生之年,已敏锐地意识到股份制的特异影响和对社会发展的可能贡献。从社会经济生活观察:“假如必须等待积累去使某个资本增长到能够修建铁路的程度,那么恐怕直到今天世界上还没有铁路。但是,通过股份公司转瞬间就把这件事完成了。”[1]从生产关系的制度演变观察:“那种本身建立在社会的生产方式的基础上并以生产资料和劳动力的社会集中为前提的资本,在这里直接取得了社会资本(即那些直接联合起来的个人的资本)的形式,而与私人资本相对立。并且它的企业也表现为社会企业,而与私人企业相对立这是作为私人财产的资本在资本主义生产方式本身范围内的扬弃。”[2]“资本主义的股份企业,也和合作工厂一样,应当被看作是由资本主义生产方式转化为联合的生产方式的过渡形式,只不过在前者那里,对立是消极地扬弃的,而在后者那里,对立是积极地扬弃的。”[3]

这些文字反映了马克思对股份制论述中的核心观点。首先,马克思明确认知股份制所产生的社会资本与私人资本相对立的形式,可被认为是由资本主义生产方式转为联合生产方式的过渡形式。第二,结合马克思、恩格斯在《共产党宣言》中的论述,“资本是集体的产物,它只有通过社会许多成员的共同活动,而且归根到底只有通过社会全体成员的共同活动,才能运动起来”,以及公有制是在资本主义“旧社会的胎胞里成熟”的一种社会制度,是“在资本主义时代的成

[1] 马克思、恩格斯:《马克思恩格斯全集》第二十三卷,中共中央马克思恩格斯列宁斯大林著作编译局译,人民出版社,1972,第688页。

[2] 马克思、恩格斯:《马克思恩格斯选集》第二卷,中共中央马克思恩格斯列宁斯大林著作编译局译,人民出版社,1995,第516页。

[3] 马克思:《资本论》第三卷,中共中央马克思恩格斯列宁斯大林著作编译局译,人民出版社,2004,第497—498页。

就的基础上建立起来”的基本逻辑，不难看出，虽然仍把股份制归为一种“消极的扬弃”，但是马克思对资本主义制度下出现股份制而对资本主义生产方式发生形式否定、对其具有的资本社会化运用特征，以及其所引发的走向新生产方式的“过渡态”的现实意义，是秉持积极肯定态度的。

2. 对股份制认识应有的“与时俱进”

任何理论观点的提出都带有时代特征与客观局限，马克思对股份制的认识提出于一百多年前，但在当时社会制度和经济发展背景下，股份制所具有的哪怕是带有“消极扬弃”意味的“社会资本”特征，已为马克思带来了思维灵感。面对这其后一百余年的历史进程，结合“实事求是”、“与时俱进”的原则，我们完全可以沿马克思的思维逻辑深化认识。

一百多年以来，股份制下的市场主体(即股份公司)已经发生了非凡变化。除了早已较普遍地存在本企业员工持股、产业工人持股和社会上的普遍劳动者、公共机构在上市的股份制企业中持股以外，“国家”特定层级的政府也可持股并酌情作增持、减持的操作，而对宏观经济运行和社会生活产生重要的正面效应。发达国家的和改革开放后的中国的市场主体(公司)，在达到一定规范化程度后可以上市，而上市这一环节在英文中是叫“Go Public”(走向公共)，绝非“私”的取向。无论是股份制中的公共机构持股，还是公司最终走向上市，开启公共募集资金的模式，都表明着即使是被称为资本主义制度下的市场主体，也已经呈现内部产权结构多元化而超越简单私有的特征。社会化大生产中的上市公司，亦称公共公司，不仅其持股人在很大程度上是“公共”的，而且其经营状况要接受全社会的公共监督，财务要有充分的透明度，公司发展和社会公众利益之间，实现了更有效的互动与结合。股份制使资本的社会化特征不断提高，同时已明显缓解了生产社会化与生产资料私人占有之间的矛盾，有利于生产力的发展。

股份制是人类经济文明从产权基石层面规范地形成的以法治化为背景的一套基本制度规则。在高标准、现代化、法治化的营商环境下，其最具多元包容性的形式和可以为企业提供可持续共赢发展的制度安排，就是混合所有制这一形式,它理应成为中国特色社会主义市场经济的重要实现形式,和全面改革阶段在企业改革领域主打的形式。

专栏 9-2 “从消极扬弃”到“积极扬弃”

马克思所指出的资本主义生产方式下生产关系制约生产力发展的基本矛盾和“桎梏”,是生产的社会化和生产资料私人占有之间的矛盾。沿着解决这一矛盾的思路观察,马克思当然会肯定“工人自己的合作工厂”。马克思认为,“工人自己的合作工厂,是在旧形式内对旧形式打开的第一个缺口,虽然它在自己的实际组织中,并且必然会再生产出现现存制度的一切缺点。但是,资本和劳动之间的对立在这种工厂内已经被扬弃,虽然起初只是在下述形式上被扬弃,即工人作为联合体是他自己的资本家,也就是说,他们利用生产资料来使他们自己的劳动增殖。这种工厂表明,在物质生产力与之相适应的社会生产形式的一定发展阶段上,一种新的生产方式怎样会自然而然地从一种生产方式中发展并形成起来。”[1]在此基础上,马克思进而对资本主义社会中的股份制与工人自己的合作工厂进行了对比,即“资本主义的股份企业,也和合作工厂一样,应当被看作是由资本主义生产方式转化为联合的生产方式的过渡形式”,但他跟着加上一个对比:“只不过在前者那里,对立是消极地扬弃的,而在后者那里,对立是积极地扬弃的。”这便为我们带来了极为重要的思考线索和空间。

“扬弃”(德文为 Autheben,英文为 Sublate)是哲学名词,指事物在新陈代谢过程中,发扬其体内的积极因素而抛弃其体内的消极因素(一如中文“留取精华,弃去糟粕”之意)。无论对于马克思的“消极扬弃”评价作

[1] 马克思:《资本论》第三卷,中共中央马克思恩格斯列宁斯大林著作编译局译,人民出版社,2004,第497—498页。

出何种分析解读,基本逻辑指向至少具有"形式"和"过渡"方向上的肯定,余下的便是如何使形式与内容相合的问题。任何理论观点的提出都带有时代特征与客观局限,马克思对股份制的认识提出于一百多年前,但在当时社会制度和经济发展背景下,股份制所具有的哪怕是带有"消极扬弃"意味的"社会资本"特征,已为马克思带来了思维灵感。面对这其后一百余年的历史进程,结合"实事求是"、"与时俱进"的原则,我们完全可以沿马克思的思维逻辑深化认识。一百多年以来,股份制下的市场主体(即股份公司)已经发生了非凡变化。除了早已较普遍地存在本员工、产业工人持股和社会上的普遍劳动者、公共机构在股份制企业中持股以外,"国家"特定层级的政府也可持股并酌情作增持、减持的操作,而对宏观经济运行和社会生活产生重要的正面效应。发达国家的市场主体(公司)在达到一定规范程度后可以上市,而上市这一环节在英文中是叫"Go Public"(走向公共),绝非"私"的取向。无论是股份制中的公共机构持股,还是公司最终走向上市,开启公共募集资金的模式,都表明着即使是称为资本主义制度下的市场主体,也已经呈现内部产权结构多元化而超越简单私有的特征。社会化大生产中的上市公司,亦称公共公司,不仅其持股人在很大程度上是"公共"的,而且其经营状况要接受全社会的公共监督,财务要有充分的透明度,公司发展和社会公众利益实现了更有效的互动与结合。例如:通用汽车公司作为世界上非常有名的标杆式大公司,在2008年未改组之前,股权已高度分散,很难说其具体归属于哪个资本家,为数众多的持股人是本企业的员工、产业工人和社会上的劳动者。2008年金融危机中,由于通用汽车公司遭受重创,美国财政部对其进行注资,改组后的通用汽车公司股权结构为:美国财政部作为最大股东占72.5%股权,美国汽车工会的工人退休医疗基金作为第二大股东占17.5%

股权，通用的债权人占10%股权。而时隔数年，2014年7月15日查得的情况，是美国汽车联合工会退休医疗信托基金（UAW Retiree Medical Benefits Trust）为其十大股东之首，持股比例为8.74%，加拿大政府为第二大股东，持股比例为6.86%，十大股东合计持股比例也仅为38.29%了。另一家著名的通用电气公司，2014年7月25日的股权结构中，十大股东居第一位的先锋集团（Vanguard Group）持股比例为4.99%，第十位的全球投资者（Global Investors）持股比例为0.78%，其“十大股东”合计的占股份额仅为20.6%。这些情况都客观地表明，股份制使资本的社会化特征不断提高，已在明显地缓解着生产社会化与生产资料私人占有之间的矛盾，有利于生产力的发展。如果说在“资本主义”名号下的这种混合所有制已在发生扬弃“私有”不适应社会化大生产发展的制约因素的积极作用，应如实地认识这种变化，那么把股份制下“以混合所有制”为取向的发展变化，与马克思主义的中国实践紧密结合，更没有丝毫道理对股份制加上“姓社姓资”的诘难，更应淡化“姓公姓私”的标签，更应肯定中国大地上近年来“积极扬弃”式的不断尝试和探索——而这也同时意味着在中国今后几十年联结中华民族伟大复兴的中国梦的改革发展过程中，混合所有制取向的股份制，一定会打开“解放生产力，发展生产力”的潜在空间，长远而深刻影响我国现代化进程。

（贾康、苏京春《混合所有制辨析》，《新供给：创构新动力》，经济科学出版社2016年版。）

五、“土地财政”

曾有一段时间，在我国省以下地方政府层面，不同程度地出现了政府支出对于土地资源相关收益依赖偏重的现象,并在公众视野内形成了“土地财政”这样一种一般均带有贬义的称呼。

(一)什么是土地财政

1. 土地财政的概念

“土地财政”指在中央与地方财政分权体制不健全条件下,地方政府为缓解财政压力,利用现行的土地产权与管理制度的不足,以自有可支配收入、资源控制及政治收益综合的最大化为目标,以城市用地规模膨胀为核心,通过土地收购和出让之间巨大的价格“剪刀差”,获取由地方政府自主支配的土地资产收益及其延伸收益,它主要被地方政府用于基础设施建设和生产性投资活动,由此形成地方政府一套相对独立的财政收支活动与利益分配体系。它对经济社会发展的可持续性及耕地保护政策逐渐构成极大威胁。

2. 土地产权制度——中国“土地财政”的制度根源

土地所有权是物权的一种,其主体是土地所有者,客体是土地,它是土地所有制在法律上的表现。土地所有权通常由占有权、使用权、收益权和处分权等四项基本权能构成。如果说土地所有权是一级权能,占有、受用、收益和处分等权利则是二级权能。二级权能具有相对独立性,它们在一定条件下同一级权能相分离时,一级权能不会因此而丧失。其中,土地所有者拥有的土地收益权是指“依法收取土地所产生的自然或法定孳息和利益的权利。包括收获土地上生长的农作物,收取出租土地的地租等”[1]。

从理论上说,土地作为基本的、稀缺的生产资料,所有权或使用权的占有者利用其参与社会经济活动并获得收益,是一种合理的经济行为;同样,政府作为公共产品(服务)的提供者,对于生产资料的交易、所得采取相应的税费措施,也属于以政控财、实现政府调控经济目的的合理内容。从法律框架看,我国实行土

[1] 周诚:《土地经济学原理》,商务印书馆,2003,第168页。李尚蒲、罗必良:《我国土地财政规模估算》,《中央财经大学学报》2010年第5期。

地公有制和土地用途管制制度，政府体系兼具土地资源管理的规划者、审批者、执行者乃至使用权的占有者等多重身份（权力并非集中于同一级或特定的某一政府），调控土地资源具有先天的强势地位。加之现阶段我国适逢城镇化、工业化高速发展阶段，土地作为政府配置资源手段的作用尤显重大。因此，无论是从经济理论上，还是从我国的法律规章上看，政府依靠土地优化资源配置、把土地作为调控经济的手段和形成政府收入的“生财”手段，本身并无问题。但是，由于相关的有效制度供给不足、约束和管理不到位，我国“土地财政”呈现的是土地收入从总量到结构皆有失衡、土地配置与财政分配机制的优化事实上有所游离、基本格局中主要构成因素畸重畸轻的现状。这种出现严重偏颇的“土地财政”不具备可持续性，且在不断积累一些棘手的社会经济矛盾。

3. “土地财政”收入——中国“土地财政”的现实基础

在不同的语境下，“土地财政”的内涵是多样的。根据“土地财政”涵盖内容的多寡，“土地财政”收入可分为不同的口径和分类。按照财政部《关于加强政府非税收入管理的通知》（财综[2004]53号）规定，“土地财政”收入包括与土地相关的税收收入和非税收入。人们往往认为最为通常意义上的“土地财政”收入是指地方政府通过出让土地获得土地出让金收入，以此作为地方政府财政收入的重要补充来源。有学者结合财政部政府的分类办法将“土地财政”收入分为小中大三个口径：小口径的“土地财政”收入指政府土地税收收入，包括直接税收和房地产、建筑业的间接税收；中口径的“土地财政”收入是在小口径“土地财政”收入基础之上加上地方政府通过出让土地获得国有土地地租性收入，它由国有土地供应出让收入和国有土地使用权流转过程中的租赁和转让收入构成；大口径的“土地财政”收入是由中口径“土地财政”收入加上土地抵押收入和其他收入构成。其中，其他收入属于不规范的制度外收入，很难进行估算，如以划拨出让和协议出让方式获得国有土地使用权的企业和其他组织，它们通过土地使用权向金融机构获得的抵押融资所得等。以下分析主要基于中口径的“土地财政”收入。

中口径的“土地财政”收入包括土地资产收益及其相关的行政性收费收入。土地资产收益主要包括国有土地使用权出让收入、国有土地使用权交易的租赁和转让所得，历史上曾均属预算外非税收入，2012年之后的管理规则把这些均纳入预算管理。其中：(1) 国有土地使用权(供应)出让收入是土地资产收益的绝对主体。土地出让收入是市县人民政府依据《土地管理法》、《城市房地产管理法》等有关法律法规在出让土地使用权时取得的收入，包括改变出让国有土地使用权原有的土地用途、容积率等土地使用条件应当补缴的土地价款。(2) 国家对国有土地使用权交易的租赁和转让所得收取土地收益金(或土地增值费)，它是土地使用者将其所使用的土地使用权转让、出租(含连同地面建筑物一同转让)给第三者交易发生时，国家对其交易金额和租金收入按规定比例收取的价款。转让或依法利用划拨国有土地使用权进行经营性建设应当补缴的土地价款；划拨国有土地使用权因变现处置抵押而改变使用用途应当补交的土地价款；按照规定转让房改房、经济适用住房应当补缴的土地价款；其他和国有土地使用权出让或变更有关的收入等。

按照财政部与各省财政部门对土地基金管理的具体要求，市县财政部门负责分配入库土地出让收入。具体分解为国有土地收益基金、农业土地开发资金、新增建设用地土地有偿使用费、国有土地使用权出让金四大部分。其中：(1) 国有土地收益基金，按省级人民政府规定的比例计提，县市专有，专门用于市县土地收购储备，具体由土地补偿费、安置补助费、地上附着物和青苗补偿费、拆迁补偿费以及前期土地开发支出等项目构成；(2) 农业土地开发资金，由市县与省级财政分享，中央规定省级最高可以集中该项资金总额的30%，投入的方向为农业土地开发，可细分为土地整理和复垦、宜农未利用地开发、基本农田建设以及改善农业生产条件等方面；(3) 新增建设用地土地有偿使用费，由中央与省级分享，标准为30：70。市县人民政府对农用地、未利用地转为建设用地时征收，并上划中央、省级国库；(4) 国有土地使用权出让金，是县市总入库收入减去上述三项支出后的余额，地方政府在按照本部分(二)中中央规定的四项法定支出后,可按照地方需求灵活地使用剩下的余额。

(二)"土地财政"的产生和演变

新中国成立至改革开放之间的相当长时期内,长期实行计划经济,土地失去商品特性,国家统一实行土地无偿使用制度,通过政府的行政划拨方式配置土地资源,土地使用权无年限限制和无法流动。改革开放之初,随着外资的进入,引致了国有土地的有偿使用问题。为了适应发展形势的需要,1979 年国务院颁布的《中外合营经营企业法》,以法律形式规定国有土地必须有偿使用,明确规定:"中国合营者的投资可包括为合营企业提供的场地使用权。如果场地使用权未作为中国合营者投资的一部分,合营企业应向中国政府交纳使用费。"深圳特区在成立之初,就率先在全国试行征收土地使用费,从 1982 年起规范土地使用费标准,根据土地的区位条件,确定 1~21 元/平方米不等土地使用费,1982—1986 年全市合计征收土地使用费 3 848 万元。此后,征收土地使用费的做法在全国逐步推开,征收土地使用费成为城市土地使用制度改革的重要环节和方向。深圳的经验很快推广到全国其他地方,到 1988 年已有一百多个城市征收城市土地使用费。作为"费税改革"的一部分,1988 年 9 月,国务院颁布了《中华人民共和国城镇土地使用税暂行条例》,规定以土地使用税取代各地标准不一的土地使用费,从该年 11 月 1 日起,开始按照城镇规模大小征收不同等级的土地使用税。

1987 年 9 月 9 日,深圳在全国首次以协议方式有偿出让一块 5 321. 80 平方米的土地,随后拉开中国土地使用权市场化配置制度改革的序幕;1987 年 12 月 1 日,深圳又在全国第一次以拍卖的方式出让土地。此后,国有土地使用权有偿转让制度迅速在许多城市推开。1988 年 4 月 12 日,七届全国人大第一次会议通过了《中华人民共和国宪法修正草案》,删除土地"不得出租"的规定,并明确规定"土地使用权可以依照法律规定转让",从宪法层面确定了土地使用权有偿转让制度。1988 年 12 月 29 日,修改后的《中华人民共和国土地管理法》,增加了"国有土地和集体所有的土地的使用权可以依法转让"和"国家依法实行国有土地有偿使用制度”的内容，由此在专业法的层面正式确立了中国的土地使用权转让制度。1995 年出台的《房地产法》又把土地使用权制度改革向前推进一步，规定符合一定条件的土地必须以招标或拍卖方式向市场供给，指明改革的发展方向。1998 年的住房市场化改革，全面激活了中国的住房市场，中国的国有土地出让也逐渐通过政策确立了招、拍、挂等市场化出让方式。为了从制度上防范土地交易中的腐败的发生，国土资源部发布《招标拍卖挂牌出让国有土地使用权规定》（国土资源部第 11 号令），规定自 2002 年 7 月 1 日起，必须以招标、拍卖或者挂牌方式出让商业、旅游、娱乐和商品住宅等各类经营性用地。

自 20 世纪 80 年代末期，中国确立和推行国有土地出让收入制度，中央与地方围绕土地出让收益分配的博弈不断，土地出让收入分成体制变化不断，直至 1998 年才基本确定下来。1989 年 5 月，《国务院关于加强国有土地使用权有偿出让收入管理的通知》（国发〔1989〕38 号）规定各地区所有的国有土地使用权有偿出让收入都必须上交财政，中央财政与地方财政分享该收入，相应比例为 40∶60。1989 年 9 月，财政部《关于颁发〈国有土地使用权有偿出让收入管理暂行实施办法〉的通知》（财综字〔1989〕94 号）调整与细化中央与地方的分成内容，规定：“土地使用权出让收入扣除土地出让业务费后，全部上交财政。上交财政部分，取得收入的城市财政部门先留下 20% 作城市土地开发建设费用，其余部分 40% 上交中央财政，60% 留归取得收入的城市财政部门。”按此规定，中央与地方的分成比例变为 32∶68。1992 年，财政部《〈关于国有土地使用权有偿使用收入征收管理的暂行办法〉和〈关于国有土地使用权有偿使用收入若干财政问题的暂行规定〉》（〔92〕财综字第 172 号）大幅减少中央的分成比例，规定中央与地方按 5∶95 的比例分享土地出让金收入。1994 年分税制改革方案规定土地出让金作为预算外财政收入不参与体制分成，作为地方固定收入全部划归地方。1998 年修订的《中华人民共和国土地管理法》第五十五条规定：“新增建设用地的土地有偿使用费，30% 上缴中央财政，70% 留给有关地方人民政府。”

2007 年之前，土地出让收入先纳入预算外专户管理。随着地方政府的土地出让收入迅速增加，土地出让金收入的管理引起了中央政府的重视，《国务院办公厅关于规范国有土地使用权出让收支管理的通知》（国办发［2006］100 号文）对土地出让收入管理制度进行了改革，规定："从 2007 年 1 月 1 日起，土地出让收支全额纳入地方基金预算管理。收入全部缴入地方国库，支出一律通过地方基金预算从土地出让收入中予以安排，实行彻底的'收支两条线'。"

为了进一步规范土地出让收入的支出管理，中央政府不断地增加其指定使用具体用途。自 2004 年起，土地出让平均纯收益不低于 15%，要用于农业土地开发；自 2008 年 1 月 1 日起，土地出让净收益不低于 10%的比例用于廉租住房保障；从 2011 年 1 月 1 日起，严格按照土地出让净收益 10%的比例计提教育资金；从 2011 年 7 月 1 日起，严格按照土地出让净收益 10%的比例计提农田水利建设资金。至 2011 年 8 月，规定土地出让收入首先要支付四项法定支出。

（三）其他地区和国家的土地财政

在全球进入快速城镇化浪潮席卷阶段，各个国家和地区的政府均面临基础设施等巨大项目的支出筹资融资压力，限于税收筹集收入的有限性，政府其他筹资渠道无外乎两种，一是依靠土地生财，二是政府举债。政府大规模举债之弊端已经在 2008 年金融危机后欧洲出现的欧债危机中充分显现；但是无论是早期以"没收"土著居民土地来筹集城镇化建设资金的美国，还是当今以城市土地国有化作为"土地生财"制度保证的中国，都体现了土地财政在政府筹资方面的"高效"和对经济发展负面影响的"最小化"。分析总结其他国家和地区土地财政的改革实践经验，将为中国化解"土地财政"问题提供有益借鉴。

1. 中国香港土地财政的借鉴

中国香港地区的土地财政兴起于 20 世纪 70 年代初，80 年代为其鼎盛期，此后相对于政府财政总收支占比规模呈现下降趋势，但它仍然是政府收入的重要组成部分。香港地区的土地批租制度在特定的历史条件下产生，在城市存量土地的高效利用、促进城市土地财政和经济结构升级中起到了重要的作用。同样，香港地区也曾经经历了如今内地土地储备制度而引致的地价、房价高涨和社会质疑等问题。相对而言，香港特区政府成立后通过土地批租制度的重新设计，较好地化解了土地财政相关的矛盾问题，可以为内地提供有益借鉴。

（1）引入土地年租制度

1984年《中英联合声明》对香港地区土地批租制度的部分内容作了修改，正式引入土地年租制度。土地年租制度与土地批租制度本质都是地租收益，是对同一块土地使用权的经济补偿，但作为两种不同的租金征收制度，体现了不同的内容。在土地批租制度下，一次性收取的土地出让金就是土地首次出让时的地租，它反映的是若干年时间内的土地使用权买卖关系，是出让当年的土地出让价格。在只存在土地批租制度的情况下，土地年度出让价格中包括征地费、土地前期开发费和出让期限内各个年度预期地租收入的贴现值总和、土地出让前已经发生的征地费和前期土地开发费，由于它们数额固定，没有必要再分摊到不同年份的年租金中征收。在土地年租制度下，实际年租金就是土地出让期间内的地租收入，反映的是以年为单位时间的“房东—租客”之间的土地租赁关系。它按年度收取土地租金，且按年度收取的租金不是固定不变的，而是每年或特定周期内调整的土地租值。

香港地区目前实行的土地出让制度实际上是批租制和年租制的混合体制。土地年租制度的实施弥补了土地批租制单一制度的不足。土地批租制度下的土地出让收入，反映的是出让当年可预期出让时间内所有年度地租的折现值。但现实是，不同年份的相同或相近地块的地租是由当年内土地使用权的供求关系来决定的，必然与最初预期的年度地租存在现实上的差别。现实中，土地批租制下，土地使用权一次性出让、长期有效，面对土地所有权的年度市场性增值，政府无能为力。而土地年租制度的最大优点在于，它能弥补土地批租制度该功能的不足，可根据房地产市场的年度变化情况，灵活获取当年土地市场价值或租金价值的评估值信息，依据土地租金的变化情况，作为征收土地年租金的基本依据，政府就可以及时获取土地市场增值的收益，这一实践更好地将地租理论落到了实处,是一种精细化管理的土地财税制度。由此,在实施土地年租情况下,原土地批租制度下的土地出让年价发生了变化,变为征地费、土地前期开发费在出让期限内各个具体年度分摊值与年度租金值的合计。

实施土地出让混合制度后,从使用者的角度来看,土地使用者不用在初始受让土地时一次性支付土地出让期内的全部地价,减轻了初始阶段的资本负担,在其他条件不变的情况下,减轻了房地产销售价格上涨的压力;从组织政府收入角度看,虽然当年取得的土地出让收入减少,但因为可以每年收取土地年租金,所以能够持续不断地取得、分享土地增值收入,使政府土地收入的分布更为均衡。

(2) 对土地批租制度修正与补充:勾地表

2003年以后,香港政府为了应对土地拍卖市场市面不佳的问题,自2004年1月起,开始采用"勾地表"批租土地。所谓"勾地表",就是香港地区土地行政管理部门定期列出公开的土地储备表——《供申请售卖土地一览表》。有兴趣购买"勾地表"内土地意向的人,可以按政府当局评估市价80%的最低价向政府提交申请,承诺参与拍卖或招标,并且实际报价不能低于实际申请底价,并缴付规定数额的押金。符合上述条件,政府即可勾出该幅土地供拍卖或招标。如果拍卖时没有达到政府评估的市价标准,则政府有权收回用于以后再次拍卖。

(3) 设立基本工程储备基金

与内地土地出让收支专项严格管理不同,香港地区的土地出让收入没有实行单独的基金核算,而是纳入基本工程储备基金。该基金设立的主要目的是,为政府市政建设项目计划、征用土地、非经常资助金及主要系统设备提供资金。其收入项目包括卖地收入、投资收入和其他收入(如地铁、机场项目、邮政运营基金收回的款项、捐款及其他等)。其支出用途也非常广泛,包括市政建设项目计划、征用土地、港口及机场发展、建筑物、河道、土木工程、公路、新市镇及市区发展等,有时甚至可以弥补一般预算的不足或者投资于政府拥有的外汇基金。从基本工程储备基金的基本构成内容来看,类似于内地财政预算的偿债基金、土地出让收入、国有企业上缴利润等一揽子基金(资金)的结合体。

2. 美国土地财政的启示

美国从建国初期至内战结束期间，为了联邦财政的需要，联邦政府将新拓展地区的绝大多数土地收归国有，然后向新拓展地区的定居者和机构出售国有土地，筹集财政收入，土地财政可谓红极一时。受制于联邦与州的分权体制传统与有限政府的理念，美国联邦政府通过完善财政联邦主义的办法，较快化解了土地财政规模过大的问题。政府获取土地收益的层级逐步下移，土地收益相继成为州、地方政府收入，实现土地收入地方化。

（1）土地的资产性收益作为土地财政主要收入来源有其必然性和阶段性

在美国建国初期出售国有土地进行的土地私有化，带给美国政府一大笔非税收性质的土地财政收入。在国家政府财政收入紧缺之际，国有土地出售是最为便捷、成本最低、获得收入最快的一种手段。中国在经济发展过程中也遇到了与美国相似的环节，即地方政府为扩大财政收入，高度依赖土地出让收益，其有利的一面是可以使政府迅速增加财政收入，服务发展战略的贯彻实施，用于经济社会发展和地方建设，从这一视角看，中国所需要做的，并不是坚决消灭土地财政，而是要思考当"一级市场"土地批租为主的土地财政变得不可持续时，拿什么作为土地出让金的替代品，以及如何更好地完善地方财政体制。

（2）将土地财政收入向不动产保有环节转移

回顾美国土地财政收入的发展演化，可以看出美国的土地财政收入逐步由中央政府售地向州和地方政府收税转移。将财产税这一具有稳定税源并适合州和地方政府征收的税种划归为州和地方政府所有，不仅保证州和地方政府拥有各个年度较稳定的财政收入，而且也彰显了取之于民、用之于民的精神，有利于州和地方政府在与辖区纳税人以"规范的公共选择机制"互动的良性博弈中，将财产税用于地方的公共环境、教育以及经济环境建设与维护等方面，促进地方社会经济的发展。

（3）中国需要整合简化优化土地相关税费，在不动产保有环节征税

美国的土地财政后来实际演变为主要依靠开征土地财产税，也涉及后来的

遗产和赠与税。我国与土地有关的税费种类繁多，出现了许多重复课征的现象，同时土地开发中流转环节负担多而保有环节负担少，住房则完全无负担，税费机制不合理，这些与房地产价格过快上涨、城市盲目扩张、大量土地与不动产闲置等一系列涉及民生的不良问题有关，需要针对土地的保有环节征税，设计完善的税制体系，保证地方政府有稳定的税收来源，从而降低政府对土地出让收益的过分依赖。

（四）我国“土地财政”引发的问题及探讨

在各国进入快速城镇化阶段，政府均会面临基础设施等大规模建设项目支出的筹资融资压力。限于税收筹集收入的有限性，各国政府其他筹资渠道无外乎两种，一是依靠土地生财，二是政府举债。政府大规模举债之弊端早已引起各方关注，并已再次于2008年金融危机后出现的欧洲主权债务危机中充分显现。无论是早期以“没收”土著居民土地来筹集城镇化建设资金的美国，还是当今以城市土地国有化作为“土地生财”保证的中国，都体现了土地财政在政府筹资方面的“高效”和一定时期内对经济发展负面影响的“最小化”。我国“土地财政”客观上是土地资源稀缺和政府必然参与资源配置的客观反映。“靠山吃山、靠水吃水”意义上的地方土地财政在各主要经济体中有其共性，中国的情况也落在此大框架之内，但是我们也无须回避中国转轨时期有效制度供给不足、不配套所导致的“土地财政”问题，在现实运行中出现的种种不尽如人意之处，甚至是扭曲和“异化”现象。不可回避的是，这种快速、高效的“土地生财”机制，在中国现实生活中，因法治化进程滞后、财税有效制度供给不足等而引发的矛盾，亦快速积累起来，一系列强拆强征、积怨上访，因征地、拆迁导致官民冲突和伤亡事件频发，政府规制失当，百姓积怨、宣泄无门倒逼出某些官员和部分民众之间逐渐升级的敌对状态，而且主要依靠土地开发一级市场“把钱一次拿足”满足在任官员短期出政绩需要的短期行为，其严重的副作用与不可持续的性质已日益凸显，相关矛盾的累积已经到了相当严重的程度。

1. 我国“土地财政”引发的问题

(1) 土地使用权出让收入独大、保有环节税制缺失，易助推地价房价双高，地方经济易被房地产市场“绑架”

由于土地收入集中在土地及其附属物的交易环节，地方政府对“一次性”的土地出让收入预期很高，并往往要通过房产地价相互激励的攀爬高价来实现，客观上使得地方政府对于推高地价、房价具备足够的动力。加之土地及其附属物（即不动产）保有环节税制缺失，对于市场买方而言，一次出价几乎一劳永逸，无保有（持有）成本，购买意愿、投机意愿便十分强烈，更成为助推地价房价的动力。在这些因素的综合作用下，房地产市场对于地方政府收入客观上形成了某种“绑架”效应：当市场流动性充裕、房地产交易活跃时，地方政府收入自然受益于高地价和高房价并继而会投入其支出来支持战略重点所需；而当楼市出现降温，土地交易冷清时，地方政府出于对收入的依赖，便面临巨大压力，甚至会采取政策性的救地市、救房市措施。而在中央调控不利于房地产市场升温的情况下，地方政府和中央政府的博弈就难以避免，易出现调控效果耗损、政策效果大打折扣的现象。

(2) “土地财政”并没有等幅提高政府“基本公共服务”能力，土地配置和财政分配很大程度上处于游离状态，相关财力的生成也极不均衡

土地批租形成政府收入后，需在扣除成本补偿性支出和垫付必需的“七通一平”等前期开发费用后，方有一部分成为地方可统筹使用的财力。根据已有的全国地方土地出让收支的材料看，2007 年以来，征地和拆迁补偿支出在土地收入支出中占比接近 40%。此外，按照国家和各省、直辖市规定，土地出让收入还要按比例扣除规定计提项目，强制用于特定的补助被征地农民社保支出、廉租房保障资金、教育基金等。这些计提项目在各省市执行的标准不完全相同，在全国的地方土地出让支出数据中也缺乏细致反映。从调研及内部粗算资料看，包括征地和拆迁补偿支出、规定计提项目、缴纳新增建设用地使用费、业务费以及土地初步整理等在内的必要成本支出要占到土地批租毛收入的 70%~75%左右。即

在相对规范管理的前提下，扣除成本和较多计提后，土地出让收入大约只有25%可以作为地方政府可支配财力中的“活钱”。在关于土地收益提取10%作为教育支出等规定实施后，这一比重还会降低。

但是，这部分财力对于地方市县政府并非会必然“增强基层政府提供公共服务能力”，因为土地的配置与所生之“财”和财政分配事实上往往处于游离状态。首先，这部分可用财力的收支大都是在公共财政框架之外管理。自土地“生财”的起点，从开发规划、审批、招拍挂到具体征收，大都不受财政制度框架约束，财政部门介入很有限。其次，从支出方向和重点上，土地资产由政府统一配置，受“GDP政绩观”和事权界限不清等因素的共同作用，多数市县政府在将其用于城市建设、社会事业发展、产业园区时，虽大都在国家法律规章认可范围之内，对于加速我国城镇化、工业化进程发挥了重要作用，但未必与地方财政本应突出的基本公共服务稳定挂钩，批租收入“活钱”部分的使用，即地方政府可自主支配灵活使用的土地之财部分，也往往主要是解决“发展问题”搞投资，直接用于提高基本公共服务水平的支出内容少，改善民生的作用往往有限。从这个意义上说，舆论大有指责之意的“土地财政”，其实际内容有很大成分事实上是游离于财政分配的。而且，在土地出让收入的地区分布上存在着很大差异，全国土地出让收入约三分之二来自沿海省份，沿海区域又主要来自若干中心城市，这一格局势必加剧地区间社会经济发展的不均衡和加剧政府财力上的不均衡，不利于基本公共服务均等化目标的落实。

（3）“土地财政”在以土地作为信用基础加大地方政府调控资源能力的同时，隐含对市场和经济秩序的一些扭曲式干扰与短期行为，风险度也节节升高

必须承认，“土地财政”对于补充地方财力，加速我国城市化工业化进程，促进区域经济发展，发挥了重要作用。“土地”和“不动产”可带来的丰厚收益，确实已经成为地方政府参与资源配置的主要能动手段。但其负面作用也比较明显，相应的配套体制和管理框架尚无法保证能够防止政府在运用土地资源中的越位行为。（即使在政府性基金预算管理框架下，财力管理的规范性有所提高，

但土地所生之财扣除成本补偿性支出和规定计提项目支出外,其支配权还是主要在地方政府领导决策人物手上。)土地作为信用基础(抵押物)可以去融资,进而去扩大投资,去招商引资,在这些行为中,受不当“政绩观”的影响,不规范的操作经常出现,不可避免发生某些短期行为对市场、对经济秩序的干扰。国家要求“任何地区、部门和单位都不得以‘招商引资’、‘旧城改造’、‘国有企业改制’等各种名义减免土地出让收入,实行‘零地价’,甚至‘负地价’,或者以土地换项目、先征后返、补贴等形式变相减免土地出让收入”,但此类现象事实上屡禁不止,城市的几乎所有大投资、大项目背后都有土地要素的影子。另外,地方政府还依靠土地收入构建“融资平台”,隐性的借债广泛发生,巧立名目进行了大量融资,透明度很低而风险度节节升高。

(4) 现行“土地财政”格局难以持续

土地是最为典型的稀缺资源,在我国进入中等收入阶段“矛盾凸显期”后,其稀缺性在工业化、城市化开发中愈益突出,加之我国严格的耕地红线制度,国有建设用地的供应对应于需求必然越来越趋紧张,以土地出让收入独大的“土地财政”格局在地方辖区地皮的自然限制下,必然无法长久持续,沿海某些地区已出现“无地可批”的现实威胁或已可预估很快到来的隐忧。加之把钱“一次拿足”机制引发的短期行为和“单打　”凭借土地批租支持地方战略中的扭曲,都会对于某些业已抬头的社会矛盾火上浇油,增加社会生活中的“火药味”和“维稳”难度,形成发展进程难以为继的制约与威胁。

总之,“土地财政”在现实中的扭曲主要表现为:随地方政府短期行为、征地纠纷、过度土地抵押融资等,形成地方政府财力生成过程的不可持续、难以为继和经济社会矛盾的累积。

2. 导致“土地财政”问题的主要原因

如果以去伪存真、洞察本原的研究方法来分析背后“扭曲”的逻辑,便会发现:(1) 转轨、赶超和快速城镇化进程中,中国政府事权范围极为广泛,这无疑对政府的支出责任提出了巨大挑战和更高的要求,也使收支矛盾异常尖锐,这是促成"土地财政"的最大的现实和前提;(2)在政绩考核、重视工业发展以及地方政府间的政绩竞争的驱动下,政府倾向于以零地价或低于成本价的方式出让工业用地,相应将工业用基础设施投入的成本压力转移给商用和住宅用地;(3)很长时期不允许地方政府发债、房地产保有环节税收制度缺失,限制了政府融资的途径和未来的政绩预期,政府便想方设法通过"操纵"土地供应总量、结构以及时间窗口等手段最大化当期利益,最大化商用和住宅土地出让收入;以及利用土地作为抵押物作不规范融资,最大化"圈地卖钱"行为,忽视"养地升值"机制;(4)土地出让收入资金管理不规范、监督不到位导致资金使用随意、浪费,容易产生腐败;(5)法治化进程滞后,征地拆迁方面统一规范、有法律依据的规则远非充分,"讨价还价"中往往征拆双方的权利和利益无法得到有效保障,局部出现的不规范行为(政府强拆、钉子户、被黑社会利用等)极易被传播效仿,成为双方保证和扩张自身利益、争取"超待遇"的常态手段,其最终结果是征拆当事人的基本权利均无法得以保障,不满情绪不断发酵并时有激化,酿成影响恶劣的一系列"社会事件",并总体上"水涨船高"、"攀比"式推高土地开发综合成本。

造成"土地财政"扭曲异化的原因,一部分是短期内难以根本改变的现实,如赶超战略、转轨经济和快速城镇化,一部分是在逐渐完善相关制度、规则中可望有所化解的,如政绩考核和工业优先战略。还有一部分是可以通过改革形成有效制度供给而加以规避的,突出的和典型的就是财税制度供给,近年已呈现出向好的发展趋势,如新修订的《预算法》允许地方政府"有限制地阳光化举债"和PPP机制创新大大拓宽了地方政府层面的融资空间;新预算法明确预算编制的全口径和基金预算需报人大审批,并建立基金预算与一般性预算资金的协调使用机构等。在地方税体系建设方面,由十八届三中全会明确提出的"加快房地产税立法并适时推进改革",推进到十九大把构建地方税体系强调为财税制度建设的重点任务。

3. 化解"土地财政"问题的路径

化解"土地财政"问题,首先需要正视土地生财的必然性与合理性,抓住矫治

“单打一”偏重土地批租收入这一关键问题，从制度建设入手，以地方税制度建设和地方阳光融资机制建设，优化地方公共收入结构，完成现行“土地财政”格局的平稳优化转换，构建以保有环节税收为重要支柱的合理、规范和可持续的“土地生财”机制。依此思路，应注意一些相关要领。

（1）在逐步改造土地出让收入机制的同时，正确应对地方政府支出压力

在土地出让收入管理上的局部改进尚不能根本上解决“土地财政”的问题，仅强调在土地出让收入上加强管理。比如继续增加土地出让收入的计提项目，强制地方政府必须计提某类支出，以此达到减少地方政府自行支配土地收入数量，使土地收入统一服务于中央调控，乃至降低地方“卖地”积极性等目标。这种方法并不能从根本上解决“土地财政”问题，反而可能引发新的失衡和扭曲行为。扭曲计提项目大量增加的，是把一部分政府公共服务支出通过土地收入来解决，实际上又是在加大土地出让收入的强势地位，加重地方政府对于“卖地”的依赖，土地生财的可持续性有可能更加难以保障。而且，不分地区，不考虑级差地租，计提同等比例服务某一政策目标，并不具备较充分的科学性。此外，还有人建议由中央统筹分配土地出让收入。此思路在分层管理理论视角上看完全不可成立，硬要做的话，只会在加剧目前事权与财权、财力的不顺应、不匹配和增加信息不对称的同时，更不利于土地出让收入使用效率的提高。

土地出让制度的加强管理应与深化配套改革中降低土地使用权出让收入比重相呼应。依靠制度建设改变地方政府对土地收入依赖偏重的现象，需要一个中长期视角，如果能通过税制、地方债制度等改革，平稳降低土地出让收入比重，那么土地生财的正面形象与可持续机制也会逐步树立。在国有建设用地出让方面，加强管理中如何促使市场更多发挥配置资源的基础性作用是重点。二是要抓住农村集体建设用地管理制度构建的重要机遇。随着城乡统筹一体化的推进，农村集体建设用地会成为建设用地竞争的重要目标。今后农村土地流转制度如何设计运行，对于“土地财政”走势至关重要。如果在集体建设用地交易环节合理引入市场配置资源机制，推动市场化流转，避免变相复制国有建设用地出

让中的一些弊端，将有利于防范和遏制土地出让收入独大格局。

土地出让收入减少后的地方财力缺口如何解决，是必须面对的难题。土地出让收入减少以及连带的政府土地资源调控余地的收缩，对于地方财力、政府行政的影响十分巨大，不仅关系发展，还会涉及稳定。首先，与土地相关的地方债务如何偿还是个大问题；其次，出让收入减少，也会使多项计提项目的份额相应下降，相应的公共服务改进如何保障，资金从何弥补也需要解决好。地方政府城市建设的升级换代需要有应对之策，如果土地批租之路收窄，没有相关机制的跟进，将影响城市化、工业化进程，并可能降低政府公共服务水平。

(2) 形成土地生财的合理、规范、可持续机制，是至关重要的基础性制度建设

降低土地出让收入的同时，要同步跟进"合理、规范、可持续"的土地生财制度，回归"土地财政"的中性定位。规范制度建设下，市场经济国家地方政府以不动产保有环节税源为主的"靠山吃山、靠水吃水"，是最符合地方政府具体情况的一种财政模式。地方政府依托土地生财，年复一年从不动产保有环节取得大宗、稳定财源，所得用于履行公共财政、改善民生之责，营造更好的吸引投资与宜居环境。美国地方层级税收以财产税（房地产税）为主，成为地方主要的财力来源支柱，十分值得借鉴。在房地产取得、转让、保有环节都可以有相关税种，其中又以保有环节的房地产税为主力。财产税要占到地方政府（美国州为"State"，州以下的县、市镇等均称为"Local"即"地方"）本级税收收入的50%以上。以此为借鉴，降低土地出让收入应是以制度创新改造我国当前"土地财政"格局的应有结果，关键是要立足土地和不动产，构建合理、规范、可持续的生财新机制，作为"土地批租"的部分替代。

(3) 综合施治，政府领域的配套改革十分关键

进一步明确政府间事权划分。合理而明确的事权划分是保证地方政府职能不越位、不错位、不缺位的基础，同时也是配置相应财权、财力的关键依据。今后，应该在加快政府职能转变的基础上，遵循事权划分一般规则，参照市场经济

国家的通常做法，尽快在义务教育、公共卫生、社会保障、支持“三农”等基本公共事务领域，明确界定各级政府的管理权限和筹资、支出责任，并以法律规章的形式加以固定。

从根本上降低地方政府关联于“土地财政”的错位与短期行为，必须依靠政府职能的转变，找准政府的定位。在我国经济社会的转型期，政府在发挥宏观调控、市场监管职能的同时，要更加突出和加强政府的社会管理和公共服务职能，扭转单纯“以 GDP 论英雄”的政绩指标考核机制，真正把政府由“全能型”转为“服务型”，由“无限型”转为“有限型”，更加注重和改善民生，特别是关心和“托底”解决城乡低收入群众的生活困难，使全体人民共享改革发展成果。

概念与认识的关键词

国有资产；国有资产管理；国有资产管理体制；经营型国有资产；混合所有制；股份制；土地财政

思考与讨论

国有资本管理为什么要“分级行使出资人职责”？

股份制创新与混合所有制是什么关系？

你如何评价“淡马锡模式”？

你如何认识和评价“土地财政”问题？

主要参阅文献

贾康. 论国有资产的分类与分层管理. 财政研究，1991(5).

贾康，苏京春. 混合所有制辨析. 新供给：创构新动力. 北京：经济科学出版社，2016.

贾康，刘微. “土地财政”论析——在深化财税改革中构建合理、规范、可持续的地方“土地生财”机制. 经济学动态，2012(1).

樊纲. 论“国家综合负债”——兼论如何处理银行不良资产. 经济研究，1999(5).

张春霖. 如何评估我国政府债务的可持续性. 经济研究,2000(2).

马拴友. 中国公共部门债务和赤字的可持续性分析——兼评积极财政政策的不可持续性及其冲击. 经济研究,2001(8).

贾康,赵全厚. 国债适度规模与我国国债的现实规模. 经济研究,2000(10).

刘尚希,赵全厚. 政府债务: 风险状况的初步分析. 管理世界,2002(5).

刘尚希. 财政风险: 从经济总量角度的分析. 管理世界,2005(7).

孙涛,张晓晶. 开放视角下的国家综合负债风险与市场化分担. 经济研究,2007(7).

沈沛龙,樊欢. 基于可流动性资产负债表的我国政府债务风险研究. 经济研究,2012(2).

贾康. 国有经济、国有资产及相关问题的认识与改革探讨. 华中师范大学学报(人文社会科学版),2013(5).

贾康,苏京春. 发展中的股份制: 以“重建个人所有制”的资本社会化达成资本私有制的积极扬弃——于解放思想中坚持和发展充满生机活力的马克思主义的一个重要问题. 全球化,2019(4).

第十章　政策性投融资体系

第十章　政策性投融资体系

中国的政策性金融体系建设，需放在现代化战略高度认识和把握。

——贾　康

一、政策性投融资

/// 楔子：国开行支持海南基础设施建设 ///

海南省人民政府与国家开发银行日前签署《全面深化战略合作备忘录》等相关合作协议。双方将围绕国际旅游岛、21世纪海上丝绸之路战略支点、新型城镇化等重点领域展开合作，通过共同开展“十三五”规划合作，编制系统性融资规划，推动投融资机制建设及融资模式创新，支持海南经济社会发展。……据了解，国开行多年来积极支持海南重大基础设施建设、以旅游业为龙头的现代服务业、特色农业、海洋经济、新型工业与高新技术产业等一批重点项目。截至2014年末，国开行累计向海南提供融资总量近4 500亿元，本外币贷款余额2 034亿元。

——摘自《金融时报》2015年2月3日

/// 楔子：日本的财政投融资与公共金融 ///

在日本，除了商业银行等民间金融机构以外，还有邮政局、资金运用部和各种政府金融机构组成的公共金融机构，政府通过这种机构以邮政储蓄、各种保险、年金等形式吸收巨额资金，然后贷放给地方公共团体和民间企业。这种由中央政府进行的投融资活动就是所谓的财政投融资（图 10－1）。确切地说，财政投融资是以由资金运用部资金、简易保险资金、特别会计中的产业投资构成的政府资金和用政府保证债、政府担保的借款方式筹措的民间资金为主要资金来源，采用投资、贷款及认购债券的方式将这些资金运用于特别会计、公库、银行（日本开发银行和日本输出入银行）、公团、地方公共团体、特殊公司等政府政策性金融活动。

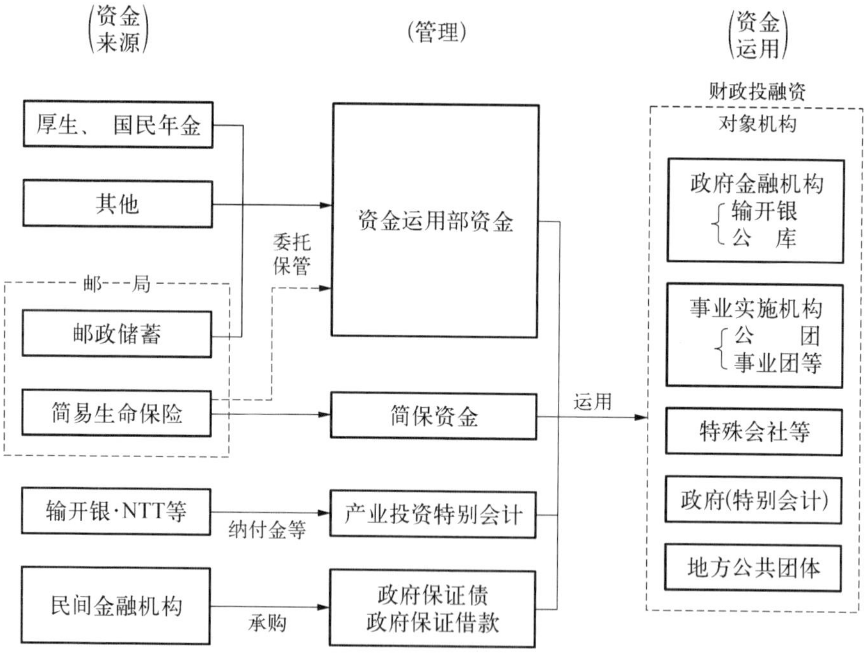

图 10－1 日本公共金融中介机构的结构

注：输开银为日本输出入银行、日本开发银行。

资料来源：黑田严编《我国的金融制度》（新版），日本银行金融研究所，1995，第 412 页。

财政投融资在筹集和运用资金的同时，还从事高速公路、机场的建设和管理等公共事业。在这种活动中，习惯上把相当于民间金融机构对资金的筹措和运用部分(资金运用部承购的国债除外)称为投融资中吸收存款的邮政局和发放贷款的住宅金融公库、日本开发银行等公库、银行(总称为政府金融机构)构成的。与一般民间金融机构不同的是，公共金融不直接介于资金的最初贷方和最终借方之间，把存贷款业务统一起来，而是凌驾于存款的接受者——邮政局和贷款的发放者——两行十库之上，从事两者之间的中介和指导工作。

(一)财政为后盾的政策性投融资的意义和作用

众所周知，市场经济是以市场作为资源配置基础机制与决定性机制的经济。具体地说，从生产环节来看，除了极少数由国家垄断和直接经营的部门外，产品品种和数量由生产者自行决定；从流通环节来看，绝大部分商品价格由供求关系决定；从分配环节来看，企业工资水平和标准不是由政府决定而是由劳动力市场上的供求来决定，劳动力和各类经营管理人才自由流动；从消费环节来看，商品自由购买，自主消费。这样，按照价值规律和供求规律的要求，当商品供过于求时，价格下降；当商品供不应求时，价格上涨。价格下降时会减少生产，价格上升时则增加产量，如此循环往复，使供求关系不断趋于平衡。一般而言，这种调节比任何计划都更符合实际，也更能调动微观经济主体的积极性，因为物质利益是发挥企业活力的根本动力。与此同时，市场经济中的竞争又形成微观经济主体的压力，从而有利于技术进步、产品成本降低和质量提高。地区间的商品自由流通，因此必然要缩小地区差价，最终使各地消费者受益。然而，以完全的市场机制作为配置社会资源的手段，并不一定能够实现资源优化配置，这是所有市场经济国家的经济学家都承认的。因为市场机制存在一定的缺陷，一是某些领域的资源配置是市场不能完成或无法起作用的；二是在有的领域，市场作用不能令人满意。这就是所谓的市场失灵。即使是在市场经济较发达、成熟的国家，也不可能使市场机制在所有领域实现资源的有效配置。比如在市场经济条件下，一切社会资源都按照价值规律流动和配置，受利益机制驱动，生产要素一般会流向投资少、见效快、获利大的领域，而投资大、见效慢、直接效益不明显而宏观效益举足轻重的基础产业、基础设施和不盈利的社会公益事业，市场机制往往支持不足或完全不能支持。这就要求国家介入资源配置领域，运用好财政优化经济结构的功能。

1. 结构的调节和经济的“追赶—赶超”，都有必要运用财政投融资手段

财政是以一系列经济参数（经济杠杆）和政府收支安排为主要工具的财政政策，弥补市场资源配置缺陷。财政宏观调控是发达的市场经济国家共同采用的办法，对于正在建立和完善社会主义市场经济、属于后进的发展中大国的中国，则更具有突出的意义，要承担特定的调控使命。在经济增长起点低，市场体系不成熟，各项社会事业发展很不完备的历史阶段上，加强和改善财政宏观调控是建成社会主义市场经济、实现现代化发展战略的必要条件。

比如，财政配置对于形成合理的产业结构，对提高宏观经济效益具有重要意义。产业结构的调整包括增量调整和存量调整。增量调整主要是调整投资结构，形成有关产业部门新的生产能力，克服瓶颈约束，达到优化产业结构的目的。存量调整是改变现有企业的生产经营方向，将闲置甚至浪费的生产资料、劳动力转移到国民经济短缺的产业部门，以实现资源的合理配置。财政合理配置资源，优化产业结构的途径也是以上两个方面，一是调整财政投资结构，增加滞后产业投资，二是通过制定、实施财政政策，利用税收、贴息等工具，引导、调节企业的生产经营行为，鼓励、支持产业和企业的重组。在市场经济下，货币政策主要调节总量，财政政策在配合货币政策作总量调节的同时，侧重于调节结构。政府致力结构优化的基本方式是“区别对待”不同产业、行业或产品，超越市场利润率的一般调节，把宏观的、总体的、长远的效益作为首位目标，而中央银行货币政策调控集中于总量方面的银根松紧，其调控下的商业银行系统是按照追求直接效益（微观利润目标）的市场原则展开竞争的。哪里的直接效益高、风险小，银行贷款就流向哪里，按形象化的说法，商业金融只愿“锦上添花”，不肯“雪中送炭”。这对于商业银行系统的性质而言是合理的，无可厚非，政府不应要求它们于利润

目标之外还承担“区别对待”的政策性结构调控职能。与此不同，财政的资金运作在承认市场一般原则的前提下，更于积极的方面体现矫正市场缺陷或克服市场不成熟性的特定要求，可以并且应该超越微观直接效益的眼界而注重追求长远、宏观的效益，同时财政分配恰恰具备了这方面的适当手段和能力。

优化经济结构的主要内容是根据优化资源配置的要求，在国民经济发展中扶持短线，抑制长线，并促进新兴带头产业的发展。这在以发达市场经济为背景的西方经济理论中并不具有重要地位，但第二次世界大战之后，日本和亚洲“四小龙”经济起飞的实践，却给我们提供了这方面的许多启示。我国生产力低起点、二元经济结构和地区差异显著的特点，决定了经济增长过程中结构变动因素特别强烈，结构问题十分突出，缓解瓶颈制约，优化产业、部门结构和生产力布局的任务特别艰巨。同时，我国实现现代化目标的“赶超”性质，激烈国际竞争的环境等，又不允许我们坐等国内市场化程度提高，再由漫长的平均利润率形成过程和调节资源配置的过程，来解决结构问题。因此，必须清醒地看到政府在现代化过程中通过国家干预促进结构优化的责任，在大力推进市场取向改革的同时，也努力提高决策水平，积极而准确地把握好调节结构方面的工作。对此，财政收支可以成为非常重要的操作手段。

在常规的财政收支之外，财政信用在调整结构方面大有可为。日本财政投融资的经验特别值得我国借鉴，其基本方式是，在财政大系统之内设立政策性投融资机构，实行专家式管理，按照国家发展战略和产业政策导向选择项目提供优惠贷款。这对于第二次世界大战结束后日本的经济恢复和经济起飞功不可没。我国在经济起飞的准备与实施阶段，同样遇到产业升级、结构调整的紧迫性与资本市场不成熟的矛盾，同样需要发展政策性投融资。这是财政在新时期可以大有作为的一个领域。日本、亚洲“四小龙”的结构调节和政策金融中也存在某些负面的经验教训，在1997年后的金融危机中有所表现，但总体说来，切不可因噎废食，对积极的结构调节和政策金融全盘否定。某些易出问题之处，可以更加强针对性的防范措施，比如，对政策金融可能产生的“寻租”弊端，应借鉴日本的经验与教训，实行严格的“多重审计”制度、惩治制度和专家式管理，以求将其缩小至最低限度。

2. 财政为后盾的政策性投融资的战略意义

政策性投融资体系作为政府参与资金配置的特定方式与途径，可以有效降低实现国家政策目标的社会成本，促进社会公平和贯彻特定的战略意图，尤其是对于实施现代化赶超战略的发展中国家来说，发展政策性投融资的必要性和战略意义更为显著。

（1）体制转轨进程中实现现代化赶超战略的重要手段

“赶超战略”是后发的国家追赶发达国家所采取的一种战略。赶超战略的内容包括尽最大可能提高国家与市场动员与整合资源的能力，突破发展中国家面临的资金稀缺的比较劣势对资金密集型产业发展的制约，使创业活动和资金密集型产业能够在很低的起点上得到发展，并在较短时间内实现超常规飞跃，进而使产业机构得以加快升级换代优化过程。赶超战略的核心追求，就是通过资本积累、效率增进和技术创新，实现非均衡、超常规发展，在较短的时间内接近、最终超出先进发达国家水平。这种后来居上的增长与发展过程，要求在国家宏观导向下，尽可能地借助市场力量，实现资金和技术的快速集聚，着力支持国民经济发展中的一些薄弱环节，消除制约经济发展的瓶颈和短板，并在加快发展的同时，兼顾多方面的协调。

中国作为后发的大国，其现代化进程必然带有赶超诉求和赶超战略特征。为此，需要我们“守正出奇”地发展政府与市场、与企业形成合力的新机制和结合方式。因此老牌发达国家都曾使用过（现在某些领域继续使用）的政策性投融资，便成为一个重要的机制，并且是需要提升到国家经济社会发展战略层面来重视和正确处理的问题。政策性投融资是政府针对“市场失灵”参与资金和资源配置，但在形式和机制上又尽可能与市场兼容并调动市场力量形成政策——市场合力、公私伙伴关系的特定途径，它可以弥补市场机制缺位和财政预算资金不足，降低实现国家战略与政策目标的社会成本，帮助政府实现一些重大的经济社会发展的职能，促进经济发展与社会公平，有力地服务于我国贯彻后来居上的现代化赶超战略。

（2）实现经济社会协调、健康发展的客观需要

纯商业化的金融资源配置机制容易产生“马太效应”，使发达地区资金供给更加充足，而资金匮乏地区出现资金流失。矫正这种现象，有利于促进国民经济协调发展，提升宏观综合效率。政策性投融资以金融资源配置的社会合理性为特定目标，以需要政策性扶持的、具有战略性或特殊性的产业、企业或地区为金融扶持对象，以优惠的贷款利率或信贷、保险、担保的优先获得性及有偿性为条件，进行资源配置和资金融通，有利于矫正马太效应，实现经济社会协调发展。在国民经济体系中，客观存在着一些介于商业性投融资和政府预算直接拨款支持之间的中间领域和项目，如支持中小企业、基础设施建设等。因此，在这中间领域之间，需要有一个政策性投融资发挥作用的中间地带。不宜以无偿财政预算拨款介入的一些领域和项目，却可以通过政策投融资机制中风险共担的形式，使原来相关主体迈步不过去的融资门槛能够迈过去，进而给整个经济体系增添政策性支持的力量和开发景气。政策性投融资的“有偿”和“合作”方式，有利于打造风险共担的机制，使财政可以有限、有效地介入，并使这样的财政性融资支持行为可持续，充分发挥财政资金“四两拨千斤”的放大和引导作用，进而与现代化战略目标匹配，适应经济社会协调、健康发展和长远发展的客观需要。

（3）贯彻国家宏观经济政策、引导经济结构跃升的重要方式

政策性投融资可以成为贯彻国家产业政策、技术经济政策、区域发展政策的重要方式，比如鼓励和支持技术改造、自主创新、节能降耗、实施西部开发等。具体表现为政策性投融资以优惠的利率、贷款期限和贴息、信用担保等融资条件，对国家政策支持发展的产业和地区提供资金支持。发达国家的政策性投融资可以配合产业政策实施扶持和推进，但由于其结构升级换代之后进入相对稳定阶段，这方面的需求一般不太强烈。然而，在发展中国家，政府面临十分突出的结构引导任务和鲜明的结构优化目标，特别需要通过政策性投融资对其国民经济的基础性

产业和战略性产业给予持续、强大的信贷支持。在这些领域,政策性投融资往往发挥主体或主导性功能,而不仅是补充商业性投融资的不足或纠正某些偏差。

政策性投融资机构的资金投放,往往可以间接地引致商业性投融资机构的资金和其他社会资金,从事符合政策意图或国家长远发展战略目标的重点产业或新兴行业的放款,发挥其首创性、引导性功能,从而对政策扶植项目的投资形成一种乘数效应,以较少的资金拉动更多的资金投入需要扶持的领域和项目。一般来说,政策性投融资对处于成长前期、初级阶段、发展前途及盈利模式不明朗的产业先行投资,以支持该产业最困难阶段上的开发建设,并表明政府的扶持意向。当商业性投融资机构增强了投资信心,对该产业的投资热情高涨后,政策性投融资机构就可以逐渐减少其投资份额,把该产业投资领域让渡给商业性投融资机构,转而扶持其他需要扶持的行业,形成一种政策性投融资对商业性投融资投资取向的倡导和诱导机制。政策性投融资通过这种"导向"和"引致"作用,可以有效促进国家产业政策、技术经济政策的实施,提高整个社会的投资效益和发展后劲。在一般情况下,大部分行业对政策性资金的依赖度会随时间的推移而由高向低逐渐下降,这也客观地表现出一种政策性投融资对商业性投融资资金运用方向和规模的有效引导机制。

(4) 有利于实现财政机制和商业金融机制的"无缝对接",提高综合运行效率

政策性投融资是商业性金融的重要、必要补充。政策性投融资所体现的政府干预,归根到底是以财政为后盾,并采用金融的方式方法,实现特定的政策目标。在国民经济体系中,农业、自主创新、环境保护等产业和领域,以及中小企业创业发展的经济活动,由于存在效用外溢性,直接的经济效益不显著,或者风险较高,其融资需求在纯商业性的金融体系内难以得到完全有效支持。政策性投融资体系以特定的支持来弥补这些国民经济和社会协调发展的短板。解决这类问题,通常需要政府介入。但由于受财政资金有限性的限制,仅靠财政予以支持,难以满足巨大的资金需求。此外,直接、完全拨款式的财政投资,会产生道德

风险以及效率低下等弊端，不符合公共财政为公共利益最大化而追求绩效的原则和导向。因此，在财政直接拨款和财政不介入之间，构筑一个中间地带，面对大量的“准公共产品”属性高低不同的对象，以“财政资金引导、信贷式放大、专业化管理、市场化运营”的政策性投融资机制，形成一个有效连接纯市场商业化金融机制和政府支出机制的纽带，并形成各种具体形态的“光谱”式无缝对接的政策性投融资体系，从长期资金信贷业务到短期业务，从补充性投资、贴息，到信用担保、政策性保险，到投招标式的政策性投融资业务“承包”，从而覆盖各类客观需要得到政策性支持但特点各不相同的融资支持对象，并避免直接拨款的“无底洞”机制和低效率弊端，提高财政资金的综合运行效率。

（5）提供市场机制与政府增信相结合、培育市场和建设市场的重要平台

政策性投融资可以成为培育、建设市场过程中政府增信、加快发展的重要载体，能够解决发展中国家市场发育不足的问题。实施政府增信，发挥政府在市场培育和相关制度建设中的重要作用，既符合国际惯例，也是解决目前我国经济体制缺陷的必然选择。在我国深入推行城市化、工业化、市场化、信息化中，如何形成与现代金融相配套、相契合的市场机制和体系问题，以及为围绕赶超战略而主动地培育市场、建设市场，是一项重要的任务。政策性投融资不同于简单的财政信用，也不只是依靠财政补贴与国家贴息资金运转，而是在依靠政府信用的基础上，运用和放大政府信用在市场建设中的功能与作用，将政府的组织优势与政策性投融资机构的专业化管理优势与特殊融资机制相结合，形成组织增信的社会功能，成为市场经济分配资源的新的基础性平台，使一大批原先无望得到融资支持的对象在增信的环境中享受信用支持，同时培育它们“在市场中游泳”的发展活力，并激发促进市场建设的微观力量，加强政府与市场的结合度，促进经济加快发展，并通过培育、建设市场，贯彻实现政府的全局战略目标。政府增信的核心内容，在于运用国家及政府信用，加快建设市场机制配置资源的基础和支柱，建立一个风险控制机制和合理分担风险的信用体系，从而使增信一方和相关各方能够有效防范风险和减少损失，实现发展中的共赢。

（二）政策性投融资的特点、方式和机构

1. 特点

政策性投融资与一般的企业投融资有所不同。政策性投融资是指政府以一定方式介入投融资领域，为了实现经济和社会发展的特定目标，以政策性资金支持的投融资业务和行为。政策性投融资是政府参与资源配置的特定方式与途径，通过政策性投融资可以构建“政策性导向、市场化运作、专业化管理”的混合机制和放大机制，把不以营利为目的的政府资金以有偿而优惠的方式、以“四两拨千斤”的乘数效应的方式运用于市场失灵领域。

政策性投融资虽然同其他投融资形式一样，具有融资性质和有偿表象，但其重要的个性特征却是政策性和优惠性。政策性，主要体现在是政府为了实现特定的政策目标而实施的投融资行为；优惠性，是指其在贷款期限、利率、担保条件等方面，比商业性投融资更加优惠。政策性金融的本质特征在于：强调以金融手段来实现国家特定的经济与社会发展战略目标，强调金融机制与财政资金的“互补”结合。政府相当一部分政策性的支持资金，需借助政策性金融体系，实现金融式聚集放大、市场化运作、专业化管理，从而提高其运行质量与效益。

政策性投融资的主要功能包括：填补瓶颈领域融资空白或不足，以及以发展事项的前瞻性、战略性投入发挥先行者作用；在市场不足和制度缺失的领域，培育、建设和完善融资市场和制度，发挥制度建设者作用；吸引、带动社会资金进入资金短缺的领域，发挥民间资本引导者作用；服务于政府的某些特定发展目标，促进社会公平，并协助化解金融风险，发挥公共利益和社会稳定的支持者作用。

政策性投融资既有别于一般的商业性投融资，也不同于财政直接投资。就效率、规模和灵活性而言，政策性投融资比财政直接投资更具优势，通过发展政策性金融体系，政府可以较低耗费地实现国家政策意图，降低社会运转成本，提高社会资金配置总体效率。

2. 方式

政策性投融资既包括带有政策意向的贷款、担保、贴息、信用保险等一系列特殊的资金融通，也包括更广范围的PPP（公私合作伙伴关系）概念下的BOT、TOT等特许权经营运作，以及市政债券等融资。具体而言，政策性投融资的方式（PPP方式将在第四节介绍）主要包括：

（1）政策性贷款

政策性贷款是指政策性金融机构直接对符合其业务支持条件的资金需求者发放贷款。这种贷款通常期限比较长，利率也要比商业性贷款的利率优惠得多。这一方式的优点是对政策性融资对象的支持最为直接，相应的手续也较为简单，是体现政策性投融资业务特点的"传统方式"；缺点是开展政策性贷款业务时，需要大量的资金，政策性资金的带动作用稍弱，并且由于政策性融资对象的分散化，政策性金融机构为了开展业务，需要设立数量较多的分支机构，以保证政策性资金对相应业务的支持。

（2）政策性担保

政策性担保是指政策性金融机构通过为符合支持条件的融资对象向商业性金融机构提供信用担保，从而降低商业性金融机构的资金风险，促使商业性资金进入政策性业务领域的政策性资金支持方式。在这种方式下，最后的贷款方并不是政策性金融机构。这一方式的优点是可以充分发挥政策性资金对商业性资金的带动作用，实现社会资金的优化配置；缺点是对资金支持对象的支持较为间接，尤其是要和商业性金融机构合作，从而会增加政策性资金支持对象获得资金的手续和环节，延长获得资金支持的时间。

（3）政策性贴息

政策性贴息是指在商业性金融机构向政策性支持对象发放贷款时，财政以承担部分或全部利息的方式，直接将部分资金支付给商业性金融机构，以弥补其承担的较高政策性贷款业务的风险。政策性贴息，鼓励和引导商业性金融机构参与政策性金融业务，具有"四两拨千斤"式的放大效应，其所补贴的那部分利息率的倒数,即为资金放大的倍数。例如,财政贴了5%的利息,放大倍数是100/5,即20倍。

(4)专项引导基金

专项引导基金是政府为了促进某些领域内企业或行业发展而设立的专门基金。一般而言,该基金在创业投资领域运用较多,并可以联合社会资金一起对特定企业或行业进行资金支持。这种方式主要表现为向被支持对象进行直接的股权投资或债券投资,以提高社会资金对被支持企业的信心,在受政策支持的企业取得一定发展后,便以股权退出或债务还本付息的方式收回政策性资金,转而支持其他相关企业。

(5)政策性投资

政策性投资是指政府或政府的代理机构直接对符合政策性支持条件的融资对象进行股权投资的方式,这是政策性资金的一种直接投资方式,形成的是被支持对象法人资产中的一部分股权。它与专项引导基金的股权投资方式较为类似,但带有长期投资性质,可能带动的社会资金并不是很多,并且有可能在被投资企业中占有份额较高的股权。这种方式主要是起到一种示范作用,体现政府对所投资领域的重视程度,增强社会资金进入该领域的信心。

(6)政策性保险

政策性保险是指政府设立政策性保险公司,对某些受到政策性支持的领域,通过保险原则经营业务,但所收取的保费可能不能弥补其承担的风险,其出现的政策性亏损将会由政府进行弥补。通过向被保险人收取保费的形式,集中起一部分资金,当发生政策性保险业务所受保的风险之后,由政策性保险业务承担机构负责弥补承保人的部分或全部损失。由于是政策性保险业务,其保费收入很难弥补赔偿支出,而是由政策性资金弥补这部分损失。

(7)政策性融资招标方式

投招标方式的政策性融资是指政府在确定某一领域或者业务处于政策性投融资范围之后,会向社会金融机构招标,感兴趣的金融机构参加投标,经专家评标之后,选定中标的金融机构开展政策性投融资活动。投招标方式,不论政策性金融机构,还是商业性金融机构都可以参与,其运作相对市场化,并且引入竞争机制,可以在一定程度上降低政策性投融资的成本。但在政府招标之前,需要对政策性投融资的业务范围和实现程度、政策性支柱机制等进行明确界定、事先说明,同时,参与投招标的金融机构也要建立明确的成本核算机制和业务的价格形成机制。

3. 机构

政策性投融资机构以资金的有偿使用为手段来实现政策性目标,是政府调控经济的重要工具,成为现代金融体系不可或缺的组成部分。自 19 世纪初期产生以来,政策性投融资机构在世界各国经济发展和社会进步的历程中一直发挥着重要而独特的作用,并通过制度安排和管理技术等方面的不断改革,使政策性投融资体系顺应时代发展的客观需求。从我国实际情况来看,我国的政策性投融资机构主要分为以下几类:

(1)政策性银行

政策性银行是向政策性投融资支持对象发放贷款等间接融资方式的融资中介机构。政策性银行的业务应该是政策性融资所支持的领域和业务,包括“三农”领域、进出口领域、经济结构转型发展领域、区域经济开发领域以及中小企业融资等领域都可以设立相应的政策性银行,某些领域甚至可以有不止一家银行。政策性银行资金来源主要是财政支持政策性业务的资金(主要是作为政策性银行的资本金)、中央银行的再贷款(是政策性银行的重要外部资金来源)、国际机构优惠性贷款以及接受企业大额存款等。政策性银行的业务范围也是可以发展变化的,其业务发展要跟随政策性金融的重点内容的变化而变化。财政开展的一些贴息业务也可以交由相应的政策性银行来办理。

(2)政策性融资担保机构

政策性融资担保机构是向政策性资金支持对象提供融资担保的政策性融资中介机构,我国现有的政策性融资担保机构是由各级政府投资或控股的,主要目的也各不相同。政策性融资担保机构主要接受政策性融资对象的申请，为其向商业银行等商业性融资中介机构申请贷款时提供信用担保。政策性融资担保机构主要可以从事“三农”领域、经济结构转型发展领域、区域经济开发领域、中小企业融资领域以及中低收入者住房融资等领域的业务。

(3) 产业投资基金(公司)

风险投资基金(公司)是政府将一部分政策性投资资金拿出来，单独或者是合作组成的基金或者公司，它一般是由各级政府以及政府有关部门投资控股或者是参股的，其他的社会资金也可以在相应管理机构同意之后进行参股。该类机构主要目的是支持某一区域或者是某一行业的科技含量高、成长性高的中小企业。当这些政策性金融支持对象出现融资困难时，可以向投资基金(公司)请求资金，投资基金(公司)会根据自身的业务范围对其资金支持请求进行评估，确定是否需要投资。该项融资一般形成的是被支付对象的股权资产，以“助力”方式引导和支持，故亦称“产业引导基金”，可具体设计基金支持若干子基金的激励、兼容机制。投资基金(公司)主要可以从事高新科技(含“三农”领域的高新技术发展)、战略性新兴产业、经济结构转型发展、中小企业融资等政策性投融资领域的业务。

(4) 政策性投资受托管理机构

政府的一项重要职责就是根据国家的相关法律法规的授权，对相关企业或领域直接安排财政建设性资金，从而开展财政投资业务，但由于财政直接开展投资业务受种种因素制约，资金利用效率往往不高，因此，可以由各级财政委托相应级别的政策性投资受托管理机构开展需要的投资活动。政策性投资受托管理机构从事的业务主要包括“三农”、经济结构转型发展、区域经济开发、中小企业融资以及重大自然灾害重建融资等领域。

(5) 政策性保险机构

政策性保险机构是通过利用保险的基本运作原理开展政策性投融资业务的。政策性保险机构通过收取保费的方式获得融资，同时承担灾害发生后的损失。一般而言，政策性保险机构收取的保费收入要小于所承担的损失，因此，政策性保险机构的一部分收入还要来自财政或再保险公司。政策性保险机构主要从事的业务包括农业保险、中小企业融资保险以及重大自然灾害保险等。

（6）政策性投融资招投标管理机构

为了实现招投标方式政策性投融资业务，仅仅依靠财政部门提供资金是不够的。实现招投标方式政策性投融资，首要问题是要搞清楚招投标方式政策性投融资的业务范围和实现程度，从而确定投招标的标的，因此，需要建立政策性投融资招投标管理机构，由其根据财政部门提供的资金计划，组织和保障招投标工作的顺利开展。这一机构的工作人员需要对政策性投融资非常熟悉，并且业务实施过程也需要及时监控，因此要具有相当的专业水准。

（三）国际借鉴：政策性投融资的运行模式

由于政策性投融资在政策目标、资源配置方式、业务领域等诸多方面存在一些差异，并且受所在国法人治理模式和结构的影响，因而，具有不同的运行模式。从各国运行情况来看，有四种模式较具代表性：

1. 美国模式

政策性投融资的美国模式的最大特点是在一定程度上实现了政府与市场、行政化主导与商业化主导的有效结合，在维护市场机制的同时，充分发挥政府的投融资功能。具体而言，主要表现出四个方面的特点：

一是政策性投融资机构一般都是由政府出资设立，其中一部分逐渐转为债权人完全所有的合作机构。例如，美国的农业信贷机构是由政府出资设立，在条件成熟时，政府通过立法使政府资本退出这些机构，从而转变为民间合作型的金融机构。

二是具有较完善的政策性投融资体系，但并未形成行政化主导的状态，而是以增进市场机制的效率、弥补商业投融资的不足为原则，形成了多层次、组织结构合理的体系。例如，根据美国有关农业信贷法的规定，全美被划分为 12 个农业信贷区,每个区都有一个联邦土地银行、联邦中期信贷银行和合作银行,这些机构都由政府的农业信贷管理局进行监管,从而形成了完整协调的农业政策性投融资体系。

三是与其他国家相比,美国的政策性投融资更加体现了对市场机制的依赖,政策性投融资与商业性投融资密切结合在一起。事实上,美国具有非常发达和完善的资本市场和商业投融资体系,政策性投融资往往利用市场来进行。

四是政策性投融资机构在实现政府特定目标的同时,往往都获得了较好的经营业绩。这些机构通过严格按照特定法律法规来实现政策性职能,尽可能遵循市场化的原则,最大限度地获得自身持续发展能力。

2. 德国模式

德国的政策性投融资机构基本延续商业性投融资机构的组织模式,理事会与监事会是最主要的两个控制机制。

理事会成员由监事会任命和解职。理事会负责整个机构的业务和资产,监事会可以委派一名成员进入理事会任职,但是其在监事会的职权将被暂时解除。任何议案都必须由理事会两名以上成员共同提出或者由一名监事会成员和利益关联人的授权代表共同提出。

监事会成员由联邦政府任命,任职资格必须是该领域的资深人士,有着丰富的从业经验。财政部、外交部、经济技术部、食品、农业和消费者保护部、交通部以及城乡建设部等政策性投融资领域涉及的重要部门,选派代表组成监事会。监事会由若干成员组成,由参众议院选派。财政部和经济技术部选派的代表轮值担任监事会主席与副主席,任期为五年,可连任,其他成员任期三年,可连任,但每年有三分之一的人选被更替。除非特别规定,监事会决策采取简单多数原则,每名成员一票。监事会的职责是监督政策性投融资机构的业务开展和资产情况,并根据业务情况改选理事会成员。

在业务方面,德国的政策性投融资机构也是全能制。一家政策性投融资机构从事多领域的政策性业务。但是德国的政策性投融资机构只设总部,不设分支机构。所有贷款业务均通过其他金融机构开展，并给予其一定报酬，以补偿其监督成本和风险。

3. 日本模式

日本将政策性投融资机构视为特别金融机构，与商业性投融资机构严格划分开来，并自成体系。主要的特征表现为：

一是机构独立。政策性投融资机构体系以政府金融机构为主体，金融公库与民间金融机构分立并存，形成由中央金融公库到地方金融公库的一整套完整的组织体系。

二是业务分离。政策性投融资机构的融资原则，是以不能或不易得到商业性金融机构融资为前提，在业务活动上不与商业性金融机构发生业务交叉和竞争关系，而是立足于业务分离和互补的关系，并且政策性投融资机构之间严格区分业务领域，“二行九库”各司其职。

三是严格的层级管理。政策性投融资机构由财务省管理，主要高管人员由财务省直接任命，采取单一的董事会制度，监事会职能由其内设的监事履行。以日本开发银行为例，日本开发银行的领导决策机构为理事会，它由总裁、副总裁各一名，理事八名以内，监事两名以内和参事六名以内组成。总裁、副总裁和监事均由内阁首相任命，理事和参事由总裁任命。除参事的任期为两年外，其他均为四年，并可以连任。

4. 新加坡模式

新加坡政策性投融资成功的典范是1974年成立的新加坡淡马锡控股公司。淡马锡控股公司代表新加坡政府持有并管理政府在国内外各大企业的投资，履行出资人职责。淡马锡控股公司接受新加坡财政部的监管，定期向财政部提交报告。淡马锡控股公司拥有的国有和国有控股企业，业务经营范围十分广泛，包括银行与金融服务业、电信与传媒业、运输与物流业、能源与公共事业、基础设施与工程等。淡马锡控股公司的主要业务是资产经营与管理，集中于资本投资与财务管理。根据公司章程规定，公司高层领导（董事长、总裁）的任命须经财政部复审、报总统批准。董事会内设执行委员会和财政委员会,负责董事会重大决策的实施。淡马锡控股公司取得成功最重要的经验是:政府不干预淡马锡控股公司及其下属公司的经营管理事务,淡马锡控股公司也不参与下属公司包括全资、控股公司的经营管理事务。

从具体的政策性投融资机构来看,新加坡开发银行是较为重要的一家政策性投融资机构。自20世纪70年代起在业务多样化过程中,新加坡开发银行开始扩展商业银行业务和投资银行业务,包括证券经纪、资金管理、保险及其他专门服务,90年代通过在东南亚和香港地区的并购活动向区域性银行发展,现已成为全能银行。

(四)政策性投融资的风险

政策性投融资是政府参与资金配置的特定方式与途径,由于其具有"政策性目的、市场化运作、专业化管理"等特征,因此,其风险主要来自两个方面:

一是商业性风险。由于政策性投融资采取市场化运作的方式,因此,它同样面临在一般性商业融资中存在的商业性风险。这类风险主要包括违约风险、经营和管理风险、通胀风险等。

二是政策性风险。由于政策性投融资具有政策性目的,并采取专业化管理的方式,因此,必然存在着不同于商业性风险的一些特殊风险,也可以称之为政策融资带来的政策性风险。政策性风险,主要包括两种:其一,道德风险。政策性目标作为规范政策性投融资机构运行的主要原则,其实现程度并不主要基于市场原理决定的利润动机,因此,很容易受到政治因素的干扰,而且由于政策性投融资机构具有低利率或特权形成的财政补贴金的诱因,围绕资金供给,可能出现各种"设租寻租"行为,产生道德风险。其二,体制性风险。政策性投融资产生委托代理行为,由于受托方与委托方在经营目标、经营宗旨、核算体系、财务管理制度上都存在根本的区别,而双方间的具体职责、权限、违约的法律责任等方面又没有具体明确的规定,结果无法形成直接的信贷经济约束,致使信贷资产质量难以保证,形成较大的体制性风险。

这两类风险综合地体现在某些融资领域和某些项目上。比如,我们可以设想某一公用事业、公益工程或者与政府在区域发展战略里所要追求的某一经济增长点相关的重要项目,它的融资可能会包括这样多元的主体:比如有企业的加入,有商业定位的银行的加入,那么这些主体加入后,我们要考虑它们至少要承担一般的商业风险,任何市场主体的完全无风险状态,显然是不合理状态,是没法形成"无道德风险"的约束机制的。另外,项目里还有财政部门和政策性融资机构等的加入,这样一些带有政策目标追求的主体的加入,它们应该在里边按照权责利对称等一些原则,承担它们应该承担的对应于政策性融资风险、管理的风险以及可能被问责的这些风险。所有的风险合在一起,关键问题是怎样形成一个合理的风险分担机制。当今世界各个主要经济体都很重视的PPP(公私合作伙伴关系)概念下的创新和探索,这种方兴未艾的公私合作伙伴的新机制,它所追求的共赢,实际上也隐含着风险共担。在风险共担的情况下,原来单纯只由公共部门去做或者单纯只由私人部门去做过不去的门槛,反而有可能做起来,迈过去,也就是出现了政府增信和公私部门的风险共担之后,可能发掘潜力、打开共赢的局面,打开了原来不能设想的一个更加好、更加快、更加有效率的发展前景。

二、政策性投融资体系建设的国际国内经验

(一)国际经验

政策性投融资机构最早出现在欧洲,第一家开发银行1822年诞生于比利时,主要职责是促进产业革命时期的新工业创立。后来,法国于1852年组建了两家发放低息贷款的银行——这两家银行被认为是现代意义上较为规范的政策性投融资机构的先驱。可以说,自19世纪初期产生以来,政策性投融资机构在世界各国经济发展和社会进步的历程中一直发挥着重要而独特的作用。到了

20世纪,政策性投融资机构成为世界各国金融体系中不可或缺的组成部分,它们不仅在宏观层面支持了各国国家战略目标的实施,包括经济赶超、对外扩张、区域开发和粮食安全等重要战略目标,而且在微观层面上对于满足农民、中小企业等群体的金融服务需求、弥补商业性投融资服务缺陷、促进就业等都发挥了重大作用。鉴于政策性投融资机构的重要作用,各国政府都高度重视本国政策性投融资机构的发展,一国政策性投融资体系的规范和健康程度已成为影响国家竞争力的重要因素。国外政策性投融资机构的发展,为我国提供了诸多可资借鉴的有益经验。

专栏10-1　日本"财政投融资"的经验

战后日本经济高速增长的经验中,重要的一条是依靠政府政策性投融资有力地促进了结构调整和经济发展。20世纪90年代由加藤浩三(Kozo Kato)等撰写的一份题为《政策性金融》的世界银行报告(讨论稿),较清晰地概括了日本经验的要点。

(1) 发展中国家在经济起飞阶段需要政策性金融

世界银行的报告指出,虽然政策性金融是个存在争议的问题,有人批评政策性金融抑制了市场调节,融资效率不高,会产生贷款呆账并导致政府财政赤字的扩大,然而日本在第二次世界大战之后政策性金融的实践,却提供了一个十分成功的实例,发展中国家对此应予以注意。

政策性金融所要解决的基本问题是:当一个发展中国家要实现经济起飞时,大量的投资及支持性的融资便是绝对必要的,但此时其资本市场的发达程度却还远远不够,不足以承担相应的资源配置任务。如果坐等资本市场发育,将是漫长的、很不确定的过程,所以既需要发展市场上的商业性金融,又需要与之"相互协力"地运用政策性金融手段,把资金引向对于实现国家战略目标最为关键的那些产业领域，以优化结构，推动和支持经济增长。

这一基本认识的理论含义和政策含义在于：发展中国家在走向现代化的过程中，在承认市场导向的重要性的同时，还必须承认金融、资本市场上政府干预的积极作用和必要性。

(2) 日本政策性金融的基本做法

日本战后曾面临极为繁重的经济重建任务，却能在20世纪50年代至60年代短短20年间实现经济起飞，其重要资金支持之一，是通过政府的政策性金融机构把资金集中引导到各个时期的关键性的部门。

比如，20世纪40年代后期至50年代前期，资金支持的重点是电力、煤炭、钢铁等基础工业，以缓解经济的“瓶颈”制约，并推动其他产业走向新高度。具体措施包括政策性金融机构提供贷款，优先供应所需投入，并由政策性金融机构为私人企业取得国外贷款提供担保，以及政府以补贴维护保护价格，允许加速折旧和进口设备免关税，优先将外汇用于引进相关先进技术，将世行贷款用于这些重点行业，等等。政策性金融的支持配之以其他措施，对于日本经济走向振兴产生了强有力的推动。

又如，进入20世纪50年代后，世界范围内出现了船运能力的紧缺，日本抓住这一时机，大力支持造船工业，使之成为重要的出口导向产业。主要支持手段有政策性金融机构的长期低息贷款，以及对企业出口的所得予以减税。到50年代末，造船业便成为日本外汇收入的主要来源。

再如，20世纪50年代初，日本产品在国际市场上还是劣质产品的代名词，竞争力很差。政府认识到这与机械工业这一“幼稚产业”的状况有关，遂专门制定了机械工业合理化计划，安排日本发展银行（政策性金融机构之一）发放专门贷款，特别重点支持其中的机械工具和自动化部件这两个子产业，并以贴息等手段引导私营金融机构也向这些方面提供资金支持。其后，日本机械工业的水平和实力终于突飞猛进，推动了制造业的全面升级。目前，日本的自动化机器人拥有量在所有工业化国家中名列前茅。

此外，政策性金融所支持或曾经支持的领域还包括农林渔、交通、通讯、石化等，以及中小企业、住房建设、公用事业等。1993年政策性金融资金总量的近1/5用于支持住房建设。

(3) 日本政策性金融的组织结构和工作方式

日本大藏省(财政部)下设的各局中，有资金局和银行局，负责金融机构(既包括商业性的，也包括政策性的)法规和监督等方面的职责。

政府政策性金融机构包括复兴融资银行(Reconstruction Finance Bank)、日本发展银行(Japan Development Bank)等11家银行或金融机构。这些政策性金融机构在基本方针和重点导向上，都跟从政府每年制定的财政投融资计划。与此相应，财政预算区分为一般经常预算账户和特别账户，分列各自支出。特别账户专门反映财政投融资，其收入主要来自政府开办的邮政储蓄和政府管理的养老基金，其支出必须全部用于有投资回收能力的项目。

在计划规定的大方向下，政策性金融机构有选择具体项目的相当大的自主权，选项的标准是"专业化"的，即按专家意见来决定取舍，而不屈服于政治家的压力。对于所支持的项目，还可以视不同情况要求企业也自筹一部分资金。

在业务进行过程中，政策性金融机构的各级部门要不断审查资金运用情况，政府的审计官员则每年作例行的审计。这种多重检查保证了贷款运用的高效益。以日本发展银行为例，在严密的审查、监督下，其呆账损失率大大低于私营金融机构，自有资金实力不断扩充，从而可以在按政策要求提供优惠的低息贷款的同时，不需要政府安排任何补贴。(20世纪50年代初，其最优惠利率比私营商业银行的长期最低优惠利率低3.5%。)

在日本的私营金融机构中，也有"专业性"的，如提供长期信贷和向农林渔、中小企业等提供贷款的金融机构，它们与政府的政策性金融机构之间有密切的协同关系，后者以贴息等手段引导前者把资金用于特定产业。

20世纪90年代初，日本财政投融资计划所覆盖的资金量约相当于预算一般经常账户资金量的一半，占GNP(国民生产总值)的8%，1993年绝对数总计近36.6万亿日元。

(4) 日本政策性金融的基本经验及借鉴意义

世界银行的研究报告把日本政策性金融实绩颇佳的主要经验归结为以下三点：

第一，尊重市场，同时承认政策性金融体系可对私营企业和商业金融活动发挥补充作用。政策性金融要培育和鼓励"企业家精神"的成长，它以合作、咨询、补充和提供某种基础条件的方式促进市场经济活动，而不是与之竞争。

第二，政府经济计划和政策性金融的紧密联系。资金配置的优先顺序要按照国家发展战略、产业政策目标和规划来安排，以有效率的公共储蓄(邮政储蓄等)为基本先决条件，并采取财政投融资计划形式。

第三，尊重管理的独立性(自主权)。政策性金融机构不能屈服于政治家或官员的压力，而是要以充分的专家式态度独立地管理具体业务。

报告指出：如果一个国家宏观管理薄弱，政策设计差，监督、审计体系不健全，以政策性金融手段提供优惠低息贷款确实可能发生一系列问题，产生低效、腐败和消极作用。但只要坚持上述使政策性金融取得成功的基本要素，则消极作用就不是不可避免的。当然，随资本市场的成熟和企业的成长，政策性金融应逐步减少其着重资助某些特定产业的色彩。此外，严密的多重检查制度对于抑止腐化行为和提高资金效益是至关重要的。

（贾　康）

1. 政策性投融资机构依据经济社会形势的发展变化，不断作出相应调整和发展

政策性投融资作为一种特殊的政府宏观经济管理手段而存在，这是它最为本质和最为重要的特征。1929 年的经济大萧条，迫使许多国家政府干预经济运行，政府所采用的一个重要干预手段就是组建政策性投融资机构。例如，为恢复投资，缓解危机造成的困难局面，奉行自由市场制度的美国也成立了复兴金融公司。第二次世界大战后，各国均面临恢复生产和重建经济的任务，国家需要调动大量资金开发或重建工业企业，各国都采取依靠政府力量快速实现这一目标的策略，政策性投融资机构作为政府干预经济的工具得到普遍建立和发展。德国成立了德国复兴信贷银行和柏林工业银行，日本成立了复兴金融公司、日本开发银行以及区域性的政策性投融资机构，如北海道东部金融公库、冲绳振兴开发金融公库等。在美国、英国、法国等也都存在类似的体系。随着经济社会发展，政策性投融资机构也在不断作出调整和发展。例如，德国复兴信贷银行在成立之初被定位于对联邦政府有特殊政治或经济利益的项目进行投资，2004 年它对这一业务进行了调整，将与商业性银行产生竞争的出口信贷和项目融资业务独立出来，纳入新建的全资子公司中，该公司作为标准的商业银行独立运作，不再享受国家优惠待遇，而保留下来的政策性业务则重点转向支持中小企业、高科技、环境领域以及扩大就业等。

各国实践证明，政策性投融资机构在帮助处于特殊阶段的国家迅速恢复生产、重建经济中发挥了举足轻重的作用，并成为一国金融体系中不可或缺的组成

部门。我国现阶段,无论是基础设施、中小企业、基本公共服务均等化,还是“三农”问题的解决,都需要政策性投融资机构协助实现政府的社会经济综合发展目标。

2. 坚持政策性投融资的可持续性

国外比较成熟的政策性投融资机构,都在严格限定的“政策性”项目领域的基础上力求合理的盈利水平,实现“政策性、盈利性、安全性和流动性”的有机组合,这是政策性投融资可持续发展的质的规定。德、日等国的法律规定,政策性投融资机构应在保证财务稳健的前提下进行经营决策。例如,日本的政策性投资银行法第20款规定,银行所从事的发放贷款、担保债务、购买公司债券、应政府要求取得资产所有权或进行投资等业务,只能在确认它们能产生利润以保证能够有投资回报的情况下才能进行。日本开发银行自成立以来奉行“不亏损”原则,其财务结构稳健、经营效益较好。

从国外政策性投融资机构发展的经验可以看出,在严格限定的政策性领域内力求一定的盈利水平是可以实现的。政策性与盈利性的组合与协同,既确保了政策性投融资质的规定性,又提供了其可持续发展的财力基础,需要进一步研究的是如何实现两者的有机组合。

3. 政策性投融资的资金来源

国际上,政策性投融资机构的资金来源一般可分为两种渠道五种方式。一种渠道是财政融资,包括政府提供资本金和提供借款两种方式。本质上,政策性投融资机构是贯彻和配合国家的社会经济政策,充当政府发展经济、促进社会进步、进行宏观经济管理的特殊工具,因此,政策性投融资机构多由政府创立并向其提供资本金。有的由政府提供全部资本金和部分运营资金,如日本开发银行;有的由政府和社会共同提供资本金,政府持有主要股份,如德国复兴信贷银行由联邦政府持股80%;有的机构则是依托于政府政策,靠征收附加税筹集资本金,而不是由政府直接提供,如巴西国家经济开发银行。另一种渠道是市场融资,这是更具稳定性和可持续的融资渠道。市场融资又包括发行债券、吸收存款和借入外国资金等三种方式。

我国的政策性投融资机构的财政融资和市场融资这两个渠道都不完善。一方面,政策性投融资机构没有财政借款的支持;另一方面,市场化的融资机制有待于完善。我国的政策性投融资机构应借鉴国际经验,形成一个长期、稳定、低成本、多渠道的资金来源。

4. 政策性投融资的经营原则

政策性投融资机构种类繁多,且专业性较强,分属不同的特定领域,各国立法机构一般是对各种政策性投融资机构分门别类地单独立法。一国有几家政策性投融资机构,就分别制定相应的几部法律,往往是一个类型的政策性投融资机构由某一部与其对应的法律来专门规范。在这方面,日本表现得尤为典型。在日本,与政策性投资银行相对应的法律是《日本政策投资银行法》,与国家协力银行相对应的法律是《日本国家协力银行法》,与农林牧渔金融公库相对应的法律是《农林牧渔金融公库法》,等等。

政策性投融资的专门立法不仅是组建政策性投融资机构、开展业务活动、实现宗旨、发挥职能的法律依据,也是处理政策性投融资机构与商业性投融资机构业务关系的法律依据,其重要性不言而喻。相比之下,我国的政策性投融资专门立法滞后。在我国,政策性银行成立已十年有余,迄今为止也没有出台一部专门适用于政策性银行的法律,仅有一些规章。这在一定程度上导致政策性投融资与商业性投融资之间的无序竞争。并且,由于缺乏法律的支撑,使得政策性投融资机构受到过多的行政干预,同时也使政策性投融资机构对其自身的运作方式不得要领。

国外经验表明,政策性投融资机构必须在法律的框架内运行,为其立法是确保其自主决策、规范运作、可持续经营的有力保障。政策性投融资立法是一国金融改革的应有之意,也是具有深远内涵和重大意义的制度安排。从更广泛意义上而言,市场经济的本质就是法治经济,系统完善的法律机制是市场经济体制得以良好运行的必要、有效的制度保障。

5. 政策性投融资的模式由政府主导渐变为公私合作

从当前政策性投融资发展趋势上看，公私合作有望成为政策性投融资的主要模式。虽然日本政策性投融资采取了民营化，并不意味着政府将政策性投融资完全抛给市场，而是通过市场化的方式完成政策性投融资的诸多目标。从实质上看，日本政府也是将政策性投融资采用公私合作的模式来实现。表面上虽然表现为政府的退出，但从全球性金融发展的趋势来看，政府不可能完全退出这一领域。作为高度市场化的美国，更是旗帜鲜明地提出采用公私合作的方式提供政策性投融资。

目前，我国正处于经济转轨时期，政府主导下的政策性投融资依然是主要模式。随着市场经济的不断完善与市场竞争力的不断提高，这一模式也应逐渐向公私合作的政策性投融资方向演化。

（二）中国探索

1949 年，中华人民共和国成立之后，政府通过组建中国人民银行、合并解放区银行、没收官僚资本、改造私营银行与钱庄以及建立遍布全国的农村信用合作社等途径，建立了统一有序的金融体系。1953—1978 年，我国实行计划经济，金融领域推行“大一统”的国家银行体系，中国人民银行成为全国唯一的信贷中心、现金出纳中心和结算中心，这种体系与高度集中统一的计划经济体制相配套，便于贯彻政策和集中资金支持重点建设项目。

十一届三中全会以后，我国从高度集中的计划经济体制向社会主义市场经济体制转轨，改革开放对金融体系发展提出了全新的市场取向思路与系统化改革要求，并形成了巨大的推动力，但发展演变过程也充满探索与曲折。从 1978—1992 年，我国银行体系从“大一统”的单一格局转变为中国人民银行领导下的以四大专业银行为主体的基本格局，在这种格局下，专业银行虽然实行企业化经营，但仍未摆脱计划经济体制下资金切块运用和分割管理的框架，因而承担了大量的政策性业务。

1992年以后，随着经济体制改革的深化，我国金融体系市场化改革的路线日渐清晰，并快速推进。1994年，根据党的十四届三中全会精神，为适应社会主义市场经济体制的要求，增强国家对外贸易的持续、快速、健康发展，政府决定组建政策性投融资机构。当时，在国务院《关于金融体制改革的决定》中指出："建立政策性银行的目的是，实现政策性金融和商业性金融的分离，以解决国有专业银行身兼两职的问题；割断政策性贷款与基础货币的直接联系，确保人民银行调控基础货币的主动权。"正是在这一背景下，国家组建国家开发银行、农业发展银行、中国进出口信贷银行三家政策性银行。与此同时，政策性担保机构、城投债融资、基础设施建设特许权授权融资等政策性投融资体系也开始得到迅速发展。

我国的政策性投融资机构，在贯彻国家宏观调控政策、产业政策、区域经济发展政策、拉动经济增长的同时，加强自身的经营管理，努力防范和化解金融风险，加强业务创新，逐步发展成一些具有中国特色的经营管理机制和特点。在我国政策性投融资体系不断发展与壮大的同时，也存在一些缺陷。例如，我国的政策性投融资框架体系不健全、不完善，已运行二十余年的国家政策性银行何去何从的问题，仍有待于合理地明确其方向与发展思路来加以解决。我国只在农业、进出口和重点行业开发和大型企业支持等领域建立几家政策性银行的框架体系，尚远不足以覆盖国民经济薄弱环节。政策性业务与商业性业务之间的矛盾化解和政策性投融资体系改革远未结束，政策性投融资体系可持续运行的制度保障尚未建立。与此同时，不少不规范的政府融资方式兴起，一定程度上起到了替代与补充正规政策性投融资的作用，但也因其不规范而蕴含着不可轻视的风险。

通过分析中国金融发展史，特别是政策性投融资发展史，可以看出，在我国，金融体系的政府主导特征十分明显，现代金融业的起步与发展一向带有政府主导的鲜明特征，这一进程在我国存在两个不同的发展趋势：一方面，在不同历史时期，始终存在对政策性金融业务的诉求，金融体系都承担着内容各异的政策性业务;另一方面,从大的发展趋势来看,市场力量对金融发展的推动作用在清晰地、渐强地展现,尤其是随着社会主义市场经济体制的逐步完善和深度融入国际社会,金融领域改革开放的速度越来越多地受到国际、国内等多方面因素的共同影响,在此环境中,可以预见,深化市场化取向的金融体系改革,是我国金融发展的必然选择,而且其效率直接关系着我国金融安全和金融竞争力,关系着我国资源配置和经济发展水平,因此,需要坚持推进和完善金融体系的市场化改革,包括利率市场化,充分提升金融体系的效率。同时,也必须通盘协调考虑我国政策性投融资体系的何去何从。

三、金融“双轨运行”的利弊与相关制度建设

1994 年,我国成立了三家政策性银行,意在金融双轨“分道扬镳”,为国有商业银行的市场化改革打开了配套的制度空间,也为政策性金融业务的规范发展建立组织和制度上的保障条件,被看作是我国金融体系市场化改革的重要进步。从二十多年的实践来看,这一金融“双轨运行”利弊并存,亟须加强制度建设。

(一)金融“双轨运行”的利弊

金融“双轨运行”一个最大的优势就是能够优势互补,形成一个完整的金融体制,能够提高社会整体资金的配置效率,充分发挥金融对经济社会发展的支撑作用。一方面,通过商业性金融,发挥市场配置资源的基础性作用,将资金配置到能够带来较高效益的行业或企业。同时,根据宏观经济政策的需求,通过中央银行制定货币政策、运用金融工具,调节经济发展的规模、速度和结构,促进社会经济发展。另一方面,通过政策性金融,形成对商业性投融资投资取向的倡导和诱导机制,发挥政府的“导向”和“引致”作用,以弥补商业性金融对一些风险高、周期长的领域的投资短板,实现财政机制和商业金融机制的“无缝对接”,可以有效促进国家产业政策、技术经济政策的实施,提高整个社会的投资效益和发展

后劲。由于商业性金融追逐高利润和低风险的单一取向，又必然导致低利润与高风险的领域缺乏资金的进入，而对于社会效益较高而又缺少直接利润的领域就会形成投资的空白和不足，对整个社会经济发展会产生不利影响，甚至会影响到社会经济现代化战略目标的顺利实现。改变这一状况的根本办法，就是要依靠政策性金融弥补这一领域的空白。

但是，金融“双轨运行”在我国实践中也存在一些弊端。这主要表现在两个方面：

首先，通盘的决策上往往难以妥善处理政策性金融的双重目标以及双轨运行的关系，从而导致政策性金融合理定位和有效运行面临多重挑战。许多国家在寻求政策性目标和市场性目标适宜结合点时都曾出现过困惑与偏差，我国也不例外。如1998年之前，我国资产规模最大的国家开发银行的投资运作实际以政策性目标为主，可以看作财政性资金分配的延续，尚未建立市场性的管理运作机制，政府指定贷款，贷款对象的选择基本没有考虑市场性目标，这导致国家开发银行一度资金状况很差，不良贷款率高达40%。1998年之后，随着中国投资银行部分并入国家开发银行，国家开发银行的市场化步伐加快，贷款对象的选择和经营机制日益市场化，经营状况也持续好转，不良资产率迅速下降。但在政策性目标的满足程度上则相应下降，表现为政策性业务比重下降。有专家测算，其商业性金融业务占到其全部贷款业务的90%以上，很多业务的开展是借助于政策性金融的地位，通过相关政府担保的形式实现的，基本规避了贷款风险。这也是其他商业性金融机构和有关方面对其多有指责的重要原因之一。如何化解政策性业务与商业性业务之间的矛盾，并未找到一个满意的答案，政策性金融改革还任重道远。

其次，由于政策性金融机构的缺失和功能弱化，致使金融“双轨运行”可能会产生两类不利后果，一类是在政府主导的金融发展环境中，大量的政策性业务将不得不由商业金融系统负担，这显然不利于商业性金融体系的充分发展；另一类则可能是金融服务的供给出现断层，大量的政策性融资需求无法得到规范化和持续性的满足,制约经济结构优化和社会进步。无论是对金融体系效率的损伤,还是对经济社会发展的侵蚀,在经济全球化的国际竞争环境中,这些负面效应都可能被放大,甚至危及经济繁荣和社会安定。当然,政策性金融及其专门机构的业务范围和规模本身也存在适时适度的问题,不能过度扩张。

(二)金融"双轨运行"的制度建设

我国金融发展的未来轨迹既要坚持商业性改革的主线,持续推进商业性金融体系的演进与完善,又需要明确:在现代金融体系的一般运作层面,相对于商业性金融而言,政策性金融的定位是拾遗补阙;相对于经济社会发展的要求而言,政策性金融的作用不可或缺;对于实现"后来居上"的现代化赶超"三步走"目标,政策性金融具有战略意义。在较长的一段时期,必须重视专门政策性金融机构的规范和发展,进一步理清政策性金融的合理定位和制度建设思路,从我国国民经济发展的总体战略来设计政策性金融体系,使其合理、有效地覆盖国民经济薄弱环节,在需要的领域设立合适的政策性金融业务,并且逐步通过立法手段,明确其政策目标和相应的业务范围,明确政府对该类政策性金融机构支持的框架和方式。同时,也需要以市场性目标为指导,设立规范的政策性金融机构组织架构和运作机制框架,尽可能合理、清楚地找到政策性目标与市场性目标的恰当结合点及其长效机制。

1. 明确政策性金融的政策性目标及其与商业性金融业务的边界

在考虑构建我国政策性金融体系时,应尽可能合理、清晰地界定政策性目标,划分政策性金融的业务领域和范围,确定"双轨运行"格局中政策性金融与其他商业性金融的边界。

(1)根据国家经济和社会发展的需要确定政策性金融的定位与运行目标。在政策性金融体系里,设立政策性金融业务的前提是其为商业性金融不愿进入而经济和社会发展所必需。同时,在某一特定领域内,可以根据特定需要建立不止一家政策性金融机构以利适度竞争。但是,首先要明确这类金融机构的政策性定位与工作目标，该目标应该是特定而有限的，独一无二的，没有其他机构与其雷同。另外，特定目标下政策性金融支持的贷款对象也不是一成不变的，需要密切配合不同阶段上政府的政策重点，动态调整业务支持的领域和重点。

（2）合理设计政策性业务及政府对政策性金融的支持方式。政策性目标设立之后，需要明确政策性金融机构以何种业务发展方式实现该目标，同时明确政府与财政支持政策性金融业务的长效机制和方式，而不是在开始时一次性拨付资本金之后就不再提供政策性支持。当然，这里也需要注意适时调整政策性金融机构承担的政策性目标，使政策性金融的运行控制在政府可以承受的补贴范围之内。

（3）以分工合作的思路动态地廓清政策性业务与商业性业务的边界。政策性金融机构的业务发展要与商业性金融机构有所区分，使其无法利用其享有的政策性优惠措施在商业性领域与商业性金融机构争夺利益。由于经济生活中的金融活动实际上是相互关联、难以清晰分离的，市场发育中一些领域由商业性无利可图状态变化为有利可图状态也是渐进的，所以将政策性金融与商业性金融完全分清存在较大难度，但是，在动态中不断地对政策性金融业务进行明确界定，来促成分工合作局面，始终是必须的。

（4）政策性目标设置需要免责条款。由于政策性金融的复杂性和政策性金融对某些业务和行业支持的刚性约束，在选择政策支持对象时，某些项目的资金回收前景堪忧或贷款对象的资信不足，因而政策性金融机构可能会不同意从事某些贷款项目。如果政府从经济和社会发展的角度坚持认为需要政策性金融机构发放相应贷款，则应该由政府部门分担政策性金融机构的部分贷款损失，如要求相应政府机构或政府性公司提供担保。

2. 以市场性目标解决政策性金融机构的经营机制问题

政策性金融机构虽然是直接服务于政府政策目标的金融机构，但是其组织架构设置和管理运营机制都应严格按照商业性金融机构的一般原则进行。

（1）建立市场导向的组织架构体系。政策性金融机构的组织架构应该是适应市场运行方式和市场竞争环境的，以此为导向设置内部机构，其管理方式也要摆脱行政管理模式。

(2) 建立市场化的业务评审机制。政策性金融机构的业务开展需要以市场运作方式进行，例如，在信贷类政策性金融机构中，贷款的发放需要遵循商业性金融机构的做法，对贷款对象、项目发展前景、贷款风险等进行评估以最终决定是否发放贷款以及贷款的金额等。

(3) 建立市场化的风险防范机制。金融机构的风险防范能力是其健康运转的重要保障，政策性金融机构也不例外，要依市场化原则搭建风险控制体系。

(4) 建立专业化的人员队伍。这是能够切实进行高水平的贷款评审与风险管理的重要保证。不能以行政官员代替专业人员进行决策。

(5) 形成和追求市场性的业绩目标。政策性金融机构本质上不以营利为目的，形式上却必须形成和追求市场性的业绩目标，以其作为评判依据来形成高效率导向和考评压力。

3. 构建风险共担机制和利益补偿机制，支持市场性目标的实现

在设立政策性金融机构和构建政策性金融体系时，需要解决的一个重要问题是要建立政策性金融机构、财政、企业等相关主体之间的风险共担机制和对于政策性业务风险的利益补偿机制，即政府应以合理形式适当补偿政策性金融机构在开展低收益或高风险的政策性业务时产生的亏损。利益补偿机制能够保证政策性金融机构在以市场化机制运作时，以预期的来自财政的利益补偿弥补收益性目标的不足，从而维护其市场化目标的实现和可持续的正常运转。这种补偿不应是单向的、无条件的，即不应"无底洞"式的，而应是带有一定的多主体风险共担特征，形成政策性金融机构行使其业务功能时与相关企业、商业性金融机构以及财政部门间的风险共担机制。

利益补偿机制主要包括财政资金拨付、财政贴息、发行隐含财政担保的政策性金融债券、税收优惠等多种形式。政策性金融对国家财政具有内在的依赖性，要保持其良好的财务结构需要形成国家持续介入的制度安排，即必须建立财政

对政策性金融机构的持续支持机制，否则，政策性金融机构为了自身的生存必然会越位或缺位，以政策性资金开展商业性金融业务而背离政策性初衷。

然而，这并不是说政策性金融机构可以“躺在财政身上”，由财政把其经营风险完全兜起来，那样会使财政收支之外另构政策性金融体系归于无意义。政策性贷款的发放者、使用者以及作为其发放后盾的财政，应当以一定形式实行风险共担；政策性信用担保的担保机构、受益企业、所涉商业银行和财政之间，同样应是风险共担的，这样才能减少“道德风险”，使政策性金融体系长久运行。有了风险共担机制，配上财政的可持续介入，使政策性金融机构、商业性金融机构、财政和企业四者的风险都降低，从而形成一种合力，原来认为过不去的门槛，在这种风险共担的情况下就可以过去，从而可以扩大和加快发展。

4. 合理构建绩效评价体系，保障政策性目标的实现

为了更好地实现政策性目标，政策性金融机构还需要按照市场化运作的基本要求，建立科学合理的绩效评价体系，从而客观评价政策性金融机构的目标实现程度、经营管理水平和专业人员的资金运作水平等。这一绩效评价体系包括两个层次：第一层次是政府对政策性金融机构经营管理状况的评价，第二层次是政策性金融机构对于其工作人员资金运作水平的评价。

科学合理的绩效评价体系，可以对政策性金融机构的管理层和各级员工形成正向的激励机制，约束其不良行为，使政策性金融机构管理层在经营决策时要以满足政策性金融的目的为基础，同时，也要按照市场化的基本原则建立和修正自身经营管理机制，完善各项业务流程，增强风险管理能力，提高经营管理水平。这会促使政策性金融机构的员工以做好政策性业务、降低资金运作风险为己任，不断提高政策性金融机构的运作效率。

科学合理的绩效评价体系，最重要的着眼点是政策性目标的实现程度，考察政策性金融机构在理顺社会资金配置中发挥作用的大小，而不是与商业性金融机构类似，简单地以经营的亏损与盈利为出发点。如果一家政策性金融机构的经营管理并不是以政策性目标为依据，而以市场化目标或者是盈利目标为导向，

其业务的相当部分不属于其事先划定的政策性业务范围，那么，即使其盈利性目标完成得再好，在绩效考核中也应当是不合格的。当然，这不代表政策性金融机构的绩效评价就不需要看最终的盈利状况。恰恰相反，配上适当政策支持因素的盈利状况对于政策性金融机构也是非常重要的，它反映了政策性金融机构的市场化管理水平，如果政策性金融机构的业务发展完全遵循了政策性目标，并且也在实现社会资金政策性配置方面发挥了应有的作用，那么，盈利能力强的政策性金融机构当然要好于盈利能力差的政策性金融机构，因此，盈利性目标应该成为政策性金融机构绩效评价的依据之一，但它要从属于政策性目标完成情况的绩效评价。

四、政策性投融资与PPP

/// 楔子：刺桐大桥的案例 ///

泉州市境内横跨晋江的刺桐大桥，是福建省特大型公路桥梁之一，也是我国国内最早采用引入本土民营资本的BOT[1]方式建设的路桥项目。为缓解交通压力，1994年初，泉州市决定建设刺桐大桥。由于当时泉州市政府财力十分有限，因而决定对外招商。

为了筹建大桥，1994年5月至10月，由名流公司与政府授权投资的泉州市路桥开发总公司按60：40的出资比例成立"泉州刺桐大桥投资开发有限公司"（1999年为寻求上市整体变更为"泉州市名流路桥投资开发股份有限公司"）。刺桐大桥采用以刺桐大桥经营权质押贷款，固定贷款和流动贷款相结合，并在国内首次采取以按揭式还本付息方式偿还银行贷款。泉州市名流路桥投资开发股

[1] BOT（Build—Operate—Transfer）即"建设—经营—转让"，是指政府通过契约授予私营企业（包括外国企业）以一定期限的特许专营权，许可其融资建设和经营特定的公用基础设施，并准许其通过向用户收取费用或出售产品以清偿贷款，回收投资并赚取利润；特许权期限届满时，该基础设施无偿移交给政府。

份有限公司为刺桐大桥出资人，以出资额为限承担有限责任，以公司未来的收益和资产作为融资的基础，全权负责大桥的建设、资本注入和经营管理等一系列重大决策，并根据与政府协商制定的收费方式及收费标准对大桥使用者进行收费，直至特许经营期结束为止，期间所获得的收益归名流路桥公司支配。大桥工程于1995年5月18日动工建设，1996年底竣工，1997年1月1日正式投入运营，比规定的3年工期节省了近一半的时间，工程质量达到全优。

刺桐大桥的建设，实现了以较小量国有资金引导较大量民营企业资金投资于原认为只能由政府兴办的基础设施建设，成为以内地民营资本为主的BOT投资模式的国内首例，开创我国本土民营经济主体为主组建特殊项目公司(SPV)投资基础设施项目建设的先河。其采用的以刺桐大桥特许经营权质押贷款和按揭式还本付息的模式，为我国长期受困的大型基础设施建设融资提供了良好的示范和借鉴。《人民日报》称赞"刺桐大桥不仅是一座解决塞车、过桥困难的物质的桥，而且是一座探索、改革的桥，它的意义远远超出了造桥者的想象"。

（一）PPP的概念

PPP是英文"Public Private Partnerships"的简称，它有多种译法，如公私伙伴关系、公私合作伙伴模式、公共/私人合作关系、公私机构的伙伴合作、政府/民间的合作、民间开放公共服务、公共民营合作制等。

关于PPP的概念目前还没有一个公认的定义，不同的人从不同的角度会有不同理解。例如，联合国发展计划署1998年给PPP的定义是：PPP是指政府、营利性企业和非营利性组织基于某个项目而形成的相互合作关系的形式。通过这种合作形式，合作各方可以达到比预期单独行动更有利的结果。合作各方参与某个项目时，政府并不是把项目的责任全部转移给私营部门，而是由参与合作的各方共同承担责任和融资风险。再如，联合国培训研究院的定义是：PPP涵盖了不同社会系统倡导者之间的所有制度化合作方式，目的是解决当地或区域内的某些复杂问题。PPP 包含两层含义：其一是为满足公共产品需要而建立的公共和私人倡导者之间的各种合作关系；其二是为满足公共产品需要，公共部门和私人部门建立伙伴关系进行的大型公共项目的实施。楼继伟在 2013 年所作的关于《推广 PPP：贯彻十八届三中全会精神的一次体制机制变革》的报告中指出："广义 PPP 是指政府与私人部门为提供公共产品或服务而建立的合作关系，以授予特许经营权为特征，主要包括 BOT、BOO、PFI 等模式。"

根据人们对 PPP 的认识，并结合公私合作伙伴作为一个管理模式的特点，本书就 PPP 及其管理模式作出这样一个定义：所谓 PPP，是指政府公共部门与民营部门合作过程中，让非公共部门所掌握的资源参与提供公共产品和服务，从而实现政府公共部门的职能并同时也为民营部门带来利益。其管理模式包含与此相符的诸多具体形式。通过这种合作和管理过程，可以在不排除并适当满足私人部门的投资营利目标的同时，为社会更有效率地提供公共产品和服务，使有限的资源发挥更大的作用。这在现实生活中主要表现为一种机制创新。

政府应当为社会公众提供公共产品和服务，但大量准公共产品与服务的提供过程，并不必然排斥私人部门的参与，相反，存在私人部门加入其内的弹性空间，而且还可能带来一系列正面效应。如果让私人部门做这些事情，理所当然要经过政府公共部门的同意或许可；同时，为了确保私人部门提供公共产品的质和量，私人部门必然要接受政府部门的监督。政府公共部门为了能够让私人部门合理参与，也必然要为其设置相应的条件，如保证其实现一定的利益、帮助其控制相应的风险等，只有这样，私人部门才愿意做过去原本该由政府公共部门做的事情。一旦民营部门做了公共部门的事情，一定是民营部门与政府公共部门合作的结果，而非相互竞争的结果——虽然在具体的民营企业或机构参与者的确定或挑选过程中，一般应当安排必要的竞争，但那只是民营部门做这个事在项目具体落实程序中、环节上的单方面的内部竞争。

PPP 管理模式与融资模式的区别是：（1）融资只是 PPP 的目的之一，并不是全部。PPP 项目中会涉及融资问题，但不仅限于融资问题，政府和公共部门除了利用民营部门的资本以外，大多还利用了民营部门的生产与管理技术。（2）融资更多是考虑将自己的风险最小化。而PPP管理模式中，更多是考虑双方风险而将整体风险最小化。事实证明，追求整个项目风险最小化的管理模式，要比公、私双方各自追求风险最小化更能化解风险。PPP所带来的"一加一大于二"的机制效应，需要从管理模式创新的层面上理解和总结。（3）与风险控制相对应，融资者考虑的是自己的收益最大化，而PPP管理模式又加入了社会综合效益最大化的导向。可以说，实现收益最大化是每个融资者都要考虑的问题，但是，作为PPP管理模式中的合作双方，又是受到不允许过分追求局部利益的制约的，因为这一模式涉及更多的公众利益。在PPP管理框架下，政府为了吸引民间资本进入，减少民营部门的经营风险，会确保其经营具有一定的收益水平，但又不应收益过高，如果收益过高，政府方面也会作出相应控制。

PPP这一机制所可能产生的正面效应是多方面的，请参阅专栏10－2。

专栏10－2　PPP的六大正面效应

PPP是英文"Public-Private-Partnership"的缩写，过去直译为"公私合作伙伴关系"，其机制创新在近年于国内引起前所未有的高度重视之际，有关管理部门已将PPP意译为"政府与社会资本合作"，成为文件中的规范用语。

关于PPP的基本概念和定义表述，学者还有见仁见智的争鸣，但基本共识已比较清楚，它所指的是在基础设施、公共工程与公共服务领域由政府与非政府主体合作共赢式的供给机制。具体的运作形式，包括BOT（建设—运营—移交）、TOT（移交—运营—移交）、ROT（重整—运营—移交）、BT（建设—移交，即政府按揭式工程采购），以及RC（区域特许经营，即连片开发），等等。虽然PPP的雏形可以上溯到几百年前欧洲出现的政府授予公路养护者的“特许经营权”，但其在经济和社会生活实践中的大发展及其概念的明确化与大流行，还是20世纪后半期随着新公共管理运行的兴起，在发达经济体与新兴经济体的进一步创新发展中出现的。把原来已习惯地认为应由政府负责和兴办的架桥修路等公共工程以及医院、学校、航空港、垃圾和污水处理场等公共服务设施，改为与市场机制对接、吸引政府之外的企业和社会资本同政府在平等合作关系框架下一起经办，其创新的特点显而易见。

从表征看，PPP首先形成了投融资机制的创新，可以将大量非政府的民间资金、社会资本引入公共工程与服务领域，但其实它又绝不仅仅限于投融资模式层面的创新，它还以风险共担、利益共享、绩效升级方面的鲜明性质形成了管理模式的创新，并天然对接混合所有制改革和法治化制度建设，具有国家和社会治理模式创新层面的重要意义。所以，应当恰如其分地和全面地理解与评价PPP这一制度供给的伟大创新：它是从投融资模式，到管理模式，再到治理模式贯通的新型制度供给，特别是对于在新的历史起点上面对全面建成小康和现代化的“中国梦”目标，力行全面深化改革和全面依法治国的当代中国，PPP更具有不容忽视的重大现实意义，它至少将产生如下六大方面的正面效应：

第一，缓解面对城镇化、老龄化历史进程的财政支出压力，使政府更好地发挥作用。

对于正在走向“中华民族伟大复兴”的中国，PPP的正面效应首先体现为：从政府主体角度看，减少财政支出的压力，提高财政资金总体使用绩效和政府履职能力。中国正处于快速发展的城镇化和迅速到来的人口老龄化过程中，未来几十年内将有约四亿农村居民要转入城镇定居，并将新增近两亿60岁以上人口的老龄医疗与生活服务供给需要，静态算账至少需要60万亿元以上的公共工程投入，如作动态测算，这方面的投入将更是大得难以想象。政府再沿用“单打独斗”式思路去应对相关的城镇化、老龄化挑战，注定是没有出路的，但如能有效地调动业已雄厚起来的民间资金、社会资本，以与政府合作方式形成共同供给机制，将有效缓解上述财政支出压力。

第二，在公共服务供给中形成“1+1+1>3”的机制，使进入中等收入阶段的社会公众可持续地受益受惠。

政府履职尽责和实现现代化战略目标，最终是“为人民服务”，使社会公众得实惠，并使这样的受益受惠可持续。从我国社会公众主体角度来看，在公共服务水平逐渐提升而确有受益的过程中，相关的问题亦不可回避、不能忽视：过去政府提供服务中存在的工程超概算、施工期拖长、质量出毛病、运行管理中服务不热情、不周到等弊病，已与进入“中等收入阶段”后公众要求更美好生活的“公共服务升级”诉求形成了明显的反差，影响到社会生活的和谐和群众的“幸福感”。恰是PPP的机制创新带来了一种使政府、企业、专业机构于合作中形成“1+1+1>3”的公共服务绩效升级效应，因为这一合作机制，是将政府的规划与政策相对优势、企业的运行管理相对优势和专门机构的特定专业领域相对优势结合在一起，形成风险防范与处理能力的最优组合，来针对性地防控与化解项目中的相关风险。这就可望有效地克服过去司空见惯的那些弊端，可持续地使社会公众受益，从而提升公众的满意度、幸福感。这一点在实践案例中已有极好的体现，并将助益于跨越“中等收入陷阱”的全局性战略诉求的实现。

第三，为一大批作为市场主体的企业打开进一步生存、发展的空间，使现代市场体系更为健全和成熟。

在我国已经壮大并在资金力量日益雄厚起来的民间资金、社会资本持有主体中，一大批有强烈发展意愿、并在偏好类型上适合 PPP 的企业，会由此打开它们新的生存与发展空间，并形成在我国本土和实行“走出去”（如“一带一路”倡议）之中许多的 PPP 项目上，境外社会资本的参与和多方合作互动，这对于发展健全我国的市场经济有积极的促进作用。应当强调，所有参与 PPP 的企业的基本动机与行为定位，仍然是“在商言商”，是以市场主体“投资取得回报”的模式，来形成其物质利益追求与“社会责任”的统一，但企业方面必须接受 PPP“盈利但非暴利”的原则约束。所以客观地说，不是一切企业都适合于同政府合作参与 PPP，比如风险投资、创业投资、天使投资类型的社会资本，偏好“快进快出”和“以敢冒高风险博取高回报”，通常不是 PPP 的适宜参与者。有意愿和政府合作锁定较长期虽不很高但“可接受”回报水平的市场主体，其实“大有人在”且资本规模可观。这些企业家偏好于较长期甚至极长期可预期、可接受的投资回报，愿意通过参与 PPP 提高生活质量并获得发展其他事项（包括收藏爱好、文化活动和从事公益慈善等）所需的时间与闲暇，这是市场体系成熟、健全的表现，在中国特色社会主义市场经济的发展中也不例外。

第四，联结、对接意义重大的“混合所有制”改革，促进企业改革与全面改革的实质性深化。

在中国现在特定的发展阶段上，PPP 还有一项非常重要的、战略层面的制度创新意义：它直接呼应了十八届三中全会在现代国家治理、现代市场体系方面的要求，即混合所有制改革。中国现代市场体系建设面临的一项“攻坚克难”的改革任务是企业改革，包括使国有企业消除不当垄断，和使非国有企业突破前后两个“三十六条”发布后仍未突破的“玻璃门”、“旋转门”、“弹簧门”,从而使国企、民企两方面都健康地“活起来”。在PPP的推行与发展中,恰恰可以通过其与“股份制—混合所有制”的天然贯通来实现这一目的,因为形成一个PPP项目在产权方面没有任何选择上的局限,是在法治环境下形成的多产权主体间的契约。最典型的即以特殊目标的载体公司(Special Purpose Vehicles,SPV)的形式组成特殊项目公司来运营PPP项目,公司内所有股权都有清晰归属,每一份标准化的股权属于明确的股东,认定以后不会产生无法处置的纠纷(少数纠纷可通过法律途径解决),大家可以在这样稳定的、可预期的法治环境下,实现利益回报的共赢。而且,SPV的股权结构,在天然具有混合所有制特征的同时,又天然地倾向于不使国有股权“一股独大”,因为政府股权参与的动机是发挥“四两拨千斤”的乘数效应来拉动、引致民间资本大量跟进,乘数越大,相关政府工作的业绩评价会越好,因此社会资本、民营企业的股份在PPP中通常会成为股权结构里的“大头”,甚至是绝大多数。显然,这方面的突破式发展,也将有效淡化贴标签式、吵得热闹但不会有结果的“国进民退还是民进国退”争论,深刻、长远地影响中国的现代化进程。

第五,促进“全面依法治国”的法治化建设,培育契约精神和催化专业、敬业的营商文明。

PPP与十八届四中全会关于“全面依法治国”、“依法行政”的指导方针具有天然内在的契合,客观上必然要求加快法治建设、打造高标准法治化的营商环境。因为一个个PPP项目,都需要有可预期的法治保障使作为合作伙伴的企业产生对长期投资回报的确定性与认同感,否则是不会自愿签署合作协议的。政府方面的“强势”会在PPP实施中得到约束:不论政府在前期还有多少“主导性”和“特许权在手”的强势地位,一旦签约PPP,就要以与企业相同的“平等民事主体”身份依法定规范认定契约,并按照“法律面前人人平等”的原则遵守契约；假如政府违约，也要经由法律程序“公平正义”地加以校正和处理。这对于实质性地转变政府职能、优化政府行为和全面推进法治化，不啻是一种“倒逼”机制。PPP的发展，对法治、契约和上述所有这些营商文明的培育都将是一种催化剂，对于降低交易成本、鼓励长期行为和促进社会和谐进步，具有国家治理现代化和包容性发展层面的全局意义。

第六，有利于在认识、适应和引领“新常态”的当前与今后的一个阶段，对冲经济下行压力，优化支持经济社会发展后劲的选择性“聪明投资”，增加有效供给。

面对现阶段的经济下行，需要特别强调投资的作用。中国投资领域的关键问题不在于总量和增速，而在于结构、质量与综合绩效。走向经济新常态，迫切需要把握好有助于支撑全局的“聪明投资”。PPP所关联的投融资项目，都属于有利于调结构、惠民生、护生态、防风险、增绩效的选择性项目，又配合了促改革与稳增长，是利用混合所有制创新将“过剩产能”转化为有效产能（诸如钢铁、建材、施工机械与设备的制造等行业和领域），会形成一大批“聪明投资”对冲下行压力，以有效供给来增加长远发展后劲，因此，它是在供给侧助益适应和引领“新常态”。

总之，PPP这一制度供给伟大创新的正面效应非常值得注重、发掘与期待。全面深化改革新时期，决策层和管理层对PPP的高度重视、明确要求及立法、示范、培训安排的紧锣密鼓，以及各界对PPP的高度关注和积极交流互动，已表现出这一制度供给伟大创新在中国将迎来前所未有的发展机遇。在我国《预算法》修订后，地方政府负债中部分存量的替代机制和今后部分增量的供给机制也都可以并需要与PPP机制创新对接；“新产业革命”时代中国“地方竞争”中“非梯度推移”地可匹配于东、中、西部的"连片开发"等创新事项,也会使PPP在中国实践中有望展示异乎寻常的亮色。当然,鉴于PPP对法治化条件与专业化要素的高标准要求,PPP操作在实际生活中不可能一哄而起、一拥而上。但应强调:新时期迫切需要积极地消解畏难情绪和观望态度,引导与鼓励"实干兴邦"、"事在人为"的创新取向:把"想干事、会干事、干成事、不出事"的各界人士,以高水平长期规划和"亲兄弟明算账"的契约,结合成生龙活虎的PPP团队,在创业创新发展中打造无愧于时代的业绩。

(贾　康)

(二) PPP的产生和发展

我们已知所谓PPP,是指政府公共部门与民营部门合作过程中,让非公共部门所掌握的资源参与提供公共产品和服务,从而实现政府公共部门的职能并同时也为民营部门带来利益。那么,哪些部门能够让民营部门参与,而民营部门又愿意参与做哪些事情呢?众所周知,民营部门做事的内在动力是获取利益或利润,如果没有利润,民营部门不会愿意做本该公共部门做的事情。利润的获得一般有两个主要途径:一个是政府直接给予民营部门;另一个是民营部门通过向用户收费获得。第一种很容易理解,为政府做事,必然由政府付费。而第二种途径是要经过用户认可的,就是说所做事情对用户而言是有益的,用户能够从中获得好处,只有这样用户才愿意付费。这就会让我们联想到修路或供水,这两种服务都能为用户带来直接的利益,通过向用户提供服务而收取费用,用户较容易接受。而我们考察PPP的起源时,的确可以从民营部门修路和私人参与供水开始。

在英文中最早的公路之所以被称为"Turnpike",是因为路段上布置了可移动的路障,通常由一根水平的长杆(Pike)或栅栏组成,管理人可以通过移动横杆

(Turn the pike)来阻断路面交通。15 世纪时,欧洲人设置这样的路障通常出于安全考虑,在战时可以减缓骑兵的袭击速度,起到一定的抵挡作用。到了 17 世纪,税务机构开始推行公路收费政策,“Turnpike”的作用发生变化,开始用来阻挡过往车辆,收取“过路费”后再放行(笔者注意到,“Turnpike”的名称在美国宾夕法尼亚州等地的收费干道上沿用至今)。由此可以说,PPP 起源于收费公路的诞生。当然,在当时人们还没有明确提出 PPP 的概念或理论来,只是实际生活中出现了“公”与“私”,实际形成了互动、交易关系而共同维系收费公路运行的模式。

其实,收费路的源头要早远得多。据历史记载,公元前 1950 年,亚述人就修建了从叙利亚到巴比伦的收费道路。这可能是迄今发现的最早的收费路记载了。希腊历史学家和哲学家斯特雷波(Strabo,公元前 63 年—公元 21 年)在恺撒·奥古斯都(Caesar Augustu)时代的《地理学》(*Geographia*)中也记载了在小圣伯纳山口(Little Saint Bernard's Pass)上收取通行费的历史。作为对养护道路、带路和跨山脉搬运的回报,罗马大帝授予萨拉西(Salassi)部落征收通行费的特许权。这可以被称为最为原始的 PPP 形式,但是它与现在模式的差别并不太多,这一收费在当时同样需要罗马大帝代表政府的授权。

下面再分别以英国、美国和中国为例作些考察。

1. 英国

在供水方面,伦敦由私人企业供水已经有 400 多年的历史,而政府对私人进入很少加以限制。企业相互竞争,以投资支持服务和质量的革新,增加居民用水线路。到了 19 世纪,伦敦大范围的供水系统已经使之成为“欧洲居住和健康状况最好的城市之一,在大多数欧洲城市人口急剧下降时,该市的死亡率却低于出生率 1 800 点”(世界发展报告,2004)。95%的伦敦居民从私营企业那里得到管道供水,其中多数是对住宅直接供水。

技术进步导致竞争中的产业合并和价格上升。供水条件的改善引起了抽水马桶需求的增加,这又引起了污水排放的问题。议会为此制定了法规,到

1908年,私营系统全部被国有化。直到20世纪70年代末,众所周知,英国又进行了大规模民营化,在20世纪80年代,英国恢复了用水的私人供给(世界发展报告,2004)。

英国在PPP的实践方面走在世界前列,特别是它的自来水供应很有代表性,已经走了一个循环,从400多年前就有了私人供水的历史,后来逐渐被国有化,到了20世纪80年代初又被民营化。从私营到国营再到私营,整整走了一圈。可以说英国是PPP的先驱、倡导者,同时也是PPP的促进者。特别是在撒切尔夫人上台之后,极大地推动了PPP的进程。

在交通方面,英国早在1281年就开始对通过伦敦桥的车辆、行人和船只收费,1706年,成立收费信托机构,负责收费公路的筹资、建设、维护和经营。1820年,英国大约有3 200千米的收费道路,年收费额为125万英镑。尽管1364年英格兰的法律首次允许设立收费站,但第一条收费公路直到1663年才得以建成。赫特福德尔、亨廷顿和剑桥的法官请求议会通过法案,允许募集资金维修和改善横穿3个郡的大北道(Great Northern Road)的一个路段。依据该法案,管理当局有权在公路的特定路段设立3座收费站,对过往车辆和牲畜收取规定的费用,收费期限为21年,预计在这21年内就可以偿清债务,此后,公路将恢复免费通行(Cossons,1934)。直到18世纪早期,才确立了将公路的管辖权归属专门的地方机关以及将养护成本从国家转移到使用者的惯性规则。1706—1707年,第一个所谓的"收费公路信托"成立。它的成立促成了上百个法案的通过,这些法案几乎将这一制度推广至英格兰全境。到了19世纪40年代,有效的收费公路法案接近一千个,都是由镇区议会、商人、制造商、农民和地主推动制定的,其中也包括负责养护公路某一路段的人。由于当时管理收费公路的信托企业较小,资金有限,每家企业只能负责10英里或20英里的路段,因此常常会有某一段公路不通的情况,所以导致长途运输受到限制,所运的只能是旅客和小批量的高价值货物。(这与我国20世纪末上海修建高速时的情形有些类似,当时为了方便民营资本进入上海高速路建设,市政方面有意将路段作出划分,以便于民营资本的参与，但已少有因协调不到位而出现“断头路”的情况。）

1773年英国国会通过的《收费公路法案》规定了详细的差别收费制度。依据车辆轮胎的宽度对车辆分类，轮胎越宽收费越低。对于“滚轮”宽度在13～16英寸之间的四轮马车免收一年的通行费，一年之后享受部分优惠待遇，因为它们在路面上留下的车辙较少（Cossons，1934，pp. 20－22）。当然并不是对所有的通行者都收费，如邮递员、神职人员以及养护人员就不必支付通行费，对于政府及住在公路两边的居民，通过支付年费来代替通行费。

收费公路信托机构的受托人有权募集资金——通常的费率是4%或5%，并利用募集来的资金在特定的地点修建新公路（也往往用来改善旧公路）。公路的实际养护和建设则由指定的检查员负责督办，检查员往往要监督多条收费公路的运作。收费“保收人”享有公路收费的特权，他们向信托机构支付固定的金额，以换取在收费公路特定收费站收费的权利（这成为外包或转包的早期实例）。1773年以后开始拍卖收费租赁权，开始是拍卖给当地的商人，后来就面向可以收购多条收费公路租赁权的大集团。

2. 美国

美国水务。在1800年到1900年期间，美国的自来水厂以惊人的速度增长。最初是私营企业占优势，而到1900年已经有一半是公有的了。之所以会出现这种向公有制过渡的情况，是因为市政当局和企业在消防用水合约问题上有分歧。当城市快速发展时订立合约的困难，几个城市曾发生的大火，这一切不仅为私营企业、也为政府提供了规避行动目标或是推动合约重新谈判的机会，在从市政当局向企业进行财政转移拨款时，计量方法的缺乏和直接收费导致双方发生冲突。结果并不令人惊讶，公有制成分增加了，而与此同时公共服务系统也继承了将供水作为经济产品来管理和控制的传统（世界发展报告，2004）。

美国交通。美国也有运用道路收费的制度。最早私人修建的道路于1794年在美国宾夕法尼亚州建成。美国的收费公路和英国一样，并非所有通行者都要支付通行费。一些地方政府立法，去教堂做礼拜的人、军人以及在收费站镇内做生意的人可以免交通行费。收费公路每年分红和资本回报率最高为8%，更普遍的是每年3%的收益率(Levinson,2002)。在美国，“认购方更感兴趣的往往是新交通线路可能给他们带来的利益，而不是投资的营利性”(Durrenberger, 1931,p. 100,在Levinson,2002,p. 25引用)。因为乡镇及其领头的居民想从改善交通运输之中寻求对当地经济的拉动力，我国近几十年流行的“要想富，先修路”的思想与此可谓不谋而合。

目前，美国已有19个州允许建设公私合营的高速公路，在这种项目中政府与私人主要通过合同形式来确立双方的权利义务，政府是交通设施的所有者，私人则可以拥有交通设施中的某一部分(如交通管理系统、服务区等)，并从中获得相应的收益。美国的高速公路往往专设多人乘车车道，并给予其免付通行费等优惠措施，以鼓励多人合乘。加州橙县91号公路在全国率先采用根据不同时段设定不同收费标准的收费方式，通过收费限制高峰期出行的车辆数量，同时保证车辆在该公路上的行驶速度。美国联邦公路局试验发现，通过收费的调节可以使很多人选择避开高峰时期出行，从而提高车辆的通行效率。不收费时每车道每小时可通行车辆1 500辆次，收费调节后则可达到每小时1 800辆次。

在美国，当收费公路获得特许建设权的时候，就已经设想有朝一日它会回归国有，一般是99年的租赁期结束后。事实上，极少数收费公路的运营时间超过了租约期限，它们中的大多数被废弃或者被收费公路的所有者以公平和公正的价格转让出去。20世纪初，剩下的收费公路都被各州和当地政府收购并归入国有高速公路系统。

3. 中国

一些人认为，PPP起源于欧洲，只是最近几年才被引进中国，其实并非如此。公私合作在我国已较早地存在于生活当中，只是没有被总结出来并形成理论而已。在现实生活中，人们早在报纸等媒体上看到过这样的报道，一些动物园由于缺乏必要的资金投入，让社会上有爱心的公众认养公园里的动物，并可以给它们取个自己心爱的名字，其实这就是典型的公私合作。还有个例子是在公路(省道或国道）两边植树，虽土地属于国家，但由附近居民来植树并进行管理，当树木成材之后，政府与居民按当时所签的协议来对收入分成，这也是很典型的公私合作。这两个例子都可以使我们很清楚地看到，公私合作给双方带来了只通过一方较难实现的利益。个人是不可能也不被允许在家庭中饲养大熊猫等国家级保护动物的，通过这种公私合作的方式却变通地实现了个人的这一美好愿望；而同时作为由政府管理的公园，由于缺乏资金，一些动物的生存条件得不到保障，而通过这种公私合作，却很容易地解决了这一问题。同样，如果由政府在公路两边种植树木并负责管理，由于所种树木较分散，政府必定要增加管理的成本，但是如果让附近的居民来种植树木，成材后按事前所签订的合约进行分成，在双方的利益达成一致的同时，政府也大大降低了管理的成本。

追溯到1906年6月开工的新宁铁路，是我国内陆最南端的一条民营铁路。该线路自广东省斗山之北街修起，全长133千米，支线28.5千米。这条线路由华侨新宁县人陈宜禧集资兴办，当时分三段施工，1920年竣工（资料来源：中国铁道网）。

至于我国真正形成具有现代意义的PPP，还是要以党的十六届三中全会为重要标志，会议通过的《关于完善社会主义市场经济体制若干问题的决定》已经明确指出：清理和修订限制非公有制经济发展的法律法规和政策，消除体制性障碍。放宽市场准入，允许非公有资本进入法律法规未禁入的基础设施、公用事业及其他行业和领域。这标志着民营资本可以全面进入基础设施和公用事业领域，当时最为引起民营资本兴趣的领域是城市居民供水。法国威望迪集团以约20亿元人民币的价格，拍得上海浦东自来水厂50%的股权、50年的经营权，就是当时较为著名的PPP案例之一。另外，在此前也有一些地方采用BOT方式建立发电厂和桥梁、高速公路等（如我国内资民营资本从事的第一个BOT项目是福建泉州的刺桐大桥），带有一定程度的开拓、创新性质，为党十六届三中全会决定的出台提供了实践经验的支撑。

中国当下的PPP机制创新方兴未艾，各方已意识到其存在巨大广阔的前景。

除了 BOT、TOT、ROT、BT 等一二十个英文缩略语表示的 PPP 具体形式之外，中国实践中前沿状态的 PPP 创新可观察近年风生水起的“连片开发”。中共十八届三中全会提出要让市场在资源配置过程中发挥“决定性”作用以来，PPP 模式受到国务院领导和各级政府部门的高度重视，实已成为落实国家战略的重要工具之一，并成为“全面改革”的重要组成部分。楼继伟指出，在当前创新城镇化投融资体制、着力化解地方融资平台债务风险、积极推动企业“走出去”的背景下，推广使用 PPP 模式，不仅是一次微观层面的操作方式升级，更是一次宏观层面的体制机制变革，可谓一语中的。

（三）PPP 的付费机制

目前，人们对 PPP 的研究仍然在不断探索阶段，而对 PPP 的分类仍没有一个严格且统一的标准，不同地区、不同机构、不同专家都有不同的划分方式和划分标准。从实践来看，PPP 的形式具有多样性，很难用几种有限形式来概括。但具体到基础设施来说，可能有这样几种划分标准，一种是根据基础设施的形态来划分采用什么样的 PPP 模式，另一种是根据基础设施的终端消费者是否付费来划分采用什么样的 PPP 模式。所谓基础设施的形态就是指新建基础设施或者是已经建成的基础设施，而在已经建成的基础设施中又分为扩建和重建两类。对每种形态的基础设施都有相应的 PPP 模式，诸如 BOT、BOOT、BOO 等。下面重点介绍一下按终端消费者是否付费划分的 PPP 模式，这是英国通常采用的划分标准。

1. 使用者付费

使用者付费是指谁使用基础设施就由谁来付费，根据使用量多少决定付费金额。这类基础设施项目在英国统称为特许经营的 PPP 模式，主要包括 BOT、BOO 和 BOOT 等类型。如我们常见的高速公路、轨道交通、自来水等通常采用这种类型。

使用者付费项目分为三种情况：

第一是项目自身通过向使用者收费就能产生较好的经济效益的项目。这类项目通常只需要向使用者收费就能完全收回投资并获得较好的投资回报，一般来说，这类项目都具有自然垄断性，如何确定其价格的形成机制是成功实施PPP的关键因素。

第二是项目自身通过向使用者收费不能产生较好经济效益的项目。由于这类项目自身现金流较小，只能通过财政补贴的方式才能使项目正常运营。

第三是项目本身具有较多的不确定性。例如高速公路，一些高速公路在刚开始可能因车流量小而无法实现收益目标，当经济发展到一定程度，车流量会增加，不仅实现预期目标，还可能会大幅度提高未来收益。对于这类项目，政府会在其低收益时期给予相应的补贴，而当达到一定程度就不再补贴，但是如果高到一定程度后，政府还会给予合理的调节。

2. 政府付费

政府付费是指没有确定的使用者或本身就是政府应当法定提供的基本公共服务，只能由政府利用税收资金向生产者购买服务。这种方式在英国被称为私人主动融资（PFI）的一种PPP模式。例如学校、医院等就可以采用这种PPP模式。这种模式的核心是私人部门负责结果（或成果），政府根据私人部门提供的最终结果付款，而其产生过程全部由私人部门负责管理。项目的全部成本和投资都是事前通过合约所确定的。我们也将这种方式称为政府购买服务。

需要说明一点，政府付费与我们目前所做的BT是有较大区别的，我们的BT项目只做了具体的硬件设施或建筑，而PFI不仅仅有硬件的建筑还包含有相应的服务，像教育、基本医疗、养老等。在时间上，BT一般只是3—5年，而PFI一般在25—30年。BT一般只能在短中期内缓解财政支出压力，而PFI能够在较长时期内缓解财政支出压力。

从公私合作的基本结构上来看，在较为成熟的前沿形态上，PPP的核心主体是特殊目的载体公司（SPV），如图10－2所示，在SPV的上面是项目单位，在这里就是政府公共部门；在SPV左面是组成SPV的股东，主要由基金、政策性金融

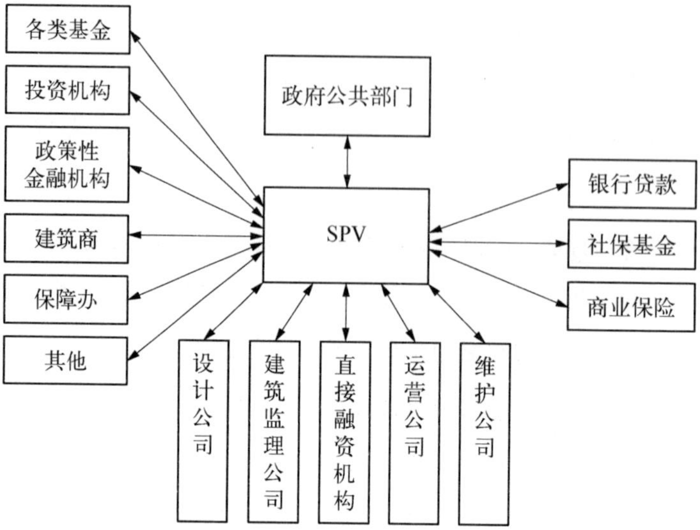

图 10－2　SPV 的多方关系

机构、建筑商、投资机构、政府公共部门等组成；SPV 的下面是项目的各执行单位，主要有设计公司、建筑监理公司、直接融资机构、运营公司和维护公司等；SPV 的右面是各类间接金融机构，主要为 SPV 提供不同类型的资金支持。

（四）“第三部门”的作用

第三部门，从范围上讲是指不属于第一部门（政府）和第二部门（企业）的其他所有组织的集合。在不同的国家和地区，“第三部门”这一概念经常与“社会组织”、“非营利组织”、“社会企业”、“慈善组织”、“非政府组织”、“志愿者组织”、“免税组织”等概念交叉使用。这些概念虽然大同小异，但侧重点还是有所区别。如表 10－1 所示：

表 10－1　第三部门的相关称谓及侧重点

称　谓	概念的侧重点
非营利组织	是从市场本位的角度而言，与营利组织相对应的，注重强调非营利性
社会企业	体现出非营利组织和纯商业组织相混合的组织特征，强调组织的创新性

续　表

称　谓	概 念 的 侧 重 点
第三部门	是指不属于第一部门（政府）和第二部门（企业）的其他所有组织的集合，强调这些组织相对于政府和私人企业的独立性
非政府组织	是指国际性以促进经济、社会发展为己任的民间组织
志愿者组织	强调组织的运作与管理在很大程度上靠志愿者在时间、精力和金钱上的投入
慈善组织	强调这些组织的资金来源于私人慈善性捐款
免税组织	强调国家的税法给予这些组织免税待遇

在市场经济条件下，面对公共服务的需求日益呈现出规模庞大、性质错综复杂和专业化的趋势，政府行为的“普遍性”与“局限性”难以满足多元化的公共服务需求，因而，不仅会出现市场失灵，也会出现政府失灵。作为政府、市场之外的第三部门，能以多样化的方式把两者很好地结合起来，从而填补在公共服务上由市场与政府遗留下来的空白地带。由于其更了解民间和弱势群体的诉求，第三部门参与公共服务供给，可以展现出其多样性服务和供给的优势，使整个社会多样化的需求能得到有效的满足，多元性的文化能得到保留和发展。同时，政府与第三部门在公共服务提供领域的合作，增加了政府提供公共服务的方式和渠道，有利于改善公共服务供给的质量。

事实上，在政府、市场、第三部门之间，以“替代”与板块拼接式的“互补”为初始基础，在现代社会中已生长、存在和发生的广泛深度合作的可能性和创新实践，在发达国家是已经很容易认定的基本事实。以公共产品为例，其生产与提供早已越过了政府的边界，市场、第三部门都以不同的方式介入到提供公共产品的队列之中。唐纳德·凯特尔（2009）指出，第二次世界大战以后，美国“在每一个政策领域都发现了公私伙伴关系”、“政府对于私人部门的依赖已经变成了战后的主要行政政策模式”。这种公私伙伴关系有时候又被称为公共服务的民营化，素有“民营化大师”之称的萨瓦斯（2002）将民营化定义为“更多地依靠民间机构，更少地依赖政府来满足公众的需求”，即在公共服务的提供中广泛引入市场机制与市场主体,他进一步具体列出了10种公私合作的机制:合同承包、特许经营、补助、凭单、法令委托、出售、无偿赠予、清算、民间补缺、撤出、放松规制等。与此同时,各类第三部门越来越深地卷入公共服务的生产与提供之中,以社会政策为例,"自从20世纪60年代……以来,大部分的社会政策项目都是通过两步模式进行管理的……第一步,先联邦政府负责确定富有挑战性的目标,然后向州政府和地方政府拨款,再由州政府和地方政府对一些项目实施管理;第二步,由州政府和地方政府将这些项目中的大部分工作承包给当地组织,特别是非营利团体"(唐纳德,2009)。萨拉蒙及其同事通过调查发现,同样在美国,长远以来在公共服务领域内就广泛地存在着公共部门与志愿部门之间的伙伴关系,表现为政府制定政策并出资、第三部门负责生产和提供相应的服务。以1980年为例,在美国非营利组织的总收入中,来自政府的资金占到65%,在以提供公共服务为主——其中主要是医院——非营利组织中则高达77%,其间的伙伴关系清晰可见。

市场、政府与第三部门之间的伙伴关系既大大增强了活力,提高了效率,同时也带来了令人迷惑的公共部门、私人部门和第三部门之间边界的模糊和各种组织功能的交叉往复,并进一步修正着传统的政府管理模式和理念,从而催生与形成"权力共享、共同治理"的现代行政运作新格局。所谓"权力共享",是指自福利经济学以来被政府垄断式地提供的公共产品与公共服务的权力——或者广而言之,政府作为社会管理者的权力——正在由更多的主体分享,市场、第三部门都已深深地卷入到公共产品的生产之中。所谓"共同治理",是指基于伙伴关系的政府、市场、第三部门之间平等协作、形成和分享共同价值的社会管理新模式。

市场、政府、第三部门之间这种基于"有效"而形成的伙伴关系,固然源自公共问题本身的高度复杂性,同时更为解决复杂的公共问题提供了方案。无论在中国还是西方,公共安全、环境保护、自然灾害、治安、资源、教育、医疗等,在流动性越来越强的现代社会,已经从过去单一行政区域内的问题演变成复杂的跨区域、跨部门、涉及多元利益主体的公共事务，完全意义的纯公共产品趋于缩减，而俱乐部产品和权益—伦理型公共产品正在随经济社会的发展进步而扩大其覆盖整个“公共产品光谱”的范围，不仅某一个政府部门难有作为，甚至政府整体也不足以应对。正如伦敦经济学院院长、著名社会学家安东尼·吉登斯(2001)所说：“在现代社会，任何一个行动者，不论是公共的还是私人的，都没有解决复杂多样、不断变动的问题的知识和信息；没有一个行动者有足够的能力有效地利用所需要的工具；没有一个行为者有充分的行动潜力去单独地主导(一种特定的管理活动)。”相反，必须要在作为核心的政府的主导下，吸收市场主体、第三部门等共同参与，借助三者合作形成的新机制将越来越大比重的公共产品资源低成本、高效率地实现，从而达到对复杂公共问题协力共助、合作求解的目的。

提要与总结

政策性投融资是政府参与资金配置的特定方式与途径。通过政策性投融资可以构建“政策性导向、市场化运作、专业化管理”的混合机制和放大机制，把不以营利为目的的政府资金以有偿而优惠的方式、以“四两拨千斤”的乘数效应的方式运用于市场失灵领域。我国金融发展的未来轨迹既要坚持商业性改革的主线，持续推进商业性金融体系的演进与完善，必须重视专门政策性金融机构的规范和发展，完善金融“双轨运行”机制。作为一种创新的制度供给，PPP不仅有助于解决我国新型城镇化和老龄化过程中面临的巨大财政压力，缓解地方政府债务危机，而且在贯彻“五位一体”取向的全面改革与科学发展、全面推进依法治国的总体战略中产生诸多宝贵的正面效应。

在中国，还需借鉴国际经验，重视和引导公益性基金会等“第三部门”的发展。

概念与认识的关键词

政策性融资和政策性融资体系;金融“双轨运行”;PPP 模式

思考与讨论

为什么需要构建政策性融资机制和体系?

如何理解多元主体间一定要风险共担?

如何理解政策性融资的支持对象必须规范遴选?

试评 PPP 的正面效应与发展空间。

试比较美国与中国的“第三部门”状况。

主要参阅文献

贾康,等. 中国政策性金融向何处去. 北京:中国经济出版社,2010.

贾康,孟艳. 政策性金融何去何从:必要性、困难与出路. 财政研究,2009(3).

贾康,刘军民. 政策性金融与中国的现代化赶超战略. 财政研究,2010(11).

贾康,孙洁. 公私合作伙伴关系理论与实践. 北京:经济科学出版社,2014.

贾康,冯俏彬. 从替代走向合作:论公共产品提供中政府、市场、志愿部门之间的新型关系. 财贸经济,2012(8).

欧纯智,贾康. 以 PPP 创新破解基本公共服务筹资融资掣肘. 经济与管理研究,2017(4).

第十一章　公共管理中的政府会计

第十一章　公共管理中的政府会计

过程越是按社会的规模进行，越是失去纯粹个人的性质……簿记对资本主义生产，比对手工业经营、农民经营的分散生产更为必要；它对社会共同集体的生产，又比对资本主义生产更为必要。

——马克思

在现代公共管理和公共财政框架下，政府的科学决策行为及其相关工作的推进，都高度依赖于全面、准确的信息系统，其中，政府会计信息作为反映预算管理和财务状况的基础信息系统，对于公共管理和公共财政核心职能的有效发挥，以及全面提高政府管理水平，提升管理效率，具有不可或缺、极为重要的作用。多年来，中国公共部门的政府会计改革，走过了一条堪称漫长的探索之路，取得了积极的成果，也逐步构建起了一个与现代公共管理和公共财政密切配合的理论和实践框架。与此同时，借鉴管理会计在企业层面发展所积累的经验，政府管理会计体系也在积极构建和发展成型的过程中，逐步发挥了更为显著的作用。

一、关于会计的理论诠释

会计的具体形式，是以货币为主要计量单位，以凭证为主要依据，借助专门的技术方法，对特定单位的经济活动作出核算和监督。在有关会计的基础理论层面,存在见仁见智的认识和不同流派的提炼与表述,比如有的强调会计是“信息系统”,有的强调会计是“管理行为”。我们认为,可用如下的定义来从基础理论层面表述关于会计的认识:会计是以簿记核算形式处理财务及其相关信息的管理系统与行为。

按这样的定义,与会计相关有三个关键词,一个是簿记核算。这种簿记核算与会计是紧密结合在一起的,是一个很直观的特征。按照马克思的学说原理,他设想未来人类的理想社会,一直到共产主义,也不可能没有簿记核算(以后这种簿记形式,从账本发展到电子信息系统里的财务数据资料数据库等,显然始终是要做核算的),簿记在人类经济生活中到了一定阶段一定会出现,而出现以后就一定要持续存在。另外一个关键词,是在实际生活中与资金管理密切相关的财务概念。财务当然还要联系和扩展到人财物、供产销等,它实为一个财务管理形式的相关信息的集成。财务信息带出的,是必须和其发生相关性的一切有用、有价值的信息。第三个关键词就是管理。不同会计概念,企业会计也好,政府会计也好,最核心的本质概念,必然是要落到管理上。三个关键词结合在一起,落到管理上,广义的管理所涵盖的不同的会计,可以在对象上宏观化,比如政府会计;也可以微观化,比如企业会计。分门别类还可以有各种各样有必要对象化的会计概念,如成本会计、预算会计,包括 PPP 创新过程中,可认为 PPP(政府和社会资本合作)需要进一步探讨编制它的资产负债表的会计准则,而且应该有实际生活中的所谓定向化的 PPP 会计。(PPP 相关的资产到底怎么样在会计准则支持之下反映到具体的簿记核算形式上,国际上一直在探索,并没有定论,中国现在已将 PPP 在创新发展过程中作为重点,显然也应该贡献我们对于规则建设的特定的成果,以后会融入整个人类社会在 PPP 这个创新概念之下有所交流之后,在全球范围内关于 PPP 的规则制定。)

一句话,会计的分门别类,回到共同点上,都是要服务于管理的,都是要服务于有效的风险管控的。管理从某种意义上讲,就是通过风险管控来追求相关经济活动最高水平的绩效,归宿就是绩效的追求。这和财政管理追求绩效在逻辑上是相通的。在实际的业务中间,我们很多具体的努力,会落到对宏观层面的政府理财、公共部门财务管理这方面必须匹配的财务会计专门化支持,和必须作出的尽可能高水平而且动态优化的相关规则的制定。

二、公共管理框架下的中国政府会计改革

(一) 改革背景与必要性

1. 中国政府会计改革的经济社会背景

(1) 在经济发展与改革的过程中,市场和政府的分工趋于明晰

在传统计划经济体制下,政府实以管制和命令(指令)方式统管经济和社会发展,市场发育及其作用十分不足。财政分配中,以预算会计方式对政府预算资金运动进行记录和反映,就可以满足政府财政管理的需要。而在市场经济体制建立过程中,政府和市场开始有了明确的分工。一方面,政府在分工中承担着宏观调控职能,这种市场经济体制下的宏观间接调控,较之计划经济体制下的直接控制复杂得多。财政政策是政府宏观调控的重要工具,需要有更加丰富和全面的政府与公共部门会计信息,来反映财政资金以及公共部门资金的流量和存量状况,从而为科学的宏观调控决策提供依据。另一方面,在市场经济体制下,大量的企业和居民成为市场主体,在社会生产与生活中的独立地位加强,形成对政府公共资源集中和使用更加有力的互动与约束力量,也提出了对政府会计信息更多的需求。因此,无论是政府自身还是社会公众,都需要有更加多样性的政府会计信息来真实、全面地反映公共资金的运动状况,不仅需要反映预算执行情况的预算会计信息,还需要有反映政府财务状况(资产与负债等)的财务会计信息。

(2) 市场经济体制的建立使财政分配内容和方式发生重大变化

在计划经济时期,我国的财政分配内容比较简单,收入主要是国营经济的上缴利润和一部分税收,进而安排各项支出,预算基本上涵盖了政府集中和使用的

所有公共资源。市场经济体制建立以来，政府财政分配的内容和方式都比以前更加多样化了。政府的财政资金除了来自企业单位、居民个人的税收和服务收费以外，还有来自国有资源的收入以及通过发行公债和各种融资活动取得的可使用资金。财政分配的方式，除了传统的无偿分配以外，有偿的方式在一些领域也得到了使用，中央和地方债务都有很大的发展，还出现了政府政策性担保业务。这使得传统的以记录预算收支为主要任务的预算会计，很难全面反映政府财政资金的运动全貌，尤其难以反映政府资产、负债等财务状况及其对未来的影响。随着财政支出结构从生产建设为主转向提供公共服务为主，直接用于民生和各种公共服务的资金比重大大增加，这些民生支出具有较强的刚性，无论是政府还是公众，都会更加关注政府财务状况对可持续性的影响。

（3）建立现代财政管理制度的相关改革不断深化

在公共财政框架的建设过程中，我国的财政管理制度发生着重要的变化，先后实行了部门预算、国库集中收付、政府采购、收支两条线、政府收支分类改革等重要的制度性改革，科学化、精细化管理成为财政管理改革的导向与趋势。各级政府在预算绩效管理、预算决策民主化和预算透明度等方面进行了积极探索，这些改革和探索的进一步深化，都需要有相应的政府会计信息给予基础支撑，而传统的预算会计显然难以满足这些改革进一步深化的需要。

上述环境的变化在为我国政府会计制度改革提供外部和内部两个方面的动因的同时，也提供了改革的社会条件和管理基础。了解这些环境变化因素，有助于我们认识我国政府会计改革的必要性和方向，认识我国政府会计改革的内容和重点。

2. 中国政府会计改革的必要性

（1）建设服务型政府，提高政府管理的透明度

打造服务型政府，是建设和完善社会主义市场经济体制的客观要求，需要创新和改进政府管理制度和方式，提高政府工作的透明度，全面提高行政效能，建立完善的政府会计体系，提供全面反映政府资产负债状况和业绩情况的数据信

息，并通过充分透明的报税形式向社会公众公布，以保障公众对于政府活动与其绩效的知情权，进而行使公众的监督权、质询权、建议权。

(2) 健全公共财政体制，实施政府财政支出绩效管理

部门预算（综合预算）、政府收支分类、国库集中支付、收支两条线、政府采购等一系列财政制度改革，是意在通过达到财政部门预算资金的完整性（覆盖"全口径"的政府财力）、管理的严密性（形成"单一账户"体系）、以制度安排防止利益驱动的公共资源配置扭曲（收支脱钩、各自走规范程序安排）和把供给机制与竞争性市场机制对接，来提升财政资金配置的综合绩效水平，追求公众利益最大化，其中内含的对财政资金使用的监督管理与追踪问效，在技术上必须得到政府会计制度变革的全面配合。实施政府绩效评价涉及两个方面的关键问题：一是设计出科学合理的评价标准与指标体系，二是要获取充分适当的定性、定量信息作为评价依据。会计具有提供货币化计量信息的天然功能，然而我国长期实行的主要以收付实现制为基础的预算会计体系，难以全面提供有关政府主体的资产负债与运行成本方面的信息，难以满足绩效评价管理的需要，改革也就成为必然要求。

(3) 贯彻现代国家治理理念，加强政府科学管理

贯彻现代国家治理理念，事关改革、发展、稳定的大局和财政职能作用的有效发挥。政府会计提供的有关预算单位和各级政府的资产负债等财务状况以及收入、成本费用等运营成果方面的信息，是加强政府科学管理、全面提升政府管理水平进而实施包容性的现代国家治理的基础。然而主要以收付实现制为基础的预算会计体系，难以全面提供上述信息，需要改进，建立既能提供预算执行信息，又能提供全方位财务会计信息的政府会计体系，为加强政府预算管理、财务管理、资产管理、负债管理，防范和化解财政风险，实现"善治"，发挥基础性作用。

(4) 逐步实现与国际政府会计发展协调接轨

20 世纪 80 年代以来，西方成熟市场经济国家对政府会计所进行的改革，主

要趋势是从传统的收付实现制转向权责发生制。这些国家的实践证明,进行这种政府会计改革,对于增强政府财政透明度、合理评价政府绩效、强化政府公共受托责任、提高政府公共支出管理水平等方面,都可以起到至关重要的作用。我国改革开放以来经济的市场化与国际化程度已经越来越高,国际货币基金组织、世界银行等国际组织以及世界上许多国家,对我国财政金融体制的稳定和发展越来越关注,随着国际交往的扩大与深化,财务会计准则与国际接轨的客观要求也日益凸显。特别是我国政府债务的不断增长,面临着今后如何加强财政风险防范的问题,这些也都需要通过政府会计改革提供相关信息,进一步满足国际上对相关信息的需求,以利于促进国际合作和各国相关政策协调。

（二）改革的进程

改革开放以来,我国预算会计制度经历过多次调整和改革,其中比较大的改革包括:1998 年的行政事业单位会计改革,2012、2013 年的行政事业单位会计系列改革,2015 年权责发生制政府综合财务报告制度改革以及 2019 年政府会计改革的全面实施。2015 年之前的改革,基本没有涉及预算会计功能的变化,主要增加了一些财务会计功能,但基本上适应了当时经济和财政管理的需要,属于适应性改革,是渐进性的“量变”改革,而 2015 年权责发生制政府综合财务报告制度改革,是针对国内外经济和社会环境发生深刻变化的全面调整,是突破性的“质变”改革,意义重大,对我国政府整体管理能力和管理水平,提出了新的要求,并提供了重要的支持手段。

1. 1998 年行政事业单位会计改革

1996 年,为适应 1994 年财税体制改革后的新形势,财政部对预算会计制度进行较大的改革,于 1997 年 5 月 28 日颁布了《事业单位会计准则》,同年 6 月 25 日和 7 月 17 日又分别颁布了《财政总预算会计制度》和《事业单位会计制度》,1998 年 1 月 19 日和 2 月 6 日又分别颁布了《行政单位财务规则》和《行政单位会计制度》。这些会计制度均从 1998 年 1 月 1 日起开始实施,它们同

1995年10月4日修订重印并于1996年1月1日起实施的《国有建设单位会计制度》，以及1996年10月22日颁布、1997年1月1日起实施的《事业单位财务规则》一道，构成了中国新的预算会计规范体系。

该预算会计体系有以下特点：一是会计目标定位是为国家预算管理服务。预算会计制度中明确规定，我国的预算会计是核算、反映和监督国家预算执行情况的会计，是为国家预算管理服务的。二是会计体系结构由财政总预算会计、行政单位预算会计和事业单位预算会计组成，这是和我国预算体系分为财政总预算和单位预算相适应的。三是会计功能主要是预算会计功能。行政单位核算内容以预算收支为主，虽然有资产负债表等财务报表，但是财务会计的功能很弱。事业单位预算会计具有一定的财务会计功能，但不完整。四是会计基础为收付实现制，虽然在我国预算会计制度中一直规定部分有经营业务的事业单位可采用权责发生制基础，也在行政单位的年度转处理等方面，采用了权责发生制方法，但是就整个预算会计体系而言，仍然是以收付实现制为基础的。五是会计信息的披露主要是通过决算报告形式，向人民代表大会和公众提供详细程度不等的预算收支执行情况信息。

2. 2012年前后事业单位会计系列改革

2010年，以配合医疗体制的改革为契机，财政部先后发布新修订的《基层医疗卫生机构会计制度》（财会[2010]2号）和《医院会计制度》（财会〔2010〕27号）。2011年，中共中央国务院关于分类推进事业单位改革的指导意见（中发[2011]5号）进一步推动了事业单位会计改革的步伐。2012年，基于新修订的《事业单位财务规则》（财政部令第68号），紧接着修订发布了《事业单位会计准则》（财政部令第72号）、《事业单位会计制度》（财会〔2012〕22号），并定于2013年1月1日开始施行。2013年1月10日，为确保新旧制度顺利衔接、平稳过渡，促进新制度的有效贯彻实施，财政部制定了《新旧事业单位会计制度有关衔接问题的处理规定》（财会〔2013〕2号）。2013年末，财政部发布了新修订的《中小学会计制度》（财会〔2013〕28号）、《科学事业单位会计制度》（财会

〔2013〕29号）、《高等学校会计制度》（财会〔2013〕30号）等，及新制定的《彩票机构会计制度》，表明我国事业单位会计标准体系的建设趋于完善，体现了推进政府及非营利组织会计改革的阶段性成果。

新《事业单位会计制度》的主要变化表现在，加强财政投入资金会计核算，规范核算非财政补助结转结余及其分配，突出强化资产计价和入账管理，全面完善会计科目体系及其说明，改进优化财务报表体系和结构。

3. 2013年行政单位会计改革

随着公共财政体系建立健全和财政预算管理改革深入推进，我国相继推行的部门预算、国库集中收付制度、政府收支分类、财政拨款结转和结余资金管理等多项公共财政管理改革，都对行政单位会计核算提出了新要求。原《行政单位会计制度》会计科目设置相对简单，核算内容不够全面的问题主要是：由于缺少无形资产、在建工程等科目，行政单位直接管理的一些资产未予核算；固定资产不计提折旧，造成资产价值不实，会计报表列示的项目和内容不尽合理，比如在资产负债表中列示收入和支出项目；会计信息披露不充分，缺乏对报表附注披露内容的统一规定等。为适应改革要求，2013年1月1日起，我国全面实施新修订的《行政单位财务规则》，对行政单位的预决算管理、收支结余管理、资产负债管理等方面提出了新要求。

新《行政单位会计制度》的实施有利于全面准确反映行政单位财务状况和预算执行情况，进一步提高会计信息质量，有利于贯彻落实《中共中央关于全面深化改革若干重大问题的决定》提出的“建立权责发生制的政府综合财务报告制度”的要求，有利于贯彻落实《党政机关厉行节约反对浪费条例》关于“推进政府会计改革，进一步健全会计制度，准确核算机关运行经费，全面反映行政成本”的规定，对于深化公共财政管理改革、提升行政单位财务管理水平，发挥了积极作用。

4. 2015年政府会计改革全面改革启动

2015年1月5日，国务院正式公开发布批转财政部《权责发生制政府综合财务报告制度改革方案》(国发〔2014〕63 号)。它阐述了建立权责发生制政府综合财务报告制度的重要意义、指导思想、总体目标和基本原则,并明确提出了改革的主要任务、具体内容、配套措施、实施步骤、组织保障等方面的要求。《权责发生制政府综合财务报告制度改革方案》(以下简称《方案》)的发布,标志着我国的政府会计改革正式启动。

权责发生制(Accrual Basis)的会计原则,亦称应计制原则,是指以实质性取得收到现金的权利或支付现金的责任,以这种权责的发生为标志,来记账确认当期的收入和费用,以及债权和债务。这一原则有别于以现金收支实际发生时间来记账的收付实现制(Cash Basis)原则。

权责发生制政府综合财务报告,通常也称为政府综合财务报告,是指反映各级政府整体财务状况、运行情况和财政中长期可持续性的报告。报告内容主要包括政府资产负债表、收入费用表等财务报表和报表附注,以及以此为基础进行的综合分析等。从国际上看,推行权责发生制政府综合财务报告制度改革,已经成为公共财政管理的发展趋势。

根据《方案》的要求,我国政府会计改革的主要任务是:建立健全政府会计核算体系;建立健全政府财务报告体系;建立健全政府财务报告审计和公开机制;建立健全政府财务报告分析应用体系。改革的具体内容包括:建立政府会计准则体系和政府财务报告制度框架体系;编报政府部门财务报告;编报政府综合财务报告。

5. 2019 年政府会计改革正式实施

自从 2015 年政府会计改革全面改革启动后,我国相继出台多项政府会计准则,包括 1 项《政府会计准则——基本准则》和 8 项《政府会计准则》,2017 年 10 月,财政部印发了《政府会计制度——行政事业单位会计科目和报表》(财会〔2017〕25 号),明确规定自 2019 年 1 月 1 日起施行。《政府会计制度》继承了多年来我国行政事业单位会计改革的有益经验,反映了当前政府会计改革发展的内在需要和发展方向,标志着我国的政府会计改革正式实施。

（三）改革的内容

2015年《方案》提出，权责发生制政府综合财务报告制度改革是基于政府会计规则的重大改革，其前提和基础任务就是要建立健全政府会计核算标准体系，包括制定政府会计基本准则、具体准则及应用指南，健全完善政府会计制度。在政府会计核算标准体系中，基本准则属于“概念框架”，统驭政府会计具体准则和政府会计制度的制定；具体准则主要规定政府发生的经济业务或事项的会计处理原则，应用指南主要对具体准则的实际应用作出操作性规定；会计制度主要规定政府会计科目及其使用说明、报表格式及其编制说明等。会计准则和会计制度相互补充，共同规范政府会计主体的会计核算，保证会计信息质量。按照《方案》确定的目标，应当在2020年之前建立起具有中国特色的政府会计标准体系。

从政府会计改革的内容看，主要包括三方面的内容：政府综合财务报告制度、政府会计准则和政府会计制度。政府综合财务报告制度是改革目标，政府会计准则和政府会计制度是实现目标的技术支持和具体途径。

1. 建立政府综合财务报告制度体系

我国过去一直实行以收付实现制政府会计核算为基础的决算报告制度，主要反映政府年度预算执行情况的结果，对准确反映预算收支情况、加强预算管理和监督发挥了重要作用。但随着经济社会发展，仅实行决算报告制度已经难以满足建立现代财政制度、促进财政长期可持续发展和推进国家治理现代化的要求，主要表现在：无法全面准确反映政府负债，难以为有效防范财政风险和促进财政长期可持续发展提供可靠的信息支撑；无法完整清晰反映政府资产，不利于强化政府资产管理、增强政府公共服务能力；无法科学合理反映政府成本费用，不利于降低行政成本、提升政府运行效率。

为了解决上述问题，全面提升政府管理水平和资金使用效率，对我国政府会计进行改革，建立全面反映政府资产负债、收入费用、运行成本、现金流量等财务信息的权责发生制政府综合财务报告制度，成为建立国家治理体系的主要工作内容之一。在这样的背景下,国务院批转了财政部权责发生制政府综合财务报告制度改革方案,将党的十八届三中全会关于"建立权责发生制的政府综合财务报告制度"的要求和新《预算法》关于"各级政府财政部门应当按年度编制以权责发生制为基础的政府综合财务报告"的规定落到实处。

政府综合财务报告制度是一系列政府财务报告制度的统称,具体包括单位层面的财务报告制度、部门层面的财务报告制度以及政府层面的综合财务报告制度。财务报告制度内容主要涵盖资产负债表、收入费用表及其附注,以及基于这些财务报表进行的管理和政策说明。建立政府综合财务报告制度,就是要全面反映政府的资产、负债情况,全面反映政府运行的收入、费用情况,把政府财政、经济资源的存量管理和流量管理密切结合起来,实现社会公众对政府掌握的国民财富的使用情况的了解和监督。科学财政是国家治理的基础和重要支柱,政府综合财务报告是财政工作的重要组成部分。根据党的十八届三中全会作出的全面深化改革的重大决策部署,为深化财税体制改革、建立现代财政制度,推进政府会计改革势在必行,是相关制度建设的一项重要内容。政府综合财务报告相关制度的建立,对于推进政府会计改革,构建统一、科学、规范的政府会计准则体系,建立现代财政制度,将奠定重要的技术性基础。

2. 建立《政府会计准则》体系

从2015年开始,我国陆续出台了《政府会计准则——基本准则》和8项《政府会计准则》。《基本准则》作为《政府会计准则》体系的概念框架,对政府会计的基本问题进行了规范,包括对会计目标、会计信息质量特征、核算基础、会计要素、财务报表等内容作出统一规定。8项具体准则包括《政府会计准则第1号——存货》、《政府会计准则第2号——投资》、《政府会计准则第3号——固定资产》、《政府会计准则第4号——无形资产》、《政府会计准则第5号——公共基础设施》、《政府会计准则第6号——政府储备物资》、《政府会计准则第7号——会计调整》和《政府会计准则第8号——负债》,这些具体准则分别规范了政府会计主体不同的交易和事项,为政府会计主体进行具体会计核算提出了基本要求。

（1）《政府会计准则》旨在规范政府会计核算，提高政府会计信息质量

会计工作是政府财政财务管理的重要基础。长期以来我国政府管理领域实行的收付实现制为核算基础的预算会计体系，不能科学、准确、完整地反映政府"家底"，妨碍了新形势、新阶段中国政府会计信息全面性和可靠性的提高。另外，由于政府会计领域涉及的制度、办法、规定种类繁多，缺乏统一、规范的政府会计准则体系，便不能提供信息准确完整的政府财务报告。《政府会计准则》体系的出台，为构建统一、科学、规范的政府会计准则体系奠定了基础，有利于规范各级政府、各部门、各单位的会计核算，提高政府会计信息的可靠性、全面性、相关性、可比性、及时性和可理解性。

（2）《政府会计准则》有利于推进政府预算和财务管理，夯实现代财政制度

全面规范、公开透明的现代预算制度是现代财政制度具有核心意义的重要内容。十八大以来，党中央、国务院对于深化预算管理制度改革作出了一系列重要部署和安排，对于完善政府预算体系、推进预算公开、加强预算执行，规范地方政府债务管理等提出了一系列要求。加快推进政府会计改革，制定《政府会计准则》，建立健全政府会计核算标准，是夯实预算管理基础、确保预算管理相关制度落地生根的基础性保障。因此，深化预算管理各项改革，必须加快推进政府会计改革，逐步建立以权责发生制政府会计核算为基础，以编制和报告政府资产负债表、收入费用表等报表为核心的政府综合财务报告制度，为开展政府信用评级、加强资产负债管理、防范财政风险、在各级编制三年滚动预算、全面深入开展预算绩效管理等提供支持，促进政府财务管理水平提高和财政经济可持续发展。

（3）《政府会计准则》有助于准确反映政府运行成本，科学评价政府绩效

构建科学的政府绩效评价体系是加快转变政府职能，推进服务型政府建设的有效途径，也是我国推动国家治理体系和治理能力现代化的必然要求。准确核算政府运行成本，是科学评价政府绩效的重要基础工作。2013 年，中共中央、国务院印发的《党政机关厉行节约反对浪费条例》中明确提出，要"推进政府会

计改革，进一步健全会计制度，准确核算机关运行经费，全面反映行政成本”。党的十九大政治报告则明确提出：“全面实施绩效管理。”为此，需要在政府会计核算中引入综合成本、综合绩效等先进理念，能够合理归集、反映政府的运行费用和履职成本，科学评价政府、部门、单位等耗费公共资源后的工作成效情况。《政府会计准则》在核算内容方面体现了上述要求，为准确反映政府运行成本，构建科学的政府绩效评价体系奠定了技术性基础，从而有利于进一步规范政府行为、提高政府决策能力，促进国家治理体系和治理能力的现代化。

3. 建立《政府会计制度》

我国原有的预算会计核算标准体系基本上形成于1998年前后，主要涵盖财政总预算会计、行政单位会计与事业单位会计，包括《财政总预算会计制度》、《行政单位会计制度》、《事业单位会计准则》、《事业单位会计制度》，以及医院、基层医疗卫生机构、高等学校、中小学校、科学事业单位、彩票机构等行业事业单位会计制度和国有建设单位会计制度等有关制度。2010年以后，为适应公共财政管理的需要，财政部先后对上述部分会计标准进行了修订，基本满足了当时部门预算管理的需要。

党的十八届三中全会提出了“建立权责发生制政府综合财务报告制度”的重大改革举措，2014年新修订的《预算法》对各级政府提出了按年度编制以权责发生制为基础的政府综合财务报告的新要求。由于原有预算会计标准体系一般采用收付实现制，主要以提供反映预算收支执行情况的决算报告为目的，无法准确、完整反映政府资产负债“家底”，以及政府的运行成本等情况，故难以满足编制权责发生制政府综合财务报告的信息需求。另外，因原有预算会计领域多项制度并存，体系繁杂、内容交叉、核算口径不一，造成不同部门、单位的会计信息可比性不高，通过汇总、调整编制的政府财务报告信息质量较低。因此，在新的形势下，需要对原有预算会计标准体系进行改革。

为了加快建立健全政府会计核算标准体系，以统一现行各类行政事业单位会计标准、夯实部门和单位编制权责发生制财务报告和全面反映运行成本，并同时反映预算执行情况的核算基础为目标，制定适用于各级各类行政事业单位的统一的会计制度，2017 年 10 月财政部印发了《政府会计制度——行政事业单位会计科目和报表》（财会〔2017〕25 号），全面贯彻落实党的十八届三中全会精神和改革方案要求，对于服务全面深化财税体制改革，提高政府会计信息质量、提升行政事业单位财务和预算管理水平、全面实施绩效管理、建立现代财政制度，在我国政府会计发展进程中具有划时代的重要意义。

三、政府会计：财务会计与预算会计的结合

（一）政府会计核算模式的建立

1. 政府会计核算模式：财务会计与预算会计的统一框架

政府会计改革创新性地构建了“财务会计和预算会计适度分离并相互衔接”的会计核算模式。所谓“适度分离”，是指适度分离政府预算会计和财务会计功能，决算报告和财务报告功能，全面反映政府会计主体的预算执行信息和财务信息。它主要体现在以下几个方面：一是“双目标”，在一套政府会计准则下实现同时提供财务会计信息和预算会计信息，分别满足财务管理和预算管理需要的目标。二是“双功能”，在同一会计核算系统中实现财务会计和预算会计双重功能，通过资产、负债、净资产、收入、费用五个要素进行财务会计核算，通过预算收入、预算支出和预算结余三个要素进行预算会计核算。三是“双基础”，财务会计采用权责发生制，预算会计采用收付实现制，国务院另有规定的，则依照其规定。四是“双报告”，通过财务会计核算形成财务报告，通过预算会计核算形成决算报告。所谓“相互衔接”，是指在同一会计核算系统中，政府预算会计要素和相关财务会计要素相互协调，决算报告和财务报告相互补充，共同反映政府会计主体的预算执行信息和财务信息。主要体现在：一是对纳入部门预算管理的现金收支进行“平行记账”。对于纳入部门预算管理的现金收支业务，在进行财务会计核算的同时也应当进行预算会计核算。对于其他业务，仅需要进行财务

会计核算。二是财务报表与预算会计报表之间存在勾稽关系（内在逻辑对应关系）。通过编制"本期预算结余与本期盈余差异调节表"并在附注中进行披露，反映单位财务会计和预算会计因核算基础和核算范围不同所产生的本年盈余数（本期收入与费用之间的差额）与本年预算结余数（本年预算收入与预算支出的差额）之间的差异，从而揭示财务会计和预算会计的内在联系。这种会计核算模式兼顾了现行部门决算报告制度的需要，又能满足部门编制权责发生制财务报告的要求，对于规范政府会计行为，夯实政府会计主体预算和财务管理基础，强化政府绩效管理，具有深远的影响。

2. 政府会计核算之财务会计

政府会计改革的核心内容之一，是构建起真正意义的政府财务会计体系。以往的预算会计制度中也有部分财务会计核算内容，但反映很不全面，不能充分发挥财务会计的功能，对政府的管理和决策作用十分有限。政府会计改革建立的《政府会计准则》和《政府会计制度》，实现了预算会计向政府会计的"质的飞跃"，将政府会计的范围扩展为"预算会计+财务会计"，突出了对财务会计的核算，从根本上提升了财务会计的地位，搭建起预算会计、财务会计并重的会计框架。

在政府财务会计核算中，全面引入权责发生制，在会计科目设置和账务处理说明中，着力强化财务会计功能：增加了收入和费用两个财务会计要素的核算内容，并原则上要求按照权责发生制进行核算；增加了应收款项和应付款项的核算内容，对长期股权投资采用权益法核算，确认自行开发形成的无形资产的成本，要求对固定资产、公共基础设施、保障性住房和无形资产计提折旧或摊销，引入坏账准备等减值概念，确认预计负债、待摊费用和预提费用等。在政府会计核算中强化财务会计功能，对于科学编制权责发生制政府财务报告、准确反映单位财务状况和运行成本等情况，具有重要的意义。

在全面引入权责发生制的同时，财务会计扩大了政府资产负债核算范围。在原有预算会计制度基础上，扩展资产负债核算范围，除按照权责发生制核算原则增加有关往来账款的核算内容，还在资产方面增加了公共基础设施、政府储备物资、文物文化资产、保障性住房和受托代理资产的核算内容，以全面核算单位控制的各类资产；增加了“研发支出”科目，以准确反映单位自行开发无形资产的成本。在负债方面，增加了预计负债、受托代理负债等核算内容，以全面反映单位所承担的现时义务。此外，为了准确反映单位资产扣除负债之后的净资产状况，《政府会计制度》立足单位会计核算需要、借鉴国际公共部门会计准则相关规定，将净资产按照主要来源分类为累计盈余和专用基金，并根据净资产其他来源设置了权益法调整、无偿调拨净资产等会计科目。资产负债核算范围的扩大，有利于全面规范政府单位各项经济业务和事项的会计处理，准确反映政府“家底”信息，为相关决策提供更加有用的信息。

3. 政府会计核算之预算会计

政府会计改革进一步完善了预算会计功能。根据改革方案要求，《政府会计制度》对预算会计科目及其核算内容进行了调整和优化，以进一步完善预算会计功能。在核算内容上，预算会计仅需核算预算收入、预算支出和预算结余。在核算基础上，预算会计除按《预算法》要求的权责发生制事项外，均采用收付实现制核算，有利于避免原有预算会计制度下存在的虚列预算收支的问题。在核算范围上，为了体现新《预算法》的精神和部门综合预算的要求，《政府会计制度》将依法纳入部门预算管理的现金收支均纳入预算会计核算范围，如增设了债务预算收入、债务还本支出、投资支出等。调整完善后的预算会计，能够更好贯彻落实《预算法》的相关规定，更加准确反映部门和单位预算收支情况，更有利于满足部门、单位预算和决算管理的需要。

（二）政府会计的职能及其影响

1. 全面反映财务状况，为政府决策提供基础信息

政府会计能够全面反映政府单位和部门的财务状况，特别是首次在真正意义上实现了对非流动资产包括固定资产、公共基础设施、政府储备物资、保障性

住房,以及非流动负债包括各类长期债务以及或有负债的反映,对于摸清政府家底,兼顾存量、流量管理,实现政府科学决策,意义重大。只有在政府财务状况清晰,资产、负债真实反映的前提下,才能实现政府对所掌握的资产、负债的科学管理,实现资产增加、运维、处置等环节的科学决策,实现债务规模、债务结构、期限结构、风险控制等方面的正确判断,提高管理水平,提高财政资金使用效率,推动财政管理现代化。

2. 客观反映预算收支信息,促进预算管理机制进一步优化

政府会计能够全面反映政府单位和部门的预算收支状况,将财务会计从预算会计中分离出后,在收付实现制基础上进行的预算收支核算能够更好地与预算资金管理体制对接。特别是将政府单位和部门的债务收入、债务还本支出和投资支出纳入预算收支范围,实现了预算会计核算与预算管理口径的统一,使预算管理的各项具体内容都有了会计信息反映,对于预算资金全过程管理,包括预算编制、预算执行情况的及时跟踪、监控,以及预算评价等,有了基本依据,能够促进预算管理机制不断优化。具体包括:将全部财务收支都纳入部门预算范围,建立健全部门预算制度,对预算的编制基础、原则、方法、范围等进行明确规定,加大对预算的监督检查力度,促使单位预算本着科学、合理的原则编制,强化预算的约束性,维护预算的严肃性。

3. 科学反映资产存量信息,推动公共资源合理化配置

长期以来,受到财务会计不完善的影响,政府部门和单位在资产管理方面较为薄弱,资产存量底数不清,资产管理方式单一,资产管理水平亟待提升。由于政府资产范围较宽,从具体管理角度而言,需要着重加强对各类非流动资产的管理,具体包括固定资产、公共基础设施、政府储备资产等资产的管理,以及对自然资源的管理。

政府会计强化财务会计核算,能够科学反映行政事业单位的资产存量信息,有助于加强财务管理。资产管理和预算管理相结合,是实现政府科学决策的重要方式。资产,特别是公共基础设施的形成、运行、维护过程,往往是政府部门和

单位的重大决策事项,能够体现政府的管理水平。资产管理和预算管理的有效结合,能够充分体现政府决策的科学性,具体包括以下内容:一是完善并拓展行政事业性单位资产管理的内涵与外延,把一直以来采用的行政事业单位国有资产的概念拓展为“政府公共资产”;二是对政府公共资产的范围绩效清晰界定并研究建立有效的资产决策机制和管理机制;三是强化存量资产管理,探索资产共享公用和调剂使用机制;四是建立行政事业单位财政预算拨款和资产管理协调一致的绩效评价体系,促进资产管理与预算管理的结合。

4. 客观反映政府负债信息,促进政府债务管理能力提升

政府部门和单位的负债管理与资产管理一样,也是政府管理水平的具体体现。长期以来,受到财务会计核算不完善的影响,政府债务管理水平与政府债务规模的大幅度扩展极不对等,政府债务管理难度不断加大,不利于防范政府债务风险。

在当各级政府资金短缺较为普遍的情况下,政府融资决策对于政府未来财政风险和管理风险的控制影响巨大。以政府会计强化负债核算,有助于加强政府负债管理。依据财务会计提供的相关负债信息,政府单位和部门能够厘清政府的债务边界,支持科学的债务决策,根据需要合理控制债务规模,选择规范的资金来源渠道,选取适当债务工具,优化债务期限结构,降低综合债务成本;同时,明确债务管理流程,把控关键管理环节,通过建立全面的风险管理体系,强化债务风险控制;运用科学合理的管理方法,保障政府在合理债务负担边界内进行运转,实现对政府债务的有效管理,保障财政运行的可持续性。

四、政府管理会计:改革与影响

(一)政府管理会计改革的推进

1. 何为政府管理会计?

通常,管理会计作为会计的重要分支,主要服务于单位(包括企业和行政事

业单位）内部管理需要，是通过利用相关信息，有机融合财务与业务活动，在单位规划、决策、控制和评价等方面发挥重要作用的管理活动。政府管理会计是以提高政府管理效率、效益和效果为目标，为政府经济与管理活动全过程的预测、决策、规划、控制、责任考核评价等提供会计信息服务的信息收集和处理系统。运用政府管理会计方式方法，有助于关注和重视政府管理中不同环节、不同岗位之间的相互衔接，加强规则制定、流程控制，提高政府管理效能；有助于推进行政事业单位加强预算绩效管理、决算分析和评价工作，推动建立与实现现代化相适应的现代财政制度，进而推进国家治理体系和治理能力现代化。在我国面临经济社会发展中新旧动力转换、追求高质量可持续发展的关键性阶段，促进政府管理会计实践的进步，具有重要的现实意义。

与企业管理会计增强核心竞争力和价值创造力，促进经济转型升级，为单位发展提供规划、决策、控制和评价有所不同，政府管理会计的职能主要体现为保障政府体系顺利运行和公共部门预定目标的顺利实现。充分挖掘政府管理潜力，助力政府科学决策，促进政府良性运转，提升财政资金使用效率，服务公共产品保质保量提供，支持实现经济顺利转型和社会经济持续发展，成为政府管理会计的基本目标和中心内容。

2. 两项改革对政府管理会计工作的积极推动

从改革趋势看，在2019年，有两项重要改革会对政府管理会计工作的深入推进产生积极影响：

一是自2019年1月1日起正式实施的《政府会计制度》。这一制度在行政事业单位的全面实施，将从根本上扭转我国预算资金管理过程中的“重预算管理，轻财务管理”、“重预算会计，轻财务会计”的局面，实现对预算资金使用的全过程、可持续反映，特别是对于以前年度财政资金所形成的存量资产以及相应负债进行全面核算，将有助于逐步实现对政府“家底”的全面掌握，从根本上改善政府会计信息的内容和质量，这是深入推进政府管理会计工作至关重要的基础性条件。政府管理会计既是政府财务会计在逻辑上的延伸，也是财务会计与管理技术的融合,政府财务会计的科学合理性,决定了政府管理会计发展的起点和深度,现行政府会计改革为政府管理会计的深入推进,奠定了基础。

二是全面实施预算绩效管理。全面预算绩效管理的改革目标,是提高财政资源配置效率和使用效益,其整体改革框架是通过全方位、全过程、全覆盖实施预算绩效管理,实现预算和绩效管理一体化,着力提高财政资源配置效率和使用效益,通过管理促改革,构建一整套覆盖财政资金分配、使用和监督的制度,解决政府财政资金紧张、风险压力增大与资金使用效率低下之间的矛盾,实现财政资金的科学合理使用。这既对政府管理会计工作提出了迫切需求,也为深入推进政府管理会计工作形成了重要的政策配合。全面预算绩效管理是政府管理会计的核心内容之一,这项改革的推进将极大地促进政府管理会计工作的拓展和深化。

在全面执行《政府会计制度》和全面实施预算绩效管理改革的有利形势下,政府管理会计工作将具备良好的信息资源条件和政策条件,进一步实现提升政府管理水平的基本目标。

(二)政府管理会计改革的作用与影响

政府管理会计以提高政府管理效率、效益和效果为目标,是为政府经济与管理活动全过程的预测、决策、规划、控制、责任考核评价等提供会计信息服务的信息收集和处理系统,其职能主要体现为保障政府顺利运行和公共部门预定目标的顺利实现。政府管理会计的基本目标和中心内容包括:充分挖掘政府管理潜力,助力政府科学决策,促进政府良性运转,增进财政资金使用效率,服务公共产品保质保量提供,最终实现经济顺利转型和社会经济持续发展。

1. 全方位推动政府决策机制的健全与完善

政府管理会计是提升政府管理决策水平的重要手段,重在利用有关信息参与决策、规划未来、控制和评价政府运营活动,其理念和方法对政府管理具有重要意义。基于财务会计信息,通过运用政府管理会计手段和方法,有助于关注和重视政府管理中不同环节、不同岗位之间的相互衔接,加强规则制定、流程控制,提高政府管理效能;有助于推进行政事业单位加强预算绩效管理、决算分析和评价工作,提高政府决策水平。现阶段,要发挥政府管理会计在政府决策中的积极作用,应当注重加强以下几方面的工作:

一是建立综合信息平台,为政府科学决策提供基本条件。近年中国的政府信息化管理工作已经取得了较大进展,但信息之间的关联度和共享程度较低,"信息孤岛"现象仍较普遍,这不利于管理会计工具发挥作用。因此,要提升政府管理过程中的决策水平,首先需要加强政府管理会计信息化支撑体系和相关软件开发,充分利用信息技术优势,结合管理需要、实务工作和会计要求,灵活运用管理会计工具方法,加快政府会计职能从重核算向重管理决策的拓展。

二是建立政府部门财务分析体系,为政府科学决策提供判断依据。政府会计改革中,全面规范了政府部门和单位提供财务会计和预算会计信息的数量和质量要求,为政府管理会计的全面推进提供了基础性条件,但这些信息能否有效运用,首先取决于是否对信息进行了科学有效的分析。建立政府部门财务分析体系,就是基于政府管理的宏观、微观政策条件,根据政府会计提供的各类信息,对政府部门运行情况、履责情况、财政资金分配和使用情况、提供公共产品和公共服务的数量质量、财政资金运用效果和效率等方面内容,进行全面分析,对未来财政年度政府可持续运行情况、财政风险和管理风险的控制情况,以及未来政策取向及实施情况等,进行综合判断,为政府决策提供基本依据,促进政府提高科学决策与管理的水平。

2. 实现预算管理与绩效管理一体化

在政府管理会计体系中,预算管理与绩效管理是两项核心内容。当前,在建立现代财政管理体系过程中,预算管理和绩效管理一体化已经成为发展的大趋势。在这一过程中,预算结果评价环节十分重要,是进行财政资金分配决策的主要依据。在预算整体评价环节,应用绩效评价结果,能够大大增加预算管理的科学性,便于优化下一步的财政资金分配决策。推动政府层面的科学决策是绩效管理的目标之一，绩效评价结果应用在绩效管理过程中，发挥着举足轻重的作用，预算评价结果和绩效评价结果有机结合，并反馈到下一个环节的预算编制环节，在机制上加强了对财政资金分配进行科学决策的条件。

绩效管理和预算管理一体化，是按照不同的环节联结与融合，即“五个环节，形成闭环”。一是预算编制与绩效目标相融合，通过目标导向，体现全方位、全覆盖。在预算编制过程中，严格遵循谁花钱谁编制绩效目标的原则。同时，业务部门要全方位参与，明确用多少钱，办多少事，相关的指标、名称、金额，以及时间、范围等。二是预算执行与绩效监督相融合，体现全过程。在财政资金支出后，相应的绩效监督要跟上，对于在预算执行过程中做了哪些事情，通过适当的方式进行监督。三是预算调整与绩效控制相融合，体现过程控制。如果在预算执行过程中出现了一些特殊情况，需要增加新的项目，撤销旧的项目，或者增减资金等，要通过一定的控制方法进行调整，对原来的绩效目标进行重新编制，即重新设定新的预算目标。四是预算分析与绩效评价相融合，体现管理结果。预算分析包括整个资金支出的结构、金额、时间等。在这个过程中，要依据相关的预算信息、财务信息及其他信息进行绩效评价。五是预算结果评价与绩效应用相融合，体现管理价值。这也是整个预算与绩效管理的出发点和基本目标。绩效管理的目标不是为了评价而评价，而是为了优化下一步的决策。要把评价结果应用、反馈到下一个管理过程的预算编制环节，从而形成一个完整的闭环。

在预算管理和绩效管理一体化过程中，还需要形成四项基础支撑：一是综合信息化平台。由该平台提供一个共享的资源库，其中包括统计信息，会计信息，政策文件、制度与法规信息，第三方机构与独立专家信息，指标库、标准库、项目库等信息。构建综合信息平台是实施预算绩效管理一体化的基本条件。二是统一的政府会计制度。整个绩效评价过程中的信息大部分都来源于政府会计的财务会计信息或者预算会计信息。只有把这些信息全部汇到一起，才有可能客观评价资金使用。三是指标库、标准库的动态更新。指标库包括绩效指标和绩效评价指标。随着对特定部门、特定业务绩效评价工作的开展，很多指标可以通过积累形成指标库。指标库对于绩效目标的选择和绩效评价指标的选择都很重要。四是项目库及其动态更新。项目库是进行预算编制的重要条件，基于项目库，才能知道在编制预算的过程中，能达到什么样的绩效目标，而且只有入库的项目，才能考虑预算和绩效同步编制。

3. 完善行政事业单位内部控制体系，提升政府管理水平

我国社会经济发展中政府单位和部门在内部控制方面依然存在着不少的问题，比如决策机制不科学、组织制度不健全、管理制度不完善、执行不到位、监督制度缺失等，对政府工作的运行效果产生了不利的影响。要解决这些问题，就需要建立和完善实施内部控制体系，以此加强对行政事业单位的内部监督管理力度，提升财务管理的信息化、精细化程度，提升风险防范能力，从而提升政府管理水平。

建立和完善行政事业单位内部控制体系，包括多方面内容：资产管理、项目管理、预算、采购和收支管理等，都是内部控制的主要内容。针对不同的管理内容，应该严格贯彻不相容岗位相互分离的原则，完善内部牵制制度，完善业务流程控制制度，改进和加强会计基础工作，实行严格的财务流程审批制度，完善货币资金和实物资产的控制制度。具体看，单位内部控制体系包括以下主要内容：

一是在单位内部加强关于单位发展重大事项的集体决策和会签制度，进而保证有关部门的人员能够在授权范围以内，开展部门业务并行使自己手中的权力，这也是对权力进行控制规范的有效方法。二是通过组织结构的优化完善以及业务流程的梳理，完成明确的职责匹配，实现归口管理。归口管理其实就是根据国家法律赋予行政事业单位的具体责任，做到该管的一定要管，还要管好；不该管的不得越位和错位管理。三是对单位的各项经济活动强化预算管理，让预算管理工作能够覆盖单位经济活动的全部。行政事业单位在进行各项活动之前，必须对各项活动的开展进行合理预算，并使预算得到严格执行。四是搭建高效的信息沟通渠道，在信息化系统中嵌入内控流程，对与内部控制相关的信息进行适时、准确地搜集与传递，将单位内部预算管理、资产管理等工作整合到一个

信息平台上，全方位反映内部经济运行情况，帮助单位更好地识别、应对来自各方面的风险，以促进内部控制制度良好运行，从而提高资源使用效率。五是在行政事业单位建立独立的内部审计监督机构，保证内审工作的独立性和效率性，实现内部控制体系作用的有效发挥。

4. 建立成本管理体系，提高资金使用效率

从国际经验看，在推行政府管理会计的过程中，各国都把成本管理作为重要内容。我国在政府成本管理方面，虽然引入了一些市场化管理手段如政府集中采购等，但在综合使用各种成本管理方法降低政府运营成本方面，依然较为滞后。加强政府成本管理，要建立包括制定成本标准、强化成本核算、进行成本效益分析、引入竞争机制、推行成本绩效管理等内容的一整套体系，从而降低成本，增加产出，提高政府部门和单位提供公共产品和公共服务的效率。政府成本管理可以借鉴企业在成本核算与控制方面的成功经验，并积极进行政府成本管理的创新实践。

概念与认知的关键词

政府会计；政府综合财务报告制度；预算会计；政府管理会计

思考与讨论

政府会计改革的必要性有哪些？

政府综合财务报告制度主要涉及哪些内容？

政府管理会计的要点是什么？

主要参阅文献

《政府会计准则——基本准则》及 9 项具体准则，请见财政部网站 http://www.mof.gov.cn/。

《政府会计制度——行政事业单位会计科目和报表》，请见财政部网站

http://www.mof.gov.cn/。

《管理会计应用指引第 803 号——行政事业单位》,请见财政部网站 http://www.mof.gov.cn/。

韩晓明. 政府管理会计助力政府管理决策. 新理财(政府理财),2019 年 1 月 15 日.

韩晓明. 预算与绩效管理一体化:框架与策略. 财政监督,2018(19).

韩晓明. 政府管理会计的契机战. 新理财(政府理财),2015 年 12 月 15 日.

陈穗红,石英华,韩晓明. 权责发生制政府综合财务报告信息应用初探——政府资产负债表信息与地方政府偿债能力评价. 地方财政研究,2015 年 9 月 15 日.

GENERAL THEORY OF PUBLIC FINANCE

第十二章　财政改革与经济社会转轨

第十二章　财政改革与经济社会转轨

改革是生产关系的自我革命。

——邓小平

一、中国改革案例（上）：计划经济时期和转轨前期的分权探索

自中华人民共和国成立以来，新中国的经济发展在取得一系列成就的进程中，也走过了曲折的探索之路，经历了社会主义过渡时期、社会主义计划经济体制变迁以及社会主义市场经济的创新性变革等阶段。作为历次经济与社会变革的突破口和重要组成部分，财政的改革对于经济体制以及社会制度进步的重要性十分明显。中国财政体制改革的实践，伴随着社会主义发展道路上的艰辛探索、开拓前进，特别是改革开放之后，服务于市场经济体制的探索、建立与完善，正渐次创造出一个具有中国特色的现代化财政体系，为国家治理的现代化和整体改革开放事业的不断深化和扩展，提供重要的支持和保障。

（一）计划经济时期中国财政改革探索的简要回顾

计划经济时期，财政为巩固国家政权，稳定市场物价，维持社会安定，推动经

济发展，改善人民生活，做出了重要而不可或缺的贡献，也在财政改革方面，作出了长期的探索与努力。

1. 背景概况：中华人民共和国成立初期财政促进国民经济迅速恢复

1949年新中国成立之初，在财政经济方面曾面临严重的困难和严峻的形势，国民经济遭受连年的战争破坏、通货膨胀风潮此起彼伏，随后又有朝鲜战争爆发、财政负担急剧加重的内忧外困形势。

（1）国家财政在困境中建立与完善

——统一全国财经政策

由于长期的战争，各个解放区处于被分割的状态，各地财政和经济工作存在管理上的不统一、收支脱节等现象。各有货币，各管收支，各管供给，这在战争时期曾经起了很大的保证作用。中华人民共和国成立之初，除东北外，货币已经统一[1]，但整个财政经济基本上还是分散经营，使国家不可能灵活调动现金和物资，还会给市场上的投机活动以可乘之机。面对这种情况，1950年3月3日，中央人民政府政务院第二十二次会议通过了《关于统一国家财政经济工作的决定》，包括：① 统一全国编制和待遇。② 统一全国财政收支管理。③ 统一全国物资调度。④ 统一全国现金管理。其后，在实际执行中，很快感到“税收统支”的收支两条线管理对于如此幅员辽阔的国家缺乏可行性。

对有关财政体制，决定在统一集中的总方针下采取中央、大行政区、省（市）三级分工管理制度，采取“统一领导、分级负责的方针”。1951年的财政体制同1950年的财政体制相比较，在预算管理上已由收支两条线改为收支挂钩，地方财政可在收支范围内，从本地区组织的收入中留用一部分冲抵本身的财政支出。

1954年及以后的几年，财政体制作了部分改变，总的精神是在保证国家集

[1] 1948年5月，中央召开华北金融贸易会议，会议确定成立中国人民银行，发行统一的货币，整顿和回收各大解放区的地方币种。1948年12月1日，在原华北银行、北海银行、西北农民银行基础上，正式成立中国人民银行，发行人民币。至此，除东北解放区外，人民币成为关内各大解放区的通用货币。

中主要财力进行重点建设的前提下，实行划分收支、分级管理的体制。地方有固定的收入来源和一定的机动财力，但基本上是集中统一、分级管理为主的体制。

——编制国家财政预算

1949年9月29日，中国人民政治协商会议第一届全体会议通过的起临时宪法作用的《中国人民政治协商会议共同纲领》就规定要“建立国家预决算制度，划分中央和地方的财政范围，逐步平衡财政收支，积累国家生产资金”。面对严峻的局面，新中国的第一个国家财政预算的编制方针是保证战争胜利，逐步恢复生产；量出为入与量入为出兼顾，取之合理，用之得当。在支出方面，军费、行政费用及适当的经济建设费用必不可少；组织收入的途径主要是收税。明确规定，我国预算实行公历年制，即从1月1日起至12月31日止为一个预算年度，同时规定了编报预算的具体方法和要求。

——制定新中国税政法制

新中国成立初期，全国的税收制度很不统一。1949年8月，上海财经会议上具体讨论了统一货物税的问题。1949年11月20日至12月9日，财政部在北京召开了新中国建立后的首届全国税务会议，根据《共同纲领》中规定的国家税收政策的精神，讨论了统一全国税收、建设新税制、加强城市税收工作、制定第一个全国税收计划等问题，草拟了《全国税政实施要则》和《全国各级税务机关暂行组织规则（草案）》，研究了各工商税收的税法草案。

1950年1月30日，政务院发布了《关于统一全国税政的决定》的通令，颁发《全国税政实施要则》、《全国各级税务机关暂行组织规程》、《工商税暂行条例》、《货物税暂行条例》四个文件。

在税法和税务机构统一的同时，相应建立计划、会计、统计、检查监督等各项管理制度。一系列规则的制定和实施，保障了税务工作基本制度的建立与贯彻，这是加强税收征管、增加税收收入的重要保证。近代以来中国税政长期不统一的局面，从此宣告结束。

（2）财政状况实现根本好转

从1949年中华人民共和国成立到1953年，经过多年的努力，中国共产党领导全国各族人民，在解放战争、抗美援朝、灾荒、通货膨胀相关的严重困难局面下，统一了财经，调整了工商业，恢复了国民经济。到1952年底，全国工农业生产都达到了历史最高水平。

随着国民经济全面恢复，财经状况也实现了根本好转，国家财政完成了从战时到平时、从农村到城市、从供给财政到建设财政的战略转移。从三年总的情况看，军费和为保证国家和平建设所支付的国防费达138.49亿元，占总支出的37.8%；经济建设费支出为125.7亿元，年均占财政总支出的34.3%，且逐年增加，到1952年达到73.23亿元，占当年财政总支出的41.6%。这说明经济建设越来越成为财政支出的重点。

2.“一五”时期财政促进国家工业化基础的确立

1952年底我国恢复国民经济的任务基本完成，党中央提出过渡时期总路线，从1953年起，开始大规模经济建设的第一个五年计划，并在逐步实现国家社会主义工业化过程中又推出了对农业、手工业、资本主义工商业的社会主义改造。

（1）财政为工业化建设筹集资金

“一五”时期，我国国外的借款收入共36.35亿元，仅占财政总收入的2.7%。自力更生筹集的财政资金是国家工业化资金的主要来源。整个“一五”期间，国家财政为工业化筹集建设资金达1 241.75亿元，其中从1954年开始还发行了国内公债——“国家经济建设公债”，以后又连续四年发行了这种公债。

（2）发挥财税政策作用，奠定公有制基础

“一五”时期，财政不仅在为工业化建设筹集资金方面做出很大贡献，而且还运用各项财政、税收政策，促进国家对资本主义工商业、手工业和农业的社会主义改造，从而奠定社会主义公有制的基础。在支持资本主义工商业改造方面，主要是对不同行业、不同产品采取高低不同的税率，以鼓励资本主义工商业的积极作用，限制其消极作用；税收政策对公私企业执行“区别对待，繁简不同”的原则；配合国家通过各种国家资本主义的形式逐步改造资本主义工商业。

（3）改进财政管理体制的探索

从1953年开始，国家财政管理体制由新中国成立初期分为中央、大行政区和省（市）三级财政，改为中央、省（市）和县（市）的三级管理体制，同时，为适应地方工作发展的需要，逐步建立起县、市级财政和民族自治地方财政，降低了集中程度，适当下放了管理权限。

国家预算通常实行一级政权一级财政，各级都建立一级总预算。1954年至1985年，就全国而言，基本上划分为中央、省（自治区、直辖市）、县（市、自治县）三级财政。1985年4月，国家决定县以下的乡、镇建立一级财政。国家预算发展为中央、省（自治区、直辖市）、市（地级市、自治州）、县（不设区的县级市、市辖区）、乡（镇）五级预算。

——1954年预算管理体制改革

第一，预算收入实行分类分成办法，将国家预算收入划分为固定收入、固定比例分成收入和调剂收入三类。

第二，在预算支出方面，基本上按照隶属关系划分：属于中央的企业、事业和行政单位的支出，列入中央预算；属于地方的企业、事业和行政单位的支出，列入地方预算。

第三，按照收支划分，地方的财政支出，首先用地方的固定收入和固定比例分成收入抵补，差额由中央财政划给调剂收入弥补。分成比例一年一定。预算执行结果，如收入超收，支出结余，一般留给各级人民政府支配；如收入不能按计划完成，或支出必须增加时，也由各级政府负责调剂解决。

——1957年实行下放财政权力调动地方积极性

1956年4月25日，毛泽东主席作出“论十大关系”的论述，其后在财政工作方面作了以下几方面调整：第一，在中央地方体制关系上，1957年实行“以收定支，五年不变”（后改为三年不变）的办法。（但其后由于1958年开始“大跃进”

的严重失误造成国民经济严峻局面,财政体制不得不很快回调为中央集权取向为主的“总额分成,一年一定”。)第二,在国家与企业的关系上,实行利润分成办法,从 1958 年起,在国营企业实行利润全额分成制度,企业留成比例由各个管理部门核定。第三,基本建设试行投资包干制度。第四,在税收制度上,实行合并税种、简化征税的办法,即把商品流通税、货物税、营业税和印花税合并为一种税,叫工商统一税,并对“中间产品税”一般不征收。

(4) 第一个五年计划胜利完成

1953 年到 1957 年第一个五年计划期间,在党和政府领导下,全国人民共同努力,发扬艰苦奋斗、忘我劳动的奉献精神,克服重重困难,提前完成了第一个五年计划,各项经济事业获得很大发展,社会主义工业化的基础初步建立,人民的物质文化生活水平得到了明显提高。

财政收支实现平衡,随着全国工业化的逐步推进,社会经济不断发展,国家财政与新中国成立初期相比发生了巨大变化。第一个五年计划期间,财政收入共计 1 365.62 亿元(不包括企业单位的大修基金和企业奖励基金),财政支出共计 1 364.09 亿元,财政收支保持基本平衡。

3. “大跃进”的失误与国民经济调整

受经济建设中“左倾思想”影响,1958 年发生了以农业的高指标和工业的大炼钢铁为主要内容的“大跃进”运动。持续三年的“大跃进”,导致国民经济比例关系严重失调,国家陷入严重的经济困难。针对这一严峻局势,从 1961 年开始,中共中央决定对国民经济实行“调整、巩固、充实、提高”的八字方针。随着调整任务的完成,整个国民经济又进入一个新的发展时期。财政工作为经济调整任务的完成做出了积极的贡献。

(1) “八字方针”与调整时期的财政任务

调整初期,财政面临的困难十分严重,一方面自 1958 年“大跃进”以来至 1961 年连续四年财政赤字,共达 180.35 亿元,亏空严重;另一方面,调整国民经济,恢复工农业生产迫切需要财政资金支持。尽最大努力克服困难,争取财政经济状况的好转，是调整时期的主要任务。

国家财政的主要任务归结为：第一，坚决执行“八字”方针，保证国民经济调整中对资金的合理需要，适当增加农业投资，促进农业生产恢复和发展。第二，进一步缩短基本建设战线，调整工业投资结构。第三，增收节支，消灭财政赤字，回笼货币，稳定市场。第四，改进财政管理体制，加强集中统一。

（2）调整时期的财政措施

——财政体制上集中财权财力

调整时期不得不重点强调财政管理的集中统一，实行财政调整，主要内容有：

第一，加强对预算内、外资金的管理。规定国家财权基本上集中到中央、大区和省、自治区、直辖市三级。国家财政预算从中央到地方实行上下一本账，坚持“全国一盘棋”。对各地区、各部门和单位的预算外资金，采取“纳[1]、减[2]、管[3]”的办法进行整顿。

第二，加强企业财务管理。决定调低企业利润留成比例，全国企业平均利润留成比例从13.2%降低到6.9%，并明确规定企业利润留成资金必须绝大部分用于“四项”费用，进行技术革新、技术革命和实行综合利用所需的支出，同时按照国家规定安排奖金和职工福利开支。

第三，改进基本建设财务管理，加强拨款监督工作，规定任何经过批准的基建投资，都必须由中国人民建设银行进行拨款监督。

第四，加强税收管理工作，凡属工商统一税税目的增减和税率的调整，盐税税额的调整，均应报经中央批准。凡属工商统一税中有关新试制的产品、以代用品作原料生产的产品，或者由于灾情等原因，需要给予减免照顾的，由省、自治

[1] 即纳入预算，纳入预算的有：商业部门的饮食和服务企业的收入、综合利用和多种经营收入、用预算外资金兴办的企业的收入等。

[2] 即减少数额，减少数额的有：降低企业的利润留成比例等。

[3] 即加强管理，加强管理的主要措施是：控制预算外资金的来源和使用范围，不经中央批准，不许增加项目、提高比例，不准化预算内收入为预算外收入；应当在预算外开支的不准挤入预算内；谁的资金归谁用，不准乱拉乱扯。

区、直辖市批准。地方各税的征税范围、减税免税、对小商小贩加征所得税的比例和起征点的确定，也由省、自治区、直辖市批准。

第五，划清国家财政收支与人民公社财务收支的界限，对城乡人民公社中属于国家财政收支的部分，实行“收入分项计算，分别上交；支出下拨，包干使用，结余归社”的办法。

——压缩基本建设，调整经济结构

一是停建、缓建一些工程项目，压缩基建投资规模，国家财政大力压缩了预算内基本建设拨款。国家财政预算用于基本建设的拨款，从1960年的354亿元，下调为1961年的110亿元，又进一步紧缩为1962年的56亿元。同时严格控制地方和企业用自筹资金从事基本建设，大力调整预算外投资。1960年自筹投资曾达到87亿元，1961年压到33.6亿元，1962年进一步压到11亿元。

二是合理分配资金，调整经济结构

按照先生产、后基建和以农、轻、重为序的原则，合理分配财政资金，以促进经济结构的调整，加快生产的恢复和发展。首先，大幅度降低重工业发展速度。其次，调整工业内部投资结构。再次，增加专项拨款，发放小额技术组织措施贷款，充分发挥老企业生产能力。

——支持农业发展，减轻农民负担

大力支援农业，提高支农资金在国家预算中的比重，财政委托银行发放长期农业贷款，同时减少粮食征购数量（农业税征收额）。

——开展增收节支，稳定市场物价

为了消灭财政赤字、回笼货币和稳定市场，国家采取了一系列非常措施：第一，全面开展清仓核资和扭亏增盈工作，充分发挥物资潜力和狠抓企业整顿，以扭亏增盈，增加财政收入。第二，大力节约非生产开支，压缩社会集团购买力，并精减职工和城市人口，减少国家工资支出。第三，冻结银行存款，出售部分高价商品回笼货币。第四，深入开展增产节约运动。

（3）国民经济调整任务完成

1961—1965年整整五年的调整，在极其艰难的经济条件下开始，最终取得成功。1964年12月21日，周恩来总理在第三届全国人民代表大会第一次会议上作《政府工作报告》时说，“调整国民经济的任务已经基本完成，工农业生产已经全面高涨，整个国民经济已经全面好转，并将进入一个新的发展时期。”

第一，工农业生产比例走向协调，工业生产能力和经济效益大幅度提高，工业内部结构有所改善，农业生产逐步恢复和发展，农业生产条件不断改善。第二，积累与消费比例趋向合理。第三，不仅消灭了财政赤字，而且略有结余，并还请了全部外债。第四，人民生活水平开始回升。1963年至1965年，工农业总产值平均每年增长15.7%，财政收入平均每年增长14.7%，各项经济指标已经恢复到或者超过了第一个五年计划时期的最好水平。

4. 消除“文化大革命”的影响与财政支持国民经济调整

1966年5月至1976年10月的“文化大革命”，给党、国家和人民造成了中华人民共和国成立以来最严重的损失，也使国家财政遭到了严重破坏。粉碎“四人帮”之时的国民经济，面临着严重的困难和问题。中央提出对国民经济进行“调整、改革、整顿、提高”的八字方针，这期间财政在支持国民经济调整方面发挥了重要作用，并取得了较好效果。

（1）“调整、改革、整顿、提高”方针的提出

粉碎“四人帮”以后，国民经济得到一定恢复和发展，但由于长期的政治动乱和极左思想的干扰破坏，仍面临严重的困难和问题。1979年4月，中共中央召开中央工作会议，正式提出对国民经济进行“调整、改革、整顿、提高”的八字方针。

（2）经济调整中的财政政策

经济调整中的财政政策主要包括以下几个方面：

① 控制固定资产投资规模，提高投资效益

中共十一届三中全会以后，重新肯定了建设规模的大小必须同国家的财力、

物力相适应的正确方针，对已经有所膨胀的固定资产投资规模，及时果断地进行控制和压缩，清理在建项目，停建、缓建一部分大中型基建项目。

② 加大农业投入调整工业发展比例，改善人民生活

1979 年国家财政增加发展农业资金，还增加了发展轻纺工业的资金，1980 年国家决定对轻工业实行六个优先原则，即原材料、燃料、电力供应，挖潜、革新、改造，基本建设优先，银行贷款优先，外汇和技术引进优先，交通运输优先六个方面优先。

③ 调整农业税收政策，促进农民增收

从 1979 年夏收开始，国家提高了 18 种主要农副产品的收购价格，并对粮、棉、油实行了超购加价。国家财政用于这方面的补贴，当年达到 78 亿元，比预算超过 13 亿元，并减免部分农业税收。[1] 对低产缺粮地区规定了农业税的起征点，起征点以下的免税，共减征农业税 47 亿斤。1979 年各项减税免税的数额共达 20 亿元，1980 年达到 25 亿元。[2]

④ 扩大国民收入中消费基金比重，提高城镇居民生活水平

采取各项措施安排城镇劳动就业，相继提高了部分职工工资级别，调增了部分地区的工资类别，普遍实行奖金制度和副食品价格补贴制度。从基本建设投资中拨出专款，同地方和企业的机动财力合在一起，用于职工住宅建设。

⑤ 开展财政大检查，保证国民经济调整顺利进行

1980 年 4 月，国务院从中央各部门抽调了工作人员组成 28 个工作组，分别到各省、市、自治区协助当地党委和政府开展了以全面检查核实 1979 年财政收支为内容的财政纪律大检查。除中央工作组外，各地共抽调 46 200 多人组织工作组参加检查，基本达到了预期目的。

[1] 张劲夫：《关于 1978 年国家决算和 1979 年国家概算执行情况的报告》。
[2] 王丙乾：《关于 1980 年国家决算和 1981 年国家概算执行情况的报告》。

（二）经济体制转轨中的财政体制改革

改革开放之后，中国的财政体制随着经济社会发展和体制转轨的需要，经历了包干制试点、分灶吃饭、多种地方包干以及分税制几个阶段的改革变迁。

1. 财政体制改革的探索过程

根据党的十一届三中全会的指导精神，财政体制改革在改革开放新时期于宏观层面作出突破口率先动作，改变原来“总额分成，一年一定”的高度集中体制，向地方分权，并要求继续向企业分权。改革的意向是：既要有利于促进经济的调整和发展，又要有利于财政的平衡稳定；既要有利于调节和保护各方面的经济利益，又要有利于促使微观经济活动符合宏观决策的要求；在确保中央必不可少的开支的前提下，明确划分各级财政的权力和责任，做到权责结合，各司其职，各尽其责，充分发挥中央和地方两个积极性，共同承担国家财政收支的责任，支持搞活企业，保证和促进整个国民经济持续、稳定、协调发展。在改革初始阶段，财政体制改革先行的“分灶吃饭”（即划分收支、分级包干）制度安排的激励效果是十分明显的：一方面，打破了“大一统”的高度集权格局，扩大了地方配置资源的权力，形成了各地方政府在其隶属关系内以及在体制边界外开展创新的空间和积极性；另一方面，国民收入分配格局分权取向的重大变化，促进了多元化市场主体的形成和有力配合了后续的计划、价格、物资、人事等方面的渐进改革，打开了市场化机制（包括各种生产要素的价格形成机制）渐进形成的弹性空间。

（1）1980 年以前对财政体制改革的初步探索

在 1980 年“分灶吃饭”之前的一段时间，中国财政体制已经进行了一些新的探索。

——江苏省的包干制试点

早在 1970 年，国务院在《第四个五年计划发展纲要（草案）》中，就提出为了充分调动地方的积极性，把大部分企业、事业单位下放到地方管理。与此相适应，财政管理体制也要进行比较大的改革，提出了收支大包干。“文革”结束后，为了探索财政体制的新路子，1976 年 11 月国务院主持江苏省财政、物资管理体制改革会议,决定从1977年开始在江苏试行比例包干的办法。

江苏包干体制的主要特点是,按收支总数确定比例包干,几年不变。地方自主权扩大,可以统筹安排本地区的支出,改变长期以来由中央各部门下达指标的做法。在条块关系上,这是把过去的以"条条"为主改变为以"块块"为主,从而调动地方当家理财的积极性,也避免一年一度在预算指标上争多论少的矛盾。该省体制执行到1980年到期,从1981年起,基本上改按全国体制来处理。

——多种分成体制的探索

1978年,在10个省、市试行"增收分成,收支挂钩"体制,后又改为"收支挂钩,超收分成"体制。"增收分成,收支挂钩"的体制的主要内容是:(1)地方预算支出仍同地方负责组织的收入挂钩,实行总额分成;(2)地方预算收支指标及中央和地方的收入分成比例,仍是一年一定;(3)地方机动财力的提取,按当年实际收入比上年增长部分确定的分成比例计算,实现地方机动财力与地方预算收入增长部分挂钩,地方多增收可以多得机动财力。这个体制只执行了一年,其后除江苏实行"固定比例包干"体制,5个少数民族自治区和云南、青海实行民族自治地方的财政管理体制以外,其他各省、市暂时改为"收支挂钩、超收分成"的办法。

1970年代特别是1977—1978年,我国对财政体制改革进行的初步探索,为1980年以后的改革积累了一定的经验。

(2)1980年分灶吃饭的财政体制

从1980年起,国家下放财权,在预算管理体制上实行"划分收支,分级包干"的办法,俗称"分灶吃饭"体制。其基本内容是:按经济管理体制规定的隶属关系,明确划分中央和地方的收支范围,收入实行分类分成,分为中央固定收入、地方固定收入、固定比例分成收入和调剂收入。中央和地方的支出范围按企事业单位的隶属关系划分;地方的预算支出首先用地方的固定收入和固定比例分成收入抵补,有余者上交中央,不足者从调剂收入中解决,并确定相应的调剂分成比例。若三项收入仍不足以平衡地方预算支出的,由中央按差额给予定额补助。

中央与地方对收入的各项分成比例或补助定额确定后，原则上五年不变，地方在划定的收支范围内自求平衡。

——“分灶吃饭”财政体制实施初期的差异化做法

由于中国各地实情不同，“分灶吃饭”的做法在各地不尽相同。除了北京、天津、上海三大城市以外，各地做法大致有以下几种：

① 对广东、福建两省实行“划分收支，定额上交或定额补助”的特殊照顾办法。广东、福建两省靠近港澳，华侨多，资源比较丰富，具有加快经济发展的特定条件。因此中央对两省的对外经济活动实行特殊政策和灵活措施，给地方更多的自主权，规定在财政收入除中央直属企业、事业单位的收入和关税划归中央以外，其余收入均作为地方收入。在财政支出方面，除中央直属企业、事业单位的支出归中央外，其余支出均作为地方支出。按照上述划分收支的范围，以这两省1979年财政收支决算数字为基数，确定一个上交或补助的数额，五年不变。执行中收入增加或支出结余部分全部留归地方使用。具体而言，对广东实行“划分收支，定额上交”的包干办法，对福建实行“划分收支，定额补助”的包干办法。

② 对四川、陕西、甘肃、河南、湖北、湖南、安徽、江西、山东、陕西、河北、辽宁、黑龙江、吉林、浙江等省实行“划分收支、分级包干”办法。就是按照隶属关系，明确划分中央和地方的收支范围。“分级包干”，就是按照划分的收支范围，以1979年收入预计数字为基数计算，地方收入大于支出的，多余部分按比例上交；支出大于收入的，不足部分由中央从工商税中确定一定比例进行调剂；个别地方将工商税全部留下，收入仍小于支出的，由中央给以定额补助。分成比例和补助数额确定以后，五年不变。在包干的五年中，地方多收了可以多支，少收了就要少支，自行安排预算，自求收支平衡。

③ 内蒙古、新疆、西藏、宁夏、广西五个自治区和云南、青海、贵州少数民族比较多的三个省，仍然实行民族自治地方财政体制，保留原来对民族自治地区的特殊照顾，并作两条改进以体现特定支持：一条是对这些地区也采取包干办法，参照上述第二种办法划分收支范围，确定中央补助的数额，并由一年一定改为一

定五年不变。另一条是地方收入增长的部分全部留给地方，中央对民族自治区的补助数额，每年递增10%。

④ 江苏省1980年继续试行固定比例包干办法。

——"分灶吃饭"财政体制的调整和改进

"分灶吃饭"的财政体制在执行过程中，也逐渐暴露出一些缺陷，如"统收"的局面已被打破，而"统支"的局面却没有完全打破，地方发生一些当地财力解决不了的事情还是向中央要求支持。中央财政收入逐年下降，而中央财政支出却未减少，致使中央财政相当困难，国家重点建设资金缺乏保障，以致中央财政不得不向地方财政借款以弥补缺口。因此，1983年在总结前三年实践的基础上，对分灶吃饭的财政体制又作了一些调整和改进：

① 从1983年起，除广东、福建两省继续实行大包干财政体制外，其他相当一部分省、市、自治区实行收入按固定比例总额分成的包干办法。

② 由于国家预算出现大额赤字，中央财政困难，将中央财政向地方财政的借款改为调减地方的支出包干基数，或者减少补助数额予以解决。

③ 将卷烟、酒两种产品的工商税划归中央财政收入。

④ 凡是中央投资兴建的大中型企业收入，属中央财政收入；中央与地方共同投资兴建的大中型企业收入，按投资比例分成。

⑤ 从1983年起，将县办工业企业亏损由中央财政分担80%、县财政负担20%的分担办法，改由中央财政和县财政各负担一半的办法。

(3) 1985年分级包干的财政体制

经过1983年、1984年两步企业"利改税"改革后，税收成为国家财政收入的主要形式，因此，中央决定从1985年起实行"划分税种，核定收支，分级包干"的预算管理体制，其主要内容包括：按税种设置和企业隶属关系将收入分为中央固定收入、地方固定收入、中央和地方共享收入。仍按隶属关系划分中央财政支出和地方财政支出，对不宜实行包干的专项支出，由中央专项拨款安排。按基数核定的地方预算收支，凡是固定收入大于支出的，定额上解中央，固定收入小于支出的，从中央和地方共享收入中确定一个分成比例留给地方，地方固定收入和中央地方共享收入全留地方仍不足以抵补其支出的，由中央定额补助。收入分配办法确定以后，一定五年不变，地方多收多支、少收少支、自求平衡。

在1985年和1986年两年内，除了中央财政固定收入不参与分成外，把地方财政固定收入和中央、地方共享收入加在一起，同地方财政支出挂钩，确定一个分成比例，实行总额分成。

广东、福建两省继续实行财政大包干办法，原定上解或补助数额，应根据上述收支划分范围和利改税第二步改革后的收入转移情况，进行相应的调整。

对民族自治区和视同民族地区待遇的省，按照中央财政核定的定额补助数额，在五年内继续实行每年递增10%的办法。

经国务院批准实行经济体制改革综合试点的重庆、武汉、沈阳、大连、哈尔滨、西安、广州等城市，在国家计划中单列以后，也实行全国统一的财政管理体制。

在财政体制执行过程中，如企业、事业单位的隶属关系改变，应相应地调整地方的分成比例和上解、补助数额，或者单独进行结算。由于国家调整价格，增加职工工资和其他经济改革措施，而引起财政收支的变动，除国务院另有规定外，一律不再调整地方的分成比例和上解、补助数额。中央各部门未经国务院批准和财政部同意，均不得对地方下达减收增支的措施。

（4）1988年实行多种形式的财政包干体制

1985年实行的“划分税种、核定收支、分级包干”的体制，存在着“鞭打快牛”的弊病，地方留成比例小，不利于调动地方发展经济和组织收入的积极性，有的地区甚至出现了财政收入下滑的情况。另一方面，中央财政经过几年下放财权，中央本级直接组织的收入占全国财政收入的比例逐年下降，中央负担的支出有增无减，连年发生赤字，不得不再次调整体制。1988年7月28日，国务院发布了

《关于地方实行财政包干办法的决定》,从1988年开始执行。这实际上是一个过渡性的财政体制。全国39个省、自治区、直辖市和计划单列市,除广州、西安两市财政关系仍分别与广东、陕西两省联系外,对其余37个地区分别实行不同形式的包干办法。

①“收入递增包干”办法

该办法以1987年决算收入和地方应得的支出财力为基数,参照各地近几年的收入增长情况,确定地方收入递增率(环比)和留成、上解比例。在递增率以内的收入,按确定的留成、上解比例,实行中央与地方分成;超过递增率的收入,全部留给地方;收入达不到递增率、影响上解中央的部分,由地方用自有财力补足。

② 总额分成办法

该办法根据前两年的财政收支情况核定收支基数,以地方支出占总收入的比重,确定地方的留成和上解中央比例。

③ 总额分成加增长分成办法

是在上述总额分成办法的基础上,收入比上年增长的部分,另加分成比例,即每年以上年实际收入为基数,基数部分按总额分成比例分成,增长部分除按总额分成比例分成外,另加“增长分成”比例。

④ 上解额递增包干方法

该方法以1987年上解中央的收入为基数,每年按一定比例递增上交。

⑤ 定额上解办法

该办法是按原来核定的收支基数,收大于支的部分,确定固定的上解数额。

⑥ 定额补助办法

该办法按原来核定的收支基数,支大于收的部分实行固定数额补助。

各省、自治区和直辖市、计划单列市、县的财政管理体制,由各地人民政府根据国务院的上述决定精神和当地的情况自行研究决定。

表12－1　多种形式财政包干体制一览表

包干方式	内　　容	省、市、自治区名称
收入递增包干	以1987年决算收入和地方应得的支出财力为基数，参照各地近几年的收入增长情况，确定地方收入递增率（环比）和留成、上解比例	北京市4%和50%； 河北省4.5%和70%； 辽宁省（不包括沈阳和大连）3.5%和58.25%； 沈阳市4%和30.29%； 哈尔滨市5%和45%； 江苏省5%和41%； 浙江省（不包括宁波市）6.5%和61.47%； 宁波市5.3%和27.93%； 河南省5%和80%； 重庆市4%和33.5%
总额分成	根据前两年的财政收支情况，核定收支基数，以地方支出占总收入的比重，确定地方的留成和上解中央比例	天津市46.5%； 山西省87.55%； 安徽省77.55%
总额分成加增长分成	在"总额分成"办法的基础上，收入比上年增长的部分，另定分成比例，即每年以上年实际收入为基数，基数部分按总额分成比例分成，增长部分除按总额分成比例分成外，另加"增长分成"比例	大连市27.74%和27.26%； 青岛市16%和34%； 武汉市17%和25%
"上解额递增包干"	以1987年上解中央的收入为基数，每年按一定比例递增上交	广东省14.13亿元和9%； 湖南省8亿元和7%
"定额上解"	按原来核定的收支基数，收大于支的部分，确定固定的上解数额	上海市105亿元； 山东省（不包括青岛市）289亿元； 黑龙江省（不包括哈尔滨市）2.99亿元
"定额补助"	按原来核定的收支基数，支大于收的部分，实行固定数额补助	吉林省1.07亿元； 江西省0.45亿元； 福建省0.5亿元（1989年开始执行）， 陕西省1.2亿元；甘肃省1.25亿元； 海南省1.38亿元； 内蒙古自治区18.42亿元； 广西壮族自治区6.08亿元； 贵州省7.42亿元； 云南省6.73亿元； 西藏自治区8.98亿元； 青海省6.56亿元； 宁夏回族自治区5.33亿元； 新疆维吾尔自治区15.29亿元； 湖北省（不包括武汉市）4.78%； 四川省（不包括重庆市）10.7%

资料来源：国务院：《关于地方实行财政包干办法的决定》，1988年7月28日。

2. “分灶吃饭”包干体制的主要问题

虽然20世纪80年代以后财政体制改革有上述进展,但直至1994年实行“分税制”改革前,普遍实行的“分灶吃饭”框架内的财政包干制,却始终未能消除传统体制弊病的症结,主要问题表现在:

(1)仍然束缚企业活力的发挥

各级政府“条块分割”地按照行政隶属关系控制企业,是传统体制的根本弊病所在。在改革之后实行的“分灶吃饭”财政体制中,由于是按照行政隶属关系组织各级政府的财政收入,因而这一弊病于政府财力分配中以体制因素形式得到延续,只不过在行政性分权格局中,行政隶属关系控制总的说从“条条为主”变为“块块为主”,由行政部门单一的指令变为指令加上企业实际很难违拗的“商量”和暗示。相应而来的,是各级政府始终热衷于尽力多办“自己的企业”和对“自己的企业”过多干预与过多关照,“放权”难以真正放到企业——尽管国家“减税让利”走到了“山穷水尽”的地步,多数国有企业仍然迟迟不能“搞活”。搞不“活”的另一面是搞不“死”,企业经营不善,亏损严重,照样由政府搭救,基本上不存在规范的优胜劣汰、存量重组的机制,“破产法”对绝大多数国有企业形同一纸空文。也正是与行政隶属关系控制体系紧密相连,国营(国有)企业的行政级别,始终是对企业行为十分重大的影响因素,其厂长经理,总是作为行政系统“官本位”阶梯中某个台阶(级别)上的一员,这一身份与市场经济要求他们扮演的企业家身份,在不断地发生冲突。因为这两种身份必然要接受不同的信号导向,追求不同的目标,前者为行政系统的信号和官阶升迁的目标,而后者为市场的信号和企业长远盈利的目标。结果必然是形成企业的所谓“双重依赖”问题,而且在前述体制环境中,国有企业厂长、经理对于上级行政主管的依赖(或跟从),必然是更为主导性的和“荣辱攸关”的。于是,企业自主经营仍步履维艰,大量的行政性直接控制或变相的行政性控制,以及各种老的、新的“大锅饭”,难以有效消除。

（2）强化地方封锁、地区分割的“诸侯经济”倾向，客观上助长了低水平重复建设和投资膨胀

“分灶吃饭”财政体制与过去的“总额分成”体制相比，固然提高了地方政府理财的积极性，但这种积极性在增加本级收入动机和扭曲的市场价格信号的导向下，必然地倾向于多办“自己的企业”，多搞那些生产高税产品和预期价高利大产品的项目。因而地方政府热衷于大上基建，兴办一般营利性的项目，特别是加工工业项目，不惜大搞低水平的重复建厂，不顾规模经济效益和技术更新换代的要求，并且对本地生产的优质原料向其他地区实行封锁，对“自己的企业”生产的质次价高产品强行在本地安排销售和阻止其他地区的优质产品进入本地市场。国家对烟、酒等产品规定高税率，本来是要达到限制其生产、消费的“寓禁于征”的政策意图，但在这种体制下，高税率却成了地方政府多办小烟厂、小酒厂以增加本级收入的刺激因素，发生了明显的“逆调节”。遍地开花的“小纺织”、“小轧钢”、“小汽车（装配）”等项目均与体制因素有关。收入上解比重较高的地区，地方政府还有明显的“藏富于企业”的倾向，即对组织财政收入不积极，有意让企业多留利之后，再通过收费摊派等手段满足本级财力需要。尽管这些低水平重复建设、地区封锁、市场分割的做法，从每一个局部的角度，都可以举出一系列“正当理由”，但从全局看，却构成了推动投资膨胀、加剧结构失调的因素，对构建统一市场、提高整体效益、促进企业公平竞争和国民经济协调发展，产生了不利影响，并阻碍地方政府职能从注重投资于一般营利性的企业，向注重基础设施、公共服务和发展第三产业的方面转变。

（3）中央和地方的关系仍缺乏规范性和稳定性

各级财政支配的财力在极大程度上取决于地方上解、中央补助或共享分成的比例和基数的高低，而这些的核定又缺乏充分的客观性，难以避免种种“讨价还价”因素，各地都倾向于增加支出基数，压缩收入基数，提高分成比例。同时，预算支出虽“分级包干”，但在许多具体事项上并不能划清范围，结果“包而不干”，最后矛盾集中反映为中央财政“打破了统收，却实际并未打破统支”的困难

局面；中央日子过不去，又反过来向地方财政寻求财力，“分灶”之后中央向地方借钱、调整基数和让地方“做贡献”的做法屡屡发生。

（4）国家财力分散，“两个比重”过低；地方缺少必要的设税权和稳定财源，中央缺乏必要的宏观调控主动权

由于在体制上不能保证政府财力必要的集中程度和中央地方间合理、稳定的分配关系，一方面，在各行其是的减税让利超过合理数量界限的情况下，财政收入（不包括内外债）占国内生产总值的比重由1979年的28.4%滑落到1993年的12.6%；另一方面，随地方分权，中央财政收入占全国财政收入的比重由1979年的46.8%下降为1993年的31.6%。就财力分配关系而言，地方、中央各有突出问题：地方政府财权虽比改革前有所扩大，但却没有从本地实际出发建立、健全地方税种的权力——在中国这样一个地区差异十分显著的大国，地方无设税权，不利于因地制宜地筹措财力和形成地方性的稳定财源。与此同时，就总体而言，中央财政本级组织的收入不能满足本级支出的需要，因而必须依靠地方财政的收入上解来平衡中央级收支。这种情况在世界各国是极罕见的，在很大程度上促成了中央政府调控能力的弱化和中央财政的被动局面，宏观政策意图的贯彻难以得到充分的财力保证。

总而言之，“分灶吃饭”代表的财力分配的“行政性分权”，还没有能够跳出传统体制把企业禁锢于“条块分割”行政隶属关系之中的形式，因而难以适应社会主义市场经济发展的客观要求。如果仅仅停留于这种体制，则将使深化改革遇到无法逾越的阻碍，必须跳出行政性分权思路，寻求实质性推进改革的新方向。

二、中国改革案例（下）：1994年之后的攻坚克难

邓小平“南方谈话”之后，中共十四大确立了建立社会主义市场经济体制

的总目标。为了适应社会主义市场经济建设发展需要，在借鉴市场经济国家成功经验并充分考虑国情的基础上，中国于1994年进行了分税制财政体制改革。分税制财政体制改革突破了在“行政性分权”框架下“让利—放权”的传统改革思路，向构建市场经济条件下“经济性分权”的财政运行机制迈出了关键的一步，实际上拉开了制度化推进宏观间接调控而取代直接调控的大幕，也是中华人民共和国成立以来政府间财政关系方面涉及范围最广、调整力度最强、影响最为深远的重大制度创新，具有中国财税改革里程碑的历史意义。

（一）分税制改革开启经济性分权新阶段

1994年分税制改革实施前，已有近十年有关这一改革思路的研讨，并有部分地区以此为取向的试点。

1. 分税制财政体制的试点

由于1980年后“分灶吃饭”框架下屡作调整的财政体制在发挥其调动地方积极性等作用的同时，存在的缺陷也日趋明显，因此随着经济体制改革的深化，需要进一步改进。

早在20世纪80年代中期，在包干体制的改革与调整过程中，关于分税制改革的理论与政策探讨已开始进行。经过多年研讨，终于将分税制财政体制提到了改革的日程。1990年3月第七届全国人民代表大会第三次会议上的政府工作报告中指出：在财政体制方面，在继续实行财政包干体制的情况下，区别不同地区和不同情况，积极进行分税制的试点。

财政部从1990年开始提出了分税制财政体制改革试点方案。1992年选择天津市、辽宁省、沈阳市、大连市、浙江省、武汉市、重庆市、青岛市、新疆维吾尔自治区等9个地方进行分税制试点。基本内容如下：

（1）明确划分中央和地方的财政收支。在财政收支范围的划分上，基本按照第二步利改税后实行的财政体制框架，但在固定收入和共享收入的内容上增加了税收成分,将各种收入划分为中央财政固定收入[1]、地方财政固定收入、中央和地方共享收入[2];支出划分为中央财政支出、地方财政支出,其范围与财政包干体制一样,未作任何调整。

(2) 确定补助或上解。试点地方的收支基数,以1989年的决算数为基础,进行必要的因素调整后加以确定。按照上述划定的收支范围进行计算,凡地方财政固定收入加上分享收入大于地方财政支出基数的部分,一律按5%的比例递增包干上解;凡地方财政固定收入加上分享收入小于地方财政支出基数的部分,由中央财政给予定额补助;对少数民族地区,给予适当照顾。

(3) 原来实行固定比例分成的收入以及专项收入继续执行不变。中央和地方按固定比例分成的收入,包括能源交通重点建设基金、国家预算调节基金、耕地占用税、城镇土地使用税、保险公司上交收入,以及列收列支的专款收入(包括征收排污染收入、征收城市水资源费收入、电力建设资金、社会保险基金、下放港口以港养港收入和教育费附加收入等),不列入"分税制"体制范围,仍按现行办法执行。外贸企业出口退税由中央和地方共同负担,其中中央财政负担80%,地方财政负担20%。卷烟和酒的产品税分成办法,由环比增长分成办法改为定比增长分成办法,增长分成比例不变。定比的基数按1991年实际征收额来核定。

虽然分税制体制仅在少数省、市、自治区试点,但是其意义是重大而深远的,为1994年正式实施的分税制改革积累了经验。

2. 选择分税制作为改革方向的基本原理

从整体配套的角度考虑财政体制改革的方向,应是使财政体制的目标模式适应社会主义市场经济的总体规定性,具备如下几方面的体制功能:

第一,有效地维护企业的商品生产经营者、法人主体地位和企业之间开展公平竞争的外部环境,贯彻国家宏观经济调控权、国有财产收益权和国有企业经营

[1] 改变原来石油部、电力部、石化总公司、有色金属总公司所属企业产品税、增值税、营业税70%部分作为中央财政固定收入的办法,将其并入一般产品税、增值税、营业税中,实行新的中央和地方分成办法。

[2] 分享比例分为两档,少数民族地区,实行中央和地方"二八"分享,其他地区一律实行"五五"分享。

权实行分离的原则,从而一方面使企业得到自主经营、发挥活力的广阔天地,另一方面使国家掌握必要的宏观调控能力和应有的国有资产权益。

第二,正确地体现政府职能和正确地处理中央与地方间以及不同区域间的利益分配关系,建立起稳定的财权与事权相顺应、财力与事权相匹配、分级运行而又统一协调的财政体系,从而使各级政府合理而有效地履行自身职责。

第三,有力地推动社会主义市场经济中财政资金的筹集、使用过程进入"生财有道,聚财有度,用财有方"的轨道,充分调动各方面的积极性和充分发挥资金的效益,从而通过初次分配和再分配中国家财力"取"与"予"的良性循环,卓有成效地为国民经济的良性循环、社会各项事业和公共服务的蓬勃发展服务。

符合上述要求的财政体制形式,是以分税制为基础的分级财政。

所谓分税制,其真正的含义在于作为财政收入来源的各个税种,原则上要分别划定为国税或地方税(不排除必要的共享税安排),企业均按照法律规定,既向中央政府交纳国税,又向地方政府交纳地方税。在这一格局中,各级政府可以主要根据以本级税收为主的收入,相应安排其支出,相对独立地组织本级预算平衡,做到"一级政权,一级事权,一级财权,一级税基,一级预算"。同时,中央和省级应保持必要的自上而下对转移支付的调控能力。

以分税制为基础的分级财政体制的关键内容和特点在于,一方面,它可以有效地淡化过去实行的各级政府对企业的"条块分割"式的行政隶属关系控制,企业将不再把税款只交给作为自己行政主管的特定一级政府(再由地方政府与中央政府分成),而是依法把不同的税,交给不同的各级政府,从而有助于消除政府对"自己的企业"的过多干预和过多关照,促使各企业自主经营,站在"一条起跑线"上充分地展开公平竞争;另一方面,它可以清晰地划分中央、地方间的财源和财政收入,稳定地规范各级政府间的财力分配关系,在发挥中央、地方"两个积极性"的基础上形成各级预算各行其道的真正的分级财政。为更为具体地描述以分税制为基础的分级财政体制,可列举这一体制的要点如下:

——不再按照企业的行政隶属关系,而是按照税种划分中央财政和地方财政各自的收入,企业不分大小,不论级别,不看经济性质,不讲隶属关系,依法向中央、地方政府分别纳税,自主经营,公平竞争。法人税收与自然人(公民、居民)税收都合理纳入多种税、多环节征收的复合税制安排。

——中央、地方政府通过财政对经济实行的分级调控管理,将主要运用税收、债券、贴息等经济手段和调整企业外部条件的措施。同时,健全国有资产管理体系,按产权规范,以适当方式(如授权委托)管理、运营企业中的国有资产(资本),进而在宏观经济运行全局中,以财政、货币两大政策为主实行间接调控。

——在中央、地方间划分税种的同时,各级政府要调整和明确各自的事权,重新核定各级财政支出范围。与保证中央集中财力和实现全国性的经济调节关系密切的税种,应划为中央收入;有利于地方发挥征管优势、宜于由地方掌握的税种,应划为地方收入。除中央政府要承担一些大型、长周期、跨地区的重点建设项目的投资外,大量的一般营利性项目,应交给企业和企业联合体去办,地方财政则基本上不再承担营利项目的直接投资任务,而把支出重点放在基础设施、公用事业等方面。

——中央财政承担调节各地区间差异的责任,主要方式是通过自上而下的转移支付实行对地方政府的财力补助。各地具体补助数额的确定方法,要改传统的基数法为比较客观、严密的因素计分法。

——在各种配套条件基本到位之后,应形成大宗、稳定收入来源的地方税体系,并使地方政府具有一定的税种选择权、税率调整权,乃至从本地实际出发设立、开征某些地方税种的权力,因地制宜地为地区非营利设施建设和各项公共服务、事业发展提供必要的资金来源。

——以上述几方面为基础,中央财政与地方财政间形成相对独立、自求平衡的中央预算和地方预算。中央预算中要掌握足够的转移支付资金。各级财政都要以法律形式强化其内部、外部的制度约束和责任约束。

总之,以分税制为基础的分级财政体制,可以三位一体地处理好国家(政府)与企业、中央与地方、公权体系与公民三大基本经济关系,适应社会主义市场经济发展的内在要求,所以它是深化财政体制改革的大方向,应成为财政改革与中长期整体改革相配套的轴心。

3. 1994 年分税制财政体制改革出台过程概况

1993 年 4 月 22 日,中央政治局常委会专门听取了财政部和国家税务总局关于财税体制改革的汇报,指出:现在这种包干体制是一种不适应市场经济的落后体制,没有哪一个国家是这样搞的,财税体制已经到了非改不可的地步。4 月 28 日,中央政治局常委会正式批准了税制改革基本思路。当年 11 月,十四届三中全会《关于社会主义市场经济若干重大问题的决议》正式提出了分税制改革的内容。据此,国务院出台《关于实行分税制财政管理体制的决定》,决定从 1994 年 1 月 1 日起改革地方财政包干体制,对各省、自治区、直辖市以及计划单列市实行分税制财政管理体制。

4. 分税制财政体制改革主要内容

1994 年开始实行的分税制财政管理体制,一方面是新中国成立以来涉及范围最大、调整力度最强、影响最为深远的一次财政体制改革,另一方面又由于多种制约因素的存在,是按照“存量不动、增量调整,逐步提高中央的宏观调控能力,建立合理的财政分配机制”原则设计的极具重视方案可行性的改革。在原包干体制确定的地方上解和中央补助基本不变、不触动地方“各路诸侯”既得利益的情况下,结合税制改革,对财政收入增量分配进行了重大改造。当时确定分税制财政体制改革的指导思想包括四个方面:

一是正确处理中央与地方的分配关系,调动两个积极性,促进国家财政收入的合理增长。既考虑地方利益,调动地方发展经济、增收节支的积极性,又逐步提高中央财政收入的比重,适当增加中央财力,增强中央政府的宏观调控能力。二是合理调节地区之间财力分配。既有利于经济发达地区继续保持较快的发展势头,又通过中央财政对地方的税收返还和转移支付制度,扶植经济不发达地区的发展和老工业基地的改造。三是坚持统一领导与分级管理相结合的原则。中央税、共享税以及地方税的立法权都集中在中央。税收实行分级征管，税务机构分设，中央税和共享税由中央税务机构负责征收，地方税由地方税务机构负责征收。四是坚持整体设计与逐步推进相结合的原则，先把主要税种划分好，其他收入的划分逐步规范。

根据上述指导思想，1994 年分税制改革的基本内容如下：

（1）支出划分

基本原则是：中央财政主要承担国家安全、外交和中央国家机关运转所需经费，调整国民经济结构、协调地区发展、实施宏观调控所必需的支出以及由中央直接管理的事业发展支出。地方财政主要承担本地区政权机关运转所需支出以及本地区经济、事业发展所需支出。按照划分方案，中央财政支出主要有 13 个方面，地方财政主要有 14 个方面，各自的支出范围如表 12－2 所示：

表 12－2　1994 年中央与地方支出划分表

中央财政支出	地方财政支出
国防费	地方行政管理费
武警经费	公检法支出
外交和援外支出	部分武警经费
中央级行政管理费	民兵事业费
中央统管的基本建设投资	地方统筹的基本建设投资
中央直属企业技改和新产品试制费	地方企业技改和新产品试制费
地质勘探费	支农支出
由中央财政安排的支农支出	城市维护建设支出
国内外债务的还本付息支出	地方文化支出
中央本级负担的公检法支出	地方教育支出
中央本级负担的文化支出	地方卫生科技支出
中央本级负担的教育支出	价格补贴支出
中央本级负担的卫生科技支出	其他支出

资料来源：《国务院关于实行分税制财政管理体制的决定》，载《中国财政年鉴（1994）》，北京：中国财政杂志社 1994 年版，第 63 页。

（2）收入划分

原则是将维护国家权益、实施宏观调控所必需的税种划为中央税；将同经济发展直接相关的主要税种划为中央与地方共享税；将适合地方征管的税种划为地方税，并充实地方税税种，增加地方税收入。按照划分方案，中央财政固定税收有7种，地方财政固定税收有18种，中央与地方共享税收有3种。具体税种如表12－3所示：

表12－3 1994年中央与地方税收划分表

中央固定税收	地方固定税收	中央与地方共享税收
1. 关税 2. 海关代征的消费税和增值税 3. 消费税 4. 中央企业所得税 5. 地方银行和外资银行及非银行金融企业所得税 6. 铁道部门、各银行总行、各保险公司等集中交纳的营业税、所得税、利润和城市维护建设税 7. 中央企业上交的利润 8. 外贸企业的出口退税	1. 营业税(不含铁道部门、各银行总行、各保险公司集中交纳的营业税) 2. 地方企业所得税(不含地方银行和外资银行及非银行金融企业的所得税) 3. 地方企业上交利润 4. 个人所得税 5. 城镇土地使用税 6. 固定资产投资方向调节税 7. 城市维护建设税(不含铁道部门、各银行总行、各保险总公司集中交纳的部分) 8. 房产税 9. 车船使用税 10. 印花税 11. 屠宰税 12. 农牧业税 13. 农业特产税 14. 耕地占用税 15. 契税 16. 遗产和赠予税 17. 土地增值税 18. 国有土地有偿使用收入	1. 增值税 中央分享75% 地方分享25% 2. 资源税 海洋石油资源税归中央，此外资源税归地方 3. 证券交易税 中央分享50% 地方分享50%

资料来源：《国务院关于实行分税制财政管理体制的决定》，载《中国财政年鉴(1994)》，北京：中国财政杂志社1994年版，第63页。

(3) 税收返还制度

为了尽量减少对地方财力的影响，调动地方政府积极性，分税制改革制定了税收返还办法，即以1993年为基期年，按分税后地方净上划中央的收入数额，作为中央对地方的税收返还基数，基数部分全额返还地方。国务院还决定，不仅税收返还基数全额返还地方，1994年以后还要给予一定的增长。具体办法是：从

1994 年开始，税收返还与消费税和增值税（75%部分）的增长挂钩，每年递增返还。关于税收返还的比例，国务院国发［1993］85 号文件规定，按当年全国增值税和消费税平均增长率的 1∶0.3 系数确定。1994 年 8 月，根据各方面的意见和要求，为了更充分地调动各地区组织中央收入的积极性，将税收返还的增长率改为按各地区分别缴入中央金库的“两税”增长率的 1∶0.3 系数确定，即各地区“两税”每增长 1%，中央财政对该地区的税收返还增长 0.3%。

（4）税制改革

1994 年税制改革主要包括三个方面的内容：一是建立以增值税为主体、消费税和营业税为补充的流转税制度。取消对外商投资企业征收的工商统一税。在商品的生产、批发零售和进口环节全面征收增值税，并选择少数最终消费品在征收增值税的基础上再征收消费税。对不实行增值税的劳务和第三产业征收营业税。二是改革和完善所得税制。统一内资企业所得税，实行 33%的比例税率，对部分盈利水平较低的企业在一段时间内增设 27%和 18%两档照顾税率。取消国有企业调节税、能源交通重点建设基金、预算调节基金和企业承包办法。将个人所得税、个人收入调节税和城乡个体工商业户所得税合并，建立统一的个人所得税制。三是改革和完善其他税种，扩大资源税征收范围，开征证券交易税等。取消集市交易税、奖金税等。将烧油特别税并入消费税，盐税并入资源税。

（5）税务机构分设

1993 年以前我国只有一套税务征收机构，中央税收主要依靠地方税务机构代为征收。考虑到在中央地方财政体制按分税制实行重大改革后，原办法容易造成收入征管职责和权限划分不清，既不利于保障中央财政收入，也不利于调动地方组织收入的积极性，会带来改革的风险，因此分税制财政体制规定，与收入划分办法相配套，建立中央和地方两套税务机构，分别征税，国家税务局和海关系统负责征收中央级固定收入和中央地方共享收入，包括消费税、铁道营业税、各银行总行和保险总公司营业税、海洋石油资源税、关税、海关代征消费税和增值税、地方和外资银行及非银行金融企业所得税、中央企业利润、增值税、证券交易税、中央企业所得税等其他各项中央预算固定收入；地方税务局负责征收地方级固定收入，包括营业税（除中央的营业税外）、资源税（除海洋石油资源税）、地方企业所得税、地方企业利润、地方其他各项税收等其他地方固定收入。

（6）解决原体制遗留问题

1994 年实行分税制后，原包干体制的地方上解和补助办法基本不变。即原实行递增上解的地区，仍按原规定办法继续递增上解；原实行定额上解的地区，仍按原确定数额继续定额上解；原实行总额分成的地区和原分税制试点地区，改为一律实行递增上解，即以 1993 年实际上解数为基数，从 1994 年起按 4%的递增率递增上解。后来为了进一步规范分税制体制，1995 年对上述办法进行了调整，规定：从 1995 年起，凡实行递增上解的地区，一律取消递增上解，改为按各地区 1994 年实际上解额实行定额上解。

（7）经济特区与开发区财政管理体制

改革开放后，为利用部分地区经济发展的优势，迅速提升国力，国家对经济特区等各类经济区域制定了一系列财税优惠政策，对促进对外经济贸易往来、吸引外来资金、发展高新技术、带动内地经济发展起到了积极作用。分税制财政体制改革充分考虑了经济特区和开发区的特点，对经济特区和开发区实行了一定时期的特殊财政体制。

（二）分税制财政体制的进一步完善

1994 年分税制财政管理体制改革，根据市场经济的一般规则，将税种统一为中央税、地方税和中央与地方共享税，初步确定了省级政府为代表的中央与地方的分税框架。以极大的改革决心魄力和可行方案设计智慧推出的这一改革，并取得成功，既从市场经济基础层面提供了在公平竞争中真正搞活企业的新制度环境，又前所未有地消除了中央、地方间财力分配关系上的“体制周期”，形成较稳定、规范的政府之间“非讨价还价”式财政关系框架。其正面效应，在其后的经济社会发展和财政状况向好等方面，有显著的表现。但由于多种主客观原因,1994 年新体制仍有较浓重的过渡色彩,随着经济环境变化,在稳定分税制财政管理体制基本框架的基础上,其后又酌情对分税制及相关的转移支付制度等采取了一系列健全、调整和完善措施。

1. 财政转移支付制度的建立和完善

政府间财政转移支付制度是财政管理体制的重要组成部分,在按照社会主义市场经济客观要求建立和实行分税制财政体制的过程中,以科学、规范为取向建立健全转移支付制度并不断对其加以改进,促进了财政体制的动态优化和国家各项宏观经济政策的贯彻落实,有力推动了经济社会持续健康快速发展。

作为分税制改革的配套措施,1995 年开始实施以“因素计分法”为技术路线的过渡期转移支付,随着经济社会形势的发展变化,结合分税制财政体制改革的逐步深入,中央财政不断改进完善对地方的财政转移支付制度。2002 年我国实施所得税收入分享改革后,建立了转移支付、资金稳定增长机制,过渡期转移支付改称为一般性转移支付。中央对地方的转移支付主要可分为两类:一是财力性转移支付,主要目标是增强财力薄弱地区地方政府的财力,促进基本公共服务均等化;二是专项转移支付,是中央政府对地方政府承担中央委托事务、中央地方共同事务以及符合中央政策导向事务进行的补助,享受拨款的地方政府需要按照规定用途使用资金,实行专款专用。专项转移支付包括一般预算专项拨款、国债补助等。2009 年,为了规范转移支付制度,原来的“财力性转移支付”改为“一般性转移支付”,其中又细分为多项内容。

2. 证券交易印花税、金融保险营业税分享办法调整

(1) 调整证券交易印花税中央与地方分享比例

实行分税制初期,证券交易印花税中央与地方(上海市和深圳市)各分享 50%。随着证券交易市场的发展,证券交易规模不断扩大,证券交易印花税大幅增长,为在妥善处理中央与地方的财政分配关系中,增强中央宏观调控能力,国务院决定,自 1997 年 1 月 1 日起,将证券交易印花税收入分享比例调整为中央 80%、地方 20%。后因证券交易印花税税率由原来对买卖双方各征收 3‰调高到

5‰，调高税率增加的收入全部作为中央收入，因此，中央与地方证券交易印花税分享比例折算为中央88%、地方12%。2000年国务院再次决定，从当年起分三年将证券交易印花税分享比例逐步调整到中央97%、地方3%。中央由此增加的收入主要用于支持西部贫困地区发展，并作为补充社会保障资金的一个来源。

（2）调整金融保险营业税收入划分

为了发挥税收的调控作用，进一步理顺国家与金融、保险企业之间的分配关系，促进金融保险企业间平等竞争，保证国家财政收入，国务院决定，从1997年1月1日起，将金融保险营业税税率由5%提高到8%。提高营业税税率后，除各银行总行、保险总公司缴纳的营业税仍全部归中央收入外，其余金融、保险企业缴纳的营业税，按5%税率征收的部分，归地方财政，提高3个百分点征收的部分，归中央财政。为了支持金融保险行业的改革，从2001年起，国务院决定，金融保险业营业税税率每年下调1个百分点，分三年将金融保险业的营业税税率降至5%，中央分享部分也随之取消。

3. 改革出口退税负担机制

从1985年开始实行出口退税政策以来，中国的出口退税负担机制经历了多次变革。1985—1988年，中央外贸企业、工贸企业的退税由中央财政负担，而地方外贸企业、工贸企业的退税则由地方财政负担。从1988年开始，所有的出口退税改由中央财政负担。1991年之后，地方财政又负担了地方外贸企业10%的出口退税。1993年地方财政的负担比例提高至20%。1994年分税制改革时，出口退税改由中央全部负担，并规定地方负担部分以1993年为基数专项上解，以后年度按此定额结算。

1998年实施积极财政政策后，由于提高出口退税率支持外贸出口的措施，导致出口退税额持续高速增长，且这一数字远远高于国内增值税收入额增长，尽管中央出口退税预算指标一再增加，但出口退税应退数和实退数仍存在差距，使得欠退税情况越来越严重。在这一背景下，经国务院批准，2004年1月1日起调整出口退税机制。一是适当降低出口退税率，本着“适度、稳妥、可行”的原则，区别不同产品调整退税率。二是加大中央财政对出口退税的支持力度。从2003年起，中央进口环节增值税、消费税收入增量首先用于出口退税。三是建立中央和地方共同负担出口退税的新机制。从2004年起，以2003年出口退税实退指标为基数，对超基数部分的应退税额，由中央和地方按75∶25的比例共同负担。四是推进外贸体制改革，调整出口产品结构。2005年进一步完善出口退税负担机制，主要内容：在维持2004年经国务院批准核定的各地出口退税基数不变的基础上，对超基数部分，从2005年1月1日起，中央、地方按照92.5∶7.5的比例负担；各省（自治区、直辖市）根据本地实际情况，自行制定省以下出口退税分担办法，但不得将出口退税负担分解到乡镇和企业，不得采取限制外购产品出口等干预外贸正常发展的措施；对所属市县出口退税负担不均衡等问题，由省级财政负担统筹解决；出口退税改由中央统一退库，地方部分年终专项上解。

2008年全球金融危机爆发，为稳定外贸出口，2008年8月份起至2009年，国家重新对机电、劳动密集型、高新技术等产品的退税率作提高处理。2010年以后，出口退税政策以“有保有压”作为政策调整的指导思想，以引导为主，对“三高”即高耗能、高污染、资源消耗高的企业的出口采取政策性遏制，以“附加值高、技术含量高”的产品逐渐替代“附加值低、技术含量低”的产品，以此对企业的生产投资方向进行政策性调整，以求规避无效投资，避免出现产能过剩现象。随着“营改增”改革和试点范围的扩大，国家税务总局下发了《适用增值税零税率应税服务退税管理办法》，将跨境应税服务也纳入了出口退税的覆盖范围，使我国相关企业在国际市场上的竞争力得到显著提高，为现代服务业的深入发展和调整出口贸易结构，特别是对促进服务贸易出口有很大的促进作用。

4. 实施所得税收入分享改革

（1）所得税收入分享改革的背景

企业所得税的前身是国营企业所得税，1983年财政部发布《关于对国营企业征收所得税的暂行规定》，对有盈利的国营大中型企业（包括金融、保险组织)均根据实现的利润按55%的税率征收所得税。对国营小型企业,根据实现利润按八级超额累进税率征收所得税。1984年9月,国务院发布《中华人民共和国国营企业所得税条例(草案)》,规定对盈利的国营大中型企业按照55%的固定比例税率计算缴纳所得税后,按照核定的调节税税率,计算缴纳调节税;对盈利的国营小型企业,按新的八级超额累进税率计算缴纳所得税后,一般由企业自负盈亏,国家不再拨款,税后利润较多的企业,国家可收取一定数额的承包费。其后所得税税率不断降低,1989年从55%减到35%,1991年由35%又降低到33%。1993年12月13日,实行了统一的内资企业所得税,国有企业不再执行承包上缴所得税办法,取消了所得税税前还贷款的规定等。1994年实行分税制财政体制时,由于当时条件限制,所得税仍按企业产权隶属关系划分,即中央企业所得税作为中央固定收入,地方企业所得税作为地方固定收入。对此有关部门的解释是当时政企分开正处于探索阶段,政府机构改革尚未进行,企业与主管部门利益关系密切,不按隶属关系划分所得税的改革阻力较大;加之1993年"两则"(企业财务通则、会计准则)只运行半年,基数计算有一定困难,因此,暂维持原有的企业所得税划分格局。

1994年之后,按照企业隶属关系划分所得税的弊端日益显现,主要表现在:① 延续了政府干预,不利于深化企业改革。按企业行政隶属关系划分企业所得税,政府往往从自身利益出发,对隶属关系不同的企业区别对待,强化政府对企业经营活动的直接干预和企业对政府的行政依附,不利于现代企业制度的建立和企业间的公平竞争,以及阻碍企业跨隶属关系、跨部门、跨地区的兼并重组。② 存在着收入混库问题,不利于征收管理。随着投资主体多元化,合资、合作、联营和相互参股等企业形式日渐增多,企业产权的隶属关系经常变化,难以准确界定,容易引起缴库混乱,不利于税收征管。此外,收入分布不均衡、地区间财力差距不断扩大也是倒逼企业所得税分享改革的一个非常重要的原因。针对这些问题,国务院决定,从2002年1月1日起实施所得税收入分享改革,将按企业隶属关系等划分中央与地方所得税收入的办法,改为中央与地方按统一比例分享。

（2）所得税收入分享改革的指导思想和主要内容

所得税收入分享改革的指导思想是，根据社会主义市场经济发展的客观要求，并借鉴国际通行做法和经验，在保持分税制财政体制基本稳定的前提下，进一步规范中央与地方的财政分配关系，为企业改革发展和公平竞争创造良好环境，促进地区之间协调发展、经济结构合理调整和维护社会稳定，促进共同富裕。

所得税收入分享改革的主要内容包括：① 除铁路运输、国家邮政、中国工商银行、中国农业银行、中国银行、中国建设银行、国家开发银行、中国农业发展银行、中国进出口银行以及海洋石油天然气企业外，其他企业所得税和个人所得税收入实行中央与地方按统一比例分享。② 中央保证各地区 2001 年地方实际所得税收入基数，实施增量分成。2002 年所得税收入中央与地方各分享 50%；2003 年中央分享 60%、地方分享 40%，2003 年以后年度，根据实际情况确定中央地方分享比例。③ 中央因改革所得税收入分享办法增加的收入全部用于对地方主要是中西部地区的一般性转移支付。④ 为了保证所得税收入分享改革的顺利实施，妥善处理地区间利益分配关系，跨地区经营企业集中缴纳的所得税中地方分享部分，按分公司（子公司）所在地的企业经营收入、职工人数和资产总额三个因素在相关地区间分配，其权重分别为 0.35、0.35 和 0.3。

（三）公共财政框架的建立与完善

1. 提出公共财政的背景

中国“公共财政”的概念是在经济、社会转轨中就财政转型而提出的。在传统体制向社会主义市场经济体制转变过程中，客观地需要形成一个财政职能和财政形态调整的基本导向——在经过十余年的探索之后，这个导向被概括为公共财政的导向，于 1998 年由财政部门的领导同志和国务院领导同志明确提出。其后，关于建立公共财政框架的要求，写入了中共中央全会的文件和国家发展计划文件。从原来的供给型财政、生产建设型财政、转轨过程中探索的“振兴财政”，一步一步转变而提出来的公共财政，是适应时代要求、能够与新时期社会主义市场经济新体制和总体经济社会发展要求相适应、相匹配的财政形态。

2. 公共财政的基本特征

表述为公共财政，顾名思义，其关键的内在导向是强调财政的公共性，由此而来，公共财政所应具备的基本特征，至少应体现在如下四个方面：

第一，要以满足社会公共需要作为财政分配的主要目标和工作重心。这方面的核心问题，是怎样正确处理公共性和阶级性的关系。简言之，20世纪80年代改革开放之后，中国所发生的历史性转变的基点，就是如实承认我们必须以经济建设为中心而决不能是"阶级斗争为纲"，后又进一步提升到科学发展观，即由经济建设为中心、发展是硬道理这样一种正确认识，进一步提升到经济、社会、自然全面协调的科学发展是硬道理。这个大思路、大方向，决定着我们整个国家的命运，也必然要求我们摒弃阶级斗争思维，理直气壮地以财政分配去追求社会和谐、全面小康、共同富裕。列宁曾经指出：建立社会主义政权以后，国家在一定意义上演变为准国家、半国家——也就是进入所谓国家消亡过程。现在看来虽然这将是一个漫长的历史过程，但社会生活中阶级性的内容的确已经和正在逐渐淡薄，必须抓住主导性的公共需要，强调把满足社会公共需要作为财政体系的主要目标和工作重心。

第二，财政应以提供市场不能有效提供的公共产品和公共服务作为满足社会公共需要的基本方式。这个基本特征所包含的实质性问题，是合理把握政府和市场的分工合作关系。市场应是资源配置的基础机制，但它也存在失灵的领域，需要政府相应的干预、调节，其中非常重要的就是要提供那些市场不能有效提供的公共产品和公共服务。只有政府和市场形成合理的相辅相成的分工互补关系，才能有利于生产力的充分解放、资源配置的全面优化与社会总体效益和总体福利的最大化。

第三，要以公民权利平等、政治权力制衡为前提的规范的公共选择，作为财政分配（亦即公共资源配置）的决策与监督机制。这个基本特征的实质内容，就是以理财的民主化、法治化、宪治化，保障决策的科学化以及公共需要满足的最大化。规范的公共选择也是政治文明建设的一个基本路径。公共财政和我们原来没有进入到这个状态的财政相比,以及新旧状态下财政的相关决策机制相比,将会有的本质性的改进,可归结为在公共事务民主化和政治文明互动的提升过程中,真正建立一套权力制衡的规范公共选择的制度框架。在中国经济社会急剧转轨、"黄金发展期"和"矛盾凸显期"一并到来的阶段,各种矛盾错综复杂地交织在一起,需要我们从制度角度积极考虑怎样运用政治文明发展方向上的制度空间,缓解矛盾,处理好公共事务,尽量全面地体现公众意愿,争取相对顺利而避免比较大的社会代价,来完成现代化过程。

第四,公共财政在管理运行上要以现代意义的具有公开性、透明度、完整性、事前确定、严格执行的预算作为基本管理制度。这里的"公开性"仍和公共财政表述有直接的呼应,以其为逻辑开端、具备完整性与规范性的现代意义的预算,将成为公共财政所有理念、原则、目标和制度要素的实现载体。这个特征的实质内容,是以力求周密、完善的理财制度,防范公共权力的扭曲,规范政府行为,贯彻公众意愿和追求公众利益最大化。

3. 构建和发展公共财政框架的主导因素

第一,在政府和财政的基本职能中收缩生产建设职能

按照公共财政发展的要求,在政府和财政的基本职能中,需要继续收缩生产建设职能。从长期目标看,地方政府和财政应该逐步退出一般竞争性的投资领域,而中央政府则可有限介入竞争性领域,即一些长周期、跨地区、特大型的对于生产力布局优化、产业结构升级和长远发展有战略性意义的重大项目(如宝钢、三峡、京九等)。如果中央政府有限参与,地方政府退出一般竞争性领域以后,财政体制问题中的事权纠葛在最重要、最棘手的"投资权"上就可以基本厘清。在此基础上,可由粗到细逐步形成中央和地方各级较详尽的事权明细单,分清哪些事权由哪级政府独立承担,哪些事权由哪几级政府共同承担以及如何共同承担,进而可寻求使公共财政中的财权配置与事权配置较好地呼应、各级财力能够与事权相匹配的制度安排。

第二，合理掌握财政分配顺序和轻重缓急

财政分配所面临的需要与可能之间的矛盾是永恒的，任何情况下，包括财力充足时，仍需处理轻重缓急、排序、优先保证、“有保有压”等具体问题。在公共财政的框架下合理掌握财政分配顺序，首先应是保证国家机器在效能前提下的正常运转（在转轨过程中要结合精简机构等基本问题逐步解决效能问题），其次排在前面的应是满足公共需要即公共产品和服务的提供，如生态环境保护、国土整治、反周期调控、社会保障体系等。（纯粹公共产品的提供又应排在准公共产品之前，因为其需要完全依靠政府财力。）公共产品和服务提供到位了，社会的投资条件、生存环境的水准就能提高，会反过来促使微观市场主体的活力不断增强，以及经济发展的可持续与社会生活的和谐。然后，才是政策倾斜方面和重点建设方面的事项。

第三，逐步形成规范的公共选择机制和体制

财力分配和政策安排如何把握轻重缓急，作出合理决策，不能只由少数政府官员决定，必须越来越多地依靠法治化的程序、规范的公共选择机制来形成决策方案，提高决策水平，体现法治化、民主化和科学化。这些机制的具体化又必须依托于一个能够与社会主义市场经济通盘模式相契合的体制框架之上，而这个体制只能是以分税制为基础的分级财政体制。

第四，形成理财系统为公众服务的意识和规范

政府各个部门特别是财政部门、税收部门，要形成理财系统为公众服务的意识和制度规范。意识是从思想教育和观念转变的角度而言，而制度规范则要进一步稳定地落实在一些有约束力的规则和典章之上，并体现在以现代信息技术支撑的“金财工程”、“金税工程”等的操作和运行上，使整个财税业务管理流程越来越细化，减少非规范因素的干扰。制度规范和为公众服务的意识综合在一起，会使公共权力所应追求的目标被扭曲的可能性越来越少。

第五，转变和创新理财的方式

在体现产业政策、加强国有资产管理等这些中国公共财政回避不了的事项

的处理上，要寻求一系列新的方式。比如政策倾斜，要努力发展“四两拨千斤”的政策工具（如税收支出、贴息、信用担保等）以及合理运用政府特许权拉动、引致民间资金的BOT、TOT和参股等方式。另外，要对实行政策倾斜的项目形成严格的专家可行性论证、集体决策制度和有效的多重审计监督体系，防止政策倾斜中通过“设租寻租”徇私的可能性。

第六，形成协调配套的规范化复式预算体系

形成一个以公共收支预算、国有经营性资本预算、社会保障预算、政府基金预算等复式预算形式（或称为一个预算体系）来协调、配套的公共财政管理体系。即必须以一个系统工程的形式使一般的公共收支、经营性的国有资产（资本）、社会保障收支、政府基金收支等能够相对独立地各行其道，在预算上作出相对独立的反映和管理，同时又在公共财政框架下，通过预算体系内部的协调配套相互衔接，统筹协调，以制度形式来实现管理的科学化、精细化，追求和贯彻公共财政的社会公共目标。

4. 公共财政制度建设的管理体制依托和管理改革事项简况

1998年提出在中国建设公共财政框架，是与邓小平1992年南方谈话后确立社会主义市场经济目标模式，1994年顺势推出分税制重大改革一脉相承的。市场经济所客观要求的宏观“间接调控”框架，合乎逻辑地引出了我国财政体制从“分灶吃饭（地方包干）”的行政性分权转为分税分级形式的“经济性分权”的里程碑式的改革。1994年建立的分税制框架下，政府企业关系终于跳出了行政隶属关系控制范式，政府不再按照企业的行政隶属关系组织财政收入，而是所有企业不论大小、不分行政级别、不问经济性质（国有或非国有），一律依法向不同层级政府缴纳国税与地方税，相互之间真正“在一条起跑线上”公平竞争，同时中央与地方之间，也不再存在所谓“体制周期”，形成了前所未有的稳定、规范的“分税制”为基础的分级财政。这个改革成果，成为进一步展开公共财政改革的体制依托。

自1998年提出建立公共财政框架，在中国的财政体系内，积极推进了一系列改革措施，以求实施公共财政所要求的制度创新和管理创新、技术创新。其主要内容有：

第一，实行部门预算（综合预算）改革

部门预算的核心要求是各部门在编报预算时，要把其所掌握的所有政府性财力，包括预算内资金和预算外资金，一览无遗地全部编入，实现和保证预算的完整性。1999 年开始着手这一改革，数年间，与社会主义市场经济体制相适应的部门预算框架已基本构成。改革还向纵深拓展，推进了项目预算滚动管理等。部门预算改革使政府预算编制逐步向完整、透明、规范、公平、高效的方向发展，明显改变了我国预算编制方法陈旧、透明度不高、约束力较差的状况，为建设公共财政提供了最重要、最基础的制度保障。

第二，实行单一账户的国库集中收付改革，建立了有利于对财政资金实行全程监督、追求高效运作的国库集中收付制度

2001 年 8 月从中央部门开始实施这一改革，到 2008 年已全面推行，在所有中央部门及所属 1 万多个基层预算单位实施；中央级一般预算资金、政府性基金及国有资本经营预算资金全部实行国库集中支付，并将改革逐步扩大到部分中央补助地方专项转移支付资金；绝大多数中央预算部门在本级推行了公务卡改革试点，进一步规范和减少现金支出。地方层面的这项改革也取得长足进展。

第三，推行“收支两条线”改革

“收支两条线”改革的基本内容，是行使公权单位的各项收费和罚没收入等，不再与本单位支出、福利待遇挂钩，而是进入财政专户和归为预算统筹，执收单位的支出另由预算规范地作出安排。在这一改革中，规范收费基金管理，清理到期政府性基金项目，还在治理教育乱收费、减轻农民负担等方面取得进展。总体上，要将行政事业性收费、政府性基金、国有资源（资产）有偿使用收入、国有资本经营收益、彩票公益金、罚没收入等政府非税收入都纳入“收支两条线”管理范围。

第四,推行以招投标集中采购为代表形式的政府采购制度改革

我国1999年开始在中央单位部门预算中增加了政府集中采购内容,现已在各级国家机关、事业单位和团体组织中,全面推行政府采购制度改革,并在《2005年中央单位政府集中采购目录及标准》中明确了部分政府集中采购项目的适用范围,扩大了部门集中采购项目,增强了可操作性。现行的对政府大宗采购事项采取公开招投标的方式使政府采购行为得到了与市场机制兼容的约束和优化,提高了资金的使用效率,明显地抑制了腐败行为,提高了调控水平。全国政府采购规模从2000年的328亿元,增加到2008年的5 990.9亿元和2018年的约3.59万亿元,2010年前后估测的资金节约率达11%左右。

第五,积极深化细化财政转移支付制度改革

我国财政转移支付制度在1994年"分税制"改革后实现了重大的进步,并在其后建设公共财政框架的过程中进一步改进完善。近年来,我国财政转移支付体系不断完善,尤其是财力性转移支付的确立和完善,改变了分税制财政管理体制改革前中央财政与地方财政"一对一"谈判、"讨价还价"的财政管理体制模式,增强了财政管理体制的系统性、合理性,减少了地方补助数额确定过程中的随意性。转移支付规模不断扩大,支持了中西部经济欠发达地区行政运转和社会事业发展,促进了地区间基本公共服务均等化。同时,以专项转移支付重点支持经济社会发展的薄弱环节,主要用于支农、教科文卫、社会保障等事关民生领域的支出,体现公共财政的要求。

第六,实施与国际通行标准接轨的政府收支分类改革

2007年1月1日我国实施的政府收支分类改革,使预算收支的分类和科目体系与国际通行标准接轨,也是公共财政体系框架的一项基础建设,其内容包括对政府收入进行统一分类、建立新的政府支出功能分类体系和新型支出经济分类体系等。财政部门将按照新的政府收支科目编制预算。2007年11月,财政部和中国人民银行结合国有资本经营预算改革对2008年政府收支分类科目进行了调整。此后,根据改革需要,不断对政府收支分类科目进行修订。下一步,将继续深化政

府收支分类改革,建立统一规范、各级财政共同执行的政府收支科目体系。

第七,研讨和探索财政绩效评估制度方法和绩效预算的逐步构建

注重绩效是预算改革深化的必然要求,意在切实提高政府管理效能和财政资金有效性。近年财政部门积极研究制定规范的绩效评价管理办法,力求明确绩效评价的范围、对象和内容,争取初步建立绩效评估体系,逐步将绩效预算的理念和方法引入到我国的财政支出管理中。目前,中央财政和不少地方都已经选择若干项目开始进行预算绩效评价的试点,在总结各部门预算绩效评价工作经验的基础上,将适当扩大试点范围,尝试将绩效评价的结果与部门预算编制相结合,改变以往预算资金安排中“重分配,轻管理”的现象。

第八,积极实施“金财工程(政府财政管理信息系统)”

中国财政部门组织实施“金财工程”即政府财政管理信息系统(GFMIS)的建设,是旨在建立一个全面反映政府财力,支撑公共财政科学决策的财政管理和财政监督的信息平台,以实现从中央到地方的部门预算编审系统的修改完善、技术支持和应用服务。“金财工程”的规划和实施是财政管理体制改革中的一项重大工程,其全面推广可以使各级财政管理部门提高预算收支管理水平,以客观的、制度性的规范来消除主观的、利益驱动或人为失误带来的制度扭曲和公共资金效益损失,显著提高公共财政运行的绩效。

(四)适应国家治理现代化的财税改革新进展

中共十八届三中全会《中共中央关于全面深化改革若干重大问题的决定》(以下简称《决定》)提出,全面深化改革的总目标是完善和发展中国特色社会主义制度,推进国家治理体系和治理能力现代化,并在国家治理现代化的核心概念下提出“财政是国家治理的基础和重要支柱”,这既具有严谨的学理支撑,更有重大的现实意义。

1. 现代财政制度提出的背景及其对全面深化改革的重要意义

(1) 国家治理体系和治理能力现代化

国家治理体系和治理能力的现代化,最重要的内涵指向,是以相关制度安排

和机制联结的优化，服务于整体经济社会的包容性发展。“治理”的概念有别于传统的“管理调控”的概念的新意，是不限于各级政府自上而下的“管理”，而是要发展政府与非政府多元主体间的充分“互动”，并进而把管理与自管理、组织与自组织、调控与自调控充分结合，来调动一切潜力、活力与积极性，从而最大限度地解放生产力和促进社会和谐与文明进步。

十八届三中全会通过的《决定》明确财政是国家治理的基础和重要支柱，强调科学合理的财税体制是优化资源配置、维护市场统一、促进社会公平、实现国家长治久安的制度保障，要求建立现代财政制度。这一重要论断在深化财政地位作用认识的同时，指明了在实践中完成财政转换功能，为国家治理体系和治理能力现代化保驾护航的历史任务。“以政控财、以财行政”的财政分配体系处理的是以国家政权为主体参与社会公共资源的配置，它必然影响、辐射、拉动、制约总体的经济社会资源配置。财政的基础和支柱作用，要服务于现代市场体系中市场机制在资源配置中总体而言应发挥的决定性作用，最大限度地产生市场的正面效应，同时在总体资源配置中辅助性地弥补市场失灵。财政自己在具体管理表现形式上的预算收支，体现的是国家政权体系活动的范围、方向、重点和政策要领，必须首先在自己制度体系的安排层面，处理好政府和市场、中央和地方、公共权力体系和公民这三大基本的经济社会关系，即“以政控财，以财行政”的财政分配，要使政府既不越位又不缺位，在市场发挥决定性资源配置作用的同时，来发挥政府应该发挥的维护社会公平正义、让市场主体在公平竞争中释放活力，促进经济可持续发展，让社会多元主体在公益慈善、基层自治等方面释放潜能，扶助弱势群体、优化收入分配等作用，来促进社会和谐和长治久安。

（2）财政为全面深化改革发挥支撑作用

——全面深化改革的提出

党的十八届三中全会通过了《中共中央关于全面深化改革若干重大问题的决定》，提出了全面深化改革的指导思想、目标任务、重大原则，描绘了全面深化改革的新蓝图、新愿景、新目标，合理布局了深化改革的战略重点、优先顺序、主攻方向、工作机制、推进方式和时间表、路线图，汇集了全面深化改革的新思想、新论断、新举措。

——全面深化改革中财政应发挥的作用

一方面，财税体制改革是全面深化改革的关键点和突破口。改革开放以来，我国财税体制一直发挥着改革突破口的作用。从实行“分灶吃饭”的包干制、再到建立“分税制”，特别是1994年实施的分税制和工商税制配套改革，涉及范围广、改革力度大，对经济社会产生深远影响，成为中国经济社会转轨的重要里程碑。财税体制改革是综合性的全面改革，财政制度安排涉及全社会的各个领域，不仅政府部门的所有活动需要财政支出支撑，财税与企业、居民的联系也是千丝万缕，十分广泛和紧密，因此，财税改革必然是全面深化改革的一大关键领域。

另一方面，财政在全面深化改革中必须发挥基础性和支撑性作用。财政“基础和支柱说”基于对财政本质和运行规律的把握，描述了当前和未来财政在国家治理中的使命，准确把握财政运行的规律，也合乎逻辑地引出了财政服务于全面改革，以财政分配为配套改革措施提供支撑的历史任务。财政支持、服务全面改革，是与推进国家治理体系和治理能力现代化、促进经济社会持续健康发展的履职尽责一体化的。

2. 新时期财税改革三大方面的进展

2014年6月30日，中共中央政治局会议审议通过的《深化财税体制改革总体方案》重点包括三个方面内容：改进预算管理制度、深化税收制度改革、调整中央和地方政府间财政关系。

（1）预算管理改革

——提高预算的透明度和完整性

预算要进一步提高透明度，而且要保持它的完整性，即十八大所指的“全口径预算”，所有的政府财力统统要进入预算体系，不再承认任何“预算外”的概念。

——形成预算体系，重点支出一般不再作“挂钩”处理

以一般公共收支预算、国有资本经营预算、社会保障预算和基金预算形成预

算体系，并明确一个新原则，就是过去“挂钩”处理的一些重点领域的支出安排，今后不再继续。未来重点领域仍然还是重点，但资金的安排将按照更加科学合理的统筹协调方式处理。

——推出跨年度滚动预算

要求编制跨年度中期预算。从2015年开始，中央层级将按三年滚动方式编制，地方层级通过部分地区先行先试，最后统一规则。编制和发展完善中期滚动预算，需要以信息系统和预测能力为支持，即积极建立三至五年、引入权责发生制的跨年度预算（可先从中央级和若干地区的三年滚动预算编制入手），以利瞻前顾后，科学统筹协调各年度的财力分配，提升预算运行绩效水平。

——完善转移支付

原则是提高一般性转移支付比重，压缩专项转移支付项目，大力强化和优化中央、省两级自上而下的转移支付，整合专项转移支付并取消“地方资金配套”附带条件，逐步推进财政转移支付的法治化进程。

——加强预算执行管理

要建立科学合理的预算执行进度考核机制，实施预算执行进度的通报制度和监督检查制度，有效控制新增结转结余资金。加大审计监督力度。在国家对地方和部门开展重点督查中，盘活财政存量资金成为重要内容。

——规范地方债务

第一，确定地方政府债务限额，做好限额管理与预算管理的衔接，保障地方政府债务余额不超过法定的“天花板”上限要求。第二，规范预算编制和批复的流程。规定“将一般债务收支纳入一般公共预算管理，将专项债务收支纳入政府性基金预算管理”。第三，严格预算执行。按照“地方政府举债应当有偿还计划和偿还资金来源，市县级政府确需举借债务的由省级政府代为举借”的规定。第四，非政府债券形式存量债务纳入预算管理。第五，强化监督管理。

——规范税收优惠

按照统一税制、公平税负、促进公平竞争的原则，加强对税收优惠特别是区域税收优惠政策的规范管理。首先,构建一套完整规范的税收优惠政策管理法律体系,清理过多过剩的区域税收优惠。其次,各地方政府需要将国家确定的税收优惠政策贯彻执行,引导“新经济”的健康发展,对科研人员制定相应的优惠政策以鼓励科研人员进行自主创新创业,同时加大对市场化应用科研成果的股权期权、分红奖励的税收优惠政策引导,以及加强税收优惠政策的社会导向功能。

(2)税制改革

——全面推进营改增改革

2016年5月1日,我国全面推开“营改增”改革。其政策效应在于,一是建立起比较完整的规范的消费型增值税制度。将建筑业、房地产业、金融业和生活服务业全部纳入试点范围,同时将不动产纳入范围,既完成了增值税“全面扩围”,也实现了“彻底转型”,从制度上消除重复征税。二是作为实施结构性减税的重要举措,有助于确保积极财政政策更加有效。三是推动现代国家治理体系的建设,使专业化、精细化分工的产业形态得到鼓励后加速发展,制造业也将更专注于主业,不断增强自主创新和科技研发的能力,有利于推动产业结构的转型升级。全面实施营改增,进一步营造了公平竞争的市场环境,将更好发挥市场在资源配置中的决定性作用。

——消费税改革

根据我国经济社会和税制改革的发展趋势,改革消费税的主要思路有:

第一,建立动态调整机制,合理扩大消费税征税范围

一是对于我国现行消费税中部分商品,已经逐步从高档消费品转为了一般商品或生活必需品,如中低档化妆品等,应逐步将其排除在征收范围之外。二是根据能耗和环境污染的标准的变化,逐步将更多的高耗能、高污染产品纳入消费税征收范围中。

第二,优化消费税税率结构,合理调整税率水平

在税率形式上,部分消费品实行从价定率征收,部分实行从量定额征收,还有部分消费品则实行从量定额和从价定率相结合的复合征收,如烟、酒。在税率

水平上,首先应当合理降低一部分消费品如普通化妆品等的税率水平。其次,部分商品的税率偏低,如烟、成品油、资源性产品等,可以适度提高其税率水平。最后,应当合理设计新增消费税征税对象的税率水平,其中对于高耗能、高污染产品来说,税率的设计应当起到一定程度上促进节约资源和保护生态环境的作用,同时要考虑社会公众的收入水平和可接受程度等方面的因素;对于高档消费品来说,税率水平的设计可参照已征税奢侈品的税率进行确定;对于娱乐消费行为来说,税率水平需要在娱乐业营业税改征增值税后的增值税税率水平基础上适当增加。

第三,基于征管可行性,逐步调整消费税征收环节

现行消费税的征收环节主要是生产(委托加工)和进口,只对少数商品在其他环节进行征收。为配合地方税体系建设,对于已经具备在零售环节进行征收的商品,可改为在零售环节征收;目前在零售环节征收尚不具备条件的商品,可根据实际情况考虑在批发环节或生产环节征收,随着未来相关外部条件的具备,适时将消费税征收环节后移到零售环节。当然,对于完全不适合在零售环节征收或征管成本过大的商品,仍然应该坚持在生产环节征收。

——资源税改革

在原油、天然气、煤炭等的资源税改革基础上,自 2016 年 7 月 1 日起,实施资源税从价计征改革及水资源税改革试点,要求在扩大资源税征收范围、全面清理涉及矿产资源的收费基金的同时,赋予地方适当的税政管理权。

第一,明确资源税性质,整合相关税种和收费,避免目标定位交叉导致课征对象重叠问题,注重各税、费之间的相互协调关系。第二,将资源税由价内税改为价外税,更有效地引导经济活动主体行为。由于资源性产品需求弹性较小,因此煤炭行业、石油天然气企业和有色金属采选企业均有较强的税负转嫁能力,可以通过价格上涨将部分税负转嫁给下游企业和最终消费者,为使资源税矫正外部成本的作用机制得以实现,应将现行资源税由价内税改为价外税。第三,逐步扩大水资源税试点的覆盖范围。自河北省开始,2017 年 12 月 1 日起扩大到北

京、天津、山西、内蒙古、河南、山东、四川、陕西、宁夏,已覆盖10个省级行政区。

——环境税"费改税"的立法

2016年12月25日,《中华人民共和国环境保护税法》在第十二届全国人大常委会第二十五次会议上获表决通过,于2018年1月1日起施行。

从中国经济发展方式转型的需要来看,环保税在减少环境污染、推进环境保护、推动经济结构调整,乃至国家治理现代化等方面,被寄予厚望,需要根据客观经济社会形势变化不断完善税制要素设计,以更充分地发挥其应有的政策功能作用。

——关于房地产税立法的要求

十八届三中全会明确提出了加快房地产税立法并适时推进改革的要求,与落实"税收法定"原则相呼应。中国需在总结上海、重庆试点以及十市"空转模拟评税"试点等经验的基础上,统筹整合、理顺房地产税费制度,将现行的房地产税收和某些合理的房地产方面的行政性收费一并合理化,改变重流转环节税收、轻保有环节税收的做法,将住房开发流转环节的部分税负转移到保有环节,赋予地方政府在税率幅度范围内具体确定适用税率的税政管理权限,提高相关法规、资金、运行机制的透明度,在积极提高立法层次和不排除鼓励必要的先行先试的过程中,实质性推进居民住房保有环节税制改革和房地产相关税制改革。房地产税改革聚焦中国住房保有环节税收调节"从无到有"的制度建设,广义的房地产税改革则涉及与房地产相关的各类税费的配套改革。

虽然关于房地产税一向存在不同观点的激励争议,中央所要求的加快立法迟迟未能实际贯彻落实,但从走向现代国家需匹配现代税制的大方向来说,完成这一税收立法与税制改革任务是无可回避的制度变革。全国人大已将房地产税立法明确列入其立法规划。

——个人所得税的法律修订

我国个人所得税法自1980年实施之后,对个税免征额进行调整,在2011年9月1日是从1 600元上调至3 500元,但延续了分类征收的个人所得税制,造成不同性质所得以及不同收入纳税人之间的差别化税收待遇，一方面存在横向不公平问题，即收入数量相同但是收入性质不同，从而导致缴纳不同的所得税，另一方面存在纵向不公平问题，即高收入阶层收入来源的多样性，使其无论是应税收入的确认方面还是各项费用的扣除方面都能享受到更多的税收优惠，从而降低了高收入阶层个人所得税的应纳税义务。现实生活中高收入群体可以综合采用各种避税方式来规避税收负担，弱化了个人所得税的收入再分配功能。2018 年，进一步通过修订个人所得税法实施的改革，开始推行“综合与分类相结合”的改革方案，配之以提高“起征点”到 5 000 元、优化实施专项扣除等制度设计，力求优化中国个人所得税的调节功能。这次修法改革也留下一些遗憾，如“综合”机制只覆盖了工薪、稿酬、劳务和特许权四种劳动收入，完全未涉及任何非劳动收入，又没有下调最高边际税率，客观上形成了对于劳动收入的税收歧视和增加了专家型劳动者的税收负担，有待在以后的动态优化过程中加以矫正。

（3）优化调整中央地方体制，理顺事权

对于中央和地方事权的划分，十八届三中全会的《决定》明确指出：“适度加强中央事权和支出责任，国防、外交、国家安全、关系全国统一市场规则和管理等作为中央事权；部分社会保障、跨区域重大项目建设维护等作为中央和地方共同事权，逐步理顺事权关系；区域性公共服务作为地方事权。”在事权明晰化方面取得实质性进展，是现实生活的迫切要求，2016 年国务院发出 49 号文件即《关于推进中央与地方财政事权和支出责任划分改革的指导意见》后应考虑在《宪法》中明确中央和地方的专有事权、共同事权和委托事权等形态，对相关原则作出规定，并特别注重解决，适度加强中央事权和支出责任问题，逐步理顺共同事权中不同层级政府之间的事权分工合作关系。带有无外溢特征的区域性（辖区、社区）公共事务与服务，则应作为地方事权。专有事权、共同事权和委托事权，都西藏属级政府情况一览无遗的明细单，对接工作操作和预算支出量化。2018 年 1 月，国务院下发《基本公共服务领域中央与地方共同财政事权和支出责任划分改革方案》，将八大类 18 项基本公共服务事项纳入中央地方共同财政事权范围，制定了基础标准和支出责任分担方式，相应调整完善转移支付制度。

（五）1999年后的三大突出问题分析

1. 突出问题之一：土地财政

近些年来，在中国省级以下地方政府层面不同程度地出现了政府支出对于土地资源相关收入依赖偏重的现象，并在公众视野内形成了“土地财政”这样一种带有贬义的称呼，引起了各界广泛关注。

从理论上说，土地作为基本的、稀缺的生产资料，所有权或使用权的占有者利用其参与社会经济活动并获得收益，是一种合理的经济行为；同样，政府作为公共产品（服务）的提供者，对于生产资料的交易、所得采取相应的税费措施，也属于以政控财、实现政府调控经济目的的合理内容。从法律框架看，我国实行土地公有制和土地用途管制制度，政府体系兼具土地资源管理的规划者、审批者、执行者乃至使用权的占有者等多重身份（权力并非集中于同一级或特定的某一级政府），调控土地资源具有先天的强势地位。加之现阶段我国适逢城镇化、工业化高速发展阶段，土地作为政府配置资源手段的作用尤显重大。因此，无论是从经济理论上，还是从我国的法律规章上看，政府依靠土地优化资源配置、把土地作为调控经济的手段和形成政府收入的“生财”手段，本身并无问题。但是，由于相关的有效制度供给不足、约束和管理不到位，我国“土地财政”呈现的是土地收入从总量到结构皆有失衡、土地配置与财政分配事实上有所游离，基本格局中主要构成因素畸重畸轻的现状。这种出现严重偏颇的“土地财政”不具备可持续性，且在不断积累一些棘手的社会经济矛盾。“土地财政”为人所诟病之处，首先在于地方政府过于倚重土地批租收入。有畸重，便难免有畸轻，并产生矛盾和问题。

——什么是土地财政

要直面全面深化财税体制改革中土地财政所带来的问题，首先必须了解何为“土地财政”（可参阅本书第九章第五节的相关内容）。所谓土地财政，实际上是一种形象描述概念，指的是政府依靠土地获得财政收入，具体到我国而言，这个概念描述的是政府通过土地出让而获得土地出让金所形成的财政收入。从收入归属方面来讲，土地出让金属于政府财政收入，但并不属于一般预算收入。

在2012年以前，我国政府财政收入还处于分为预算内收入和预算外收入两大种类来进行财政资金管理的阶段，土地出让金作为预算外收入，并没有统一的规定和管理办法，有的地方归财政部门管理，而有的地方则归国土部门管理。但在2006年，我国出台的《国务院关于加强土地调控有关问题的通知》（国发[2006]31号），已明确规定要规范土地出让收支管理，具体要求为："国有土地使用权出让总价款全额纳入地方预算，缴入地方国库，实行'收支两条线'管理。土地出让总价款必须首先按规定足额安排支付土地补偿费、安置补助费、地上附着物和青苗补偿费、拆迁补偿费以及补助被征地农民社会保障所需资金的不足，其余资金应逐步提高用于农业土地开发和农村基础设施建设的比重，以及用于廉租住房建设和完善国有土地使用功能的配套设施建设。"自此，土地出让金须全额纳入地方预算管理，作为政府性基金预算收入的一部分。然如上文所述，即使在2006年以后，土地出让金作为政府性基金收入的一部分，也只能算作广义的财政收入，还并不是十分规范的财政收入。换言之，我们可以更加清楚地认识到，土地出让金大都是隶属于地方政府来直接支配的，这部分收入大都不能实现人大审批或统筹使用。这是地方政府面临的实际问题，我国经济实践中，在不同的区域、不同的层级有不同的表现。

作为政府性基金预算收入的土地出让金所带来的"土地财政"这一概念，其实既不应具有简单的贬义，也不应具有简单的褒义。从我国的经济实践出发，土地财政出现的制度根源之一是我国的土地制度。在我国，土地的所有权和使用权是分离的：在所有权方面，我国的土地性质属于公有制（具体有国有制和劳动群众集体所有制）；在使用权方面，我国采用的是城镇土地批租制度（农村集体土地则主要是确权问题）。在这种城镇土地所有权和使用权分离的制度下，我国"土地财政"的出现有其合理性。

我国宪法明确规定“城市的土地属于国家所有”，这意味着依附于财产所有权的收益权理应由政府取得。土地所有权是物权的一种，其主体是土地所有者，客体是土地，它是土地所有制在法律上的表现。土地所有权通常由占有权、使用权、收益权和处分权等四项基本权能构成。如果说土地所有权是一级权能，则占有、受用、收益和处分等权利则是二级权能。二级权能具有相对独立性，它们在一定条件下同一级权能相分离时，一级权能不会因此而丧失。土地产权是由层次不同的多种权能构成，形成具有多层次、多权能的“土地产权束”。对于所有权为国有的城市土地而言，其产权束如图 12－1 所示。

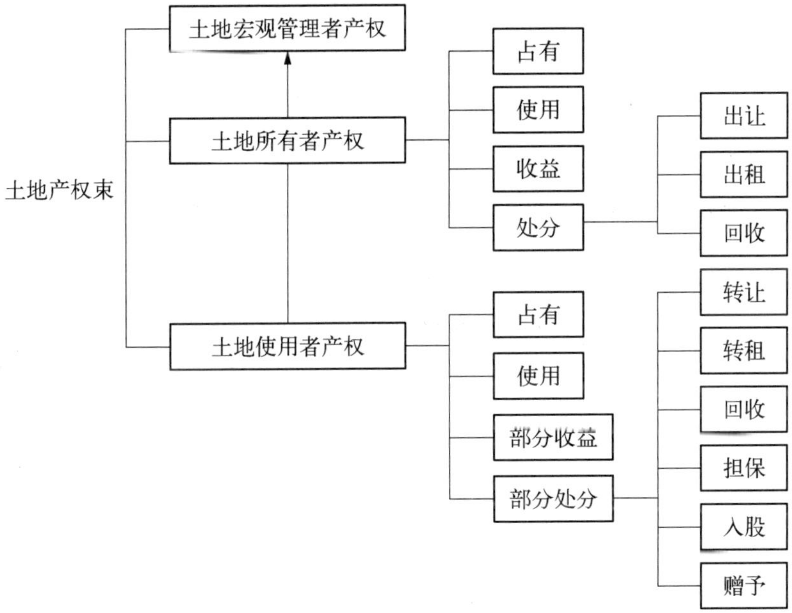

图 12－1　中国国有土地产权束示意

注：本图由作者绘制。

其中，土地所有者拥有的土地收益权是指“依法收取土地所产生的自然或法定孳息和利益的权利。包括收获土地上生长的农作物，收取出租土地的地租等”。当前我国“土地财政”收入主要来源为土地出让金收入，而土地出让金是国家以土地所有者的身份将国有土地使用权在一定年限内让与土地使用者而收取的地租。因此,在城市土地国有制的制度安排下,政府以土地出让收金方式获取出租土地使用权的租金无可厚非,相应地“土地财政”的存在合理合法。

从我国经济生活中的基本逻辑关系考察,土地财政问题所反映的如下各个环节的联结在框架上原本无可厚非:工业化和第三产业的发展,必然导致城市(镇)建成区的扩大;建成区的扩大必然涉及国家征地问题;土地征为国有后,在开发环节上必然需要采用有偿出让使用权的方式,即“土地批租”方式:“土地批租”的具体方式,最可匹配于市场经济客观要求的,必然是以公平竞争为取向的“招、拍、挂”等操作办法。

土地国有化并非鲜见,将土地收入作为城镇化基础设施融资渠道也并非我国所独有。“联邦政府仍是美国绝对的‘头号地主’。拥有土地高达 6.5 亿英亩,约占全部国土的 30%。联邦拥有 82%的内华达州、68%的阿拉斯加州、64%的犹他州、63%的爱达荷州、61%的加州以及将近一半的怀俄明州和俄勒冈州。再看加拿大,据统计,加拿大 41%的土地为联邦所有,48%为各省所有;两者相加,高达 89%的土地是属于政府的‘皇家土地’(Crown Land),仅剩下 11%为私人所有”;“美国从建国至 1862 年近百年间,将近九十年的时间,美国都是直接没收了印第安人的土地而不是征地拆迁。当时联邦法律规定创始十三州的新拓展地和新加入州的境内土地,都由联邦政府所有、管理和支配。公共土地收入和关税,构成了联邦收入的最主要部分,土地出售收入占联邦政府收入最高年份达到 48%。反观中国,2012 年,中国税收入 11 万亿元,如果达到当年美国同样的 48%的比重,土地相关收入就应该相当于 5 万亿元,而实际上,2012 年中国‘土地财政’总收入只有不到 2.7 万亿元。换句话说,当年美国直接没收的土地,就相当于我们今天征地拆迁拿的地,只是美国政府付出的是零成本,而中国政府要将土地拍卖款中的 60%左右用作拆迁补偿款。按比例来讲,美国是真正卖地起家的”。

——收入比重高、结构失衡的土地收入现状

我国的土地收入现状如何呢?客观而言,主要表现在以下四个方面。

第一,我国土地使用权交易环节出让收入规模独大。现阶段我国政府的土地收入集中在地方土地开发一级市场的土地使用权交易即“批租”环节,土地使用权出让收入规模巨大。据财政部公布的全国财政决算数据,近五年来全国地方政府土地使用权出让金收入依次为:2009 年 15 910.20 亿元,2010 年 28 197.70 亿元,2011 年 31 140.42 亿元,2012 年 26 652.40 亿元,2013 年 39 072.99 亿元。和土地使用权交易环节土地出让收入的巨大规模相比,该环节的税收收入规模很小。

第二,我国土地使用权交易环节税收收入规模很小。目前,我国针对土地交易的税种主要是土地增值税、耕地占用税,还有土地及其附属物(即房产)交易环节的契税。

第三,土地交易环节和保有环节的收入高度不均衡。除上述结构性问题之外,着眼于全局,不难发现,一方面交易环节的土地出让收入独大,另一方面还要加上交易环节的相关税费:土地增值税、耕地占用税,以及土地复垦费、耕地开垦费、城市基础设施配套费等收费,其特点都是一次性交纳,总体规模更加庞大。反观我国土地保有环节,则税费很低或无税。这就造成了我国土地交易环节和保有环节收入的高度不均衡。目前我国土地(及其附属物)上保有环节的税种只有房产税和城镇土地使用税,两税均只对经营性房屋征收,规模较小。

第四,我国土地收入存在多重结构性问题。政府收入中土地使用权出让收入比例连年攀升、增长幅度远超税收收入,东、中、西部间规模差异悬殊。2007 年以来在我国政府收入中,土地使用权出让收入占比较高,增幅最快(平均为 67%)。相反,作为市场经济国家最为倚重的、相对而言最为公平、稳定、规范的税收收入,占比却呈下降趋势,增幅(平均为 17%)也远远不及土地使用权出让收入。另据有关部门统计,近些年的土地出让收入总量中,近七成发生于沿海发达地区,特别是在一些大城市,而中部只有约两成,西部则只占一成左右,表现出不同区域的悬殊差异。从这个意义上说,所谓“土地财政”,在我国大部分地方政府辖区其实颇有些“枉担虚名”。

——土地财政引发的矛盾与问题

以上土地收入现状引发了许多矛盾与问题。

第一,土地使用权出让收入独大、保有环节税制缺失,易助推地价房价双高,地方经济易被房地产市场“绑架”。由于土地收入集中在土地开发及其附属物的交易环节,在地方主要官员“政绩考核”压力和动力作用等因素影响之下,地方政府对“一次性”的土地出让收入预期很高,并往往很乐于通过房产地价相互激励的攀爬高价来实现,客观上使得地方政府对于推高地价、房价具备足够的动力,但“土地批租”方式“一次把钱拿足”用于在任期内尽快贯彻区域发展战略意图出政绩之时,却极少照顾其后的十几届政府任期内再无可能以同样方式拿到可观财力,这就带来“短期行为”偏向和过程“难以为继”的长期问题。加之土地及其附属物(即不动产)保有环节税收缺失,对于市场买方而言,预期持有成本为零,一次出价几乎一劳永逸,在无保有(持有)成本的情况下,开发后的产成品(如住房)的购买意愿、投机意愿便十分强烈,更是成为助推地价房价的动力。在这些因素的综合作用下,房地产市场对于地方政府收入客观上形成了某种“绑架”效应:当市场流动性充裕、房地产交易活跃时,地方政府收入自然受益于高地价和高房价,并继而会提高其支出力度来支持战略重点;而当楼市出现降温,土地交易冷清时,地方政府出于对收入的考虑,便面临巨大压力,甚至会采取强政策性的救地市、救房市措施。而在中央调控不利于房地产市场升温的情况下,地方政府和中央政府的博弈就难以避免,易出现调控效果耗损、政策效果大打折扣的现象。

第二,“土地财政”并没有等幅提高政府“基本公共服务”的能力,土地配置和财政分配很大程度上处于游离状态。土地批租形成政府收入后,需在扣除成本补偿性支出和垫付必需的“七通一平”等前期开发费用后,方有一部分成为地方可统筹使用的财力。此外,按照国家和各省、直辖市规定,土地出让收入还要按比例扣除规定计提项目,强制用于特定的补助被征地农民社保支出、廉租住房保障资金、教育基金、水利建设基金等。这些计提项目在各省市执行的标准不完全相同，在全国的地方土地出让支出数据中也缺乏细致反映。从调研及内部粗算资料看，包括征地和拆迁补偿支出、规定计提项目、缴纳新增建设用地使用费、业务费以及土地初步整理等在内的必要成本支出要占到土地批租毛收入的70%~75%左右。即在相对规范管理的前提下，扣除成本和较多计提后，土地出让收入大约只有25%可以作为地方政府可支配财力中的“活钱”。在关于土地收益提取10%作为教育支出等规定实施后，这一比重可能降低。但是，这部分财力对于地方市县政府并非必然会“增强基层政府提供公共服务能力”，因为土地的配置与所生之“财”和财政分配事实上往往处于游离状态。首先，这部分可用财力的收支过去大都是在公共财政框架之外管理。自土地“生财”的起点，从开发规划、审批、招拍挂到具体征收，大都不受财政制度框架约束，财政部门介入很有限。其次，从支出方向和重点上看土地资产由政府统一配置，受“GDP政绩观”和事权界限不清等因素的共同作用，多数市县政府在将其用于城市建设、社会事业发展、产业园区时，虽大都在国家法律规章认可范围之内，对于加速我国城镇化、工业化进程发挥了重要作用，但未必与地方财政本应突出的基本公共服务稳定挂钩，批租收入“活钱”部分的使用，即地方政府可自主支配灵活使用的土地之财“活钱”部分，也往往主要是解决“发展问题”（即“搞投资”），直接用于提高基本公共服务水平的支出内容少，改善民生的作用往往有限。从这个意义上说，舆论大有指责之意的“土地财政”资源分配，其实际内容有很大成分事实上是游离于财政分配之外的。此外，土地出让收入在地区分布上也存在着很大差异。按照财政部汇总的《全国土地出让收支基本情况》（2009年）分地区看，全国土地出让收入约三分之二来自沿海省份。这一格局势必加剧地区间社会经济发展的不均衡，并加剧政府财力上的不均衡，不利于基本公共服务均等化目标的落实。

第三，“土地财政”在加大地方政府调控资源能力的同时，隐含对市场和经济秩序的一些扭曲式干扰与短期行为。我们必须承认，“土地财政”对于补充地方财力、加速我国城市化工业化进程、促进区域经济发展，发挥了重要作用。“土地”和“不动产”可带来的丰厚收益，确实已经成为地方政府参与资源配置的主要能动手段。但其负面作用也比较明显，相应的配套体制和管理框架尚无法保证能够防止政府在运用土地资源中的越位行为。（即使在政府性基金预算管理框架下，财力管理的规范性有所提高，但土地所生之财扣除成本补偿性支出和规定计提项目支出外，其支配权还是主要在地方政府领导决策人物。）土地可以去融资、招商引资，在这些行为中，受不当“政绩观”的影响，不可避免发生某些短期行为对市场、对经济秩序的干预。以最近的新一轮产业转移而言，很多企业面向中西部多家政府进行一对多谈判，谁的优惠多，企业就最终选择哪里，而土地往往就是政府的最后筹码，特别是不规范的操作经常出现。国家虽要求“任何地区、部门和单位都不得以‘招商引资’、‘旧城改造’、‘国有企业改制’等各种名义减免土地出让收入，实行‘零地价’，甚至‘负地价’，或者以土地换项目、先征后返、补贴等形式变相减免土地出让收入”，但此类现象在实际操作中屡禁不止，城市的几乎所有大投资、大项目背后都有土地的影子。另外，地方政府依靠土地收入构建“融资平台”借债、偿账广泛发生，巧立名目进行大量融资等现象普遍存在。

第四，我国现行“土地财政”格局难以持续。土地是最为典型的稀缺资源，在我国进入中等收入阶段“矛盾凸显期”后，其稀缺性在工业化、城市化开发中益愈突出，加之我国严格的“耕地红线”制度，国有建设用地的供应对应于需求必然越来越趋紧张，以土地出让收入独大的“土地财政”格局在地方辖区地皮的自然限制下，必然无法长久持续。加之“一次拿足”机制引发的短期行为和“单打一”凭借土地批租支持地方战略中的扭曲，都会对于某些业已抬头的社会矛盾火上浇油，增加社会生活中的“火药味”和“维稳”难度，形成发展进程难以为继的制约与威胁。

——认识“土地财政”的扭曲逻辑

“土地财政”在现实中的扭曲主要表现为：征地纠纷、过度土地抵押融资、官商勾结托市、“土地财政”演变为房地产财政、资金使用不规范带来的腐败等。这些不尽如人意的表现，与财税制度有效供给不足有关。

第一，政府间支出责任划分不够明确，政府支出边界不清晰，公共服务相关的权责利制度安排不到位。从1994年分税制管理体制改革以来，从中央到地方优化体制的内在逻辑是形成事权合理化基础上其与财权、财力的顺应关系。但目前事权的界定、支出责任的划分依然进步有限，政府和市场的边界不清晰，各级政府间的事权和支出责任不清晰。我国宪法和有关法律法规对各级政府的事权只作了原则性规定，政府间支出责任的具体划分缺乏法律依据。现行财政管理体制对各级政府的基础设施和基础产业建设、支持农业、文教科卫等事业发展方面的支出责任的划分尚不具体，实际执行中出现大量的交叉、重叠、错位问题。各地省、市、县、乡政府间支出责任划分更为模糊，地区之间差别较大，基础教育、医疗卫生等最基本的公共服务以及农业等法定支出主要由县乡政府提供，县乡支出责任偏大，相应基本公共服务均等化的贯彻落实中相关的政府间权、责、利的制度安排并不到位。

第二，专项转移支付无助于提高地方政府可支配财力，专项的配套要求过多却增加了地方财政支出压力。我国转移支付制度建设已取得显著进展，但迄今专项转移支付仍占据很大比重。一方面专项转移支付并不形成地方政府的可支配财力，另一方面专项转移支付中所要求的地方专款配套过多，则加重了地方财政的负担。尤其在欠发达地区，"配套"要求其实是逼着地方弄虚作假和"刮地皮"，负面影响很大。中央级专款是贯彻中央层面的政策意图的重要方式，但是专款配套目前却缺乏规范的设计程序和统一政策，一些部门自行出台配套要求，迫使不少地方挤占正常财政支出，而一些中西部地区的基层财政不得不向银行和非金融机构借款配套，土地则成为抵押物。此外，中央或省级一些部门法律或法规，要求地方对农业、教育、科技、计划生育、社会保障、文体、卫生等有关支出要高于财政经常性收入的增长或达到财政支出的一定比例，肢解了地方政府的财政分配自主权，也影响了地方财政预算的统筹平衡。

第三，省以下财政体制还不完善，分税制尚未贯通。现行省以下财政体制存在一些明显需要改进的方面。一是省以下各级收入划分很不统一，五花八门复杂易变,影响了统一市场机制功能的发挥。目前,省以下分税制尚未贯通,在收入划分方面“因地而异”,不少地区仍然保留一些按企业隶属关系划分收入的做法,客观上影响了企业之间的公平竞争与生产要素的合理流动,不利于资源的合理配置和产业结构的优化。二是基层财政保障能力仍然较弱。2005 年实施“三奖一补”政策后,形成了中央地方各级政府共同缓解县乡财政困难的机制,调动了县乡基层财政的积极性,基层财政困难有所缓解。但是,县乡财政总体支出水平仍然偏低,特别是随着近年来一系列民生政策的出台和相关支出标准的提高,一些县乡的财力仍然捉襟见肘,基层政府对于义务教育、农业、医疗卫生等民生支出重点的保障力度仍然明显不足。

第四,税制存在缺位、滞后,客观上使“土地财政”的畸重畸轻普遍发生。首先,地方税体系建设迟迟不到位。现行税制是 1994 年配合分税制财政管理体制出台的。1993 年中共十四届三中全会上就明确提出,要“建立中央税收和地方税收体系。充实地方税税种,增加地方税收入”。但是,二十多年过去,我国的地方税体系建设仍然没有明显进展,目前看,五级政府间的收入划分主要是以共享收入为主,增值税、所得税、资源税等大宗税种均已共享。从长期看,这并不利于分税制财政体制基本框架的稳定。级次越低的政府,越是缺乏稳定增长的主体税种,过长的收入划分链条延至县乡两级,财源的规范性和支撑力已相当低下。地方的税收收入中,大宗税种仅有营业税(2013 年营业税收入占到地方税收收入不足 25%),且随着营改增范围不断扩大,营业税行将不存在,尽管目前纳入营改增范围的行业和纳税人的增值税收入仍归地方,但可以预见的是,这种“同一税种双收入分享体制”的格局仅为过渡时期的权宜之策。因此,设置、培养后营业税时期的地方稳定税源、构建可持续的地方税体系的任务迫在眉睫。

其次,土地税制设计明显滞后,特别是在不动产保有环节的税制缺位是重大缺陷。靠土地生财本无可厚非,但是如何生财却有科学性、规范性的内在规律。我国税制改革在土地和不动产领域明显滞后,特别是保有环节的税制缺失和城镇化、工业化飞速发展的现实极其不相适应。我国城镇土地使用税设立时间是

1988年,房产税是1986年,耕地占用税是1985年,土地增值税是1994年,契税是1997年,而我国国有土地资产管理与土地市场建设在飞速发展。1998年修改的《土地管理法》和颁布的《土地管理法实施条例》确立了土地用途管制制度和土地有偿使用制度,此后,土地的市场化配置范围不断扩大,土地收购储备制度广泛实施,国有建设土地使用权招标拍卖挂牌出让逐步推开,国有土地管理制度体系不断改进。但是,税制方面没有相应地跟进和调整。2004年,国务院出台《关于深化改革严格土地管理的决定》,提出"在加强耕地占用税、城镇土地使用税、土地增值税征收管理的同时,进一步调整和完善相关税制,加大对建设用地取得和保有环节的税收调节力度"。上海、重庆2011年先行先试的房产税改革,代表着在不动产保有环节构建属于直接税的财产税制并以其覆盖一部分非经营性消费住房的方向,内在逻辑是打造地方税体系中的主体税种并使之形成与地方政府职能合理化、行为长期化的"内洽"机制。这一改革要修成正果,可能还需待以时日,但其大方向应当充分肯定。在已经总体上滞后于国有土地管理形势发展的同时,税制下一步还将面临房地产市场新情况的挑战。随着城镇化、工业化推进和国有建设用地逐步减少,农村集体建设土地流转是大势所趋,而从严格意义上说此环节上的税制还处于空白。

需要在此特别强调的是,城市土地国有制下开征房地产税不存在法理上的障碍。关于房地产税,若干年间国内较普遍认为城市土地国有化制度安排下,开征房产税存在法理上的障碍,以及认为政府已经收取了土地出让金后,不可以再征收房产税。实际上,政府收取土地出让金和房产税的身份不同,政府以所有者身份收取土地出让金,而以社会管理者身份征收房产税,两者并行不悖。政府这两种身份既有国际经验可借鉴,也有本国自身改革案例可援引。从国际经验(如工业革命的发源地英国)和中国香港的经验看,房地产税可以对私有土地、公有土地一视同仁地全覆盖。比如,英国的土地可区分为中央政府持有、地方政府持有、公共组织持有以及私人持有等。从划分标准上,英国土地主要分为两种,一是无条件持有土地(Freehold Land),实质上就是最终所有权与使用权统一,比如在本人私有土地上持有自己私有的建筑物；二是契约持有土地（Leasehold Land），是根据地契的年期确定可持有该土地使用权的时间段，在英国这种持有年限最长的可达999年。然而，无论土地所有权存在怎样的区别，保有环节的房产税对英国国土范围内土地的全覆盖是毫无疑义的。这种情况实际上已经说明了中国社会上广泛流行的如下说法并不成立，即“国外房产税征收的前提是土地私有，而我国土地为国家所有，再征此税存在法理上的硬障碍”。

此外，我国改革实践中国有企业“利改税”的自身经验也可援引：虽然终极产权是国有的，但掌握使用权的主体（不论企业或个人）是具有自身相对独立物质利益的主体，根据客观需要完全可以在通过立法程序后，以税收手段对利益主体的利益情况施加调节，以利公平竞争或优化再分配。当时的改革要求国有企业与其他企业一样上缴所得税，逻辑上同样面临自身财产所有权属于国家而在此基础上仍要向国家缴纳所得税的问题。政府要求国有企业上缴利润体现其所有者身份，而要求国有企业缴纳所得税是其管理者身份的体现，所以才形成目前国有企业缴纳利润和企业所得税并行的格局。立足现今而回顾历史，可以清晰地知道：当时要发展商品经济（即市场经济），就必须抛开所有权终极归属而正视“所有权与经营权的分离”，将所有不同性质的企业放入一样的环境里去公平竞争，企业自身毕竟有相对独立的物质利益和运营机制，这与企业姓国姓私无关，只要是在市场经济条件下运行，就应当一视同仁地进行税收调节。

由此可见，如果挣脱“民粹主义”情愫的绑架，对所谓“房产税存在法理上的硬障碍”这一观点进行理性思考，那么房产税在英国的实践以及我国国企“利改税”改革的实践，至少可以为我们带来这样的启示：其一，英国等的实践表明，保有环节房产税对于一国范围内土地的全覆盖并不应以土地所有权不同为由而予以否定，在土地不同所有权的基础上，该税种面临的应当是“如何设定权变因子而区别对待”的问题，却不是“是否开征”的问题；其二，我国国企“利改税”改革表明，以国家为主体的税收分配，并不会因为其纳税主体的财产终极所有权属于国家而放弃其在市场经济体制下对该纳税主体进行的调节；其三，归根结底，税种产生与发展的合理性，仅通过舶来的模式或表象的形式而判定是与非显然不尽合理，而应当探究该税收制度下，作为其理论支撑的思想所阐发的其对经济发展、社会进步意义的逻辑是否成立、是否可行、是否有效，而在此思想与理论基础上派生出的制度，可考虑通过比较分析，从卓越者中汲取精华而合理地、创造性地借鉴，方能因地制宜、行之有效。

第五，地方政府阳光融资发债机制进展缓慢，政府信用被“土地信用”强制替代。我国地方政府事实上已经形成了大量隐性债务，由于缺乏合理的制度渠道，债务的产生与管理多年间实际上由潜规则主导，“土地信用”的利用成为地方政府常见方式。近年来，在中央层面的重视下，各种规范、约束地方政府债务的文件陆续出台，地方政府债务管理逐步建立明文规则，原有的举债方式、路径往往不再适用。从 2009 年起连续三年，中央财政每年为地方政府代理发行 2 000 亿元债务，事实上结束了我国地方不得发行债务的历史，新修订的《预算法》允许地方政府“有限制地发债”，但如何处理地方现有隐性债务，如何规范、约束地方政府阳光融资，规范、体制机制仍需进一步发展健全。

第六，小结。对于“土地财政”种种不尽如人意的表现，如果按照去伪存真的研究方法来分析其背后“扭曲”的逻辑，便会发现：(1) 转轨、赶超和快速城镇化中国政府事权范围比任何国家、任何历史时期都要广泛，这无疑对政府的支出责任提出了巨大挑战和更高的要求，收支矛盾也异常尖锐，这是“土地财政”面临的最大现实和大前提；(2) 在政绩考核、重视工业发展以及地方政府间竞争发展经济的驱动下，政府倾向于以零地价或低于成本价的方式出让工业用地，相应将工业用基础设施投入的成本压力转移给商用和住宅用地；(3) 不允许地方政府发债、房地产保有环节税收制度缺失，限制了政府融资的途径和未来预期，政府便想方设法最大化当期利益，最大化商用和住宅土地出让收入，利用土地作为抵押物的不规范融资，最大化“圈地卖钱”行为，忽视“养地升值”机制；(4) 土地出让收入资金管理不规范导致资金使用随意、浪费，产生腐败。我们认为，上述四因是“土地财政”异化的主因。其中的逻辑关系可用图 12－2 予以描述。

实际上,在上述"土地财政"扭曲和异化中,尤为需要重点关注的是"工业地价"倒挂带来的工业用地的浪费,进而对中国极其有限的土地资源配置的扭曲。"我国居住用地与工业用地比是1.5∶1,许多城市甚至工业用地超过居住用地,而日本三大都市圈居住用地是3 700平方千米,工业用地是600平方千米,比例为6∶1,法国大巴黎地区居住用地是1 100平方千米,工业用地是205平方千米,比例为5∶1。"在我国不少城市,各类工业园开发区遍地开花,大量工业用地闲置。这从另外一个角度也说明了土地资源配置市场化改革的必要性。

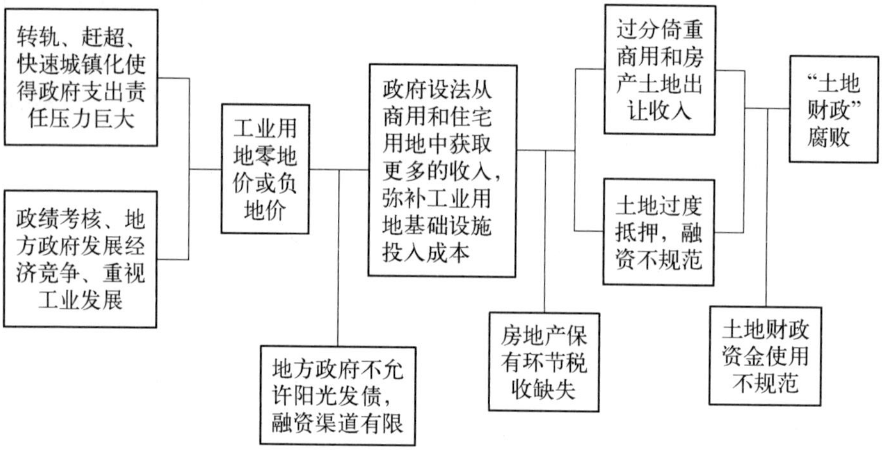

图12-2 中国"土地财政"扭曲之逻辑

注:本图由作者绘制。

从图12-2中可以看出,造成"土地财政"扭曲异化的原因,一部分是短期内难以根本改变的现实,如赶超战略、转轨经济和快速城镇化,一些是在逐渐完善中,如政绩考核和工业优先战略。还有一部分是可以通过有效制度供给而加以规避的,突出和典型的就是财税制度供给,目前也呈现出向好的发展趋势,如新修订的《预算法》允许地方政府"有限制地发债"和以财政部为主正在力推的PPP也大大拓宽了地方政府融资渠道;新《预算法》明确预算编制的全口径和基金预算需报人大审批,并建立基金预算与一般性预算资金的协调使用等问题。十八届三中全会明确提出:"加快房地产税立法并适时推进改革。"

当前较为迫切且能够有所作为的统筹房地产税费制度改革，均衡土地出让、房地产开发、交易、保有环节税费。从减级“土地财政”负面效果来看，房地产税更具有一种抑制地方政府“圈地卖钱”动机、激励地方政府“养地升值”积极性，进而提高我国城镇化过程中稀缺土地资源利用率的特别重要的意义。同时，它对地方税体系完善、提高直接税占比、缩减收入（财产）分配差距均具有非常重要的意义。

2. 突出问题之二：隐性负债

1990 年代中后期以来，地方政府实际负债的规模、风险和相关管理与制度建设问题，持续成为与财政领域密切相关的热点问题，也明显带有“影响全局”的分量。

——以融资平台和土地财政为依托的融资模式

过去很长时期中，在不允许借债的法律约束下，我国地方政府的债务融资模式往往为发起成立投融资企业，称为投资公司、路桥公司、资产运营公司等，通过划拨土地、注入股权、收费权等资产，使其具备融资能力，为地方公共基础设施建设筹措资金。这里采取宽口径的地方融资平台定义，即包含城市基础设施建设、各类开发区和园区平台、交通运输类融资平台、公用事业类融资平台、土地储备中心、国有资产管理中心等。其中，判断融资平台的关键标准，在于其当前募集资金的投向是否为公共服务相关的建设项目以及未来偿债资金的来源是否与政府资产或担保有关。

目前，城镇化的方式主要包括：第一，通过设立开发区，吸引制造业企业并带动周边的基础设施建设，但是由于国家对开发区的清理和限制，开发区的增长数量有所下降；第二，通过旧城改造，在新城建设过程中迅速改变城市面貌；第三，通过各种项目（如园博会、运动会、景点设计等），在较短的时间内改善景区周围的基础设施，吸引居民和商家入住。第四，与房地产开发商一起进行城市规划，房地产开发商缴纳的土地出让金绝大部分都返还用于拆迁补偿、安置房建设、基础设施建设等。这些城镇化方式中，都需要地方政府前期投入资金，即借助平台公司进行融资。平台公司融资主要有三种形式：一是银行项目贷款；二是发行"城投债"、公司债、项目债；三是融资租赁、项目融资、信托私募等资本市场融资。在这几种方式中，银行贷款所占的比重最高，土地抵押是获得银行贷款的常用方式。以下对此两类情况特征展开考察：

第一，以土地抵押获得银行贷款。银行与地方政府的合作可以追溯到20世纪90年代后期兴起的"打捆贷款"，其特点是政府承诺、财政兜底、市场化运作，是地方融资平台的初始融资模式。一般的做法是，在土地储备中由土地管理部门根据规划确定储备土地的供应用途、年限等，向土地储备中心发放土地使用权证，以此作为向银行申请土地抵押贷款的凭证。土地储备中心还可以在储备土地的收益权上设立抵押，向政府控股的开发区或平台公司进行贷款担保。这些土地抵押贷款为地方融资平台公司运营、地方基础设施投入、各种开发园区建设等发挥了重要作用。贷款的偿还除了依靠项目本身产生的收益（基础设施等公益性项目的收益很低），更主要是希望通过开发区招商引资，带动当地工业、商业的发展，由未来土地相关税收增加和土地增值来埋单。图12－3描述了这种"时间换空间"的融资方式。

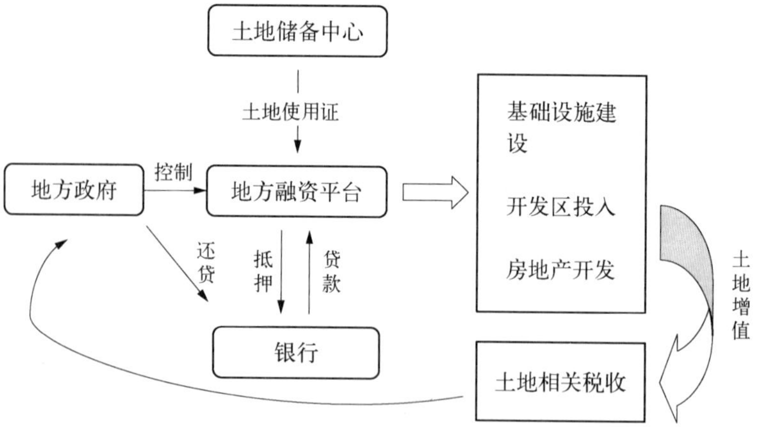

图12－3　地方融资平台公司通过土地抵押借款及还款流程

注：本图由作者绘制。

也就是说，土地抵押贷款所依赖的还款主要来源于未来土地增值收益的实现，并且由于中国尚没有开征房地产保有环节的税收，收益实现主要来自商、住用地一次性的土地出让收入。2012 年底，4 个省本级、17 个省会城市本级承诺以土地出让收入为偿债来源的债务余额为 7 746.97 亿元，比 2010 年增长了 1 183.97 亿元，占这些地区政府负有偿还责任债务余额的 54.64%。而上述地区 2012 年土地出让收入比 2010 年减少了 135.05 亿元。这些地区 2012 年以土地出让收入为偿债来源的债务需偿还本息 2 315.73 亿元，为当年可支配土地出让收入的 1.25 倍。

第二，以土地收入为担保发行城投债。在 2002—2010 年间成功发行城投债的 30 个省（及自治区、直辖市）中，呈现出显著的地区差异（见图 12－4）。部分地区发债数量超过 20 只或者融资金额超过 200 亿元，包括北京市、上海市、天津市、重庆市、浙江省、安徽省、江苏省和湖南省，最多的江苏省各级政府的投融资企业共发行 56 只债券，融资 789 亿元。相反，甘肃省、陕西省、青海省、宁夏回族自治区、贵州省和山西省等西部省份发债数量极为有限，一般不超过 1—2 只。

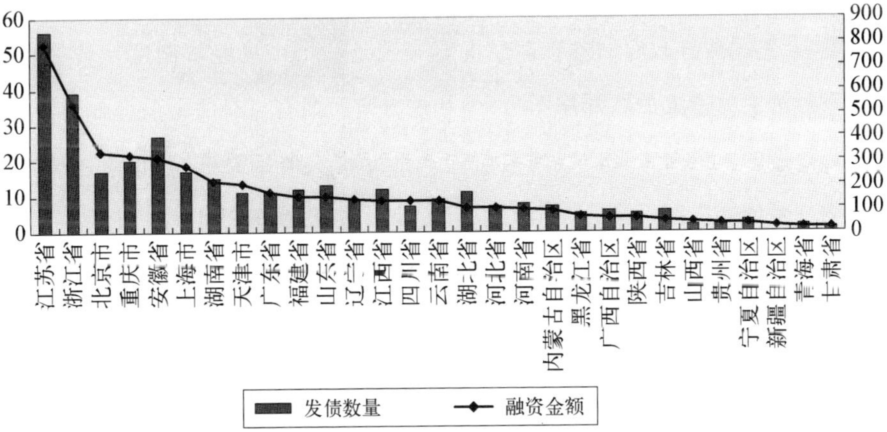

图 12－4　各省政府投融资平台 2002—2010 年发行债券数量和规模（数据来源：wind 数据库）

土地资产和收益是平台公司发行城投债的重要担保。在不少城投债的公告中显示，有的直接以地方政府的土地或资产担保，有的由投融资平台公司之间相互担保，还有的则由为平台公司提供了贷款的银行进行担保。由于相对银行贷款，城投债的债权人更加广泛，土地担保的变现更加困难。实际上，地方融资平台的发债成本一直高于企业债券的平均水平。2008 年，地方投融资平台发行债券的平均票面利率为 6.19%，同期所有企业债券的平均票面利率为 5.95%；2009 年，地方投融资平台发行债券的平均票面利率为 5.88%，同期所有企业债券的平均票面利率为 5.70%；2010 年，地方投融资平台发行债券的平均票面利率为 5.72%，同期所有企业债券的平均票面利率为 5.63%。并且，由于 2010 年下半年开始出现的一些地方融资平台信用事件，2011 年和 2012 年城投债的票面利率进一步上升。

——地方政府债务管理的国际经验

美国、日本、法国、德国等发达国家的地方政府融资体系都很发达，地方债已成为政府公债的重要内容。随着市场经济的加速发展，一些新兴的工业化国家和其他发展较快的发展中国家的地方债务规模不断膨胀，对社会经济的影响也不可小觑。本部分对美国、日本等发达国家、新兴工业化国家韩国和具有代表性的发展中国家巴西、哥伦比亚等国家的地方债管理情况进行梳理分析，进而提出完善我国地方债管理的有益借鉴和启示。

第一，美国地方政府债务管理情况。美国是一个市场经济制度比较完善而且财政经济实力强大的联邦制国家，州和地方政府拥有自身的财政体制，同时得到联邦政府的大量财力支持。州政府的大部分收入来自销售税和所得税，地方政府则主要依靠房产税。美国地方政府主要通过发行市政债券、银行借款和融资租赁等形式进行债务融资。其中，市政债券是美国地方政府债务的最重要形式。美国是发行地方公债较早的国家，也是地方债务规模较大的国家。20 世纪 60 年代以来，美国地方政府债务呈大幅度增长趋势。债务规模与地方政府的经济和财政收入规模一直保持着相对稳定的比例。对地方政府而言，地方市政机构承担的直接债务比例较低，因政府担保而形成的或有债务比例较高。美国州与地方政府发行的短期债券按其用途可分为预付税款券、预付收入券、城市改造工程债券等。预付税款券和预付收入券这两种债券都是为弥补州和地方政府财政收支不同步所产生的差额而发行的。城市改造工程债券是城市改造机构为城市改造工程筹集短期资金所发行的短期债券，这种债券一般由州和地方政府作担保，州和地方政府公债的绝大部分是一年以上期限的长期债券，典型的有10年、20年甚至30年，从历史上看，长期债务占美国地方政府债务的90%以上。长期债券包括普通责任债券和收入债券。普通责任债券依据发行者的信用，即税收来偿付债务和利息。收入债券依据政府企业某项特定的收入来偿付债务及利息。地方公债几乎全部由居民户、基金机构、商业银行和保险公司购买。美国通过制定和完善相关法律法规，加强法律约束，提高地方政府发行市政债券的透明度。美国州与地方政府必须遵循政府会计准则委员会在《政府会计、审计和财务报告》(1983)中确立的政府债务报告基本准则，记录和报告政府债务。在市政债券存续期内对于城市财政和法律状况发生的任何重大变化，市政当局都必须及时披露相关信息。

第二，日本地方债管理。日本是实行地方自治制度的单一制国家。1879年，日本确立了“举借地方政府债务必须通过议会决定”的原则，1888—1890年间先后颁布《市制及镇村制》、《府县制》、《郡制》，地方政府债务管理制度不断完善。1940年，首次实行地方政府债务年度总额控制，发债主体以大城市为主，发行对象为实力雄厚的大银行及信托投资公司。早在1899年的法律条文中，就承认了府县一级政府的举债权，但举债的具体事项，如举债额、偿还方式等需经内务大臣和大藏大臣批准。目前，日本地方政府债务的发行主体为都、道、府、县以及市、町、村等，此外，日本地方自治法在第二百八十二条和第三百一十四条第二款也赋予了特别地区、地方公共团体联合组织以及地方开发事业等特殊地方公共团体举债权。日本的地方政府债务总体规模较小，政府债务主要集中在中央，地方政府借款约占地方政府总收入的9%。地方债券分为地方公债与地方公企业债两种基本类型，地方公债是真正的政府债务，表现为地方政府的直接债务；而地方公企业债既具有部分政府债券的性质，也具有部分企业债券的性质，因此，并不构成政府的直接债务，但无疑是政府的或有债务。日本地方公债和地方公企业债的比例大致为5∶1。地方政府债务主要有两种举借方式，即发行债券和借款。发行债券有公募和私募两种方式,1979 年前大多数都是以私募方式发行,1979 年以后公募方式的使用开始增多。日本地方政府债务资金来源主要包括中央政府、公营企业金融公库、银行和其他资金等。日本地方政府债务资金主要用于建设性支出,不能用于经常性支出。

第三,韩国地方债的情况。韩国是新兴工业化国家,根据韩国地方财政法第七条规定,地方政府原则上不能举债,但同时又规定:在必要的情况下,对不可避免的地方债可作特殊对待而允许举借。具体规定的借债范围包括:一是具有长期效益的公共工程项目;二是具有充分投资回报且能还本付息的项目;三是抵御自然灾害的项目和灾后重建的项目;四是筹集用于前一轮举债还本付息的资金;五是其他改进居民福利状况的项目。地方举债必须获得中央政府批准。根据举债的不同目的,韩国地方债可分为一般账户债、特别账户债和公共企业债。一般账户债所筹资金主要用于道路及桥梁建设、公共设施修缮和救灾项目。特别账户债所筹资金主要用于住宅、供水排水和乡村企业等项目。公共企业债所筹资金主要用于地铁、水厂等项目。地方债的筹资来源主要是借款和发债券。借款可向中央政府、地方公共基金、金融机构和国外举借;债券可分为常规债券、义务债券、合同商债券和外国债券。

关于公债收入(地方债是其组成部分)的相关分析考察,读者还可参阅本书第四章第五节。

3. 突出问题之三:基层财政困难

中国在经历了四十年改革开放的转轨——经济管理模式和经济增长模式的"两个转变"之后,正在合乎逻辑地进入一个更为深刻的社会变革时期。毫无疑问,这种转轨给中国人民带来了巨大的物质福利。然而,同样不能忽视的是,转轨又渐续地引发了一系列新的压力。近年非常突出的一个现象,就是"三农"(农村、农业、农民)问题的尖锐化和以此为背景而凸显的县、乡基层政权财政困难的问题。

——基层财政困难现象

基层财政困难问题是在 1994 年改革之后逐渐形成,于 2000 年左右以矛盾爆发式凸显的形式集中反映出来的，当时全国两千多个县中，有一千多个存在欠发工资问题，不和谐特征非常明显：在我国综合国力不断提升、全国财政收入强劲增长、地方财政总收入不断提高的情况下，县乡基层财政却出现了严重的财政困难，欠发达地区对此反应更为强烈。基层财政困难的严重程度，在一些地方甚至达到了影响基层稳定和政权正常运转的地步，县乡公用经费严重不足，公务员发不出工资，更不必提办事的各项经费（包括公检法的办案经费）了。对于基层财政困难的问题，坊间还盛传过一段话，形象地概括了县乡财政的尴尬局面：中央财政蒸蒸日上，省级财政稳稳当当，市级财政勉勉强强，县级财政摇摇晃晃，乡级财政哭爹喊娘。尽管可能在某种程度上带有片面性，但是却彰显了县乡财政困难这一无可回避的事实。

从2003年第十届全国人民代表大会常务委员会第三次会议上国家审计署发布的数据来看，截至2002年底，全国乡镇一级平均负债已经超过400万元，总额在2 200亿元左右。从财政部核定的情况来看，2003年财政困难县为791个，占县级单位总数的28%。此外，根据《中国县（市）社会经济统计概要》的数据，1995年全国2 159个县级财政中，有赤字的仅为132个，占比是6. 1%：至1999年，全国2 030个县级单位中，有赤字的县达到706个，财政补贴县914个，两者共计1 620个，占比达到了80%以上。2012年，《瞭望》新闻周刊对全国8个省份300名乡镇党委书记的调查问卷显示，东部地区乡镇债务额大多在千万元以上，有的超过亿元，个别的在十亿元以上；中部地区乡镇的债务大多在百万元左右，少数乡镇债务超过千万元；西部地区乡镇的债务额多在百万元左右。尽管这一数据可能在准确度方面有所欠缺，但却不得不承认其确在数量级方面对我国基层财政困难现状得以反映。此外，在基层财政如此困难的情况下，利用有限财政资金盲目追逐GDP、搞政绩工程、形象工程、继续超额举债等的乡镇亦不在少数，使基层财政困难的情况趋于恶化。

基层财政困难带来的负面影响已经严重制约我国乡镇发展：第一，影响我国乡镇行政工作的正常运转。调研中不难发现，以中西部地区为主要代表的贫困县、乡,日常行政工作的开展和运转已经在很大程度上受到影响,情况恶劣时,甚至连日常运转也需要依靠举债,或通过变卖乡镇所有的房产车产等来维持。第二,影响基层公务人员队伍稳定。目前,我国乡镇公务人员工资低是一个普遍现象,部分贫困乡镇甚至连这样低等级的工资也难以负担,不能保障每月工资的按时发放。待遇低、工资拖欠等情况逼迫基层公务人员为生计采取其他措施,做兼职或脱离公务人员队伍等现象普遍存在。第三,影响政府形象,容易成为腐败的温床。面对基层财政困难,部分基层政府可选择的解决方法并不多,或者通过拖欠款项等方式达成提供公共服务的目的,或者通过"人情债"以招商引资等方式现行挪用,或者以个人关系挪借私人款项形成"化缘财政",这些方式一方面难以真正从根本上缓解基层财政困难,更多的是"杯水车薪"且"拆东墙、补西墙",另一方面严重影响了政府形象,并由于缺乏相关约束和监管机制导致腐败的滋生。第四,导致地方隐性债务的扩大。基层财政困难下,有些乡镇政府往往选择盲目买卖土地等短期行为,或选择不计后果地盲目举债,导致基层政府的财政运转难以持续,旧债未还又添新债,隐性债务不断扩大。

——与基层困难相关的对于"分税制"的争论与回应

在分税制改革运行一段时间之后,企业公平竞争环境显著改善、活力上升,中央、地方财政总收入均随GDP强劲增长而明显增加,但在GDP、全国财政总收入和地方政府财政(会计)收入均上升的同时,一种可观察到的传导关系逐步显现,即:在外部竞争和生产过剩压力下,原体制内农业的创收功能愈益降低→农村人口收入增长明显降低→基层政权财源捉襟见肘、财政困难→财政困难压力未能促成政府真正精简机构提高效能,却刺激了基层政府的乱收费→脱开正轨的乱收费愈演愈烈而"民怨沸腾"→决策层不得不下决心实施税费改革→税费改革试点暴露的矛盾问题"牵一发动全身"地引出了系统性、全方位实施制度创新的客观要求。在上面这个一环接一环的链式关系中所反映出的实质内容,主要是我国经济社会结构转型中,市场配置资源机制不可逆转地成长,县、乡基层所依托的农业、农村、农民的比较利益下降,其过程本身必然要求制度转型的呼应与配套，而来自制度创新方面的有效支持明显不足。换言之，制度的创新和转型是在“治本”的深层次上解决结构变迁中的重大矛盾问题（如基层财政困难问题）的关键要素。

以分税制为基础的分级财政体制在我国的推行，自1994年以来在取得应当充分肯定的积极成效的同时，也显露和积累了一些问题，引发了一些诘难和怀疑，甚至有“重启集权时代”的抨击。

若干年前，面对地方县乡财政困难的问题，有一种意见是认为分税制只适宜于中央和省级之间，而省以下不宜提倡都搞分税制，主张区分发达地区和落后地区，后者不搞分税制。这种思路和主张，可简称为“纵向分两段，横向分两块（类）”。实际上类似的主张，自1994年实施分税制改革后，特别是在县乡财政困难问题凸显之后经常有反映，地方工作的一些同志对此往往产生共鸣。但有必要指出，这一认识忽略了市场经济新体制所要求的总体配套，背离了配套改革中“治本为上”的思路和原则，实际上属于一种使财政体制格局重回“条块分割”、“多种形式包干”的思维方向，是不妥的。在中国渐进改革中，采取种种过渡措施，以“分类指导”方式逐步完成省以下分税分级财政体制的构建，是一种必然的选择，但分类指导中，决不应当把种种条件约束之下不得已的过渡安排，放大到否定分税制最基本的一体化制度框架的层面（参见专栏12－1）

专栏12－1 深化分税制改革中如何把握“因地制宜”

对症下药，治本为上： 积极推行“扁平化”改革试验，进而为分税制在省以下的贯彻创造配套条件。现实生活中市场经济的发展，已越来越清晰地把实施进一步的配套改革以理顺省以下财税体制的迫切性摆在我们面前，也把应当抓住的主导因素提示给了我们。在采取一些调动基层积极性、挖掘潜力以增收和精简机构、缓解基层财政困难的可行措施之外，从中长期看，我们特别需要把握“治本为上”的要领，积极、稳妥、系统地改造省以下体制安排。其中有所作为的要点，正如不久前党的十六届五中全会《关于制定国民经济和社会发展第十一个五年规划的建议》中指出的，“理顺省级以下财政管理体制，有条件的地方可实行省级直接对县的管理体制”，并要“巩固农村税费改革成果，全面推进农村综合改革，基本完成乡镇机构、农村义务教育和县乡财政管理体制等改革任务”。

“省管县”和“乡财县管”等改革试验，基本导向是力求实现省以下财政层级的减少即扁平化，其内在逻辑是进而引致政府层级的减少和扁平化。改革中，市、县行政不同级而财政同级，不会发生实质性的法律障碍；“乡财县管”后何时考虑变乡镇为县级政府派出机构，也可与法律的修订配套联动。我们如在“地市级”和“乡镇级”这两层级的财政改革上“修成正果”，则有望进一步推进到贯彻落实五中全会“减少行政层级”的要求，实现中央、省、市县三级架构，即乡镇政权组织变为县级政府的派出机构；地级能不设的不设，如需设立则作为省级政府的派出机构。这可以使省以下的分税制，由原来五级架构下的“无解”，变为三级架构下的柳暗花明、豁然开朗，从而有力促使事权的划分清晰化、合理化和构建与事权相匹配的分级财税体制，明显降低行政体系的运行成本，更好地促进县域经济发展，再配之以中央、省两级自上而下转移支付制度的加强与完善，必将有效地、决定性地缓解基层财政困难，形成有利于欠发达地区进入“长治久安”的机制。按照三级架构和“一级政权、一级事权、一级财权、一级税基、一级预算、一级产权、一级举债权”的原则，塑造与市场经济相合的分税分级财政体制，是使基层财政真正解困的治本之路。今后一段时间，我们应当抓住“扁平化”改革这个始发环节，并积极推动相关制度创新，为分税制在省以下的贯彻落实创造条件。

如何把握分类指导，因地制宜：合理区别对待之中，渐进走向总体的规范化制度安排。

我国各地情况千差万别，“省管县”和“乡财县管”的改革，都不宜“一刀切”地简单硬性推行，而应强调因地制宜、分类指导。管理半径过大的省份，省管县需要更多的行政区划变革配套因素；发达地区工商业已很繁荣的乡镇，目前不宜照搬“乡财县管”办法；边远、地广人稀区域的体制问题，有待专门研究而必须与内地区别对待；等等。

但我认为，所有这些分类指导、区别对待，是不宜归之于“纵向分两段、横向分两块”的思路的。

从纵向说，省以下体制的方向不应是“不宜提倡都搞分税制”，而应是创造条件在配套改革、制度创新中力求逐步脱离十余年来实际上滞留于非分税制的困局，争取实质性地贯彻分税制，其要点除了推进“扁平化”改革之外，还包括逐渐构建各级、特别是市县级的税基，使各级政府都能在合理事权定位上依托制度安排取得相对而言大宗、稳定的收入来源。对现行的“共享税”，也应积极创造条件分解到国税、省税、基层地方税三个方向上去（但在多种制约因素下，可以在较长时期内维持增值税的“共享税”地位）。市县级的财源支柱，可考虑顺应工业化、城镇化、市场化的大趋势，通过物业税（房地产税）来逐步塑造。十六届三中全会《关于完善社会主义市场经济体制若干问题的决定》中“实施城镇建设税费改革，条件具备时对不动产开征统一规范的物业税，相应取消有关收费”的要求，和现已启动的物业税初期试点，都预示这个制度创新空间正在打开。

从横向说，如以“发达地区和落后地区”或“农业依赖型县乡和非农业依赖型县乡”为划分，选择性地走分税制与非分税制的不同路径，既不符合培育统一市场要求消除“块块”制度壁垒和十六届三中全会“创造条件逐步实现城乡税制统一”的取向，也很难具备实际工作中合理的可操作性，一旦想依靠某些指标作为实行不同体制的依据，实际上就很容易陷于“讨价还价”的陷阱和发生较严重的扭曲变形。一个可类比的例子是：试想如接受不少欠发达地区的同志提出的“增值税中央地方分享比率应一地一率”的建议，那么分税制基本框架可能就此出现“突破口”而一步步演变为支离破碎之状，重回中央与地方间五花八门的“分成”与“包干”。那将要付出多高的，而且无休无止的谈判成本？如何防止“会哭的孩子有奶吃”、“跑步（部）前（钱）进的吃偏饭”的弊病再次严重起来？

从横向与纵向的协调来说，最重要的是积极发展和强化自上而下的“因素法”转移支付，同时也包括发展适当的“横向转移支付”（在我国这早已经以“对口支援”等方式存在），来动态地调控地区间差异，扶助欠发达地区。

总之，因地制宜、分类指导就其原则本身，永远是成立的，就其表述而言，永远是正确的，但就财政体制改革而言，这一表述应主要是指处理好渐进改革中的过渡问题，是分税制推进中的“策略”和“操作”层面的要领，而从“基本框架”和“战略大方向”层面来说，还是要首先把握好市场经济新体制所要求的总体目标模式，使策略的掌握服从于、服务于战略取向，逐步打造一种合理、规范、稳定、长效、内部贯通的制度安排，逐步接近社会主义市场经济所要求的长远目标。

（贾康论文节选，原文刊载于《中央财经大学学报》2005 年第 12 期）

怎样构建一个合理的财政体制（就全局而言则是如何配套构建合理的经济管理体制），新中国成立之后已有几十年的探索。在 20 世纪 50 年代前期，就形成了财政“分级”概念和初步层级框架；1958 年和 1970 年，都曾有过大力度下放财权的试验，由于多种原因，均表现为“放、乱、收、死”的循环而无法成功。改革开放后，改变“总额分成、一年一定”体制，前面的十余年中先后试行多种形式的“分级包干”办法（“分灶吃饭”可认为是其总称），在发挥了一定积极效应之后，其负面作用又很快放大。直至在明确树立了社会主义市场经济目标模式的20世纪90年代初（邓小平同志“南方谈话”之后），决策层下决心改“行政性分权”为“经济性分权”，即改走“包干制”之路为走分税制之路，并于1994年的财税配套改革中得以实施。

搞市场经济，为什么财政体制必须要搞分税制？对此早已有许多的讨论。简而言之，财政体制如要适应市场经济的客观要求来“两位一体”地处理好政府与企业、中央与地方两大基本经济关系，除了分税制之外，别无他途。

许多读者谈到分税制时，往往只看到它是处理中央与地方关系的。其实在一定意义上说，对于整体改革更具前提意义的，首先是凭借分税制正确处理政府与企业的关系，即以分税制来革除按照企业行政隶属关系组织财政收入的旧体制症结，将企业置于不分大小、不论行政级别、依法纳税（该交国税的交国税，该交地方税的交地方税，所有企业在各级政府面前一视同仁）、公平竞争的地位，由此才解决了在我国打造市场经济微观基础的一个关键性难题，即“真正刷出让企业公平竞争的一条起跑线”。同时，分税制跳出了包干制下中央、地方“讨价还价”（“一定×年不变”）的“体制周期”，可以形成稳定、规范的中央地方间、政府各层级间的财力分配关系和地方政府长期行为。

分税制对于中央、地方关系的处理，也是密切关联市场经济全局的，即在分税制体制框架下，各级政府的事权—财权—财力的配置，可望得到一种与市场经济逻辑贯通、顺理成章的安排：所谓事权，是要合理界定各级政府适应市场经济而既不“越位”也不“缺位”的职能边界；财权，是指在各财政层级上匹配与各级政府事权相呼应的税基，以及在统一税政格局中适当安排各地的税种选择权、税率调整权、收费权等。比如，中央政府为履行宏观调控职能，应当掌握有利于维护统一市场正常高效运行、流动性强、不宜分隔、具有宏观经济反周期“稳定器”功能的税种（个人所得税），以及有利于贯彻产业政策的税种（消费税等）；地方政府为履行提供区域性公共产品和优化辖区投资环境的职能,应当掌握流动性弱、具有信息优势和征管优势、并能和自身职能形成良性循环的税种(不动产税等)。所以,绝不应认为财权的合理配置不重要,似乎可以跳过财权配置直接寻求“事权与财力的一致”,因为财权(广义税基)的配置,是配合各级政府事权方面在统一市场中的合理分工,进而总体形成政府体系与市场之间合理分工,使政府能够稳定、规范地“以政控财、以财行政”的重要制度安排,是不可回避和不可忽视的。当然,即使较好地做到了事权与财权的呼应和匹配,也绝不等于做到了“事权与财力的一致”,因为同样的税基,在发达和欠发达地区的丰裕程度很可能大不相同,体制设计中,必须在尽可能合理配置财权之后,再配之以合理、有力的自上而下的转移支付,以求近似地达到使欠发达地区的政府的财力也能与其事权大体相一致的结果。但是,我们不能用财权设置之后转移支付的重要性,来否定“财权设置”的重要性,因为它是使转移支付能够长效、良性运转的前置环节,是分税分级财政制度安排中不可缺少的重要组成部分。其实欠发达地区在一定历史阶段上,不论怎样的税基配置,都不可能做到自身财力完全支撑事权,但这不是表明财权的配置不重要,而是表明仅有财权配置还不够,如同不能以吃药的重要性否定吃饭的重要性,不能以外援的重要性否定自力更生的重要性。

总之,对于1994年分税制改革的大方向和基本制度成果,必须肯定和维护。当时,在中央与省为代表的“地方”之间先搭成分税制框架,并要求和寄希望于其后在动态中逐步解决省以下如何理顺体制、贯彻分税制的问题,是在正确的大方向之下合乎实际的过渡安排,意图是随着统一市场的逐步发育和完善,使分税制在省以下也逐步进入较为规范和贯通运行的境界。但实际情况是,1994年之后,省以下体制在分税制方向上却几乎没有取得实质性的进展,“过渡性”有凝固之势,过渡中的一些负面因素在积累和放大,各种制约因素,迫使中央与地方在税种划分总体框架上,“共享税”越搞越多;在地方的四个层级之间,则实际上搞成了一地一策、各不相同、五花八门、复杂易变的共享和分成,越靠近基层,越倾向于采用“讨价还价”的各种包干制和分成制。不仅在欠发达地区,即使在发达地区，县、乡层级上也没有能够真正搞分税制。总体而言，直到目前，可以说我国省以下财政体制并没有真正进入分税制轨道。所以，把1994年以后出现的县乡财政困难和“土地财政”、“隐性负债”等方面问题归于分税制，把板子打在分税制头上，是打错了地方！这些问题恰恰主要是由于分税制改革深化受阻，在省以下迟迟不到位而造成的。

基于以上分析，如果我们以“跳出财政看财政”的全局思维和前瞻思维看问题，应当看到，在我国省以下推行与事权相匹配的分税分级财政体制的大方向和按照市场经济客观要求使分税制逐步贯通的决心，不可动摇，问题的关键和当务之急，是应努力解决如何过渡的问题，避免现行非规范状态的凝固化，抑制其负作用的放大。既然要搞分税制，不可避免要借鉴市场经济的国际经验，并立足中国国情找到实施方案。从前者说，在五级框架下搞分税制，无任何国际经验可循（国际经验的普遍模型是“三层级”）；从后者说，十余年的实践表明，在我国，把二十多个税种在五个政府层级间按分税制要求切分，是“无解”的（贾康和合作研究者曾在多篇文章中对这些作过探讨分析）。问题的症结于是就表现在：五级财政、五级政府的框架，与分税制在省以下的落实之间，存在不相容性质。且不说欠发达地区，即使是在发达区域，省以下的四级如何分税？按现在的基本框架，是看不清方向和找不到摆脱“过渡态”的路径的。

——财权划分模式与“事权”（职责）划分模式不对称

1994年建立的财政管理体制重新界定了中央、地方政府之间的财权和事权范围，着眼点是增强中央政府的宏观调控能力，明确各级政府的责、权、钱。当时尚做不到配套确定省以下政府之间财力分配框架，原本寄希望于通过逐步深化省以下体制改革，在动态中解决此问题。但由于省以下体制改革的深化近年来并未取得明显进展，财权划分模式与事权划分模式出现了两相背离格局，这在很大程度上加剧了基层政府财政的困难。

在实行分税分级财政体制的国家里，中央适当集中财权是普遍的做法。但省以下政府之间的财权划分模式并不尽然，具体格局要依职责划分结构而定。

我国实行分税制的主要意图之一是扭转过去中央财政收入占全部财政收入比重过低的局面（到2000年，中央财政收入占全部财政收入的比重为52.2%），这符合分级财政体制正常运行的基本要求。并且客观地说，与较充分发挥中央自上而下转移支付调节功能的要求相比，目前中央财力集中程度还不够，仍有待逐步提高。然而现在的问题是这种趋向被盲目推广和延伸，在省、市形成了上级政府都应集中资金的思维逻辑。1994年以来，中央的资金集中度实际在下降（从1994年的55.7%下降到2000年的52.2%），而省级政府的集中程度不断加大，年均提高2%（从1994年的16.8%提高到2000年的28.8%）。市一级政府同样在想方设法增加集中程度。2000年地方财政净结余134亿元，而县、乡财政赤字增加。这些说明实际上财力在向省、市集中。

省以下政府层层向上集中资金，基本事权却有所下移，财政重心和事权重心趋于上下分离，特别是县、乡两级政府，履行事权所需财力与其可用财力高度不对称，成为现实生活中的突出矛盾。按照事权划分规则，区域性公共物品由地方相应级次的政府提供。前些年我国省级政府向上集中资金的过程中，县、乡两级政府仍一直要提供义务教育、本区域内基础设施、社会治安、环境保护、行政管理等多种地方公共物品，同时还要在一定程度上支持地方经济发展（而且往往尚未有效排除介入一般竞争性投资项目的“政绩”压力与内在冲动），而且县、乡两级政府所要履行的事权，大都刚性强、欠账多，所需支出基数大、增长也快，无法压缩。比如九年制义务教育，该项支出有法律依据，而且由于人口规模扩大较快和相关支出因素价格上升较快，所需资金膨胀更快，主要发生在县、乡两级财政。再比如基础设施建设，县级行政区域内长期以来农村各类基础设施严重不足，欠账累累，而农村工业化、城市化进程又要求配套完善基础设施，对县级政府来说这是非常沉重的负担，经济发达地区同样如此。我们在调查中了解到，浙江温岭市属于财政收入较充足地区，但该市的县城公用事业改造所需资金就远超过全市年财政支出总额。又比如财政供养人口，我国有两千多个县级行政区域，如果按每个县财政供养人口为7 000人、每人年工资收入为7 000元计算，所需财政支出就达一千亿元规模。事实上，省以下地方政府还要承担一些没有事前界定清楚的事权。比如社会保障，1994 年推出分税制时，该项事权没有界定在多大程度上由省以下政府特别是县级政府来承担，现在实际上要求地方政府负责，对原本就“四面漏风”的县“吃饭财政”来说，又增加了一笔没米下锅的“饭债”。

很显然，转轨时期，工业化、城镇化推进和社会进步所需要的大量物质条件和社会条件是要由省以下地方政府来提供的，特别是县、乡两级政府，承担着宽广、具体的政治责任和经济责任。在这种背景条件下，亟须在明确各级政府合理职能分工和建立科学有效的转移支付制度的配套条件下，使基层政权的事权、财权在合理化、法治化框架下协调，职责与财力相符。这本是“分税分级”财政体制的“精神实质”所在，一旦不能落实，则成为基层财政困难的重要原因。

——政府层级过多大大降低了分税制收入划分的可行性

实行分税制财政管理体制，则要求政府间的财政资金分配安排采用税种划分方法。我国目前有五级政府，是世界上主要国家中政府层级最多的国家。从国际经验看，政府层级多的国家，税种也比较多，这样有利于收入划分。但在任何一个国家里，税种数量都不可能过多，因为税种不应随意设置，那样势必扰乱市场经济运行并约束社会进步、损害社会效率与公平。而且在市场经济近几十年的发展中，简并税种是主流趋势。也就是说，不论政府层级有多少，税种设置的科学性不能违背。1994 年改革后现行税种为 28 个，和其他国家比，为数不算少。然而问题的焦点在于，这 28 种税要在五级政府之间划分，是世界上其他国家未曾遇到的难题。

很显然，五级政府与 28 种税的对比状态，使得中国不可能像国外那样主要是完整地按税种划分收入，而只能走加大共享收入的道路。如果硬要完整地按税种划分收入，势必形成政府间收入分配高度不均衡，这是由各个税种收入的高度不均衡所决定的。然而必须看到，一味扩大共享部分又会反过来影响分税分级财政基本框架的稳定。近年来我国共享部分的比重一增再增，下一步如把企业所得税和个人所得税也改为共享税，则最重要的大税种已全部共享，这在过渡状态下是一种策略性的选择，但从长远发展着眼作战略性考虑，还是要在将来创造条件把若干共享税分解、融合于国税和地方税之中，进而使分税制得到贯彻并真正加以稳固。

那么从长远考虑，具体而突出的矛盾马上表现在，设立了五级政府也就是需要把税源切成五个层次，而从税收的属性和各税种的不同特点看，分成三个层次相对容易，分成五个层次难上加难。依美国的经验，三级政府财源支柱的概况是：个人所得税和工薪税归联邦（中央）；销售税和公司所得税归州（相当于我国省级）；财产税归地方（基层政府）。这样的划分符合各税种的具体特点，也符合分税分级财政的内在要求，如以联邦为主掌握个人所得税，符合使劳动力在全国统一市场内自由流动、不出现地区阻碍的要求，也符合使该税成为经济“稳定器”的宏观调控要求；地方掌握财产税，既具有信息和管理优势，又符合使地方政府以关注和改善本地投资环境为重点的职能定位。但是很难设想，在我国以一个“地方政府”概念囊括省以下四级政府的特殊情况下，这些税种该怎么切分？不论怎样设计，看来都无法把“分税种形成不同层级政府收入”的分税制基本规定性，贯彻到一个五级政府的架构内去。换言之，这一架构使分税制在收入划分方面得不到最低限度的可行性。我国省以下体制的现状是五花八门，各地不一，有的安排了复杂易变的分享，有的则对县乡干脆实行包干制，总体而言，“讨价还价”色彩浓重，与分税制的距离还相当大，并且看不清缩小这种距离的前景与具体路径。与此同时，大环境中市场的发育和政府职能与管理规则的转变也未步调一致，这使各层次财源不对位，财力分配紊乱、低效，矛盾不断积累。这样看来，可知五级政府架构与分税分级财政的逐渐到位之间，存在不相容性质，近些年间一些区域地方财政困难的加剧，在很大程度上正是由于这种不相容性日渐明朗和突出所致。

（六）中国财税体制改革的基本概括和深化改革的思路

从中国财政体制改革的历程，可见已有近七十年分权之路的探索、曲折和创新。在追求现代化“强起来”的新时代，必须以建立现代财政制度为目标，加快财税体制改革进程，适应发展新阶段的客观要求。

1. 中国财税体制改革的基本概括评述

1978年以来，中国实行改革开放，开始了由计划经济向社会主义市场经济转变的经济、社会转型历程。改革开放四十年来，中国国民经济现代化建设取得了举世瞩目的伟大成就，大步迈向“两个一百年”的奋斗目标。财政制度安排体现政府与市场、企业、社会、纳税人的关系，以及中央与地方的关系，涉及经济、政治、文化、社会、生态文明等各方面。1994年分税制改革适应社会主义市场经济客观要求，形成了我国现有财政制度的基本框架，也奠定了我国二十多年来社会经济高速发展的财政制度基础；同步推进的税收制度改革则进一步规范了政府与市场的关系，释放了微观市场主体的活力，提高了政府调控经济的能力；1998年开始建立公共财政制度的探索将重点放在支出制度的完善和支出结构的调整上，财政支出重点进一步从经济建设领域转向民生领域。1999年后启动预算制度改革，通过部门预算、国库集中收付和政府采购等制度的引入，初步构建了现代预算体系框架，预算的公开性、民主化程度显著提高。2014年“全面改革元年”启动的财税配套改革，已取得初步成效，为建立现代财政制度奠定了基础。

2. 在全面改革中深化财税改革的基本思路与要领

在中国现代化寻求“强起来”历史飞跃的新时代，需要果敢而慎重、坚定而持续地推进财税改革。党的十九大报告要求：“加快建立现代财政制度，建立权责清晰、财力协调、区域均衡的中央和地方财政关系。建立全面规范透明、标准科学、约束有力的预算制度，全面实施绩效管理。深化税收制度改革，健全地方税体系。”

（1）总体思路

在“五位一体”总体布局和“四个全面”顶层设计框架下，对接现代化“目标导向”和化解矛盾制约的“问题导向”相结合的制度机制创新，财政体制改革将是全面深化改革中的关键之举。**总体思路应是：在合理定位政府职能、实现其转变的前提下，配合政府层级的扁平化和“大部制”取向下的整合与精简化，建立中央、省、市县三层级的财政框架，合理划分三级事权和支出责任，改进转移支付制度，按“一级政权，一级事权，一级财权，一级税基，一级预算，一级产权，一级举债权”的原则形成体制安排，配之以中央、省两级自上而下的转移支付与必要合理的地区间横向转移支付，建立内洽于市场经济体制的“财权与事权相顺应、财力与事权和支出责任相匹配”的财政体制；深化预算管理制度的改革；实行促进“调结构，优功能”的税制改革；同时强化财税管理运行的绩效导向，服务于经济社会的现代化与长治久安。**

（2）改革的基本目标

① 明确界定政府职能与财政职能

政府与市场、社会之间关系的正确处理决定政府职能的合理化，政府职能、职责及履责权限决定政府支出责任。因此，财税体制改革的核心是正确处理政府与市场、社会的关系，划清政府与市场、社会的边界，尊重市场规律，以公众利益最大化和维护社会正义为基点，充分发挥市场在资源配置中的决定性作用，恰当、适度地更好发挥政府作用。应遵循“市场、社会优先”的原则，凡市场、社会能做好的就交由市场和社会去做；凡市场、社会能做但做不到位的，由政府发挥辅助作用；凡市场、社会做不到而为公众切实所需的，由政府牵头组织相关资源配置。并应创新政府履行职能方式，充分引入市场机制而积极发挥财政资金“四两拨千斤”的乘数、放大作用。

② 完善政府间事权与支出责任划分

服务于政府履职的合理化机制，地方政府间事权与支出责任合理划分，是财权和财力配置与转移支付制度合理化的根本前提。必须在中国全面依法治国、积极完善立法的过程中合理划分各级政府间的事权。划分的基本原则是，第一，根据公共产品的层次性和受益范围以及外溢性划分事权和支出责任。全国性公共产品和受益范围遍及全国的公共服务，应由中央政府提供；地方性公共产品和公共服务受益范围仅局限于地方,应由地方政府提供;具有一定外溢性的地方性公共产品和公共服务,可由中央政府和地方政府联合提供,或中央政府补助地方政府提供,或直接由中央政府提供。值得注意的是,处理地方事务的外部性(外溢性),也可以借助于地方之间的协商与"横向转移支付"机制。第二,根据公共服务提供所涉及的信息复杂程度和效率区别划分事权和支出责任。考虑到信息处理的复杂性,地方政府对当地情况的了解远多于中央,因此由中央政府承担过多的事权与支出责任并不一定合理。在政府职责履行的效率上着眼,各国也不同程度地需借助于地方政府力量。同时,根据规模经济原则划分事权和支出责任,则可知某些职责若由地方政府承担可能不利于发挥规模经济效应,而如果由中央政府承担,则可以发挥规模经济节约成本的作用。因此,我国政府间事权与支出责任的划分应充分考虑这些相关因素。第三,根据激励相容原则划分事权和支出责任。如能以制度安排使行为人在追求自身利益的同时,也正好与实现全局的公共利益最大化目标相吻合,便称作"激励相容"。比如地方政府对辖区不动产的管理权与不动产税的征收权对其有"财源建设"的激励,同时又有利于政府职能合理化而增进整个社会的公众利益与长治久安,即做到了激励相容。第四,应尽量减少政府间共担事权的原则。尽可能做到各级政府事权大部分为独立承担的职责,最小化共同承担的事权,辅之以少量上级委托事权。

三级政府间的事权划分最终要落实到具有"全覆盖"性质、可操作的各级专有事权与共有事权的事权一览表和支出责任明细单上(近年这方面已有值得肯定的进步)。

③ 结合税制改革,合理划分税基

政府所有的规制和行为,均应以不影响或尽量少影响生产要素自由流动和市场主体自主决策为标准,相应的收入(税基)划分,则需要考虑税种对生产要素流动的影响以及中央、地方分层级的宏观、中观调控功能实现等因素。税种在中央、地方间的划分即税基的配置,一般认为要遵循如下基本原则:与国家主权和全局性宏观调控功能关系密切,或税基覆盖统一市场而流动性大的税种,应划归中央;而与区域特征关系密切、税基无流动性或流动性弱,以及税基较为地域化、不会引起地区间过度税收竞争和需要“因地制宜”的税种,应划归地方。按此原则,如关税、个人所得税、增值税、社会保障税等应划归中央,如房地产税、资源税、特定区域性税种等应划归地方。

从各国具体实践情况看,在基本遵循上述原则的情况下,不同国家根据本国情况,对个别税种有一些变通。如美国的个人所得税为联邦政府和州、地方政府按照税基共享、分率计征方式进行收入共享(联邦级为主,实行超额累进税率;州与地方为辅,低税率乃至低水平比例税率);英国将住宅类房产税(称为市政税)作为地方税,而将非住宅类房产税(称为营业税)作为中央税以及中央向地方转移支付的来源,按照居民数向各地区返还。我国“1994年改革”后面对多种制约条件在收入划分上为考虑调动地方积极性,将税基大或较大的几个税种(增值税、企业所得税、个人所得税)作为共享税,这在一定程度上违背了收入划分的应有原则,结果会刺激地方政府承担较多的经济发展事权以及相互之间实行过度的税收竞争(表现为争上投资项目、争抢税源等)。因此,“分财权(税基)”和“分财力(收入)”,均有其需遵循的科学规律和所应依据的客观内洽机制,需作精细化设计,通过深化改革、优化管理消除存在的弊端。

④ 完善转移支付制度

无论是考虑到“实现共同富裕”的社会主义本质,还是法治社会下基于公民“人权平等”提出的“基本公共服务均等化”的要求,都客观地需要运用转移支付制度手段对财政资金余缺自上而下地在政府间进行适当调节。这种转移支付有效运行的基本前提就是“纵向不均衡”地由中央取得与其宏观调控功能相称(大于本级支出需要)的财力,进而去调节各地区间的“横向不均衡”。在我国经过几十年“让一部分人和一部分地区先富起来”的发展之后,叠加了迥异的自然地理环境等因素,地区间经济发展水平差异巨大,“实现共同富裕”任重道远,新时期中央政府不可回避的一项重要责任,就是以合理方式“抽肥补瘦”,抑制地区间差距扩大——这种中央政府针对“横向不均衡”履行区域差异调节责任的物质前提，就是形成合理设计与可持续实施的中央、地方间“纵向不均衡”（中央掌握大于本级支出需要的财力）的财力分配框架。

我国转移支付制度建设目标，包括平衡地方基本公共服务能力（一般性转移支付）和实现特定宏观调控目标（专项转移支付），需在其机制设计上逐步完善、动态优化。对于辅助性的地方横向转移支付（如“对口支援”、“生态补偿”），也应积极探索，总结经验，求得规范发展。

⑤ 改进和完善预算管理制度

预算制度是现代财政制度的核心内容，预算管理改革要助推现代国家治理体系的建设，完善国家筹集、分配和使用资金的方式。良好的现代预算制度，应遵循多项国际公认的基本原则：包括全面性、真实性、原则性、合法性、预见性、灵活性、可审议性、透明度、信息量和诚信度。这也是我国预算管理制度改革完善方面的应有追求。比如，实现预算的全面性，即要求将所有的政府收入和使用情况纳入预算，建立全口径的公共预算体系；提高预算的透明度，即扩大各级政府预算公开的范围和详细程度，特别是三公经费等具体内容，以及政府间转移支付的计算确定方法等，以充分实现社会公众的知情权，以及由此派生的质询权、建议权、监督权；增强预算的预见性，须实行中期财政规划管理，健全预算绩效考评方法和指标体系，克服年度预算的短视性弊端，为适应高质量发展中宏观调控的改善提供有利条件，为支出结构的优化调整提供可操作的合理化方案。

提要与总结

回顾七十年的历程，探索中国财税改革中的演进逻辑和制度优化方向，研究继承与创新之间的动态平衡轨迹，既是应有的对中国财税体制改革总结，也是在引领经济新常态实现高质量升级发展背景下和深化供给侧结构性改革过程中，建设现代财政制度的现实要求。现代财政制度的建立及其所关联的深化财税改革任务，匹配于中国建设现代国家、现代社会的“中华民族的伟大复兴”宏伟蓝图，我们亟须将其落实到以“现代性”为取向的“路线图与时间表”的状态上。实质性地推进财税体制改革和配套改革，攻坚克难，目标是要按照中国共产党十八届三中全会《决定》明确提出的要求，在全面小康这个现代化阶段性目标实现的同时，在配套改革方面取得“决定性成果”，并以此为基本的新动力支撑机制，去实现党的十九大所明确部署的新时代“新的两步走”（2035 年基本建成社会主义现代化；2049—2050 年建成现代化强国）战略目标。

概念与认识的关键词

财政分权；行政性分权；经济性分权；财税配套改革；现代财政制度

思考与讨论

简评行政性分权与经济性分权的异同，什么是“经济性分权”的关键？

对 1994 年分税制改革后地方政府层面的问题可作什么重点的讨论？

你怎样理解中国全面改革中深化财税配套改革的深化的大思路？

你对 2014 年启动的中国财税配套改革有什么建议？

你对构建现代财政制度有什么述评？

你怎样理解公共财政与现代财政的异同（可回溯本书前面相关章节）？

主要参阅文献

楼继伟. 中国政府间财政关系再思考. 北京：中国财政经济出版社，2013.

贾康，白景明. 县乡财政解困与财政体制创新. 经济研究，2002(2).

贾康. 正确把握大思路 配套推进分税制——兼与“纵向分两段，横向分两块”的主张商榷. 中央财经大学学报，2005(12).

贾康，赵全厚. 中国财税体制改革 30 年回顾与展望. 北京：人民出版社，

2008.

刘克崮，贾康主编. 中国财税改革三十年亲历与回顾. 北京：经济科学出版社，2008.

贾康，赵全厚. 中国经济改革 30 年——财政税收卷. 重庆：重庆大学出版社，2008.

刘薇. 积极财政政策的理论与实践. 中共中央党校学报，2009(1).

贾康，刘薇. 财税体制转型. 杭州：浙江大学出版社，2015.

贾康，梁季. 配套改革取向下的全面审视：再议分税制. 中共中央党校学报，2013(5).

课题组. 深化财税体制改革的基本思路与政策建议. 财政部财政科学研究所研究报告，2013 年 10 月.

贾康. 走向"现代国家治理"的财税配套改革——从《决定》到改革元年基本思路解读. 财会研究，2014(9).

贾康，苏京春. 现阶段我国中央与地方事权划分改革研究. 财经问题研究，2016(10).

贾康，刘薇. 构建现代治理基础：中国财税体制改革 40 年. 广州：广东经济出版社，2017.

贾康，刘薇，孙维. 深化财税体制改革的战略取向与要领. 广州：广东经济出版社，2017.

结　语

现实生活中人们所感知的大千世界，与财政怎样联系在一起？经济社会的发展进步中，财政如何以不解之缘置于其中？专业人士（不论是研究型还是实务型），如何条理化地认知和把握财政及相关问题？以中华民族的伟大复兴为现代化战略目标的中国，在与工业化、城镇化、市场化、全球化、信息化和法治化、民主化相拥抱的和平崛起新时代，应怎样打造作为现代国家治理的基础和重要支柱的现代财政制度？能够将这本《财政学通论》通读下来的朋友，应能对这些问题得到一些基本的了解认识，或可感受到对于深刻认知财政原理与事务有所帮助的学术启迪。

但作者深知，虽然作了多年的积累和认真的努力，但要在一个体系宏大完备的财政学架构中，把所论所述臻于完善，这本书还仅可称为一部初稿；奉献于读者后，希望得到大家的批评指正，俟再版时作进一步的优化。

本书写作的具体分工是：

绪论执笔：　贾康　苏京春

第一章执笔：　贾康　史卫

第二章执笔：　贾康　苏京春

第三章执笔：　贾康

第四章执笔：　贾康　梁季

第五章执笔：　贾康　王敏

第六章执笔：　贾康　程瑜

第七章执笔：　贾康　张晓云

第八章执笔：　贾康　李全

第九章执笔：　贾康　李婕

第十章执笔：　贾康　陈龙

第十一章执笔：贾康　韩晓明

第十二章执笔：贾康　刘薇

全书总纂：　　贾康

苏京春博士、冯俏彬教授、刘军民研究员等为本书写作提供了宝贵意见建议，中国出版集团东方出版中心对本书出版给予了重要支持帮助，张晶晶、袁帅、王乐等同志为文字处理做了辛勤工作，在此鸣谢！